ROLF DIETRICH HERZBERG

Die Unterlassung im Strafrecht und das Garantenprinzip

Rolf Dietrich Herzberg

Die Unterlassung im Strafrecht und das Garantenprinzip

Berlin 1972

WALTER DE GRUYTER · BERLIN · NEW YORK

Als Habilitationsschrift gedruckt
mit Unterstützung der Deutschen Forschungsgemeinschaft

ISBN 311 00 3922 2

DEM ANDENKEN
MEINES BRUDERS ULRICH

VORWORT

Die Arbeit lag im Wintersemester 1970/71 der Kölner Rechtswissenschaftlichen Fakultät als Habilitationsschrift vor. Publikationen der Folgezeit, bis etwa Anfang 1972, konnte ich noch einarbeiten oder wenigstens in den Fußnoten berücksichtigen.

Ursprünglich war die Schrift als eine Gesamtdarstellung der strafrechtlichen Unterlassungsdogmatik konzipiert. Diesen Plan habe ich nicht voll verwirklicht. Der unter der Hand bedrohlich anschwellende Umfang des Werkes verhieß mir nicht unbedingt den Beifall des Lesers, dem Steuerzahler aber beträchtliche Mehrkosten. Daß sich die Behandlung des Themas nicht in ein schmales Bändchen pressen lassen werde, stand von Anfang an fest, ein dickleibiges Buch jedoch vermochte ich der Deutschen Forschungsgemeinschaft, die um tunlichste Straffung gebeten hatte, nicht zumuten. Ihrem Wunsche mußte ich mich verpflichtet fühlen, verdanke ich ihr doch neben der großzügigen Förderung des Druckes, die das rasche Erscheinen der Schrift ermöglicht hat, drei unbelastete Jahre, in denen ich mich als Stipendiat ganz der Vorbereitung meines Berufes widmen konnte. Es schien mir deshalb angezeigt, einige Darlegungen, die viel Raum verschlangen, aber das Ganze nicht entscheidend mittrugen, aus der Arbeit herauszunehmen und in Aufsatzform zu veröffentlichen. Dies ist zum Teil bereits geschehen, anderes, vor allem Studien zum versuchten Unterlassungsdelikt und zu Fragen des Unterlassens durch Begehen, hoffe ich in nicht zu ferner Zeit nachreichen zu können.

Zutiefst verbunden bin ich meinem Lehrer Dietrich Oehler, der schon meine Promotion betreut und mir seitdem in vielen Jahren mit Geduld und fürsorglicher Anteilnahme zur Seite gestanden hat. Ohne seinen ermutigenden Zuspruch hätte ich den meinen wissenschaftlichen Neigungen gemäßen Berufsweg nicht gewählt. Von Herzen danken möchte ich auch meiner Frau. Manche Korrektur, die das Streben nach lebensnäherem Urteil und verständlicherem Ausdruck erzwang, geht auf ihre Kritik zurück. Die Last der Herstellung eines lesbaren Manuskripts hat sie ganz allein getragen.

Köln, im Mai 1972 — Rolf Dietrich Herzberg

INHALT

VIERTER TEIL

Unterlassungstäterschaft und Garantenstellungen bei offenen Tatbeständen

§ 23

§ 24

§ 25

§ 1

EINLEITUNG

Unser geltendes Strafgesetzbuch enthält in seinem Allgemeinen Teil keine Vorschrift über das sog. unechte Unterlassungsdelikt. Das soll sich für das künftige Recht ändern. Anknüpfend an jahrzehntealte Reformbestrebungen[1], wollten sowohl der Entwurf 1962 (§ 13) wie der Alternativentwurf (§ 12) das „Begehen durch Unterlassen" regeln, und der Gesetzgeber hat § 13 E 1962 in modifizierter Form gutgeheißen (vgl. § 13 StGB 1973). Flüchtige Betrachtung mag hieraus schließen, ein seit langem besonders problematischer Fragenkomplex des Strafrechtes sei nunmehr im großen und ganzen geklärt oder werde es doch wenigstens in naher Zukunft durch das Eingreifen des Gesetzgebers. Der Kundige hingegen weiß, daß wir von einer Klärung nach wie vor weit entfernt sind und daß das Gesetz daran kaum etwas ändern wird.

Das ist um so erstaunlicher, als dem Unterlassungsdelikt gerade in der jüngsten Vergangenheit der späten fünfziger und sechziger Jahre besonders intensive wissenschaftliche Bemühung zuteil wurde. Den grundlegenden Untersuchungen von *Grünwald*[2] und Armin *Kaufmann*[3] ist eine reiche Aufsatzliteratur gefolgt. Jahr für Jahr erscheinen herausragende, zum Teil ganz vorzügliche Monographien[4]. Aber obwohl wir heute vom deliktischen Unterlassen unvergleichlich viel mehr wissen als frühere Generationen, ist doch nicht einmal das so grundsätzliche Bedenken zerstreut, ob die Strafpraxis der

---

[1] Vgl. Eb. *Schmidt*, Die Behandlung der unechten Unterlassungsdelikte in den Entwürfen von 1909—1936, Niederschriften, 2. Band, S. 148—150.

[2] Das unechte Unterlassungsdelikt, 1956.

[3] Die Dogmatik der Unterlassungsdelikte, 1959.

[4] *Granderath*, Die Rechtspflicht zur Erfolgsabwendung, 1961; *Meyer-Bahlburg*, Beitrag zur Erörterung der Unterlassungsdelikte, 1962; *Androulakis*, Studien zur Problematik der unechten Unterlassungsdelikte, 1963; E. A. *Wolff*, Kausalität von Tun und Unterlassen, 1965; *Rudolphi*, Die Gleichstellungsproblematik, 1966; *Pfleiderer*, Die Garantenstellung aus vorangegangenem Tun, 1968; *Welp*, Vorangegangenes Tun als Grundlage einer Handlungsäquivalenz der Unterlassung, 1968; *Bärwinkel*, Zur Struktur der Garantieverhältnisse bei den unechten Unterlassungsdelikten, 1968; *Schünemann*, Grund und Grenzen der unechten Unterlassungsdelikte, 1971.

Gerichte überhaupt verfassungsgemäß sei. Zwar fordert kaum jemand ernsthaft, unechtes Unterlassen schlechthin unbestraft zu lassen — auch Armin *Kaufmann* und *Grünwald* sind vor diesem Gedanken zurückgeschreckt[5] —, doch mit dem eben diese Konsequenz höchst nahelegenden Lehrsatz, die Tatbestände der Begehungsdelikte seien auf Unterlassungen nicht unmittelbar anwendbar, beginnt sich die allmählich überwiegende Meinung einzurichten[6].

In anderen Punkten sieht es kaum besser aus. Welche sozialen Stellungen den Unterlassenden zum Täter eines unechten Unterlassungsdeliktes machen können, ist seit der Überwindung der formalen Rechtspflichttheorie umstrittener denn je. Die Frage der Ingerenz wird als „ungelöstes Problem" empfunden[7]. Die Entwicklung einer Garantenstellung kraft Zuständigkeit für Gefahrquellen steckt in den ersten Anfängen[8]. Daß sich die Rechtspflichten zur Erfolgsabwendung und die Garantenstellungen nicht zur Deckung bringen lassen, bereitet immer wieder Unbehagen. Die Abgrenzung von Täterschaft und Teilnahme, Vorsatz, Irrtum und Versuch beim unechten Unterlassungsdelikt sind überhaupt erst jetzt als Probleme ins Bewußtsein gehoben worden. Die erstmals von *Radbruch*[9] aufgezeigte, von Armin *Kaufmann* und *Grünwald* unnachsichtig vertiefte Kluft zwischen den Begriffen „Handlung" und „Unterlassung" wird entweder resignierend hingenommen[10] oder in immer neuen Anläufen zu überwinden versucht[11].

Bei diesem Stande der Forschung — die Aufzählung ungeklärter Fragen ließe sich fortsetzen — wird man auch in einen Beitrag des Gesetzgebers von vornherein nicht viel Hoffnung setzen. Tatsächlich hat denn auch keiner der zahlreichen Kodifizierungsversuche eine einigermaßen verbreitete Zufriedenheit ausgelöst. Wenige Bestimmungen waren bei den Beratungen der Großen Strafrechtskommission so sehr Gegenstand des Streites, der Überprüfung und Abänderung wie die über das „Begehen durch Unterlassen"[12]. Dem schließlichen Produkt dieses Bemühens, § 13 E 1962, wurde auch von den grundsätz-

---

[5] Vgl. JuS 1961, S. 176; ZStW 70, S. 417 f.

[6] *Grünwald*, ZStW 70, S. 412 f.; Armin *Kaufmann*, JuS 1961, S. 173 ff.; *Jescheck*, ZStW 77, S. 128; *Lang-Hinrichsen*, 43. Dt. Juristentag, Bd. I, 3. Teil B, S. 14 f.; *Schwalm*, Niederschriften, 12. Band, S. 75 (in Übereinstimmung der Kommissionsmehrheit); *Rudolphi*, Gleichstellungsproblematik, S. 52, 70; *Welzel*, Lehrbuch, S. 210; *Welp*, Vorangegangenes Tun, S. 171; einschränkend *Henkel*, MSchrKrim 1961, S. 180.

[7] *Welzel*, Lehrbuch, S. 216 und JZ 1958, S. 494; *Lampe*, ZStW 72, S. 106.

[8] *Gallas*, ZStW 80, S. 18.

[9] Handlungsbegriff, S. 140.

[10] So von *Gallas*, ZStW 67, S. 8—13, und *Schröder*, Komm., 16. Aufl., 1972, Vorbem. 81.

[11] Vgl. aus neuester Zeit E. A. *Wolff*, Handlungsbegriff, 1964; Arthur *Kaufmann*, H.-Mayer-Festschrift, S. 179 ff.; *Roxin*, Radbruch-Gedächtnisschrift, S. 260 ff. (S. 262—264).

[12] Vgl. Niederschriften, 2. und 12. Band.

lichen Befürwortern einer gesetzlichen Regelung nicht mehr zugetraut, als verfassungsrechtliche Bedenken abzuschwächen und zur Lösung des Problems einen Hinweis zu geben[13], dies letztere nach Meinung vieler nicht einmal im optimalen Maß: *Gallas* z. B., auf dessen Vorstellungen § 13 E 1962 weitgehend beruht, möchte das Gesetz sehr abweichend und umfänglicher fassen[14]. Aber wir hören noch kritischere Stimmen. Nach *Baumann* wird sich die Gleichwertigkeitsklausel im künftigen Gesetz „als bloße Floskel entpuppen"[15]. *Schröder* hält die Vorschrift für allenfalls geignet, auf die Existenz unechter Unterlassungsdelikte hinzuweisen; zur Bewältigung der Problematik trage sie nichts bei. Und *Bockelmann* ist schon in den Sitzungen der Strafrechtskommission nachdrücklich für den Verzicht auf jede Regelung eingetreten, weil er ein zugleich sachhaltiges und einwandfreies Gesetz für derzeit unmöglich hält; besser „gar keine Vorschrift ... als eine falsche"[17]. Dieser Forderung hat sich mit großer Entschiedenheit, wenn auch aus zum Teil anderen Gründen, *Busch* angeschlossen[18]. „Es bleibt ... nur zu wünschen, daß § 13 E 1962 ersatzlos gestrichen wird"[19]. Die Kritik an § 12 AE war nicht minder heftig[20]. *Schröder* nennt den dort unternommenen Versuch, die Entstehungsgründe der Garantenpflichten abschließend aufzuführen, eine „Scheinlösung"; damit verglichen, sei § 13 E 1962 sogar noch vorzuziehen, weil er wenigstens darauf verzichte, in einem noch nicht kodifizierungsreifen Bereich eine Lösung vorzutäuschen[20]. H. *Mayer* erwartet von dieser Festlegung „mancherlei Unglück"[21], und nach *Gallas* sprechen „zwingende Gründe" gegen sie[22]. Angesichts dieser so kümmerlichen, ja vielleicht gefährlichen Früchte legislatorischer Vorarbeiten wundert es nicht, daß auch der besonders mit *Grünwalds* Namen verknüpfte Vorschlag, die unechten Unterlassungsdelikte im Besonderen Teil zu regeln[23], bis zuletzt im Gespräch geblieben ist[24].

Dieser Stand der Dinge rechtfertigt es, noch einmal im Zusammenhang den Fragen des Unterlassens im Strafrecht nachzugehen. Ob es uns gelingt, die Diskussion einen Schritt nach vorn zu bringen, kann erst die folgende Abhandlung zeigen, doch scheint es nützlich, die Aufmerksamkeit des Lesers

---

[13] *Welzel,* Niederschriften, 12. Band, S. 94; *Jescheck,* ebenda, S. 96; *Henkel,* MSchrKrim 1961, S. 189; *Rudolphi,* Gleichstellungsproblematik, S. 61.

[14] ZStW 80, S. 20.

[15] Lehrbuch, S. 230.

[16] Kommentar, Vorbemerkung 144.

[17] Niederschriften, 12. Band, S. 85—88, 475—478.

[18] Vgl. Festschrift für H. v. Weber, 1963, S. 192 ff.

[19] a. a. O., S. 206.

[20] Vgl. *Friedrichs,* Diskussionsbeiträge, ZStW 80, S. 126.

[21] Vgl. *Friedrichs,* a. a. O., S. 126 f.

[22] ZStW 80, S. 19.

[23] *Grünwald,* ZStW 70, S. 224 ff.

[24] Vgl. *Friedrichs,* a. a. O., S. 127 (Armin *Kaufmann*); *Busch,* a. a. O., S. 203—206.

schon vor dem Eintritt in die eigentliche Sacherörterung auf einige methodische Ansätze und Grundfragen zu lenken, die für die Entwicklung unseres Gedankenganges besondere Bedeutung haben.

Wer sich in der Form wissenschaftlicher Darstellung mit Problemen des Unterlassungsdeliktes befaßt, bedient sich dabei gewöhnlich eines festen Grundstocks von Deliktstypen und Fallkonstellationen als Anschauungsmaterials. Was speziell die zentrale Frage nach dem Täter des unechten Unterlassungsdeliktes betrifft, so liegt seit jeher der Schwerpunkt des Interesses darin, zu erforschen, was einen schlicht Unterlassenden zum Täter solcher Delikte wie Sachbeschädigung, Brandstiftung, Körperverletzung und ganz besonders Tötung macht. Es handelt sich hier um Deliktstypen, die, häufig als reine Erfolgs-, Bewirkens- oder Verursachungsdelikte bezeichnet, auch zur Veranschaulichung sonstiger, dem Allgemeinen Teil zugehöriger Lehren (Kausalität, Handlungsbegriff, Vorsatz, Irrtum, System der Straftatbestandteile) bevorzugt werden. Die Frage nach dem Unterlassungstäter spitzt sich bei *diesen* Delikten auf die Frage zu, welche sozialen Stellungen einen Menschen aus der Vielzahl derer, die den schlimmen Erfolg sowenig wie er abgewendet haben, herausheben und ihn genau wie einen aktiv Handelnden zum Totschläger oder Brandstifter machen. Wir wollen diese Frage, einer sinnvollen und eingebürgerten Terminologie folgend, die Frage nach dem *Garanten* nennen.

Die Schwächen und Gefahren dieses methodischen Vorgehens liegen auf der Hand. Man forscht so nämlich nach dem Täter des unechten Unterlassungsdeliktes ausschließlich in einem Raum des Besonderen Teils, in dem sich Täterschaft durch Unterlassen und Garantenstellung vollständig zu dekken scheinen, und ist deshalb von vornherein geneigt, die Garantenlehre auch in solche Bereiche auszudehnen, in denen sie nicht oder doch nur sehr beschränkt gilt. Selbstverständlich sind der Rechtsprechung und Wissenschaft Geltungsgrenzen der Garantendogmatik nicht schlechthin unbekannt. Den sog. echten Unterlassungsdelikten z. B. wird seit langem eine Sonderrolle zugestanden, und das Entsprechungs-Merkmal in § 13 StGB 1973 verdankt seine Existenz auch der Erkenntnis, daß es Delikte gibt, bei denen mit dem Nachweis einer Garantenstellung des Untätigen noch nicht alles entschieden ist[25]. Gerade das zuletzt genannte Beispiel vermag aber andererseits auch die oben beschriebene Gefahr deutlich zu machen. Nach den Vorstellungen der Kommissionsmitglieder dient das Erfordernis der Gleichwertigkeit mit der Tatbestandsverwirklichung durch ein Tun vor allem dem Ziel, den Richter auch beim Begehen durch Unterlassen zur Beachtung der Eigenart der im Tatbestand vorausgesetzten Tathandlung anzuhalten. *Gallas* hat das so ausgedrückt und am Beispiel der Kuppelei erläutert: „Enthält ... der Handlungstatbestand bestimmte spezialisierte Begehungsweisen, so soll das Unterlassen nur dann strafbar sein, wenn es unter den gegebenen Umständen und bei Vorliegen der

[25] Vgl. E 1962 mit Begründung, S. 125.

Garantenpflicht das Gewicht dieses Handlungstatbestandes mit seinen spezialisierten Handlungsbeschreibungen erreicht. Zur Annahme eines Falles von Kuppelei z. B. soll es nicht genügen, daß der Betreffende die Unzucht nicht verhindert hat. Vielmehr wird hier verlangt, daß sein Nichtverhindern das Gewicht eines Gelegenheitgebens und der sonstigen im Kuppeleitatbestand genannten Handlungsmodalitäten erreicht"[26]. Man darf vermuten, daß die Beachtung der Tatbestände mit „spezialisierten Begehungsweisen" einen erheblichen Fortschritt bedeutet. Was wir aber einwenden müssen: warum soll, wenn ein Unterlassen das „Gewicht" eines Gewährens von Gelegenheit zur Unzucht hat, wenn es ihm „entspricht", wenn es diesem „gleichwertig", wenn es, mit einem Wort, ein solches Gewähren *ist*, warum soll dann außerdem noch erforderlich sein, daß der Unterlassende eine Garantenpflicht zur Verhinderung der Unzucht hat, wie das das Gesetz und *Gallas* unmißverständlich sagen? Der Grund soll darin liegen, daß die Gleichwertigkeit immer die Garantenpflicht voraussetzt, also auch bei Tatbeständen mit besonderen Handlungsmodalitäten, nur daß bei ihnen diese eine Voraussetzung noch nicht hinreicht[27]. Das ist aber eine vorschnelle, in erster Linie mit dem Gewicht einer jahrzehntelangen Judikatur zu erklärende Annahme. Dem im einzelnen nachzugehen, ist hier noch nicht der Ort. Doch sehen wir jedenfalls schon soviel, daß § 13 StGB 1973 entgegen dem ersten Anschein nicht nur das Garantenprinzip in seiner Alleinherrschaft zu beschränken, sondern zugleich es in einem Bereich als gültig festzulegen sucht, in dem es — vielleicht — vernünftigerweise nicht gelten darf.

„Entscheidende Fortschritte (dürften) nur mit einer weit — insbesondere auch in den Besonderen Teil hinein — ausholenden Untersuchung zu erreichen sein", meint *Blei* mit Bezug auf die unechten Unterlassungsdelikte und fordert, daß „insbesondere ... das Garantenpflichtproblem angesichts beklagenswerter Expansionskraft allgemeiner Lehren viel tatbestandsnäher behandelt werden" müsse[28]. Hier ist, glaube ich, in der Tat der springende Punkt erfaßt. Wenn man die Unterlassungsdogmatik immer wieder aus dem Kernbereich des Garantenprinzips heraus entwickelt, dann sind Grenzüberschreitungen kaum zu vermeiden. Der erste Teil der vorliegenden Abhandlung wird sich deshalb intensiv dem Besonderen Teil unseres Strafgesetzbuches zuwenden. Er wird abzustecken versuchen, welchen Deliktstypen die Garantenlehre zuzuordnen ist. In methodischer Hinsicht erfordert dies einen „problemorientierten" Denkstil. Es gilt, die einzelnen Deliktstypen gleichsam abzutasten und die hierbei sich ergebenden Einsichten durch keine vorgefaßte Gesamtkonzeption beschneiden zu lassen. Wer bereit ist, sich überzeugen zu lassen, muß darum zuallererst bereit sein, das überkommene System in Frage zu

---

[26] Niederschriften, 12. Band, S. 242.

[27] Niederschriften, 12. Band, S. 80, 246; *Sturm*, Niederschriften (Bundestag-Sonderausschuß), 82. Sitzung, S. 1646.

[28] Festschrift für H. Mayer, S. 119.

stellen, welches nur zwischen Tätigkeitsdelikten, echten und unechten Unterlassungsdelikten unterscheidet und einerseits dem Garantengedanken bei den echten Unterlassungsdelikten schlicht jede Geltung bestreitet, andererseits beim „Begehen durch Unterlassen" die Garantenpflicht ausnahmslos zur Strafbarkeitsvoraussetzung erklärt. Das unmittelbare Ziel unserer Typologie der Unterlassungsdelikte ist, die Garantenlehre in den ihr zukommenden Bereich zurückzudämmen und ihr auf der anderen Seite — dies ist freilich die weniger dringliche Aufgabe — zu ihrem relativen Recht dort zu verhelfen, wo es ihr gewöhnlich bestritten wird, nämlich bei vielen sog. Tätigkeits- und echten Unterlassungsdelikten.

Aber natürlich stehen im Mittelpunkt auch unserer Arbeit die oben ganz kurz bezeichneten traditionellen und neueren Probleme der — wie ich sie nennen möchte — typischen unechten Unterlassungsdelikte. Im Anschluß an den ersten Teil wendet sich die Untersuchung deshalb vornehmlich diesen zu. Um auch hier unseren Grundansatz wenigstens in Umrissen anzudeuten, müssen wir etwas weiter ausholen.

Wer die Lehren vom unechten Unterlassungsdelikt studiert, stößt auffallend oft auf Friktionen und Widersprüche. Man kann sie fast immer kennzeichnen als Unvereinbarkeiten von Forderungen, die Rechtsgefühl, Gerechtigkeit und Kriminalpolitik, gewissermaßen der „gesunde Menschenverstand", erheben, mit dogmatischen Grundsätzen, die als „feststehend", „gesichert" oder „unbezweifelbar" gelten. Auch dies läßt sich vortrefflich am kommenden Recht belegen. § 13 StGB 1973 enthält in seiner zweiten Satzhälfte („wenn er rechtlich...") die dem Streit weitgehend entwachsene Quintessenz der bisherigen Denkarbeit am unechten Unterlassungsdelikt. Sie steckt erstens im Rechtspflichtprinzip („rechtlich dafür einzustehen hat") und zweitens in der Gleichwertigkeitsklausel („der Verwirklichung durch ein Tun entspricht"). Beide Grundsätze würden, streng beachtet und rein durchgeführt, zu ungerechten und kriminalpolitisch unerfreulichen Ergebnissen führen.

Das ist, was das Rechtspflichtprinzip betrifft, weithin bekannt. Beim „vorangegangenen Tun" z. B. läßt sich eine dem betreffenden Strafgesetz vorgelagerte Rechtspflicht nicht nachweisen, und ähnlich steht es um die enge, familienrechtlich aber unerhebliche Lebensgemeinschaft oder Blutsverbundenheit. Dennoch kann sich der Gerechtigkeitssinn der meisten nicht damit abfinden, in diesen Bereichen auf Strafe zu verzichten. So kommt es zwangsläufig zu einem permanenten Bemühen, Dogma und Gerechtigkeit zusammenzuzwingen, wobei man den Kompromiß, je nach persönlicher Neigung und Zeitstimmung, an ganz verschiedenen Stellen zwischen den Extremen ansiedelt.

Bei der Ingerenz vertuscht man die Verletzung des Dogmas, indem man die Rechtspflicht schlicht fingiert („Gesetz, Vertrag, vorangegangenes Tun") oder sie als „Gewohnheitsrecht" bezeichnet[29]. Aber das beruhigt das dogma-

[29] So z. B. *Maurach*, A. T., S. 605.

tische Gewissen nicht. Es meldet sich z. B. im Bestreben, die Garantenpflicht aus Ingerenz endlich zur echten Rechtspflicht zu erheben[30], oder im Versuch, das Prinzip wenigstens nach Kräften einzuschränken, indem man große Fallgruppen (rechtmäßige Vortat[31], Straßenverkehr[32]) aussondert. Bei engen menschlichen Gemeinschaften, die außerhalb des Strafrechts keine Rechtspflichten erzeugen, versucht man, den genannten Gegensatz aufzuheben, indem man von Rechtspflichten „in weitem Sinne"[33] oder „‚rechtlich verfestigten' Garantenpflichten"[34] spricht und jeden Versuch, unter Rechtspflichten Rechtspflichten zu verstehen, als „Positivismus"[35] abwertet; auch die etwas vag klingende Wendung „wenn er rechtlich dafür einzustehen hat" in § 13 StGB 1973 scheint mir einen Wink an den Richter zu enthalten, er solle es mit der *Rechts*pflicht nicht gar so genau nehmen.

Ein derartiger Kompromiß ist allerdings beim Gleichstellungsdogma schlecht möglich. Deshalb tritt hier auch die Antinomie unverschleierter zutage. Ich meine damit folgendes: Daß über die Tatbestandsmäßigkeit einer Unterlassung letzten Endes seine Gleichwertigkeit mit dem positiven Tun entscheidet, ist die einzige ganz allgemein akzeptierte Erkenntnis im Bereich unseres Themas[36]. Zwar wechselt die Terminologie; man spricht von „Gleichwertigkeit", „Gleichstellung", „Entsprechung", „Handlungsäquivalenz", „Begehungsgleichheit", hat dabei aber immer dieselbe Ausgangsfrage im Auge, die aller Einzeluntersuchung Rahmen und Richtung geben soll. Diesem Axiom widerstreitet nun eine lebhaft empfundene Forderung der Gerechtigkeit: Wir spüren fast alle, daß auch die Unterlassung des Garanten, also eine bereits gleichgestellte, aufs große Ganze gesehen (es gibt Ausnahmen), milder bestraft werden muß als das vergleichbare positive Tun. Dem Gesetzgeber bleibt nur ein Entweder-Oder. Entweder beugt er sich der Konsequenz des Gleichwertigkeitssatzes und richtet das Strafmaß allein am positiven Tun aus, dem ja alles tatbestandsmäßige Unterlassen notwendig „gleichsteht". Tut er dies, dann ist es unvermeidlich, daß der Richter dem Unterlassungstäter oft nicht gerecht werden kann, weil er zu hart bestrafen muß. Oder der Gesetzgeber folgt dem natürlichen Gefühl für die Ungleichwertigkeit von Tun und Garantenunterlassung und schafft eine wenigstens fakultative Strafmilderung für die letztere Begehungsform. Dafür aber zahlt man mit einem handfesten Widerspruch im Gesetz.

Wie nicht anders zu erwarten, hat man bei den Reformarbeiten zwischen den beiden Übeln wechselnd gewählt. Die Große Strafrechtskommission hat nach langem Schwanken der Konsequenz den Vorzug gegeben, d. h. auf eine

30 So § 13 E 1958 und § 12 AE.

31 Vgl. *Henkel*, MSchrKrim. 1961, S. 183; *Rudolphi*, a. a. O., S. 157 ff.

32 Vgl. *Welzel*, JZ 1958, S. 494 ff.

33 *Maurach*, A. T., S. 602.

34 *Geilen*, FamRZ 1961, S. 152.

35 *Maurach*, A .T., S. 602.

36 Vgl. statt vieler Armin *Kaufmann*, JuS 1961, S. 174.

Milderungsmöglichkeit verzichtet. „Dabei wird nicht verkannt", sagt die Begründung zu § 13 E 1962[37], „daß hierfür (scil. die Strafmilderung) Gründe von Gewicht vorgebracht werden können. Insbesondere ist nicht zu übersehen, daß die Tatbestandsverwirklichung durch ein Unterlassen in vielen Fällen im Unrechtsgehalt hinter der durch ein Tun zurückbleibt... Die Zulässigkeit einer Strafmilderung stünde aber ... in einem auffallenden Gegensatz zum Erfordernis der Gleichwertigkeit der Unterlassungstat." Ebenso haben die Verfasser des Alternativentwurfs entschieden (vgl. § 12 AE).

Der Gesetzgeber selbst hat dagegen die „Gründe von Gewicht" höher bewertet[38]. § 13 StGB 1973 sieht in Absatz 2 die Milderungsmöglichkeit vor, ist dafür aber so ungereimt, daß dies nach meiner Beobachtung selbst Nichtjuristen auffällt. Noch krasser trat der Widerspruch in einem Formulierungsvorschlag *Jeschecks* hervor, dessen hier interessierender Teil lautete: (1) ... und wenn das Unterlassen in der Art und Weise, wie es stattgefunden hat, nach dem Sinn des Tatbestandes ebenso strafwürdig ist wie das Tun.

(2) Die Strafe kann ... gemildert werden[39].

Wie kommt man heraus aus diesen Widersprüchlichkeiten? Daß wir auf einen Irrtum oder zukünftigen Wandel unserer Gerechtigkeitsvorstellungen und kriminalpolitischen Bedürfnisse nicht setzen dürfen, scheint mir sicher. Es wird auch in hundert Jahren noch evident sein, daß, wenn zwischen Großeltern und Enkeln grundsätzlich Garantenpflichten bestehen, dies bei Brüdern, die in einem Hause wohnen und sich innigst verbunden fühlen, nicht schlechthin ausgeschlossen sein kann. Wenn Rechtswissenschaft Gerechtigkeit verwirklichen helfen soll, bleibt ihr also nur, sich zum Vorrang der konkreten Erkenntnis zu bekennen und System und Dogma aufs Spiel zu setzen, auch wenn dabei „unverlierbare Einsichten" verloren zu gehen drohen. Daß die Grundsätze der Rechtspflicht zum Handeln und der Begehungsgleichwertigkeit zu ungerechten Resultaten führen, mithin nicht stimmen können, ist ein Befund, den der Dogmatiker nicht unterdrücken[40] oder verschleiern, sondern im Gegenteil bewußt machen und zum Anlaß nehmen soll, nach neuen, besseren Fundamenten zu suchen.

Steht am Anfang dieser Überlegungen die Skepsis gegen das vorweggenommene System, so besagt das freilich nicht, daß an ihrem Ende ein beziehungsloses Chaos zahlloser Einzelergebnisse herauskommen müßte. Daß schon von Natur das erkennende Bewußtsein darauf angelegt ist, alle Einzelerkenntnisse untereinander zu verbinden und hinaufzuführen zum System[41],

---

[37] S. 126.

[38] Niederschriften (Bundestag-Sonderausschuß), S. 1869.

[39] Niederschriften, Band 12, S. 436 f.

[40] Vgl. die Begründung zu § 12 AE, S. 47 (pauschales Ausscheiden der „konkreten Lebensgemeinschaft").

[41] Ausführlich darüber *Kant*, Kritik der reinen Vernunft, 1. Auflage, 1781, S. 644 ff.; 2. Aufl., 1787, S. 672 ff.

daß es eine „ewige Sehnsucht des Menschengeistes nach Einheit und Umspannung“[42] gibt, ist mittlerweile eine fast landläufige Weisheit. „Der menschliche Geist muß so vorgehen, daß er die einzelnen Phänomene miteinander verknüpft und zwischen ihnen bestimmte Ordnungsfolgen (Nexi) herstellt; anders könnte er die Vielfalt der Erscheinungen nicht beherrschen“[43]. Die Rechtswissenschaft muß aber noch weiter gehen. Sie darf sich nicht damit begnügen, Wertung auf Wertung, Einzelerkenntnis auf Einzelerkenntnis zu häufen, um dann in Ruhe zuzusehen, wie aus alledem allmählich und zwangsläufig ein System erwächst. Für sie ist es vielmehr ein Gebot der Rechtsstaatlichkeit, das naturgegebene Ordnungsstreben zu beschleunigen, indem sie sich von Anfang an bewußt zum Ziele setzt, Dogmen, Prinzipien und überwölbende Systeme zu gewinnen. Denn wenn die am Einzelproblem gewonnenen Einsichten zu Prinzipien entwickelt und diese in einem transparenten Gefüge systematisch zusammengestellt werden, so verbessert das die Orientierungsmöglichkeiten des Staatsbürgers, erhöht die rationale Nachprüfbarkeit der Einzelentscheidung und hilft schließlich das Gebot der Gleichbehandlung erfüllen, weil es gleichartige Fälle sichtbar macht[44].

Aber gerade auch dieser tiefere Sinn allen rechtswissenschaftlichen Systematisierens spricht nicht für, sondern gegen das in der strafrechtlichen Dogmatik heute noch überwiegende Denken in Systemen mit vorherrschend deduktiv-axiomatischen Zügen. Denn es ist ja nicht so, daß die Rechtsentwicklung um der Bestimmtheit und Gleichheit der Rechtsfolgen willen sich dem axiomatischen System unterordnen und dessen mühsame Korrekturen abwarten würde. Das System vermag weder eine sachlich gebotene Rechtsentwicklung auf Dauer aufzuhalten noch eine bereits vollzogene rückgängig zu machen. Die Unterlassungsdogmatik liefert dafür anschauliche Beispiele Das Dogma von der unabdingbaren Voraussetzung der Rechtspflicht hat nicht hindern können, daß man nach und nach auch bloß sittlich Verpflichtete bestrafte, und die Annahme ungeschriebener Tatbestände für das Unterlassen hindert nicht, daß weiterhin die „unanwendbaren“ geschriebenen angewandt werden. Wirklich bedeutend ist vielmehr eine ganz andere Auswirkung. Man kann sie mit *Horns* Worten kennzeichnen: „Abschließende Fixierung der Argumentation in einem starren Begriffssystem hätte zur Folge, daß die eigentlichen Sachprobleme der Dogmatik mit der Zeit entgleiten würden. Nicht die Rechtsentwicklung würde verhindert, wohl aber ihre wissenschaftliche Kontrolle“[45].

Das ist nur deshalb nicht immer ohne weiteres zu bemerken, weil sich die an der Sache ausgerichtete Entscheidung getarnt aus dem System schleicht, getarnt durch eifrige Verwendung der Systembegriffe, die so, ihren Be-

---

[42] Nicolai *Hartmann*, Kant-Studien, 1924, S. 163.
[43] *Wagner*, Die Vorstellung der Eigenständigkeit in der Rechtswissenschaft, S. 33.
[44] Vgl. *Zippelius*, NJW 1967, S. 2230.
[45] NJW 1967, S. 608.

deutungsgehalt allmählich verlierend, nur noch als Etikette dienen. So weiß man seit langem, daß es bei einem Obhutsversprechen für die Garantenstellung gleichgültig ist, ob ein wirksamer, eine Rechtspflicht schaffender Vertrag vorliegt. Der AE, der hinter diese Erkenntnis gewiß nicht zurück will, spricht aber dennoch weiterhin von der „übernommenen Rechtspflicht" als Trägerin der Garantenposition (vgl. § 12 AE).

Der axiomatische Dogmatismus verfehlt somit am Ende beide der Rechtsordnung aufgegebenen Postulate: Gerechtigkeit und Rechtssicherheit. Die Gerechtigkeit, weil er mit der ihm verbleibenden Restautorität sehr wohl das Rechtsgefühl verfälschen und zutreffender Sacheinsicht die Auswirkung eine Zeitlang verweigern kann; das Gleichwertigkeitsdogma hätte um ein Haar die sachlich begründete Strafmilderung für unechtes Unterlassen verhindert. Die Rechtssicherheit, weil er ein den Sachproblemen angemessenes System, welches nur ohne Vorurteil und auf induktivem Wege entstehen kann, nicht zuläßt und so die Rechtsentwicklung abdrängt in eine irrationale Gefühlsjudikatur; diese muß sich von Fall zu Fall weiterhelfen, ohne sich orientieren zu können an einer durchsichtigen, differenzierten Ordnung von Problemlösungen in abstracto, die Ungleiches scheidet und Gleiches zu Gleichem fügt.

Nicht gegen das Systemdenken überhaupt richtet sich also unser zu Anfang nachdrücklich geforderter problemgebundener Denkstil. Die Einzelerkenntnisse vorsichtig zu verallgemeinern und systematisch zu ordnen, wird im Verlauf der Darstellung keinen geringeren Rang einnehmen als die Arbeit am Einzelproblem selbst. Was es zu bekämpfen und ständig zu vermeiden gilt, ist nicht das System, sondern seine Verabsolutierung, sein Anspruch auf Vorrang vor der sich aufdrängenden Wertung, mit einem Wort: das Vorurteil. Darum müssen wir ganz ebenso auf der Hut sein vor dem scheinbar weisen Verzicht auf strenge Begriffs- und Systembildung, der uns hin und wieder ebenfalls begegnet und nicht minder zum gefährlichen Dogma erstarren kann. Wir wollen auch das an Hand eines bekannten, im Zentrum unseres Themas stehenden Problem beispielhaft belegen.

Es ist seit langem verbreitete Meinung, die verschiedenen Erscheinungsformen deliktischen Verhaltens, insonderheit die des Handelns und unechten Unterlassens, ließen sich nicht unter einem exakt zu definierenden Oberbegriff verbinden. „Daß das sachliche Substrat von Unrecht und Schuld sehr verschieden gestaltet ist und nicht im Wege der Abstraktion auf den gemeinsamen Nenner eines deskriptiven Merkmals gebracht werden kann, läßt sich kaum bestreiten", heißt es bei *Roxin*[46], und von Arthur *Kaufmann* erfahren wir, in Betracht komme „nur eine beschreibende (deskriptive) Sacherklärung, eine Phänomenologie des Wesens der Handlung, d. h. ein Aufzeigen der für sie eigentümlichen Eigenschaften unter Verzicht auf eine ‚abschließende'

[46] Radbruch-Gedächtnisschrift, S. 263.

Definition"[47]. Solche Betrachtung begnügt sich anstelle exakter Begriffsbildung mit vagen Beschreibungen ohne echten Aussagegehalt, denen eingestandenermaßen nur die Bedeutung einer „normativen Richtlinie"[48] zukommen soll. Beispiele derartiger Umschreibungen sind das „personal zurechenbare Verhalten" bei *Roxin*[49], das „sozial erhebliche Verhalten" bei *Jescheck*[50] oder Arthur *Kaufmanns* „deskriptive Sacherklärung" des menschlichen Handelns als „verantwortliche, sinnhafte Gestaltung der Wirklichkeit mit vom Willen beherrschbaren... kausalen Folgen (im weitesten Sinne)"[51].

Es liegt auf der Hand, daß solche Deskriptionen der praktischen Rechtsanwendung keine Hilfe geben. Sie lassen die verschiedenen Erscheinungsformen des deliktischen Verhaltens als isolierte „Topoi" stehen, und man erfährt nur (was man schon immer wußte), daß sowohl aktives Tun wie Unterlassen „personal zugerechnet" werden kann. Handlung und Unterlassen gehen in der dogmatischen Systembildung weiterhin getrennte Wege und bleiben durch einen unüberbrückten Graben geschieden, so daß ihre für die Praxis unverzichtbare Zusammenfassung in den Tatbeständen des Besonderen Teils wissenschaftlich unerklärbar bleiben muß.

Daß der Handlungsbegriff nicht im strengen Sinne definierbar sein soll, erscheint, wenn man nicht auf die bisher unbefriedigenden Versuche der Wissenschaft, sondern auf die Sache selbst blickt, nicht sehr einleuchtend. Betrachten wir den Begriff etwa des „Tötens", dann ist nicht einzusehen, welche logischen Gründe uns hindern sollen, ihn im juristischen Sprachgebrauch als terminus technicus zu verwenden, der neben dem aktiven Herbeiführen des Todes auch noch dessen Nichtabwendung durch Garanten umfaßt und sonst nichts. Ebensowenig plausibel ist dann die Behauptung, „Töten" sei kein definibler Oberbegriff, unter den die gemeinten Verhaltensweisen und nur sie zu bringen seien.

Doch an dieser Stelle geht es noch nicht um das Problem der Begriffsbildung selber[52], sondern wieder um die falsche Methode. Man darf nämlich nicht mehr sagen, als daß bislang Tun und Lassen nicht in überzeugender Weise in einem System begrifflich koordiniert worden sind und man sich deshalb vorerst mit zwei getrennten Systemen behelfen müsse. Sagt man mehr, sagt man, alle Versuche in dieser Richtung seien „zum Scheitern verurteilt"[53], ihre Aussichtslosigkeit lasse sich „kaum bestreiten"[54] oder mit ihnen befände

[47] H. Mayer-Festschrift, S. 88.

[48] *Roxin*, a. a. O., S. 264.

[49] a. a. O., S. 262.

[50] Festschrift für Eberhard Schmidt, S. 151.

[51] a. a. O., S. 116.

[52] Davon handelt der zweite Teil der Arbeit.

[53] *Gallas*, ZStW 67, S. 8 f.

[54] *Roxin*, a. a. O., S. 263.

sich der Nachdenkende „von vornherein auf dem Holzweg“[55], so trägt man dazu bei, einen wissenschaftlich unbefriedigenden Zustand zu verewigen, weil man der Systemsuche im vorhinein den Sinn abspricht. Das ist zwar eine Annahme, die sich gegen systemverhaftetes Begriffsdenken wendet, aber ein Vorurteil nichtsdestoweniger. Denn wenn „alle Bemühungen um ... Koordinierung heute als gescheitert angesehen werden müssen“ (*Schröder*[56]), so muß das nicht an der Unmöglichkeit der Begriffsbildung, sondern kann ebensogut an Unzulänglichkeiten des bisherigen Forschens liegen.

[55] Arthur *Kaufmann*, a. a. O., S. 78 f.
[56] Kommentar, Vorbemerkung 80.

ERSTER TEIL

DIE UNTERLASSUNGSDELIKTE UND DER GELTUNGSBEREICH DER GARANTENLEHRE

Eine Untersuchung, die den Geltungsraum des Garantenprinzips auszumessen sucht, muß sich folgende Frage vorlegen: Welche Tatbestände lassen sich durch Unterlassen nur dann verwirklichen, wenn der Unterlassende eine besondere soziale (Garanten-)Stellung innehat, die im Gesetz nicht ausdrücklich vorausgesetzt ist? Wir wollen versuchen, die Frage möglichst vollständig und genau zu beantworten. Auf welchem methodischen Weg dieses Ziel zweckmäßigerweise anzustreben ist, wurde schon angedeutet. Es empfiehlt sich nicht, ein anerkanntes System zu übernehmen und aus seinen spärlichen und undifferenzierten Grundbegriffen (etwa der Unterscheidung zwischen echten und unechten Unterlassungsdelikten) die Antwort zu deduzieren. Vorschnelle und sachlich unzutreffende Festlegungen sind nur dann zu vermeiden, wenn man die Tatbestände des Besonderen Teils gewissermaßen für sich selber sprechen läßt und ihnen in schrittweisem Vorgehen eine sich nach und nach vervollständigende Lösung abgewinnt. Natürlich bedeutet das nicht, daß in endloser Aufeinanderfolge Tatbestand für Tatbestand auf die Geltung des Garantenprinzips hin durchgeprüft werden müßte. Vielmehr geht es von vornherein nicht ohne vorsystematische Typenbildung, die die Fülle des Stoffs gliedert und ordnet und sich dabei in gewissem Umfang auch herkömmlicher Einteilungsschemata bedienen darf; denn diese beruhen bei mancher Ungenauigkeit im einzelnen doch auf richtig erfaßten Teilaspekten und bieten überdies den Vorteil, dem Allgemeinverständnis durch gebräuchliche und vertraute Termini entgegenzukommen.

§ 2 ECHTE BEGEHUNGSDELIKTE

Der erste Schritt ist verhältnismäßig unproblematisch. Man kann nämlich sogleich eine Gruppe von Delikten auf Grund einer einfachen Überlegung ausklammern: Weil das Garantenprinzip Bestandteil der Dogmatik vom Unterlassungsdelikt ist, hat es keine Geltung für solche Tatbestände, die nur durch aktives Tun zu verwirklichen sind. Läßt sich ein Tatbestand durch bloßes Unterlassen nicht erfüllen, so stellt sich die Frage gar nicht erst, ob der Unterlassende eine Garantenposition innehat. Wohl mag bei solchen Straftaten der untätige Garant — und unter den Untätigen nur er — durch Unterlassen zum Teilnehmer werden, aber das ist eine andere Frage, die nicht den speziellen, Aktivität voraussetzenden Tatbestand des Besonderen Teils betrifft.

Man kann derartige Delikte, weil sie aktives Handeln fordern, in Anlehnung an die entsprechende Bezeichnung für Unterlassungsdelikte, echte Handlungs- oder Begehungsdelikte nennen. Daß es sie gibt, ist allgemein bekannt, wenn auch im einzelnen wenig erforscht.

I. Täterstrafrechtliche Delikte

Das Strafgesetzbuch enthält bekanntlich eine kleine Anzahl von Tatbeständen, die nicht einen exakt begrenzten Handlungsvorgang beschreiben, sondern ein andauerndes, sozial unerwünschtes Verhalten, eine Persönlichkeitshaltung, die ihr Subjekt zu einem bestimmten Typ des „Asozialen" macht. Das Gesetz knüpft hier „nicht an ein einzelnes Geschehnis, sondern an das Vorliegen einer asozialen oder aktiv antisozialen Existenzform an"[1] und schafft so ein das einzelaktgebundene „Tatstrafrecht" ergänzendes „Täterstrafrecht". Relativ zahlreiche Beispiele finden sich in § 361 StGB. Dort wird mit Strafe bedroht, wer „als Landstreicher umherzieht" (Nr. 3), „bettelt" (Nr. 4) oder „sich dem Spiel, Trunk oder Müßiggang dergestalt hingibt", daß sein Zustand für ihn und seine Familie behördlich vermittelten fremden Unterhalt nötig macht (Nr. 5). Bekannter noch sind die Zuhältertypen des „Ausbeuters" und des „Kupplers". § 181 a bedroht mit dem Verlust der Freiheit den Mann, der von einer Dirne „unter Ausbeutung ihres unsittlichen Erwerbes ganz oder teilweise den Lebensunterhalt bezieht", und den, der „einer solchen Frau gewohnheitsmäßig oder aus Eigennutz in bezug auf die Ausübung des unzüchtigen Gewerbes Schutz gewährt oder sonst förderlich ist". Im vorliegenden Zusammenhang interessiert nicht die spezifische Problematik täterstrafrechtlicher Bestimmungen[2]. Auch wollen wir dem schillernden Begriff des „Tätertyps", der für die dogmatische Strafrechtswissenschaft seine einstige Aktualität ohnehin verloren hat, nicht weiter nachgehen[3]. Es geht vielmehr ausschließlich darum, aufzuzeigen, daß täterstrafrechtliche Delikte — das soll hier bedeuten: Delikte mit typisiert-asozialem Dauerverhalten — nicht durch bloßes Unterlassen begehbar sind.

Ein Landstreicher z. B. kann zwischendurch gewiß auch einmal untätig sein — etwa indem er sich ins Gras legt —, ohne in diesem Zeitraum schon aufzuhören, ein Landstreicher zu sein. Aber durch reines Nichtstun kann niemand „als Landstreicher umherziehen". Ein Zuhälter mag hin und wieder auch Geld zugesteckt bekommen, ohne es zu fordern; aber wer nie einen Finger krümmt, kann von Dirnen seinen Lebensunterhalt nicht beziehen. Um

---

[1] *Kohlrausch-Lange*, System.Vorbem. D 2 (S. 12).

[2] Vgl. dazu *Bockelmann*, Studien zum Täterstrafrecht, 2. Teil, S. 55 ff.

[3] Speziell „Zur Frage der Zuhälterei" und zur Möglichkeit „tätertypischer" Auslegung des § 181 a vgl. *Androulakis'* Abhandlung in ZStW 78, S. 432—489.

eine milde Gabe bitten kann man auch durch ausdrucksvolle Passivität; doch das allein macht keinen Menschen zum „Bettler" i. S. des §361 Nr. 4 StGB. Das läßt sich verallgemeinern: Phasen der Untätigkeit gehören durchaus zum Bild der verschiedenen asozialen Typen; aber für sich allein genügen sie nicht, eine Persönlichkeit so zu prägen, daß man sie als Landstreicher, Spieler oder Zuhälter erkennt. Aktivverhalten gehört dazu. Täterstrafrechtliche Delikte sind deshalb echte Begehungsdelikte.

II. Eigenhändige Tätigkeitsdelikte im Tatstrafrecht

Unter den hier maßgebenden Ordnungsaspekten bilden die täterstrafrechtlichen Delikte aber offenbar nur eine homogene und scharf konturierte Gruppe innerhalb von Straftaten, die insgesamt durch ein anderes Kriterium gekennzeichnet sind. Man könnte nun meinen, Begehbarkeit durch Unterlassen (und mithin die Anwendbarkeit des Garantenprinzips) scheide notwendig bei allen Tatbeständen aus, die überhaupt menschliche Aktivität voraussetzen. Wäre das richtig, so ließen sich hier uneingeschränkt alle tätigkeitsgebundenen Delikte anführen. Um einige Beispiele zu nennen: Das Eingehen einer zweiten Ehe durch noch Verheiratete (§ 171 StGB) setzt aktive Mitwirkung voraus (vgl. § 14 Ehegesetz); bei den Aussagedelikten muß der Täter reden; Notzucht gibt es nicht ohne den mißbräuchlichen aktiven Beischlaf (§ 177 StGB); § 330 a StGB verlangt, jedenfalls in der „den Genuß geistiger Getränke" erfassenden Alternative, die Tätigkeit des Trinkens; Sodomie ist nicht denkbar ohne einen Menschen, der sich aktiv an einem Tier vergeht; „Steinewerfen" (§ 366 Nr. 7 StGB) ist eo ipso eine Tätigkeit. Unsere Untersuchung könnte sich damit begnügen, die Einzeltatbestände zu überprüfen, wo dann rein naturalistische Betrachtungen anzustellen wären wie die, ob der Geschlechtsverkehr beim Ehebruch und bei der Blutschande auch durch passives Verhalten vollziehbar ist[4].

So einfach liegen die Dinge aber nicht. Ein Tatbestand enthält nicht schon deshalb ein echtes Begehungsdelikt, oder, wie *Maurach*[5] es nennt, ein „Nur-Begehungs-Delikt", weil er menschliche Energieentfaltung voraussetzt. Das wird klar, wenn man sich den Begriff der mittelbaren Täterschaft vor Augen hält. § 176 Abs. 1 Nr. 1 z. B. („wer mit Gewalt unzüchtige Handlungen an einem anderen vornimmt oder einen anderen durch Drohung ... zur Duldung unzüchtiger Handlungen nötigt") ist selbstverständlich ein tätigkeitsgebundenes Delikt insofern, als es ohne menschliche Tätigkeit nicht auftreten kann. Das bedeutet aber zunächst nur, daß bei unmittelbarer Einzeltäterschaft ein Begehen durch Unterlassen ausscheidet. Ob dieses schlechthin undenkbar ist,

---

[4] Vgl. zu diesen Fragen *Nagler,* GS 111, S. 56 und LK, 8. Aufl., 1. Band, S. 35; *Maurach,* A. T., S. 597; *Dahm,* ZStW 59, S. 158; RG 10 160.

[5] A. T., S. 597.

hängt von der Frage der „Eigenhändigkeit" ab. Der Bundesgerichtshof[6] verneint in Übereinstimmung mit der h. L.[7] die Notwendigkeit eigenhändiger Ausführung, hält also Mit- und mittelbare Täterschaft für möglich. Folgt man dem, so ist zugleich der Unterlassungsbegehbarkeit und dem Garantenprinzip ein wichtiger, wenn auch äußerst kleiner Geltungsbereich eröffnet. Unterbindet jemand die unzüchtigen Handlungen eines anderen nicht, so kommt neben Beihilfe durchaus auch eine täterschaftliche Begehung durch Unterlassen in Betracht. Wann das eine und wann das andere anzunehmen ist, ist eine Frage der später noch vorzunehmenden Abgrenzung der Teilnahmeformen beim Unterlassen[8]. Hier muß es genügen, unsere Behauptung anhand eines Beispiels zu erläutern, in dem die Annahme von Täterschaft immerhin diskutabel erscheint: Nimmt ein Geisteskranker an einer Anstaltsgenossin gewaltsam unzüchtige Handlungen vor und läßt die Aufsichtsperson, die den einen überwachen und die andere schützen muß, das geschehen, so macht sie sich u. E. durch Unterlassen nach § 176 Abs. 1 Nr. 1 StGB schuldig. Und wir erkennen sofort, daß hier die Garantenstellung entscheidend ist, denn ein zufällig Anwesender, der den Vorgang leicht verhindern könnte, mit Täter und Opfer aber nichts zu tun hat, wäre offenbar nach dieser Vorschrift nicht strafbar.

Tätigkeitsgebundene Delikte sind also nur dann Delikte ohne Unterlassensbegehbarkeit, wenn sie „höchstpersönlicher" Natur sind, d. h. die Täterschaft auf eigenhändige Ausführung beschränkt ist. Daß dies bei den täterstrafrechtlichen Delikten immer der Fall ist, versteht sich fast von selbst. Es kann einer zwar andere zu einer bestimmten asozialen Lebensweise verleiten, aber selbst wenn er dazu Mittel einsetzt, die normalerweise Täterschaft begründen — wie Zwang oder Täuschung —, so zeigt er dennoch „nicht die Persönlichkeitshaltung, die allein ihn zum Täter dieser Bestimmungen machen könnte"[9]. Dasselbe gilt im Unterlassensfall. Wer seinen unmündigen Sohn oder seinen altersschwachsinnigen Vater zum Landstreicher werden läßt, verhält sich zwar verwerflich, ist aber nicht selber ein Landstreicher. Eine typisierte asoziale Persönlichkeitshaltung kann man nur durch sein eigenes Verhalten erwerben. Das ist der Grund, weshalb bei den täterstrafrechtlichen Delikten die Eigenhändigkeit nie als Problem empfunden worden ist[10]. Ganz anders sieht es im Tatstrafrecht aus. Aktivitätsgebundenheit und Eigenhändigkeit fallen hier nicht notwendig zusammen. Es gibt sowohl fremdhändig begehbare Tätigkeitsdelikte (Beispiel: § 176 Abs. 1 Nr. 1 StGB) wie eigenhändige Unterlassungsverbrechen; so muß der Fahnenflüchtige sicher (nach *Bindings* bekanntem Wort) „mit eigenen Beinen

---

[6] MDR 1955, S. 244; MDR 1958, S. 139 (*Dallinger*).

[7] *Kohlrausch-Lange*, § 176, Anm. II 1; *Schönke-Schröder*, § 176, Rdn. 10; *Roxin*, Täterschaft, S. 417; a. A. H. *Mayer*, Lehrbuch, S. 331 f.

[8] Vgl. unten S. 316 ff.

[9] *Roxin*, Täterschaft, S. 411.

[10] Ausführlich begründet *Roxin*, Täterschaft, S. 410—412, die Eigenhändigkeit.

entlaufen"[11], kann dies aber auch, indem er im Gebüsch liegenbleibt und der sich zurückziehenden Truppe nicht folgt. Nur soviel läßt sich sagen, daß es kein echtes Begehungsdelikt gibt, das nicht zugleich eigenhändiger Natur ist. Als unstreitige Beispiele aus dem Bereich des Tatstrafrechtes lassen sich etwa der Meineid (§ 154 StGB), das folgenschwere Sich-Betrinken (§ 330 a StGB) und die Sodomie (früher nach § 175 b StGB strafbar) anführen.

Die bisherigen Überlegungen haben uns also zu einer ersten Einsicht verholfen, die wir wie folgt umreißen können: Die Garantenlehre ist ohne Anwendungsbereich bei Delikten, die durch bloßes Unterlassen nicht zu verwirklichen sind. Solche reinen oder echten Begehungsdelikte sind notwendig eigenhändiger Natur[12]. Ohne Ausnahme an Aktivität und eigenhändige Ausführung zugleich gebunden sind die täterstrafrechtlichen Delikte, doch gibt es auch im Tatstrafrecht Beispiele für diesen Tatbestandstyp.

§ 3 ECHTE UNTERLASSUNGSDELIKTE

I. Dogmengeschichtliches und einleitende Überlegungen

Die echten Unterlassungsdelikte sind nicht immer als Delikte eigener Art innerhalb der Unterlassungstaten erkannt gewesen. Die ersten Anfänge einer Abscheidung verlieren sich im dogmenhistorischen Dunkel, doch wird man sie in der Mitte des 18. Jahrhunderts ansetzen dürfen. *Nagler*[1] führt Arbeiten von *Engau*, v. *Banniza*, *Meister*, *Koch* und *Wesphal* aus den Jahren 1738, 1753, 1755, 1758 und 1785 an, die — heute längst vergessen — doch durch ihr gefühlsmäßiges Andeuten und Vorwärtstasten späterer Erkenntnis den Weg bereiteten. Als Begründer einer klar erfaßten Unterscheidung darf möglicherweise der Däne *Ørstedt* gelten, der beim nichtverhinderten Verbrechen die Miturheberschaft von der versäumten Anzeigepflicht trennte und das letztere Unrecht durch die selbständige Bezeichnung „negative Gesetzesübertretung" („wo man sich bloß der Beiseitelassung einer gesetzlich befohlenen Pflicht schuldig macht") vom Unrecht der Beteiligung (auch wenn dieses durch Unterlassen geschieht) abhob[2]. Doch vermochten derart vereinzelte Hinweise einstweilen noch nicht, das wissenschaftliche Allgemeinbewußtsein zu bereichern. *Feuerbach*, vielleicht der erste, der sich um generelle Strafbarkeitsregeln für Unterlassungsverbrechen bemüht hat, hat bis zur letzten (11.) Auflage seines Lehrbuchs (1832) keinen Unterschied zwischen echten und unechten Unterlassungen gesehen[3]. Endgültig und allgemein be-

---

[11] Die drei Grundformen, in: Abhandlungen, S. 266.

[12] Dieses Kriterium habe ich an anderer Stelle eingehend untersucht, vgl. ZStW 82, S. 896 ff. Darauf sei hier verwiesen.

[1] GS 111, S. 17, Anm. 46.

[2] Über die Grundregeln der Strafgesetzgebung, Band 1, Kopenhagen, 1818, S. 203, 311 (zitiert nach *Rohde*, Die Natur des echten Unterlassungsdeliktes, S. 1).

[3] Vgl. Lehrbuch, §§ 24, 49.

kannt wurde er erst durch *Luden*, der die heute noch herrschenden Kriterien schon sehr klar herausgestellt hat. Die echten Unterlassungsdelikte nennt er „Unterlassungsverbrechen im eigentlichen Sinne". Sie sind gekennzeichnet durch die Verletzung eines „Praeceptivgesetzes". Dieses gebietet die Handlung, ohne aber den Schadenseintritt zum Gegenstand zu haben[4]. Anders die zweite Gruppe: Hier liegen „Unterlassungshandlungen" vor, die ein „Prohibitivgesetz" verletzen und auf Beeinträchtigung fremder subjektiver Rechte zielen[5]. Als Prinzip wurde die Unterscheidung nun Allgemeingut der Strafrechtsdogmatik, wenn auch die maßgebenden Kriterien zweifelhaft blieben und gerade in der jüngsten Vergangenheit umstrittener als je zuvor geworden sind.

Schon die Bezeichnung „echte Unterlassungsdelikte" deutet an, daß diese Deliktsgruppe gewissermaßen das Gegenstück zur vorstehend betrachteten Kategorie der echten Handlungsdelikte darstellt. In der Tat besteht hier eine spiegelbildliche Entsprechung. Während wir „echte Handlungs- oder Begehungsdelikte" diejenigen Tatbestände genannt haben, die nur durch aktive Handlungen begehbar sind, läßt sich — ohne genauerer Kennzeichnung vorzugreifen — von den Gesetzestatbeständen der echten Unterlassungsdelikte jedenfalls soviel sagen, daß sie durch Unterlassen verwirklicht zu werden pflegen. Daß die bei dieser Einteilung übrigbleibenden Straftatbestände — solche, die sowohl durch Handeln wie durch Unterlassen erfüllt werden — die „unechten Unterlassungsdelikte" sein werden, ist fast selbstverständlich, und es wäre nur hinzuzufügen, daß man sie auf der Grundlage der hier gewählten Terminologie ebensogut „unechte Begehungsdelikte" nennen könnte.

Was nun den Geltungsbereich des Garantenprinzips angeht, muß allerdings gleich eingangs vor übereilten Schlüssen gewarnt werden. Weil nämlich das Garantenprinzip traditionsgemäß als ein Problem nur der unechten Unterlassungsdelikte gilt und diese Zusammengehörigkeit durch die echten Begehungsdelikte sogar erhärtet scheint, könnte man versucht sein zu folgern, auch die echten Unterlassungsdelikte aus dem Geltungsraum der Garantenlehre ausklammern zu dürfen. Dies wäre indes bedenklich. Daß ungeschriebene soziale Sonderstellungen für die Strafbarkeit untätiger Menschen nicht erheblich sind, ist für Delikte, die durch Untätigkeit gar nicht begehbar sind, selbstverständlich zwingend, ist dagegen keineswegs auch nur wahrscheinlich für solche Tatbestände, die — wie die echten Unterlassungsdelikte — *gerade* durch Unterlassen verwirklicht werden. Hier ist es durchaus vorstellbar, daß der Straftatbestand genau wie bei den unechten Unterlassungsdelikten so unbestimmt bleibt, daß man die Garantenvoraussetzungen in ihn „hineinlesen" muß.

---

[4] Abhandlungen aus dem gemeinen teutschen Strafrechte, Band 2, 1840, S. 119 f., 223, 242.

[5] a. a. O., S. 169 ff., 220.

II. Das Unterlassungsdelikt — abstrakter Deliktstyp oder konkreter Deliktsfall

Sucht man das echte Unterlassungsdelikt in seinem Wesen zu erkennen und von anderen Verbrechensformen abzugrenzen, so steht dabei der Vergleich mit dem unechten Unterlassungsdelikt völlig zu Recht im Vordergrund. Man könnte insoweit von einem Problem „horizontaler" Unterscheidung sprechen, weil beides gleichrangige, nebeneinander liegende Erscheinungsformen deliktischen Verhaltens sind. Es ist aber wichtig zu beachten, daß daneben noch eine zweite Unterscheidung notwendig ist, die man als Problem „vertikaler" Abschichtung bezeichnen könnte, ein Problem, das überall auftaucht, wo man Norm und Faktizität zueinander in Beziehung setzt. Unter „Delikt", „Unterlassungsdelikt", „echtem" und „unechtem Unterlassungsdelikt" läßt sich nämlich zweierlei verstehen: Erstens der in einem Straftatbestand umschriebene abstrakte Deliktsbegriff, zweitens eine faktische Erscheinung im sozialen Leben, der konkrete Deliktsfall[6]. Allgemeine Verbrechensart und singulärer Verbrechensfall gehören verschiedenen strafrechtlichen Schichten an, die man gedanklich scharf voneinander trennen muß. Wo das nicht geschieht, kann es zu dogmatischen Streitfragen kommen, die ihre Ursache allein darin haben, daß man mit derselben Bezeichnung Verschiedenes meint. Ein Beispiel bietet der alte Streit um die theoretische Konstruktion der Idealkonkurrenz[7]. Einigt man sich darauf, unter „Verbrechen" den konkreten Verbrechensfall zu verstehen, so hat die Einheitstheorie recht, weil nur eine reale Verbrechenshandlung vorliegt. Meint man hingegen mit „Verbrechen" den abstrakten Deliktstyp, so trifft selbstverständlich nur die sog. Mehrheitstheorie zu; denn im Falle der Idealkonkurrenz verwirklicht eine Handlung mehrere abstrakte Verbrechensbegriffe[8]. Keine der beiden Betrachtungsweisen kann man „richtig" oder „falsch" nennen. Wo es auf die Verbrechenszahl ankommt, schreibt keine theoretische Konstruktion die Antwort vor, sondern entscheiden von Fall zu Fall allein Sinn und Zweck der jeweiligen Bestimmung und die Vernünftigkeit der aus der Problemlösung folgenden Konsequenzen, ob die eine oder die andere Betrachtungsweise den Vorzug verdient.

Welcher Schicht, der abstrakten, der konkreten oder beiden zugleich, gehören nun die Begriffe des echten und unechten Unterlassungsdeliktes an? Diese Frage hat neuerdings eine zusätzliche Bedeutung bekommen, weil *Androulakis* die zum Ausgangspunkt eines neuen, von den herkömmlichen Lehren abweichenden Versuchs der Trennung von „echt" und „unecht"

---

[6] Vgl. hierzu *Engisch,* Die Idee der Konkretisierung, S. 53 f.; *Beling,* Die Lehre vom Verbrechen, S. 382 f.; *Androulakis,* Studien, S. 157.

[7] Vgl. *Schönke-Schröder,* § 73, Rdn. 4.

[8] Ebenso *Engisch,* a. a. O.

beim Unterlassen gemacht hat. Für ihn ist die Differenzierung primär ein Problem der konkreten Deliktsschicht. Echtheit und Unechtheit werden im vorjuristischen Raum der konkreten Lebenserscheinungen entschieden und erst dann und von dort aus in die Schicht der Deliktstypen hineingetragen, wo nun dasjenige Unterlassungsdelikt „echt" ist, dem Fälle echten Lassens subsumierbar sind. „Uns interessieren", sagt *Androulakis*, „vorwiegend die Delikte und speziell die Unterlassungsdelikte als reale Erscheinungen der sozialen Wirklichkeit. Als solche müssen sie als ‚echte' oder ‚unechte' erst *erkannt* werden. Das Kriterium ihrer Unterscheidung soll ein Erkenntniskriterium sein, das seinen Wert ganz unabhängig von der jeweiligen Form des Gesetzes beizubehalten vermag[9] ... Der Blick muß bis auf den ontologischen Kern der Unterlassung bohren. Echtheit oder Unechtheit des Unterlassungsdeliktes hängt in Wahrheit von der Echtheit oder Unechtheit der *Lassung* ab"[10].

Ob *Androulakis* im Ergebnis zutreffende Kriterien auffindet, ist eine Frage für sich und wird noch zu untersuchen sein. Seinem methodischen Ansatz ist aber in jedem Fall zu widersprechen.

Gewiß ist für uns die Antwort bereits vorgezeichnet, weil wir es von Anfang an auf Aussonderung abstrakter Gesetzestatbestände angelegt haben. Den Hebel in der Unendlichkeit denkbarer Realerscheinungen — ohne Blick auf die sie erfassenden Deliktstypen — anzusetzen, wäre ein sinnloses Unterfangen. Schon dies legt die Annahme nahe, daß es sich hier zumindest vorrangig um ein der Typenebene angehörendes Unterscheidungsproblem handelt. Ich gehe aber weiter und behaupte, daß es ihr ausschließlich angehört. Ist etwa die „reale Lebenserscheinung" gegeben, daß in einem Schwimmbad mehrere des Schwimmens Mächtige ungerührt zusehen, wie ein Mensch ertrinkt, so hat jeder einzelne unterlassen, ihn zu retten. Das gilt für alle gleichermaßen, für den fremden Badegast wie für den Bademeister und den Vater des Unglücklichen. Zu sagen, der eine habe „echt", der andere aber „unecht" (also eigentlich gar nicht) unterlassen, wäre kein sinnvoller Sprachgebrauch. Er ließe die ontische Gleichartigkeit sämtlicher Unterlassungen außer acht und opferte ohne Not den natürlichen Wortsinn einer einseitig normativen, in die Wertsphäre vorgreifenden Betrachtungsweise. Der konkrete Deliktsfall ist entweder eine Unterlassung oder er ist es nicht, wenn man so will: ein „echtes" Unterlassen oder gar keins. Eine Unterscheidung nach Unterlassensarten ist hier nicht zulässig. Man sieht das auch daran, daß es möglich ist, eine und dieselbe Realunterlassung zwei unterschiedlichen Unterlassenstatbeständen gleichzeitig unterzuordnen; so etwa, wenn jemand vorsätzlich einen Menschen nicht rettet (§ 330 c StGB), den er fahrlässig nicht als

[9] Studien, S. 157.

[10] Studien, S. 158.

seinen Sohn erkannt hat (§ 222 StGB)[11]. Hier kann man offensichtlich den Vorgang nur unterschiedlichen Deliktsgebilden (mit verschiedenen Bezeichnungen) *subsumieren*, aber nicht den Unterschied in die Realebene selbst übertragen. Denn als solche kann eine konkrete Lebenserscheinung nicht echt und unecht zugleich sein.

So gilt es festzuhalten, daß echte und unechte Unterlassungsdelikte immer abstrakte Gesetzestatbestände bedeuten, Verbrechenstypen, begriffliche Gebilde, denen die realen Vorgänge des sozialen Lebens, die Deliktsfälle, zu subsumieren sind. Hat man sich dies klargemacht, dann ist es unschädlich, die Attribute „echt" und „unecht" auch mit den Begriffen „Unterlassung" und „Unterlassen" zu verbinden, wenn man nur beachtet, daß auch hier immer das abstrakte Unterlassensdelikt gemeint sein muß. Dagegen ist Vorsicht geboten, wenn in einem Satz konkrete und abstrakte Schicht aufeinander bezogen werden. Nicht korrekt ist z. B. eine Aussage wie die von *Meyer-Bahlburg*: „Unecht kann man alle die Unterlassungen nennen, die wir unter einen gesetzlichen Tatbestand subsumieren, der nur ein Tun ... beschreibt"[12]. Und ebensowenig sollte man sagen — wie oft zu lesen —, das echte Unterlassungsdelikt verstoße gegen ein Gebot oder verletze eins[13], sondern nur, es sei ein Gebotstatbestand.

Wichtig ist noch ein abschließender Hinweis: Der Begriff des unechten Unterlassungsdeliktes bedeutet zwar immer einen abstrakten Gesetzestatbestand und nicht einen konkreten Fall. Deshalb kann man z. B. sagen, § 212 StGB sei ein unechtes Unterlassungsdelikt. Aber das heißt natürlich nicht, daß diese Aussage den Totschlagstatbestand in seinem Wesen vollständig kennzeichnen könnte, sie hebt vielmehr an ihm nur einen besondern Aspekt hervor. Die Bezeichnung ist darum nur am Platze, wenn man die Bestimmung in ihrer Funktion, auch bestimmte Unterlassungen zu erfassen, betrachtet. Steht ein Fall gewöhnlichen Handelns zur Debatte (A hat B erschossen) wird man eher sagen, der Täter habe ein Handlungs- oder Begehungsdelikt verwirklicht. Die Bezeichnung wechselt also mit dem Blickpunkt, mit der Richtung, aus der man sich dem Tatbestand nähert, vergleichbar den Anreden gegenüber einem Manne, der Vater und Lehrer ist, letztere Bezeichnung aber nur aus der Schülerperspektive, nicht im Familienkreis erhält.

III. Zur Unterscheidung zwischen echten und unechten Unterlassungsdelikten

Nach dieser Klarstellung stehen wir nun vor dem eigentlichen, bedeutenderen Unterscheidungsproblem: Wodurch unterscheiden sich die echten von

---

[11] So ausdrücklich *Meister*, MDR 1953, S. 650; zur grundsätzlichen Möglichkeit von Tateinheit des § 330 c StGB mit einem unechten Unterlassungsdelikt vgl. *Oehler*, JuS 1961, S. 156; *Maurach*, B. T., S. 469.

[12] Dissertation, S. 17.

[13] Vgl. Armin *Kaufmann*, Unterlassungsdelikte, S. 207.

den unechten Unterlassungen? Die Antwort wurde schon wiederholt angedeutet. Echte Unterlassungsdelikte sind u. E. alle die Gesetzestatbestände, die nur durch Unterlassen, unechte diejenigen, die sowohl durch aktives Handeln wie durch Unterlassen verwirklicht werden können. Dies wird im folgenden seine Begründung erhalten. Dabei wird sich zeigen, daß unser Kriterium mit zweien der abweichenden Unterteilungsversuche (B und C) eng verwandt ist, hingegen mit den beiden anderen (A und D) nichts gemeinsam hat.

A. Tätigkeit und Erfolgsabwendung

Die wohl herrschende Abgrenzungstheorie stellt auf den Unterschied zwischen Tätigkeit und Erfolgsabwendung ab. Sie überwiegt auch außerhalb Deutschlands. Nach *Jescheck*[14] ist sie in Norwegen, Österreich, der Schweiz und im kanonischen Recht anerkannt. Teilweise vermengt mit konkurrierenden Kriterien, wird sie für das deutsche Strafrecht u. a. vom Bundesgerichtshof[15], *Jescheck*[16], *Maurach*[17], *Mezger-Blei*[18], *Gallas*[19], Eb. *Schmidt*[20], *Vogt*[21] und *Böhm*[22] vertreten. Von älteren Abhandlungen lassen sich hier die von *Traeger*[23], *Nagler*[24] und *Georgakis*[25] einreihen. Eine besonders genaue Formulierung dieser Lehre hat Jescheck gegeben: „Eine unechte Unterlassung liegt vor, wenn der den Erfolg nicht Abwendende mit Rücksicht auf seine nahe Beziehung zum gefährdeten Rechtsgut oder zur Gefahrenquelle mit der strafrechtlichen Verantwortlichkeit für den Eintritt des Erfolges belastet wird. Demgegenüber besteht das Merkmal der echten Unterlassungsdelikte darin, daß sie eine bloße Unbotmäßigkeit gegen einen gesetzlichen Handlungsbefehl enthalten, ohne daß der Täter mit der Verantwortung für den Erfolg beschwert wird, ja ohne daß ein solcher Erfolg überhaupt eingetreten zu sein braucht[26].

1. Abwendung und Herbeiführung von Erfolgen

Will man diesem Abgrenzungsvorschlag gerecht werden, so ist zunächst einzuräumen, daß sich ein erster Einwand abwehren läßt, wenn man eine

---

[14] Vgl. ZStW 77, S. 122.
[15] BGH 14, 281.
[16] ZStW 77, S. 122; Lehrbuch, S. 204.
[17] A. T., S. 579 ff.
[18] Studienbuch I, S. 80 f.
[19] Unterlassene Hilfeleistung, S. 349; Niederschr., 12. Band, S. 247.
[20] Der Arzt im Strafrecht, S. 82 f.; Niederschriften, 12. Band, S. 88 ff.
[21] ZStW 63, S. 404.
[22] JuS 1961, S. 178.
[23] Das Problem der Unterlassungsdelikte, S. 10 f.
[24] GS 111, S. 17 ff.; ebenso in LK, 8. Aufl., 1. Band, S. 33 f.
[25] Hilfspflicht, S. 6 ff.
[26] ZStW 77, S. 122.

gedankliche Ungenauigkeit richtigstellt. Es wird nämlich aus dem Fehlen einer speziellen Erfolgsabwendungspflicht bei vielen echten Unterlassungsdelikten oft etwas abgeleitet, was man eigentlich gar nicht behaupten will: daß das echte Unterlassungsdelikt nur eine Pflicht zum Tätigwerden mit einer bestimmten Tendenz, jedoch keine Pflicht zur Erfolgsherbeiführung statuiere. So liest man bei *Maurach*, die echten Unterlassungsdelikte „erschöpfen sich in der Nichtvornahme der von der Norm anbefohlenen Tätigkeit, und die tatbestandsmäßige ‚Handlung' besteht eben nur darin, daß der ‚Täter' nicht in der angeordneten Richtung tätig wird"[27]. Noch deutlicher sagt *Nagler*, es „besteht die Pflichtverletzung in der Nichtvornahme der gebotenen Handlung schlechthin, erschöpft sich also in der reinen Nichterbringung ohne Rücksicht darauf, ob der von der Rechtsordnung durch die Aktivierung des Verpflichteten erwartete Außenerfolg ... im Einzelfalle wirklich erreicht wurde"[28].

Das ist nun, wörtlich genommen, sicher nicht richtig. Es trifft nicht einmal auf den Gesetzestatbestand zu, der wie kaum ein zweiter als Paradigma für echte Unterlassungsdelikte dienen muß, § 138 StGB. Offensichtlich genügt es hier, wie bei allen gesetzlichen Melde- und Anzeigepflichten, nicht, daß der Pflichtige in Meldeabsicht dunkle Andeutungen macht, sondern er muß ganz exakt sein Wissen der Behörde „zur Kenntnis bringen"[29]. Nicht anders liegt es bei verschiedenen Übertretungstatbeständen, deren „Echtheit" ernsthaft wohl nicht bestritten wird. „Wer Gruben unverdeckt läßt" (§ 367 Abs. 1, Nr. 12 StGB), muß nicht nur am Grubendeckel herumzerren, sondern „Erfolg" haben, die Grube wirklich schließen; „wer bösartige Tiere frei umherlaufen läßt" (§ 367 Abs. 1, Nr. 11 StGB) genügt seinen Pflichten nicht schon, wenn er hinter den Tieren herläuft, er muß sie fangen; „wer es unterläßt, dafür zu sorgen, daß die Schornsteine zur rechten Zeit gereinigt werden" (§ 367 Abs. 1, Nr. 4 StGB), kann sich nicht darauf berufen, die Reinigung immerhin versucht zu haben, er muß sie erfolgreich durchführen. Reine Betätigungspflichten zu statuieren, „ohne daß der Täter mit der Verantwortung für den Erfolg beschwert wird" (*Jescheck*), ist also ersichtlich nicht das einheitliche Wesen der echten Unterlassungsdelikte.

Aber das will man im Grunde auch gar nicht behaupten. Der falsche Anschein entsteht nur dadurch, „daß man den Äquivokationen des Wortes ‚Erfolg' nicht genügend Rechnung trägt"[30]. Es ist nämlich folgendes zu unterscheiden: Eine Pflicht zur Herbeiführung eines Erfolges kann einmal be-

---

[27] A. T., S. 579.

[28] GS 111, S. 118; überhaupt wird der gemeinte Unterschied oft mißverständlich durch die kurze Wendung umrissen, echte Unterlassungsdelikte seien solche, „die keine Erfolgsabwendung, sondern nur eine bestimmte Tätigkeit verlangen" (*Böhm*, JuS 1961, S. 178).

[29] Ebenso Armin *Kaufmann*, Unterlassungsdelikte, S. 207.

[30] *Androulakis*, Studien, S. 144.

deuten, daß der Verpflichtete zugleich und notwendig den drohenden entgegengesetzten, schädlichen Erfolg abwenden muß. Das ist typischerweise bei den unechten Unterlassungsdelikten der Fall. Die Mutter ist verpflichtet, die Rettung des Kindes herbeizuführen, und damit zugleich, seinen Tod abzuwenden. Zum anderen kann sich eine Erfolgsherbeiführung auch in ihrem positiven Wesen erschöpfen, und so ist es nun in der Tat bei vielen echten Unterlassungsdelikten. Der Anzeigepflichtige im Falle des § 138 StGB muß die Kenntnisnahme der Amtsstelle herbeiführen; abwenden muß er nichts, insbesondere nicht das drohende Delikt. Zwar kann man rein sprachlich die Aussage auch verkomplizieren, indem man sagt, der Meldepflichtige müsse zugleich das Verharren der Behörde in der Unkenntnis abwenden, aber das wäre keine Erfolgsabwendung, sondern eine Zustandsbeseitigung, etwas deutlich anderes.

So verstanden, zeichnet das Fehlen einer Verantwortung für den Erfolg tatsächlich viele Unterlassungstatbestände aus, die man als „echt" betrachten kann. Wir finden derartige beispielsweise im StGB (vgl. §§ 116 a. F.; 123; 138; 360 Abs. 1, Nr. 8; 361 Nr. 6; 367 Abs. 1, Nr. 11, 12, 13; 368 Nr. 2, 4, 5), im Wehrstrafgesetz (vgl. §§ 20 Abs. 1, Nr. 2; 40), im GmbHGes (§ 84), in der Konkursordnung (vgl. § 240 Abs. 1, Nr. 3), sowie als Ordnungswidrigkeiten in großer Zahl (vgl. §§ 16 f. PStG; §§ 1, 3 PersAuswG).

2. Die Erfolgsverantwortung bei § 330 c StGB

Ob in diese Reihe auch § 330 c StGB gehört, ist zweifelhaft und läßt sich nur im Wege wertender Auslegung ermitteln. Zwingend ergibt sich die Antwort entgegen der Ansicht Armin *Kaufmanns* und Hellmuth *Mayers* keineswegs. Zwar trifft es selbstverständlich zu, daß Helfen „nicht irgendeine abstrakt-nützliche Tätigkeit, sondern bezogen (ist) auf eine Gefahrenlage und damit auf die Abwendung der drohenden Gefahr"[31], aber daraus folgt nicht zwingend, wie *Kaufmann* und *Mayer* meinen, daß jeder, der „dem Verunglückten Hilfe leisten muß, ... ihm rettende Hilfe (schuldet), falls er dazu im Stande ist"[32]. Der Wortlaut des Gesetzes spricht eher dafür, daß eine ex ante sinnvoll erscheinende, ernsthafte, dem Umfang des Unglücks angemessene Hilfe das Gebot erfüllt, auch wenn der Helfer nicht alle Rettungsmöglichkeiten ausschöpft. Die früher herrschende Ansicht, nach der es genügte, daß „die Nächstenhilfe jedenfalls betätigt wurde"[33], ging in ihren Anforderungen wohl nicht einmal so weit[34]. Andererseits bleibt es durchaus auch im Rahmen zulässiger Gesetzesinterpretation, wenn man, wie jüngst der BGH,

---

[31] *Kaufmann*, Unterlassungsdelikte, S. 208 f.

[32] H. *Mayer*, Lehrbuch, S. 119; *Kaufmann*, a. a. O.

[33] *Maurach*, B. T., S. 469.

[34] Vgl. RG in DR 1943, S. 1103, und *Werner*, LK, 8. Aufl., 2. Band, § 330 c, Anm. II 4, die es genügen lassen, daß der Pflichtige überhaupt etwas zur Hilfe unternimmt.

annimmt, der Pflichtige müsse „die ihm zumutbare bestmögliche Hilfe leisten“[35]. Bei diesem Gesetzesverständnis begründet § 330 c insofern eine wirkliche Erfolgsabwendungspflicht, als er dem Hilfspflichtigen nicht nur überhaupt Hilfe zu leisten, sondern jede „Zustandsverschlimmerung“ zu verhindern befiehlt. Eine solche kann im konkreten Fall etwa der Tod eines Menschen sein: Droht der Verunglückte zu sterben, so obliegt dem Nichtgaranten auf Grund § 330 c, was der Garant schon kraft des Tötungsverbotes bewirken muß — die Abwendung des Todes; eine Auffassung, die im Schrifttum neben Armin *Kaufmann* und Hellmuth *Mayer* heute auch *Welzel*[36], *Schröder*[37] und *Bockelmann*[38] vertreten.

Bezieht man nunmehr das untersuchte Abgrenzungskriterium auf § 330 c, so lassen sich drei Lösungen erwägen:

Man könnte erstens die „Echtheit“ des § 330 c und das Fehlen einer Pflicht zur Erfolgsabwendung bei echten Unterlassungsdelikten als feststehend ansehen. In diesem Fall wäre der Auslegung der Vorschrift, die der BGH, Armin *Kaufmann* und andere für richtig halten, der Boden entzogen. Aus dem Begriff des echten Unterlassungsdeliktes würde folgen, daß der Hilfspflichtige nur mehr oder weniger intensiv tätig werden, nicht aber wie ein Garant drohende Schadensfolgen abwenden muß. — Ersichtlich wäre das keine diskutable Argumentation. Sie wäre typisch für das Vorgehen der Begriffsjurisprudenz. Aus dem Oberbegriff des echten Unterlassungsdeliktes entnähme sie, deduktiv, die Lösung für den Umfang der Hilfspflicht, den das Gesetz nicht festgelegt hat. Diese Methode wäre, wie es in anderem Zusammenhang *Reinicke* ausgedrückt hat, „nur sinnvoll, wenn der Oberbegriff für die Bestimmung des Gesetzes ursächlich gewesen ist. Diese Voraussetzung ist aber nicht gegeben. Der Gesetzgeber leitet die Regelungen, die er in einem Gesetz trifft, nicht aus Rechtsbegriffen ab“[39].

Zweitens könnte man zwar einräumen, daß die strenge Interpretation des § 330 c im Sinne eines Erfolgsabwendungsgebotes normlogisch möglich und teleologisch wenigstens vertretbar sei, gleichwohl aber am herrschenden Abgrenzungskriterium festhalten und folgerichtig die unterlassene Hilfeleistung je nach der gewählten Auslegung als echtes oder unechtes Unterlassungsdelikt ansehen. — Widerlegen ließe sich das nicht, denn es steht jedermann frei, mit einem bestimmten Terminus die Erscheinungen zu benennen, die er will. Benennungen können als solche nicht richtig oder falsch sein. Dennoch müssen wir auch diese Lösung verwerfen. Denn abgesehen davon, daß sie ohnehin rein theoretisch ist, weil niemand bereit wäre, auf das echteste der echten Unterlassungsdelikte zu verzichten, bliebe sie uns auch die einleuchtende Be-

[35] BGH 21 54.
[36] Lehrbuch, S. 471.
[37] Kommentar, § 330 c, Rdn. 17.
[38] Niederschriften, 12. Band, S. 476.
[39] JuS 1964, S. 421.

gründung schuldig, warum Echtheit und Unechtheit des § 330 c davon abhängen und danach wechseln sollen, welchen Umfang die Auslegung der Hilfspflicht zumißt. Wollte jemand in der Tat so konsequent auf das in Rede stehende Kriterium abstellen, so müßte er vorher erklären, aus welchem Grunde die Erfolgsverantwortung einem nur durch Unterlassen begehbaren Delikt so wesensfremd sein soll, daß sie ihm die Echtheit nimmt und es in eine Reihe mit den Delikten stellt, die nur ausnahmsweise durch Untätigkeit, regelmäßig aber durch aktives Tun verwirklicht werden.

So bleibt nur die dritte Möglichkeit: § 330 c ist, wie immer man ihn interpretiert, ein echtes Unterlassungsdelikt, und das bedeutet, daß auch echte Unterlassungsdelikte Erfolgsabwendungsgebote enthalten können[40].

3. Echte Unterlassungsdelikte mit Erfolgsbeschränkung

Ein Erfolgsabwendungsgebot enthalten echte Unterlassungsdelikte allerdings nur ausnahmsweise. Sie tun dies vor allem nicht schon dann, wenn das Gesetz einen durch die Unterlassung herbeizuführenden Erfolg in den Tatbestand aufnimmt[41]. Das verkennt Armin *Kaufmann*, der zu Unrecht § 41 Abs. 1 WStG als Beispiel eines echten Unterlassungsdeliktes mit Erfolgsabwendungsgebot anführt. Dort wird bestraft, „wer es ... unterläßt, Untergebene pflichtgemäß zu beaufsichtigen ..., und dadurch eine schwerwiegende Folge ... herbeiführt". Auf den ersten Blick sieht es freilich so aus, als verpflichte die Vorschrift den Vorgesetzten, jene „schwerwiegende Folge" zu verhindern. Sieht man aber genauer hin, so wird deutlich, daß das Gesetz nichts weiter als die Tätigkeit pflichtgemäßer Beaufsichtigung gebietet. Das Erfordernis der schwerwiegenden Folge verschärft die Pflicht nicht, sondern beschränkt im Gegenteil die Strafe auf den Fall, daß die Nachlässigkeit eine böse Folge zeitigt. § 138 StGB, zum Vergleich, ist da strenger, nicht milder. Bleibt dort das Versäumnis ohne Auswirkung, so kann — muß nicht, vgl. § 139 — gleichwohl bestraft werden. Der Einzelfall kann natürlich so liegen, daß pflichtmäßige Aufsicht notwendig den schlimmen Erfolg verhindert hätte, und so gesehen kann, mittelbar, auch eine Pflicht zur Erfolgsvermeidung entstehen. Aber das ist bei echten Unterlassungsdelikten mit bloßem Tätigkeitsgebot nichts Besonderes. Auch bei der unterlassenen Anzeige drohender Verbrechen kann es so sein, daß die rechtzeitige und vollständige Wissensangabe die Straftat mit Sicherheit unmöglich gemacht hätte. Um das Ganze an einem Beispiel deutlich zu machen: Wenn ein Vorgesetzter seine Untergebenen korrekt und sorgfältig beaufsichtigt hat, es aber gleichwohl (was ja möglich ist) zu einer Handlung gekommen ist, die nun eine schwerwiegende Folge hervorzubringen droht, so bleibt für § 41 WStG kein Raum. Selbst wenn jetzt der Vorgesetzte untätig

---

[40] Ebenso Armin *Kaufmann*, Unterlassungsdelikte, S. 206—209, und JuS 1961, S. 173; *Welzel*, Lehrbuch, S. 202 f.; *Androulakis*, Studien, S. 142 f.

[41] Vgl. die Beispiele bei *Androulakis*, Studien, S. 146.

bleibt, obwohl es ihm ein Leichtes wäre, durch eigenhändiges Eingreifen die Auswirkung abzuwenden, das echte Unterlassungsdelikt des § 41 WStG kann er nicht mehr begehen, weil er keine Aufsicht unterlassen hat. Ob er sich trotzdem strafbar macht, ist eine zweite Frage; sie beantwortet sich danach, ob der Erfolg Tatbestandsmerkmal eines unechten Unterlassungsdeliktes ist und ob dem Befehlshaber eine Garantenposition zuzuweisen ist.

Derartige echte Unterlassungsdelikte sind also wohl „erfolgsbeschränkt", aber ein Erfolgsabwendungsgebot enthalten sie nicht. Beispiele dieser Kategorie finden sich übrigens auch im StGB. Neben der zivilen Aufsichtsvernachlässigung der §§ 143, 361 Nr. 9 könnte man § 170 d anführen. Wenn dort u. a. mit Strafe bedroht wird, „wer das sittliche Wohl eines Kindes dadurch gefährdet, daß er in gewissenloser Weise seine Erziehungspflichten gröblich vernachlässigt", so bedeutet das nur das Gebot, ein Mindestmaß an Erziehung auszuüben. Geschieht das, droht aber trotzdem die Gefahr sittlicher Fehlentwicklung, so braucht der Erziehungspflichtige strafrechtlich für den Gefahr-Erfolg selbst dann nicht einzustehen, wenn er ihn durch größeren Eifer bannen könnte.

B. Gebot und Verbot

Der unter A geprüften Abgrenzungstheorie steht seit langem eine zweite gegenüber, die kaum weniger verbreitet ist. Sieht man von den zahlreichen äußerlichen Darstellungsunterschieden ab, so läßt sie sich ganz allgemein kennzeichnen als eine Ansicht, die das echte Unterlassungsdelikt mit dem Begriff des Gebotes, das unechte mit dem des Verbotes verbindet. Manche, die dieser Auffassung anhängen, stellen zugleich auf den Unterschied zwischen Tätigkeit und Erfolgsabwendung ab[42], doch wird die Gebots-Verbots-Theorie auch ohne Verquickung mit anderen Kriterien vertreten. In der Gegenwart folgen ihr besonders *Lange*[43], *Baumann*[44], früher auch *Schmidhäuser*[45]. Aus älterer Zeit könnte man M. E. *Mayer*[46], *Höpfner*[47], *v. Alberti*[48], R. *v. Hippel*[49]

[42] So besonders *Maurach*, A. T., S. 579; *Nagler*, GS 111, S. 18 f.; *Wessels*, Schwerpunkte, S. 115.

[43] Kommentar, System. Vorbem., S. 6.

[44] Lehrbuch, S. 222 und 226.

[45] JZ 1955, S. 433 ff. (435). Jetzt, Lehrbuch, 16/17, 18, nennt er die Unterscheidung zwischen echten und unechten Unterlassungsdelikten „sachlich unbegründet". Dafür führt er u. a. folgendes an: „Bezeichnet man ... den Sachverhalt, daß die Mutter ihr Kind verhungern läßt, als Unterlassungsdelikt, so ist dies auch wirklich ein Unterlassen, und insofern ist nichts unecht." Das ist deshalb nicht stichhaltig, weil die Unterscheidung, recht verstanden, der Typenebene angehört (vgl. oben II). Wie *Androulakis* bezieht sie *Schmidhäuser* auf die Schicht des konkreten Deliktsfalles, wo sie allerdings keinen Sinn hat.

[46] Lehrbuch, Allgemeiner Teil, S. 190 f.

[47] ZStW 36, S. 111.

[48] Verbotsverletzende Unterlassungen, 1917, S. 1.

[49] Deutsches Strafrecht, Band II, 1930, S. 153 f.

und *Frank*[50] nennen. Sie alle halten es mit einer Abgrenzung, die *Lange* (a. a. O.) wie folgt beschrieben hat: Echt ist ein Unterlassen, „wenn ein gebotenes Tun unterlassen, ein erwünschter Erfolg nicht herbeigeführt wird, wie z. B. die Anzeige eines Verbrechensvorhabens in § 138". Dagegen ist die Unterlassung unecht, „wenn sie nur eine Erscheinungsform der *verbotswidrigen* Begehung ist, z. B. die Mutter tötet ihr Kind, indem sie ihm nichts zu essen gibt".

Vergleichen wir dies mit dem von uns verfochtenen Unterteilungsvorschlag, so erscheint die Differenz nicht unüberwindbar. Denn wenn wir „unecht" den Deliktstyp nennen, der durch Handeln sowohl wie durch Unterlassen verwirklicht werden kann, so ist er wegen der ersteren Begehungsmöglichkeit jedenfalls auch Verbotsnorm — wohingegen die nur durch Unterlassen begehbaren echten Unterlassungsdelikte reine Gebotsvorschriften sind. Der u. E. entscheidende Unterschied wird also, wenn auch in verkappter Weise, herausgestellt. Wenn ich dennoch dieses „normlogische" Kriterium ablehne, so sind dafür zwei Überlegungen entscheidend.

1. Es ist, wenn man überhaupt zwischen Handeln und Unterlassen, Verboten und Geboten unterscheidet, nicht sinnvoll, Unterlassungen anders denn als Gebotsverletzungen zu verstehen. Natürlich steht es frei, vom Untätigen, der das Leben eines Mitmenschen nicht rettet, zu sagen, er habe ein (sittliches oder rechtliches) Verbot mißachtet. Führt man aber für unerwünschte Unterlassungen den ergänzenden Normbegriff des Gebotes ein, dann muß er für alle Unterlassensfälle gelten. Dies hat bekanntlich besonders Armin *Kaufmann* betont: „Der Sinn des inkriminierten Verhaltens (bleibt) stets derselbe, ob man es auf ein Gebot oder Verbot bezieht: Es wird unterlassen, durch eine Handlung den Erfolg abzuwenden. Verbote und Gebote aber unterscheiden sich gerade nach dem normierten Gegenstand: Verbote fordern das Unterlassen einer Handlung, Gebote verlangen die Vornahme einer Handlung. Nur in dieser Weise lassen sich überhaupt Verbote und Gebote als verschiedene Arten von Normen voneinander unterscheiden. Wenn aber darüber Einmütigkeit besteht, daß das rechtswidrige Verhalten beim unechten Unterlassensverbrechen im *Unterlassen* der möglichen Vornahme der Erfolgsabwendung besteht — und nicht in der Erfolgsherbeiführung durch positives Tun —, so kann die Norm, der dieses Verhalten zuwiderläuft, kein Handlungsverbot, sondern nur ein Handlungsgebot sein. Zwar läßt sich rein sprachlich formulieren: Es ist dem Garanten verboten, die Abwendung des Erfolges zu unterlassen; aber das *Ver*bot des *Nicht*handelns ist — duplex negatio est affirmatio — ein *Gebot* des Handels"[51]. Was u. E. aus alledem zu folgern ist, ist freilich nicht mehr in *Kaufmanns* Sinne. Ich behaupte nämlich, daß das Gebot, gegen welches der unterlassende Garant verstößt,

---

[50] Kommentar, S. 10.
[51] JuS 1961, S. 174.

zusammen mit dem Verbot, das der Aktivtäter mißachtet, in ein und derselben Gesetzesnorm enthalten ist. Aber das ist späteren Orts zu begründen.

2. Der zweite Einwand gründet sich auf folgende Überlegung: Wer das garantenpflichtwidrige Unterlassen genau wie das aktive Tun als verbotsverletzend ansieht, ist fast zwangsläufig versucht, die Gleichschaltung von der Schicht der abstrakten Norm her auch in die Ebene des konkreten, realen Verhaltens hineinzutragen: Das konkrete Unterlassen des Garanten — nicht nur der es erfassende Deliktstyp — ist selber unecht, ist in Wahrheit Handeln, verkappte Aktiviät. So lesen wir es in der Tat bei *Baumann* („Das sog. unechte Unterlassungsdelikt ist, da eine Verbotsnorm übertreten wird, seiner Natur nach Begehungstat ..."[52]) und noch krasser bei *Nagler* (die „Kommission durch Unterlassen ... ist ihrer Substanz nach getarnte Aktivität"[53]). Eine solche Auffassung kann gar nicht anders, sie muß — nach dem Gesetz, nach dem sie angetreten — die Unterlassung des Garanten in allen Einzelproblemen als aktives Tun erweisen, obwohl das nie gelingen kann. So müssen Kausalität und Willentlichkeit auch beim untätigen Garanten nachzuweisen sein; die Garantenposition muß die „Gleichwertigkeit" mit dem positiven Tun herstellen; ist, wie bei entfernteren Erscheinungsformen menschlicher Verbundenheit, die Annahme von Aktivitätsäquivalenz nicht mehr überzeugend, so will man entweder dies oder das gleichwohl bestehende Strafbedürfnis nicht wahrhaben; eine fakultative Strafmilderung für Unterlassungen kommt selbstverständlich nicht in Frage. Die Unterlassung wird auf das Prokrustesbett der Handlung gepreßt und die Spannweite der Norm, die beide Begehungsweisen gleichrangig in sich aufnimmt, durch einen axiomatischen Ansatz von vornherein beschnitten. Daß Kausalität und Willenssteuerung beim Unterlassen nicht vorhanden, aber auch entbehrlich sind; daß ganz prinzipiell die Garantenunterlassung dem positiven Tun mitnichten gleichwertig ist; daß das Gesetz auch Verantwortungspositionen von geringerer Evidenz (als etwa im Mutter-Kind-Verhältnis) miterfassen will; daß das Schaffen unterschiedlicher Strafrahmen ein dringendes Gebot der Gerechtigkeit ist: dies alles sind Möglichkeiten, die, wenn überhaupt, nicht mehr unvoreingenommen erwogen werden, weil der Garant von Anfang an dem verbotsverletzenden Aktivtäter gleichgeschaltet ist.

C. Geschriebene und ungeschriebene Tatbestände

Eine dritte Lehre, die sich in neuerer Zeit im Anschluß an die Forschungen Armin *Kaufmanns* zunehmend verbreitet, leugnet einen materialen Unterschied zwischen echtem und unechtem Unterlassungsdelikt und stellt lediglich auf die selbständige gesetzliche Normierung ab. Ihre namhaftesten Ver-

---

[52] Lehrbuch, S. 226.
[53] GS 111, S. 19.

treter neben *Kaufmann*[54] sind *Welzel*[55], *Schröder*[56], *Stratenwerth*[56a] und *Jerusalem*[57]. Es lassen sich, meint *Kaufmann*, „echte und unechte Unterlassungsverbrechen lediglich an dem äußerlichen Kriterium unterscheiden, daß die echten vom Gesetz selbst vertypt worden sind, während die unechten Omissivdelikte im Gesetz keine Regelung gefunden haben“[58]. Ob echt oder unecht, entscheidet sich auch für *Schröder* (a. a. O.) „allein danach, ob das StGB einen entsprechenden Unterlassungstatbestand enthält“. Und *Welzel* (a. a. O.) folgert daraus zutreffend, daß so gesehen „der Unterschied ... also ein rein positivrechtlicher, kein materialer“ sei.

Auch diese Ansicht kommt unserer nahe. Denn die ausschließlich durch Unterlassen begehbaren Delikte sind insofern tatsächlich „vertypte“ Unterlassungsdelikte, als ihr Tatbestand ein bestimmtes Unterlassen, ein Nichtstun, ein Sich-Entziehen oder wie immer der gesetzliche Ausdruck für die stets gemeinte Passivität lautet, als das entscheidende Merkmal ausdrücklich benennt. Demgegenüber ist bei einem Delikt, das man durch Tun und Unterlassen verwirklichen kann, die alternative Begehungsform des Unterlassens in der Regel nicht selbständig und ausdrücklich erwähnt. Doch auch hier ist dieser zutreffende Kern in eine Form gehüllt, der wir die Zustimmung versagen müssen.

1. Unterlassungstatbestände und tatbestandliche Unterlassensalternativen

Das erste Bedenken erwecken die Gesetzestatbestände, die lediglich in einer Alternative das Nichtvermeiden eines Erfolgs beschreiben. Sind etwa auch derartige Unterlassensalternativen, wie sie beispielsweise in den §§ 121/347, 123, 175, 223 b, 340, 341, 343 enthalten sind, echte Unterlassungsdelikte? Für die von Armin *Kaufmann* begründete Auffassung gibt es hierauf natürlich nur eine Antwort. Wenn die unechten Unterlassungsdelikte ungeschriebene Tatbestände sind, dann muß jedes im Gesetz ausdrücklich verbotene Unterlassen ein echtes Unterlassungsdelikt sein, auch wenn die verpönte Untätigkeit nur als beiläufige Variante der entsprechenden Aktivität erscheint[59]. Man muß dazu gleich sagen, daß es sich hier weitgehend um eine Geschmacksfrage der Systematisierung handelt. Natürlich kann man jeden Gesetzestatbestand in soviel Deliktstypen aufspalten, wie er Alternativen enthält. Dennoch scheint mir diese Betrachtungsweise wenig glücklich, weil sie, ver-

---

[54] Vgl. Unterlassungsdelikte, S. 206 ff., 275; JuS 1961, S. 174.

[55] Lehrbuch, S. 202 f.

[56] Kommentar, Vorbem. 79.

[56a] Lehrbuch, Rdn. 1049.

[57] ZStW 80, S. 890.

[58] JuS 1961, S. 174.

[59] Vgl. Armin *Kaufmann*, JuS, 1961, S. 174 (Fußnote 5), *Welzel*, Lehrbuch, S. 202; *Schönke-Schröder*, Vorbem. 79.

allgemeinernd, einen deutlichen Unterschied innerhalb dieser Tatbestandsart einebnet.

a) Die Unterlassensalternative eines Strafgesetzes kann einmal selbständigen, strafbegründenden Charakter haben. Sie erweitert dann den Anwendungsbereich der Norm; ohne sie wäre die beschriebene Untätigkeit nicht zu erfassen. Ein Beispiel enthält § 223 b. Dort wird mit Strafe bedroht, wer Schutzbefohlene „quält oder roh mißhandelt“. Diese Begehungsweisen sind beide tätigkeitsgebunden, so daß der Fürsorgepflichtige trotz seiner Garantenstellung nach dieser Vorschrift an sich nicht bestraft werden könnte, wenn er sich um die ihm Anvertrauten lediglich nicht kümmert und sie dadurch verkommen läßt. Dem hilft nun im gewissen Umfang die Unterlassensalternative ab („oder wer durch böswillige Vernachlässigung seiner Pflicht, für sie zu sorgen, sie an der Gesundheit schädigt“). Ebenso dürfte es bei § 123 liegen. Vertretbar ist es jedenfalls, unter „Eindringen“ nur aktives, mit Ortsveränderung verbundenes Tun zu verstehen. Legt man den Begriff so aus, dann dringt nicht (vorsätzlich) ein, wer erst drinnen erkennt, daß er kein Aufenthaltsrecht hat und nun dreisterweise dennoch bleibt. Die Unterlassensalternative („oder wer, wenn er ohne Befugnis darin verweilt, auf die Aufforderung des Berechtigten sich nicht entfernt“) macht jedoch für einen qualifizierten Fall des unerlaubten Bleibens die Strafe trotzdem anwendbar.

Bei Vorschriften dieser Art trifft es zu, wenn man die Unterlassensalternative als eigenständiges echtes Unterlassungsdelikt herausstellt. Denn die Zusammenfassung in einem Paragraphen ist hier äußerlich und zufällig. „Konstitutive“ Alternativen sind immer selbständige Deliktstypen.

b) Diese Einstufung ist aber dort nicht am Platz, wo die tatbestandliche Alternative nicht mehr ist als eine entbehrliche Verdeutlichung. Nehmen wir an, der Gesetzgeber hätte in § 217 („eine Mutter, welche ihr uneheliches Kind in oder gleich nach der Geburt vorsätzlich tötet“) dem Tatbestand die Worte angefügt: „oder sterben läßt“. Eine Bedeutung hätte das nicht, denn wegen der Garantenstellung der Mutter versteht es sich von selbst, daß die Strafe auch beim Unterlassen der Lebensrettung eingreift. Ebenso als bloße Verdeutlichung sind mehrere Unterlassensalternativen zu verstehen, die man im Gesetz tatsächlich vorfindet. Wer sich von einem anderen Mann „zur Unzucht mißbrauchen läßt“, würde ohne diese Klarstellung unmittelbar als „Unzuchttreibender“ erfaßt (vgl. § 175 Abs. 1 Nr. 1 StGB). Wer als Aufsichtsperson „einen Gefangenen ... entweichen läßt“, würde erforderlichenfalls ohne weiteres als „Beförderer“ der Befreiung eingestuft (§§ 121, 347).

Hier faltet also die „passive“ Alternative lediglich auseinander, was in der „aktiven“ schon enthalten ist. Solche Verdeutlichung mag ihren guten Sinn haben — schon weil sie dem Laien das richtige Verständnis erleichtert —, aber sie ist unter dogmatischen Gesichtspunkten letztlich doch bedeutungslos und sollte der Wissenschaft kein Anlaß sein, mehrere selbständige Deliktstypen anzunehmen; sie tut dies ja auch sonst nicht, wenn der Gesetzgeber einen umfassenden Oberbegriff durch beispielhafte Unterfälle verdeutlicht.

Vorschriften wie die §§ 121, 347, 175 Abs. 1 Nr. 1 StGB enthalten also jeweils nur ein unechtes Unterlassungsdelikt[60]. Eine Abgrenzung, die allein auf das äußerliche Kriterium des Gesetzeswortlauts abstellt, wird diesem Befund nicht gerecht.

2. Strafe auf Grund ungeschriebener Tatbestände?

Armin *Kaufmanns* Lehre begegnet noch einem anderen Bedenken. Dieses gehört allerdings in einen größeren Zusammenhang, den wir an dieser Stelle noch nicht im ganzen ausleuchten können. So muß es hier bei Andeutungen bewenden, die dem Gang der Untersuchung vorgreifen und der weiter ausholenden Begründung entbehren.

Dem Wesen des unechten Unterlassungsdeliktes und den ihm unterfallenden Unterlassungen wird nur eine Betrachtung gerecht, die zunächst unterscheidet: Erstens zwischen den Begehungsweisen Handeln und Unterlassen, zweitens zwischen den beiden Schichten des Subsumtionsvorganges (abstrakter Typ — konkreter Fall). In der ontischen Ebene der realen Lebenserscheinungen treten Handeln und Unterlassen als höchst unterschiedliche Formen menschlichen Verhaltens auseinander, in den abstrakten Begriffen der Deliktstypen finden sie jedoch wieder zusammen. Diese Betrachtungsweise leugnet vorhandene Gegensätzlichkeiten nicht, ist aber zugleich (was an dieser Stelle unbewiesen bleiben muß) in der Lage, die antithetische Trennung auf der höheren Ebene der abstrakten Gesetzestatbestände zu überwinden.

Inwiefern die unter B behandelte Auffassung dem Wesen der unechten Unterlassung nicht gerecht wurde, haben wir bereits gesehen. Sie verabsolutierte die nur im abstrakten Tatbestand gegebene Einheitlichkeit von Handeln und Unterlassen, indem sie diese auch in die Schicht der konkreten Unterlassensfälle hinabtrug: Garantenpflichtwidriges Unterlassen war für sie verkappte, verbotswidrige Aktivität. Einige der fatalen Folgen dieser Einebnung wurden angedeutet.

Die Theorie Armin *Kaufmanns* vermeidet diesen Fehler, verfällt dabei aber dem entgegengesetzten Extrem. Den Besonderheiten des Unterlassens gegenüber dem Tun wird sie trefflich gerecht, die Synthese gelingt ihr nicht. Tun und Lassen bleiben auch in der Typenebene geschieden, wo konsequent die geschriebenen Tatbestände der einen, der aktiven Begehungsweise vorbehalten bleiben, während für die Fälle des Unterlassens nur „ungeschriebene" zur Verfügung stehen. Vom Ziel der Überwindung des Gegensatzes bleibt diese Lehre so weit entfernt, wie jene darüber hinausgeschossen ist.

Man wird einwenden, dies sei aus begrifflich-logischen Gründen nicht anders möglich. Das zu widerlegen, sind wir noch nicht gerüstet, doch läßt sich einiges von dem, was hier zu sagen wäre, auch so schon anführen.

---

[60] Im Ergebnis ähnlich *Maurach,* A. T., S. 581, der aber nicht zwischen konstitutiven und verdeutlichenden Alternativen unterscheidet.

Unterstellt man nämlich als richtig, daß sich Tun und Lassen nicht ein und demselben Begehungstatbestand subsumieren lassen, dann ist nicht zu sehen, wie es auf dem Boden des geltenden Verfassungsrechtes trotzdem möglich sein soll, einer drastischen Konsequenz auszuweichen: den untätigen Garanten generell unbestraft zu lassen. Soweit mir bekannt, hat bisher nur einer diese Konsequenz tatsächlich gezogen, und das ist lange her[61]. In der Gegenwart sind selbst die entschiedensten Verfechter der Zwei-Tatbestands-Theorie, Armin *Kaufmann* und *Grünwald,* so weit nie gegangen, aber sie wissen vermutlich doch, daß ihnen der eigene Gedankengang eigentlich keine andere Wahl läßt[62]. Hören wir Armin *Kaufmann*: „Die rechtsstaatliche Problematik der mangelnden Tatbestandsbestimmtheit des unechten Unterlassensdeliktes ist durch keine wie immer geartete dogmatische Konstruktion zu bewältigen ... Dogmatische Konstruktionen, die das Unterlassungsdelikt dem Begehungsdelikt einverleiben, vermögen zwar äußerlich den Widerspruch zum Grundsatz ‚nullum crimen sine lege' zu verschleiern; das Sachproblem selbst ist auf diese Weise nicht zu beseitigen... Man muß sich ... darüber im klaren sein, daß eine stichhaltige Begründung für die rechtsstaatliche Zulässigkeit dieser Praxis nicht zu finden ist. Die Bemühungen um Zerstreuung der rechtsstaatlichen Bedenken tragen den Charakter von Beschwichtigungsversuchen. . ."[63] Es „bleibt nichts übrig, als offen zuzugeben, daß die Bestrafung des unechten Unterlassungsdelikts mit dem Grundsatz ‚nullum crimen sine lege!' nicht in Einklag steht"[64]. Läßt sich danach noch festhalten an der prinzipiellen Bestrafung des unechten Unterlassungsdeliktes? Auf dem Ast, den man absägt, kann man nicht weitersitzen.

Sei dem nun wie immer. Für unsere Ausgangsfrage folgt daraus in jedem Falle eins: Eine Theorie, die schon die äußerliche Unterteilung der echten und unechten Unterlassungsdelikte mit dem Problem der ungeschriebenen Tatbestände belastet, vor dem sie letzlich selber ratlos bleibt, ist unpraktisch. Da die Abgrenzung nach ihrer wahren Bedeutung nun einmal ein Problem der Unterteilung von geschriebenen Tatbeständen ist und feststeht, daß untätige Garanten am Ende doch auf Grund geschriebener Gesetze bestraft werden, sollte das unterscheidende Kriterium die dogmatische Grundfrage nicht präjudizieren. Man könnte vielleicht sagen: Echte Unterlassungsdelikte sind die Tatbestände, die ausschließlich und ausdrücklich ein Unterlassen beschreiben, unechte die Deliktstypen, die mindestens äußerlich nur ein Tun beschreiben, aber gleichwohl auch auf bestimmte Unterlassungen angewandt werden. Damit könnten wir uns einverstanden erklären.

---

[61] Vgl. *Kraus* in Juristische Vierteljahrsschrift, Band 30 (1898), S. 55; ferner in ZStW 23 (1905), S. 789 ff.

[62] *Grünwald* steht zweimal vor der Entscheidung. Beide Male läßt er sie offen und unterstellt, daß die Praxis trotzdem zulässig sei. Vgl. Diss., S. 70; ZStW 70, S. 417 f.

[63] JuS 1961, S. 175.

[64] a. a. O., S. 176.

D. *Das Kriterium der ontologischen Vergleichbarkeit (Androulakis)*

Den methodischen Ansatz *Androulakis'* — Scheidung nach echten und unechten „Lassungen" in der „vorjuristischen" Schicht der realen Sozialerscheinungen — haben wir schon geprüft, was uns auf den entgegengesetzten Standpunkt führte, daß alleiniger Sitz des Abgrenzungsproblems die abstrakte, juristische Schicht der Tatbestandstypen sei[65]. Aber damit war *Androulakis* noch nicht in der Sache selbst widersprochen. Denn natürlich gewinnt er auf seinem Wege, wenn ich ihn recht verstehe, ebenfalls ein Kriterium zur Unterscheidung in der Typenebene. Echt oder unecht sind für ihn die Gesetzestatbestände je nachdem, ob ihnen echte oder unechte Lassungen subsumierbar sind. Wie also unterscheidet *Androulakis* in der Sache?

„Das gesuchte Kriterium der Unechtheit", sagt er, „ist primär dahin zu finden, ob die Unterlassung mit einer möglichen, wählbaren, sinnvollen Handlung ontologisch vergleichbar ist". Dabei vergleicht er „nicht mit einer abstrakten, sondern mit einer konkreten, möglichen, sinnvollen Handlung desselben Subjekts, unter den in concreto vorexistierenden Bedingungen seines Daseins"[66]. Ausgeschlossen sein kann die Vergleichbarkeit also einmal „wegen Sinnlosigkeit", zum anderen „wegen Unmöglichkeit ... einer konkreten vergleichbaren Handlung"[67].

Androulakis erläutert das zunächst mit Beispielen der „Sinnlosigkeit". „So sind die Unterlassung der Mutter, ihren Säugling zu ernähren, mit dem Erwürgen etwa des Kindes, die Unterlassung des Badewärters, den ertrinkenden Badegast zu retten, mit dem Ins-Wasser-Stoßen desselben usw. vergleichbar. Dagegen sind z. B. die nicht rechtzeitige Reinigung der Schornsteine (§ 368 Nr. 4) oder das unterlassene Raupen (§ 368 Nr. 2) mit einem imaginären Verstopfen des Schornsteines durch Handlung oder mit der ... Aufzucht von Raupen durch aktive Pflege unvergleichbar. Solche Handlungen sind nämlich sinnlos, objektiv unverstehbar"[68], und deshalb sind — nach *Androulakis* — die bezogenen Vorschriften echte Unterlassungsdelikte.

Was zunächst dies betrifft, so ist *Androulakis* offenbar entgangen, daß die Beispiele aus dem Recht der Übertretungen nur deshalb seinem Kriterium sich fügen, weil er kaum merklich die Vergleichsbasis verschiebt. Er vergleicht nämlich verzeihliche, höchst menschliche Nachlässigkeits-Versäumnisse (Nichtreinigen, Nichtraupen) mit ausgesprochen irrealen Absichtstaten, auf die nur ein Bösewicht oder Verrückter verfallen kann (Schornsteine-Zustopfen, Raupenaufziehen). So darf er natürlich nicht vorgehen. Sein Kriterium hätte sich erst bewährt, wenn feststünde, daß es parallel zu den Unterlassungen vergleichsweise ebenso menschlich-verständliche Handlungen schlechthin

---

[65] Vgl. oben II (S. 19—21).
[66] Studien, S. 158.
[67] a. a. O., S. 159.
[68] a. a. O., S. 159.

nicht gäbe. Das ist aber nicht der Fall. Der feuergefährliche Ruß im Schornstein kann sich nicht nur ansammeln, weil ich mich zu lange nicht um den Schornsteinfeger bemühe, sondern auch dadurch, daß ich einmal in bewußter Gleichgültigkeit heftig qualmendes Material verbrenne, einen Haufen Lumpen etwa, den ich anders nicht loswerden kann. Die Raupenplage kann ich mir und meinen Nachbarn auch dadurch auf den Hals laden, daß ich, die sofort nötige Vertilgung des Ungeziefers verbummelnd, eine von Raupen befallene Pflanze im Garten einsetze. Beides sind Handlungen, die sich genauso auswirken wie normalerweise die bloße Untätigkeit und die dieser durchaus „vergleichbar" sind. Natürlich haben sie nicht viel „Sinn", aber wenn, was *Androulakis* anzunehmen scheint, die in den Übertretungstatbeständen beschriebenen Unterlassungen sinnvoll, verstehbar, „einreihbar in einen sinngesetzlich wirksamen Sinnzusammenhang"[69] sein sollen, dann kann man das von diesen Handlungen nicht minder sagen. Weitere Beispiele lassen sich leicht finden: Wer auf seinem Anwesen die zufällig offene Grube offenläßt (§ 367 Nr. 12), weil er dem Nachbarn, der jeden Abend unerlaubt seinen Heimweg abkürzt, den Reinfall gönnt, kann zum selben Zweck anderntags den Grubendeckel aktiv entfernen. Wer, froh, den lästigen Fresser los zu sein, seinen von selbst entwichenen bissigen Hund „frei umherlaufen läßt" (§ 367 Nr. 11), mag ihm ein andermal bewußt den Zwinger öffnen.

Noch weniger überzeugt *Androulakis* dort, wo er die Vergleichbarkeit ausschließt wegen „Unmöglichkeit, wegen Fehlens einer konkreten vergleichbaren Handlung überhaupt". Das liest sich so: „Das gemeinsame Charakteristikum aller einer Handlung ontologisch vergleichbaren Unterlassungen ist darin zu finden, daß der Unterlasser sich in einer gewissen Nähe zum Gefahrenherd oder zum Träger des geschützten Rechtsgutes befindet, und zwar nicht primär in einer abstandsmäßigen, metrischen, sondern in einer inneren, sozialen, mitmenschlichen Nähe. Diese Nähe ist insbesondere von der in § 330 c verlangten ... zu unterscheiden. (Sie) bedeutet ..., nicht nur damals, zur Zeit der Gefahrenentwicklung, Dabei-sein, sondern schon vorher in engster Verbindung ... stehen, das heißt ‚schon vorher Da-neben-sein' ... Die Mutter oder der Badewärter, da sie eben ‚schon vorher da-neben-waren' konnten dasselbe Resultat durch eine Handlung herbeiführen (ihre Unterlassung war als Mittel durch die ihr vergleichbare Handlung ersetzbar), was etwa mit dem zufälligen Dritten des § 330 c nicht der Fall ist. Denn dieser stand vorher in keinerlei Beziehung zu dem Verletzten, war also in diesem Sinne von ihm entfernt"[70].

Aber man denke sich folgenden Fall: A geht mit seiner Frau F und dem Freund B schwimmen. B ist, was A nicht weiß, der Geliebte der F. Als A im Wasser einen Schwächeanfall erleidet, lassen ihn B und F ertrinken. — Wie will man mit Hilfe der „ontologischen Vergleichbarkeit" hier erkennen, daß

---

[69] a. a. O., S. 159.
[70] a. a. O., S. 159 f.

F ein unechtes und B möglicherweise nur ein echtes Unterlassungsdelikt begeht? Daß die F „dasselbe Resultat durch eine Handlung herbeiführen" konnte, läßt sich von B mit keiner geringeren Berechtigung sagen. Die naturalistische Betrachtung der „Lassungen" ergibt gar nichts. Es handelt sich um die reine Wertungsfrage, ob schon das Freundschaftsverhältnis zwischen A und B den B zum Garanten macht. Sicher gelangt *Androulakis* zum richtigen Ergebnis, wenn er die unechte Unterlassung der Mutter und dem Badewärter, die echte „dem zufälligen Dritten" zuordnet. Aber das gelingt ihm allein deshalb, weil er die juristische Lehre vom Garanten kennt und sie in die vorjuristische Schicht der Realerscheinungen hineinprojiziert. Sein Abgrenzungsverfahren besteht darin, daß er aus dieser Schicht an vorgeblich ontologischer Unterscheidung zwischen echten und unechten „Lassungen" genau das herausholt, was er zuvor an rechtlicher Wertung hineingesteckt hat[71].

So ist die letzte der vier Abgrenzungslehren entschiedener als alle anderen abzulehnen. Während bei den Theorien B und C im falschen Gewande das wahre Kriterium erkennbar blieb und die Ansicht A mit dem Abstellen auf die Erfolgsverantwortung immerhin erfaßte, was den echten Unterlassungsdelikten typischerweise, wenn auch nicht notwendig, abgeht, hat *Androulakis'* „ontologische Vergleichbarkeit" weder ordnenden noch heuristischen Wert.

IV. Zum Problem der Unterlassung durch Begehung

A. Die Fragestellung

Unser Kriterium zur Abgrenzung zwischen „echt" und „unecht" beim deliktischen Unterlassen hat sich gegenüber allen vier abweichenden Auffassungen behauptet[72]. Doch muß es sich nun seinerseits einem Einwand stellen, dem sich keine der erörterten Gegenpositionen ausgesetzt sah. Im Gegensatz zu ihnen legen wir uns nämlich dahin fest, daß echte Unterlassungsdelikte immer durch Unterlassen verwirklicht werden. Dagegen könnten sich jedoch Zweifel erheben auf Grund der folgenden Überlegung: Strafgesetze beschreiben für gewöhnlich menschliche Verhaltensweisen durch Begriffe, mit denen sich auf den ersten Blick nur die Vorstellung bestimmter Aktivitäten verbindet. Gleichwohl erfassen diese normalen Begehungsdelikte zugleich qualifizierte Unterlassungen (und mit Bezug auf diese Funktion nennen wir sie unechte Unterlassungsdelikte). Könnte es da nicht auf der anderen Seite so sein, daß die Tatbestände mit Unterlassensbeschreibungen bei genauerer Analyse sich erweisen als solche, die ausnahmsweise auch durch Handeln verwirklicht werden können?

---

[71] Vgl. dazu auch *Roxins* grundsätzlichere Kritik an *Androulakis'* Methode, zwischen ontologischen, rein juristischen und systematischen Problemen zu trennen; ZStW 78, S. 234 ff. (244 ff.).

[72] Einen im Ergebnis ähnlichen Unterscheidungsvorschlag macht *Schmitt*, JZ 1959, S. 432 f. Vgl. auch *v. Hippel*, Lehrbuch, 2. Band, S. 154, Anm. 4.

Diese Frage hat kürzlich *Meyer-Bahlburg*[73] behandelt, allerding ohne etwas Problematisches an ihr zu sehen. „Wie man aber", sagt er apodiktisch, „durch Unterlassen Hilfe leisten kann, so kann man auch durch Tun die Hilfe verweigern". Die hierauf folgenden zahlreichen Beispiele sollen das nur noch veranschaulichen, nicht eigentlich begründen: „Das geschieht z. B. wenn ein Hausbesitzer einem von bissigen Hunden oder Verbrechern Verfolgten oder einem von schnell steigendem Hochwasser Bedrängten, der sich in das Haus flüchten will, die Tür versperrt, oder wenn der Besitzer eines Fahrrads einen anderen, der einen Waldbrand entdeckt hat und Hilfe holen will, gewaltsam an der Benutzung des Fahrrads hindert, oder wenn ein Kraftfahrer, der dazukommt, wie man seinen Wagen zum Abtransport eines Verunglückten benutzen will, sich hineinsetzt und abfährt, oder den Zündschlüssel abzieht und ihn versteckt. . ."[74]. *Schröder* meint, daß *Meyer-Bahlburg* hier zum eigentlichen Problem, nämlich der Frage, „ob wegen Täterschaft durch positives Tun auch derjenige haftet, der Rettungsmöglichkeiten für einen anderen vernichtet"[75], gar nicht vordringe.

Nehmen wir *Meyer-Bahlburgs* Behauptung und *Schröders* Einwand zusammen, so wird ein erstes klar. Es geht hier nicht um ein Problem, sondern um deren zwei, die zwar eng verflochten, gedanklich aber doch sorgfältig auseinanderzuhalten sind.

Erstens: Kann man echte Unterlassungsdelikte auch durch positives Tun verwirklichen, so daß der strafrechtliche Vorwurf, man habe etwas Gebotenes unterlassen, allein an das aktive Handeln anknüpft? Und zweitens: Sind Handlungen der von *Meyer-Bahlenburg* beschriebenen Art, die lediglich die Abwendung des schädlichen Erfolgs verhindern, gleichwertig den normalursächlichen Handlungen, die den Erfolg positiv bewirken?

Zur Absicherung der hier für richtig gehaltenen Definition des echten Unterlassungsdeliktes genügt es, die erste Frage zu beantworten. Darauf wollen wir uns auch beschränken[77]. Doch ist es wichtig, im Auge zu behalten, wie eng sie in praxi mit der zweiten zusammengehört. Denn wie immer die erste Frage zu beantworten sein mag, die Entscheidung des konkreten Falles hängt von der zweiten ab, weil die grundsätzlich subsidiären echten Unterlassungsdelikte erst erheblich werden, wenn der Handelnde nicht als Begehungstäter des Handlungsdeliktes haftet. So ist es nicht damit getan, in den oben wiedergegebenen Beispielsfällen zu entscheiden, ob, gegebenenfalls, der Vorwurf der unterlassenen Hilfeleistung an das positive Tun anknüpfen

[73] GA 1968, S. 49 ff.

[74] aaO, S. 51.

[75] Kommentar, Vorbem. 95 a.

[76] Recht klar erfaßt wird das von *Roxin*, Engisch-Festschrift, S. 380 ff. (386).

[77] Eine ausführliche Untersuchung des anderen Problems wurde der Raumbeschränkung geopfert. Ich hoffe, sie später als Aufsatz vorlegen zu können. Eingehend zum aktiven Verhindern wünschenswerter Kausalverläufe *Roxin*, a. a. O.

müßte, praktisch wichtiger ist die Frage, ob § 330 c StGB nicht überhaupt ausscheidet, weil der Hilfsunwillige vielleicht als Begehungstäter nach dem betreffenden Erfolgsdelikt haftet.

B. Unerhebliche Aktivitäten

Der Eingrenzung unseres Problems kann die Vorfrage dienen, welche Mindestanforderungen an jenes aktive Moment zu stellen sind, damit es überhaupt Veranlassung gibt, von der Betrachtung eines deliktischen Vorgangs allein unterm Unterlassungsgesichtspunkt abzurücken.

1. Das gleichzeitige Andershandeln (*Luden*)

Nicht geeignet, ein Unterlassungsgeschehen auf die Ebene der Begehungstat zu heben, ist das im Zeitraum der Nichtabwendung eines Erfolges so gut wie immer vorhandene „Andershandeln". Daß jemand, während er sein Kind verhungern läßt oder einem verunglückten Fremden nicht hilft, Strümpfe strickt oder Pfeife raucht, ist für den strafrechtlichen Vorwurf unerheblich. *Luden* war es bekanntlich, der gerade dieses gleichzeitige Aktivverhalten zum Angelpunkt der Unterlassungslehre machen und zur Erfolgsursache aufwerten wollte: „Während er das eine unterließ, muß er notwendig etwas andes getan haben, und das muß immer eine positive Handlung gewesen sein, sollte sie auch in bloßem Zusehen oder in einer Ortsentfernung bestanden haben. Und diese positive Handlung ist alsdann die alleinige Ursache des verbrecherischen Erfolges"[78].

Diese Theorie hat sich keines langen Lebens erfreut. *Luden* selbst hat sie schon sieben Jahre später in seinem „Handbuch des teutschen gemeinen und particularen Strafrechtes" nicht mehr erwähnen mögen[79], und von anderen ist sie in der Folgezeit so oft und so gründlich widerlegt worden[80], daß wir uns hier ganz kurz fassen können: *Luden* verkennt, daß das gleichzeitige „Andershandeln" außerhalb des Bewirkungszusammenhangs bleibt und daß es, seine Kausalität einmal unterstellt, bei Unterlassenden eine Strafbegrenzung auf Garanten generell unmöglich machen würde.

2. Das Unterdrücken des Handlungswillens

Im rechtlichen Sinne bleibt menschliches Verhalten ferner auch dann reine Unterlassung, wenn sich eine aufs Psychische beschränkte Aktivität einschiebt. Sicher kommt es vor, daß jemand seinen zunächst bestehenden Willen, einen Zustand oder Vorgang zum Besseren zu wenden, psychisch aktiv nieder-

---

[78] Abhandlungen I (1840), S. 474.

[79] Vgl. dort, 1. Band, S. 359 f.

[80] Erstmalig von *Krug*, Commentar (1855), 4. Abteilung, Abh. II, S. 30 ff.; vgl. ferner *Glaser*, Abh. I, S. 382 ff.; *v. Rohland*, Die strafbare Unterlassung, 1. Abt., S. 8 f.; *v. Bar*, Causalzusammenhang, S. 93; *Traeger*, Unterlassungsdelikte, S. 13 f., 30 f.; W. *Schwarz*, Strafr. Abh., Heft 254, S. 11; aus neuester Zeit: *Rudolphi*, Gleichstellungsproblematik, S. 7 ff.; *Welp*, Vorangegangenes Tun, S. 30 ff.

kämpft, und sicher kann man sagen, daß er dadurch die schlimmen Folgen in einem bestimmten Sinne verursacht. Es hat auch Theorien gegeben, die in dieser „inneren Kausalität" den Schlüssel zum Verständnis des unechten Unterlassungsdeliktes sahen: die Interferenztheorien, deren Verfechter insbesondere *v. Buri*[81], *v. Berger*[82], *Binding*[83] und *Hälschner*[84] waren. Aber es ist schon im Ansatz verfehlt, derartige seelische Akte in eine Linie zu stellen mit körperlichen Betätigungen, die in einem greifbaren Bewirkenszusammenhang mit ihren Folgen stehen. Abgesehen davon, daß das Unterdrücken des zum Guten drängenden Willens kaum je psychische Realität besitzt — vom bloßen Aufgeben des Entschlusses ist es fast nie zu unterscheiden —, wäre es vor allem grob ungerecht, bei der strafrechtlichen Zurechnung den Trennungsstrich ausgerechnet hier zu ziehen; wer Rettungsimpulse unterdrückt, ist eher minder strafwürdig als der von vornherein Gleichgültige, steht jedenfalls diesem näher als dem durch körperliches Eingreifen Verursachenden. Die Konsequenz, den Nichtgaranten zu bestrafen, wenn er sein Gewissen gewaltsam zum Schweigen gebracht hat, ist dem heutigen Rechtsbewußtsein unannehmbar[85].

So können wir zusammenfassend sagen: Die folgende Betrachtung beschränkt sich auf *kausales Handeln*. Nichtursächliche Handlungen, die die Unterlassung nur zeitlich begleiten, und Willensaktivitäten, die zwar kausal sind, aber unkörperlich und auf die Psyche des Wollenden beschränkt, bleiben von vornherein außerhalb unserer Überlegung.

C. *Aktives Verhindern als echtes Unterlassungsdelikt?*

Die einzige tieferdringende Spezialuntersuchung zu unserer Frage hat v. *Overbeck* vorgelegt[86]. Er bejaht es gleich eingangs als grundsätzlich möglich, echte Unterlassungsdelikte durch positives Tun zu verwirklichen, indem er bewußt die Entsprechung zum unechten Unterlassungsdelikt herausstellt. Das „Omissivdelikt durch Begehung" ist für ihn „das Gegenstück zu dem Kommissivdelikt durch Unterlassung". „Es handelt sich beim Omissivdelikt durch Begehung um den Verstoß gegen eine Gebotsnorm, also primär um ein Unterlassungsdelikt, das jedoch im konkreten Falle nicht wie sonst durch ein Nichttun, sondern ausnahmsweise durch ein positives Tun verübt wird"[87].

---

[81] *v. Buri* hat diese Ansicht zuerst 1869 in GS 21, S. 189 ff., und zum letzten Mal 1899 in GS 56, S. 418 ff. entwickelt; zwischendurch in zahlreichen Abhandlungen über Kausalitätsprobleme; vgl. insbesondere GS 27, S. 25 ff.; ZStW 1, S. 400.

[82] Grünhuts Zeitschrift 9 (1882), S. 734 ff.

[83] Normen II, S. 517 ff.

[84] Deutsches Strafrecht I, S. 234 ff.

[85] Der Interferenzgedanke wird seit langem einhellig verworfen; vgl. die zahlreichen Nachweise bei *Welp*, Vorangegangenes Tun, S. 46 f.

[86] Unterlassung durch Begehung, GS 88 (1922), S. 319—377.

[87] a. a. O., S. 320.

Nun lehrt in der Tat schon flüchtiges Hinsehen, daß man den Erfolg, den ein echter Unterlassungstatbestand herbeizuführen gebietet, auch durch aktives Handeln verhindern kann. *v. Overbeck* hat das mit einigen Beispielen illustriert:

Der zum Weggehen Verpflichtete (§ 116 StGB a. F.) klammert sich, um nicht von der Menge weggeschoben zu werden, an einen Laternenpfahl[88]. Der nach § 138 StGB Anzeigepflichtige hat das Schreiben zur Post gegeben, fordert es aber mit Erfolg aus dem Postlauf zurück[89]. Der zur Heimkehr aufgeforderte Wehrpflichtige springt im letzten Augenblick von dem Schiff, das er in der Absicht der Heimreise bestiegen hatte[90]. Die Reihe der Beispiele ließe sich fortsetzen: Ein Bauer hindert das Tun des Knechtes, der gerade dabei ist, einen gefährlichen Abhang auf dem Anwesen durch einen Zaun abzusichern (§ 367 Abs. 1 Nr. 12 StGB). Der Hauseigentümer wirft den Schornsteinfeger hinaus, der den Kamin reinigen will (§ 368 Nr. 4 StGB). Jemand fährt in seinem Wagen davon, mit welchem Hilfswillige gerade einen Schwerverletzten abtransportieren wollten (§ 330 c StGB)[91].

All diesen Fällen ist gemeinsam: Der Gebotsbetroffene hätte seinen Pflichten entsprochen, wenn er, wenigstens von einem bestimmten Zeitpunkt an, den Dingen ihren Lauf gelassen hätte. Das tut er aber nicht. Durch sein aktives Handeln greift er in den rechtlich gewünschten Geschehensablauf ein und verursacht so die Fortsetzung oder Verschlimmerung des unerwünschten Zustandes.

Kann man deshalb nun von einem „Unterlassen durch Begehen" reden? Das hängt davon ab, welche Erscheinung der Begriff bezeichnen soll. Selbstverständlich kann man es, wenn er nicht mehr besagen will, als daß in diesen Fällen die Handlung nicht wegzudenken ist, ohne daß die Verwirklichung des echten Unterlassungsdeliktes entfiele. Aber v. *Overbeck* und seine Anhänger behaupten Weitergehendes. Ihnen bedeutet die „Unterlassung durch Begehung" das Gegenstück zu den unechten Unterlassungsdelikten, zum „Begehung durch Unterlassen". Damit nehmen sie für ihre Rechtsfigur in Anspruch, es werde hier ausnahmsweise ein echtes Unterlassungsdelikt nicht durch Unterlassen, sondern allein durch positives Tun verwirklicht (wie umgekehrt das unechte Unterlassungsdelikt allein durch Unterlassen). Soll die Behauptung stimmen, muß also in diesen Fällen das Aktivverhalten und nur dieses Bezugspunkt und Basis des deliktischen Vorwurfs sein.

Daß dies, entgegen dem ersten Anschein, nicht zutrifft, wird am ehesten deutlich, wenn wir ein Beispiel in Einzelheiten ausgestalten und genauerer Betrachtung unterziehen. Nehmen wir an, dem nach § 138 StGB Anzeige-

[88] a. a. O., S. 327.
[89] a. a. O., S. 328.
[90] a. a. O., S. 325.
[91] Zu § 330 c vgl. weitere Beispiele bei *Meyer-Bahlburg*, GA 1968, S. 49 ff.

pflichtigen steht ein Zeitraum von fünf Tagen zur Verfügung, innerhalb dessen er rechtzeitig Meldung erstatten kann. Er sendet den Brief am zweiten Tag ab und holt ihn nach wenigen Stunden aus dem Postlauf zurück. Die verbleibende Zeit läßt er verstreichen.

Ich behaupte: § 138 StGB wird hier allein durch Unterlassen verwirklicht[92]. Der strafrechtliche Vorwurf bezieht sich nicht auf das Zurückfordern des Briefes, sondern allein darauf, daß der vom verbrecherischen Vorhaben Wissende sein Wissen nicht gemeldet hat. Der Eingriff in den Ablauf der Briefbeförderung verwirklicht den Tatbestand sowenig wie etwa ein Spaziergang des Pflichtigen im kritischen Zeitraum. Dafür lassen sich zwei Gründe anführen.

Wer an das positive Tun anknüpft, müßte zunächst beweisen, daß der Täter das Tatbestandsmerkmal des Unterlassens („wer ... es unterläßt, der Behörde ... Anzeige zu machen") anders als durch Unterlassen überhaupt erfüllen kann. *v. Overbecks* Schluß von den Begehungsdelikten durch Unterlassen auf die Unterlassung durch Begehung ist schon deshalb nicht zwingend, weil es unter den Begehungsdelikten auch „echte" gibt, die sich durch Unterlassen nicht verwirklichen lassen[93]. Es liegt zumindest nahe, in diesen und nicht in jenen das Gegenstück zu den echten Unterlassungsdelikten zu sehen. So, wie die tätigkeitsgebundenen Delikte nur durch Tätigkeit begehbar sind, so gibt es vielleicht auch unterlassensgebundene, die nur durch Unterlassen verwirklicht werden können. Doch auch wenn man das einmal beiseite läßt, bleibt einzuwenden, daß v. *Overbeck* seinen Vergleich mit den normalen Begehungsdelikten nicht zu Ende gedacht hat. Er übersieht, daß bei diesen nur dann auf das Unterlassen zurückgegriffen wird, wenn sich der Vorwurf nicht auf ein aktives Handeln beziehen läßt. Stößt A in Tötungsabsicht den B ins Wasser, dann muß er, um den Tatbestand vollendeter vorsätzlicher Tötung zu verwirklichen, anschließend unterlassen, ihn wieder herauszuziehen. Aber dogmatische Bedeutung mißt dem niemand bei. A tötet allein durch Handeln. Bei einem Unterlassenstatbestand muß sich nun die Rangfolge der Verwirklichungsarten umkehren: Die Handlung interessiert nur, wenn man an eine Unterlassung nicht anknüpfen kann. Und das kann man in unserem Beispiel selbst dann noch, wenn der Pflichtige nach der Briefrücknahme das Gebot nicht mehr erfüllen kann. Auch in diesem Fall bleibt es ja dabei, daß der Verpflichtete die Anzeigeerstattung insgesamt unterlassen hat. Die Sache läge genauso, wie wenn er sich die Meldung in den

---

[92] Wie hier schon *v. Hippel*, Lehrbuch, 2. Band, 1930, S. 154, Anm. 3. Ebenso anscheinend Armin *Kaufmann*, Unterlassungsdelikte, S. 208: „Der ‚abgebrochene Versuch', die gebotene Handlung durchzuführen, hat also keine dogmatischen Auswirkungen. Er ändert nichts am Vorliegen einer tatbestandsmäßigen Unterlassung." Vgl. auch *Maurach*, A. T., S. 579: „nimmt der Täter anstelle der vorgeschriebenen eine andere Handlung vor, so unterläßt er doch die gebotene; gleiches gilt, wenn die gebotene Handlung wieder abgebrochen wird."

[93] Vgl. oben § 2.

letzten Stunden der Rechtzeitigkeit durch einen Spaziergang unmöglich gemacht hätte. Es ist unerheblich, warum die Anzeige ausbleibt, wenn nur feststeht, daß sie hätte erfolgen können.

Zweitens wird unsere Auffassung bestätigt durch die Konsequenzen, zu denen sich die entgegengesetzte Betrachtung genötigt sieht. Wäre es nämlich die verhindernde Handlung, die die Meldeunterlassung verwirklicht, so wäre § 138 StGB folgerichtig mit der Briefrücknahme vollendet. Nur wenn man dies annimmt, hat die Figur der Unterlassung durch Begehung überhaupt Sinn und praktische Bedeutung. *v. Overbeck* hat das klar gesehen: „Die Figur des Omissivdeliktes durch Begehung fiele (anderenfalls) ... in sich zusammen und träte doch hinter der einfachen Unterlassung zurück"[94]. Man kann der Konsequenz auch nicht mit dem Hinweis auf die Situation beim Begehungsdelikt ausweichen. Natürlich ist in unserem oben gebrachten Fall das Tötungsdelikt erst vollendet, wenn B ertrunken ist, so daß dort also die Unterlassensphase abgewartet werden muß. Doch das liegt allein an der Eigenart des Tatbestandes, der zur Vollendung einen Erfolg verlangt. Bei § 138 StGB (und den meisten echten Unterlassungsdelikten) ist das anders. An sich kann man das Unterlassen der Meldung als durch die Briefrücknahme vollendet ansehen. Tatsächlich entspräche das auch einer im Schrifttum vertretenen Ansicht. *Schröder* nimmt an, daß die Tat vollendet sei, wenn der Täter seinen Unterlassungswillen „irgendwie manifestiert hat, mag auch nach diesem Zeitpunkt noch eine rechtzeitige Anzeige möglich sein"[95]. Dem Sinn des Gesetzes wird das aber nicht gerecht. Wenn § 138 StGB nur „rechtzeitige" Anzeige verlangt, dann muß der Betroffene durch rechtzeitiges Melden seine Pflicht auch erfüllen können, so daß die Tat erst mit Ablauf der rechten Zeit vollendet sein kann[96]. Was er in diesem Zeitraum tut, ist gleichgültig; er mag Entschlüsse fassen und wieder verwerfen, zur Polizei laufen und wieder umkehren, Briefe absenden und wieder zurückholen, wenn er nur am Ende doch noch früh genug Meldung macht.

Diesen teleologischen Einwand hat v. *Overbeck* kommen sehen und ihn in der Sache auch als berechtigt anerkannt[97]. Dennoch versucht er, seine Grundthese aufrechtzuerhalten: Das Omissivdelikt sei durch die Handlung vollendet, aber „resolutiv *bedingt* ... durch rechtzeitige Vornahme der Pflichthandlung"[98]. Aber in Wahrheit ist damit die Ausgangsposition doch preisgegeben. Denn wenn man annimmt, der Pflichtige behalte es bis zuletzt in der Hand, durch Vornahme der gebotenen Handlung die Vollendung „aufzulösen", dann entscheidet über die Tatbestandsverwirklichung letztlich eben

---

[94] a. a. O., S. 329.

[95] Kommentar, § 138, Rdn. 16.

[96] So auch die h. L.; vgl. *Nagler*, LK, 1. Band, 8. Aufl., S. 34; *Kohlrausch-Lange*, § 139, Anm. VI; *Maihofer*, GA 1958, S. 294; *Welzel*, Lehrbuch, S. 517; RG in JW 1934, S. 38; ausführlich *Schwarz*, Die unterlassene Verbrechensanzeige, S. 61 ff. (mit weiteren Nachweisen).

[97] a. a. O., S. 328.

[98] a. a. O., S. 330.

doch das Unterlassen. Durch die zivilistische Konstruktion der Resolutivbedingung[99] wird das nur verundeutlicht.

Die am Beispiel des § 138 StGB gewonnene Erkenntnis läßt sich verallgemeinern. Das echte Unterlassungsdelikt wird begangen durch das fortlaufende Unterlassen, welches durch die hindernde Handlung nur überlagert, beendet oder eingeleitet wird. Nicht das Festklammern am Laternenpfahl, sondern das vorherige, gleichzeitige und nachfolgende Nichtweggehen verwirklichte den § 116 StGB a. F. Nicht, daß der Hauseigentümer den Schornsteinfeger weggeschickt hat, ist entscheidend, sondern daß er ihn in der verbleibenden „rechten Zeit" nicht zurückholt. Nicht durch das Wegfahren im Auto begeht der Fahrer den § 330 c StGB, sondern durch das vorherige Nichtmitanfassen und das nachfolgende Unterlassen sofortiger Umkehr[100].

Die Ansicht v. *Overbecks*, der sich *Androulakis*[101] und *Roxin*[102] angeschlossen haben und die — ohne Bezugnahme auf andere Schriftsteller — auch *Meyer-Bahlburg*[103] vertreten hat, ist mithin unzutreffend. Konkurriert mit dem Unterlassen eine Hinderungshandlung, so ist gleichwohl nicht sie der Bezugspunkt des strafrechtlichen Vorwurfs, auch dann nicht, wenn sie conditio sine qua non der Tatbestandsverwirklichung ist.

Gilt das nun ohne Ausnahme?

Hinderungshandlungen verwirklichen das echte Unterlassungsdelikt deshalb nicht, weil sich der Vorwurf trotz des Vorhandenseins der Handlung auf die Unterlassung bezieht, und diese war in allen bisher zur Diskussion gestellten Fällen auch vorhanden. Das ist kein Zufall. Denn es ist praktisch kaum denkbar, daß ein Mensch, der den wünschenswerten Geschehensablauf hindert, nicht irgendwann, vorher, gleichzeitig oder nachher, auch vorwerfbar unterläßt, ihn (wieder) ingangzusetzen. Das ist grundlegend anders im umgekehrten Fall des Begehungsdelikts, bei dem deshalb das Begehen durch Unterlassen eine praktisch hochbedeutende Rolle spielt: Wer unerwünschtem Geschehen seinen Lauf läßt, muß es keineswegs auch durch Handeln verursacht haben.

---

[99] Vgl. dazu *Enneccerus-Nipperdey*, 2. Halbband, § 194 III.

[100] Nach der Ansicht des BGH (14 213, 21 55) könnte allerdings das Unterlassen nach der Weigerungshandlung den Tatbestand nicht mehr mitverwirklichen, weil § 330 c sofortige Hilfe gebiete und die Tat mit Kundgabe des Entschlusses, nicht zu helfen, vollendet sei; ebenso *Schönke-Schröder*, Rdn. 30. Noch weiter geht *Maurach*, dem „schon jede Verzögerung der Hilfeleistung Vollendung der Tat bedeutet" (B. T., S. 444), so daß also nicht einmal die Willenskundgebung hinzutreten muß. In dieser Absolutheit ist das aber nicht zutreffend. Kein Richter wird den Helfer bestrafen, der sich nach wenigen Sekunden eines Besseren besonnen hat; vgl. *Maihofer*, GA 1958, S. 295 f. Richtig ist jedoch, daß bei § 330 c die „rechte Zeit" wegen der akuten Not, in der jede Minute der Linderung kostbar ist, äußerst kurz zu bemessen ist.

[101] Studien, S. 153 ff.

[102] Engisch-Festschrift, S. 384.

[103] GA 1968, S. 49 ff.; ebenso schon in Dissertation, S. 16.

Ganz ausnahmsweise kann es aber auch beim echten Unterlassungsdelikt so liegen, daß das Unterlassen, die eigentliche Verwirklichungsform, nicht oder nicht als vorwerfbares vorhanden ist, so daß wir, wenn überhaupt, nur an die hindernde Handlung anknüpfen könnten. Man denke sich folgendes Geschehen: Ein Autofahrer verunglückt in einsamer Gegend. Hilfreiche Hände nehmen sich seiner an und bringen ihn schnell in den nach den Umständen bestmöglichen Zustand. Notwendig und sinnvoll ist nur noch der Abtransport ins Krankenhaus. Die Helfer versuchen nun, ohne den Hauseigentümer E zu fragen, von dessen Telefon aus einen Krankenwagen herbeizurufen. Noch bevor die Verbindung zustande kommt, springt der über das eigenmächtige Vorgehen aufs Äußerste gereizte E herzu und reißt das Telefonkabel aus der Wand. Ein Anruf ist nun nicht mehr möglich und der Abtransport verzögert sich erheblich. — Ein Unterlassen kann man dem E hier nicht vorwerfen. § 330 c StGB gebot ihm zu keinem Zeitpunkt helfendes Eingreifen, vor der Tat nicht, weil genügend Helfer für alles Mögliche sorgten, nach der Tat nicht, weil es dem E da unmöglich war, das noch Notwendige zu tun. Was man normalerweise zumindest auch durch Unterlassen „bewirkt", die Verlängerung des hilflosen Zustandes, hat E allein durch Handeln herbeigeführt. Aber hat er nicht dennoch den Tatbestand der unterlassenen Hilfeleistung verwirklicht? Würden wir auf den hier entwickelten Begriff des echten Unterlassungsdeliktes pochen und aus ihm mit doktrinärer Konsequenz die Straflosigkeit ableiten, so wäre das eher lächerlich als überzeugend. Dem Sinn des Gesetzes wird nur die Annahme gerecht, daß E mangels vorwerfbarer Unterlassung durch seine Handlung den § 330 c StGB verwirklicht und vollendet. Wer aktiv bewirkt, was schon unabgewendet zu lassen verboten ist, muß von der Norm mitgemeint sein. So eröffnet sich zuletzt doch noch ein kleiner Geltungsbereich für die Figur des echten Unterlassungsdeliktes durch Begehen. Doch geht es hier um eine recht theoretische Möglichkeit, die zu unbedeutend ist, um bei der Begriffsbildung berücksichtigt werden zu können. Würden wir die echten Unterlassungsdelikte ihretwegen genau wie die unechten kennzeichnen als Tatbestände, die durch Tun und Unterlassen begehbar sind — unterschieden nur durch das jeweils sich umkehrende Regel-Ausnahme-Verhältnis —, so wäre der wesensmäßige Unterschied verwischt. Und der Schaden wäre größer als der Gewinn, denn es entstünde die Gefahr, bei der dogmatischen Behandlung des echten Unterlassungsdeliktes den Fehler zu machen, den wir bei *v. Overbeck* und anderen aufgedeckt haben.

§ 4 DER GELTUNGSBEREICH DER GARANTENLEHRE BEI DEN ECHTEN UNTERLASSUNGSDELIKTEN

Gibt es, so lautete unsere Ausgangsfrage, unter den echten Unterlassungsdelikten solche, die nur verwirklichen kann, wer eine besondere soziale (Garanten-)Stellung innehat, die im Tatbestand nicht ausdrücklich vorausgesetzt ist? Fast einhellig wird diese Frage verneint, wobei man die Antwort meistens sogar für so selbstverständlich hält, daß man sie gar nicht gibt. Unsere Lehrbücher und Kommentare behandeln das Garantenproblem immer nur im Zusammenhang mit den unechten Unterlassungsdelikten, weil es sich — wie man stillschweigend voraussetzt — für die echten eben nicht stellt. Gelegentlich finden wir das aber auch ausdrücklich gesagt. Schon *Traeger* meinte, es bereite „die Frage, ob der Tatbestand eines echten Unterlassungsdeliktes im einzelnen Fall erfüllt ist, keine Schwierigkeiten eigener Art; insbesondere kann die Frage ... nach der Rechtspflichtwidrigkeit der Unterlassung gar nicht auftauchen"[1]. Für *Maurach* ist „die methodisch saubere Abgrenzung von ... echten ... und unechten Unterlassungsdelikten ..." gerade deshalb „bedeutsam", weil „es nur bei den letzteren auf das Vorhandensein einer besonderen Rechtspflicht zur Erfolgs*abwendung* ankommt"[2]. Die echten Unterlassungsverbrechen richten sich nach *Maurach*[3] „gleichmäßig an alle Rechtsgenossen", und daß sie sich „auf eine Forderung auf Entfaltung schlichter Tätigkeit" beschränken, scheint ihm fast zwangsläufig, weil es einen „Ausgleich für den unbeschränkten Adressatenkreis" geben müsse. *Böhm*, für den ebenfalls die echten Unterlassungsdelikte „nicht nur ein bestimmter ‚Garant', sondern jeder begehen kann", hat demselben Gedanken Ausdruck gegeben[4].

Was ist hieran richtig?

I. Geschlossene Tatbestände

A. Die herrschende Lehre ist uneingeschränkt im Recht, soweit ihre Aussage die beiden Standardbeispiele der echten Unterlassungsdelikte betrifft, das Unterlassen der Hifeleistung bei Unglücksfällen (§ 330 c StGB) und der Anzeigeerstattung bei geplanten Verbrechen (§ 138 StGB). Jedermann kann in die Situation kommen, aus der ihm nach diesen Vorschriften eine Handlungspflicht erwächst. Zwar hat Armin *Kaufmann* zu bedenken gegeben, daß sich auch in § 330 c eine „mikrokosmische Garantenposition" finde insofern, als „der Kreis der Verpflichteten auf die beim Unglücksfall in der Nähe Befindlichen beschränkt ist"[5]. Aber er betont dann selbst mit Recht, daß dies mit dem Garantenprinzip nichts zu tun habe. Die einschränkenden Voraussetzungen in den §§ 330 c, 138 sind Tatbestandsmerkmale wie andere auch. Sie sind nicht Ausfluß des Gedankens der Garantenstellung, daß nur die besondere, vorgegebene Sozialbeziehung zu Opfer oder Gefahrenherd verantwortlich machen soll.

B. Auf die weitaus meisten echten Unterlassungsdelikte trifft die herrschende Meinung eingeschränkt zu. Hier anzuführen sind beispielsweise die

---

[1] Unterlassungsdelikte, S. 11.
[2] A. T., S. 581.
[3] a. a. O., S. 604; vgl. auch S. 579.
[4] JuS 1961, S. 178.
[5] Unterlassungsdelikte, S. 276.

§§ 143, 170 b, 170 c, 170 d, 223 b, 361 Nr. 9, 367 Nr. 13, 368 Nr. 2/4/8 StGB, 41 Abs. 1 WStG.

Einerseits kann man hier eigentlich nicht mit *Maurach* von einem „unbeschränkten Adressatenkreis" sprechen. Die Delikte sind beschränkt auf ganz bestimmte Personen, die sich bei näherem Zusehen als echte Garanten erweisen. Das Verdienst, diesen Typ unter den echten Unterlassungsdelikten ins Licht gerückt zu haben, gebührt *Meyer-Bahlburg*[6]. Er hat zutreffend bemerkt, daß bei § 143 StGB und vielen Übertretungstatbeständen Täter nur sein kann, wer zu den jeweiligen Gefahrenherden (Kinder, einsturzgefährdete Gebäude, Feuerstätten usw.) in einem Verhältnis besonderer Verantwortlichkeit steht, also etwa als Erziehungspflichtiger oder Eigentümer. Genau das sind aber Stellungen, die auch bei den unechten Unterlassungsdelikten Garantenpflichten mit sich bringen[7]. Man könnte deshalb in diesen Tatbeständen Warnungen sehen, gerichtet an die Adresse des Garanten, daß er die Gefahr (fahrlässiger) unechter Unterlassungsdelikte gar nicht erst entstehen lassen solle. So muß nach § 368 Nr. 4 StGB der Hauseigentümer für den brandsicheren Zustand seiner Feuerstätten sorgen. Kommt es infolge seiner Leichtfertigkeit zu Feuer und Tod, so ist jedenfalls auch er als Garant der Überwachung dieser Gefahrenquellen Täter unechter Unterlassungsdelikte. Nicht immer ist der Überwachungsgarant so direkt im Tatbestand beschrieben wie hier oder in den §§ 143, 361 Nr. 9 („dessen Beaufsichtigung ihm obliegt"). Anderswo begnügt sich der Gesetzgeber mit der Bezugnahme auf gesetzliche oder polizeiliche Anordnung oder Aufforderung (vgl. §§ 367 Nr. 13; 368 Nr. 2, 8). Aber auch dort liegen „garantenbeschränkte" Delikte vor, weil sich die obrigkeitlichen Befehle selbstverständlich nur an die besonders Verantwortlichen richten.

Wiederum auf Garanten beschränkt, hier aber auf Garanten des anderen Grundtypus, ist die Strafdrohung in den Fällen der §§ 170 b, c, d, 223 b StGB. Wenn dort das Untätigbleiben des Unterhaltsschuldners, Kindeserzeugers, Fürsorgepflichtigen deliktische Haftung nach sich zieht, so bedeutet das ein Handlungsgebot, das ausschließlich die Beschützer des konkret gefährdeten Schutzbefohlenen betrifft.

Auf der anderen Seite hat die h. L. doch auch an diesen echten Unterlassungsdelikten eine wesentliche Besonderheit gegenüber den unechten richtig erfaßt. Denn die Sache liegt bei ihnen so, daß die Garantenstellung ausdrücklich in die tatbestandliche Täterbeschreibung aufgenommen ist. Und deshalb kann in der Tat die spezifische Problematik der unechten Unterlassungsdelikte hier nicht entstehen: die Notwendigkeit, durch Auslegung und manchmal äußerst zweifelhafte Grenzziehung sämtliche in Betracht kommende Garantenpositionen in einen Gesetzestatbestand hineinzulesen, dessen Wortlaut den Rechtsanwendenden im Stich läßt. Damit wird auch deutlich, was

---

[6] Vgl. GA 1966, S. 203 ff.

[7] Vgl. dazu besonders *Schönke-Schröder*, Vorbem. 124 ff., sowie unten § 25.

diese echten Unterlassungsdelikte mit den §§ 138, 330 c StGB verbindet. Es handelt sich einheitlich um „geschlossene" Tatbestände, will sagen um Tatbestände, die infolge „abschließender" Merkmalsnennung einer einschränkenden, wortlautunabhängigen Interpretation nicht offenstehen.

II. Offene Tatbestände

Unter den echten Unterlassungsdelikten sind aber nun auch Tatbestände vorstellbar, die diese Geschlossenheit nicht aufweisen, und mir scheint, daß das geltende Recht auch einige wenige Beispiele enthält.

§ 367 Nr. 12 StGB droht dem Strafe an, der „an Orten, an denen Menschen verkehren, Brunnen, Keller, Gruben, Öffnungen oder Abhänge dergestalt unverdeckt oder unverwahrt läßt, daß daraus Gefahr für andere entstehen kann". Nimmt man das wörtlich, dann müßte jeder, der irgendwo eine gefährliche unverdeckte Öffnung findet und sie nicht schließt, bestraft werden. Undenkbar wäre das nicht. Man könnte erwägen, ob der Gesetzgeber vielleicht wegen der akuten Gefahr tödlicher Stürze, die aus derartigen Abgründen häufig droht, unbeschränkt alle, die eingreifen können, auch dazu verpflichtet. Die Vorschrift wäre dann eine Konkretisierung der allgemeinen Hilfspflicht aus § 330 c StGB, wonach ja außer bei Unglücksfällen auch „bei gemeiner Gefahr" einzuschreiten ist. Aber das wäre doch wohl ein Mißverständnis. Es kann nicht Rechtens sein, Menschen zu bestrafen, die als Spaziergänger einen gefährlichen Steilhang sehen, als Besucher im Haus des Gastgebers eine beschädigte Falltür oder als Sommerfrischler auf dem Bauernhof einen offenen Brunnen. Schon die Stellung der Vorschrift im Gesetz zeigt, daß es hier genau wie in den benachbarten Bestimmungen nur um das Unterlassen der besonders Verantwortlichen geht[8].

Es stellt sich also hier — bei einem echten Unterlassungsdelikt! — genau jenes Problem, das uns nur von den unechten Unterlassungsdelikten her geläufig ist: Es gilt, einen „offenen" Gesetzestatbestand durch Hineinlesen ungeschriebener Tätervoraussetzungen auf garantenpflichtwidrige Unterlassungen zu reduzieren. Dabei folgt aus dem Sinn der Vorschrift — es soll eine Gefahrquelle verstopft werden —, daß sie von den beiden Garantengrundtypen nur den einen im Auge haben kann, den dem Gefahrenherd Nahestehenden. Täter sein kann also der Eigentümer, der Besitzer, der Verwalter[9] des betreffenden Ortes, ja auch derjenige, der durch vorangegangenes Tun den gefährlichen Zustand geschaffen hat[10]. Dagegen nicht ein Garant mit individualisierten Schutzbefohlenen. Wenn etwa ein Lehrer während eines Klassenausflugs in der Nähe unverdeckter Gruben seine Schüler spielen läßt,

---

[8] So auch *Schönke-Schröder*, Rdn. 63; vgl. auch *Meyer-Bahlburg*, GA 1966, S. 204, Anm. 4, der treffend bemerkt, daß man hier den Garanten genauso suchen müsse, wie bei den unechten Unterlassungsdelikten.

[9] Vgl. RG 6 64, 15 58.

[10] Vgl. BayObLG in DRiZ 1927, S. 1087.

so kann er wohl (fahrlässige) unechte Unterlassungsdelikte begehen (Tötung, Körperverletzung), aber nicht das echte Unterlassungsdelikt des § 367 Nr. 12 StGB. Denn er ist nicht aufgerufen, die Gruben abzudecken, sondern nur, seine Schüler zu schützen, was er auch dadurch tun kann, daß er das Spiel an einen ungefährlichen Ort verlegt.

Zu den offenen echten Unterlassungstatbeständen oder -tatbestandsalternativen gehören ferner die §§ 367 Nr. 11, 310 a Nr. 2 StGB, 41 Abs. 1 StVO. Nicht jeder, der „wilde oder bösartige Tiere frei umherlaufen", Wald und Feld „durch ungenügende Beaufsichtigung von offenem Feuer" in Brandgefahr geraten oder verkehrsgefährdende „Gegenstände auf Straßen ... liegen" läßt, ist verantwortlich nach diesen Bestimmungen. Vielmehr droht Strafe nur dem, der nach den für die unechten Unterlassungsdelikte entwickelten Regeln als Garant für die jeweiligen Gefahrenherde einstehen muß.

Es trifft also zu, was hier zu Anfang als möglich erkannt wurde: Die Garantenlehre hat auch bei den echten Unterlassungsdelikten ihren Anwendungsbereich. Denn die Beschränkung auf besonders Verantwortliche unter den zum Eingreifen Fähigen ist auch bei den echten Unterlassungsdelikten die Regel, und so fällt überall da, wo der Gesetzgeber die notwendige Restriktion des Tatbestandes auf die Garanten nicht selber vorgenommen hat, diese Aufgabe der Wissenschaft und der Rechtsprechung zu.

Die Seltenheit derartiger Tatbestände bestätigt aber zugleich auch die traditionelle Auffassung insoweit, als das Garantenproblem seine eigentliche Heimat nicht bei den echten Unterlassungsdelikten hat. Und es ist leicht zu erklären, warum das so ist. Wenn nämlich der Gesetzgeber echte (oder treffender: reine) Unterlassenstatbestände schafft, dann wird er auf die Notwendigkeit der Täterbegrenzung förmlich gestoßen. Würde er etwa in § 212 StGB die Unterlassensbegehbarkeit ausdrücklich nennen, dann würde er gewiß nicht nur schreiben „oder vom Tode nicht rettet", sondern auch das Erfordernis der Garantenstellung, wenigstens durch eine Richtlinie, deutlich machen; denn dies scheint ja nur solange unmöglich, wie man Tun und Lassen in einem Wort einfangen will, weil für Begehungstäter die Garantenbegrenzung nach allgemeiner Meinung nicht gilt[11]. So gesehen erscheint es geradezu als legislatorischer Lapsus, wenn hier und da auch einmal ein echtes Unterlassungsdelikt „offen" bleibt.

Aus alledem kann man folgern: Weil das Garantenprinzip einheitlich sowohl die unechten wie die echten Unterlassungsdelikte durchzieht, ist es erlaubt und geboten, die Ausformungen und Anhaltspunkte, die wir bei vielen echten Unterlassungsdelikten finden, auch für die unechten nutzbar zu machen. Dafür ein Beispiel:

Es ist anerkannt, daß die Erzieherstellung der Eltern Garantenpflichten mit sich bringt. Eltern können unechte Unterlassungsdelikte begehen, wenn

---

[11] Über die Berechtigung dieser Annahme unten § 13 II.

sie wissentlich oder fahrlässig geschehen lassen, daß ihre Kinder bestimmte Schäden herbeiführen[12]. Zweifelhaft ist, wann diese Garantenpflicht endet. *Schröder*[13] nimmt als Endpunkt den Beginn der Volljährigkeit an. Richtiger dürfte es jedoch sein, die Garantenposition mit dem Maß der §§ 143, 361 Nr. 9 StGB („wer einen noch nicht Achtzehnjährigen, dessen Beaufsichtigung ihm obliegt, nicht gehörig beaufsichtigt") zu begrenzen und davon nur beim Vorliegen besonderer Umstände, die außerhalb der generellen Gefährlichkeit aus Unreife liegen, abzuweichen (Geisteskrankheit). Wenn man nämlich, wie es wohl richtig ist, davon ausgeht, daß hier sowohl unechter wie echter Unterlassungstatbestand den Schutz der durch den Jugendlichen gefährdeten Rechtsgüter bezwecken[14], dann liegt es nahe, beide auch aufeinander abzustimmen. Es ist bedenklich, die Aufsichtsvernachlässigungen, die der Gesetzgeber offenbar von einem bestimmten Entwicklungsstadium an aus dem Raume des Kriminellen hinausbefördern wollte, durch die Hintertür des unechten Unterlassungsdeliktes wieder hereinzuholen. Natürlich bleiben auch während der letzten drei Jahre der Minderjährigkeit rechtliche Aufsichtspflichten bestehen (vgl. § 832 BGB), aber den Rang strafrechtlicher Relevanz sollte man ihnen vollständig nehmen. Meint man es ernst mit der so oft verlangten rechtsstaatlichen Restriktion der Garantenstellungen, dann dürfte man eigentlich einen so deutlichen, auf spezifisch strafrechtlichen Gesichtspunkten beruhenden Begrenzungspunkt wie den der §§ 143, 361 Nr. 9 StGB nicht unbeachtet lassen.

§ 5 GARANTENDELIKTE

I. Zur Einführung

Nach der Behandlung der ersten beiden Deliktsgruppen (echte Begehungs- und echte Unterlassungsdelikte) werden uns im folgenden nur noch unechte Unterlassungsdelikte beschäftigen, d. h. Tatbestände, die sowohl durch Handeln wie durch Unterlassen verwirklicht werden können. Daß wir hier auf den eigentlichen Anwendungsbereich der Garantenlehre stoßen werden, ist sicher. Indes wäre es verfrüht, schon jetzt die Arbeit des Ausklammerns und Einkreisens als beendet anzusehen. Denn es ist unwahrscheinlich, daß sich die Fülle und Vielfalt der bisher noch nicht berührten Tatbestände, von der Beleidigung zum Mord, von der Untreue zur Kuppelei, Diebstahl und Erpressung, Anstiftung, Beihilfe und Betrug, hinsichtlich ihrer Begehbarkeit durch Unterlassen auf ein und dasselbe Prinzip zurückführen lassen.

---

[12] Vgl. *Schönke-Schröder*, Vorbem., Rdn. 132 f.

[13] a. a. O., Rdn. 133.

[14] Vgl. *Schönke-Schröder*, § 143, Rdn. 1; *Stree*, JuS 1963, S. 432 f.; a. A. *Welzel*, Lehrbuch, S. 430; *Maurach*, B. T., S. 423 (Jugendgefährdung als krimineller Gehalt).

Einen ersten Richtpunkt, wie wir den eingeschlagenen methodischen Weg fortsetzen können, liefert der Gedanke, der zuletzt im Rahmen der echten Unterlassungsdelikte zur Sprache kam: Die Garantenrestriktion wird notwendig, wo der Tatbestand zu weit gerät. Diese bei den echten Unterlassungsdelikten höchst seltene Erscheinung ist nun bei den unechten anscheinend die Regel. Weithin scheint die Sache hier die zu sein, daß die Zahl der möglichen Unterlassungstäter begrenzt ist, unbegrenzt dagegen die der Begehungstäter. Und da der letzteren wegen der geschriebene Gesetzestatbestand auf die Garantenbegrenzung verzichten muß, muß er, auf die ersteren bezogen, zu weit geraten. Man kann das mit dem Bild zweier konzentrischer Kreise veranschaulichen: Im engeren Kreis stehen die Garanten, bei denen schon das Unterlassen der möglichen Erfolgsabwendung den Tatbestand verwirklicht, ebenso aber natürlich auch die aktive Erfolgsherbeiführung; den weiteren Kreis bilden die anderen, nicht garantenpflichtigen Personen, die nur in der zuletzt genannten Weise Täter werden können. Dem gesetzlichen Tatbestand können wir lediglich diesen äußeren Kreis entnehmen, den inneren müssen wir selber ziehen. Demnach muß das Garantenproblem dort entfallen, wo das Gesetz die beiden Kreise zur Deckung bringt. Das ist theoretisch auf zweierlei Weise möglich:

Erstens könnte der innere Kreis auf den Umfang des äußeren ausgedehnt werden. In diesem Falle wäre ohne Rücksicht auf besondere Garantenpflichten jeder Täter, der die ihm mögliche Erfolgsabwendung unterläßt. Diese Erwägung kann man aber gleich wieder fallenlassen. Zwar hat es in der wechselvollen Dogmengeschichte der deliktischen Unterlassung nicht an Stimmen gefehlt, die auf diesem Wege die gesamte Problematik aus der Welt schaffen wollten, aber sie haben nicht überzeugt und auch nicht in die Interpretation wenigstens einzelner Tatbestände hineingewirkt. Wohl bezieht das Gesetz, wenn allerwichtigste Rechtsgüter auf dem Spiele stehen, Unbeteiligte schon um ihres Helfenkönnens willen in den Kreis der Verantwortlichen ein. Aber es wählt dazu den Weg des speziellen echten Unterlassungsdelikts (vgl. §§ 138, 330 c StGB) und begnügt sich mit Strafen, die — gemessen an den entsprechenden Bewirkenstatbeständen — geringfügig sind. Schon dieser Umstand macht ein für allemal jene extrem weite Auslegung aller oder einzelner Begehungstatbestände unmöglich.

Zweitens könnte aber auch der äußere Kreis auf den Umfang des inneren reduziert werden. Das hieße, es wäre auch für den Fall des Handelns die Täterschaft von einer Garantenstellung abhängig, und würde praktisch bedeuten, daß der Gesetzgeber im Tatbestand besondere Tätervoraussetzungen aufstellen müßte, die einheitlich für beide Begehungsweisen zur Tatbestandserfüllung notwendig, aber auch hinreichend wären. Solche Delikte könnte man, weil hier die Verwirklichung auch im Falle des positiven Tuns auf handlungspflichtige Garanten beschränkt wäre, Garantendelikte nennen.

Diese zweite Möglichkeit, das Garantenproblem zu umgehen, scheint nun im Gegensatz zur ersten an zahlreichen Stellen im Gesetz tatsächlich verwirklicht und bedarf deshalb sorgfältiger Prüfung.

II. Garantendelikte als Pflichtdelikte

Wir beginnen mit einer genaueren Betrachtung des Vergehens der Untreue. Täter des Treubruchstatbestandes in § 266 StGB kann nur sein, wer eine ihm obliegende Vermögensfürsorgepflicht verletzt, Täter des Mißbrauchstatbestandes nur, wer eine ihm besonders eingeräumte Befugnis, über fremdes Vermögen zu verfügen oder einen anderen zu verpflichten, mißbraucht. Das Gesetz will also auch die auf aktivem Handeln beruhende Schädigung fremden Vermögens nicht schlechthin, sondern nur dann bestrafen, wenn der Schädiger hinsichtlich des Vermögens eine besondere Vertrauensposition innehat. Dies könnte bedeuten, daß im Falle des § 266 das spezifische Garantenproblem nicht entsteht, weil jedes Unterlassen eines Vermögensverantwortlichen schon dann den Treubruchs- oder Mißbrauchstatbestand verwirklicht, wenn es dieselben Wirkungen hat wie ein entsprechendes treuwidriges oder mißbräuchliches Tun. So wäre, um einige Beispiele zu nennen, das böswillige Nichtantworten auf ein lukratives befristetes Angebot, das Verkommenlassen von Sachwerten, das Verjährenlassen von Ansprüchen, das geflissentliche Nichtbeaufsichtigen unehrlicher Angestellter ohne weiteres Untreue, wenn dem Untätigen gegenüber dem Geschädigten eine Treupflicht der in § 266 beschriebenen Art obliegt.

In der Tat wird das allgemein für so selbstverständlich genommen[1], daß man die Notwendigkeit einer Begründung gar nicht sieht. Auszunehmen sind insoweit jedoch *Schröder* und *Roxin*, die beide den tragenden Grund für diese Deutungsmöglichkeit herausstellen. „Ein Mißbrauch kann auch in einem ... pflichtwidrigen Dulden oder Unterlassen liegen ... Die Pflicht zum Handeln ergibt sich hier aus der Stellung des Täters, wie sie § 266 charakterisiert“[2], schreibt *Schröder* zum Mißbrauchstatbestand, und an späterer Stelle heißt es bei ihm mit Bezug auf den Treubruchstatbestand: „Die Untreuehandlung kann auch in einer Unterlassung liegen. Jeder Inhaber der in § 266 beschriebenen Stellung ist Garant; seine Pflicht ist gleichzeitig Handlungs- und Unterlassungspflicht“[3]. Auf die Unterlassensbegehbarkeit bei der Untreue kommt *Roxin* im Rahmen der Frage zu sprechen, „ob die unechten Unterlassungsdelikte den jeweiligen Begehungstatbeständen oder selbständigen Garantengebotstatbeständen zu subsumieren seien“. Die Antwort fällt für ihn verschieden aus, je nachdem, was man unter „Tatbestand“ versteht: Ist mit Tatbestand „eine in einem Paragraphen zusammengefaßte Strafbestim-

[1] Vgl. zum Mißbrauchstatbestand: *Kohlrausch-Lange*, Anm. II 2; *Schönke-Schröder*, Rdn. 14; *Niethammer*, Lehrbuch des B. T., S. 281; zum Treubruchstatbestand: *Maurach*, B. T., S. 328 ff.; *Jagusch* in LK, 8. Aufl., 2. Band, Anm. 3 d; *Schönke-Schröder*, Rdn. 36; *Dahlcke-Fuhrmann-Schäfer*, Anm. 10 a. E., 11; *Niethammer*, a. a. O., S. 283; allgemein: *Schwarz-Dreher*, Anm. 2; aus der Rechtsprechung vgl. RG 76 115 (pflichtwidriges Nichtbeaufsichtigen); RG 11 412 (Verjährenlassen eines Anspruchs); RG in GA 36, S. 400 (Nichtanlegen von Mündelgeldern).

[2] Kommentar, Rdn. 14.

[3] Kommentar, Rdn. 36; vgl. auch Vorbem. 78.

mung gemeint", dann gilt für Tun und Lassen ein und derselbe Tatbestand; dagegen liegen zwei selbständige Tatbestände vor, wenn es um den „systematischen Grundbegriff" geht, für den „die Struktur des inkriminierten Verhaltens" entscheidend ist. „Wiederum anders ist es jedoch dort, wo schon das positive Tun nur als Pflichtdelikt strafbar ist. Hier ergeben sich ... zwischen Begehen und Unterlassen keine strukturellen Unterschiede, so daß beide Verhaltensweisen auch im zweiten Sinne des Begriffs einem einheitlichen Tatbestand zu subsumieren sind: Ob ich als Vermögensfürsorgepflichtiger den Auftraggeber dadurch schädige, daß ich eine notwendige Handlung absichtlich unterlasse, oder dadurch, daß ich eine nachteilige Handlung vornehme, macht tatbestandlich keinen Unterschied"[4].

Das ist im Ergebnis zutreffend, freilich nicht so selbstverständlich, wie man allgemein anzunehmen scheint. Man muß nämlich folgendes berücksichtigen: Wenn der Gesetzgeber aktive Vermögensschädigungen nur beim Vorliegen eines besonderen Pflichtverhältnisses mit Strafe bedroht, dann ist zunächst einmal nicht einzusehen, warum dieselbe Pflichtenstellung ohne weiteres auch die Strafbarkeit von schädlichen Unterlassungen begründen sollte. Man könnte doch auch dahin argumentieren, daß die in § 266 umschriebenen Verantwortlichkeitspositionen notwendig seien, um die als solche sozialadäquaten Vermögensbeschädigungen überhaupt erst einmal auf die Ebene des Strafwürdigen zu heben, daß aber auf dieser Ebene der stets vorhandene Gewichtsunterschied zwischen Tun und Lassen erhalten bleibe. Das würde bedeuten: Die geschriebenen Sonderpflichten würden für die Strafwürdigkeit der aktiven Schadenszufügung verbraucht, schadensbewirkende Unterlassungen wären nur unter der Voraussetzung einer „Pflicht in der Pflicht" strafbar, also etwa, wenn der Vermögensfürsorgepflichtige die Gefahr des Schadens durch vorangegangenes Tun hervorgerufen hat, oder wenn ihm innerhalb seiner allgemeinen Pflichtenstellung eine besondere, einen Einzelvorgang betreffende Fürsorgepflicht ausdrücklich auferlegt wird. — Aber so darf man das Gesetz doch wohl nicht verstehen. Zweierlei läßt sich dagegen anführen.

Erstens wären bei dieser Betrachtungsweise böswillige Unterlassungen des Vermögensverantwortlichen im praktischen Ergebnis kaum noch als Untreue zu erfassen. Denn die Übertragung einer besonderen Garantenpflicht auf den sowieso Fürsorgepflichtigen ist eine theoretische Möglichkeit, aber kaum praktische Übung. Der Vermögensinhaber verläßt sich und muß sich verlassen können auf die generelle Pflichtigkeit seiner Vertrauensleute. Man denke nur an die Handlungspflichten leitender Angestellter in Großunternehmen oder an die eines Vormundes.

Zweitens legt das Gesetz selber einen Analogieschluß nahe. Er läßt sich gründen auf die §§ 121/347, 340, 341, 343, 357 StGB. Diese Bestimmungen

[4] Täterschaft, S. 460 f.

enthalten genau wie § 266 eine tatbestandlich umschriebene Sonderpflichtstellung, ohne die auch bei positiver Erfolgsherbeiführung niemand Täter sein kann. Anders als bei der Untreue hat hier aber der Gesetzgeber ausdrücklich gesagt, daß er zwischen dem aktiven Bewirken und dem passiven Nichtabwenden des Erfolges keinen Unterschied machen will: Wer als Aufseher einen Gefangenen „entweichen läßt", wird genauso behandelt, wie wenn er „dessen Befreiung befördert" (§§ 121, 347); ein Beamter, der bei der Amtsausübung eine Körperverletzung „begehen läßt", nicht anders, als wenn er sie „begeht" (§ 340); ein Amtsvorgesetzter, der im Amte eine „strafbare Handlung seiner Untergebenen wissentlich geschehen läßt", steht dem gleich, „welcher seine Untergebenen zu einer strafbaren Handlung im Amte vorsätzlich verleitet oder zu verleiten unternimmt" (§ 357).

Praktische Gründe und Sachentscheidungen des Gesetzgebers in vergleichbaren Fällen sprechen also hinlänglich dafür, Handeln und Unterlassen bei der Untreue gleichzuschalten, wie dies auch der allgemeinen Ansicht entspricht.

Dieses Ergebnis und der ihm zugrunde liegende Gedankengang erlauben bereits einige vorsichtige Verallgemeinerungen: Es gibt tatsächlich Garantendelikte im oben gekennzeichneten Sinne. Sie können, wie bei vielen Amtsdelikten, vom Gesetzgeber durch eine Unterlassensalternative ausdrücklich als solche gekennzeichnet sein, können in ihrer Eigenart aber auch, wie die Untreue, erst nach einer teleologischen Interpretation zu erschließen sein. Immer jedoch handelt es sich um Normen mit beschränktem Adressatenkreis. Zu ihm gehören nur Personen mit besonderer Pflichtenstellung. Deshalb sind alle Garantendelikte (Sonder-)Pflichtdelikte[5]. Daß dieser Satz auch umgekehrt gilt, ist dagegen unbewiesen und wird noch zu prüfen sein. Schon jetzt läßt sich aber sagen, daß die Umkehrung allenfalls als Erfahrungsregel richtig sein kann. Würden wir mit *Roxin* ein Strukturgesetz annehmen, nach welchem bei einem Pflichtdelikt notwendig jedes Unterlassen der Erfolgsabwendung der aktiven Erfolgsherbeiführung gleichstünde[6], so würden wir uns selbst, einem Prinzip zuliebe, die Möglichkeit tatbestandlicher Einzelanalyse verbauen. Diese muß aber überall das letzte Wort haben. Es ist, wie schon am Beispiel der Untreue demonstriert, durchaus denkbar, daß nicht jedes Pflichtdelikt die Unterschiede zwischen Handeln und Unterlassen einebnet.

III. Zur praktischen Bedeutung des Garantendeliktsbegriffs

Wo dies aber der Fall ist, wo es sich also um ein echtes Garantendelikt handelt, da ist auch die dogmatische Konsequenz dieser Einordnung zu beachten. Sie besteht darin, daß nach Bejahung des Unterlassens sowie der geschriebenen, besonderen Tätermerkmale der Tatbestand festgestellt ist, ohne

[5] Wir folgen hier der Terminologie *Roxins*; vgl. Täterschaft, § 34 (S. 352 ff.).

[6] Vgl. Täterschaft, S. 461 f. (unter c); ähnlich wohl *Dahm*, ZStW 59, S. 161.

daß es noch eines Wortes zu Rechtspflicht und Garantenstellung bedürfte. Im allgemeinen wird man freilich die richtige Entscheidung auch ohne Einsicht in das Wesen der Garantendelikte treffen, weil man aus der Sonderstellung des Unterlassenden seine Garantenpflicht ableitet. Es kann aber der Mangel an systematischer Klarheit auch zu sachlichen Fehlern führen. Das zeigt zum Beispiel eine Anmerkung, die *Bohne* zu einer Reichsgerichtsentscheidung geschrieben hat. Der Fall lag so: Die unverheiratete Schwangere M hatte bewußt keinerlei Vorsorge für die bevorstehende Niederkunft getroffen, weil sie das Kind nicht wollte. Das Kind starb, mangels Hilfe, während der Geburt. Das RG verurteilte nach § 217 StGB, da „eine Rechtspflicht der Schwangeren (bestehe), die zur Erhaltung des Lebens des Kindes erforderlichen Maßnahmen zu treffen und demgemäß eine sich etwa nötig machende Hilfeleistung zu ermöglichen"[7]. *Bohne* hegte an der Unterlassenstäterschaft der M Zweifel. Er meinte, es könne „der Tatbestand des § 217 durch Unterlassung seitens der Schwangeren selbst nur erfüllt werden, wenn sie durch eine eigene Handlung für das Kind die Gefahr des Todeseintritts nähergerückt" habe[8]. Da dies unter den gegebenen Umständen wohl zu verneinen war, lehnte *Bohne* die Entscheidung des Reichsgerichts ab.

Seine Argumentation ist aber verfehlt. Die Lehre von den Garantenstellungen kann man auf § 217 nicht anwenden, weil hier im Unterlassensfalle keine tatbestandliche Beschränkung nötig wird, die nicht auch beim Begehen durch positives Tun Geltung hätte. § 217 StGB ist also ein Garantendelikt: Wer immer Täter sein kann, der ist auch während und nach der Geburt für die Rettung des Kindes verantwortlich. Zwar lag der vom RG entschiedene Fall wahrscheinlich so, daß die M im Zeitraum der Geburt das Kind nicht retten konnte; aber nach den Regeln der actio libera ist das unerheblich, weil sie vorher für Hilfe hätte sorgen können und dies mit Absicht unterlassen hatte.

Auch für den Gesetzgeber könnte die Erscheinung der Garantendelikte Bedeutung gewinnen. Entschlösse er sich, einer bekannten Empfehlung folgend, die unechten Unterlassungsdelikte ganz oder zum Teil ausdrücklich im Besonderen Teil zu kodifizieren, so könnte er doch jedenfalls die Garantendelikte unberührt lassen. Das verkennt *Grünwald*, wenn er schreibt: „Bei einem Teil der Tatbestände können die Unterlassungen durch eine geringfügige Textänderung mit einbezogen werden, da das besondere persönliche Verhältnis bereits zum gesetzlichen Tatbestand gehört — so ist etwa beim heutigen § 170 b lediglich klarzustellen, daß auch die schlichte Nichterfüllung der Unterhaltsverpflichtung strafbar ist"[9]. Und: „Unterlassungen von Trägern öffentlicher Funktionen sind, soweit es sich um die Tatbestände der Amtsdelikte handelt (z. B. die Begünstigung im Amt) wiederum durch eine einfache Textänderung zu erfassen. Da das Merkmal der Amtsstellung sich

[7] JW 1927, S. 2696.
[8] JW 1927, S. 2697.
[9] ZStW 70, S. 427.

bereits im Tatbestand des Handlungsdelikts findet, ist nichts weiter nötig, als die Unterlassung ausdrücklich neben der Handlung zu erwähnen"[10]. Unterstellt man, daß es sich bei beiden von *Grünwald* genannten Beispielen um unechte Unterlassungsdelikte handelt[11], dann ist gerade bei ihnen die Garantendeliktsnatur besonders deutlich. Schon die derzeitige Gesetzesfassung läßt keinen Zweifel darüber aufkommen, daß die in § 170 b StGB und § 346 StGB umschriebenen Personen sich tatbestandsmäßig auch dann verhalten, wenn sie ihre Unterhaltspflicht schlicht unerfüllt bzw. den Verbrecher schlicht unverfolgt oder unbestraft lassen. Zwar gibt es Garantendelikte, die eine den Vorstellungen *Grünwalds* entsprechende Unterlassensalternative enthalten, aber was dort schon aus der Gesetzesfassung zu entnehmen ist, folgt ohnedies aus dem Wesen der Garantendelikte und ist auch ohne Verdeutlichung richtig. *Grünwalds* Prämisse, die Tatbestände im StGB seien allein „auf Handlungen zugeschnitten, ... so gefaßt, daß sie durch Unterlassungen nicht erfüllt werden können"[12], ist, jedenfalls soweit sie Garantendelikte betrifft, nicht richtig.

IV. Die Grenzen des Garantendeliktsbegriffes

A. Pflichtdelikte mit ungenügend beschränktem Täterkreis

Roxin hat aus dem ohne Zweifel häufigen Zusammentreffen von Sonderpflicht und Wegfall der spezifischen Unterlassensproblematik das Gesetz abgeleitet, daß alle Pflichtdelikte notwendig zugleich Garantendelikte im hier gekennzeichneten Sinne seien[13]. Theoretische Zweifel an dieser These wurden bereits geäußert[14]. Ihnen gilt es jetzt genauer nachzugehen. Dabei greifen wir zunächst den bei Betrachtung der Untreuebestimmung erwogenen Gedanken auf.

Daß der Gesetzgeber frei ist in der Entscheidung, wie weit er den Kreis der tauglichen Täter einengen will, wird niemand bestreiten. Es ist deshalb denkbar, daß ein Tatbestand schon für die Verwirklichung durch positives Tun Beschränkungen aufweist, die aber nicht so weit gehen, daß es zur Deckung mit dem Kreis der tauglichen Unterlassungstäter käme. Ein solcher Tatbestand wäre wohl ein Pflichtdelikt insofern, als er nicht jedermann, sondern nur herausgehobenen Personen mit Sonderpflichten Strafe androhen würde. Aber er wäre kein Garantendelikt, weil nicht nur Garanten ihn

---

[10] a. a. O., S. 428.

[11] § 170 b StGB ist m. E. kein unechtes, sondern ein echtes Unterlassungsdelikt, weil immer das Unterlassen als solches den Tatbestand verwirklicht, nicht die das Nichtsorgen erleichternden oder ermöglichenden Handlungen wie Wegziehen, Spurenverwischen oder Täuschungen über die Einkommenshöhe.

[12] ZStW 70, S. 412.

[13] Vgl. Täterschaft, S. 461.

[14] Vgl. oben S. 66—68.

verwirklichen könnten. Pflichtdelikte dieser Art scheinen freilich sehr selten zu sein. Doch enthält das StGB zumindest ein Beispiel: Nach § 288 wird bestraft, „wer bei einer ihm drohenden Zwangsvollstreckung ... Bestandteile seines Vermögens ... beiseiteschafft". Es handelt sich um ein Pflichtdelikt. Nicht jeder ist betroffen, der ein Vermögensstück dem Zugriff eines Gläubigers entzieht; Täter kann nur der Vollstreckungsschuldner und Vermögensinhaber sein[15]. Aber daß der Sonderpflichtige notwendig auch dann haftet, wenn er den ohne sein Zutun eintretenden Erfolg nicht abwendet, dürfte kaum richtig sein. Denken wir uns etwa, daß der Vollstreckungsschuldner aus Bosheit die Flammen nicht löscht, deren Raub seine Briefmarkensammlung wird[16], oder dem pfändungswilligen Gerichtsvollzieher mit Erfolg den Aufbewahrungsort verschweigt[17], dann liegt normalerweise kein tatbestandsmäßiges Unterlassen vor. Zumindest für das zweite Beispiel nimmt das auch *Roxin* an. Der Schuldner habe „keine Pflicht ... dem Gerichtsvollzieher beim Aufsuchen pfändbarer Gegenstände behilflich zu sein"[18]. Das widerspricht seiner Theorie vom einheitlichen Tatbestand bei Pflichtdelikten, ist aber in der Sache richtig. Denn das Pflichtenband zwischen den Parteien der Zwangsvollstreckung ist nicht so stark, daß es den Schuldner schlechthin zum Garanten für den Gläubigerzugriff machen könnte. Der Schuldner ist Gegner des Gläubigers, nicht sein Beschützer. Hier ist es deutlich, daß es einer „Pflicht in der Pflicht" bedarf, wenn Untätige verantwortlich werden sollen. Anzunehmen wäre das also nur unter den bekannten Voraussetzungen, aus denen sich Garantenstellungen ergeben: Ingerenz, Zerstörung durch die eigenen Kinder, besonderes Obhutsversprechen gegenüber dem Gläubiger usw.

B. *Pflichtdelikte mit spezialisierter Begehungsweise*

Es gibt noch einen anderen Bereich, in dem sich der Begriff des Pflichtdeliktes mit dem des Garantendeliktes nicht deckt. Ein besonders aufschlußreiches gesetzliches Beispiel soll das veranschaulichen.

§ 221 Abs. 1 StGB droht in seiner zweiten Alternative dem Strafe an, der eine alte, gebrechliche oder kranke Person, „wenn dieselbe unter seiner Obhut steht oder wenn er für die Unterbringung, Fortschaffung oder Aufnahme derselben zu sorgen hat, in hilfloser Lage vorsätzlich verläßt". Es handelt sich hier, anders als bei der ersten, der Aussetzungsalternative, um ein Pflicht-

---

[15] Vgl. *Roxin*, Täterschaft, S. 385.

[16] Auch zerstörende und beschädigende Handlungen erfüllen § 288; vgl. RG 19 25, 27 123; *Schönke-Schröder*, § 288, Rdn. 16.

[17] Vgl. *Schwarz-Dreher*, § 288, Anm. 2 B, unter Hinweis auf eine unveröffentlichte BGH-Entscheidung, die sogar das aktive Ableugnen des Besitzes als nicht tatbestandsmäßig angesehen hat.

[18] Engisch-Festschrift, S. 403 (unter Berufung auf *Wieczorek*, § 758 ZPO, Anm. IV, und OLG Dresden, HRR 28, Nr. 186).

delikt[19]. Eine hilflose Person auszusetzen, ist jedermann verboten, sie zu verlassen, nur den gerade für diesen Menschen besonders Verantwortlichen. Aber liegt zugleich ein Garantendelikt vor?

1. Als Garantendelikt würden wir (nach unserer Begriffsbildung) das Verlassen hilfloser Personen nur bezeichnen, wenn jedes Herbeiführen oder Nichtabwenden des inkriminierten Erfolgs, daß der Hilfsbedürftige ohne Helfer dasteht, in der Person eines Obhutspflichtigen notwendig tatbestandsmäßig wäre. Eine stark vertretene Ansicht nimmt das an. *Schröder* meint, es müsse ausreichen, „daß der Täter in einer Situation der Hilflosigkeit seines Schützlings nichts unternimmt...[20]. Kümmert sich z. B. eine Krankenschwester nicht um einen Kranken, so kann es nichts ausmachen, ob sie das Zimmer verläßt oder — im Zimmer bleibend — nur keine Hilfe leistet"[21]. Derselben Meinung sind *Blei*[22], *Maurach*[23], *Schäfer*[24], *Hall*[25] und die Verfasser des E 1962[26], die darum auch eine dem Art. 127 Abs. 1 SchweizerStG gleichende, eindeutige Fassung der Aussetzungsvorschrift vorschlagen (vgl. § 139 E 1962).

Diese Interpretation ist denkbar weit. Sie gesteht der Tatbeschreibung („Verlassen") keine besondere Bedeutung zu, sondern liest das Gesetz gewissermaßen im Sinne eines begehungsneutralen Verursachungsdelikts: es ist gleichgültig, wie man den Hilfebedürftigen hilflos macht, es genügt, daß sich ihm in irgendeiner Weise der Helfer entzieht; und da bei reinen Verursachungsdelikten die Nichtabwendung des Erfolgs durch Garanten dem Verursachen gleichsteht, reicht es auch aus, wenn Obhutspflichtige die Hilflosigkeit nicht beseitigen.

2. Die Einwände gegen diese Lesart liegen auf der Hand. „Verlassen" bedeutet seinem Wortsinne nach nicht „Verursachen von Vereinsamung" oder einfach „Lassen". Der Begriff enthält vielmehr zwei Elemente, die man mit den Worten „Zustandsveränderung" und „räumlicher Abstand" umreißen könnte und die zusammenfinden in der allein vollwertigen und unzweifelhaft tatbestandsmäßigen Verwirklichungsform des körperlichen Weggehens. Es gab und gibt darum Gegenstimmen, die wenigstens eines dieser Wortsinnelemente für unverzichtbar erachten.

a) Die eine Ansicht hält zwar nicht für erforderlich, daß zwischen Täter und Schützling ein räumlicher Abstand entsteht oder besteht, verlangt aber doch, daß sich zwischen ihnen etwas verändert. Ihren Ausgang nahm diese

---

[19] So zutreffend *Roxin*, Täterschaft, S. 385.
[20] Kommentar, § 221, Rdn. 7 a.
[21] a. a. O., Rdn. 7.
[22] *Mezger-Blei*, StudB II, S. 52.
[23] B. T., S. 50.
[24] LK, 2. Band, 8. Aufl., § 221 Anm. II B.
[25] SchweizZStR 46 (1932), S. 353 ff.
[26] Vgl. E 1962 mit Begründung, S. 276.

Lehre von einer Reichsgerichtsentscheidung[27], der folgender Fall zugrunde lag: Ein Vater erkannte, daß dem Säugling von der Mutter Gefahr drohte, weil diese ihn zu sich ins Bett genommen hatte, um ihn in den Kissen zu ersticken. Ohne einzugreifen, legte sich der Vater im selben Zimmer schlafen. Das RG sah § 221 Abs. 1, 2. Alt. StGB verwirklicht, weil der Angeklagte im Bewußtsein der Hilflosigkeit des Kindes sich zwar nicht fortbegeben, aber „in Schlaf versetzt" habe, was als „Verlassen" ausreichen müsse.

Dem folgt heute besonders *Welzel*[28], aber auch von *Niethammer*[29] und im Kommentar von *Dalcke—Fuhrmann—Schäfer*[30] wird diese gemäßigt strenge Auslegung für richtig gehalten. „Verlassen ist nicht nur die räumliche Trennung, sondern auch das Sichaußerstandesetzen zur Hilfe trotz Verbleibens, z. B. durch Betrinken oder Einschlafen"[31].

b) Die andere Ansicht sieht es gerade umgekehrt. Nicht das dynamische Element der Veränderung des Zustandes durch den Täter erscheint ihr wesentlich, wohl aber das statische des räumlichen Abstandes. Sie wurde entwickelt von *Radbruch*[32], *Frank*[33] und *Mezger*[34] und wird heute vom BGH[35] und von *van Els*[36] vertreten. Was sie im Auge hat, ist vor allem ein kriminalpolitisches Ziel. Zwar will sie gewisse durch die Wortfassung errichtete Schranken respektieren; es „‚verläßt' den Hilflosen nicht schon, wer sich nicht um ihn kümmert", betont der BGH[37]. Aber sie will doch den praktisch häufigsten Fall des Nichthelfens erfassen können, nämlich den, daß der Verantwortliche den auf seine Hilfe Angewiesenen nicht zur gebotenen Zeit wiederaufsucht. Sachverhalte dieser Art lagen jüngst dem BGH[38] und dem Landgericht Berlin[39] zur Entscheidung vor; beidemal hatte eine Mutter, besten Willens, rechtzeitig zurückzukehren, ihren Säugling ausreichend versorgt allein gelassen, dann aber der Versuchung nicht widerstehen können, sich ausgiebig zu vergnügen. An das Weggehen konnte hier der Vorwurf nicht anknüpfen, weil in diesem Zeitpunkt das Kind keine Hilfe benötigte. Mit Eintritt der Hilfebedürftigkeit aber, meint der BGH, sei das Unterlassen der Rückkehr wegen der dem § 221 StGB eigentümlichen räumlichen Getrenntheit von Täter und Opfer zu einem tatbestandsmäßigen „Verlassen" geworden.

3. Eine letzte Auffassung endlich will nur bestrafen, wenn beide Elemente zusammentreffen, d. h. wenn der Pflegepflichtige sich räumlich fortbegibt von

---

[27] DR 1941, S. 193.
[28] Lehrbuch, S. 296.
[29] Lehrbuch, B. T., S. 136.
[30] § 221, Anm. 6.
[31] *Welzel*, a. a. O., S. 296.
[32] VDBT, V., S. 192.
[33] Kommentar, § 221, Anm. III 2.
[34] DR 1941, S. 194.
[35] BGH 21 47.
[36] NJW 1967, S. 966 f.
[37] BGH 21 48.
[38] BGH 21 47.
[39] MDR 1967, S. 57.

seinem schon zu diesem Zeitpunkt hilfebedürftigen Schützling. Das war früher die herrschende Meinung. Das RG hat sie bis zum Jahre 1941 ständig vertreten[40], *Olshausen*[41] und *Sauer*[42] sind ihm gefolgt. Heute stehen *Kohlrausch—Lange*[43], *Dreher*[44], *Busch*[45] und das LG Berlin[46] auf diesem Standpunkt. Am ausführlichsten hat ihn *Dreher* begründet. Die Ansicht des BGH, so meint er in seiner dem Urteil[47] gewidmeten Anmerkung, sei kriminalpolitisch verständlich, überschreite aber die Grenze zur verbotenen Analogie[48]. „Beide Alternativen verlangen Aufhebung einer räumlichen Verbindung zwischen dem Täter und dem Hilflosen. Dabei ist es Aussetzung, wenn der Hilflose räumlich vom Täter entfernt wird, und es ist Verlassen, wenn sich der Schutzpflichtige räumlich von dem Hilflosen trennt“[49].

Den zahlreichen Stellungnahmen eine weitere hinzuzufügen, ist nicht unser Ziel. Wir haben die Spannweite und Vielfalt der Auslegungsmöglichkeiten nur vorgeführt, um deutlich zu machen, daß die Gleichsetzung von Pflicht- und Garantendelikt zu einer sachlich ungerechtfertigten Blickverengung führen muß. Die Aufnahme besonderer Tätermerkmale in den Tatbestand enthebt uns nicht der Mühe, die Tatbestandshandlung auf mögliche Besonderheiten hin zu untersuchen. Der Gesetzgeber kann die Strafe auf spezielle Begehungsweisen beschränken, und daran ändert die Pflichtdeliktsnatur eines Tatbestandes überhaupt nichts. Betrachten wir daraufhin zwei weitere Beispiele:

Zu den Pflichtdelikten rechnet *Roxin* u. a. auch die Fahrerflucht (§ 142 StGB)[50] und die schwere Kuppelei nach § 181 Abs. 1, Nr. 2 StGB[51]. Beides ist zutreffend. Nicht jeder Erfolgsbewirker kann Täter sein, sondern nur der wartepflichtige Unfallbeteiligte bzw. der für die verkuppelte Person besonders Verantwortliche. Aber über die Begehbarkeit durch Unterlassen ist damit noch nichts entschieden. Die Einordnung als Pflichtdelikt beschert uns keine Lösung für die ganz andere Frage, ob bloßes Unterlassen der Erfolgsabwendung notwendig tatbestandsmäßig sei. Die Praxis steht bekanntlich immer wieder vor diesem Problem, wenn Unfallbeteiligte rechtmäßig oder schuldlos den Unfallort verlassen und später nicht zurückkehren und

[40] Vgl. RG 8 345, 10 183, 38 377; RG in JW 1938, S. 2334; RG in HRR 41, Nr. 367.
[41] Kommentar, 2. Band, § 221, Anm. 7.
[42] Besonderer Teil, S. 271 f.
[43] Kommentar, § 221, Anm. IV.
[44] JZ 1966, S. 580 f.
[45] DRiZ 1967, S. 224.
[46] MDR 1967, S. 57.
[47] BGH 21 47.
[48] JZ 1966, S. 581.
[49] a. a. O., S. 580.
[49] a. a. O., S. 580.
[50] Täterschaft, S. 369 ff.
[51] Täterschaft, S. 385.

wenn Ehemänner oder Eltern gegen das „unzüchtige Treiben“ von Weib oder Kind lediglich nichts unternehmen. Die Schwierigkeiten ergeben sich auch hier aus dem Zweifel, ob man sich über die einschränkende Tatbeschreibung des Gesetzes so einfach hinwegsetzen darf. Denn verboten ist ja nicht das neutrale Sichentziehen und das farblose Verursachen von Unzucht, sondern das Sichentziehen durch „Flucht“ und das Erleichtern der Unzucht „durch Gewährung oder Verschaffung von Gelegenheit“.

So gilt es festzuhalten: Es gibt Pflichtdelikte mit spezialisierter Begehungsweise. Unterfällt eines dieser Kategorie, so ist es kein Garantendelikt, d. h. die Unterlassungsproblematik entfällt nicht infolge der gesetzlichen Anordnung, es solle bei tauglichen Tätern jede Nichtabwendung des Erfolgs ohne weiteres tatbestandsmäßig sein. Wenn die Garantenlehre ihren Anwendungsbereich hier nicht aus dem Grunde verliert, der für die Untreue und die meisten Amtsdelikte galt, dann ist allerdings damit noch nicht gesagt, daß sie ihn aus einem anderen Grunde nicht dennoch verliert. Es ist eine naheliegende und neuerdings lebhaft diskutierte Möglichkeit, daß für die Unterlassensbegehbarkeit der Delikte mit spezialisierter Tatbestandshandlung Besonderheiten gelten. Doch ist das kein auf die Pflichtdelikte beschränktes Problem. Es tritt z. B. beim Jedermannsdelikt der einfachen Kuppelei genauso auf wie bei der Angehörigenkuppelei nach § 181 Abs. 1, Nr. 2 StGB. Wir müssen deshalb die Verklammerung mit den Pflichtdelikten lösen und die Erscheinung als Ganze ins Auge fassen. Das soll im folgenden Paragraphen geschehen.

§ 6 VERHALTENSGEBUNDENE DELIKTE

I. Begriffserläuterung am Beispiel der Kuppelei

„Wer gewohnheitsmäßig oder aus Eigennutz durch seine Vermittlung oder durch Gewährung oder Verschaffung von Gelegenheit der Unzucht Vorschub leistet“, wird nach § 180 Abs. 1 des noch geltenden Strafgesetzbuches wegen Kuppelei mit Freiheitsstrafe bedroht. Es ist allgemeine Auffassung und ständige Rechtsprechung, daß man Kuppelei auch durch Unterlassen begehen kann. Dieser zutreffende Ausgangspunkt läßt drei grundsätzliche Möglichkeiten offen.

Erstens könnte es so sein, daß allein die Grundsätze über Garantenstellungen und Rechtspflichten zur Erfolgsabwendung Richtschnur und Maßstab sind für strafbares Unterlassen im Rahmen der Kuppeleibestimmungen. Die Kuppelei läge dann im Prinzip auf einer Linie mit Delikstypen wie Tötung und Sachbeschädigung.

Zweitens ist denkbar, daß die Garantenlehre nur Aufschluß gibt über *eine* Strafvoraussetzung, daß das Unterlassen des Garanten aber darüberhinaus noch eine besondere Eigenart aufweisen muß, wie das etwa bei der Tötung nicht erforderlich ist.

Drittens endlich könnte es gänzlich verfehlt sein, die Unterlassungstäterschaft bei der Kuppelei mit dem Garantenprinzip in Verbindung zu bringen.

A. *Ist jedes garantenpflichtwidrige Unterlassen tatbestandsmäßig?*

Den ersten Lösungsweg beschreitet seit eh und je die Rechtsprechung[1], und ein auch heute noch großer Teil des Schrifttums folgt ihr im grundsätzlichen. „Ein Unterlassen ist dann ein Vorschubleisten", so heißt es z. B. bei *Schönke-Schröder*, „wenn der Unterlassende die rechtliche Verpflichtung und die Möglichkeit hat, die Unzucht zu verhindern. Es gelten insoweit die allgemeinen Regeln für Unterlassungsdelikte"[2].

Sieht man zunächst von der Begehungsweise des Unterlassens ab, so fällt auf, daß § 180 StGB schon für den Normalfall der Kuppelei durch aktives Tun Voraussetzungen aufstellt, die über das bloße Verursachen oder Fördern der Unzucht hinausgehen. Besucht etwa ein minderjähriges Mädchen seinen erwachsenen Freund ständig in dessen Wohnung, so wäre es keine Kuppelei, wenn ein Unbeteiligter, seiner Gewohnheit entsprechend, dem Mädchen Hemmungen vor dem Geschlechtsverkehr ausredet. Der Rechtsprechung zwar scheint nicht einmal das ganz selbstverständlich. Das RG hat in einer frühen, vereinzelten Entscheidung[3] die Ansicht vertreten, ein zur Unzucht verleitendes seelisches Einwirken erfülle allgemein den Tatbestand des Vorschubleistens durch „Verschaffung von Gelegenheit", und der BGH[4] hat es immerhin offengelassen, ob dem zu folgen sei. Aber das ist keinesfalls richtig und wird im Schrifttum mit Recht bekämpft[5]. Wer nicht mehr tut als der Unbeteiligte in unserm Beispiel, der leistet wohl Vorschub[6], aber es trifft auf ihn keine der speziellen Begehungsalternativen zu: Weder „vermittelt" er (die persönlichen Beziehungen zwischen den Partnern bestehen schon), noch „verschafft" oder „gewährt" er „Gelegenheit" (die unzuchtermöglichenden äußeren Umstände stehen ohne sein Zutun zur Verfügung). Sollten die Gerichte in Zukunft selbst beim aktiven Tun jenen Irrweg gehen, auf dem die Entscheidungen BGH 9 71 und BGH in NJW 1959, S. 1284 einen ersten Schritt getan haben[7], so wäre in der Tat mit *Dallinger* zu fragen, was denn von der einschränkenden Funktion der Tatbestandsmerkmale noch übrig

[1] Vgl. die Nachweise unten auf S. 63—65.

[2] Kommentar, § 180, Rdn. 11; prinzipiell ebenso *Kohlrausch-Lange*, § 180, Anm. II 3; *Maurach*, B. T., S. 461; *Mezger-Blei*, StudB II, S. 93; *Lackner-Maassen*, StGB, § 180, Anm. 4 b.

[3] RG 8 237 f.

[4] BGH 9 77; noch weiter geht BGH in NJW 1959, S. 1284.

[5] Vgl. *Olshausen*, § 180, Anm. 3; *Schwarz-Dreher*, § 180, Anm. 3 B; *Schönke-Schröder*, § 180, Rdn. 10.

[6] Denn Vorschubleisten ist sachlich gleichbedeutend mit Beihilfe im Sinne des § 49; vgl. *Schönke-Schröder*, § 180, Rdn. 7.

[7] Vgl. auch *Fränkel* in LM Nr. 6 zu § 180.

bleibe[8]. Vorschubleisten durch Vermittlung oder durch Gewährung oder Verschaffung von Gelegenheit ist nicht dasselbe wie Vorschubleisten schlechthin. Wenigstens theoretisch ist das auch der Ausgangspunkt des BGH, wenn er betont, die Vorschrift wolle „nicht jede Form der Unterstützung, sondern nur bestimmte, typische Förderungshandlungen erfassen"[9].

Betrachten wir das im folgenden als feststehend, so ist ein weiterer gedanklicher Schritt zwingend: An dem Gesagten würde sich grundsätzlich nichts ändern, wenn der die Unzucht Fördernde eine Garantenstellung innehätte. Die bloß hemmungsbeseitigende Einwirkung auf die Minderjährige würde auch in der Person etwa der Mutter des Mädchens nicht zu einer i. S. des Gesetzes kupplerischen Begehungsweise qualifiziert. Denn ob man von jemandem sagen kann, er gewähre Gelegenheit, hat mit seiner Erzieherstellung nichts zu tun.

Was besagen diese Überlegungen für die Kuppelei durch Unterlassen? Hier gilt es zunächst, einem Einwand zuvorzukommen, der von bestimmten Prämissen der modernen Unterlassungsdogmatik her nicht ganz fernliegt, Wer der Meinung anhängt, das unechte Unterlassen unterfalle einem ungeschriebenen, mehr oder weniger selbständigen Garantengebotstatbestand, könnte schon von daher geneigt sein, auf unsere Frage zu antworten: Gar nichts. Denn wenn die Kuppelei durch Unterlassen sowieso nicht durch den geschriebenen Gesetzestatbestand erfaßt werden kann, dann ist auch nicht gesagt, daß beim Unterlassen jene einschränkenden Tatbestandsmerkmale überhaupt eine Rolle spielen. Aber dem wäre mit Entschiedenheit zu widersprechen, ganz unabhängig vom Standpunkt in der Sache selbst. Die Ungelöstheit eines begrifflich-logischen Problems gewährt keinen Freibrief für normgelöste Rechtsgewinnung. Auch wer die Lehre vom ungeschriebenen Garantengebotstatbestand für richtig hält, muß den konkreten Unterlassensfall doch der geschriebenen Norm subsumieren, mag er dabei auch ein Stück Fiktion für logisch unvermeidbar halten. Wer das mißachtet, gerät mit dem nulla-poena-Satz in unüberbrückbaren Gegensatz[10].

Demnach ist festzustellen: Auch ein Nichthindern der Unzucht ist nur dann Kuppelei, wenn es die Tatbestandsvoraussetzungen erfüllt. Die Garantenposition des Untätigen kann zunächst nur bewirken, daß bloßes Nichtstun zum Vorschubleisten wird. Ob sie darüber hinaus das Nichtstun auch zum Vermitteln usw. qualifiziert, ist eine zweite Frage, die zumindest nicht generell bejaht werden kann[10a]. Das beweist schon eine einfache Überlegung: In unserem Beispiel begeht die Mutter trotz aktiver psychischer Einwirkung auf ihre Tochter keine Kuppelei; wie soll sie dann, unter sonst gleichen Um-

---

[8] MDR 1966, S. 558.

[9] NJW 1959, S. 1284.

[10] Vgl. *Roxin*, Täterschaft, S. 461.

[10a] Dies wird erstaunlicherweise von *Schünemann*, Grund und Grenzen der unechten Unterl.del., S. 373 f., völlig übersehen, obwohl er den Typus des verhaltens-

ständen, strafbar sein, wenn sie ihr Kind lediglich von der Unzucht nicht abhält? Für die Gerichtspraxis müßte das bedeuten: Niemand darf wegen Kuppelei schon deshalb bestraft werden, weil er zu der Person, deren Unzucht er nicht verhindert, in einem Verhältnis der Fürsorge-, Überwachungs- oder Erziehungspflicht steht. Sucht sich der Schützling den Partner der Unzucht selber aus und findet er Gelegenheit zur Unzucht außerhalb der Herrschaftssphäre des Garanten, so hat dieser weder vermittelt noch irgend etwas gewährt oder verschafft.

Das ist nicht mehr als das Ergebnis folgerichtiger — keineswegs restriktiver — Auslegung der Kuppeleibestimmung, und man sollte meinen, es sei wenigstens dies in der Rechtsprechung anerkannt. Aber das ist es nicht.

Im Falle RG 30 125 beispielsweise war der Angeklagten nicht mehr vorzuwerfen, als daß sie den Geschlechtsverkehr ihrer Tochter mit deren Verlobten nicht verhindert hatte. Das RG bestrafte wegen Kuppelei und begnügte sich damit, Hinderungspflicht und -möglichkeit nachzuweisen.

Auf derselben Linie liegt die Entscheidung RG 22 232. Die tatsächlichen Feststellungen hatten hier lediglich ergeben, daß „mit Wissen des Angeklagten ... seine Ehefrau mehrere Jahre hindurch der Gewerbeunzucht nachgegangen (war). Er hat(te) nichts getan, um sie davon zurückzuhalten, doch auch nichts, um den Betrieb der Unzucht durch besondere Handlungen zu fördern". Der Vorinstanz genügte das zur Verurteilung, dem RG nur darum nicht, weil es ausreichende Feststellungen vermißte, daß dem Angeklagten die Verhinderung der Unzucht möglich war.

Eine noch krassere Fehlentscheidung enthält RG 58 226. Hier hatte eine Frau ihren Mann, den Angeklagten, verlassen und war in ein Bordell gezogen. Der Mann hatte sie wiederholt zur Rückkehr aufgefordert und, weil sie trotzdem blieb, „heftige Auseinandersetzungen" mit ihr gehabt. Das Untergericht sah dennoch Kuppelei verwirklicht, weil der Angeklagte nicht weitergehende Druckmittel angewandt, insbesondere nicht auf Scheidung geklagt und keine behördliche Unterstützung in Anspruch genommen hatte. Das RG hat auch dieses Urteil im grundsätzlichen gutgeheißen und lediglich weitere Ausführungen zur Erfolgsaussicht und Zumutbarkeit der unterbliebenen Maßnahmen verlangt.

Die meisten Fälle, in denen wegen Kuppelei durch Unterlassen bestraft wird, sehen allerdings anders aus, nämlich so, daß der Untätige gegen sexuelle Handlungen nicht einschreitet, welche sich in seinem Wohn- und Herrschaftsbereich abspielen. Ist es denkbar, daß man im bloßen Geschehenlassen von Unzucht in der eigenen Wohnung nicht nur ein Vorschubleisten, sondern zugleich ein Gewähren oder Verschaffen von Gelegenheit sehen muß?

---

gebundenen Deliktes klar erkennt und ihm ersichtlich auch an engeren Grenzen für die heikle Zone der Kuppelei durch Unterlassen liegt.

Richtig ist, daß das Unterlassen in diesen Fällen an die Verwirklichung des Kuppeleitatbestandes näher herankommt. In den zuerst betrachteten Beispielen fehlte es an jeglicher Beziehung des Garanten zu den äußeren Faktoren, die die Unzucht ermöglichten. Deshalb hatte die Garantenstellung dort nur die Kraft, das Unterlassen zu einem allgemeinen Vorschubleisten zu machen. Hier nun ist die Beziehung vorhanden. Deshalb ließe sich vertreten zu sagen, das Unterlassen sei über das Vorschubleisten hinaus auch ein Verursachen der Gelegenheit oder stehe einem solchen doch gleich.

Aber genügt das, um den Kuppeleitatbestand zu erfüllen? Nein, denn ein Verursachen von Gelegenheit ist noch kein Gewähren oder Verschaffen derselben. Das wirkt sich freilich beim aktiven Tun normalerweise nicht aus. Wer aktiv bewirkt oder ausdrücklich genehmigt, daß Räumlichkeiten zur Verfügung stehen, der gewährt und verschafft sie auch. Aber schon das gilt nicht ausnahmslos. So wäre Kuppelei zu verneinen, wenn sich der „Gelegenheitsmacher" darauf beschränkt, auf einen geeigneten Unterschlupf lediglich aufmerksam zu machen, etwa auf ein verlassenes, jedem zugängliches Haus. Beim Unterlassen aber tritt der Bedeutungsunterschied ganz klar hervor. Wer sich etwas nehmen läßt, gewährt es noch nicht. Wenn z. B. jemand aus Angst oder Bequemlichkeit dem Dieb die Sache nicht wiederabjagt, obwohl er es könnte, so hat er sie ihm trotzdem nicht „gewährt" oder „verschafft".

Damit haben wir die Basis gewonnen für eine grundsätzliche Kritik. Die Rechtsprechung darf sich, wo Unterlassensfälle zu beurteilen sind, nicht auf den Nachweis der Garantenstellung des Wohnungsinhabers sowie seiner Verhinderungsfähigkeit beschränken, sondern muß schon auf dem Boden des geltenden Rechts nach jenem zusätzlichen Moment forschen, welches das lediglich verursachungsgleichwertige Lassen zum Gewähren oder Verschaffen macht. Ob es vorhanden ist, entscheidet letztlich die Wertung im konkreten Fall, doch läßt sich immerhin eine Richtlinie angeben. Wer gewährt oder verschafft, läßt sich nicht nehmen, sondern gibt. Es kommt darauf an, ob die Benutzer das Ergreifen der Gelegenheit vom Willen des Herrschaftsbefugten abhängig machen. Wenn dieser alles laufenläßt, weil sein Verbot doch nichts ändern würde, tatsächlich oder vermeintlich (Vorsatz!), so begeht er keine Kuppelei, auch wenn er mit schärferen Maßnahmen die Unzucht verhindern könnte.

Die Zahl der Urteile, die deshalb fehlgehen, weil sie beim Unterlassen das Erfordernis der besonderen Begehungsweise einfach hinweginterpretieren, ist unübersehbar. Wir wollen nur einige extreme Beispiele herausgreifen, in denen selbst aktiver Widerstand gegen die Unzucht nicht zum Freispruch verhalf, vom Nachweis eines positiven Gewährungsmomentes gar nicht zu reden.

Im Falle RG 58 97 hatte die erste Instanz einen Mann wegen Kuppelei bestraft, weil seine Frau in der ehelichen Wohnung mit einem Liebhaber Unzucht getrieben hatte. Dem Angeklagten half nicht die Verteidigung, er habe protestiert und sei nur vor der Gewalttätigkeit des Liebhabers und gefährlichen Drohungen seiner Frau zurückgewichen. Das RG, grundsätzlich einverstanden, zweifelte lediglich an der Zumutbarkeit.

Ähnlich lag der Sachverhalt in RG 72 19; hier hatte die Ehefrau dem Widerstand des Angeklagten die Drohung mit einer Verbrechensanzeige entgegengesetzt. Das RG läßt sich wie folgt vernehmen: „Dem Angeklagten (war) das Einschreiten gegen das Unzuchttreiben auch auf die Gefahr hin zuzumuten..., daß sie ihre Drohung verwirklichte; der Angeklagte mußte dann eben die Sühne für die früher begangene Tat auf sich nehmen..."

Zahlreich sind auch die Fälle, in denen Eltern sich bei ihren Kindern nicht durchsetzen können. Nimmt der erwachsene Sohn die Geliebte mit aufs Zimmer, ohne sich um das Verbot seiner schwachen Eltern zu scheren und vielleicht zur Gewalttat bereit, so kann es dennoch zur Bestrafung wegen Kuppelei kommen[11].

Eine Strafkammer hat einmal Eltern, die gegen das Treiben ihrer Tochter mit wahrhaft drakonischen Mitteln vorgegangen waren, verurteilt mit der Begründung, sie hätten noch energischer einschreiten können[12], dies, obwohl der Freund des Mädchens gedroht hatte, sie würden gemeinsam in den Tod gehen, wenn man sie auseinander brächte. Das RG sprach nur mangels Zumutbarkeit frei.

Auch die Nachkriegsrechtsprechung hat die Grundsätze nicht geändert. So wird in einem Urteil des OLG Stuttgart den Eltern einer 28jährigen verlobten Frau Kuppelei vorgeworfen, weil sie „kraft des Hausrechts, das ihnen als den Inhabern der Wohnung und Haushaltungsvorstand zustand, für Zucht und Sitte in ihren Räumen (hätten) sorgen müssen" und weil sie das Paar „bei einiger Energie, notfalls im Wege eines Mietaufhebungs- oder Räumungsrechtsstreits oder schließlich mit polizeilicher Hilfe, aus der Wohnung hätten bringen können"[13].

Es ging in allen Fällen um die Verwirklichung des Kuppeleitatbestandes. Was den Angeklagten juristisch vorgeworfen wurde, war also, daß sie Gelegenheit zur Unzucht gewährt oder verschafft hätten. Daß dieser Vorwurf nicht erhoben werden durfte, ist mit Händen zu greifen. Dennoch geschah es, weil das von der Betrachtung ganz anderer unechter Unterlassungsdelikte her gewonnene Rechtspflichtdogma verabsolutiert wurde und die Oberhand gewann über die Analyse des Einzeltatbestandes.

Die traditionelle und noch heute herrschende Ansicht muß somit der Ablehnung verfallen. Bei der Kuppelei entscheidet zumindest nicht allein die Garantenpflicht des Unterlassenden über die Tatbestandsverwirklichung. Das gilt für alle Garantenpflichten, auch etwa für die aus vorangegangenem Tun. Wer aus Versehen einem anderen Prostituiertenadressen zugänglich macht

[11] Vgl. RG in JW 1937, S. 2386 f.; RG 77 125.
[12] Vgl. RG in JW 1939, S. 400.
[13] FamRZ 1959, S. 74.

oder ihm den Schlüssel zum Wochenendhaus anvertraut, damit er dort nach dem Rechten sehe, wird nicht schon dadurch zum Kuppler, daß er die Unzuchtsfolgen nicht hindert. Immer muß ein Moment hinzukommen, das zwar auch in einem konkludenten Unterlassen liegen kann, aber doch ein positiv Bewirkendes sein muß. Denn wer nur laufen läßt, was sowieso über seinen Kopf hinweg geschieht, der vermittelt weder noch gewährt oder verschafft er etwas.

B. Die Lehre vom zusätzlichen Gleichwertigkeitserfordernis (Gallas u. a.)

Der vorstehend entwickelte Gedankengang ist in seinen Grundzügen nicht neu. In letzter Zeit dringt eine Ansicht vor, die sich bei der Kuppelei durch Unterlassen nicht mehr mit dem Nachweis von Garantenstellung, Hinderungsmöglichkeit und Zumutbarkeit des Einschreitens begnügen will. Sie stellt stattdessen die Kuppelei in den größeren Zusammenhang der sog. Delikte mit besonderen Handlungsmodalitäten, bei denen nicht schon die in beliebiger Weise vollziehbare Erfolgsverursachung tatbestandsmäßig ist. Die Sonderstellung dieser Deliktsgruppe, deren Erkenntnis besonders *Gallas* zu verdanken ist[14], wird im Anschluß an ihn heute ausdrücklich anerkannt von *Rudolphi*[15], *Welp*[16], *Stratenwerth*[16a], *Jescheck*[17], *Lenckner*[18] und *Schünemann*[18a], ferner (zumeist beiläufig in Diskussionsbeiträgen zur Strafrechtsreform) von *Bockelmann*[19], *Baldus*[20], *Dreher*[21] und *Sturm*[22].

Was es mit diesen Tatbeständen auf sich haben soll, hat *Gallas* selber so beschrieben: „Das Erfordernis einer Garantenpflichtverletzung gewährleistet zwar, daß die Nichtabwendung eines Erfolges seiner Herbeiführung gleichwertig ist. Es ist damit jedoch noch nichts über die Fälle gesagt, in denen sich der Tatbestand nicht darauf beschränkt, das bloße Herbeiführen eines Erfolges unter Strafe zu stellen, sondern näher beschreibt, auf welche *Weise* dieser Erfolg herbeigeführt werden muß. So etwa, wenn ... im Tatbestand der Kuppelei nicht schlechthin die Förderung der Unzucht verboten wird, sondern nur eine solche Förderung der Unzucht, die ‚durch Vermittlung oder durch Gewährung oder Verschaffung von Gelegenheit' geschieht. Es wird also im letzteren Fall nicht auch derjenige bestraft, der einen anderen dazu anstiftet, unzüchtige Handlungen zu begehen, obwohl er auch dadurch dessen

[14] Vgl. Niederschriften, Band 12, S. 80, 242, 244.
[15] Vgl. Gleichstellungsproblematik, S. 63 f.
[16] Vorangegangenes Tun, S. 18 f.
[16a] Lehrbuch, Rdn. 1100 ff.
[17] Vgl. Lehrbuch, S. 418; Niederschriften Band 12, S. 96 f.
[18] Vgl. JuS 1968, S. 253 (besonders Anm. 43).
[18a] a. a. O., S. 366 ff.
[19] Vgl. Niederschriften Band 12, S. 87.
[20] Vgl. Niederschriften Band 12, S. 91.
[21] Vgl. Niederschriften (Bundestag-Sonderausschuß), S. 1868.
[22] Vgl. Niederschriften (Bundestag-Sonderausschuß), S. 1646, 1865.

Unzucht fördert, sondern es wird nur der bestraft, der ihm eine Wohnung dazu zur Verfügung stellt, ihm die Frau zuführt oder ähnliches. Es erscheint deshalb nicht richtig, auf diese engen Begrenzungen plötzlich dann zu verzichten, wenn das Vorschubleisten durch Unterlassen geschieht. Wir brauchen also für Fälle dieser Art als zweiten einschränkenden Gesichtspunkt den der Gleichwertigkeit der Unterlassungshandlung mit dem positiven Begehen auch in bezug auf die im Tatbestand vorausgesetzten besonderen *Handlungsmodalitäten*"[23].

Überprüft man diese Lehre vorerst mit Beschränkung auf die Kuppelei, die ihr überall als sinnfälligstes Beispiel dient, so bedarf nach dem schon Gesagten kaum noch der Erläuterung, was zutreffend an ihr ist: daß das Erfordernis spezifischer Begehungsweisen auch für die Kuppelei durch Unterlassen gültig ist. Dies uneingeschränkt zugestanden, bleibt jedoch zu kritisieren, daß die Lehre von *Gallas* so, wie sie heute vertreten wird, in zweifacher Hinsicht nicht konsequent zu Ende gedacht ist.

Der erste Punkt betrifft weniger ihren theoretischen Ansatz als ihre praktische Durchführung. Es scheint nämlich, als wolle sie bei der Forderung nach „Modalitätsäquivalenz"[24] auf halben Wege stehenbleiben, indem sie nicht etwa positiv Gleichwertigkeit mit der aktiven Tatbestandserfüllung verlangt, sondern nur negativ extrem ungleichwertige Unterlassungen ausklammert. Man höre z. B. die amtliche Begründung zur Gleichwertigkeitsklausel des § 13 E 1962: „Wer die Unzucht nicht verhindert, führt durch seine Unterlassung denselben Erfolg herbei, wie wenn er ihr Vorschub geleistet hätte. Trotzdem kommt das Unterlassen dem Vorschubleisten im Unrecht nicht in allen Fällen, sondern nur unter besonderen Umständen, die ein Einschreiten zumutbar machen, gleich"[25]. *Sturm* hat vor dem Sonderausschuß des Bundestages für die Strafrechtsreform vorgetragen, es müsse bei der Kuppelei „zu der Verletzung der Garantenpflicht noch etwas anderes hinzukommen, um dem Unterlassungsdelikt das gleiche Gewicht zu geben wie dem Begehungsdelikt". Als Beispiel führt er an, „daß sich Eltern nicht schon dann der Kuppelei schuldig machen, wenn sie es unterlassen, gegen den unehelichen Verkehr ihrer älteren Tochter einzuschreiten, wohl aber dann, wenn sie diesen Verkehr in der Wohnung dulden..."[26].

Sollte man in der Zukunft nicht mehr an Strafbegrenzung aus der Entsprechungs-Klausel in § 13 StGB 1973 herausholen, so ist *Gallas* um die Wirkung seines an sich so fruchtbaren Gedankens betrogen. Die Erläuterung zu § 13 E 1962 entfernt sich von der derzeitigen, verfehlten Gerichtspraxis

---

[23] Niederschriften Band 12, S. 80. Der Gleichwertigkeitsklausel in § 13 E 1962 lag vor allem dieser Gedanke zugrunde, der in verschwommener Form auch in § 13 StGB 1973 Eingang gefunden hat („entspricht"); ähnlich § 12 AE.

[24] *Welp*, a. a. O., S. 18.

[25] E 1962 Begründung zu § 13, S. 125.

[26] Niederschriften (Bundestag-Sonderausschuß), S. 1646.

keinen Fußbreit, weil sie erst bei Unzumutbarkeit auf Kuppeleistrafe verzichtet. Auch die Ansicht des Bundesjustizministeriums (*Sturm*) läßt im Grunde alles beim alten, wenn sie im einzigen wirklich praktischen Fall der Kuppelei durch Unterlassung — Dulden der Unzucht in der Wohnung — notwendig Gleichwertigkeit mit dem aktiven Gewähren annimmt. Das ist aber, wie wir gesehen haben, gerade nicht richtig, weil man auch dulden kann, ohne zu gewähren, nämlich wenn andere nehmen, ohne zu fragen. Und soll bei einer *jüngeren* Tochter die Unzucht, die man bei Strafe verhindern muß, nicht einmal mehr in der Wohnung stattfinden müssen? Die größere Tatbestandstreue, allseits postuliert, droht hier zum Lippenbekenntnis zu werden.

Konsequent und von praktischer Relevanz ist die Gleichwertigkeitslehre also nur, wenn sie mit ihrer Forderung Ernst macht. Tatbestandsmäßige Kuppelei kann nur ein konkludent vermittelndes, gewährendes oder verschaffendes Unterlassen sein. Jede Ausdehnung wäre verbotene Analogie.

Und damit stehen wir vor der zweiten Inkonsequenz dieser Lehre. Sie unterstellt unbesehen, daß die Modalitätserfüllung nur als zweite Voraussetzung zur auch hier nötigen Garantenpflicht trete. Darin ist man sich einig. So meint *Gallas*, es könne ein solches Delikt nur strafbar sein, wenn es „bei Vorliegen der Garantenpflicht das Gewicht dieses Handlungstatbestandes mit seinen spezialisierten Handlungsbeschreibungen erreicht“[27]. Im selben Sinne schreibt *Lenckner*, die Gleichstellung von Tun und Lassen setze hier voraus, daß „der Pflichtige die besondere Stellung eines Garanten innehat und die Nichtabwendung des tatbestandsmäßigen Erfolgs auch i. ü. dem sozialen Sinngehalt der Tatbestandshandlung des fraglichen Begehungsdelikts entspricht“[28]. In dieser Form hat der Gleichwertigkeitsgedanke auch in die Reformvorschläge und das kommende Recht Eingang gefunden[29].

Aber offenbar ist so die Fragestellung nicht radikal genug. Diese muß dahin gehen, ob die in Rede stehenden Delikte nicht gänzlich, genau wie die echten Begehungsdelikte, die meisten echten Unterlassungsdelikte und die Garantendelikte, aus dem Geltungsraum der Garantenlehre herausfallen.

C. Die eigene Lösung: Völlige Trennung von Unterlassungstäterschaft und Garantenstellung

Tatbestandsmäßig kann ein Nichthindern der Unzucht nur sein, wenn es den „sozialen Sinngehalt der Tatbestandshandlung“ aufweist, und das tut es nur als vermittelndes, gewährendes oder verschaffendes Unterlassen[30]. Ge-

[27] Niederschriften, 12. Band, S. 242.

[28] JuS 1968, S. 253.

[29] Vgl. § 13 E 1962, § 12 AE, § 13 StGB 1973; überall geht man davon aus, daß die Garantenpflicht für jedwedes unechte Unterlassen einheitliche Grundvoraussetzung sei.

[30] Vgl. *Jescheck*, Lehrbuch, S. 418.

steht man das zu, dann liegt nichts näher als die Annahme, daß bei der Kuppelei die Täterschaft durch Unterlassen von jeder Garantenstellung unabhängig ist. Betrachten wir daraufhin einen alltäglichen Fall: Eine Hausangestellte nimmt ihren Freund mit aufs Zimmer. Hier scheidet mangels „Gewährung" von Gelegenheit Kuppelei von vornherein aus, wenn sie es gegen den Willen der Wohnungsinhaber tut, wissend, daß diese nicht wagen werden, ihrem (stillschweigenden oder ausdrücklichen) Verbot ernste Maßnahmen folgen zu lassen. Kuppelei kann nur vorliegen, wenn das Dienstmädchen sein Treiben vom Willen der Herrschaft abhängig macht, wenn also das Unterlassen Ausdruck eines die Unzucht bewirkenden Zur-Verfügung-Stellens ist[31]. Ist diese Eigentümlichkeit aber gegeben, dann hat die Täterschaft des Hausherrn offenbar nichts mit seiner Garantenpflicht zu tun, denn nicht als Garant für „Zucht und Sitte" wird er dann bestraft, sondern weil er durch vielsagendes Schweigen Gelegenheit zur Unzucht gewährt hat. Natürlich ist die Herrschaftsstellung faktisch und normativ nicht bedeutungslos. Für den sozialen Sinngehalt des Unterlassens ist es schon erheblich, *wer* untätig bleibt. Ein Außenstehender könnte durch Unterlassen die Gelegenheit nicht gewähren, wie wohlwollend er dem Treiben auch gegenüberstehen mag. Entscheidend ist aber, daß hier die Sinn- und Unwerterfassung nicht der Transformierung durch die Garantenfigur bedarf, um tatbestandsrelevant zu werden.

Gegen den ganzen Gedankengang könnte man einwenden, er entziehe die Kuppelei nicht nur dem Garantenprinzip, sondern dem Erscheinungsbereich des unechten Unterlassungsdeliktes überhaupt. Beschränke man die Kuppelei auf wahrhaft „gewährendes" oder „verschaffendes" Dulden, dann sei es allein folgerichtig zu sagen, nur Handlungen, offenen oder verdeckten Charakters, könnten tatbestandsmäßig sein. Darauf wäre zu antworten:

Es ist eine terminologische Frage, ob man das konkludente, positiv wirkende Unterlassen im Sinne strafrechtlicher Systematik der Handlung oder der Unterlassung zurechnet. Natürlich könnte man es dem Handlungsbegriff einverleiben, wie ja auch das Unterlassen der Mutter, die ihr Kind verhungern läßt. Schon aus diesem Beispiel erhellt aber, daß die Dogmatik normativen Aspekten grundsätzlich keine Systemerheblichkeit zugesteht. Wo es um die Unterscheidung von Handlung und Unterlassung geht, ist herrschendes Kriterium immer noch die faktische, mechanisch wirkende Körperaktivität. Will man an diesem Grundpfeiler nicht rütteln, dann ist es im Gegenteil nur konsequent, auch das kupplerische Dulden dem Unterlassungsbegriff zuzuweisen. Die (zweifellos verschwimmende) Grenze zur Handlung wird erst überschritten, wo der Kuppler aus der körperlichen Passivität heraustritt, etwa durch ausdrückliches Erlauben und Anbieten oder Hingabe des Wohnungsschlüssels.

Ein durchschlagender Grund, die Kuppelei aus dem System der unechten Unterlassungsdelikte herauszunehmen, besteht also nicht. Doch ist zuzugeben,

[31] Ebenso H. *Mayer*, Lehrbuch, S. 151 f.

daß ein kupplerisches Unterlassen in gewissem Sinne „unmittelbarer“, evidenter tatbestandsmäßig ist, als dies garantenpflichtwidrige Unterlassungen bei anderen Delikten sind. Der Täter ist hier auch im Unterlassensfalle als Bewirkender in den Geschehensablauf eingeschaltet. Verkuppelndes Unterlassen ist für die sinnerfassende Betrachtung handlungsverwandt. Kuppelei ist zwar nicht an Aktivität gebunden, wohl aber an ein ausdrucksvolles menschliches *Verhalten*. Deshalb kann man sie ein *verhaltensgebundenes* Delikt nennen. Diese Bezeichnung scheint treffender als die Redeweise vom Delikt mit „spezifischer Begehungsart“ oder „besonderer Handlungsmodalität“. Sie hebt erstens die Eigentümlichkeit der Unterlassungen, die tatbestandsmäßig sein können, besser hervor. Zweitens ist sie weniger mißverständlich. Denn von spezifischer Begehungsweise könnte man auch bei gewissen Verursachungsdelikten reden, für die die normalen Regeln der Garantenlehre gelten. So erfaßt z. B. § 229 StGB nur diejenigen Gesundheitsgefährdungen und -schädigungen, die im Wege spezifischer Begehung, nämlich durch Beibringen von Gift und ähnlichen Stoffen, bewirkt werden. Trotzdem liegt es hier anders als bei der Kuppelei. Wohl bilden die tatbestandstauglichen Handlungen im Kreis der denkbaren Körperbeeinträchtigungen nur einen schmalen Sektor — das ist bei der Kuppelei m. m. ebenso —, aber innerhalb dieses Sektors kommt es auf ein sinnhaftes, ausdrucksvolles Verhalten nicht an: Es genügt jedes Verursachen einer Verbindung des Giftes mit dem Körper. Im Unterlassensfalle ist deshalb auch Gleichwertigkeit, Erfüllung eines besonderen sozialen Sinngehaltes nicht erforderlich. Es genügen Garantenstellung und Hinderungsfähigkeit. Sieht eine Mutter zu, wie ihr ahnungsloses Kind Blausäure trinkt, so ist ihr Unterlassen ohne weiteres tatbestandsmäßig.

II. Der Betrug

Der Begriff des verhaltensgebundenen Delikts, vorerst nur am Beispiel der Kuppelei entwickelt and geprüft, deutet auf einen verbreiteten Typus hin, der noch weithin der Erschließung harrt. Vermutlich haben wir in ihm eine Erscheinung vor uns, bei der sich die „beklagenswerte Expansionskraft allgemeiner Lehren“ (*Blei*) besonders verhängnisvoll ausgewirkt hat. Wer die Garantendogmatik auf ihren wahren Erkenntniswert zurückführen will, sieht sich aufgefordert, noch weitere Tatbestände zu durchleuchten. Ist z. B. auch der Betrug, bei dem ja bekanntlich das Begehen durch Unterlassen eine eigentümliche und praktisch sehr bedeutende Rolle spielt, verhaltensgebunden? Die Frage ist nicht etwa schon darum zu bejahen, weil § 263 StGB nicht jede Schadensverursachung, sondern nur die auf besonderem Wege stattfindende unter Strafe stellt. Ein reines Verursachungsdelikt kann nämlich auch bei einer tatbestandlich beschriebenen Stufenfolge mehrerer Verursachungen vorliegen, wie dies gerade beim Betrug augenfällig ist: Die „Erregung“ muß den Irrtum, dieser die Vermögensverfügung und diese den Schaden herbeiführen[32]. Die Frage muß dahin gehen, ob die eigentliche

---

[32] Vgl. *Bockelmann*, Eb. Schmidt-Festschrift, S. 440, Anm. 9.

Täterhandlung, die Bewirkung des Irrtums als des zeitlich ersten Erfolges, schon bei modalitätsunabhängigem Verursachen oder erst bei besonderem Verhalten tatbestandsmäßig ist.

A. Genügt für die Täuschung durch aktives Tun die Irrtumsverursachung?

§ 263 Abs. 1 StGB beschreibt die tatbestandsmäßige Bewirkung des Primärerfolges dahin, daß jemand „durch Vorspiegelung falscher oder durch Entstellung oder Unterdrückung wahrer Tatsachen einen Irrtum erregt oder unterhält". Das ist eine sehr komplizierte Fassung, die mehr Unterschiede vermuten läßt als vorhanden sind[33]. Tat und Erfolg lassen sich ohne sachlichen Verlust auch im Begriff der „Täuschung über Tatsachen" zusammenfassen, einer Formulierung, die der E 1962 (§ 252) gewählt hat[34].

Ist nun, so müssen wir fragen, jede Verursachung eines Irrtums über Tatsachen eine Täuschung über Tatsachen? Nur wenn das zu bejahen wäre, wäre der Betrug ein normales unechtes Unterlassungsdelikt und die Anwendbarkeit der Garantenpflichtregeln gesichert.

Die Zweifel sind schnell zur Stelle. Es ist zunächst auffällig, daß die überwiegende Ansicht den Begriff der Täuschung bereits auf der Tatbestandsebene subjektiv faßt, unabhängig vom Bekenntnis zur finalen Handlungslehre. Schon sehr früh verlangte das RG zur Irreführung „besondere Veranstaltungen, welche dazu bestimmt sind", einen Irrtum zu erregen[35]. Bei *Liszt-Schmidt* findet sich der Betrug definiert als „Vermögensbeschädigung in Bereicherungsabsicht, herbeigeführt durch arglistige Täuschung"[36], und *Jagusch* nennt Täuschung ein „zur Irreführung bestimmtes ... Verhalten"[37]. Heute ist es besonders *Bockelmann,* der nachdrücklich den Vorsatz schon in den tatbestandlichen Täuschungsbegriff einbezieht: „Wer ohne Täuschungsvorsatz einen Irrtum verursacht, hat diesen Irrtum zwar erregt, aber nicht durch Täuschung. Wenn A den M mit N verwechselt, weil beide sich ähneln, so hat M, der seinerseits von dieser Ähnlichkeit nichts weiß, zwar dadurch, daß er sich vor A hat sehen lassen, die Ursache dafür gesetzt, daß A sich getäuscht hat, nicht aber hat er ihn getäuscht"[38]. Warum diese Anleihe beim Finalismus? Eine Sachbeschädigung kann man ohne weiteres objektiv verstehen, bei der Täuschung fällt das schwer. Offenbar geht ein entscheidender Teil des Sinngehaltes im Täuschungsbegriff verloren, wenn man ihn schon durch unbewußte Irrtumsverursachung erfüllt sieht.

---

[33] Vgl. *Bockelmann,* a. a. O., S. 442, Anm. 12.

[34] Kritisch zu dieser Formulierung jedoch *Naucke,* Zur Lehre vom strafbaren Betrug, S. 232 ff., der in ihr eine nicht wünschenswerte Erweiterung sieht.

[35] RG 14 310.

[36] Lehrbuch, S. 667.

[37] LK, 8. Aufl., 2. Band, § 263, Anm. 2 a.

[38] Festschrift für Eb. Schmidt, S. 440; vgl. auch NJW 1961, S. 1935; einen objektiven Täuschungsbegriff legt *Hirsch,* NJW 1969, S. 853 zugrunde.

Aber sehen wir von dieser Besonderheit ab. Ist es denn wenigstens so, daß jedes vorsätzliche Irrtumsbewirken Täuschung ist? Auch das ist zu verneinen. So befindet sich im Irrtum, wer sich eine falsche Vorstellung vom Inhalt etwa eines Warenlagers macht. Deshalb kann vorsätzlich einen Irrtum erregen, wer, etwa durch heimlichen Diebstahl, den Gegenstand verändert, auf den sich die Vorstellung bezieht. Aber ein Täuschen wäre das nicht, denn Täuschung ist nur durch Einwirkung auf die Vorstellung des zu Täuschenden möglich, durch die das bisherige Vorstellungsbild geändert wird[39].

Bockelmann, der in die dogmatischen Probleme des Betrugs besonders tief eingedrungen ist, will freilich nicht weitergehen. Wird der Irrtum erstens vorsätzlich und zweitens durch Einflußnahme auf die Vorstellungsbildung erregt, dann soll die Betrachtung wieder in kausale Gleise münden: Täuschung gleich Irrtumsverursachung[40]. Aber das heißt den richtigen Weg nicht zu Ende gehen. Die beiden anerkannten Ausnahmen deuten m. E. auf einen weiterreichenden Sondercharakter der Betrugsbestimmung hin, dessen Auswirkungen die wenigsten sich bisher klargemacht haben, für die Fälle des aktiven Tuns nicht und erst recht nicht für die des Unterlassens.

Ich behaupte nämlich: Konstitutiv für den Täuschungsbegriff und damit für den Betrug ist die Lüge. Deshalb ist immer — auch auf dem Boden rein objektiver Gesetzesauslegung[41] — erforderlich, daß der Betrüger etwas Falsches *erklärt*[42]. Läßt sich dies auch bei weitestem Verständnis des Erklärungsbegriffs nicht annehmen, so müssen Täuschung und Betrug entfallen.

Dieser Gedanke ist für die herrschende Auffassung keineswegs neu. Nur er kann die Begründung dafür liefern, warum man in Fällen, in denen die wörtliche Lüge fehlt, seit je nach einem „konkludenten Verhalten", nach einer „stillschweigenden Erklärung" sucht. Käme es nämlich nur auf die vorsätzliche Irrtumsverursachung durch aktives Tun an, so wäre das unverständlich. Wenn A vom gutgläubigen B Kredit begehrt und erhält, ohne seine totale Unwürdigkeit zu offenbaren, so verursacht ja zweifellos ein aktives Tun den Irrtum. Hätte A nichts beantragt, so wäre in B nicht der Irrtum entstanden, einen seriösen Geschäftspartner vor sich zu haben, und da A diesen Irrtum will, verursacht er ihn auch vorsätzlich. Wenn das genügt, warum dann noch die Frage nach dem Inhalt der Erklärungen des A? Die Antwort

---

[39] So übereinstimmend *Schönke-Schröder*, § 263, Rdn. 32; *Bockelmann*, Eb. Schmidt-Festschrift, S. 438 f.; *Frank*, Kommentar, § 263, Anm. III; *Welzel*, Lehrbuch, S. 370.

[40] Vgl. besonders NJW 1961, S. 1935; ferner Festschrift, S. 440: „Täuschung ist allein die mit dem Vorsatz der Irrtumserregung begangene Verursachung einer Vorstellungsbildung bei einem anderen, die im Ergebnis unrichtig wird."

[41] Daß dies für die historisch-subjektive auf jeden Fall zutreffe, hat *Naucke*, a. a. O., S. 76 ff., zu beweisen versucht.

[42] Vgl. auch den Gesetzesvorschlag *Nauckes*, a. a. O., S. 246 f.

kann nur lauten: Weil aktive, vorsätzliche Irrtumsverursachung noch keine Täuschung ist.

Ein bekanntes Beispiel aus der Rechtsprechung soll das verdeutlichen. Der BGH[43] mußte einmal den Fall beurteilen, daß zwei Männer eine Wette über ein ausländisches Pferderennen abgeschlossn hatten, dessen Ergebnis ihnen ein Partner telefonisch bereits mitgeteilt hatte; dem Wettbüro war das Resultat noch nicht bekannt. Der BGH sprach frei mit der Begründung: „Wenn die Rennwette, wie es die Regel ist, vor dem Beginn des Rennens geschlossen wird, können beide Parteien seinen künftigen Ausgang nicht kennen. Sie haben keinen Anlaß, sich diese selbstverständliche Unkenntnis gegenseitig zuzusichern. Für die Annahme einer solchen stillschweigenden Erklärung ist, wenn das Rennen noch bevorsteht, kein Raum. Der Satz, sie sei Inhalt *jeder* Rennwette, stimmt also nicht." Darum könne man auch nicht sagen, „wer eine Wette über ein soeben durchgeführtes Rennen (Spätwette) eingehe, erkläre damit dem anderen Teile stillschweigend, das Ergebnis noch nicht zu kennen ... In Wahrheit erklärt der Spieler dem Buchmacher nichts Falsches über seine Kenntnis, sondern verschweigt sie ihm nur"[44].

Bockelmann hat der Entscheidung widersprochen. Nach seiner Meinung „kann die Frage, ob ein bestimmtes Verhalten einer Person eine andere getäuscht hat, nicht... danach entschieden werden, was für eine Bedeutung solchen Verhaltensweisen *im allgemeinen* zukommt. Vielmehr ist maßgebend, was es *im besonderen* Fall für eine Wirkung gehabt hat. Steht nun fest, daß das Auftreten eines Vertragspartners den anderen tatsächlich in einem Irrtum versetzt hat, so steht fest, daß (Vorsatz vorausgesetzt) jener diesen getäuscht hat... Also läßt sich die These, daß bestimmte Arten vorsätzlicher Irreführung ihrer Besonderheit wegen keine Täuschungshandlungen seien, nicht halten. Ihr steht die Gleichwertigkeit der Bedingungen entgegen"[45].

Hier werden die beiden grundsätzlich möglichen Standpunkte sehr deutlich. Dem BGH genügt zur Annahme eines aktiven Betruges die Irrtumsverursachung noch nicht. Er faßt den Betrug — u. E. zu Recht — als verhaltens-, speziell erklärungsgebundenes Delikt auf und muß deshalb folgerichtig prüfen, ob der Irrtumsverursacher den Irrtum auch durch Erklärung verursacht hat. Ein anderes Problem ist es natürlich, ob der BGH die richtig gestellte Frage auch richtig beantwortet hat. Im Schrifttum ist die Entscheidung überwiegend auf Ablehnung gestoßen[46]. Auch mir erscheint die Annahme richtiger, daß im Abschluß einer Spätwette über ein auswärtiges, schon beendetes Rennen die stillschweigende Erklärung liegt, das Ergebnis

[43] BGH 16 120.

[44] a. a. O., S. 121 (gegen RG 62 415).

[45] NJW 1961, S. 1935.

[46] Vgl. *Wersdörfer*, JZ 1962, S. 451; *Mittelbach*, JZ 1961, S. 506; *Ordemann*, MDR 1962, S. 623 (der dem BGH aber aus anderem Grunde im Ergebnis beitritt); *Schönke-Schröder*, § 263, Rdn. 12 a; *Maurach*, B. T., S. 308; *Schwarz-Dreher*, § 263, Anm. 2 A b.

nicht zu kennen. Aber mag der BGH im Ergebnis auch Unrecht haben, sein Ausgangspunkt ist jedenfalls richtig.

Bockelmann dagegen versteht den Betrug als reines Verursachungsdelikt und kann darum auf jede Wertung des sozialen Sinngehaltes verzichten; die aktive Verursachung des Irrtums durch die Angeklagten steht ja außer Zweifel. Damit wird der Betrug dogmatisch in eine Reihe etwa mit den Tötungsdelikten gerückt — ein Vergleich, den *Bockelmann* auch ausdrücklich zieht[47]. Auf diese Weise mag er hier zum richtigeren Ergebnis kommen, in der Wahl des Ausgangspunktes sprechen die besseren Gründe gegen ihn.

B. Zum Betrug durch Unterlassen

Der Betrug ist also ein verhaltensgebundenes, insofern der Kuppelei vergleichbares Delikt. Ein Analogieschluß für den Unterlassungsbereich hätte erhebliche praktische Bedeutung. Er ergäbe, daß genau wie bei aktiver Irrtumsverursachung auch im Falle körperlich-passiven Geschehenlassens Betrug nur verwirklicht sein kann, wenn in der Untätigkeit ein ausdrucksvolles, erklärendes, „konkludentes" Verhalten liegt. Aber eine bloße Deduktion aus dem Begriff der Verhaltensgebundenheit wird niemanden überzeugen, der das Resultat nicht ohnehin für richtig hält. Das tun zur Zeit nur ganz wenige[48]. In Rechtsprechung und Lehre überwiegt klar die Ansicht, die *Bockelmann* so umrissen hat: „Ob und wieweit das bloße, das ‚reine' Schweigen die zum Tatbestand des Betruges gehörenden Merkmale der Irrtumserregung durch Täuschung erfüllt, ist nach den Rechtsgrundsätzen zu beurteilen, die allgemein für die Begehung durch Unterlassen maßgeblich sind. Es hängt ... davon ab, ob der Schweigende kraft einer ‚Garantenstellung' verpflichtet war, den Irrtum des anderen zu verhindern"[49]. Diese gefestigte Überzeugung läßt sich nur durch unmittelbare Tatbestandsanalyse und wertende Anschauung konkreter Fälle erschüttern.

Dabei kommen wir in den Ergebnissen mit *Naucke* überein. Es würde jedoch den Rahmen der Arbeit sprengen, seine Argumentation in unsere eigene einzubeziehen. *Naucke* stützt sich bei der Ablehnung des Betruges durch reines Unterlassen auf die überaus umstrittene Prämisse, Art. 103 Abs. 2 GG fordere eine historische, am Willen des Gesetzgebers orientierte

---

[47] Vgl. a. a. O., S. 1935.

[48] Den Betrug an ein zumindest konkludentes Verhalten binden wollen H. *Mayer*, Lehrbuch, S. 152 („beredtes Schweigen"); *Naucke*, a. a. O., S. 106 ff., 214, JZ 1967, S. 371 ff.; *Grünwald*, H. Mayer-Festschrift, S. 291; *Schünemann*, a. a. O., S. 369.

[49] Eb. Schmidt-Festschrift, S. 437; ähnlich in ZStW 79, S. 45; auf diesem Standpunkt stehen z. B. *Welzel*, Lehrbuch, S. 369 f.; *Kohlrausch-Lange*, § 263, Anm. II 4; *Schönke-Schröder*, § 263, Rdn. 21; *Baumann*, JZ 1957, S. 368; *Maurach*, B. T., S. 308 f.; *Mezger-Blei*, StudB II, S. 185 f.; *Lackner-Maassen*, StGB, § 263, Anm. 4 b bb; *Busch*, Betrug durch Verschweigen, S. 7 ff.; *Triffterer*, JuS 1871, S. 182; aus der Rechtsprechung vgl. nur RG 70 151; BGH 6 198.

Auslegungsmethode[50]. Darauf kann hier nicht eingegangen werden[51]. Das ist aber auch nicht erforderlich, wenn eine objektiv ansetzende und folgerichtig zu Ende gedachte Interpretation zu denselben Ergebnissen führt.

Ausklammern aus der weiteren Betrachtung kann man zunächst die erste Hauptgruppe von Fällen, die angeblich nach allgemeinen Unterlassungsregeln zu lösen sein sollen. Es handelt sich um die Fälle, in denen der unredliche Täter Kontakt mit einem anderen aufnimmt, schon dadurch in diesem irrige Vorstellungen hervorruft (etwa über seine Vermögensverhältnisse, seine speziellen Absichten oder den Wert einer angebotenen Sache), aber sich nicht so verhält, daß von einer schlüssigen Falscherklärung die Rede sein könnte. Zur Erläuterung diene noch einmal das Spätwettenurteil BGH 16 120. Der Senat glaubte, trotz Ablehnung einer stillschweigenden Falscherklärung nur dann freisprechen zu können, wenn er außerdem auch eine Rechtspflicht der Angeklagten zur Offenbarung ihres Wissens verneine[52]. Diese Schrittfolge gilt als zwingend. Man prüft zuerst, ob das irrtumsverursachende Auftreten des Täters seinem sozialen Sinn nach eine zumindest stillschweigende Falscherklärung enthält. Fällt die Prüfung negativ aus, so bleibt zu untersuchen, ob eine Rechtspflicht des Täters bestand, die verschwiegenen Tatsachen mitzuteilen. Erst wenn auch das zu verneinen ist, scheidet Betrug aus[53]. Das scheint logisch, doch in Wahrheit steckt hierin ein Denkfehler, der die ganze Konzeption unbrauchbar macht.

Denkbar ist nämlich nur zweierlei. Entweder kommt es auf das Vorliegen einer Erklärung nicht an. Dann braucht man sie nicht zu suchen, sondern muß sofort auf die bloße Verursachung des Irrtums abstellen. Da diese in einem Fall wie dem der unredlichen Wetter unzweifelhaft ist, interessiert auch die Offenbarungspflicht nicht. Ihr Fehlen würde an der verbotenen aktiven Irrtumsverursachung nichts ändern, ihr Vorhandensein keine Strafbarkeit begründen, die nicht schon begründet wäre. — Oder die Falscherklärung ist Tatbestandsmerkmal. Dann muß mit ihrer Verneinung logischerweise die Prüfung zu Ende sein.

In dieser ersten Hauptgruppe von Fällen, in denen die Aufklärungspflicht erheblich sein soll, kann es also in Wahrheit von keinem denkbaren Standpunkt aus auf sie ankommen. Wer — wie *Bockelmann* — die begehungs-

---

[50] Vgl. a. a. O., 4. Abschnitt, insbes. S. 182 ff., 202 ff.

[51] Einleuchtend begründeten Widerspruch erfährt *Naucke* von *Cramer*, Vermögensbegriff und Vermögensschaden, S. 31 f.

[52] Das tat er a. a. O., S. 122 mit der Behauptung, der Spielvertrag allein erzeuge eine solche Pflicht vielleicht beim Buchmacher, aber nicht für den Spieler.

[53] So z. B. auch OLG Stuttgart, NJW 1966, S. 990 (der Angeklagte hatte seinem Vertragspartner ein erheblich weniger wertvolles Pferd zum Tausch angeboten, wobei er den Unterschied mit Absicht verschwieg), und BGH, NJW 1953, S. 1924 (der Angeklagte, ein Postbeamter, hatte beim Einziehen von Nachnahmebeträgen seine Unterschlagungsabsicht verschwiegen).

neutrale Verursachung des Irrtums genügen läßt, muß immer das Täuschungsmerkmal bejahen, wer — wie BGH 16 120 — ein Erklärungsmoment verlangt, kann eine Täuschung nur dann annehmen, wenn er eine zumindest stillschweigende Erklärung nachweist.

Echte Unterlassungsprobleme wirft nur die zweite Hauptgruppe von Sachverhalten auf, in denen ebenfalls die Aufklärungspflicht über Strafe und Freispruch entscheiden soll. Sie lassen sich auf folgende Grundkonstellation zurückführen: Jemand unterläßt, einen entstehenden Irrtum abzuwenden oder einen bestehenden zu beseitigen; er hat den Irrtum entweder überhaupt nicht oder nicht vorsätzlich verursacht.

Hier wird es allerdings erheblich, ob man den Betrug als verhaltensgebundenes oder als Verursachungsdelikt ansieht. Denn eine Garantenpflicht zur Aufklärung würde die Verursachung ersetzen und somit bedeuten, daß zumindest die Nichthinderung eines entstehenden Irrtums der aktiven Erregung des Irrtums gleichstünde. Eine zweite Frage ist, ob die Nichtbeseitigung eines bereits bestehenden Irrtums dessen Unterhaltung gleichzuachten wäre. Diese Frage, die *Bockelmann* mit scharfsinniger Begründung entgegen der h. A. verneint hat[54], stellt sich aber nur für den, der die Prämisse akzeptiert, daß die Garantenpflichtregeln auf den Betrug grundsätzlich anwendbar seien[55].

Daß die Entscheidung zugunsten der Verhaltensgebundenheit ausfallen muß, ist bereits dargetan. Hier geht es darum, die Ergebnisse im konkreten Unterlassensfall auf ihre praktische Brauchbarkeit und Überzeugungskraft zu prüfen. Ist die h. L. wirklich im Unrecht, so müssen sich jetzt die durchschlagendsten Argumente gegen sie einstellen. Denn die Bedeutungsdifferenz zwischen bloßer Irrtumsverursachung und Irrtumserregung durch Falscherklärung muß beim Unterlassen noch klarer hervortreten als beim aktiven Tun, weil die pflichtwidrige Unterlassung selbst den sinnarmen Kausalnexus zwischen Täter und Irrtumserfolg nur ersatzweise, gleichsam in Kümmerform, herstellen kann und deshalb dem normativ geprägten Urbild des Betruges, der Lüge, besonders unähnlich werden muß.

Man denke sich folgenden Fall: In einem kaufmännischen Betrieb legt die Sekretärin jeden Morgen die zu begleichenden Rechnungen auf den Schreibtisch des Chefs C. A, ein leitender Angestellter, der mit den Rechnungen an sich nichts zu tun hat, bemerkt zufällig eines Morgens auf dem Schreibtisch eine Rechnung, von der er weiß, daß sie bereits beglichen ist. Da es sich bei

---

[54] Vgl. Festschrift, S. 441 ff.; a. A. die ständige Rechtsprechung (vgl. BGH 6 198; RG 64 209, 70 225, 73 395) und h. L., vgl. *Welzel*, Lehrbuch, S. 370; *Schönke-Schröder*, § 263, Rdn. 35 (beide ausdrücklich gegen *Bockelmann*).

[55] Daß *Bockelmann* von dieser unüberprüften Basis aus argumentiert, kann den Wert seiner Beweisführung im Kampf gegen eine ausgeuferte Judikatur natürlich nur erhöhen.

dem früheren Gläubiger aber um einen guten Bekannten handelt, dem er den Gewinn von Herzen gönnt, läßt er sie liegen und verläßt das Zimmer. Kurz darauf trifft C ein und verfügt, durch das Versehen irregeführt, die nochmalige Bezahlung. — Irrtum, Vermögensverfügung, Schaden, hierauf bezogener Vorsatz des A sowie dessen Absicht, einem Dritten einen rechtswidrigen Vermögensvorteil zu verschaffen, alle diese Betrugsmerkmale sind zu bejahen[56]. Schwierigkeiten macht nur das Erfordernis der Täuschung. In der Form des aktiven Tuns ist es nicht gegeben. Jedoch hat A das Entstehen des Irrtums nicht verhindert, obwohl er es konnte und kraft seiner Garantenstellung (vertragliche Vermögensfürsorgepflicht) dazu verpflichtet war. Nach h. A. soll das einer Täuschung gleichstehen, so daß A wegen Betruges zu bestrafen wäre. Dagegen läßt sich nicht etwa einwenden, A sei nicht zur Irrtums-, sondern nur zur Verfügungs- oder Schadensverhinderung verpflichtet gewesen. Wäre das richtig, so träfe es für jeden Fall des Betruges durch Unterlassen zu, würde diese Konstruktion also überhaupt unmöglich machen. Natürlich kann der Täter die Betrugsstrafe immer dadurch vermeiden, daß er die Folgen des Irrtums verhindert. Aber das ändert nichts an seiner Garantenpflicht, schon dem Irrtum entgegenzutreten. Diese ist lediglich „modifiziert durch die Möglichkeit, statt (ihrer) ... eine andere (Pflicht) zu erfüllen, die nämlich, die vermögensschädigende Wirkung des Irrtums zu verhüten“[57]. Die h. L. darf also von ihrem Standpunkt aus keinerlei Zweifel äußern. Im Gegenteil, sie hat sogar einen besonders klaren Fall des „Betruges durch Unterlassen“ vor sich, der ihr als Schulfall dienen können müßte. Denn gerade die Voraussetzungen, die oft Anlaß zum Streit geben, sind hier der Anfechtbarkeit entzogen. Die Garantenstellung ruht nicht auf dem verschwommenen Rechtsgedanken von Treu und Glauben, sie ist vielmehr (für ein Vermögensdelikt) geradezu klassisch. Und was die gebotene Irrtumsabwendung betrifft, so geht es hier nicht um die Wiederaufhebung eines schon bestehenden Irrtums, sondern um die Hinderung einer in der Entstehung begriffenen Falschvorstellung[58]. Wer die Regeln des unechten Unterlassungsdeliktes auf den Betrug anwendet, muß mithin hier den Konsequenzen ins Auge sehen können. Aber können diese überzeugen?

Gewiß hat sich A grob unredlich verhalten, gegen seine Pflicht verstoßen, C's Vermögen zu schützen, so daß ihm Strafe wegen Untreue treffen muß. Aber hat er C im Sinne des § 263 StGB *betrogen*? Ginge es nur um das Fehlen des logischen Bedingungszusammenhangs zwischen dem Tun des A und dem Irrtum des C, so könnte man darüber zur Not hinwegkommen, weil A dem C als Vermögensgarant verbunden ist und schädlichen Irrtümern des C

[56] *Grünwalds* Meinung, bei Unterlassungen sei die Vorsatzart der Absicht nicht möglich, kann hier nicht behandelt werden; vgl. dazu unten S. 226 f.

[57] So mit Recht *Bockelmann*, Festschrift, S. 438. Übrigens ist es auch beim aktiven Betrug nicht anders; die Pflicht, nicht zu täuschen, ist ersatzweise noch erfüllbar durch die Verhütung des Schadens.

[58] Vgl. *Bockelmann*, Festschrift, S. 441 ff.

entgegentreten muß. Das stellt aus normativen Gründen den A einem Menschen gleich, der den Irrtum aktiv verursacht hat. Aber wer Irrtümer verursacht, täuscht noch nicht. A's Garantenstellung kann seinem Unterlassen nicht auch noch einen spezifischen Sinngehalt, den der Lüge nämlich, geben. A stand ja gänzlich außerhalb des irreführenden Geschehens und hat nur seinen Ablauf beobachtet.

Wer diese förmlich sich aufdrängende Bewertung beiseite schiebt und der Konsequenz des herrschenden Dogmas den Vorzug gibt, muß sich klarmachen: Die Bestrafung wegen Betruges hätte nicht nur keinen Rückhalt im allgemeinen Rechtsbewußtsein, sie wäre selbst vom Boden der h. M. aus wider alle Vernunft. Denn es wäre unbestrittenermaßen kein Betrug, wenn jemand mit denselben Absichten wie A einen Erledigungsvermerk auf der Rechnung heimlich ausradiert hätte. Das wäre zwar eine irrtumsursächliche Verfälschung des Gegenstandes gewesen, auf den C's Vorstellung sich bezog, aber keine tatbestandsmäßige Einwirkung auf die Vorstellungsbildung selbst. Wenn schon dieses Tun außerhalb des Täuschungsbegriffes liegt, dann kann man von A's Unterlassen ernsthaft nichts anderes behaupten.

Doch wie erklärt es sich, daß sonst die Annahme von Betrug, verübt durch Schweigen, bei weitem nicht so evident unrichtig ist? Geht man dieser Frage nach, so entdeckt man Bemerkenswertes.

In der Praxis kommt es zur Prüfung von Betrug durch Unterlassen fast immer nur dann, wenn zwischen dem Tatsachenverschweiger und dem Irrenden ein besonderes rechtliches Band besteht und Erklärungen nicht abgegeben werden, die einen Bezug auf dieses spezielle Rechtsverhältnis haben. Ein Werkbesteller etwa verschweigt seinen nach der Bestellung, aber vor der Vollendung des Werkes eingetretenen Vermögensverfall[59]. Ein Rentenempfänger verschweigt den Fortfall der Anspruchsvoraussetzung[60]. Ein Versicherungsnehmer teilt nicht mit, daß sich zwei vermeintlich durch Feuer verlorene Gegenstände unversehrt wiedergefunden haben[61]. Ein Vermieter verschweigt dem vorzeitig ausgezogenen, noch zahlenden Mieter, daß er die Wohnung inzwischen neu vermietet hat[62]. Ein Hotelgast bleibt wohnen, ohne zu sagen, daß er kein Geld mehr hat[63]. Jemand hebt von seinem Sparkonto Geld ab und läßt es sich gefallen, daß ihm der zerstreute Kassenbeamte die Summe zweimal gibt[64].

---

[59] BGH 6 198.

[60] RG 46 414, 64 209, 65 212, 73 395.

[61] RG 70 225.

[62] RG 37 61.

[63] OLG Hamburg, NJW 1969, S. 335; eingehend zu dieser Entscheidung und grundsätzlichen Fragen des Betrugs durch Schweigen *Triffterer*, JuS 1971, S. 181. Der Autor stellt allerdings die Grundlagen der herkömmlichen Betrachtung nicht in Frage. Er erwähnt nicht einmal die Gegenmeinung, die einen Betrug durch „reines“ Schweigen für nicht möglich hält.

[64] Strafkammer beim AG Bremerhaven, JZ 1967, S. 370.

Alle diese Fälle lassen sich auf ein einheitliches Grundmuster zurückführen: Es hat jemand eine Leistung erhalten, die er bei Kundgabe der Wahrheit nicht empfangen hätte oder nicht hätte behalten können. Die Offenbarungspflicht, wo sie besteht, fließt aus demselben Rechtsverhältnis wie die Leistung und läßt sich immer aus „Treu und Glauben" herleiten. Nun ist es aber von der Wertung, Treu und Glauben geböten die Abgabe einer Erklärung, nur ein kleiner Schritt zu jener anderen, der Schweigende müsse sich nach Treu und Glauben und mit Rücksicht auf die Verkehrssitte so behandeln lassen, als habe er dem Leistenden das Nichtvorliegen der verschwiegenen Umstände ausdrücklich zugesichert. Schon ein flüchtiger Blick auf die genannten Rechtsprechungsbeispiele lehrt, wie fließend die Übergänge sind[65]. Die Würdigung, es habe der Unterlassende den Irrtum durch konkludente Falscherklärung unterhalten, ist fast immer wenigstens diskutabel. Und damit wird klar, worauf die auffällig häufige Annahme einer Offenbarungspflicht gerade aus Treu und Glauben beim Betrug beruht: Sie ermöglicht eine Art Kompromiß zwischen der formalen Herleitung des Ergebnisses aus dem System (Rechtspflicht zum Handeln aus § 242 BGB) und seiner materialen Begründung im Wege wertender Tatbestandsauslegung (Falscherklärung durch schlüssiges Verhalten gem. §§ 130, 242 BGB).

Aber natürlich gewinnt man so doch nur eine Scheinbegründung. Genau durchleuchtet, stellt sich die Sache folgendermaßen dar: Gestützt wird die Verurteilung auf die Garantenpflicht. Aber diese trägt die Entscheidung nur scheinbar. Macht man die Probe aufs Exempel und entzieht dem konkreten Fall alles, was auch nur entfernt an konkludentes Erklären erinnert, so daß nichts als die reine Garantenstellung übrig bleibt (wie bei A, der die schon bezahlte Rechnung liegen läßt), dann wird die Annahme von Betrug offensichtlich falsch. Was diese in Wahrheit trägt, ist also das, was im Sachverhalt nicht fehlen darf: die Ähnlichkeit, die das Schweigen des Garanten mit einer konkludenten Zusicherung hat. Und damit ist das Stichwort gefallen, das über diese ganze Praxis den Stab bricht. Die Bestrafung wegen Betruges, begangen durch Schweigen, beruht auf tatbestandserweiternder Analogie. Gestraft wird, weil unter den Umständen des konkreten Falles das Schweigen eine gewisse *Ähnlichkeit* hat mit einem konkludenten Vorspiegeln, Entstellen oder Unterdrücken von Tatsachen.

Die einschlägige Rechtsprechung kann darum im ganzen nicht befriedigen. Wohl gibt es Ausnahmen. So finden sich im Urteil des Reichsgerichts, das den oben erwähnten unehrlichen Vermieter betraf, die erleuchteten Worte: „Aber

---

[65] So hatte im Falle des unehrlichen Hotelgastes (OLG Hamburg, NJW 1969, S. 335) das LG die Falscherklärung geradezu mit der Offenbarungspflicht begründet: Der Angeklagte habe „bewußt durch konkludente Vorspiegelung seiner (fortbestehenden) Zahlungsfähigkeit, deren Wegfall er nach Treu und Glauben hätte offenbaren müssen, bei den Hotelinhaberinnen den schon bestehenden Irrtum unterhalten ..., daß er beim Auszug ... bezahlen würde".

auch angenommen, es habe für den Angeklagten die Rechtspflicht bestanden, dem M mitzuteilen, daß er die Wohnung weitervermietet und Mietzins eingezogen habe, so würde doch die Unterlassung dieser Mitteilung eben nur die Nichterfüllung dieser Vertragspflicht, nicht aber die Unterdrückung der nicht mitgeteilten Tatsache enthalten haben"[66]. Aber weit häufiger sind die schlechten, die unbefriedigenden Urteile, die des Reichsgerichts zum Beispiel in Fällen des Weiterbezugs von Renten und Unterstützungen, deren Voraussetzungen zwischenzeitlich weggefallen waren. Die Entscheidung davon abhängig zu machen, ob sich im jeweiligen Sozialgesetz eine ausdrücklich statuierte Meldepflicht findet[67], wirkt dogmatisch exakt und doch seltsam unmaßgeblich. Denn was haben die zufälligen gesetzlichen Unterschiede mit der Frage zu tun, ob hier einer den anderen getäuscht hat?

In welche Verlegenheit der herrschende Rechtspflicht-Ansatz die Rechtsprechung bringen kann, wenn Treu und Glauben eine Aufklärungspflicht ergeben, zeigt ein Urteil der Strafkammer beim AG Bremerhaven[68]. Angeklagt war eine Frau, die von ihrem Sparkonto einen Betrag abgebucht und den vom Sparkassenbeamten irrtümlich ein zweites Mal ausgezahlten Geldbetrag angenommem hatte. Die Kammer sah hier richtig, daß sie bei einer derartigen groben Unredlichkeit einen rechtswidrigen Verstoß gegen Treu und Glauben nicht gut verneinen konnte. Das hätte bei Anwendung der anerkannten Regeln zur Betrugsstrafe führen müssen. Die schien dem Gericht aber unangemessen. Um einen glatten Bruch mit der überkommenen Auffassung zu vermeiden, beschritt es folgenden Ausweg: Die Kammer akzeptierte den Ausgangspunkt, daß die Rechtspflicht zum Handeln entscheidend sei, behauptete jedoch, nicht jede rechtliche Aufklärungspflicht aus Treu und Glauben führe zur Annahme einer Täuschung durch Unterlassen, vielmehr müsse man zwischen strafrechtlich relevanten und strafrechtlich irrelevanten Offenbarungspflichten unterscheiden. Aber dafür dürften sich nachprüfbare und einigermaßen exakte Kriterien kaum finden lassen. Wieviel einleuchtender wäre ein Freispruch mit der Begründung, es fehle an einer Täuschung, weil die Täterin dem Kassenbeamten nichts Falsches erklärt habe, dieser vielmehr durch seine eigene Vergeßlichkeit in einen Irrtum geraten sei[69]!

---

[66] RG 37 63; mit Recht bemerkt *zu Dohna*, DStR 1939, S. 144, daß das RG mit diesem Satz in Widerspruch zu seiner ständigen Rechtsprechung gerate.

[67] Betrug wurde bejaht beim Bezug einer Arbeitslosenunterstützung (RG 64 209), verneint für den Empfänger einer Unfallrente (RG 46 414) und einer Wohlfahrtsunterstützung (RG 64 212).

[68] JZ 1967, S. 371. Vgl. ferner OLG Düsseldorf, NJW 1969, S. 623, wo in einem ähnlichen Fall die Offenbarungspflicht dem Ergebnis zuliebe verneint wird.

[69] Zum ganzen vgl. die Urteilsanalyse von *Naucke*, JZ 1967, S. 371 ff. Vgl. ferner *Deubner*, NJW 1969, S. 623, der aus dem Postulat der gesetzlichen Bestimmtheit der strafbegründenden Umstände Bedenken gegen die Begründung einer Erfolgsabwendungspflicht speziell aus Treu und Glauben herleitet.

Wir fassen zusammen. Der Betrug ist ein verhaltensgebundenes Delikt. Er setzt immer eine irrtumserregende — ausdrückliche oder stillschweigende — Falscherklärung voraus. Betrug durch (reines) Schweigen ohne Erklärungswert gibt es nicht. Rechtsprechung und herrschende Lehre erfassen diese Eigenart zum Teil durchaus. Aber die zutreffenden Teilerkenntnisse werden nicht zu Ende gedacht, fügen sich nicht zu einer widerspruchsfreien Theorie zusammen. So ist es richtig, daß man bei aktiver, vorsätzlicher Irrtumsverursachung trotzdem noch prüft, ob das Verhalten den Wert einer schlüssigen Erklärung hat. Aber daraus werden nicht die Konsequenzen gezogen, weil nun die allgemeine Lehre von den unechten Unterlassungsdelikten ihre gegenläufige Wirkung entfaltet. Diese Lehre ist jedoch ebenfalls noch mit Fehlern durchsetzt, und solange sie das ist, kommt man aus den Widersprüchen nicht heraus. Denn daß es einen Betrug durch Schweigen ohne Erklärungswert nicht geben kann, wird man erst verstehen, wenn man das Garantenprinzip auf seine wahre Bedeutung beschränkt. Die Garantenpflicht kann ein schlichtes Unterlassen wohl der farblosen Erfolgsherbeiführung angleichen, aber ihm keinen spezifischen Sinngehalt verleihen, im besonderen: aus bloßem Schweigen kein Täuschen machen.

In der Form des unechten Unterlassungsdelikts wird nach allem der Betrug nicht eben häufig anzutreffen sein. Diese Einordnung ist nur statthaft, wenn dem Täter ein irrtumserregender Vorgang als seine vorsätzliche Falscherklärung zugerechnet werden muß, dabei jedoch nicht an ein körperlich-aktives Auftreten angeknüpft werden kann. Betrug durch Unterlassen liegt also insbesondere nicht schon dann vor, wenn jemand bei Verhandlungen etwas Wesentliches verschweigt und dadurch einen anderen irreführt. In aller Regel wird nämlich das Schweigen eingebettet sein in ein aktives Verhalten, das nur in seiner Gesamtheit (als Sinneinheit von Gesagtem und Verschwiegenem) zur konkludenten Täuschung wird. Aber ausgeschlossen ist die Erscheinung des Betruges durch Unterlassen nicht. Zum Beispiel: A und B wickeln ihre Geschäfte seit Jahren kontokorrentmäßig ab. Dabei ist abgemacht, daß zum jeweiligen Ausgleichungstermin der Saldoschuldner dem Gläubiger eine detaillierte Abrechnung zusendet, damit dieser sie mit seinen Unterlagen vergleichen und auf ihre Richtigkeit prüfen kann. Antwortet er nicht innerhalb einer bestimmten Frist, so gilt dies als Bestätigung. Angenommen nun, A entdeckt, daß B's Abrechnung einen Fehler zu B's Ungunsten enthält, beschließt aber, um sich zu bereichern, das zu verschweigen. In dieser besonderen Situation wäre A's Verhalten ein reines Unterlassen und hätte trotzdem für B einen echten Erklärungswert. Es würde B's Zweifel an der Höhe seiner Schuld beseitigen, seinen Irrtum also zumindest „unterhalten".

Ein anderer Fall: Es hat jemand an einen Bekannten einen Brief geschrieben, in dem er ihm eine Sache zum Kauf anbietet. Der Brief ist fertig und wird bald von der Sekretärin zur Post gebracht werden. Da entdeckt der Schreiber, daß er den Wert des Gegenstandes versehentlich zu hoch geschildert hat. Auch hier ließe sich der Vorwurf vorsätzlicher Täuschung nur an das Unterlassen der Richtigstellung knüpfen, aber Betrug wäre gleichwohl denkbar. Dies hat nicht etwa mit einer Garantenpflicht aus Ingerenz zu tun — diese Figur kann beim Betrug keine Rolle spielen[70] —, sondern beruht allein darauf, daß es für die Zurechnung als vorsätzliche Falscherklärung genügt, wenn der Schreiber den gewußt unrichtigen Brief wissentlich abgehen läßt.

Gegenüber der (mehr terminologischen) Behauptung, Betrug könne nicht durch Unterlassen begangen werden[71], ist also die h. M. in Schutz zu nehmen. In der Sache selbst hat hingegen die Mindermeinung recht, wenn sie eine Täuschung nur in der Form des konkludenten Verhaltens für möglich hält. Daß diese Lehre rechtspolitisch unerwünschte Strafbarkeitslücken aufreiße, kann nicht zugegeben werden. Nicht nur der Gesetzgeber, auch die Rechtsanwendung muß maßhalten, soll das Bekenntnis zur notwendig fragmentarischen Natur des Strafrechts mehr als ein unverbindlicher schöner Spruch sein. Es ist ein Unterschied, ob jemand einen anderen durch gezieltes Lügen irreführt oder sich nur den sonstwie entstehenden oder entstandenen Irrtum, wenn auch einer Rechtspflicht zuwider, zum eigenen Besten gefallen läßt. Und es hat etwas unmittelbar Einleuchtendes, daß hier die Grenze zwischen der kriminellen und der bloß zivilrechtsrelevanten Unredlichkeit verlaufen muß. „Die Auffassung, die die Bürger eines Staates von der Freiheit haben, und die Nüchternheit der Bürger eines Staates zeigen sich auch daran, wieviele kleine Schufte diese Bürger ertragen können ... ‚Ertragen können' bedeutet: ‚straflos lassen können'"[72].

III. Die Beleidigung

Ein weiteres Beispiel für den verhaltensgebundenen Typ unter den unechten Unterlassungsdelikten ist die Beleidigung, § 185 StGB. Aus dem Gesetzeswortlaut läßt sich die Eigenart zwar nicht entnehmen und auch aus der herrschenden Begriffsbestimmung („Angriff auf die Ehre eines anderen durch eine vorsätzliche Kundgebung der Nichtachtung oder Mißachtung"[73]) folgt sie nicht mit voller Deutlichkeit. Dennoch ist kaum zweifelfaft, daß sich die

---

[70] Ein Beispiel, in dem Erklärung und somit Betrug zu verneinen wären: A hat versehentlich seine gefälschten Geschäftsbücher offen herumliegen lassen und beobachtet nun voller Behagen, wie sein Kreditgeber B heimlich darin liest und sich ein falsches Bild von A's Vermögensverhältnissen macht.

[71] So H. *Mayer,* Lehrbuch, S. 152; *Naucke,* Zur Lehre vom strafbaren Betrug, S. 106 ff., 214 und öfter; *Grünwald,* Festschrift für H. Mayer, S. 291; weitgehend zum selben Ergebnis gelangt *Bockelmann,* Festschrift für Eb. Schmidt, S. 437 ff.

[72] *Naucke,* JZ 1967, S. 371.

[73] BGH 1 289; ebenso oder ähnlich RG 71 159; *Schönke-Schröder,* § 185, Rdn. 1; *Kohlrausch-Lange,* § 185, Anm. 1 (unter zutreffender Betonung eines objektiven Maßstabs: was „nach der Verkehrsauffassung als Kundgabe von Mißachtung erscheint, auch wenn der Täter diesen Sinn mit seinem Tun nicht verband") und die meisten.

Beleidigung nicht einfügen läßt in das sinnarme Schema von Ursache und Wirkung und daß man darum auch die Beleidigung durch Unterlassen nicht mit den Kriterien „Rechtspflicht zum Handeln" und „Garantenstellung" fassen kann.

Betrachten wir zunächst einen Fall des aktiven Tuns: Dem A ist durch Zufalls B's Tagebuch in die Hände gefallen; er findet dort abfällige Bemerkungen über seinen Freund C, dem er am nächsten Tag alles haarklein erzählt. Hier führt A einen echten Beleidigungserfolg herbei. Was C zu hören bekommt, wird ihn kaum weniger kränken, als wenn B ihm seine Bosheiten ins Gesicht gesagt hätte. Mißachtung (durch B) und Kundgabe derselben (durch C) liegen vor, so daß man bei wörtlichem Verständnis der herkömmlichen Definition eine Beleidigung annehmen müßte, und zwar durch C als alleinigen Täter, weil B nichts kundgegeben hat. Wäre das richtig? Man könnte § 185 so verstehen und sich damit auf den Standpunkt von *Maurach* stellen, nach dem Beleidigung nicht nur bei Kundgabe eigener, sondern auch fremder Mißachtung vorliegt[74]. So gelesen, verböte der Beleidigungsparagraph zu verursachen, daß jemand von menschlicher Mißachtung (wer immer sie hege) Kenntnis erlangt.

Das hätte durchaus seinen Sinn. Darum dürfte es wohl zu weit gehen, wenn *Roxin* aus einem „vorgegebenen Wesen der Beleidigung" die Folgerung ableitet, daß immer „ein bestimmter Mensch einem bestimmten anderen *seine* Mißachtung zum Ausdruck bringen"[75] müsse. Denn es ist zwar richtig, daß es keine „subjektlose ‚Mißachtung an sich' gibt"[76], doch könnte es für § 185 genügen, daß jemand statt seiner eigenen die von irgendwem gehegte Mißachtung kundtut.

Aber so ist es doch wohl nicht. Die Beleidigung lebt im allgemeinen Rechtsbewußtsein als Kundgabe nicht irgendeiner, sondern eigener Mißachtung, und nichts anderes will die herrschende Definition besagen. Briefträger beleidigen nicht, auch wenn sie den ehrverletzenden Inhalt des zu überbringenden Schreibens kennen. Versteht man das Gesetz so, dann ist die Beleidigung nicht ein Delikt der begehungsneutralen Kenntnisverursachung, sondern ein verhaltensgebundenes. Das hat *Roxin* sehr schön dargetan: Der Achtungsanspruch ist „eine soziale Realität; er ist aber nicht sinnlich wahrnehmbar und hat keine körperliche Gestalt. Er ist daher auch nicht durch äußere Einwirkungen in der Weise verletzbar, wie etwa eine fremde Sache durch einen Beilhieb; vielmehr kann er, da er seine Existenz allein in der Sphäre sozialer Bedeutung hat, nur durch Handlungen beeinträchtigt werden, deren Sinngehalt auf eine Negierung dieses Anspruches geht. Es ist dann nicht die Handlung als körperlicher Vorgang, sondern die in ihr steckende, nicht den Sinnen, sondern nur dem geistigen Verstehen zugängliche Bedeutung, die den Erfolg

---

[74] *Maurach*, B. T., S. 140; früher ebenso *Welzel*, vgl. Lehrbuch, 10. Aufl., S. 296.

[75] Täterschaft, S. 390 (Hervorhebung von mir).

[76] *Roxin*, a. a. O.

— die Beleidigung — ausmacht. Daraus folgt zwingend: Jemand kann einen gegen ihn sich richtenden Achtungsanspruch nur durch Handlungen verletzen, die den Sinn verkörpern, daß er, der Handelnde, den Adressaten mißachte"[77].

Wenn man nur durch solche eigenen Handlungen beleidigen kann, die den Sinn verkörpern, daß man selber den Adressaten mißachte, dann wird C durch A's Bericht über B's Tagebuch nicht (im Rechtssinne) beleidigt. A würde sich erst dann einer Beleidigung schuldig machen, wenn er durch die Art seines Vortrages seine eigene Mißachtung zu verstehen gäbe.

Die Auswirkungen, die diese Einsicht im Unterlassensbereich haben muß, sind jetzt bekannt. Man kann eine Beleidigung durch Unterlassung nur annehmen, wenn erstens sich der Vorwurf der Mißachtung ausschließlich an körperliche Untätigkeit knüpfen läßt und wenn zweitens diese Untätigkeit für die verstehende Anschauung unmittelbar eine Mißachtung ausdrückt. Eine etwaige Garantenpflicht muß außer Ansatz bleiben[77a]. Denn die Pflicht, das Bekanntwerden von Mißachtung zu verhindern, würde für sich nicht mehr bewirken, als daß der Unterlassende — was für § 185 StGB nicht genügt — das Bekanntwerden der Mißachtung im juristischen Sinne verursacht hat. Das macht einige Korrekturen an den bisherigen Äußerungen im Schrifttum nötig.

A. Die meisten der Beispiele, die in der Literatur für das beleidigende Unterlassen angeführt werden[78], sind in Wahrheit Fälle des aktiven Tuns. Das gilt selbstverständlich für das unerlaubte Duzen[79], aber auch für die Verweigerung jeder Höflichkeitsformel in einem Brief[80], das Weglassen der Anrede „Herr"[81] oder das betonte Vermeiden des Titels[82]. Wenn in diesen Fällen überhaupt die Beleidigungsgrenze überschritten ist[83], dann doch nicht durch Unterlassen. Denn kränkend wirkt hier das Tun als Ganzes, als Sinneinheit. Das Weggelassene läßt sich nicht herauslösen, ohne daß es seine spezifische Bedeutung einbüßt. Entsprechendes haben wir bereits beim Betrug beobachtet, nämlich in den Fällen des Verschweigens wesentlicher Umstände gegenüber dem Verhandlungspartner.

B. Zutreffend als Unterlassung eingestuft werden dagegen die Schulfälle des verachtungsvollen Nichtgrüßens, der Nichterwiderung eines Grußes oder

---

77 a. a. O.

77a Sachlich übereinstimmend *Schünemann*, a. a. O., S. 368 f.

78 Vgl. im einzelnen die Belege bei *Hirsch*, Ehre und Beleidigung, S. 238 f.

79 Verkannt von *Nagler-Schaefer*, LK, § 185, Anm. II 2 b.

80 Vgl. *Olshausen-Hörcher*, § 185, Anm. 6 f.

81 Vgl. *Olshausen-Hörcher* und *Nagler-Schaefer*, a. a. O.

82 *Maurach*, B. T., S. 141.

83 Das bestreitet *Hirsch*, a. a. O., S. 239.

Nichtannahme der dargebotenen Hand[84]. Bemerkenswert ist, daß man, ohne sich darüber Rechenschaft zu geben, in diesen Fällen die Entscheidung nicht in Einklang zu bringen versucht mit der sonst als allgemein-gültig angesehenen Lehre von den unechten Unterlassungsdelikten. Obwohl hier Sachverhalte des Begehens durch Unterlassen vorliegen sollen, kommt doch niemand auf den Gedanken, er müsse sich auf die Suche nach einer dem Beleidigungsverbot *vorgelagerten* Rechtspflicht zum Handeln oder Garantenstellung machen. Sozusagen instinktiv erfaßt man die, wie wir hier einmal unter Vorbehalt sagen wollen, „unmittelbare" Tatbestandsmäßigkeit solchen Unterlassens, wenn allein entscheidend sein soll, ob „die Verkehrssitte der beteiligten Kreise ein Tun erwarten läßt, so daß die ihr widerstreitende Passivität zur Herabsetzung des Betroffenen eingesetzt wird"[85]. Das ist ohne Zweifel richtig und bei kaum einem verhaltensgebundenen unechten Unterlassungsdelikt so augenfällig wie hier. Ob jemand beim Eintritt einer ihm unsympatischen Person ostentativ den Raum verläßt (Tun), oder sitzen bleibt und die ihm dargereichte Hand nicht ergreift (Unterlassen), das macht für eine sinnverstehende Betrachtung, die allein richtig ist, höchstens dem Grade nach einen Unterschied.

C. Unter dem Stichwort „Beleidigung durch Unterlassen" wird schließlich noch eine dritte Fallgruppe diskutiert. Ihr liegt einheitlich die Konstellation zugrunde, daß jemand beleidigende Äußerungen macht, zunächst ohne sie kundgeben zu wollen, es aber späterhin geschehen läßt, daß sie anderen bekannt werden. Einigermaßen lebensnah ist ein von *Böhm*[86] gebildetes Beispiel, in dem der Täter den beleidigenden Brief zuerst nicht absenden will, dann aber, als seine Sekretärin das Schreiben zur Post bringt, nichts dagegen unternimmt.

Auch hier ist richtig, daß man das Geschehen nur unter dem Aspekt des unechten Unterlassungsdelikts sehen darf. Denn wenn es überhaupt einen Zeitpunkt gibt, in dem alle Deliktsvoraussetzungen — einschließlich Kundgabevorsatz — erfüllt sind, dann liegt er jedenfalls in einer Phase, während derer der Täter nichts mehr tut, sondern nur noch unterläßt. Aber befriedigend gelöst sind die Fälle bisher trotzdem nicht, auch nicht von *Kern* und *Hirsch*, die allein ihnen eine eingehendere Betrachtung gewidmet haben.

Wir greifen ein von *Kern* gebildetes, von *Hirsch* übernommenes Beispiel auf: Jemand bringt ohne Kundgabewillen beleidigende Äußerungen zu Papier. Ein Windstoß weht das Blatt zum Fenster hinaus. Der Schreiber unterläßt es, das Papier wieder hereinzuholen, obwohl er damit rechnet, daß

[84] Vgl. *Frank*, § 185, Anm. I 2; *Maurach*, B. T., S. 141; *Roxin*, Täterschaft, S. 481; *Meyer-Bahlburg*, Diss., S. 31, 36 und MSchrKrim 1965, S. 249; weitere Nachweise bei *Hirsch*, a. a. O., S. 239 (der seinerseits Beleidigung in dieser Weise nicht für möglich hält).

[85] *Nagler-Schaefer*, a. a. O., Anm. II 2 b.

[86] *Dissertation*, S. 20.

ein Passant es lesen könnte; so geschieht es tatsächlich[87]. — *Kern* meint, man müsse die Frage dahin stellen, ob überhaupt „der Tatbestand der Beleidigung durch Unterlassen verwirklicht werden kann", und diese Frage bejaht er zunächst grundsätzlich „nach der allgemeinen Regel, wonach jedes Erfolgsdelikt auch durch Unterlassung begangen werden kann..."[88]. *Hirsch* sagt es noch deutlicher: „Die Beleidigung ist ein Begehungsdelikt. Infolgedessen kommt nur die sog. unechte Unterlassung in Betracht. Das aber heißt, daß jemand, der hinsichtlich der Ehre des Betroffenen eine Garantenstellung innehat, es unterlassen haben muß, den Erfolgseintritt abzuwenden"[89]. Auf dieser Grundlage bejahen beide Autoren, daß im Beispielsfall eine Beleidigung vorliege; denn „hier ergibt sich die Garantenstellung des Verfassers aus vorangegangenem Tun"[90].

Das ist aber, sieht man genauer hin, keine Begründung, die das Ergebnis trägt; der Ingerenz-Gedanke müßte folgerichtig die entgegengesetzte Entscheidung hervorbringen. Läßt man die Zweifel beiseite, ob ein unverbotenes Tun — bloße Schreibübungen können nicht rechtswidrig sein — überhaupt eine Pflicht zur Erfolgsabwendung zur Folge haben kann, so bleibt auf jeden Fall daran zu erinnern, daß nach einhelliger Auffassung nur ein solches Tun Garantenpflichten nach sich zieht, welches eine Gefahr für den Erfolgseintritt geschaffen hat[91]. Ein Tun, das nach genereller Lebenserfahrung völlig ungefährlich ist, macht den Täter nicht zum Garanten, wenn ein unvorhersehbarer Zufall die Geschehnisse so aneinanderfügt, daß das Tun nun doch plötzlich zur Ursache eines schlimmen Erfolgs zu werden droht. Der Luftzug, der dem Schreiber das Geschriebene unter dem Federhalter weg aus dem Fenster bläst, könnte geradezu Schulbeispiel für einen solchen Zufall sein.

Ein zweites Beispiel von *Hirsch*[92] steht denselben Einwänden offen. Spielt jemand ein Tonband ab, das er zuvor „zum Abreagieren" mit einer Schimpfrede auf seinen Chef besprochen hat, so kann das, je nach Sachlage, ganz gefahrlos sein. Tritt nun ein Dritter oder der Chef selber ins Zimmer, dann ist (gesetzt, dies war unvorhersehbar) der Schimpfer jedenfalls nicht aus vorangegangenem Tun verpflichtet, sein Gerät abzuschalten.

Wenn *Hirsch* in beiden Fällen im Ergebnis recht hat, so offenbar nicht aus dem von ihm angenommenen Grunde. Der wahre Grund liegt darin, daß Höflichkeit, Anstand und Sitte gebieten, das Bekanntwerden eigener abfälliger Äußerungen auch dann zu verhindern, wenn der reine Zufall anderen die Kenntnisnahme ermöglicht, und daß deshalb im menschlichen Zusammen-

[87] Vgl. *Kern*, Strafr. Abh. 144, S. 39; *Hirsch*, a. a. O., S. 241.

[88] a. a. O., S. 38 f.

[89] a. a. O., S. 239 f.

[90] *Hirsch*, a. a. O., S. 241; ähnlich *Kern*, a. a. O., S. 39.

[91] Vgl. *Schönke-Schröder*, Vorbem. 120 a, und die Nachweise dort.

[92] Vgl. a. a. O., S. 241.

leben dem Unterlassenden seine Untätigkeit ohne weiteres als beleidigendes Verhalten zugerechnet wird. Um das als richtig zu empfinden, braucht man sich nur vorzustellen, wie der Tonbandredner genüßlich seine Worte weitertönen läßt, nachdem der Chef eingetreten ist.

Die Lehre von *Kern* und *Hirsch* läßt sich indessen auch vom anderen Ende her widerlegen. Betrachtet man einmal Sachverhalte genauer, in denen nach allgemeinen Regeln eine Garantenpflicht an sich gegeben ist, so zeigt sich, daß dies wiederum durchaus nicht genügt, eine Beleidigung zu bejahen. Man denke sich, daß jemand eine nicht zur Kundgabe bestimmte beleidigende Aufzeichnung fahrlässig an eine Stelle legt, wo sie anderen leicht zugänglich wird, und daß er, dies bemerkend, die Lektüre willentlich nicht verhindert. Von seinem Standpunkt aus folgerichtig, will *Hirsch* hier anscheinend Beleidigung ohne weiteres bejahen[93]. In Wahrheit ist das jedoch nur unter der Voraussetzung zutreffend, daß der Täter selber die Aufzeichnung gefertigt hat. Das bedarf nach dem anfangs Angeführten keiner Begründung mehr. Ähnlich liegt es, wenn jemand nicht verhindert, daß seine Kinder andere Manschen angreifen oder umgekehrt diese gegen jene vorgehen. In der Unterlassungsdogmatik wird bekanntlich die Lehre vertreten, daß hier der nicht einschreitende Garant immer *Täter* eines unechten Unterlassungsdelikts sei. Für die Verursachungsdelikte, Körperverletzungen etwa, mag das sogar richtig sein, auf die Beleidigung läßt es sich aber keinesfalls ausdehnen. Wer als Garant fremde Beleidigungen geschehen läßt, beleidigt selber nicht schon deshalb, weil er mit Erfolg hätte einschreiten können[94]. Das macht ihn höchstens zum Gehilfen. Eine täterschaftliche Beleidigung läge erst dann vor, wenn das Unterlassen des Untätigen höchstpersönliche Mißachtung zum Ausdruck brächte[94a].

Auch von den Ergebnissen her erweist sich also die Beleidigung als ein verhaltensgebundenes Delikt, für das die Garantenlehre keine Geltung hat. Wie sehr man sich freilich nun auch in umgekehrter Richtung hüten muß, die am einzelnen Tatbestand gemachten Beobachtungen zu verallgemeinern, zeigt ein Blick auf die der Beleidigung verwandten Paragraphen. Zwar ist es sicher angemessen, Tatbestände, die das Merkmal des „Beschimpfens“ enthalten (vgl. etwa §§ 130, 166, 167 StGB), der Beleidigung gleichzustellen[95]. Aber schon die §§ 186, 187 StGB, die über das gemeinsame Rechtsgut aufs engste mit der Beleidigung verbunden sind und die der Gesetzgeber sogar ausdrücklich als deren Sonderfälle bezeichnet („wird ... wegen Beleidigung ... bestraft“), weisen eine andere tatbestandliche Struktur auf. Wohl wären sie verhaltens-

---

[93] Vgl. a. a. O., S. 241, Anm. 87.

[94] Das hält auch *Hirsch* (von seinem Standpunkt aus nicht sehr einleuchtend) für zwingend; vgl. a. a. O., S. 241 f.

[94a] Ebenso *Schünemann*, a. a. O. S. 369: „Die Beleidigung setzt immer eine konkludente *eigene* Willenserklärung voraus, so daß die bei den Erfolgsdelikten üblichen Garantenkategorien hier von vornherein fehl am Platze sind“.

[95] Vgl. auch *Roxin*, Täterschaft, S. 392.

gebunden, wenn der Gesetzgeber die Strafdrohung auf das „Behaupten" ehrenrühriger Tatsachen beschränkt hätte. Er hat aber diesem Tun das „Verbreiten" gleichgestellt und damit eine Alternative geschaffen, die das Behaupten als ihren bloßen Unterfall in sich aufhebt und verunselbständigt. Deshalb genügt zur Begehung von übler Nachrede und Verleumdung die Kenntnisverursachung, d. h. es reicht aus, die Tatsache schlicht mitzuteilen, ohne daß man durch sein Verhalten ausdrücken müßte, man sei von ihrer Richtigkeit überzeugt oder verachte gar den Betroffenen. Die Konsequenz ist, daß üble Nachrede und Verleumdung als modalitätsunabhängige Verursachungsdelikte betrachtet werden müssen. Damit ändert sich gleichzeitig die Beurteilung von Unterlassensfällen, insofern nämlich, als das Garantenprinzip wieder voll in seine Rechte tritt. So würde etwa die aus vorangegangenem Tun erwachsende Garantenpflicht genügen, den Nichteingreifenden zum „Verbreiter" zu machen. Jemand legt z. B. ein fremdes Tagebuch mit verleumderischen Eintragungen, das zufällig in seine Hände geraten ist, so sichtbar hin, daß andere darin lesen können. Wenn er das vorsätzlich geschehen läßt, dann „beleidigt" er zwar nicht noch „behauptet" er etwas, aber er „verbreitet" die Tatsachen genauso, wie wenn er das Tagebuch geflissentlich anderen in die Hände gedrückt hätte, und kann sich so einer üblen Nachrede oder Verleumdung schuldig machen[96].

IV. Die Verkehrsunfallflucht (Zur Rückkehrpflicht bei § 142 StGB)

Von großer praktischer Bedeutung ist das Problem, dem wir uns nunmehr zuwenden. Es geht um die Frage, ob und inwieweit man durch Unterlassen „Verkehrsunfallflucht" begehen kann.

Nach § 142 Abs. 1 StGB wird bestraft, „wer sich nach einem Verkehrsunfall der Feststellung seiner Person, seines Fahrzeugs oder der Art seiner Beteiligung an dem Unfall vorsätzlich durch Flucht entzieht, obwohl nach den Umständen in Frage kommt, daß sein Verhalten zur Verursachung des Unfalls beigetragen hat..." An dieser Vorschrift ist bekanntlich umstritten, ob sie auch denjenigen erfaßt, der sich rechtmäßig oder schuldlos vom Unfallort fortbegeben hat und es dann unterläßt zurückzukehren. Die einschlägigen Sachverhalte können verschieden aussehen. So kann einmal der Unfallbeteiligte wegen Erfüllung einer höherrangigen Pflicht (Transport eines Verletzten ins Krankenhaus) rechtmäßig handeln; er kann aber auch nur entschuldigt sein, z. B. wenn er Gefahr läuft, von Passanten verprügelt zu werden (§ 54 StGB); und er kann schließlich mangels Vorsatzes straflos sein, weil er vom Unfall zunächst nichts bemerkt hat.

Aus der Zeit des Reichsgerichts ist kein Urteil bekannt, dem zur Bestrafung das Unterlassen der Rückkehr genügt hätte. Das RG selber hat zwar bejaht,

---

[96] Ähnliche Unterschiede macht — im Hinblick auf Täterschaft und Teilnahme — *Roxin*, a. a. O.; er scheint allerdings der Alternative des „Behauptens" in §§ 186, 187 selbständige Bedeutung zuzumessen.

daß Unfallflucht auch von einem anderen Orte als dem des Unfalls aus begangen werden könne[97] und daß bei Entfernung im entschuldigenden Notstand die Absetzbewegung dort enden müsse, wo die Gefahr aufhöre[98], aber es hat andererseits ausdrücklich verneint, daß den Fahrer, der später auf seinen Unfall aufmerksam gemacht werde, eine Rechtspflicht zur Rückkehr treffe[99].

Nach dem Kriege hat sich die Judikatur gründlich geändert[100]. Der BGH[101] hat die Rückkehrpflicht, zunächst den Fall des Bleibens nach unvorsätzlicher Ortsentfernung ausnehmend, neuerdings auch für diesen[102], bejaht, und die übrige Rechtsprechung[103] ist ihm gefolgt, unbeeindruckt von heftiger Kritik im Schrifttum[104].

Mir scheint, daß in diesem Streit beide Seiten etwas aneinander vorbeireden. Der eine kann die Argumente des anderen nicht für maßgeblich halten, weil er von jeweils anderen Prämissen ausgeht. Die Diskussion läßt sich wohl nur noch fördern, wenn man in die dogmatischen Grundlagen eindringt und dartut, daß der Streit, so wie er bisher geführt wurde, beiderseits auf unrichtigen Voraussetzungen beruht.

A. § 142 als echtes Unterlassungsdelikt

Die derzeitige Gerichtspraxis, den Nichtrückkehrer nach § 142 StGB zu bestrafen, ist nahezu zwangsläufig auf der theoretischen Grundlage, die die Rechtsprechung gewählt hat, ohne sich je darüber ausdrücklich Rechenschaft zu geben. Dieses Versäumnis ist erstaunlich, denn im Schrifttum ist der Standpunkt seit längerem klar erkannt und begründet. *Schmidhäuser*[105] hat schon 1955 behauptet, daß die Judikatur mit ihren Entscheidungen deshalb grundsätzlich richtig liege, weil § 142 StGB ein echtes Unterlassungsdelikt sei. Genauer besehen liege der Vorschrift nicht ein Verbot, etwas zu tun, sondern ein echtes Gebot zugrunde, nicht anders als etwa den §§ 138, 330 c StGB. Geboten sei nämlich, „sich an dem Ort *aufzuhalten*, an dem gleich nach dem Unfall Ermittlungen gegen den Beteiligten einsetzen", und es entspreche „wiederum nur dem Wesen des echten Unterlassungsdelikts, daß sich dieses

---

[98] RG 63 18.

[97] JW 1937, S. 2645; DR 1939, S. 1435.

[99] GA 72, S. 290.

[100] Umfassende Darstellung der Rechtsprechungsgeschichte bei *Schröder*, NJW 1966, S. 1001.

[101] Erstmalig in VRS 4, 52; sodann in VRS 5, 44; BGH 4 149, 5 128, 7 116, 14 213.

[102] BGH 18 114.

[103] Vgl. OLG Hamm in VRS 8, 208; KG in VRS 15, 345; OLG Frankfurt in NJW 1967, S. 2073; OLG Saarbrücken in NJW 1968, S. 1891; KG in VRS 34, 110; 35, 23.

[104] Vgl. die Nachweise bei *Schönke-Schröder*, § 142, Rdn. 23, und die folgende Darstellung im Text.

[105] JZ 1955, S. 433 ff.

Gebot auch als Rückkehrgebot auswirken kann"[106]. In der Literatur hat *Maihofer*[107] sich diese Lesart zu eigen gemacht. Sie ist aber, wie gesagt, auch die der Rechtsprechung. Man sieht das daran, daß die Rechtsprechung als Ausgangspunkt jeder Auslegung ständig die positive, also auf einem Gebot beruhende „Wartepflicht"[108] oder „Verbleibepflicht"[109] nennt. Schon der Normalfall des vorsätzlichen Weiterfahrens wird begrifflich erfaßt als eine „durch Flucht begangene Verletzung des Haltegebotes"[110], und die Rückkehrpflicht ist nach der oft unausgesprochenen Ansicht der Gerichte „ein unmittelbarer Ausfluß der bereits bestehenden und nur vorübergehend unterbrochenen Wartepflicht, welche nach der Unterbrechung wieder voll wirksam wird"[111].

Freilich finden sich viele Entscheidungen, in denen neben der „Wartepflicht" auch von einem „Fluchtverbot" die Rede ist[112]. Darin liegt zweifellos ein Widerspruch. Aber es geht zu weit, wenn *Lange* die Rechtsprechung dieser Ausdrucksweise wegen dahin versteht, sie fasse § 142 StGB als verbietenden Begehungstatbestand auf[113]. Die wechselnde Terminologie erklärt sich damit, daß die Rechtsprechung sich ihren eigentlichen theoretischen Standpunkt noch nicht klargemacht hat. In der Sache jedenfalls behandelt sie die Verkehrsunfallflucht wie ein echtes Unterlassungsdelikt. Es wäre sonst einfach unverständlich, wie sie in ihren Urteilsbegründungen immer wieder vom Nachweis einer Garantenstellung des Nichtrückkehrers absehen könnte.

Wir wollen zunächst einmal unterstellen, diese Betrachtungsweise sei richtig. Dann ist in der Tat die Annahme der Rückkehrpflicht nicht zu beanstanden. Man liest dann das Gesetz so, als laute es: wer als Unfallbeteiligter nicht am Unfallort wartet... Dieser Tatbestand erfaßt natürlich auch den, der nicht zurückkehrt. Denn der mag irgendwo auf etwas warten, aber er wartet nicht am Unfallort. So gesehen ist die Rückkehrpflicht tatsächlich kein Problem; sie ergibt sich einfach daraus, daß der Fernbleibende den Tatbestand verwirklicht. Nun wird auch verständlich, warum die Rechtsprechung von den Argumenten *Schröders*[114] und *Bindokats*[115], der Unfallbeteiligte sei nach den Regeln des unechten Unterlassungsdelikts aus keinem denkbaren Grund Garant für seine eigene Rückkehr, nicht beeindruckt werden kann. Denn sie behauptet ja nichts Gegenteiliges, entnimmt die Rück-

---

[106] a. a. O., S. 437.

[107] GA 1958, S. 297; in der Sache übereinstimmend auch *Jescheck*, GA 1955, S. 108; nicht hierher zu rechnen ist *Welzel*, Lehrbuch, S. 464, der zwar § 142 „ein (verkapptes) echtes Unterlassungsdelikt" nennt, daraus aber keine sachlichen Folgerungen ableitet; die Ansicht der Rechtsprechung erwähnt er ohne Stellungnahme.

[108] Vgl. BGH 4 149, 7 116, 14 217, 18 119, 20 259.

[109] Vgl. BGH 18 118.

[110] BGH in VRS 9, 137.

[111] OLG Saarbrücken in NJW 1968, S. 1891.

[112] Vgl. z. B. BGH 5 129, 7 117.

[113] *Kohlrausch-Lange*, § 142, Anm. V.

[114] Vgl. NJW 1966, S. 1002 f.

[115] Vgl. NJW 1966, S. 1907.

kehrpflicht vielmehr — nach den Regeln des echten Unterlassungsdelikts — unmittelbar dem Tatbestand des § 142. Auch *Langes* Vorwurf, diese Annahme laufe auf einen Zirkelschluß hinaus, weil die aus dem Gesetz herausgeholte Handlungspflicht ihrerseits wieder den Tatbestand begründen solle[116], kann sie nicht treffen. Ein echtes Unterlassungsdelikt erzeugt Handlungspflichten; gleichzeitig sie voraussetzen tut es nicht.

Mit diesen von *Schmidhäuser* bewußt gemachten Grundlagen der Rechtsprechung haben sich ihre Gegner bisher noch nicht in befriedigender Weise auseinandergesetzt. Soweit sich überhaupt Stellungnahmen finden, laufen sie einheitlich auf die Behauptung hinaus, § 142 sei, weil er das Fliehen verbiete (und nur das Unterlassen des Weggehens gebiete), ein Begehungs- und höchstens zugleich ein unechtes Unterlassungsdelikt, keinesfalls aber ein echtes[117].

Geht man einmal davon aus, daß mit der systematischen Einordnung Entscheidendes gesagt sei, dann spricht für *Schmidhäuser* immerhin folgendes: Der unfallbeteiligte Autofahrer erlebt die Norm tatsächlich eher als Gebot. Sie befiehlt ihm, den vorgeplanten Ablauf seines an sich erlaubten Tuns zu unterbrechen, anzuhalten und abzuwarten. Der Befehl, nicht weiterzufahren, ist seiner Auswirkung nach unverkennbar ein anderer als etwa der, keine Sachen zu beschädigen. Die Ähnlichkeit mit der Anforderung, die einen Autofahrer im Falle des § 330 c trifft, ist nicht zu übersehen. Man sollte also einräumen, daß die Verkehrsunfallflucht eine Mittelstellung zwischen Begehungsdelikt und echtem Unterlassungsdelikt einnimmt. Wenn letztlich die systematische Frage m. E. doch im Sinne der h. L. zu entscheiden ist, dann liegt das daran, daß Handeln und Unterlassen, Verbot und Gebot, notgedrungen weniger durch die soziale Bedeutung eines Verhaltens als vielmehr nach dem äußerlichen, aber exakteren Kriterium der Körperaktivität geschieden werden müssen.

Aber solche Systemerwägungen treffen nicht den springenden Punkt. Man kann *Schmidhäuser* getrost zugestehen, die Unfallflucht sei ein echtes Unterlassungsdelikt, ohne deshalb schon seine sachlichen Folgerungen akzeptieren zu müssen. Was *Schmidhäuser* nämlich übersieht, ist dies:

Dadurch, daß ich § 142 begrifflich als echtes Unterlassungsdelikt einordne, kann ich nicht eine einzige Pflicht des Unfallbeteiligten als existent erweisen, die nach gültigen Auslegungsregeln dem Tatbestand nicht ohnedies zu entnehmen wäre. Läßt der Wortlaut auch bei weitestmöglichem Verständnis die Annahme einer Rückkehrpflicht nicht zu, dann kann man sie auch nicht aus einem Systembegriff deduzieren. Das wäre ein Rückfall in die Begriffs-

---

[116] JZ 1954, S. 330; allerdings ging es hier nicht um die Rückkehrpflicht, sondern um die Pflicht, den Unfall bei der Polizei zu melden (vgl. dazu BGH 5 129; aufgegeben von BGH 7 112 ff.).

[117] Vgl. *Kohlrausch-Lange,* § 142, Anm. V; *Schröder,* NJW 1966, S. 1002, Anm. 14; ausführlich *Bindokat,* NJW 1966, S. 1906.

jurespudenz. Hören wir einmal die aufschlußreichsten Sätze aus *Schmidhäusers* Argumentation: „Wird ... bei dem echten Unterlassungsdelikt des § 330 c die Pflicht zu helfen durch eine ‚andere wichtige Pflicht' verdrängt, so kommt doch die Hilfeleistungspflicht in dem Augenblick wieder zum Zuge, in dem die andere Pflicht erfüllt ist, wenn ... der Unglücksfall weiterhin Hilfe fordert. Ebenso ist es beim Unfallbeteiligten: wer sich, um Hilfe zu leisten, vom Unfallort entfernt, obwohl die Polizei gerufen ist, der hat sich nach Erfüllung jener vorgehenden Pflicht sofort wieder an den Unfallort zurückzubegeben und so der nun wieder auflebenden Pflicht zu genügen, sich an der Unfallstelle ... aufzuhalten. Die vom BGH angenommene ... Rückkehrpflicht ergibt sich also ... unmittelbar aus dem dem echten Unterlassungsdelikt zugrunde liegenden Gebot selbst. Eine solche Auslegung hält sich durchaus im Rahmen dessen, was mit den Worten ‚sich durch die Flucht entziehen' gesagt ist"[118]. Das ist nicht stichhaltig. Die Pflicht, die unterbrochene Hilfeleistung wieder aufzunehmen, folgt nicht daraus, daß § 330 c ein echtes Unterlassungsdelikt ist, sondern aus der Fassung des Tatbestandes („wer nicht Hilfe leistet"). Für den anders formulierten § 142 ist also durch den Vergleich mit § 330 c nichts gewonnen. Darum hängt der Schlußsatz *Schmidhäusers*, der uns wieder mit dem Wortlaut des Gesetzes und damit dem entscheidenden Problem konfrontiert, als bloße Behauptung in der Luft.

Gegen diese Einwände ist natürlich die Rechtsprechung nicht schon deshalb gefeit, weil sie darauf verzichtet, die Unfallflucht ausdrücklich als echtes Unterlassungsdelikt zu bezeichnen. Sachlich unterläuft ihr derselbe Fehler wie *Schmidhäuser*, wenn sie den Tatbestand zunächst in einen generellen Wartebefehl umdeutet und erst dann mit der Interpretation einsetzt. Man kann dem § 142 nicht mehr als das Verbot zu fliehen entnehmen. Daraus folgt zwar, daß der Unfallbeteiligte an dem Ort (meistens dem Unfallort), an dem er sich gerade befindet, warten muß, aber daraus folgt doch nicht, daß man nun den Tatbestand so lesen dürfe, als laute er: wer als Unfallbeteiligter nicht am Unfallort wartet. Liest man ihn so, dann verändert man willkürlich das Gesetz, und es ist dann nicht weiter erstaunlich, daß sich auf der erschlichenen Grundlage die Rückkehrpflicht schlüssig beweisen läßt.

B. § 142 als normales unechtes Unterlassungsdelikt

Die h. L. tut also gut daran, wenn sie die Prämissen der Rechtsprechung und einzelner Schrifttumsstimmen, § 142 StGB sei ein echtes Unterlassungsdelikt und beschreibe in seinem Tatbestand das Nichtwarten am Unfallort, ablehnt. Eine andere Frage ist, ob ihr eigener Ausgangspunkt richtig ist, die Unfallflucht als Begehungsdelikt zu betrachten, bei dem die allgemeinen Regeln des unechten Unterlassens darüber entscheiden müssen, ob das Unterlassen der Rückkehr tatbestandmäßig ist. Aber diese Frage wollen wir auch

---

[118] JZ 1955, S. 437 f.

jetzt hintansetzen und wiederum zuerst prüfen, wohin der theoretische Ansatz der h. L. führt.

Darüber herrscht Streit. Nach der Ansicht von *Lange* sind die Grundsätze des unechten Unterlassungsdelikts geeignet, der Rechtsprechung die tragfähige Grundlage zu liefern. *Lange* sieht im Weiterfahren nach dem Unfall eine vorangehende Tat, die „das Rechtsgut der Rechtspflege gefährdet" und die Garantenpflicht schafft, „durch spätere Tätigkeit den nunmehr drohenden Eintritt des Erfolges (daß die Ermittlungen vereitelt werden) zu verhindern"[119]. Die Gegenposition vertritt insbesondere *Schröder*[120]. Er verneint eine Garantenpflicht aus vorangegangenem Tun, dem auch nach seiner Meinung allein erwägenswerten Entstehungsgrund, und tritt deshalb de lege lata für die Straflosigkeit des nicht umkehrenden Unfallbeteiligten ein. *Schröders* Gedankengang ist, zusammengefaßt, dieser[121]: § 142 ist, wie etwa die Sachbeschädigung, ein „Zustandsdelikt", kein „Dauerdelikt". Der Schaden ist mit dem Entferntsein des Unfallbeteiligten von der Unfallstelle endgültig verwirklicht: wegen der Abwesenheit sind die Ermittlungen am Unfallort verhindert oder erschwert. Weitere Schäden drohen nicht mehr. „Die Rückkehr wäre mithin lediglich die Wiedergutmachung eines bereits eingetretenen Schadens." Dazu kann aber nach den Regeln der unechten Unterlassungsdelikte niemand verpflichtet sein. „Wer z. B. in der irrtümlichen Annahme, zur Reparatur einer Maschine beauftragt zu sein, diese in ihre Bestandteile zerlegt und nach Aufklärung des Irrtums die Wiederzusammensetzung ablehnt, kann nicht wegen Sachbeschädigung durch Unterlassen bestraft werden."

Dieser Beweisführung muß man zweierlei entgegenhalten. Sie wird einmal der Eigenart des § 142 als einem Delikt mit gestufter Erfolgsbewirkung nicht gerecht. Vergleichbar dem Betruge, beschreibt nämlich der Tatbestand genau besehen nicht nur einen Erfolg. Der Täter schafft durch seine Flucht zunächst den Erfolg des räumlichen Entferntseins; dieser bedingt dann (oder, beim Versuch, soll bedingen) den Zweiterfolg, daß am Unfallort die Feststellungen vereitelt werden. Diesen zweiten Erfolg kann der Unfallbeteiligte, dessen

---

[119] JZ 1954, S. 330; vgl. auch *Kohlrausch-Lange*, § 142, Anm. V; ähnlich *Maurach*, B. T., S. 717, der allerdings auf die Unfallverursachung als vorangegangenes Tun abstellt.

[120] Ausführlich in NJW 1966, S. 1001 ff.; vgl. ferner *Schönke-Schröder*, § 142, Rdn. 22 f.; *Schröder* haben sich angeschlossen: *Hoffmann*, NJW 1966, S. 2001; *Rupp*, JuS 1967, S. 163; im Ergebnis ebenso *Bindokat*, NJW 1966, S. 1906 f.; er lehnt eine Garantenpflicht aus vorangegangenem Tun aus folgendem Grunde ab: Bei § 142 — einem abstrakten Gefährdungsdelikt — stehe die Gefahr, daß die Ermittlungen erschwert werden, außerhalb des Tatbestandes, so daß ihre Nichtbeseitigung den Tatbestand nicht begründen könne.

[121] Vgl. NJW 1966, S. 1002 f.

Rückkehr noch Sinn hat, noch abwenden[122]. Insofern also würde die Rückkehrpflicht durchaus nicht den Befehl der Wiedergutmachung enthalten. Allerdings ist zweifelhaft, ob es bei einem gestuften Erfolgsdelikt genügt, wenn der Garant nur noch den Zweiterfolg abwenden kann. Wir sind der Frage schon beim Betrug begegnet, wo sie sich für die h. L. dahin stellt, ob ein Betrug durch Unterlassen auch dann vorliegt, wenn der Aufklärungspflichtige nicht mehr den (schon entstandenen) Irrtum, wohl aber die Verfügung verhindern kann. *Bockelmann* verneint das[123]. Aber dem hat gerade *Schröder* widersprochen. „Die hier vertretene Meinung" so lauten dort seine Worte, „führt nicht dazu, daß der Täter in diesen Fällen ... nicht nur zur Erfolgsabwendung, sondern zur Erfolgsbeseitigung verpflichtet wäre, denn nicht der Irrtum ist der den Unrechtsgehalt des § 263 bestimmende Erfolg, sondern die auf dem Irrtum beruhende schädigende Vermögensverfügung. Erfolgsabwendung im Sinne des unechten Unterlassungsdelikts ist bei § 263 daher nicht das Verhindern des Irrtums, sondern der Vornahme einer auf Irrtum beruhenden Verfügung"[124]. Nichts liegt, jedenfalls für *Schröder*, näher, als diese Betrachtung auf die Unfallflucht zu übertragen. Denn nicht die Entfernung vom Unfallort, sondern das Fruchtlosmachen der Feststellungsversuche bestimmt den Unrechtsgehalt des Deliktes.

Aber auf diese Frage kann es für *Schröder* nicht einmal ankommen. Denn man muß noch eine zweite strukturelle Besonderheit des § 142 StGB beachten, die die Unterscheidung zwischen Erfolgsverhinderung und Wiedergutmachung letztlich gegenstandslos macht. Die Unfallflucht ist ein Pflichtdelikt, d. h. nicht jeder handelt tatbestandsmäßig, der den verpönten Erfolg bewirkt, vielmehr kann Täter einer Unfallflucht nur der sonderpflichtige Unfallbeteiligte sein[125]. Es scheint nun so, daß die Pflichtdeliktstatbestände den Täter nicht nur per se in eine Garantenstellung i. S. der unechten Unterlassungsdelikte einweisen, sondern außerdem, was bisher wenig Beachtung gefunden hat, in vielen Fällen Garantenpflichten von besonderer Intensität schaffen derart, daß auch das Nichtwiederbeseitigen des bereits eingetretenen Erfolges tatbestandsmäßig ist. So ist es z. B. beim Pflichtdelikt der Untreue. Gerade *Schröder* betont, daß eine Nachteilszufügung auch „in einer unterlassenen Vermögensvermehrung"[126] liegen könne. Deshalb kann in *Schröders* oben wiedergegebenem Beispiel das Nichtwiederzusammensetzen der

---

[122] Vgl. auch *Maurach,* B. T., S. 717: „Entgegen *Schröder* ist der Schaden, den § 142 verhindern will, mit der Entfernung des Unfallbeteiligten von der Unfallstelle eben noch nicht endgültig eingetreten."

[123] Festschrift für Eb. Schmidt, S. 441 ff.

[124] *Schönke-Schröder,* § 263, Rdn. 35.

[125] Allgemein zum Begriff des Pflichtdeliktes *Roxin,* Täterschaft, S. 352 ff.; zur Fahrerflucht im besonderen S. 369 ff.; vgl. auch *Lange,* JZ 1959, S. 562, der § 142 „als eine Art relativen Sonderdelikts" bezeichnet.

[126] *Schönke-Schröder,* § 266, Rdn. 41.

Maschine eine Untreue sein, obwohl der Beschädigungszustand abgeschlossen ist und eine Sachbeschädigung durch Unterlassen ausscheidet.

Aber es gibt ein noch aufschlußreicheres gesetzliches Beispiel: die Aussetzung in der Alternativform des „Verlassens" (§ 221 Abs. 1, 2. Alt.). Dem Wortlaut nach beschreibt dort das Gesetz, ähnlich wie in § 142, den Vorgang, daß ein besonders Verantwortlicher sich von einem Ort entfernt, an dem er benötigt wird. Der verpönte Erfolg ist also in beiden Fällen derselbe: das räumliche Entferntsein des Täters vom Ort, an den ihn das Gesetz bindet. In dem an anderer Stelle ausführlich geschilderten Meinungsstreit um die Straflosigkeit bloßen Fernbleibens vertritt wiederum *Schröder* die denkbar weiteste Auffassung. Nach ihm ist jedenfalls auch strafbar, wer rechtmäßig seinen Schützling verlassen hat und nun, nach Wegfall der rechtfertigenden Voraussetzungen, nicht zu ihm zurückkehrt[127]. Das mag nun richtig sein oder nicht, zweifelhaft ist es jedenfalls nur wegen des gesetzlichen Wortlautes, nicht wegen des aus der allgemeinen Unterlassungsdogmatik stammenden Grundes, der *Schröder* im Falle der Fahrerflucht zum diametral entgegengesetzten Standpunkt geführt hat.

Wir kommen somit zu dem Ergebnis, daß die h. L. von ihren Voraussetzungen her die Entscheidungen der Judikatur gutheißen müßte, wie das z. B. *Lange* und *Maurach* auch tun. Dabei wäre nicht einmal erforderlich, ein vorangehendes Tun (Wegfahren) nachzuweisen. Denn unter der stillschweigenden Voraussetzung der h. L., daß die spezifische Begehungsweise der „Flucht" im Unterlassensfalle keine Bedeutung habe (ohne diese Prämisse könnte man die allgemeine Garantenlehre von vornherein nicht anwenden), ist die Unfallflucht nicht nur ein Pflicht-, sondern auch ein Garantendelikt: Wer überhaupt Täter sein kann, muß auch zurückkehren, gleichgültig, wie seine Abwesenheit entstanden ist. Das hätte etwa dann Bedeutung, wenn es am vorangegangenen Tun fehlen würde, weil der Unfallbeteiligte gegen seinen Willen von einem Dritten vom Unfallort entführt worden wäre.

C. *§ 142 als verhaltensgebundenes Delikt*

Aber die Voraussetzungen, von denen man im Schrifttum überwiegend ausgeht, treffen genausowenig zu wie die der Rechtsprechung. Die Fahrerflucht ist kein normales Begehungsdelikt, für das es genügen würde, in beliebiger Weise die Feststellungen zu vereiteln. § 142 StGB beschreibt eine spezifische Art der Vereitelung, das Sichentziehen durch Flucht. Dieser Gesetzesbegriff hat eine dem Interpreten unüberschreitbare Sinngrenze. Der strafrechtliche Vorwurf kann nur an ein Verhalten anknüpfen, durch das der Täter seinen Aufenthaltsort verändert; er muß sich fortbewegen, und dies natürlich mit der Wirkung, daß die Feststellungen erschwert werden. Deshalb genügt es nicht, wenn er lediglich nicht zurückkehrt, aber es genügt auch nicht, wenn

[127] Vgl. *Schönke-Schröder*, § 221, Rdn. 7, 7 a.

er sich von der Stelle fortbegibt, an der man ihn sowieso nicht fände, etwa wenn er, ohne den Unfall bemerkt zu haben, weitergefahren ist, irgendwo anhält und von dort nach Hause fährt. Die Unfallflucht ist also verhaltensgebunden[128]. Die an sich in jedem Falle gegebene Garantenstellung des Unfallbeteiligten (Pflichtdelikt) stellt wohl sein Unterlassen der Rückkehr einer begehungsneutralen aktiven Feststellungsvereitelung gleich, aber sie kann nicht das Fehlen der unverzichtbaren körperlichen Ortsveränderung ausgleichen.

Verdeutlichend ist wieder der Vergleich mit § 221 Abs. 1, 2. Alt. StGB. Dort hat der Gesetzgeber die Tat mit dem Begriff des „Verlassens" beschrieben. Das ist zwar auch kein ganz neutrales Wort, aber es ist doch farbloser als das „Sichentziehen durch Flucht". Man könnte deshalb dort vielleicht jene weitherzige Auslegung vertreten, die auf das dynamische Element der aktiven Ortsveränderung verzichtet; ja vielleicht könnte man sogar jedes vorsätzliche Nichthelfen genügen lassen. Dem entspräche dann bei § 142 StGB, daß der Strafe schon verfiele, wer sich am Unfallort nicht als unfallbeteiligt zu erkennen gibt. Es ist kennzeichnend, daß die Rechtsprechung des BGH[129], die wegen Verlassens hilfloser Personen auch den bloß fernbleibenden Garaten bestraft, im Schrifttum zwar auch bestritten ist, aber doch mehr Anhänger hat als die entsprechende Auffassung zur Unfallflucht[130].

Aber das sind müßige Überlegungen. Nach geltendem Recht ist es jedenfalls nicht bei der Fahrerflucht statthaft, den Fernbleibenden mit dem Wegfahrenden gleichzusetzen. Wenn das eine Strafbarkeitslücke ist, dann ist doch unter keinen Umständen die Rechtsprechung befugt, sie in rein teleologischem Vorgehen durch Umdeutung des Tatbestandes in ein echtes Unterlassungsdelikt oder ein begehungsneutrales Verursachungsdelikt zu schließen. „Die Berufung auf den Zweck des Gesetzes", sagt *Lange* mit Recht, „kann für sich allein niemals ausreichen. Sich damit begnügen, hieße den um der Rechtsstaatlichkeit willen notwendig ‚fragmentarischen Charakter' des Strafrechts ignorieren... Die in der Vertatbestandlichung liegende Typisierung des Unrechts bedeutet in erster Linie, daß aus dem Gesamtkomplex des gegen den Gesetzeszweck verstoßenen Handelns das sozial unerträglichste ausgewählt und nur dieses unter Strafe gestellt wird"[131]. Sind unsere Ergebnisse kriminalpolitisch nicht akzeptabel, dann muß der Gesetzgeber eingreifen, etwa in-

[128] Was nicht bedeutet, daß das Delikt nicht auch durch Unterlassen begangen werden könnte; z. B.: Der Fahrer hat es sich nach Betrachtung der Unfallfolgen auf seinen Rücksitzen bequem gemacht, um das weitere abzuwarten. Nunmehr setzt sich seine Frau ans Steuer und fährt los. Der schuldige Mann, im Grunde froh darüber, läßt es wortlos geschehen. Das wäre ein „Fliehen" trotz körperlicher Passivität. § 142 ist also ein unechtes Unterlassungsdelikt, kein echtes Begehungsdelikt.

[129] Vgl. BGH 21 47.

[130] Vgl. dazu oben S. 56—59.

[131] JZ 1954, S. 330.

dem er § 347 Abs. 3 E 1962, wo das Fernbleiben des Unfallbeteiligten ausdrücklich unter Strafe gestellt ist, zum Gesetz macht. Für die militärischen Straftaten der „eigenmächtigen Abwesenheit" (§ 15 WStG) und der „Fahnenflucht" (§ 16 WStG) ist er diesen Weg bereits gegangen. Dort ist neben dem „Verlassen" der Truppe auch das „Fernbleiben" strafbedroht.

Unser Gedankengang hat uns auf den Standpunkt einer Mindermeinung geführt. *Grünwald*[132] und *Roth—Stielow*[133] verweisen auf den Wortlaut des § 142 („durch Flucht") und sehen in der Praxis der Gerichte einen Verstoß gegen den Satz „nulla poena sine lege". Damit erfassen sie unmittelbar, ohne das begriffliche Rüstzeug unserer Deliktskategorien, die verhaltensgebundene Struktur der Fahrerflucht. Sie vermeiden die beiden denkbaren dogmatischen Konstruktionen, die die Verletzung des Analogieverbotes verdecken könnten; Freilich erwägen sie diese auch nicht, und so vermögen ihre nur auf den Wortlaut hinweisenden Ausführungen letzlich doch die Problematik nicht zu erschöpfen[134].

§ 7 DER GELTUNGSBEREICH DER GARANTENLEHRE BEI DEN VERHALTENSGEBUNDENEN DELIKTEN

I. Einleitung

Die Frage, ob die Garantenlehre bei den verhaltensgebundenen Delikten einen Geltungsraum hat, ist durch die Ergebnisse der bisherigen Überlegungen nur scheinbar verneint. Um das zu erklären, muß an die Ausführungen zu den echten Begehungsdelikten erinnert werden. Dort war gezeigt worden, daß bei tätigkeitsgebundenen Delikten die Unterlassensbegehbarkeit nur da mit Sicherheit ausscheidet, wo die Straftat nicht nur an menschliche Tätigkeit, sondern darüber hinaus an eigenhändige (höchstpersönliche) Ausführung gebunden ist[1]. Unser früheres Beispiel: Ein Irrenwärter hindert den Geisteskranken nicht an der Vornahme unzüchtiger Handlungen i. S. des § 176 Abs. 1, Nr. 1 StGB an einer Anstaltsgenossin. Hält man die überwiegende Ansicht, daß die Gewaltunzucht keine eigenhändige Begehung voraussetze, für richtig, dann ist die wahrscheinliche Lösung des Falles die, daß der Irrenwärter wegen seiner Garantenstellung mittelbarer (Unterlassungs-)Täter ist. Dies war oben mehr behauptet als bewiesen worden; jetzt läßt sich in größerem Zusammenhang Genaueres und Endgültiges sagen.

Zunächst einmal zeigt unser Beispiel, daß die Erscheinung des verhaltensgebundenen unechten Unterlassungsdeliktes mehr umfaßt, als es bisher schien. Solange wir nur die unmittelbare Täterschaft betrachteten, ließen sich nur

[132] ZStW 76, S. 2 f., 15 f.

[133] NJW 1963, S. 1188.

[134] Darauf weist zutreffend *Schröder* hin, vgl. NJW 1966, S. 1004, Anm. 30. — Den hier vertretenen Standpunkt teilt vollkommen *Schünemann*, a. a. O., S. 366 ff.

[1] Vgl. oben S. 15 f.

solche gesetzlichen Beispiele anführen, bei denen ein Unterlassender auch unmittelbarer Täter sein kann. So haben wir die Kuppelei, den Betrug, die Beleidigung und selbst die Fahrerflucht als Delikte kennengelernt, die durch Unterlassen unmittelbar begehbar sind (wiewohl eine etwaige Garantenpflicht des Untätigen dabei unmaßgeblich ist). Von der gewaltsamen Vornahme unzüchtiger Handlungen läßt sich nicht dasselbe sagen, denn es gibt keine unmittelbare Gewaltunzucht ohne aktives Tun. Aber natürlich ist auch ein solches Delikt verhaltensgebunden. Es ist sogar qualifiziert-verhaltensgebunden, nämlich tätigkeitsgebunden. Wenn nun der Begriff der mittelbaren Täterschaft eine Dimension eröffnet, in der auch Tätigkeitsdelikte durch Unterlassen verwirklicht werden können, dann muß insoweit der Unterschied zwischen schlichter (auch konkludentes Unterlassen umfassender) Verhaltens- und Tätigkeitsgebundenheit bedeutungslos werden. An seine Stelle tritt die Trennung zwischen eigenhändigen und fremdhändig begehbaren Delikten. Nur die letzteren stehen der mittelbaren Täterschaft überhaupt und damit auch der mittelbaren Unterlassenstäterschaft offen. Damit ist der weitere Gang der Untersuchung schon vorgezeichnet. Der Geltungsbereich des Garantenprinzips kann erst jenseits der eigenhändigen Delikte liegen. Diese sind definitionsgemäß nur höchstpersönlich und darum auch nicht durch Nichthindern anderer Menschen zu verwirklichen. Wohl sind einige von ihnen unechte Unterlassungsdelikte, nämlich unmittelbar durch Unterlassen begehbar, z. B. die Fahrerflucht und die homosexuelle Unzucht (vgl. § 175 Abs. 1 Nr. 1, 2. Alt. StGB). Aber daß insoweit das Garantenprinzip keine Rolle spielt, wurde ja schon gezeigt.

Die m. E. sehr verschiedenartigen Erscheinungsformen der Eigenhändigkeit habe ich an anderer Stelle ausführlich darzustellen versucht. Darauf muß grundsätzlich verwiesen werden[2]. Wir wollen hier nur in aller Kürze das praktisch wichtigste Kriterium skizzieren: Eigenhändig sind vor allem die „täterbezogenen" Delikte, d. h. diejenigen, deren Tatbestand ausdrücklich oder dem Sinne nach ein Einwirken auf den eigenen Körper oder die eigene Person oder ein Benutzen des eigenen Körpers als Mittel der Tat beschreibt („wer ... sich"). Täterbezogene Delikte bringen das Subjekt der Tat mit dem Objekt oder dem Tatmittel zur Deckung. So verbietet § 142 StGB unmittelbar nur (von der Verbotsausdehnung, die die §§ 48, 49 StGB bewirken, also abgesehen), *sich* bestimmten Feststellungen zu entziehen. Ein Unfallverursacher, der die Feststellung der Art seiner Beteiligung dadurch vereitelt, daß er seine Frau mit dem von Unfallspuren gezeichneten Wagen nach Hause schickt, ist darum nicht mittelbarer Täter einer Unfallflucht. Oder: Die (früher nach § 175 b StGB strafbare) Sodomie kann (mit)täterschaftlich nicht etwa dadurch verwirklicht werden, daß jemand für einen anderen das Tier festhält, an dem dieser sonst die beischlafähnlichen Handlungen nicht vornehmen könnte. Der eigentliche Akt bedarf des eigenkörperlichen Vollzugs,

[2] Vgl. ZStW 82, S. 896 ff.

weil das Sodomieverbot auf dem Gedanken des Frevels durch *Selbst*schändung beruht.

Das Garantenprinzip kann also für die verhaltensgebundenen Delikte höchstens insoweit Bedeutung haben, als sie fremdhändig begehbar sind. Daß es allerdings für diese im Randbereich der mittelbaren Täterschaft tatsächlich eine Rolle spielt, leuchtet nach den vorangegangenen Untersuchungen ohne weiteres ein. Denn es ist ja so: Die Garantenlehre hat ihren eigentlichen Geltungsraum bei den Verursachungsdelikten (wie etwa Tötung und Sachbeschädigung), weil diese Delikte nicht mehr als die farblose, modalitätsgleichgültige Erfolgsherbeiführung voraussetzen und die Garantenstellung deren Fehlen ausgleicht. Ist nun ein Delikt gebunden an ein bestimmt geartetes Verhalten — Betrug, Beleidigung —, so kann zwar die Garantenstellung nicht dieses Verhalten ersetzen; aber es bleibt doch immerhin denkbar, daß es der Tatbestand genügen läßt, wenn jemand in einer anderen Person das spezifische Verhalten herbeiführt. Bei denjenigen verhaltensgebundenen Delikten, die sich in mittelbarer Täterschaft verwirklichen lassen, ist das der Fall. Diese erweisen sich also in einem schmalen Sektor, oder besser: auf höherer Ebene, doch als Verursachungsdelikte. Ihre Tatbestände verlangen, daß jemand als Erfolg das beschriebene menschliche Verhalten herbeiführt. Der Täter kann das in eigener Person tun; dann allerdings muß er das Verhalten, das nicht nur ein Verursachen ist, an den Tag legen. Er kann es aber auch mittelbar, durch einen anderen Menschen tun; dann genügt das wie immer geartete, mit Tatherrschaft verbundene Bewirken, daß der andere das tatbestandsmäßige Verhalten ausübt. Wo aber begehungsneutrales Verursachen genügt, wird auch das Garantenprinzip wieder gültig. Wer entgegen seiner Garantenpflicht einen anderen Menschen nicht hindert, das rechtlich unerwünschte Verhalten zu verwirklichen, kann Täter des Tatbestandes sein, der dieses Verhalten (genauer: die Herbeiführung dieses Verhaltens) beschreibt. Dagegen kann der Unterlassende immer nur Teilnehmer sein, wenn das verhaltensgebundene Delikt ein eigenhändiges ist, weil bei diesem definitionsgemäß die Veranlassung eines anderen nicht genügt und eine Garantenstellung mehr als diese nicht ersetzen kann.

Wann aber ist bei einem fremdhändig begehbaren verhaltensgebundenen Delikt der Unterlassende Täter? In dieser Frage stecken zwei Probleme. Erstens gilt es, die Fälle der bloßen Teilnahme auszusondern. Denn daß ein unterlassender Garant sich der Teilnahme schuldig machen kann, ist selbstverständlich und nicht abhängig von der Struktur des Tatbestandes, dem die Haupttat unterfällt. Aber das Problem der Abgrenzung von Täterschaft und Teilnahme muß selbständig behandelt werden. Vorerst gehen wir davon aus, daß es unter den Unterlassensfällen jedenfalls auch solche der Täterschaft gibt und wählen als veranschaulichende Beispiele solche, in denen der Ausführende eine unterlegene Stellung einnimmt, die einen aktiv veranlassenden Hintermann zum mittelbaren Täter (und nicht zum Anstifter) machen würde. — Zweitens ist problematisch, welcher Art die Garantenstellung sein muß, die den Unterlassenden zum Täter machen kann. Keinesfalls darf man die anerkannten Grundsätze, die ja samt und sonders für normale Erfolgsverursachungsdelikte entwickelt worden sind, auf die verhaltensgebundenen Straftaten einfach übertragen. Denn hier geht es ja nicht um die Pflicht zur Abwendung eines isolierbaren Erfolgs, sondern um die zur Hinderung eines menschlichen Verhaltens. Dieses zweite Problem soll auf den folgenden Seiten im Vordergrund stehen.

II. Welche Garantenstellungen können Täterschaft begründen?

Als Beispiel eines verhaltensgebundenen, aber fremdhändig begehbaren Delikts wurde die Notzucht genannt. Man stelle sich nun den Fall vor, daß der unzurechnungsfähige U die F vergewaltigt im Beisein seines Aufsehers A, der die Tat leicht verhindern könnte. Hier scheinen mir die spezifisch unterlassungsdogmatischen Probleme nicht besonders schwierig. Die Sache liegt so: Die Garantenpflicht des A ist so beschaffen, daß er *sofort*, d. h. mit der Entstehung seines Nichthinderungsvorsatzes verantwortlich wird. Denn da er für die Gefahrquelle einzustehen hat, muß er diese verstopfen, d. h. er darf auch die Gefahr der Vergewaltigung gar nicht erst aufkommen lassen. Der U gehört zum Überwachungsbereich des A. Dieser muß jenen so zügeln, wie er seine eigene Person, die den Kernpunkt des eigenen Überwachungsbereiches bildet, zügeln muß. Hat also A die Gefahr der Tat bereits erkannt, bevor U den Entschluß faßte, dann war er aufgerufen, schon dem Entschluß vorzubeugen, und er ist darum zu behandeln wie ein Nichtgarant, der den U zur Notzucht veranlaßt hat. Entstand der Vorsatz des A erst nach dem Deliktsentschluß des U, dann steht A einem Menschen gleich, der dem U die Tat durch seine Hilfe ermöglicht hat. Unterstellt, der aktive Nichtgarant wäre in beiden Fällen Täter[3], dann ist auch A Täter. Denn seine Garantenstellung gleicht das Fehlen der Aktivität aus.

Entgegen einer neuerdings vordringenden Ansicht, die die mittelbare Täterschaft durch Unterlassen generell für undenkbar hält[4], sehe ich zumindest bei derartigen Konstellationen keinen durchschlagenden Grund, auf diesen Begriff zu verzichten. Das stets wiederkehrende Argument, jedes Unterlassen sei ein Nichteingreifen in ein unabhängig vom Täter abrollendes Geschehen und es bedeute deshalb strukturell keinen Unterschied, ob Naturgewalt oder Menschenhand das Geschehen erzeuge, ist nicht stichhaltig. Der Gedanke mag sein relatives Recht haben bei solchen Tatbeständen, die man auch durch Nichtabwenden von natürlichen Ereignissen erfüllen kann. Aber

[3] Das ist streitig; generell für Täterschaft des Hintermannes bei Benutzung Unzurechnungsfähiger wohl nur *Gallas*, Gutachten, S. 134 (= Beitrage, S. 98 f.); Sonderheft Athen, S. 15 (= Beiträge, S. 140); ausführlich zu diesen Fragen *Roxin*, Täterschaft, S. 233 ff.

[4] *Grünwald*, GA 1959, S. 122; Armin *Kaufmann*, Unterlassungsdelikte, S. 294; *Schönke-Schröder*, Rdn. 36 vor § 47; *Roxin*, Täterschaft, S. 471; *Jescheck*, Lehrbuch, S. 448; *Stratenwerth*, Lehrbuch, Rdn. 1132 ff.

so ist es bei verhaltensgebundenen Delikten ja nicht. Ein gewaltsamer Beischlaf fällt nicht vom Himmel. Er setzt allemal menschliches Verhalten voraus. Durch reines Unterlassen kann man verhaltensgebundene Delikte nur verwirklichen, indem man menschliches Verhalten nicht verhindert. Der Vergleich mit dem Nichthindern natürlichen Geschehens ist also von vornherein nicht möglich. Vielmehr kann man nur fragen, welcher Verwirklichungsform das Unterlassen ähnlicher sei, der aktiv-eigenhändigen Ausführung (unmittelbare Täterschaft) oder der aktiven Veranlassung bzw. Förderung eines menschlichen Werkzeugs (mittelbare Täterschaft). Richtig ist offenbar letzteres. In dem begrifflichen Streit um die Möglichkeit mittelbarer Täterschaft durch Unterlassen ist also die bejahende Meinung, die jüngst F. C. *Schroeder* noch einmal ausführlich begründet hat[5], grundsätzlich im Recht.

Schwieriger ist die Frage nach der Täterschaft des Beschützergaranten zu beantworten. Nehmen wir an, in dem im übrigen gleichbleibenden Sachverhalt sei A nicht der Überwacher des U, sondern der Ehemann der F. Ich meine, in diesem Fall ist die Täterschaft des A zu verneinen[6]. Denn seine Garantenposition ist hier nicht von der Art, daß man das Tun des U als aus A's Überwachungsbereich hervorgegangen, in einem weiteren Sinne also als A's eigenes Tun ansehen könnte. A ist nicht eigentlich aufgerufen, den U zurückzuhalten (wenngleich er dadurch natürlich seine Pflicht erfüllen kann), sondern seine Frau zu schützen, sie in Sicherheit zu bringen. Deshalb kann man dem A nicht die Tat des U, die Notzucht, als eigene Tat zurechnen, sondern lediglich die von dieser Tat ablösbaren Erfolge. Findet also die F unter den Händen des U den Tod, und hat A das kommen sehen und bewußt nicht verhindert, dann kann er wohl Täter der Tötung, nicht aber Täter der Notzucht sein. Denn hinsichtlich des Todes bedarf es nicht der Zurechnung fremden Verhaltens. Der Tod ist abtrennbar von seinem Verursacher. Ob die F zu ertrinken droht oder ob ein anderer Mensch sie umbringen will, die Garantenpflicht des A hat immer denselben Inhalt: Die F vor dem Tod zu bewahren.

Diese Unterscheidungen mögen befremdlich wirken, zumal sie aufdecken, daß die klassischen Garantenpflichten der Rechtsgutbeschützer (z. B. die Schutzpflichten der Eltern gegenüber ihren Kindern, der Ehegatten untereinander) in einem gewissen Sinne die schwächeren, zweitrangigen sind, weil sie bei verhaltensgebundenen Delikten Täterschaft nicht begründen können. Doch scheint die Differenzierung in der Sache selbst begründet zu liegen. Das wird noch deutlicher, wenn man einmal ein nicht eigenhändiges, verhaltensgebundenes Delikt betrachtet, bei dem eine konkrete Rechtsgutsverletzung

---

[5] Der Täter hinter dem Täter, S. 105 ff.; ebenfalls bejahend *Engelsing*, Eigenhändige Delikte, S. 42; *Mezger*, Lehrbuch, 2./3. Aufl., S. 420; *Mezger-Blei*, StudB I, S. 275; *Maurach*, A. T., S. 643; *Baumann*, Lehrbuch, S. 556; *Schmidhäuser*, Lehrbuch, 17/8.

[6] Eine andere, später zu beantwortende Frage ist, ob A Beihilfe zur Notzucht leistet.

nicht einzutreten braucht. Sieht ein Vater, wie seine Kinder mit Steinen nach ihren Spielkameraden werfen, so muß er ohne Frage schon gegen das gefährliche Werfen einschreiten. Tut er es nicht, so wird er als Gefahrquellengarant zum Täter des § 366 Nr. 7 StGB, genau wie ein fremder Erwachsener, der die Kinder zu diesem Spiel aufgefordert hat. Faßt man aber nun einen auf der anderen Seite stehenden Garanten ins Auge, etwa den Vater der gefährdeten Kinder, so leuchtet ein, daß dieser eigentlich nicht gegen das Werfen einschreiten, sondern nur Vorkehrungen zum Schutze seiner Schützlinge treffen muß. Er kann sie z. B. hinter eine Mauer führen. Unterläßt er das, so kann er wohl zum Täter von Körperverletzungen, aber nicht des Steinewerfens werden. Denn es wäre ungereimt, ihm mehr zuzurechnen, als er zu verhindern hatte.

Mir scheint, daß es sich hier um eine bei allen verhaltensgebundenen Straftaten, die in mittelbarer Täterschaft begehbar sind, anzutreffende Gesetzmäßigkeit handelt. Nehmen wir unsere Ausgangsbeispiele, Kuppelei und Betrug. Die Kuppelei ist, wie die Notzucht, verhaltensgebunden[7], aber nicht eigenhändiger Natur. Es genügt, mit Tatherrschaft das gewährende, verschaffende oder vermittelnde Verhalten durch eine andere Person ausführen zu lassen. Geht der Eigentümer nicht gegen jugendliche Einbrecher vor, die in seinem Wochenendhaus Unzucht treiben, so ist er, da er nichts „gewährt“, kein Kuppler. Wohl aber verstößt er durch Unterlassen gegen § 180 StGB, wenn er geschehen läßt, daß sein 10jähriger Sohn einen schwunghaften Handel durch Vermieten des Hauses an Liebespaare treibt. Dabei wäre nicht einmal entscheidend, daß ihm das vermietete Objekt gehört. Es genügt, daß sein Sohn anderen Gelegenheit verschafft. Denn was dieser tut, geht aus seiner Sphäre hervor und ist ihm als Täter zuzurechnen; „Eltern haften für ihre Kinder“. Dagegen sind die Beschützergaranten, etwa die Eltern der minderjährigen Tochter, die sich die Gelegenheit zur Unzucht gewähren läßt, nicht Kuppeleitäter. Denn sie sind nicht verantwortlich für das kupplerische Treiben des Minderjährigen, sondern für das sittliche Wohl ihrer Tochter. Solange ihre Versäumnisse nicht das Maß einer gröblichen Vernachlässigung ihrer Erziehungspflichten erreichen (vgl. § 170 d StGB), sind sie strafrechtlich unerheblich. Keinesfalls kann man den Eltern vorwerfen, sie hätten ihrer Tochter die Gelegenheit zur Unzucht gewährt.

Entsprechend liegt es beim Betrug. Wer lediglich einen Irrtum nicht verhindert, kann niemals Täter des § 263 StGB sein, weil er nicht täuscht. Liegt dagegen eine Täuschung vor, so ist sie nicht immer nur dem zuzurechnen, der sie eigenhändig verwirklicht hat. Es täuscht auch, wer tatbeherrschend die täuschende Erklärung eines anderen hervorruft oder aus dem eigenen Überwachungsbereich herausgehen läßt. Wenn also etwa ein Vater beobachtet, wie

[7] Kuppelei und Betrug sind jedoch, im Gegensatz zur Notzucht, tätigkeitsunabhängig. Sie lassen sich auch in unmittelbarer Täterschaft durch Unterlassen verwirklichen, sind also aus doppeltem Grunde unechte Unterlassungsdelikte.

sein 12jähriger Sprößling seinen Freund beim Briefmarkentauschen betrügt, und dagegen vorsätzlich und in Bereicherungsabsicht nicht einschreitet, dann ist er Täter nach § 263 StGB. Dagegen leistet der Prokurist, der zusieht, wie Geschäftspartner seinen Chef betrügen, höchstens Beihilfe, mag er auch in Bereicherungsabsicht („oder einem Dritten") untätig geblieben sein. Täter kann er nur hinsichtlich eines vom täuschenden Verhalten ablösbaren Erfolges sein, d. h. hier: in Frage kommt eine Täterschaft nach § 266 StGB wegen des nicht vermiedenen Vermögenschadens. Denn ein Vermögensfürsorgepflichtiger ist nicht verantwortlich schon für das täuschende Verhalten fremder Leute, sondern erst für die daraus resultierenden Folgen.

Mit dem vorstehend entwickelten Gedankengang wurde eine bislang kaum berührte Frage behandelt. Selbst in gründlichen Monographien über das unechte Unterlassungsdelikt findet sich keine Erörterung unseres Problems. Das kann allerdings auch nicht wundernehmen, da ja die Dogmatik des verhaltensgebundenen Delikts im ganzen noch in den ersten Anfängen steckt. Eine weiterführende und konkretisierende Diskussion bleibt darum für die Zukunft abzuwarten. In der gegenwärtigen Literatur bin ich nur auf zwei Stellen gestoßen, die hier angeführt werden können.

Einmal hat sich *Roxin* die Frage vorgelegt, aus welchen Strafbestimmungen sich ein — von ihm als dogmatisch eigenständig angesehener — „Garantengebots-" oder „Unterlassungstatbestand" nicht herauslösen lasse. Er nimmt das u. a. für die eigenhändigen Delikte an und schreibt in diesem Zusammenhang: „Zu beachten ist, daß die Fälle ausgeschlossener Unterlassungstäterschaft strikt auf die eigenhändigen Delikte zu beschränken sind und nicht etwa auf alle Tätigkeitsdelikte oder Sittlichkeitsverbrechen ausgedehnt werden sollten. Das folgt aus denselben Erwägungen, die uns oben zur Anerkennung mittelbarer Täterschaft bei derartigen Tatbeständen bewogen haben. Wenn etwa ein Irrenwärter es duldet, daß sein Schützling sich an einer Frau ... vergeht, so ist er wegen Nichtabwendung des tatbestandlichen Erfolges als Unterlassungstäter ... zu bestrafen"[8].

Das entspricht unserer Ansicht. Freilich läßt sich aus *Roxins* beiläufiger Bemerkung nicht entnehmen, ob er die Unterlassungstäterschaft auf Überwachungsgaranten beschränken will. Seine weitgehende Ablehnung der Teilnahme durch Unterlassen[9] macht das Gegenteil wahrscheinlicher.

Die entgegengesetzte Position nimmt *Bockelmann* ein. Er gesteht zwar zu, daß die Tätigkeitsdelikte[10], soweit es sich nicht um eigenhändige handele, in mittelbarer Täterschaft begangen werden könnten. „Aber daraus folgt nicht", sagt er sodann, „daß in solchen Fällen die ‚Begehung' des Tätigkeitsdeliktes

[8] Täterschaft, S. 480.

[9] Vgl. Täterschaft, § 28 (S. 476 ff.).

[10] Mit dieser Kategorie erfaßt *Bockelmann* allerdings nur einen Ausschnitt aus dem Komplex der verhaltensgebundenen Delikte.

in der bloßen *Verursachung* einer Tatbestandsverwirklichung bestehe, der die Nichthinderung der Tatbestandsverwirklichung gleichstünde. Vielmehr muß der ‚Hintermann', um zum mittelbaren Täter zu werden, *Tatherrschaft* haben. Diese gewinnt er nur dadurch, daß er den ‚Vordermann' als Werkzeug in seinen Dienst nimmt, d. h. sein Verhalten lenkt, regiert, wenigstens veranlaßt — d. h. aber: eine Tätigkeit entfaltet. Das bloße Geschehenlassen begründet keine Tatherrschaft — weil es dem Vordermann die eigene Tatherrschaft nicht nimmt"[11].

Das läuft auf die vollständige Leugnung der Möglichkeit von Unterlassungstäterschaft bei Tätigkeitsdelikten hinaus[12], eine Behauptung, der wir nicht zustimmen können. Sie ist aber auch, an *Bockelmanns* eigenen Voraussetzungen gemessen, nicht schlüssig. Denn wenn man zugrunde legt, daß das Tatherrschaftserfordernis auch für den Unterlassungstäter gilt (was höchst streitig ist), dann kann man doch jedenfalls an den mittelbaren Täter insoweit keine höheren Anforderungen stellen als an den unmittelbaren. Das bedeutet: Wer wie *Bockelmann* die unmittelbare Unterlassungstäterschaft anerkennt, läßt für sie die Überlegenheit des denk- und handlungsfähigen Menschen über die Naturkausalität genügen. Ein „Lenken", „Regieren", „Veranlassen" des Kausalprozesses soll hier nicht erforderlich sein. Vielmehr soll die Garantenstellung bewirken, daß der Untätige angesehen wird wie einer, der den Kausalverlauf aktiv angestoßen hat. Dann aber kann nichts anderes gelten, wenn ein menschlicher Kausalfaktor in den Geschehensablauf einverwoben ist. Es darf auch in diesem Fall nur gefragt werden, ob der Unterlassende dann Täter gewesen wäre, wenn er den Ausführenden zu seiner Tat schlicht veranlaßt oder ihm dabei entscheidend geholfen hätte. Täterschaft durch Unterlassen bei fremdhändig begehbaren Tätigkeitsdelikten muß also auch für *Bockelmann* zumindest dann möglich sein, wenn der Garant die Tat durch ein ihm im Sinne der Tatherrschaft unterlegenes Werkzeug ausführen läßt. Denn bei einem solchen Menschen, einem Kind oder Geisteskranken etwa, würde jeder nur denkbare aktive Anstoß genügen, den Hintermann zum mittelbaren Täter zu machen. Daran fehlt es im Falle bloßer Nichthinderung zwar, aber *dieses* Manko vermag die Garantenstellung auszugleichen.

Fassen wir unsere bisherigen Ergebnisse, die wir für das verhaltensgebundene Delikt gewonnen haben, in wenigen Sätzen zusammen, so ergibt sich folgendes Bild:

Die Garantendogmatik hat für die verhaltensgebundenen Straftaten grundsätzlich keine Bedeutung. Das trifft nicht nur für die tätigkeitsgebundenen (Notzucht, Meineid) zu. Auch die durch Unterlassen in unmittelbarer

---

[11] Niederschriften, 12. Band, S. 478, Fußnote 9.

[12] Noch weiter geht *Schmidhäuser*, Lehrbuch, 16/68, der lediglich im „Auslegungstatbestand" der „engeren Erfolgsdelikte" (die weder „eine besondere Begehungsweise" noch „besondere, durch Willensverwirklichung zu erreichende Ziele" voraussetzen) ein „Garantenunterlassungsdelikt" enthalten sieht.

Täterschaft begehbaren, z. B. Kuppelei und Beleidigung, lassen sich unmittelbar verwirklichen nur durch ein konkludentes Unterlassen, über dessen Tatbestandsmäßigkeit nicht die Garantenpflicht entscheidet. Soweit jedoch ein verhaltensgebundenes Delikt in mittelbarer Täterschaft begehbar ist (Beispiele: Notzucht und Kuppelei), gewinnt das Garantenprinzip einen schmalen Anwendungsbereich zurück. Man kann bei solchen Tatbeständen jedenfalls dadurch mittelbarer Täter werden, daß man ein unterlegenes menschliches Werkzeug entgegen einer Garantenpflicht nicht hindert, das tatbestandsspezifische Verhalten auszuüben. Allerdings begründen nur Überwachungs-, nicht Beschützerpflichten die Täterschaft. Dies deshalb, weil nur im ersteren Falle die gesamte Tat dem Garanten, als aus seiner Verantwortungssphäre hervorgegangen, zugerechnet werden kann.

Eine Unterart der verhaltensgebundenen Delikte sind die eigenhändigen. Soweit sie körperliche Aktivität voraussetzen — Meineid, Landstreicherei —, fallen sie aus dem Rahmen der unechten Unterlassungsdelikte überhaupt heraus (echte Begehungs- oder Handlungsdelikte). Soweit sie durch Unterlassen begehbar sind (Beleidigung, Fahrerflucht, homosexuelle Unzucht), gehören sie zwar zu den unechten Unterlassungsdelikten, bleiben aber der Garantenlehre genau wie die echten Handlungsdelikte völlig verschlossen[13].

III. Zur gesetzlichen Regelung des Unterlassens bei verhaltensgebundenen Delikten

Die Schöpfer des kommenden Strafgesetzbuches haben die Sonderstellung der verhaltensgebundenen Delikte nicht völlig übersehen. In der Begründung zu § 13 E 1962 heißt es: „Zur Strafbarkeit einer Unterlassungstat gehört neben der aus der Garantenstellung fließenden Erfolgsabwendungspflicht ferner, daß das Verhalten des Unterlassenden ‚den Umständen nach der Verwirklichung des gesetzlichen Tatbestandes durch ein Tun gleichwertig ist'. Dieses Erfordernis beruht auf dem Gedanken, daß das Unrecht der besonderen Tatbestände nicht nur durch die der Tat innewohnende Rechtsgutverletzung und den hierdurch herbeigeführten Erfolg geprägt ist, sondern auch durch die Eigenart der nach dem Tatbestand vorausgesetzten Tathandlung." § 13 StGB 1973 verlangt aus denselben Erwägungen für das „Begehen durch Unterlassen" neben der Erfolgsabwendungspflicht ebenfalls, daß „das Unterlassen der Verwirklichung des gesetzlichen Tatbestandes durch ein Tun entspricht".

Wir haben schon bei der Behandlung der Kuppelei durch Unterlassen gesehen, welcher grundsätzliche Fehler in dieser Regelung steckt: Tatbestände, die eine über die neutrale Erfolgsbewirkung hinausgehende spezifische Begehungsweise voraussetzen, bleiben von der Garantendogmatik (fast) vollständig unberührt. Soweit sie überhaupt durch Unterlassen begehbar sind, ist die „Gleichwertigkeit", das „Entsprechen", also das Zutreffen der tatbestandlichen Verhaltensbeschreibung auf das Unterlassen, nicht ein Erfor-

[13] Zum ganzen vgl. die veranschaulichende Systemskizze auf S. 129.

dernis, welches zur Garantenstellung hinzukommen müßte, sondern überhaupt das einzige. Eine Vorschrift über die unechten Unterlassungsdelikte muß darum so gefaßt sein, daß die verhaltensgebundenen gar nicht erst in ihren Geltungsbereich geraten. Die Regelung darf sich nur auf den schmalen Sektor der mittelbaren Täterschaft erstrecken, den wir vorhin kennengelernt haben, und auch insoweit nur in beschränktem Umfang, weil hier nicht alle Garantenstellungen täterschaftsbegründende Kraft haben.

Aussagen über das strafbare Unterlassen bei verhaltensgebundenen Delikten gehören in den Besonderen Teil, und dort nur ausnahmsweise ins Gesetz, regelmäßig vielmehr in die Kommentierung. Die Frage, die man bei jedem Tatbestand gesondert stellen muß, ist, ob dieses konkrete Unterlassen den Sinn und die Bedeutung eines „Gewährens", „Vermittelns", „Erklärens", „Mißachtens", „Fliehens" usw. hat. Es ist dies die Frage nach der *unmittelbaren* Tatbestandsmäßigkeit von Unterlassungen — cum grano salis, denn natürlich muß jede strafbare Unterlassung unmittelbar einem Tatbestand unterfallen. Ob jemand durch Unterlassen gewährt, erklärt oder Mißachtung äußert, das ist prinzipiell keine andere und keine schwierigere Frage als die nach dem Bedeutungsgehalt des entsprechenden Tuns. Allgemeine Regeln lassen sich für die eine sowenig aufstellen wie für die andere.

Nun muß man freilich den Erkenntnisstand berücksichtigen, den Rechtsprechung und Wissenschaft bis heute erreicht haben. Man kann zur Zeit und auch in der näheren Zukunft kaum davon ausgehen, daß das verhaltensgebundene Delikt die ihm zukommende, sachgerechte Behandlung erfährt. Man wird Unterlassensfälle, das lehrt die im großen und ganzen auch von der Dogmatik anerkannte Judikatur zum Betrug und zur Kuppelei, weiterhin mit dem Garantenprinzip zu bewältigen suchen, was im praktischen Ergebnis auf eine ungesetzliche Strafausdehnung hinausläuft. Hinzu kommt, daß auch der Kundige die verhaltensgebundene Struktur eines Tatbestandes übersehen kann. Daß z. B. das Merkmal des „Täuschens" mehr verlangt als bloße Irrtumsverursachung, wird erst im extremen Fall evident und der steht normalerweise nicht zur Entscheidung. Es ist deshalb aus beiden Gründen ratsam, den Richter zur bewußten Prüfung der jeweiligen Tatbeschreibung anzuhalten, damit er nicht vorschnell und sachwidrig die Garantenpflichtregeln anwende. Eine dahinzielende Bestimmung kann natürlich nur ohnehin Feststehendes verdeutlichen und wird von einem Pleonasmus nicht weit entfernt sein. Als selbständiger Absatz dem Paragraphen über das „Begehen durch Unterlassen" an- oder eingefügt, könnte sie etwa lauten:

> Soweit die Tatbestandsverwirklichung von einem besonders gearteten Verhalten abhängt, ist auch ein Unterlassen nur tatbestandsmäßig, wenn sich in ihm ein solches Verhalten unmittelbar ausdrückt.

Hinzufügen könnte man die Klarstellung, daß die Garantenpflichtgrundsätze insoweit (d. h. für die unmittelbare Täterschaft) ohne Bedeutung sind.

§ 8 REINE BEWIRKUNGSDELIKTE

I. Einleitung

Mit den verhaltensgebundenen Delikten ist die letzte und wichtigste Gruppe der Tatbestände ausgesondert, für die das Garantenprinzip keine oder doch nur sehr beschränkte Geltung beanspruchen kann. Gewissermaßen im Subtraktionsverfahren ergibt sich nunmehr sein legitimer Anwendungsbereich. Es gilt, wenn der zu untersuchende Tatbestand (primär) ein aktives Tun beschreibt (also kein echtes Unterlassungsdelikt ist), jedoch auch durch Unterlassen verwirklicht werden kann (also ein unechtes Unterlassungsdelikt, kein reines Handlungsdelikt ist), nicht schon vom Gesetzgeber auf Garanten beschränkt (kein Garantendelikt) ist, und endlich an die Begehungsweise keine besonderen Anforderungen gestellt sind (d. h. kein verhaltensgebundenes Delikt vorliegt).

Wir haben solche Tatbestände bisher meistens, der geläufigsten Bezeichnung folgend, Verursachungsdelikte genannt. Aber das ist keine verbindliche Terminologie. Sie ist sogar bedenklich, weil sie dem Mißverständnis Vorschub leistet, man werde bei derartigen Straftaten schon durch die bloße Erfolgsverursachung zum Täter. Täterschaft setzt indes mehr voraus, nämlich, wie wir meinen, Tatherrschaft. Um dies terminologisch wenigstens anzudeuten, wird hier die Benennung „reine Bewirkungsdelikte" vorgeschlagen.

Zur konkreteren Bestimmung ihres Erscheinungsbereiches wird in den beiden letzten Paragraphen des Ersten Teils noch einiges auszuführen sein. An dieser Stelle geht es zunächst darum, eine für sämtliche Bewirkungsdelikte grundlegende Vorfrage zu beantworten.

Eine Lehre wie die unsrige, die nur bei den verhaltensgebundenen, nicht aber bei den Bewirkungsdelikten die Unterlassungstäterschaft auf „konkludentes" Unterlassen beschränken will, muß den Vorwurf der Inkonsequenz fürchten. Die bisherigen Darlegungen haben, wie ich glaube, zwar bewiesen, daß die Unterlassungstäterschaft bei verhaltensgebundenen Delikten nicht — auch nicht unter anderem — durch die Garantenstellung bestimmt wird. Die Einwände können nun aber von der anderen Seite kommen und in die entgegengesetzte Richtung zielen. Warum, so könnte man fragen, gilt für die Bewirkungsdelikte nicht dasselbe? Gibt es nicht auch bei ihnen das Phänomen des konkludenten Unterlassens und muß, wenn dem so ist, nicht auch hier die Unterlassungstäterschaft auf solche Unterlassensfälle beschränkt werden? Wir werden sehen, daß diese Frage in der Tat ein stark vernachlässigtes Forschungsgebiet berührt[1]. Doch wollen wir dieses jetzt noch nicht betreten. An dieser Stelle ist die Auseinandersetzung mit der Lehre vorrangig, die den von uns für die verhaltensgebundenen Delikte eingeschlagenen Weg scheinbar konsequent weitergeht und so die Garantentheorie völlig verwerfen zu müssen glaubt.

---

[1] Vgl. dazu unten § 23.

II. Die Lehre Hellmuth Mayers

Hellmuth *Mayer* — um seine Theorie geht es — wird zunächst den verhaltensgebundenen Delikten wie kaum ein zweiter gerecht. Er nennt sie „Verbrechen mit bestimmt beschriebener Tätigkeit"[2] und schreibt über sie: Bei ihnen werde „die scheinbare Untätigkeit von der Tätigkeitsbeschreibung deutlich und bestimmt erfaßt. So verschafft z. B. zweifellos auch derjenige Gelegenheit zur Unzucht . . ., welcher einen Raum . . . dem unzüchtigen Treiben zur Verfügung stellt. Dies tut er normalerweise einfach dadurch, daß er dieses Treiben nicht hindert"[3]. Auch begehe „zweifellos . . . selbst Unzucht, wer unzüchtige Handlungen an seinem Körper nur duldet"[4]. Zum Betrug erfahren wir: „In Wahrheit verlangt der Tatbestand ein Vorspiegeln falscher Tatsachen oder eine Unterdrückung von Tatsachen, welche zwar sehr wohl durch beredtes Schweigen begangen werden können, keinesfalls aber durch bloßes pflichtwidriges Schweigen, welches als Erklärung nicht aufgefaßt werden soll und nicht aufgepaßt wird"[5].

Diese zutreffenden Erkenntnisse glaubt *Mayer* verallgemeinern zu können, denn er schreibt nun, unmittelbar anschließend: „Auch bei den tatbildmäßigen Verbrechen löst sich das Problem der unechten Unterlassung mit Hilfe des teleologisch verstandenen Lebenssprachgebrauches ohne Schwierigkeiten"[6]. Das wird ausführlich an anderer Stelle begründet: „Die körperliche Untätigkeit ist . . . im Rechtssinn als echtes Tun, Begehung, Kommission aufzufassen, wenn diese unechte Unterlassung das gleiche Maß rechtsfeindlicher Willensenergie verlangt, wie die positive Tätigkeit. So muß die Kindsmutter, welche ihr Kind durch Verweigerung von Nahrung und Pflege tötet, mindestens die gleiche Energie aufbringen, als wenn sie das Kind ertränken würde. Nicht etwa wird eine echte Unterlassung, aus irgendwelchen Rechtsgründen, nur gleichgestellt, vielmehr ist sie im Rechtssinn echtes Tun. Darum hat die Rechtssprache von vornherein derartige unechte Unterlassungen in die Tatbestandsbeschreibungen einbezogen . . . Inwieweit derartige Unterlassungen unter das Vorstellungsbild fallen, welches durch die Tatbestandsbeschreibung ausgedrückt wird, darüber entscheidet der natürliche Sprachgebrauch"[7]. Die nächstliegende Einwendung, die dieser Gedankengang auf sich zieht, nimmt *Mayer* vorweg: „Es könnte allerdings sein, daß die Kindsmutter, welche ihr Kind durch Nahrungsverweigerung tötet, daß der Arzt, der die Operation abbricht, daß der Streckenwärter, der vorsätzlich das Hindernis auf den Schienen liegen läßt, so verhärtet wären, daß sie den in jedem natür-

[2] Lehrbuch, S. 151.

[3] Lehrbuch, S. 151 f.

[4] Lehrbuch, S. 152.

[5] Lehrbuch, S. 152.

[6] Offenbar bedeuten die „tatbildmäßigen Verbrechen", die im Gegensatz zu den „Verbrechen mit bestimmt beschriebener Tätigkeit" stehen, dasselbe wie unsere „Bewirkungsdelikte".

[7] Lehrbuch, S. 113.

lich empfindenden Menschen auftauchenden Willensimpuls zu helfen, gar nicht unterdrücken müßten." *Mayers* Replik: „Doch eine solche Einstellung ist ja gerade erst recht als aktive Auflehnung gegen den Allgemeinwillen zu bewerten"[8].

Soweit Hellmuth *Mayer*. Seine Lehre berührt grundsätzliche Probleme, insbesondere die fundamentale Frage der Unterlassungsdogmatik, ob Handeln und Unterlassen in Garantenstellung einem gemeinsamen Oberbegriff unterfallen und sich ein und demselben Deliktstatbestand subsumieren lassen. Dies in Angriff zu nehmen, ist hier noch nicht der Ort. Vielmehr wollen wir unsere Einwände aus der unüberprüften dogmatischen Position von Hellmuth *Mayer* heraus vortragen, die er mit diesen Worten begründet hat: „Wenn es wirklich so wäre (daß die Begehungstatbestände sich zunächst nur auf ‚positives' kausales Tun beziehen[9]), so entfiele vermöge des verfassungsrechtlichen Analogieverbotes von vornherein die Möglichkeit, die unechte Unterlassung zu bestrafen. Denn darüber sollte man doch ernstlich nicht streiten, daß die Strafbarkeit auch der unechten Unterlassung auf jeden Fall auf den Wortlaut der einzelnen Strafbestimmungen gegründet werden muß, oder diesem doch jedenfalls nicht widersprechen darf"[10].

III. Kritik

Diese Sätze sind, wie später zu zeigen, uneingeschränkt richtig, aber es ist zu bestreiten, daß sie Hellmuth *Mayers* „Wortlauttheorie" rechtfertigen. Die Lehre ist aus zwei Hauptgründen unrichtig.

1. Den ersten liefert *Mayers* Schlüsselbegriff des „natürlichen Sprachgebrauchs". Mit diesem glaubt *Mayer* — zu Recht — vereinbaren zu können, daß die Mutter, die ihr Kind, der Chirurg, der den Patienten sterben läßt, und der Streckenwärter, der das Zugunglück nicht verhindert, in jedem Falle als Unterlassungstäter bestraft werden. Ihre Untätigkeit soll, einerlei, ob sie Rettungsimpulse unterdrücken mußten oder nicht, „als aktive Auflehnung gegen den Allgemeinwillen zu bewerten" sein.

Was demgegenüber eine recht verstandene Garantentheorie behauptet, ist nun jedoch nichts grundsätzlich anderes. Auch die will kein Unterlassen bestrafen, das außerhalb des möglichen Wortsinnes der gesetzlichen Tatbeschreibung liegt, und sie „bewertet", indem sie eine Garantenstellung bejaht, das Unterlassen wie eine „aktive Auflehnung" gegen die Norm. Im Gegensatz zu H. *Mayer* hält sie es allerdings nicht für möglich, aus dem Gesetzeswortlaut für die Bestimmung und Begrenzung der Garantenpositionen nennenswerte Schlüsse zu ziehen.

Und darin hat sie recht. Ein Begriff wie etwa der des „Tötens", der ja gerade keine besonderen Begehungsmodalitäten voraussetzt, ist im vorrecht-

---

[8] Lehrbuch, S. 113.
[9] Die eingeklammerten Worte finden sich in Studienbuch, S. 75 oben.
[10] Studienbuch, S. 75, Fußnote 4.

lich-sozialen Raum, dem des „Lebenssprachgebrauchs“, bei weitem zu unklar konturiert, als daß der Gesetzesinterpret sich schlicht auf diesen beziehen könnte. Wohl kann man positiv sagen, daß ein Mensch, der allein und mit eigener Hand einen anderen umbringt, daß die berühmte Mutter, die ihr Kind verhungern läßt, unter allen Umständen auch im Rechtssinne „Tötende“ sein müssen. „Die Gesetze (sind) nicht ... in einer Kunstsprache, sondern in der gemeinsamen Sprache, die innerhalb eines Sprachraums ‚jedermann‘ versteht, abgefaßt ..., eben damit möglichst jeder sich nach ihnen richten, aus ihnen unterrichten kann“[11]. Den „Kern“ des Rechtsbegriffs muß darum der allgemeine Sprachgebrauch aufzeigen.

Die „Ränder“ aber, und das verkennt H. *Mayer,* sind „unscharf“. Hier kann die Klärung des Wortsinnes immer nur die Grenze der Auslegung ergeben, jenseits derer die — im Strafrecht nur sehr beschränkt mögliche — Rechtsfortbildung beginnt. Den Tötungsbegriff begrenzt im Lebenssprachgebrauch wohl erst die Unfähigkeit des Unterlassenden, das Leben zu retten. Man denke nur an die Bedeutung, die dieses Wort im Fünften Gebot und in der christlichen Ethik hat. Auch eine noch so weite Ausdehnung der Garantenpflichten setzt sich mit dem möglichen Wortsinn eines Bewirkungsdeliktes nicht in Widerspruch.

Die Hilfe, die die Beachtung der Umgangssprache dem Deuter des Gesetzes zu leisten vermag, ist also hier, anders als bei den verhaltensgebundenen Delikten, äußerst dürftig. Zwei konzentrischen Kreisen vergleichbar, stellt der vorwissenschaftliche Sprachgebrauch lediglich klar, was der Rechtsbegriff mindestens umfassen muß und was er keinesfalls umfassen darf. Die Probleme befinden sich aber ohnehin sämtlich außerhalb des inneren und innerhalb des äußeren Kreises. Die Leistungsfähigkeit der „Richtlinie“[12], die H. *Mayer* der Auslegung bieten zu können glaubt, ist also gerade da erschöpft, wo sie überhaupt erst benötigt wird. Es gibt darum gar keinen anderen methodischen Weg als den der Garantenlehre, den Begriff des Unterlassungstäters dort, wo er zweifelhaft ist, zu formen und verbindlich festzulegen. „Das ist“, mit *Roxin* zu sprechen, „... bei allen Rechtsbegriffen (so), die für die Anwendung brauchbar sein sollen: An den ‚Rändern‘ handelt es sich um gesetzliche, richterliche oder wissenschaftliche Begriffs‚bildungen‘, die sich nie als bloße Abbildung außer-rechtlicher Vorformungen, sondern stets als Produkt des wissenschaftlich gestaltenden Geistes darstellen und keine unmittelbare Entsprechung im Raum der vorgegebenen sozialen Strukturen aufweisen“[13].

Es ist auch nicht zutreffend, daß sich die von *Mayer* „vorgetragene Lehre ... im Besonderen Teil verifizieren“[14] lasse. Wer glaubt, in der Feder des

---

[11] *Larenz,* Methodenlehre, S. 301.
[12] Vgl. Studienbuch, S. 82.
[13] Täterschaft, S. 23.
[14] Studienbuch, S. 82.

Kommentators würden die allgemeinen Kriterien, die dem Systematiker nichts nützen, plötzlich leistungsfähig[15], der übersieht, daß auch der Kommentator *abstrakte* Begriffe präzisieren muß. Bleibt die Frage, wann ein Unterlassender im Rechtssinne einen Erfolg bewirkt, unbeantwortet, dann löst sich auch nicht das speziellere Problem des § 212 StGB, wann ein Unterlassen als Todesbewirkung zu bewerten ist. Die Ratlosigkeit, die auf der höheren Abstraktionsebene herrscht, kehrt auf der niedrigeren zwangsläufig wieder. Das verraten übrigens *Mayers* eigene Ausführungen. So bildet er den Fall, daß eine Großmutter ihr Enkelkind vorsätzlich erfrieren läßt. Obwohl es sich hier doch nun um Tötung, um eine Frage des Besonderen Teils also handelt, ist er keineswegs in der Lage, wenigstens insoweit die unverzichtbare allgemeingültige Antwort zu geben, die allein Rechtssicherheit verbürgt. Es soll darauf ankommen, ob die Großmutter etwas unterläßt, „was jeder andere an ihrer Stelle getan hätte“, und ob sie dort nicht hilft, „wo die Hilfe selbstverständlich erwartet und leicht zu leisten war“[16].

In Wahrheit also verweist H. *Mayer* die Probleme des unechten Unterlassungsdeliktes nicht in den Besonderen Teil, sondern in das wertende Ermessen des Richters, der den konkreten Fall entscheiden muß. „Daß es mit Hilfe der Garantentheorie nicht gelingen will, die Tatbestände bestimmt zu umschreiben, also dem Postulat der gesetzlichen Bestimmtheit der Tatbestände zu genügen“[17], dies ist, wie wir nun mit voller Deutlichkeit sehen, ein Vorwurf, der sich mit weit größerer Berechtigung gegen H. *Mayers* eigene Lehre kehrt. Denn sie überläßt nahezu alles dem Ermessen des Rechtsanwendenden und verweigert ihm die Hilfe der Tatbestandskonkretisierung und -präzisierung, die er mit Fug und Recht von der Wissenschaft erwartet. H. *Mayers* Dogmatik hört auf, wo die eigentliche Aufgabe, die der Rechtswissenschaft gestellt ist, erst einsetzt. „Es gilt gerade“, sagt *Rudolphi* zutreffend, „über eine bloße Kasuistik hinauszugelangen und die ... richtungsweisenden Wertgesichtspunkte anhand der Vielzahl der sozialen Erscheinungsformen des unechten Unterlassens, aber auch der dem Gesetz zu entnehmenden Wertungen derart zu konkretisieren, daß man einerseits die Unterschiede in der Regelungsmaterie soweit als möglich mit in den Begriff aufnimmt, andererseits aber auch versucht, durch Bildung von Fallgruppen feste und nachprüfbare Obersätze zu gewinnen“[18].

2. Der zweite Fehlgriff, der H. *Mayer* vorzuwerfen ist, ist seine Formel der „gleichwertigen verbrecherischen Willensenergie“, mit deren Hilfe er dem natürlichen Wortlaut eine zusätzliche Präzisierung zuteil werden lassen will. Freilich soll dabei nicht ausschließlich auf einen psychischen Realsach-

---

[15] So anscheinend H. *Mayer*; vgl. Studienbuch, S. 81: „Zuletzt hat hier immer der Kommentator und nicht der Systematiker das Wort.“

[16] Lehrbuch, S. 153.

[17] Studienbuch, S. 80.

[18] Gleichstellungsproblematik, S. 71 f.

verhalt abzustellen sein. Vielmehr soll es folgendermaßen liegen: Täter des Begehungsdeliktes wird der Unterlassende entweder, wenn „er seinen Willen anstrengen muß, um untätig zu bleiben“, oder wenn „jeder anständige, an seiner Stelle stehende andere Mensch eine solche Willensanstrengung aufbringen mußte, um untätig zu bleiben“[19]. Aber ist das durchführbar? Sinnvollerweise darf H. *Mayer* doch nur mit der geringstmöglichen Willensenergie vergleichen, die für die aktive Tat schon ausreichen kann[20]. Man denke sich nun, daß es dem Passanten, der auf einen Verblutenden trifft, schwerer fällt, seinen spontanen Hilfeleistungsimpuls zu unterdrücken, als dem abgebrühten Berufsverbrecher zuvor die aktive Untat gefallen war. Und muß man nicht ganz allgemein sagen, daß ein *anständiger* Mensch immer mehr Willensenergie aufbringen muß, ein leicht zu rettendes Menschenleben verlöschen zu lassen, als die abgestumpfte menschliche Bestie, die keinerlei seelische Hemmungen mehr überwinden muß, zum aktiven Töten benötigt? So erweist sich die Formel, die nach H. *Mayers* Vorstellung strafeinschränkend wirken sollte, als uferlos strafausdehnend, wenn man sie folgerichtig anwendet.

Nun kann man H. *Mayer* allerdings auch so verstehen, daß er nur Entsprechendes vergleichen will. Im konkreten Fall wäre dann etwa zu fragen, ob jemand, der einen ihm nahestehenden Menschen ertrinken läßt, dazu soviel rechtsfeindliche Willensenergie aufwenden muß (oder als anständiger Mensch aufwenden müßte), wie wenn er selber einen fremden Menschen mit Tötungsabsicht ins Wasser stieße. Aber auch dieser Ansatz würde in die Irre führen. Denn man kann die Unterlassungstäterschaft etwa einer Großmutter, die ihr kleines Enkelkind nicht aus der Wanne zieht, keinesfalls schon mit der Begründung verneinen, dies sei ihr wesentlich leichter gefallen, als wenn sie ein anderes Kind hätte ertränken wollen. Das liefe wieder auf das verbreitete Vorurteil hinaus, ein Begriff wie der des „Tötens“ erfasse „im Grunde“ nur aktives Tun und eine Unterlassung müsse sich deshalb als „verkappte Aktivität“ ausweisen, um tatbestandsmäßig zu sein. Tatsächlich ist es aber so, daß viele Unterlassungen an Gewicht und krimineller Energie hinter den vergleichbaren Handlungen zurückbleiben und trotzdem im Tötungsbegriff, wenn auch weiter außen, „am Rande“, Platz finden müssen[21].

Den wohl einzigen bedeutenden Versuch, den H. *Mayers*, die Dogmatik des unechten Unterlassungsdelikts vom „konkludenten Unterlassen“ her aufzubauen, müssen wir also mit der ganz herrschenden Meinung als gescheitert ansehen. Sowenig es angeht, alle Tatbestände über den Leisten des Bewirkungsdeliktes und des dort gültigen Garantenprinzips zu schlagen, so sachwidrig ist auch das umgekehrte Verfahren, die auf die verhaltensgebundenen

---

[19] Lehrbuch, S. 152.

[20] Anscheinend will er das auch; vgl. Studienbuch, S. 81, Fußnote 16: „Jedes Tun erfordert ein Mindestmaß an Willensenergie, das Nichttun möglicherweise gar keine“.

[21] Vgl. dazu unten § 13.

Delikte zutreffenden Einsichten absolut zu setzen und sie auch den Bewirkungsdelikten aufzuzwingen. Rückblickend läßt sich das mit wenigen Sätzen nachweisen:

Es ist gerade das Wesen des begehungsneutralen Bewirkungsdeliktes, daß es *keine* einschränkenden Anforderungen an die Art und Weise der Erfolgsherbeiführung enthält. Anders als bei den verhaltensgebundenen Verbrechen kann darum hier die Auslegung kaum je die weiten Grenzen überschreiten, die ihr der mögliche Wortsinn zieht. Daß ein Nichtzurückkehren kein „Fliehen", ein bloßes Nichtaufklären kein „Täuschen" sein kann, das kann man mit Sicherheit sagen. Aber es steht nicht in jedem Falle fest, daß auch ein bloßes Unterlassen der Lebensrettung kein „Töten" ist. Zwar werden wir noch sehen, daß es auch eine Art von „konkludenter" Erfolgsbewirkung durch Unterlassen gibt. Aber nur sie als tatbestandsmäßig anzusehen, wäre offenbar zu eng. Nicht einmal den so eindeutigen Fall, daß eine Mutter ihr Kind nicht rettet, könnte man sonst einem Begehungstatbestand subsumieren. Deshalb muß bei den Bewirkungsdelikten ein anderes Kriterium die Strafbarkeit von Unterlassungen bestimmen. Dies kann im Prinzip nur die besondere soziale Verantwortungsstellung des Untätigen — eben die Garantenpflicht — sein.

§ 9 DIE TEILNAHME

Gewöhnlich faßt man die Verhaltensbeschreibungen in den §§ 48, 49 StGB nicht als eigenständige Tatbestände auf; man sieht in ihnen vielmehr unselbständige Abwandlungen des Hauptdelikts, an das sich die Teilnahme im konkreten Fall jeweils anlehnt. Inwieweit diese Betrachtungsweise der dogmatisch-strukturellen Beschaffenheit der Teilnahmetatbestände gerecht wird, soll hier nicht grundsätzlich erörtert werden[1]. Denn im Blick auf die Frage, ob und wie man durch Unterlassen teilnehmen kann, interessieren an den §§ 48, 49 StGB allein die Tätigkeitsbeschreibungen, und insoweit ist es sicher richtig, Anstiftung und Beihilfe vom Hauptdelikt abzuheben. So muß, wer Beihilfe zur Beleidigung leistet, nicht etwa selber Mißachtung ausdrücken, oder der Gehilfe des Betrügers etwas Falsches erklären. Bei jedem Delikt genügt ein in beliebigem Begehungsstadium durch Rat oder Tat geleisteter Beistand. Dieser hat zwar aus faktischen Gründen von Haupttat zu Haupttat ein wechselndes typisches Aussehen, wird aber nie so spezifisch, daß es zutreffend sein könnte, etwa zwischen begehungsneutraler Bewirkungsbeihilfe zur Tötung und verhaltensgebundener Kuppeleibeihilfe zu unterscheiden. Noch deutlicher wird der Anstiftungstatbestand im Prinzip stets auf gleiche Weise verwirklicht, weil es immer um die geistige Beeinflussung eines Menschen zum Zwecke der Erzeugung eines Handlungsentschlusses geht. Man kann also sagen, daß wir unter unserer speziellen Fragestellung berechtigt sind, „die" Beihilfe, und „die" Anstiftung, beide gelöst von den Haupttaten,

---

[1] Vgl. dazu meinen Aufsatz über „Anstiftung und Beihilfe als Straftatbestände" in GA 1971, S. 1 ff.

zu würdigen, weil insoweit unbeschränkt der Grundsatz der tatbestandlichen Eigenständigkeit gilt.

I. Die Beihilfe

Heute wird die Beihilfe durch Unterlassen überwiegend als Problem der Abgrenzung zur Täterschaft behandelt. Ohne Frage liegen hier auch die größeren Schwierigkeiten, auf die wir ausführlich zu sprechen kommen müssen. In diesem ersten Teil unserer Arbeit geht es jedoch immer nur um die Grundfrage, ob ein bestimmter Tatbestand seiner Struktur nach überhaupt durch Unterlassen begehbar ist und den Garantenregeln offensteht. Diese Frage und einige verwandte Probleme werden uns auf den folgenden Seiten beschäftigen. Soweit wir dabei die Möglichkeit einer Beihilfe durch Unterlassen bejahen, muß immer der Vorbehalt gemacht werden, daß eine später zu entwickelnde spezielle Dogmatik zu Täterschaft und Teilnahme durch Unterlassen die Ergebnisse verschieben kann. Vorweggreifend betonen wir aber, daß uns die in neuerer Zeit von *Grünwald*[2] und Armin *Kaufmann*[3] vorgetragenen Gründe für die generelle Ablehnung der Konstruktion einer Beihilfe durch Unterlassen nicht durchschlagend erscheinen. Sie haben übrigens auch in der sonstigen Literatur nicht zu überzeugen vermocht. Daß die Beihilfe durch Unterlassen von der Täterschaft jedenfalls nicht vollständig verdrängt wird, daß sie zumindest bei einigen besonders gearteten Haupttatbeständen denkbar ist, steht dort außer Streit.

A. Die Beihilfe als reines Bewirkungsdelikt

Alle Anhänger dieser Lehre tun aber noch einen zweiten Schritt, indem sie nämlich das Kriterium der Garantenpflicht entscheiden lassen, ob ein Unterlassender überhaupt Gehilfe eines anderen sein kann. Soll diese — meistens für selbstverständlich gehaltene — Annahme unserer Nachprüfung standhalten, dann muß sich die Beihilfe nicht nur als unechtes Unterlassungsdelikt, sondern im besonderen als Bewirkungsdelikt erweisen. Und dieser Nachweis ist in der Tat schnell geführt. Das „Leisten" von Hilfe ist offenbar die Beschreibung eines begehungsneutralen Tuns. Es genügt das wie immer geartete Verursachen von Hilfe. Die nähere Kennzeichnung „durch Rat oder Tat" hat demgegenüber nicht den Sinn, aus den Hilfeverursachungen spezifische Verhaltensweisen herauszuschneiden, um die Tatbestandsmäßigkeit auf diese zu beschränken, so, wie in § 263 StGB von den Irrtumsverursachungen nur die aufgrund falschen Erklärens tatbestandsmäßig sind. Es handelt sich vielmehr im Gegenteil um den verdeutlichenden Hinweis, daß *jede* Art von Beistand verboten ist. Viel Sinn hat das freilich nicht, weshalb die Schöpfer des zukünftigen Allgemeinen Teils (vgl. dort § 27) gut daran getan haben, den Zusatz wegzulassen. Der Charakter eines neutralen Bewirkungsdeliktes wird dadurch noch deutlicher.

---

[2] GA 1959, S. 110 ff.; Dissertation, S. 97 ff.

[3] Unterlassungsdelikte, S. 291 ff.

Es ist also der weite, farblose Begriff des Hilfeleistens, der § 49 StGB zum Bewirkungsdelikt macht und die grundsätzliche Berechtigung der Figur der Beihilfe durch garantenpflichtwidriges Unterlassen begründet. In anderer Hinsicht werfen aber diese Tatbeschreibung sowie die oben dargelegte tatbestandliche Eigenständigkeit der Beihilfe Zweifelsfragen auf.

B. Ist das Nichthindern der Haupttat auch ein Nichtverhindern von Hilfe?

Die Beihilfe hat im Begriff der „Hilfe" ihren eigenen, von demjenigen des Hauptdeliktes streng zu scheidenden Erfolg. Hier stellt sich nun die Frage, ob diese Einsicht nicht auch auf die Beihilfe durch Unterlassen insofern ein neues Licht wirft, als sie logischerweise nur dann vorliegen kann, wenn ein Garant den Eintritt des *Hilfe*erfolges nicht hindert, nicht aber allgemein immer schon, wenn er gegen die Verwirklichung der Haupttat und *deren* Erfolg nicht einschreitet. Wäre dieser Ansatz richtig, so täten sich weitere Zweifel auf: Wann überhaupt kann man von einem Hilfeerfolg sprechen, der einem lediglich nicht behinderten Straftäter zuteil geworden ist? Und: Wer hat im sozialen Leben eine Garantenstellung derart inne, daß er schon die Hilfe verhindern muß und nicht erst den schädlichen Enderfolg der Straftat?

Man kann diese Schwierigkeiten recht gut am bekannten Beispiel des Nachtwächters, der den Einbrecher gewähren läßt, veranschaulichen. Wenn man hier allgemein einen vom Nachtwächter täterschaftlich begangenen Diebstahl verneinen zu müssen glaubt[4], dann bleibt als Anknüpfungsmöglichkeit nur die Beihilfe zum Diebstahl, die denn auch in Fällen dieser Art fast unbestritten bejaht wird[5]. Doch muß nicht auch diese Konstruktion scheitern? Denn zwar hat der Wächter dem Einbrecher nichts in den Weg gelegt, aber er hat ihm doch keine Erleichterung geschenkt, weil erleichternde Faktoren, die er hätte zerstören können, nicht vorhanden waren. Der Einbrecher hatte ja, ganz auf sich gestellt, mit nichts als Hindernissen zu kämpfen. Jedoch selbst angenommen, man könnte die Untätigkeit des Aufpassers als Nichtabwendung von Hilfe werten: Müßte man nicht trotzdem auf Strafe verzichten, weil ein Nachtwächter als Garant nur unmittelbar das Eigentum seines Arbeitgebers schützen muß (gegen Zerstörung und Wegnahme z. B.),

---

[4] So *Roxin,* Täterschaft, S. 481 f.; ähnlich *Jescheck,* Niederschriften Bd. 12, S. 97, und Lehrbuch, S. 451; mit etwas abweichender Begründung auch *Schönke-Schröder,* Rdn. 108 vor § 47; Eb. *Schmidt,* Niederschriften Bd. 12, S. 97.

[5] Vgl. die in der vorigen Fußnote Genannten a. a. O.; ferner E 1962, S. 126; *Hardwig,* JZ 1965, S. 670 und 1967, S. 87 f.; sogar *Grünwald* will beim Diebstahl die „Beteiligung durch Unterlassen" wieder den Beihilferegeln unterwerfen (vgl. GA 1959, S. 118 f.), und Armin *Kaufmann* sieht es aus praktischen Gründen immerhin als vertretbar an, „... mehr schlecht als recht auch weiterhin mit dem unpassenden Lückenbüßer der Beihilfe durch Unterlassen zum Diebstahl" zu arbeiten (Unterlassungsdelikte, S. 229 f.), obwohl dogmatisch eine täterschaftliche Sachentziehung durch Unterlassen vorliege (S. 298 f.).

aber nicht schon Erleichterungen zu verhüten hat, die der Delinquent auf dem Angriffswege zum Rechtsgut findet[6]?

Das würde nicht etwa bedeuten, daß Beihilfe durch Unterlassen nun doch undenkbar wäre. Sie läge beim Diebstahl auf jeden Fall vor, wenn dem Dieb ein Geschehnis aus der Überwachungssphäre eines Garanten positive Hilfe brächte, wenn also beispielsweise ein Vater seinen ahnungslosen Zehnjährigen nicht hinderte, dem Einbrecher Schmiere zu stehen oder ihm einen Nachschlüssel zu feilen[7]. Aber die kriminalpolitische Wirksamkeit der Figur wäre doch sehr geschmälert, wenn man nach nicht unterbundenen positiven Förderungsfaktoren immer erst Ausschau halten müßte und obendrein die Beihilfe durch Unterlassen auf Gefahrquellen-Garanten beschränkt wäre.

Der Ansatzpunkt dieser Bedenken läßt sich m. E. nicht ausräumen. Mit dem nulla-poena-Gebot befindet man sich nur im Einklang, wenn dem Untätigen das Nichtverhindern echter „Hilfe“ zur Last fällt und seine Garantenpflicht gerade auch auf das Verhindern dieser Hilfe gerichtet ist. Die Bedenken selber sind indes letztlich unbegründet.

Was das erste anlangt, muß man die Dinge so sehen: Die konkrete Deliktsverwirklichung auch eines Einzeltäters ist nur denkbar als Zusammenspiel von teils hemmenden, teils helfenden Faktoren. So ist die Fensterscheibe, die der Einbrecher eindrückt, zwar ein Hindernis. Es ist aber zugleich eine Hilfe für ihn, daß hier eine Stelle geringeren Widerstandes das Einsteigen möglich macht. Das Gewicht der Beute, die er heimlich wegtragen will, erschwert seine Arbeit. Daß sie aber überhaupt greifbar daliegt und nicht unzugänglich verschlossen oder bewacht, erleichtert sie wiederum. Wenn also jemand die gefährliche Auswirkung der dem Täter dienlichen Umstände nicht vermeidet, dann kann man durchaus sagen, er habe Hilfe eintreten lassen.

Es deutet sich damit schon an, warum auch das zweite Bedenken entfällt. Wenn es dem Täter eine Hilfe ist, daß das Rechtsgut nicht oder unzulänglich beschützt wird, dann läßt der gerade zum Schutz des Gutes berufene Garant, der die Verletzung nicht verhütet, notwendig zugleich unverhindert, daß sich die in den äußeren Umständen bereit liegende Hilfe realisiert. Anders gewendet: Die Pflicht, ein Objekt vor menschlichen Angriffen zu schützen, ist ihrem Wesen nach Pflicht, Hilfe zu verhindern.

C. *Die unterlassene Taterschwerung als Beihilfe?*

Wir müssen wohl nicht eigens betonen, daß u. E. auch das Nicht*erschweren* der Haupttat ein Nichtverhindern von Hilfe sein kann. Denn auch derjenige, der keine Hemmnisse errichtet, unterläßt es, die Auswirkung der taterleichternden Faktoren zu verhüten und so die Hilfe wenigstens teilweise zu ent-

---

[6] Ähnliche Überlegungen sind es u. a., die Armin *Kaufmann* zur Aufgabe der „Beihilfe durch Unterlassen“ veranlaßt haben (Unterlassungsdelikte, S. 298).

[7] Diese Konstellationen übersieht *Kaufmann*, a. a. O., S. 298.

ziehen. Ein Garant muß also nicht die Möglichkeit der totalen Erfolgsabwendung haben. Es genügt für die Beihilfe, wenn er die Tat erschweren könnte und das nicht tut. Die Parallele zum aktiven Tun liegt auf der Hand. Das Unterlassen der Erfolgsabwendung entspricht jener qualifizierten Hilfe, die den Erfolg verursacht, das Nichterschweren entspricht der aktiven Erleichterung, auf die der Täter auch hätte verzichten können. Zwar führt der Unterlassende nichts herbei, weder die ursächliche Hilfe noch die bloße Erleichterung, aber das auszugleichen ist ja die Garantenstellung da.

Diese Ansicht, die zunächst nur die Konsequenz unserer Aussagen zur Eigenständigkeit der Teilnahmedelikte und zum Hilfebegriff ist, stimmt voll überein mit der ständigen Rechtsprechung. „Für die Beihilfe durch tätiges Handeln", meint das RG, „ist nicht Tatbestandsmerkmal, daß die Gehilfentätigkeit für den strafrechtlichen Erfolg der Handlung des Haupttäters ursächlich ist, es reicht aus, daß sie die Handlung fördert oder erleichtert, die den Straftatbestand verwirklichen soll ... Ebenso ist es bei der Beihilfe durch Unterlassen nicht erforderlich, daß durch das pflichtmäßige Einschreiten die Tat unter allen Umständen verhindert werden kann, vielmehr genügt es, daß der Gehilfe in der Lage ist, ihre Vollendung durch seine Tätigkeit zu erschweren"[8]. Die Nachkriegsjudikatur hat diesen Standpunkt beibehalten[9].

Im Schrifttum indes sind in jüngerer Zeit Gegenstimmen laut geworden. *Grünwald*[10], Armin *Kaufmann*[11] und — ihnen folgend — *Roxin*[12] verwerfen die Rechtsprechung mit zwei Argumenten; beide halten jedoch nicht Stich.

1. *Kaufmann* spricht von „grotesken Ergebnissen", „die bei folgerichtiger Anwendung der Prinzipien über die Beihilfe zur Begehung unvermeidbar" seien. „Der Fabrikwächter, der vor der Übermacht der Räuber entflieht, unterläßt es, sich fesseln zu lassen und dadurch den Räubern ihre Tätigkeit zu erschweren! Ist er bereits gefesselt, so muß er den — wenn auch völlig aussichtslosen — Versuch unternehmen, durch Ausmalen der Tatfolgen die Täter von ihrem Tun abzubringen; usw."[13]. Aber dieses argumentum ad absurdum zieht nicht, weil es nur scheinbare Konsequenzen aufzeigt. Wenn man durch Unterlassen von Taterschwerung Beihilfe begehen kann, so folgt daraus nicht, daß Garanten auch wider alle Vernunft stets jede erdenkbare Erschwerung liefern müßten. Vielmehr ist es so: Gehilfe kann nur sein, wer Hilfe leistet. Das gilt für aktives Erleichtern wie passives Nichterschweren. Ein Tun, das zum Zwecke des Objektschutzes — ex ante betrachtet — schlechthin aussichts- und sinnlos erscheint, ist auch rechtlich ohne Interesse.

---

[8] RG 71 178; fast wörtlich ebenso RG 73 54.

[9] Vgl. BGH in NJW 1953, S. 1838; OLG Hamm in VRS 15, 288.

[10] GA 1959, Fußnote 21 auf S. 118.

[11] Unterlassungsdelikte, S. 293.

[12] Täterschaft, S. 489.

[13] a. a. O., S. 293; *Roxin*, a. a. O., S. 489, macht sich die Argumentation zu eigen.

Das Unterlassen solchen Tuns kann, wenn es dem Täter ein Stück Mehrarbeit erspart, zwar ein Nichterschweren sein. Eine Hilfe i. S. des § 49 StGB aber ist es nicht, und das ist entscheidend.

2. Durchgreifend wäre also nur der Nachweis, daß bloße Taterschwerungen *immer* sinnlos seien. Darauf zielt denn auch das zweite Argument der Gegenmeinung. „Das Recht", sagt *Grünwald*, „hat keinen Anlaß, ein nutzloses Eingreifen zu verlangen"[14]. Aber in diesem Satz steckt das, was zu beweisen wäre, als bloße Behauptung. Und der Beweis ist nicht zu führen. Aus der im nachhinein feststellbaren Wirkungslosigkeit eines Tuns kann man nicht auf dessen Nutzlosigkeit schließen, jedenfalls nicht von dem Standpunkt aus, den das Recht einnehmen muß. Das Recht hat sehr wohl Anlaß zu gebieten, daß der Nachtwächter, der den Einbruch beobachtet, in jedem Fall die Polizei alarmiert oder eine andere, in diesem Zeitpunkt aussichtsreich erscheinende Maßnahme ergreift. Tut er es nicht, so kann ihm vor Gericht unmöglich zum Freispruch verhelfen, daß die Einbrecher mitsamt der Beute vielleicht doch entkommen wären, was sich selten mit Sicherheit verneinen ließe. Daß sich hier Strafbarkeitslücken auftäten, ist offenkundig. Die Anwendung der Versuchsregeln[15] könnte sie nicht schließen, weil die versuchte Beihilfe straflos ist.

Wäre der Satz von *Grünwald* zutreffend, dann müßte er, entsprechend umgeformt, auch auf aktiven Beistand anwendbar sein. Aber das ist er ganz offenbar nicht. Man kann den „Schmieresteher" nicht straflos lassen, weil sich nachträglich herausstellt, daß ohne ihn alles genauso gelaufen wäre. Das Gesetz verbietet eben jede Hilfeleistung, d. h. es untersagt jedem, aktiven Beistand zu leisten, und jedem Garanten, aussichtsreiche Taterschwerungen zu unterlassen. Ein Unterschied besteht freilich: Aktiver Beistand kann auch dann tatbestandsmäßig sein, wenn seine Unschädlichkeit schon im Begehungszeitpunkt feststeht (Anreichen des Tatwerkzeugs), das Unterlassen von Erschwerungsbemühungen nur, wenn der Garant, ex ante betrachtet, eine Hinderungschance hat. Aber das erklärt sich zwanglos aus dem Hilfebegriff, dem aktives Tun in beschränktem Umfang schon wegen seiner bloßen Tendenz unterfallen kann; einen Grund, die Entsprechung zwischen der aktiven Erleichterung und dem Nichterschweren der Haupttat nun überhaupt zu leugnen, liefert diese Abweichung nicht.

Die vorstehende Argumentation gilt voll und ganz auch gegenüber *Schmidhäuser*, der sich neuerdings ebenfalls für die hier verworfene Ansicht ausgesprochen hat[16]. Daß der Garant „nicht dem Haupttäter das Vergnügen

---

[14] GA 1959, S. 118, Fußnote 21; ebenso *Roxin*, a. a. O.

[15] Vgl. *Kaufmann*, a. a. O.: Sei nicht sicher feststellbar, ob das Eingreifen des Garanten die Tatvollendung verhindert hätte, und habe der Garant die Hinderung immerhin für möglich gehalten, dann habe er lediglich „unterlassen, die Erfolgsabwendung zu *versuchen*"; vgl. auch *Grünwald*, a. a. O.: Hier liegt „in Wirklichkeit eben ein Versuch der Beteiligung durch Unterlassen" vor.

[16] Lehrbuch, 17/13, 19.

an der Tat verringern oder eine gegen die Begehung von Straftaten gerichtete Haltung demonstrieren soll", ist richtig, aber unmaßgeblich, weil das Gebot der Taterschwerung nicht diesen Sinn hat, sondern dem Zwecke dient, das bedrohte Rechtsgut zu erhalten.

II. Die Anstiftung

Die Beihilfe ist als Bewirkungsdelikt durch Unterlassen begehbar, und über die Tatbestandsmäßigkeit eines Unterlassens entscheiden die Garantenregeln. Gilt das entsprechend für die Anstiftung?

Der Stand der Ansichten ist dieser: Eine Mindermeinung bejaht die Möglichkeit von Anstiftung durch Unterlassen[17]. Die herrschende Lehre lehnt das mit unterschiedlichen Argumenten ab[18]. Gerichtliche Stellungnahmen sind, soweit ersichtlich, nicht vorhanden.

A. Die Verneinung der „Anstiftung durch Unterlassen" in der Literatur

Den Hauptgrund, aus dem Armin *Kaufmann* und — im Anschluß an ihn — *Welzel* im Ergebnis der herrschenden Meinung folgen, wollen wir hier nur kurz kritisieren. Daß die Teilnahme durch Unterlassen neben der Unterlassenstäterschaft nirgendwo Platz haben könne, ist eine doktrinäre Behauptung, die der Sache Gewalt antut. Dort, wo das nicht mehr verborgen bleiben kann, nämlich bei den „reinen Aktverbrechen" (etwa Blutschande), relativiert *Kaufmann* seine Lehre denn auch durch die seltsame Vorstellung, hier sei zwar „dogmatisch" genausowenig eine Teilnahme durch Unterlassen denkbar, aber aus kriminalpolitischen Gründen dürfe man garantenpflichtwidriges Nichtverhindern dieser Taten als Teilnahme bezeichnen und bestrafen[19]. Das heißt aber doch: Man kann das Unterlassen den Teilnahmevorschriften zwar nicht subsumieren, es wohl aber nach diesen bestrafen — ein offenkundig unannehmbarer Satz. Mit Recht hat auch *Roxin* der *Kaufmann*schen Lehre entgegengehalten: „Wenn es unmöglich ist, mit dogmatischen Mitteln einen gesetzlichen Strafgrund aufzufinden, so kann angesichts des nulla-poena-Grundsatzes das kriminalpolitische Bedürfnis die Gesetzeslücke nicht ausfüllen"[20].

---

[17] *Maurach*, A. T., S. 684; *Mezger*, in LK, § 48, Anm. 2 e; ausführlich *Schmidhäuser*, Lehrbuch, 17/11 f., der auch die Maßgeblichkeit der Garantenregeln hervorhebt.

[18] Vgl. *Baumann*, Lehrbuch, S. 574, und JuS 1963, S. 130; *Gallas*, Niederschriften, 12. Band, S. 80, und JZ 1960, S. 687, Anm. 64; *Grünwald*, GA 1959, S. 122, und Diss., S. 122; *Jescheck*, Lehrbuch, S. 459; Armin *Kaufmann*, Unterlassungsdelikte, S. 292; H. *Mayer*, Lehrbuch, S. 321; *Roxin*, Täterschaft, S. 484; *Schönke-Schröder*, § 48; Rdn. 5; *Welzel*, Lehrbuch, S. 222; *Lackner-Maassen*, StGB, vor § 47, Anm. 3 b, bb (Anstiftung durch Unterlassen sei „mindestens i. d. R. rechtlich ausgeschlossen").

[19] Unterlassungsdelikte, S. 300.

[20] Täterschaft, S. 495.

Warum speziell die Anstiftung, im Gegensatz zur Beihilfe, nicht durch Unterlassen verwirklicht werden können soll, wird im wesentlichen auf drei Wegen zu begründen versucht. Unter ihnen verdient einer wiederum nur eine knappe Würdigung, weil er sich sofort als Sackgasse erweist. *Baumann* hält den „Hinweis" für genügend, „daß durch Nichthandeln ein Entschluß nicht hervorgerufen, sondern allenfalls im Entstehen nicht gehindert wird"[21]. So sieht es auch *Grünwald*: „Da die Anstiftung das Hervorrufen eines Tatentschlusses ist, ist es offensichtlich, daß es eine ‚Anstiftung durch Unterlassen' nicht geben kann. Es geht nicht an, es dem Hervorrufen der Tatentschlossenheit etwa gleichzusetzen, daß die Entschlußfassung nicht verhindert wird"[22]. So darf man natürlich nicht argumentieren, will man nicht das Fundament zerstören, auf dem die Bestrafung allen unechten Unterlassens ruht. Denn es geht ja immer um die Gleichbehandlung von Nichthindern und Hervorrufen. Wenn sie bei der Anstiftung nicht möglich ist, weil jenes diesem in keinem Falle gleichsteht, dann müßte beispielsweise auch die Tötung durch Unterlassen an der Einsicht scheitern, „daß durch Nichthandeln ein Todeserfolg nicht hervorgerufen, sondern allenfalls in seinem Entstehen nicht gehindert wird".

Mehr Gewicht haben die beiden anderen Überlegungen:

1. Ist die Anstiftung verhaltensgebunden?

Die erste stammt hauptsächlich von H. *Mayer*. „Anstiftung" sagt er, „ist geistige Beeinflussung welche vom Täter verstanden werden soll"[23]. „Wer nur eine äußere Situation schafft, welche als wirksame Versuchung den Täter zu Fall bringt, ist noch nicht Anstifter. Auch wer nur pflichtwidrig einen anderen von einer Tat nicht abhält, ist deswegen noch kein Anstifter"[24]. Diese Lehre hat in neuerer Zeit zunehmend Anklang gefunden. Für *Jescheck* ist „eine Anstiftung durch Unterlassen rechtlich nicht möglich", weil „der Anstifter ... den Handlungsentschluß des Täters im Wege psychischer Beeinflussung hervorrufen (muß). Durch Untätigkeit würde ... nur dessen selbständige Entstehung nicht verhindert werden, was im Hinblick auf das Handlungsunrecht der Anstiftung etwas wesentlich anderes ist"[25]. *Welzel*, der die Anstiftung durch Unterlassen schon aus anderen Gründen ablehnt, würde dem wohl zustimmen, denn er schreibt: „Stets muß das Anstiftungsmittel eine *geistige* (gedankliche) Beeinflussung enthalten. Es genügt nicht, den anderen durch Darbieten einer verlockenden Verlegenheit in *Versuchung* zu führen; darin könnte nur Beihilfe liegen"[26]. Auch *Roxin* dürfte dieser

[21] JuS 1963, S. 130; ähnlich in A. T., S. 574.

[22] Diss., S. 122; ähnlich in GA 1959, S. 122.

[23] Lehrbuch, S. 321.

[24] Studienbuch, S. 160.

[25] Lehrbuch, S. 459.

[26] Lehrbuch, S. 116; vgl. auch *Rutkowsky*, NJW 1952, S. 608: Der Anstiftungsbegriff „setzt ... ein Einwirken auf die Psyche eines anderen dergestalt voraus, daß sich der Angestiftete des geistigen Kontaktes mit dem Anstifter bewußt ist".

Lehre anhängen. Zwar sieht es einmal so aus, als genüge ihm für die Anstiftung jede Art von Aktivität[27], an anderer Stelle zeigt er jedoch, daß auch er innerhalb der aktiven Entschlußverursachungen differenzieren will. Wenn A dem B vorlügt, C habe mit Frau B Ehebruch getrieben, und B daraufhin, was A bezweckt hat, den C verprügelt[28], dann soll nach *Roxin* der A in jedem Fall mittelbarer Täter sein[29]; eine (subsidiäre) Anstiftung hingegen soll nur vorliegen, wenn er den B zum Verprügeln ausdrücklich aufgefordert hat[30].

In unserer Begriffsprache ausgedrückt: Diese Lehre sieht in der Anstiftung ein verhaltensgebundenes Delikt. Am bewußtesten ist sich dessen, was nicht wunder nimmt, der „Entdecker" des verhaltensgebundenen Tatbestandstyps, *Gallas,* der die Anstiftung durch Unterlassen ebenfalls — allerdings nicht nur — mit diesem Argument verwirft. Die Anstiftung, hat er in der Großen Strafrechtskommission vorgetragen, „erfordert ein ‚Bestimmen' des Täters zu seiner Tat und damit eine spezialisierte Form der Förderung der Haupttat, für die es eine gleichwertige Verwirklichung durch Unterlassen, jedenfalls unter normalen Umständen, nicht geben kann"[31].

Sicher ist zunächst eines: Wenn die Anstiftung wirklich verhaltensgebunden ist, dann trifft der daraus abgeleitete Ausschluß der Anstiftung durch Unterlassen im großen und ganzen zu. In der Theorie zwar nicht völlig. Denn abgesehen von konkludent bestimmenden Unterlassungen, die sicher möglich blieben (aber mit Garantenstellungen nichts zu tun hätten), ist ja die Anstiftung kein eigenhändiges Delikt; und deshalb könnte man jedenfalls als mittelbarer „Täter" durch garantenpflichtwidriges Unterlassen § 48 StGB verwirklichen. Ein Beispiel: A beobachtet, wie sein unreifes Kind sich anschickt, den B zu einer Straftat zu bestimmen[32]. Aber in den praktisch interessanten Fällen träfe zu, was diese Autoren sagen wollen: Das reine Unterlassen kann nicht Anstiftung sein, weil bei einem verhaltensgebundenen Delikt die bloße Erfolgsverursachung nicht genügt, und eine etwaige Abwendungspflicht im Unterlassensfalle immer nur die neutrale Verursachung ersetzen kann[33].

Überaus zweifelhaft ist indessen die Prämisse, auf der der Satz ruht. Aus dem Wortlaut des Gesetzes läßt sie sich kaum begründen. Bestimmt nicht aus den in § 48 StGB aufgezählten Anstiftungsmitteln, denn den speziellen,

---

[27] Vgl. Täterschaft, S. 484: Die Anstiftung „verlangt einen ‚Anstoß' des Täters durch den Außenstehenden ...".

[28] So das Beispiel auf Seite 212 (a. a. O.).

[29] a. a. O., S. 217 f.

[30] a. a. O., S. 218.

[31] Niederschriften, Bd. 12, S. 80.

[32] Zu diesen Ausnahmen bei den verhaltensgebundenen Delikten vgl. oben S. 99 ff.

[33] Dazu vgl. oben § 6.

wie Geschenke, Drohung oder Täuschung, werden „andere Mittel" ja ausdrücklich gleichgesetzt. Der Unterschied beispielsweise zum verhaltensgebundenen Betrug ist auffällig. Während dort nur Irrtumsverursachungen aufgrund Täuschung tatbestandsmäßig sein können, ist hier die Täuschung zum Zwecke der Entschlußbewirkung nur ein Mittel unter anderen. Es könnte also die Verhaltensbindung höchstens im Begriff des „Bestimmens" selbst ihren Grund finden. Nun ist sicher richtig, daß sich im „Kern" dieses Begriffes nur die Verhaltensweisen finden, auf die ihn H. *Mayers* Lehre begrenzen will. Aber daß der „Begriffshof" auch die wie immer gearteten Entschlußverursachungen ohne direkte geistige Beeinflussung umfaßt, läßt sich schwerlich bestreiten. Man überlege nur einmal, wie sich der Gesetzgeber denn hätte anders ausdrücken sollen, unterstellt, er hätte jede Entschlußverursachung verbieten wollen. Ein neutraleres Wort stellt die Sprache nicht zur Verfügung[34].

Schließt mithin der Gesetzeswortlaut die weite Deutung zumindest nicht aus, so ist sie aus Gründen der Gerechtigkeit und der praktischen Notwendigkeit sogar vorzuziehen.

a) Greifen wir *Roxins* Beispiel auf und stellen uns einen wirklichen Ehebruch vor (so daß eine mittelbare Täterschaft des A ausscheidet), so ist wahrlich nicht einzusehen, warum denn die Bestrafung des A, der nichts als Prügel für C bezweckt, davon abhängen soll, ob er den B nach der Schilderung des Ehebruchs ausdrücklich auffordert, den C zu schlagen. Entscheidend kann doch nur sein, *daß*, nicht *wie* A den Verletzungsentschluß in B erzeugt und erzeugen will. Anderenfalls käme es zu ganz systemwidrigem Auseinanderfallen von Anstiftung und mittelbarer Täterschaft, weil bei dieser *jede* Veranlassung eines unterlegenen Werkzeugs ausreicht.

b) Zufallsergebnisse wären unvermeidlich. Genügt die gezielte Versuchung durch Schaffung oder Erzählung von Tatsachen noch nicht zur Entschlußerweckung, so wäre das anschließende Auffordern Anstiftung; genügt sie jedoch schon, so könnte der Versucher nur noch einen omnimodo facturus auffordern und beginge keine Anstiftung. Ganz allgemein könne man Anstiftern nur dringend zu größerer Aktivität raten. Denn liefern sie dem Haupttäter die verlockenden Umstände gleich mit, so haben sie die Chance, daß die direkte Beeinflussung nicht mehr zählt.

c) Das Ausweichen in die Beihilfe, das bei Übertretungen und versuchter Verbrechensanstiftung sowieso nicht hülfe, ist wenig überzeugend. Denn vom „Helfen" ist das Verursachen eines Tatentschlusses seinem Sinngehalt nach weit entfernter als vom „Bestimmen". Und die Beihilfe im späteren Nicht-

[34] Man mag an „bewegen" denken, aber dahinein könnte man die Beschränkung wohl noch besser deuten; „veranlassen" dagegen wäre zwar gänzlich neutral, aber sachlich falsch, denn zur Tat veranlassen kann man auch den omnimodo facturus, indem man ihm die entscheidende Hilfe gibt.

hindern zu sehen (Entschlußbewirkung als vorangegangenes Tun), wäre noch falscher. Wer das Gesamtgeschehen aktiv und vorsätzlich in Gang setzt, kann entweder dafür oder überhaupt nicht haftbar gemacht werden; daß man trotz vorsätzlicher Begehung auf die spätere Unterlassung abstellen müsse, kann nur die Konsequenz eines falschen Ausgangspunktes sein.

d) Zu krassen Ungerechtigkeiten führt diese Lehre endlich bei der erfolglosen Verbrechensanstiftung. Wenn A den B auffordert, und zwar mangels konkreter Hilfeleistung mit wenig Aussicht auf Erfolg, den gemeinsamen Feind C zu morden, so trifft ihn Strafe nach §§ 211, 49 a StGB. Steckt dagegen A dem B heimlich eine Pistole zu, wohl wissend, daß er ihn dadurch in weit größere Versuchung führt, als er es durch geistige Beeinflussung je vermöchte, so bleibt er straflos[35].

In Wirklichkeit verbirgt sich hinter den restriktiven Bemühungen von H. *Mayer* und seinen Anhängern ein ganz anderes Problem. Die Anstiftung weist nämlich die Eigenart auf, die uns in späterem Zusammenhang noch einmal beschäftigen wird: Sie nimmt ihren Weg über die Entschlußfassung eines anderen Menschen. Und da es spezifisch menschliche Fähigkeit ist, frei entscheidend alles mögliche Umweltgeschehen zum Anlaß für Handlungen zu nehmen, kann sie auch dem harmlosesten Alltagsverhalten anderer eine Wirkrichtung geben, die dieses aus sich selbst heraus nicht hatte[36]. Es wird noch zu zeigen sein, daß nur das Korrektiv der „Sozialadäquanz" die daraus folgenden Schwierigkeiten beheben kann. So lassen sich die von H. *Mayer* zum Beweis seiner Ansicht gebildeten Beispiele[37] in seinem Sinne entscheiden, ohne daß man auf seine Begründung angewiesen wäre: Es ist sozialadäquat, daß der Knecht die Kuh auf ihre einsame Koppel führt, und es ist auch sozialadäquat, daß die Geliebte des Verschwenders das Liebesverhältnis fortsetzt, mag auch der eine den Diebstahl des Nachbarn vorhersehen und die andere die kriminelle Geldverschaffung ihres Liebhabers. Innerhalb gewisser Grenzen darf man eben, selbst bewußtermaßen, andere in Versuchung führen. Entsprechendes gilt für H. *Mayers* dritten Fall (Benennung eines Zeugen, „der aus sich selbst einen Meineid schwört"). Der prozessuale Kampf um den Nachweis der eigenen Sachdarstellung und die diesem Zweck dienende Benennung eines Zeugen sind mitsamt der daraus u. U. resultierenden Gefahr, daß es zu einem Meineid kommt, immer sozialadäquat; das ist selbst dann noch so, wenn die Partei oder der Angeklagte auf den Meineid spekuliert hat[38].

Im einzelnen muß hier vieles fraglich bleiben, wie überall in den „grauen Zonen" zwischen Verbot und Gestattung. Aber die Anstiftung auf unmittel-

---

[35] Und das selbst dann, wenn sich B nun tatsächlich zum Mord entschlösse, ohne indes über das Vorbereitungsstadium hinauszukommen.

[36] Vgl. unten S. 301, 303, 306 ff.

[37] Lehrbuch, S. 322.

[38] Dazu eingehend unten auf S. 309 ff.

bare Geistbeeinflussung, derer sich der Beinflußte bewußt wird, tatbestandlich einzuengen, ist nicht die sachangemessene Lösung. Die Anstiftung ist, wie die Beihilfe, ein Bewirkungsdelikt. Wer es anders sieht, reißt Strafbarkeitslücken auf, die niemand wünschen kann. Daß gerade bei der Anstiftung, in glatter Durchbrechung des Systems, ein Nichtabwenden des Deliktserfolges (des Tatentschlusses), obschon es gegen eine Garantenpflicht verstößt, nicht wie ein aktives Herbeiführen zu bewerten sein sollte, beweist also auch die Lehre H. *Mayers* nicht.

2. Die „Einheitsbeihilfe" nach der Lehre von *Gallas*

Gallas, der in der Großen Strafrechtskommission die Ablehnung der Anstiftung durch Unterlassen auf den Gedanken der Verhaltensgebundenheit gestützt hatte[39], hat später einen hiervon unabhängigen Grund angeführt. „Da ... der besondere Unwert der Anstiftung", lesen wir in seiner bekannten Abhandlung über die unterlassene Selbstmordhinderung, „im Bereich des Unterlassens nicht in Erscheinung treten kann — ob der Garant schon den Tatentschluß oder erst die Ausführung nicht verhindert, macht für den Unwert seines Verhaltens als Nichthinderung fremder Straftat keinen Unterschied ... — bleibt für eine Teilnahme durch Unterlassen nur die allgemeine Form der Förderung fremder Straftat, nämlich Beihilfe, übrig"[40].

Dieses Argument bedarf selbständiger Prüfung. Denn wenn es durchgreift, dann tut es das auch gegenüber einer die Anstiftung als Bewirkungsdelikt verstehenden Auffassung. *Gallas* beruft sich hier ja nicht darauf, daß die Nichthinderung fremder Tatentschlüsse nicht als „Bestimmung" bewertet werden könne, sondern auf das Gerechtigkeitspostulat, daß man gleich großes Unrecht nicht ungleich ahnden dürfe. Aber *Gallas*' Behauptung trifft, wenigstens in dieser Allgemeinheit, nicht zu. Folgendes ist gegen sie vorzubringen: Läßt man den Schuldteilnahmegedanken aus dem Spiel, dann beruht der gegenüber der Anstiftung grundsätzlich geringere Unwert der Beihilfe darauf, daß der Anstifter immer das deliktische Gesamtgeschehen (Entschluß, Versuch, Vollendung) überhaupt erst hervorruft, während der Gehilfe nur eine „Zufluß- oder Verstärkerkausalität"[41] beisteuert, die sich nachträglich sogar als unschädlich erweisen kann, wenn der Täter auch ohne sie zurechtgekommen wäre. Diese regelmäßige Gewichtsdifferenz ist nun keineswegs nur bei aktiver Teilnahme festzustellen. Man denke sich, daß A zum Garant zur Verhinderung drohender Folgen wird, weil er seine Pistole gedankenlos auf den Tisch gelegt und dann das Haus verlassen hat. Wenn ihm nun draußen zu seiner Freude einfällt, daß die Waffe sehr gut den bald heimkehrenden Zimmergenossen B veranlassen könnte, den schon erwogenen (aber noch nicht beschlossenen) Raub zu begehen, dann wäre die Figur der Beihilfe durch

[39] Niederschriften Bd. 12, S. 80.
[40] JZ 1960, S. 687, Fußnote 64; vgl. auch Armin *Kaufmann*, Unterl. del., S. 292.
[41] *Class,* Festschrift für U. Stock, S. 126.

Unterlassen nicht geeignet, die spezifische Bedeutung auszudrücken, die A's Untätigbleiben hier hätte. Denn weil der Faktor, für den A als Garant verantwortlich ist, dem B nicht nur hilft, sondern das Gesamtgeschehen überhaupt erst einleitet, liegt der Fall anders, als wenn der ohnehin zum Raub entschlossene B die Waffe nur als zusätzliches Hilfsmittel eingesteckt hätte.

Gallas würde wohl einwenden, daß A in beiden Fällen seine Pflicht erfüllen könne, in dem er B an der Ausführung hindere. Aber das träfe nicht den Kern der Sache, so richtig es an sich wäre. Denn daß der schon zur Entschlußverhütung fähige Garant der Strafe auch durch Verhütung des Taterfolges entgehen kann, heißt nicht, daß die rechtliche Beurteilung auch an diese letztere Unterlassung anknüpfen müßte. Sie tut das ja auch bei der aktiven Begehung nicht. Wenn sich jemand überlegt, ob er seinen Freund zu einem Diebstahl anstiften soll, der in einer Woche auszuführen wäre, dann hat er zwei Möglichkeiten, kein strafrechtliches Unrecht zu begehen. Er kann das Anstiften sein lassen; das entspräche im obigen Beispiel dem Wegschaffen der Pistole vor B's Rückkehr. Und er kann, nachdem er angestiftet hat, bis zum Versuchsbeginn den Freund von seinem Vorhaben abbringen; das wäre das Verhindern der Straftat. Ergreift er aber keine der Möglichkeiten, dann wird er, als Anstifter, schon für das Versäumen der ersten Möglichkeit verantwortlich gemacht.

B. Die eigene Lösung

Dennoch — in der heute fast einhelligen Ablehnung der Anstiftung durch Unterlassen steckt etwas Richtiges, und dem kommt *Gallas* Gedanke am nächsten. Das wird verständlich, wenn man sich an ein Bedenken erinnert, das uns schon bei der Beihilfe zu schaffen gemacht hat: § 49 StGB setzt eine Hilfeleistung voraus. Vom Unterlassenden muß man deshalb sagen können, er sei als Garant für die Abwendung des Hilfeerfolges verantwortlich. Und nur, weil jede Garantenpflicht, ein Objekt vor menschlichen Angriffen zu schützen, ihrem Wesen nach Pflicht ist, Hilfe zu verhindern, konnten wir der Beihilfe durch Unterlassen ihren traditionell weiten Anwendungsbereich erhalten. Das ist nun bei der Anstiftung anders. Die Hinderung der Tat ist notwendig Hilfeentziehung, aber nicht Entschlußverhütung. Es genügt darum bei der Anstiftung nicht, die Garantenstellung des Untätigen sowie dessen Möglichkeit zur Entschlußverhinderung festzustellen, vielmehr ist immer zu prüfen, ob die Garantenpflicht gerade auch die Verantwortung für die deliktische Willensbildung beim Täter umfaßt.

Will man hierfür Richtlinien entwickeln, so bewährt sich wieder einmal die grundlegende Zweiteilung der Garantentypen nach Überwachungs- und Beschützergaranten. Hat der Angriff auf das Rechtsgut seinen letzten Ursprung in der Überwachungssphäre des Unterlassenden, so ist dessen umfassende Verantwortung immer zu bejahen, weil ihm dann das gesamte Geschehen von Anfang bis Ende zuzurechnen ist. Ein Beispiel bietet der oben gebildete Pistolenfall: A ist sowohl als Eigentümer wie unter dem Gesichtspunkt der Ingerenz aufgerufen, die von ihm zu verantwortende Gefahrquelle sofort zu verstopfen. Tut er es vorsätzlich nicht, so ist er anzusehen wie einer, der die Waffe mit Bedacht hingelegt hat. Ein weiteres Beispiel wäre es etwa, wenn ein Vater bemerkt, wie in seinem Sohn der Entschluß heranreift, einen Diebstahl zu begehen. Ebenfalls hierher gehören würde der Fall der mittelbaren Anstiftung, der schon oben erwähnt wurde: Jemand wird Zeuge, wie sein unreifes Kind sich anschickt, einen anderen zu einer Straftat zu bewegen.

Anders ist die Rechtslage bei Beschützergaranten. Wer für ein individuelles Schutzobjekt einzustehen hat, muß nicht schon auf die Willensbildung potentieller Angreifer vorbeugend einwirken. Denn als solche gehen ihn die Gefahrenherde nichts an, wenngleich das frühestmögliche Eingreifen im Ausnahmefall auch einmal das einzig mögliche und deshalb gebotene sein kann. Der Wächter, der fremdes Eigentum schützen muß, muß also nicht dafür sorgen, daß von diesem keine Versuchung für andere ausgeht; er muß den Eingriff verhindern, sonst nichts. Darum kann man ihm auch immer nur *dieses* Unterlassen (als Beihilfe) zurechnen. Selbst wenn er ausnahmsweise einmal schon den Tatentschluß abwehren könnte und dies vorsätzlich unterläßt, ist garantenpflichtwidrig doch nur das Nichtverhindern der Tat. Darin liegt das begrenzte Recht all derer, denen die Anstiftung durch Unterlassen undenkbar erscheint.

Das von *Schmidhäuser*[42] gebildete Beispiel einer Anstiftung durch Unterlassen (V's Sohn A verhindert wissentlich nicht, daß B den V zu töten beschließt und tötet) ist demnach verfehlt. *Schmidhäuser* meint, A sei als „Garant gegenüber dem Leben des V“ verpflichtet, möglichst schon die auf den Tod des V abzielende Entschlußfassung zu verhindern. Das ist aber gerade nicht der Fall. Da A nicht Hüter des B ist, ist er nicht schon dafür verantwortlich, daß B einen gefährlichen Entschluß faßt. Deshalb kann A's Unterlassen, auf B's Tat bezogen, nur Beihilfe sein (die allerdings von der hier m. E. ebenfalls vorliegenden Unterlassungstäterschaft verdrängt wird).

Zu diesem dogmatischen Grund tritt allerdings noch ein tatsächlicher, aus dem im Unterlassensbereich die Anstiftung der Beihilfe weiteres Gelände überlassen muß. Denn auch wer als Überwachungsgarant an sich für die Willensbildung beim Täter verantwortlich ist, wird nur selten schon zur Entschlußhinderung in der Lage sein und noch seltener dies wissen (Vorsatz!), weil Entschlüsse im allgemeinen unmerklich heranreifen. Normalerweise bleibt darum auch einem solchen Garanten nur übrig, der Tatausführung entgegenzutreten. Im praktischen Effekt ist also in der Tat die Beihilfe für alle Garanten die Regelform der Teilnahme durch Unterlassen. Aber das steht auf einem anderen Blatt. Die Dogmatik kann sich darauf nicht berufen.

---

[42] Lehrbuch, 17/10.

Trotzdem bleibt am Ende zu konstatieren, daß die Anstiftung sich nicht ohne Rest unserem System einfügen läßt. Begrifflich gehört sie zwar fraglos zu den Bewirkungsdelikten. Auch trifft die hieraus abzuleitende Folgerung zu, daß schon zur unmittelbaren Tatbegehung das reine Unterlassen genügen kann, wenn der Untätige eine Garantenstellung innehat. Aber im Gegensatz zu allen anderen Bewirkungsdelikten sind hier die Regeln, wann eine Garantenstellung anzunehmen ist, nur zum Teil, gewissermaßen nur zur Hälfte, anwendbar. *Insoweit* gleicht die Anstiftung vielmehr den fremdhändig begehbaren verhaltensgebunden Delikten. Denn bei ihnen ist es — in dem schmalen Sektor, in dem dort das Garantenprinzip Bedeutung hat (mittelbare Täterschaft)[43] — genauso. Diese Übereinstimmung ist nicht erstaunlich. Denn hier wie dort geht es um das Problem, daß einem Unterlassenden nicht nur ein Erfolg, sondern ein vor dem Erfolgseintritt liegendes Geschehen (die Entstehung des Tatentschlusses bei der Anstiftung, das Werkzeugverhalten bei den verhaltensgebundenen Delikten) zugerechnet werden muß.

§ 10 SYSTEM DER UNTERLASSUNGSDELIKTE UND ERGÄNZENDE EINZELUNTERSUCHUNGEN

I. Systemfragen

Wir haben nun auch den Kreis der unechten Unterlassungsdelikte ausgeschritten und überblicken endgültig die Kriterien, die über die volle oder eingeschränkte Geltung der Garantenregeln entscheiden. Wesentlich vor allem war die Dreiteilung in „Garanten-", „verhaltensgebundene" und „reine Bewirkungsdelikte", weil sie innerhalb der durch Tun und Unterlassen begehbaren Verbrechen die eigentliche Heimat des Garantenprinzips sichtbar macht[1]. Das Deliktssystem, das wir nunmehr, am Ende unseres Weges angelangt, als ganzes ins Auge fassen können, wirft aber noch einige Fragen auf.

A. Das Gemeinsame von „verhaltensgebundenen" und „Garantendelikten"

Zunächst fehlt uns an einer Stelle ein Oberbegriff. Denn während diejenigen Delikte, die sich den Garantenregeln unterwerfen, sämtlich in einer einzigen, scharf konturierten Kategorie zusammenfinden, sieht es auf der anderen Seite so aus, als zerfielen die insoweit abweichend strukturierten Straftaten — die verhaltensgebundenen und die Garantendelikte — in zwei recht

---

[43] Es ist wichtig, diesen Unterschied im Auge zu behalten: Verhaltensgebundene Delikte sind durch reines Unterlassen niemals in unmittelbarer Täterschaft zu verwirklichen, wohl aber ist das bei der Anstiftung möglich.

[1] Praktische Relevanz hat auch noch die Untergliederung der verhaltensgebundenen Delikte in eigenhändige und fremdhändig begehbare, weil bei letzteren Teile der Garantenregeln einen auf die mittelbare Täterschaft beschränkten Geltungsbereich zurückgewinnen (vgl. oben § 7). Doch handelt es sich hierbei um eine nicht sehr bedeutende Randerscheinung, die wir im folgenden nicht jedesmal ausdrücklich erwähnen wollen.

heterogene Gruppen. Zwar verbindet sie der Oberbegriff des unechten Unterlassungsdeliktes, aber der befindet sich bereits in solcher Abstraktionshöhe, daß ihm auch die Bewirkungsdelikte unterfallen.

Es gibt jedoch, blicken wir genauer hin, auch ein Spezifikum, das nur die verhaltensgebundenen und die Garantendelikte gemeinsam haben. Man sieht das, wenn man sich klarmacht, daß diese Tatbestandstypen nach unserer Begriffsbildung ja per definitionem solche sind, die im Falle der Verwirklichung durch Unterlassen eben *nicht* dem Garantenprinzip offenstehen. Die Aufgabe ist also nur, dieses negative Kriterium in eine positive Fassung zu bringen. Das ist indessen eine Schwierigkeit, die in analoger Problemsituation schon gelöst wurde: Bei den echten Unterlassungsdelikten. Auch unter ihnen gibt es ja ein paar Tatbestände, deren notwendige Restriktion auf besonders Verantwortliche der Gesetzgeber verabsäumt hat — z. B. bei § 367 Nr. 12 StGB (Offenlassen von Gruben usw.) —, so daß dem Rechtsanwender diese Aufgabe zufällt, die er nur mit Hilfe des Garantenprinzips erfüllen kann. Wir haben diese Vorschriften „offene Tatbestände" genannt, weil hier in die zu weit geratene Gesetzesfassung ungeschriebene Tätervoraussetzungen „eingeschoben" werden können und müssen, und sie den — für die echten Unterlassungsdelikte typischen — „geschlossenen Tatbeständen" gegenübergestellt, welche infolge „abschließender" Merkmalsnennung einer einschränkenden, wortlautunabhängigen Interpretation nicht offenstehen[2]. Daß diesen letzteren unter den unechten Unterlassungsdelikten die Garantendelikte entsprechen, liegt auf der Hand und wurde bereits dargelegt[3]. „Geschlossen" wie sie sind aber auch die verhaltensgebundenen Delikte. Denn auch diese sind vom Gesetzgeber tatbestandlich so ausgestaltet, daß sich für den Unterlassensbereich Tatbestandsreduzierungen erübrigen. Nur der Ansatzpunkt ist ein anderer: Nicht Einengung des Täterkreises, sondern Begrenzung der tatbestandstauglichen Handlungen.

Es ist demnach so: Der Gesetzgeber hat zwei Möglichkeiten, ein unechtes Unterlassungsdelikt gegen die Anwendung der Garantendogmatik abzuschließen. Er kann einmal den Kreis der Täterschaftsqualifizierten so verengen, daß diese, weil sie notwendig Garanten sind, das Delikt immer auch durch bloße Nichtabwendung des Erfolgs verwirklichen. Zum anderen kann er die Begehungsmöglichkeiten so verringern, daß nur qualifizierte Unterlassungen — die „konkludenten" — tatbestandstauglich sind. Täter- oder Tatbeschränkung — beides hat insoweit denselben Effekt. Es ist deshalb möglich und sinnvoll, garantengebundene und verhaltensgebundene unechte Unterlassungsdelikte als „geschlossene Tatbestände" zusammenzufassen und diese den „offenen" entgegenzusetzen, die weder eine ausreichende Verengung des Täterkreises aufweisen noch ein besonders geartetes Verhalten bei

[2] Vgl. dazu oben § 4.

[3] Vgl. dazu oben § 5.

der Erfolgsherbeiführung verlangen[4]. Damit wird der Begriff des reinen Bewirkungsdeliktes wieder frei für „echte" Tatbestände des Besonderen Teils, während wir Beihilfe und Anstiftung[5], die in einem weiteren Sinne ebenfalls Delikte der neutralen Erfolgsbewirkung, jedenfalls aber tatbestandlich offen sind, als Sondertypen danebenstellen können. Das Ganze ließe sich schematisch etwa so darstellen:

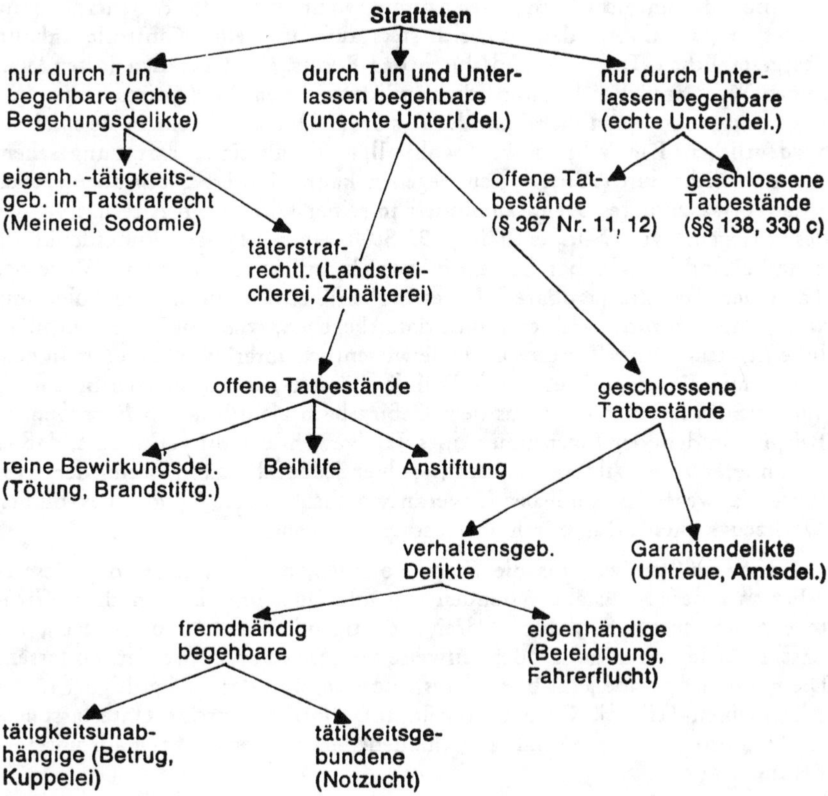

[4] Das Garantendelikt ist also sozusagen ein geschlossenes Bewirkungsdelikt. Wie schon an früherer Stelle ausführlich gezeigt (vgl. oben S. 71 ff.), darf man es begrifflich nicht etwa mit dem Pflichtdelikt oder gar dem Sonderdelikt in eins setzen. Ein Tatbestand mit besonderen Täteranforderungen ist vielmehr nur unter zwei Voraussetzungen ein Garantendelikt: Erstens muß jede Erfolgsherbeiführung tatbestandstauglich sein (andernfalls liegt ein verhaltensgebundenes Delikt vor, wie z. B. bei der Fahrerflucht), zweitens muß der Tatbestand auf der Täterseite *vollkommen* geschlossen sein; denn nicht jede Täterschaftsbegrenzung ist so eng, daß auch Aktivtäter nur Garanten sein können.

[5] Die Abweichungen bei der Anstiftung (vgl. oben S. 125 ff.) lassen wir im folgenden der Einfachheit halber beiseite.

B. *Verbindlichkeit und Ableitungseignung des Systems*

Desweiteren ließe sich fragen, ob denn unsere in aller Differenziertheit doch recht beschränkte Aufgliederung angesichts der Fülle verschiedenartiger Tatbestände stets den zur Lösung der Unterlassungsprobleme sachgerechten Ansatzpunkt verläßlich aufzeigen könne. Ist es nicht denkbar oder sogar wahrscheinlich, daß es Tatbestände gibt, bei denen unsere Kriterien versagen, und muß darum nicht auch unser System, wenn es für die Fallentscheidung fruchtbar gemacht werden soll, sich stets aufs neue eine Kontrolle anhand des gesetzlichen Tatbildes und durch das Rechtsgefühl gefallen lassen, was seinen Wert natürlich beträchtlich, nämlich zu einem bloß prima facie richtigen Ausgangsschema herabmindern würde? Um es an einem Beispiel zu verdeutlichen: Die Wilderei wird wohl allgemein als eine Straftat angesehen, die man nicht durch Unterlassen begehen kann[6]. Unsere Maßstäbe ergeben jedoch etwas anderes. Denn zumindest in seiner wichtigsten Alternative, der des „Erlegens" von Wild, enthält § 292 StGB ein reines Bewirkungsdelikt, da es tatbestandlich offenbar keine Rolle spielt, auf welche Art und Weise der Täter den Tod des jagdbaren Tieres herbeiführt. Die praktische Folgerung wäre, daß *Garanten* Wilderei auch dann begehen, wenn sie die ihnen mögliche Errettung eines Tieres vom Tode wissentlich unterlassen. So etwa in dem von Armin *Kaufmann* gebildeten Fall des Försters, der ein mit der Strömung kämpfendes Rehkitz nicht aus dem Gebirgsbach zieht[7] oder in *Bockelmanns* Beispiel, in dem der Eigentümer eines Jagdgewehres nicht verhindert, daß es ein anderer zum Wildern benutzt[8], — hier jedenfalls dann, wenn der Ausführende wegen persönlicher Unverantwortlichkeit die Rolle eines bloßen Werkzeugs spielt[9]. Das wären überraschende Ergebnisse.

Ferner müßten wir uns die Frage vorlegen, ob denn selbst der Gesetzgeber an unsere Maßstäbe gebunden sein soll. Oder braucht er nach *v. Kirchmanns* bekanntem Satz bloß „drei berichtigende Worte" zu sprechen, um unsere Darlegungen ganz oder teilweise zu „Makulatur" werden zu lassen? Die Frage hat gerade jetzt besonderes Interesse, weil der bald gültige § 13 des Allgemeinen Teils die Garantenregeln auf sämtliche unechte Unterlassungsdelikte, also auch auf verhaltensgebundene, erstreckt hat, was nach unserem Befund „falsch" ist.

Diese Fragen berühren Probleme, die in der Rechtsmethodologie heute lebhaft diskutiert werden. Hier ins Grundsätzliche und in Detailfragen ein-

---

[6] Diese Behauptung darf man wagen, obgleich Stellungnahmen in der Literatur selten sind; vgl. jedoch *Bockelmann* Niederschriften Bd. 12, S. 478, Fußnote 9, und *Roxin*, Täterschaft, S. 482.

[7] Unterlassungsdelikte, S. 41.

[8] Vgl. Niederschriften Bd. 12, S. 487, Fußnote 9.

[9] Hier wäre die Entscheidung übrigens dieselbe, wenn man ein verhaltensgebundenes Delikt annähme, denn eigenhändiger Natur ist die Wilderei sicher nicht; vgl. dazu oben § 7.

zudringen, ist kein Ziel, das sich die vorliegende dogmatische Monographie gesteckt hat. Wir wollen darum die Antwort ganz streng auf unsere spezielle Systemproblematik begrenzen, sie nur mit wenigen Strichen skizzieren und dabei auch starke Vereinfachungen nicht scheuen.

1. Es kann, nach der Methodik unseres gesamten bisherigen Vorgehens, zunächst kein Zweifel sein, daß unser System in seinem Geltungs- und Aussagewert gewisse Abstriche und Relativierungen hinnehmen muß insofern, als ihm die Eigenschaften der „Offenheit" und „Beweglichkeit" zukommen. Das ist hier nicht anders als bei jedem modernen System in der Rechtswissenschaft, mag dieses sich nun als Gefüge allgemeiner Rechtsprinzipien, grundlegender Werte, zentraler Rechtsinstitute, oder, wie unseres, als geordnete Vielfalt von teleologisch gebildeten Begriffen darbieten. Vier Gesichtspunkte lassen sich in dieser Hinsicht unterscheiden:

a) Unser System muß offen sein, weil jede wissenschaftliche Erkenntnis unabgeschlossen und vorläufig ist. Der Jurist muß, so hat das *Canaris* treffend formuliert, „wie jeder Wissenschaftler stets bereit sein, das bisher erarbeitete System in Frage zu stellen und aufgrund besserer Einsicht zu erweitern oder zu verändern. Jedes wissenschaftliche System ist somit immer nur ein System*entwurf*, der lediglich den derzeitigen Stand des Wissens zum Ausdruck bringt und daher notwendig solange nicht endgültig und ‚geschlossen' ist, als in dem betreffenden Gebiet überhaupt noch eine sinnvolle wissenschaftliche Weiterarbeit und ein Fortschritt möglich ist"[10].

Im Grunde ist das selbstverständlich oder sollte es wenigstens sein. Die hier entwickelten Ansichten müssen nicht überall der Weisheit letzter Schluß sein, ja: sind es mit Sicherheit nicht. Vieles von dem, was wir gesagt haben (und sagen werden), wird widerlegt werden[11], und wo dies Grundsätzliches betrifft, sind Ergänzungen und Umgestaltungen des Systems die Folge.

b) Da jede juristische Begriffsordnung versucht, ihren Gegenstand, d. h. die Rechtsordnung oder einen Ausschnitt derselben, möglichst getreu abzubilden, muß unser System ferner offen sein für die Wandlungen des gesetzten Rechtes. Auch das bedarf keiner näheren Begründung. Es hätte z. B. keinen Sinn, in unserem Schema die Kategorie der täterstrafrechtlichen Delikte weiter aufzuführen, nachdem der Gesetzgeber auch die letzten Exemplare dieser Gattung beseitigt hätte. Und ebenso hätte es Einfluß, wenn die seltenen Fälle

---

[10] Systemdenken und Systembegriff in der Jurisprudenz, 1969, S. 62. Dieser Aspekt der „Offenheit" steht in der heutigen Systemdiskussion wohl im Vordergrund; vgl. etwa *Engisch*, Stud. Gen. Bd. 10 (1957), S. 187 f.; *Flume*, Allg. Teil des Bürgerl. Rechts, Bd. 2, S. 295 f.; *Kriele*, Theorie der Rechtsgewinnung, S. 122, 145, 150; *Larenz*, Methodenlehre, S. 156 ff.; *Raiser*, NJW 1964, S. 1204; *Zippelius*, NJW 1967, S. 2230 und 2231.

[11] So überzeugt ich selbstredend derzeit von der Richtigkeit meiner Behauptungen bin.

von offenen echten Unterlassungsdelikten verschwänden, oder wenn es — was allerdings fast undenkbar ist — in einem künftigen Strafrecht keine Garantendelikte mehr gäbe. Zu „Makulatur“ würden freilich unsere Begriffsbildungen dadurch nicht. Sie blieben, gleichsam im Wartestand, zur Erfassung und wissenschaftlichen Erklärung von Tatbeständen greifbar, die vielleicht einmal wieder geschaffen würden.

c) „Beweglich“ ist unser System zunächst in dem Sinne einer begrenzten „Zuordnungsbeliebigkeit“. Denn es muß der Tatsache Rechnung tragen, daß man über Einzelheiten immer streiten kann. Seine sachliche Brauchbarkeit im ganzen darf nicht mit der Richtigkeit jeder Einzelaussage stehen und fallen. Wer im Gegensatz zu uns etwa der Meinung wäre, für die Kuppelei genüge jede Art von Gelegenheitsverursachung oder umgekehrt verlange die Anstiftung ein Verursachen von Entschlüssen in der spezifischen Weise des geistigen Beeinflussens, dem bliebe es unbenommen, diese Delikte anderen Kategorien zuzuordnen, als wir es getan haben. Das System läßt das zu. Die Begriffe „offener Tatbestand“ oder „verhaltensgebundenes Delikt“ usw. bleiben sinnvoll und gültig unabhängig vom Streit, wie ein singulärer Tatbestand richtigerweise gedeutet werden muß.

d) Beweglichkeit in einem anderen Sinne ergibt sich schließlich aus dem Umstand, daß man bei der Bildung der die Unterscheidungen tragenden Grundbegriffe in gewissen Grenzen beliebig verfahren kann. Unser Deliktssystem z. B. beruht u. a. auf der strengen Trennung von Körperruhe und Aktivität[12]. Daraus folgt ein verhältnismäßig weiter Unterlassensbegriff, der auch konkludentes Verhalten, nämlich „unmittelbar“ tatbestandsmäßiges Nichtstun umfaßt. Dies wiederum hat zur Folge, daß innerhalb der unechten Unterlassungsdelikte auch eigenhändige auftauchen, die außer durch Tun *nur* durch konkludentes Unterlassen verwirklicht werden können (z. B. die Beleidigung), und daß innerhalb der nicht eigenhändigen verhaltensgebundenen Delikte noch einmal unterschieden werden muß zwischen solchen, die man auch unmittelbar durch Untätigkeit begehen kann (etwa Betrug), und ihrem Gegenstück, den Delikten, die bei unmittelbarer Täterschaft Aktivität verlangen (z. B. Notzucht). Aber so muß man es nicht machen. Man könnte ebensogut oder sogar besser das von uns „konkludent“ genannte Unterlassen dem (engeren) Handlungsbegriff einverleiben. Dann wären die jetzt auseinandergezogenen eigenhändigen Delikte sämtlich der Kategorie der reinen Handlungsdelikte zuzuweisen, und die fremdhändigen verhaltensgebundenen Straftaten würden, ohne Unterteilung, allein wegen der bei mittelbarer Täterschaft bestehenden Möglichkeit, sie durch Unterlassen zu verwirklichen, unechte Unterlassungsdelikte bleiben. Noch größere Bewegungen entstünden, wenn man, was auch ginge und vielleicht für unsere Zielsetzungen am kon-

[12] Es folgt damit einer — zumindest im Allgemeinen Teil des Strafrechts — herrschenden Dogmatik. Ob der praktische Wert und die sachliche Angemessenheit dieses Ansatzes falsch eingeschätzt werden, ist hier nicht zu entscheiden.

sequentesten wäre, überhaupt auf die traditionelle Scheidung zwischen Tätigkeits-, echten und unechten Unterlassungsdelikten verzichtete und stattdessen lediglich eine Zweiteilung nach „offenen“ und „geschlossenen“ Gesetzestatbeständen vornähme. Der ersten Kategorie würden dann die reinen Bewirkungsdelikte, die Teilnahme und einige echte Unterlassungsdelikte, der letzteren sämtliche verhaltensgebundenen (auch die echten Begehungsdelikte), die Garantendelikte sowie die allermeisten echten Unterlassungsdelikte zufallen. Statt drei getrennter Geltungszonen des Garantenprinzips hätten wir dann nur noch zwei[13].

2. Man sieht: Die Einfallstellen und Ansatzpunkte für Systemmodifizierungen aller Art sind zahlreich und verbieten jede Überschätzung des Systemgedankens.

Aber auf der anderen Seite darf man nun auch nicht die Momente der „Geschlossenheit“ und „Beharrung“ übersehen. Diese kommen nämlich ebenfalls jedem rechtswissenschaftlichen System zu, sofern es nur, was wir für unseres beanspruchen müssen, methodisch richtig angelegt und auf induktivem Wege hinreichend gründlich und differenziert entwickelt ist. In diesem Sinne „richtig“ angelegt ist ein System, wenn es axiologischer und teleologischer Natur ist, d. h. wenn seine Dogmen und Begriffe „verdichtete Wertungen“ sind. Unter diesen Voraussetzungen aber liegt es dann geradezu auf der Hand, daß das System für den Normalfall der Rechtsgewinnung fordern darf, *nicht* durchbrochen und *nicht* modifiziert zu werden, also „geschlossen“ und „unbeweglich“ ist. *Canaris* spricht deshalb mit Recht vom Systemargument als einer „besondere(n) Form einer teleologischen Begründung“ und von einer „teleologischen und wertungsmäßigen Ableitungseignung“ des Systems[14]. „Systemargumente (stellen) ex definitione nichts anderes dar . . .als das am Gleichheitssatz ausgerichtete ‚Zuendedenken‘ der Grundwertungen des Gesetzes und (gewinnen) ihre Legitimität und Durchschlagskraft daher gleichermaßen aus der Autorität des positiven Rechts und der Dignität des Gerechtigkeitsgebotes. . .“[15].

Es zeigt sich somit, daß es nicht zu billigen wäre, wollten wir im Einzelfall den Konsequenzen ausweichen, die die kategoriale Einordnung eines Tatbestandes mit sich brächte. Die Annahme von Wilderei durch Unterlassen in den oben genannten Beispielen wäre, recht verstanden, nicht mechanische Dekuktion aus dem Begriff des Bewirkungsdeliktes, deren dogmatische Folgen nun dem Gesetzestatbestand, ohne Beachtung seiner Eigenart, aufgezwungen würden, im Gegenteil: der Systembegriff würde den teleolo-

---

[13] Die letzte Konsequenz wäre dann, auch die fremdhändigen verhaltensgebundenen Delikte als „unvollkommen geschlossene“ (mittelbare Täterschaft!) den offenen Tatbeständen zuzuweisen.

[14] Systemdenken und Systembegriff, S. 88.

[15] a. a. O., S. 107.

gischen Gehalt des Gesetzes — weitestmögliche Erhaltung des Wildbestandes, nicht nur Abwehr bestimmter Angriffe — erst voll erhellen und den Weg für die rechte Anwendung des Gleichheitssatzes weisen. Für eine das Unterlassen ausschließende Deutung des „Erlegens"-Begriffes könnte man, vage genug, nur das volkstümliche „Bild" des Wilderers anführen. Würde man dem entgegensetzen, daß es nicht gerecht sei, einer unwissenschaftlichen Allgemeinvorstellung zuliebe Garanten hier unbestraft zu lassen, wo doch sonst andere Garanten, die andere Erfolge nicht abwenden, immer so behandelt werden, als hätten sie diese herbeigeführt; würde man weiter fragen, warum denn trotz der umfassenden Formulierung des Gesetzes das Aneignungsrecht des Jagdberechtigten in geringerem Umfang geschützt sein sollte als etwa das Eigentum im § 303 StGB, so würde diese Sachargumentation im Grunde nur explicit vorführen, was im Systemargument: die Wilderei durch Erlegen ist ein reines Bewirkungsdelikt, ohnehin enthalten ist.

Der Gesichtspunkt der Rechtssicherheit weist in dieselbe Richtung. Denn selbst wenn man einräumen wollte, daß die materiale Gerechtigkeit und die kriminalpolitische Zweckmäßigkeit nicht bei allen Bewirkungsdelikten (um bei diesem Beispiel zu bleiben) gleich stark für die Gleichstellung von Tun und Garanten-Unterlassung sprechen, müßte das System verbindlich bleiben, weil anders in der alltäglichen Rechtspraxis Orientierungsgewißheit und Entscheidungsberechenbarkeit nicht ausreichend gewährleistet wären. Ganz in unserem Sinne spricht *Wagner*[16], natürlich ohne Bezug auf unsere speziellen Fragen, vom „Chaos widersprechender Wertmeinungen und Zweckmäßigkeitserwägungen, die kaum in ein deutliches Rangverhältnis gesetzt werden" könnten, und von der Funktion des Dogmas, die „immer unentschiedenen Diskussion(en) über rechtspolitisch Wünschenswertes und wertmäßig Richtiges" auszuschalten sowie „ein für alle Mal dem Streit der Gefühle und den durch den besonderen Fall provozierten ad-hoc-Argumenten" einen Riegel vorzuschieben.

Was die andere Frage angeht, die Systembindung des Gesetzgebers, so wird man geneigt sein zu sagen, daß er, aus dessen Einzelentscheidungen und -wertungen wir unsere begriffliche Ordnung ja erst abstrahiert haben, selbstverständlich nicht seinerseits ihr unterworfen sein könnte. Aber so einfach liegen die Dinge auch hier nicht.

Zunächst ist es freilich richtig, daß eine einzelgesetzliche Regelung im Besonderen Teil auch dann gültiges Recht wäre, wenn sie dem System widerspräche. Würde der Gesetzgeber beispielsweise ein reines Bewirkungsdelikt schaffen und dabei ausdrücklich anordnen, daß Unterlassungen nicht tatbestandsmäßig sein sollen, so könnte man sie natürlich, selbst wenn sie garantenpflichtwidrig wären, nicht bestrafen. Aber das ist nur die eine Seite. Führt man sich nämlich den soeben erklärten materialen Gerechtigkeitsgehalt des

[16] Die Vorstellung der Eigenständigkeit in der Rechtswissenschaft, S. 28 f.

Systems vor Augen, dann versteht man, daß in einem derartigen Fall der Gesetzgeber sich eines Wertungswiderspruchs schuldig machen würde, der letztlich eine Verletzung des Gleichheitsgebotes darstellt. Und an dieses ist der Gesetzgeber so gut wie der Richter gebunden.

Es ist demnach so: Einzeltatbestandliche Systemdurchbrechungen durch den Gesetzgeber binden (in aller Regel) die Rechtsanwendung. Aber der Gesetzgeber sollte sie unterlassen bzw. beseitigen, und in diesem Sinne ist wiederum er an eine sachrichtige wissenschaftliche Konzeption gebunden[17].

In wieder anderer Beleuchtung zeigt sich die Problematik, soweit es um legislatorische Gestaltungen im Allgemeinen Teil geht. Regelungen des Gesetzgebers an dieser Stelle haben, jedenfalls soweit sie die Unterlassungsdelikte betreffen, notwendig einen sehr abstrakten Charakter, und dieser Umstand bringt mit sich, daß sich selbst die Bindung abschwächt, die der Gesetzgeber für die Rechtsanwendung und die Rechtsdogmatik schaffen kann. Zwar kann wiederum kein Zweifel sein, daß § 13 des künftigen StGB in allen seinen Teilen vom 1. 10. 1973 ab eine in Kraft stehende Vorschrift sein wird. Aber es ist auch so gut wie sicher, daß die sachlich verfehlten (das richtige System verfehlenden) Geltungsanordnungen in ihr die sachgerechte (systemrichtige) Rechtsanwendung und -fortentwicklung nicht verhindern werden. So ist im künftigen Recht z. B. eindeutig angeordnet, daß die Garantenpflicht für die Tatbestandsmäßigkeit aller Unterlassungen Voraussetzung ist; bezogen auf die verhaltensgebundenen Delikte ist das, soweit hier ein Unterlassen „unmittelbar" den Tatbestand erfüllt („der Verwirklichung des gesetzlichen Tatbestandes durch ein Tun entspricht"), sachlich falsch. Man kann jedoch kaum fehlgehen mit der Vorhersage, daß Rechtsprechung und Lehre dieser Einsicht auch gegen das Gesetz zum Durchbruch verhelfen werden. Die Bestrafung von jemandem, der z. B. durch ein Unterlassen einem anderen seine Mißachtung kundtut, wird nicht daran scheitern, daß der Unterlassende nicht Garant für das Ausbleiben von Ehrverletzungen bei dem anderen ist. Die verfehlte Gesetzesbestimmung wird höchstens bewirken — was allerdings schon bedauerlich genug wäre —, daß der Rechtsanwendende sich gezwungen fühlt, durch ad-hoc-Konstruktionen den „Ungehorsam" zu vertuschen, wozu sich insbesondere die Fiktion von Garantenpflichten sowie die Umwertung körperlicher Untätigkeit in ein Tun „im Rechtssinne"[18] eignen.

Es zeigt sich also hier mit besonderer Deutlichkeit, daß auch der Gesetzgeber einer die Dinge zutreffend erfassenden wissenschaftlichen Konzeption

---

[17] Zu diesem Problemkreis vgl. *Engisch*, Einführung, S. 161, 164; Die Einheit der Rechtsordnung, S. 63 f., 84 ff.; neuestens ausführlich *Canaris*, Systemdenken, S. 112 ff. Die praktischen Konsequenzen der Bindung des Gesetzgebers können hier nicht verfolgt werden.

[18] Letzteres wäre nicht eigentlich falsch, nur, gemessen am sonst vertretenen Handlungsbegriff, inkonsequent.

gegenüber weitgehend machtlos ist. Zwar kann er, was unsere Fragen anlangt, durch gezielte Einzelregelungen das System durchbrechen. Er setzt sich dann mit seinen eigenen oder den unter Juristen allgemein anerkannten Wertungen in Widerspruch, was jedoch Judikatur und Wissenschaft nicht von der Beachtung und Anwendung der systemwidrigen Norm entbindet (soweit nicht ausnahmsweise das „methodologische Arsenal"[19] des Juristen Abhilfe schaffen kann). Regelungen im Allgemeinen Teil sind dagegen normalerweise nicht geeignet, die Dogmatik der Unterlassungsdelikte[20] entgegen besserer Einsicht in die falsche Richtung abzudrängen. Denn das sachrichtige System hat wegen seines materialen Gerechtigkeitsgehaltes Eigengewicht, welches schwachen Eingriffen, nämlich solchen durch sehr abstrakte und allgemeingehaltene Gesetzesbestimmung, mag diese auch an sich eindeutig sein, weitgehend standhält.

II. Untersuchung und Einordnung einiger ungeklärter Gesetzestatbestände

Es kann nicht das Ziel dieser Arbeit sein, jeden einzelnen Deliktstatbestand daraufhin zu untersuchen, welcher Gruppe innerhalb unseres Systems er angehört. Grundsätzlich handelt es sich insoweit um Fragen des Besonderen Teils. Wir können nur Umrisse zeichnen und die formalen Kategorien mit sachlichem Gehalt füllen, indem wir einige stark umstrittene, theoretisch aufschlußreiche oder in der täglichen Rechtspraxis besonders wichtige Bestimmungen herausgreifen und analysieren. Das ist zum größeren Teil bereits geschehen. Einige Ergänzungen in dieser Richtung sind indes noch vonnöten.

A. Versuche und Fahrlässigkeitstaten

Keine Probleme eigener Art werfen die Versuchsbestimmung und die Fahrlässigkeitsdelikte auf.

Der Versuch wechselt seine Natur mit dem Delikt, das der Täter vollenden will. Ist also z. B. der Betrug als verhaltensgebundenes Delikt zu klassifizieren, so kann für den versuchten Betrug nichts anderes gelten. Das wird sofort klar, wenn man sich an die Konsequenzen für die Fallentscheidung erinnert. So kann niemand Betrug begehen durch das bloße Nichtverhindern eines Irrtums, der eine den Unterlassenden bereichernde und den Irrenden schädigende Vermögensverfügung zur Folge hat. Ebensowenig kann ein versuchter Betrug vorliegen, wenn das Nichteinschreiten gegen den Irrtum den erhofften Erfolg *nicht* hat. Umgekehrt bleibt ein reines Bewirkungsdelikt wie beispielsweise die Sachbeschädigung auch in der Erscheinungsform des Versuchs tatbestandlich offen für das Garantenprinzip: Wer eine fremde Sache,

---

[19] *Canaris*, a. a. O., S. 116.

[20] Inwieweit sich das verallgemeinern läßt, kann hier nicht beurteilt werden; vgl. jedoch *Roxin*, Täterschaft, S. 447—450, der für die Täterlehre zu ganz ähnlichen Ergebnissen kommt.

die zu behüten er beauftragt ist, in der Nähe eines bedrohlichen Feuers liegen läßt, um sie untergehen zu lassen, begeht, wenn sein Vorhaben mißlingt, versuchte Sachbeschädigung; wohingegen dasselbe Unterlassen in der Person eines anderen strafrechtlich unerheblich wäre. Die Garantenregeln haben hier dieselbe Funktion wie bei vollendeter Tat.

Ganz ähnlich ist es bei Fahrlässigkeitsdelikten. Die Struktur eines Tatbestandes hängt von der Tat- und Täterbeschreibung ab, nicht vom inneren Verhältnis des Täters zu seiner Tat. So würde etwa ein Delikt, das ein reines Unterlassen beschreibt, in jedem Fall ein echtes Unterlassungsdelikt sein, einerlei, ob es Vorsatz oder Fahrlässigkeit voraussetzt. Der fahrlässige Falscheid (vgl. § 163 StGB) ist notwendig, genau wie die Vorsatztaten der §§ 154, 156 StGB, ein tätigkeitsgebunden-eigenhändiges Delikt, bei dem jegliche Verwirklichung durch Unterlassen ausscheidet. Fahrlässige Tötung (§ 222 StGB) wiederum ist als reines Bewirkungsdelikt ohne weiteres durch Unterlassen begehbar, wobei — wie beim vorsätzlichen Totschlag nach § 212 StGB — die Garantenlehre entscheiden muß, ob das Unterlassen dem Handeln gleichzustellen ist. Dies wäre z. B. bei einer Mutter, die ihr im Garten spielendes Kind nicht rechtzeitig vom Rand des Schwimmbeckens zurückholt, zu bejahen, dagegen beim Nachbarn, der die Gefahr ebenso bemerkt, zu verneinen.

Inwieweit dies den Thesen *Roxins* widerspricht — alle Fahrlässigkeitstatbestände sind nach ihm einheitlich „Pflichtdelikte“[21] — soll hier nicht untersucht werden. Zu beachten ist immerhin, daß die Begriffsbildungen bei *Roxin* primär der Abgrenzung von Täterschaft und Teilnahme dienen, während es uns um die Anwendbarkeit der Garantendogmatik geht. Daß *Roxins* Lehre trotzdem keinen Beifall verdient, sei hier nur vermerkt. Spätere Darlegungen werden es zu beweisen versuchen[22].

B. Zueignungsdelikte

1. Der Diebstahl

Soweit sich im Schrifttum diesbezügliche Äußerungen finden, wird die Möglichkeit eines Diebstahls durch Unterlassen einhellig verneint[23]. Auf den ersten Blick scheinen unsere eigenen Forschungen dies zu bestätigen. Das Tatbestandserfordernis der Wegnahme deutet nicht nur auf ein verhaltensgebundenes Delikt hin — was immerhin noch die Begehbarkeit durch konkludentes Unterlassen offenließe —, sondern darüber hinaus auf Tätigkeitsgebundenheit.

---

[21] Vgl. Täterschaft, 11. Kapitel, S. 527—577.

[22] Vgl. unten S. 246 ff.

[23] So besonders deutlich *Roxin*, Täterschaft, S. 481 f.; vgl. ferner *Jescheck*, Lehrbuch, S. 451; *Schönke-Schröder*, Rdn. 108 vor § 47; *Hardwig*, JZ 1965, S. 670 u. 1967, S. 87 f.; *Grünwald*, GA 1959, S. 118 f.; Armin *Kaufmann*, Unterl.del., S. 299 ff.; E 1962, S. 126; *Androulakis*, Studien, S. 164, Fußnote 627.

Aber man muß das genauer nachprüfen. Nach der heute allgemein vertretenen Apprehensionstheorie bedeutet Wegnahme: Bruch fremden und Herstellung neuen Gewahrsams[24]. Da es zweifellos gleichgültig ist, in welcher Weise der Täter wegnimmt — er kann es mit eigener Hand, mit mechanischen Werkzeugen, durch einen ahnungslosen Tatmittler oder wie auch immer —, kann man ebenso sagen, Wegnahme sei das Bewirken eines Gewahrsamswechsels ohne Willen des Gewahrsamsinhabers. Der Diebstahl ist also ein Bewirkungsdelikt[25]. Dies ist der überraschende, aber kaum bestreitbare Ausgangspunkt für unsere Überlegungen.

Da jedes Verursachen eines Gewahrsamswechsels eine Wegnahme ist, ist zunächst festzuhalten, daß auch das bloße Nichtverhindern eines Gewahrsamswechsels Wegnahme sein kann, nämlich dann, wenn der Unterlassende als Garant das Geschehen verhüten muß. Mit dieser Feststellung ist freilich noch nicht viel gewonnen. Die Schwierigkeit, sich einen Diebstahl durch Unterlassen vorzustellen, schafft nicht so sehr der Wegnahmebegriff als das Erfordernis der Zueignungsabsicht. Das hat am klarsten *Roxin* gesagt: „Sie (scil. die Zueignung) bedeutet mehr als eine Entziehung, die man einem pflichtwidrig untätigen Garanten ebenso zurechnen könnte wie einem Begehungstäter. Das Plus, das eine Wegnahme zu einem Sich-Zueignen macht, liegt darin, daß der Täter zum Zwecke wirtschaftlicher Verwertung die selbständige Verfügungsmacht über eine Sache erlangt. Dieses die Deliktsqualität konstituierende Element ist dem Unterlassenden nicht zugänglich, weil ihm die Verfügungsmacht gerade fehlt“[26].

Aber ist das richtig? Warum soll es nicht denkbar sein, daß der untätige Garant gerade dadurch, daß er in eine Gewahrsamsverschiebung nicht eingreift, die Verfügungsmacht über die Sache erstrebt und erlangt? Mir scheint das möglich. Man stelle sich etwa vor, daß ein Urlauber zusieht, wie sein kleines Kind — ohne daß er dies veranlaßt hätte — aus einem momentan unbewachten fremden Strandkorb Sachen nimmt und voller Unschuld im väterlichen Strandkorb birgt. Angenommen nun, der Vater bleibt gänzlich untätig — er stellt sich etwa schlafend[27] —, ist aber entschlossen, die Sachen für sich zu behalten. Wenn man überhaupt in einer bestimmten Absicht etwas unterlassen kann — und das hält ja, es sei nur an den Betrug erinnert, die ganz überwiegende Lehre für möglich[28] — dann darf hier die Zueignungsabsicht nicht geleugnet werden. Auch ist allein der Diebstahlstatbestand ge-

---

[24] Vgl. nur *Schönke-Schröder*, § 242, Rdn. 27.

[25] Unzutreffend deshalb *Grünwald*, GA 1959, S. 118 f., der den Diebstahl zu den Tatbeständen rechnet, „die die Verursachung eines Erfolges durch besonders geartete Handlungen betreffen“.

[26] Täterschaft, S. 481 f.

[27] Daß er trotzdem den Willen haben kann, eigenen Gewahrsam zu begründen, bedarf wohl keines Nachweises.

[28] Auf die Lehre *Grünwalds*, nach der es die Vorsatzart der Absicht im Bereich der Unterlassungen generell nicht geben können soll (H. Mayer-Festschrift, S. 289),

eignet, den Unrechtsgehalt voll auszuschöpfen. Nähme man bloß Unterschlagung an, so bliebe unberücksichtigt, daß dem Täter schon der Gewahrsamsbruch zugerechnet werden muß, weil er das Tun seines Kindes als Garant zu verhindern hatte. Dieses Umstandes wegen ist sein Unterlassen ebenso zu bewerten, wie wenn er ein Kind — seins oder ein fremdes — aktiv zum selben Tun veranlaßt hätte, was ja ohne Frage Diebstahl wäre. Unterschlagung wäre also nur dann der richtige Gesichtspunkt, wenn der Zubringer ein fremdes Kind wäre. Diese Herabstufung der Strafe wäre auch durchaus sachgerecht, weil der unredliche Badegast für das unveranlaßte Treiben fremder Kinder nicht verantwortlich ist, so daß ihm in diesem Fall nur zur Last fiele, was später er selber mit den Sachen macht.

Es liegt nahe, das Resultat allein darauf zurückzuführen, daß der Diebstahl kein eigenhändiges Delikt ist. Man könnte § 242 StGB als eine fremdhändig begehbare, aber immerhin an menschliches Verhalten gebundene Straftat ansehen und so die Erscheinung des Diebstahls durch Unterlassen in die Randzone der mittelbaren Täterschaft abdrängen und auf Überwachungsgaranten beschränken[29]. Die h. L. fände sich so in weitem Umfang doch noch bestätigt. Aber auch diese Konzession kann nicht gemacht werden. Wohl setzt die Wegnahme einen Menschen insofern voraus, als für die Begründung des Neugewahrsams ein Herrschaftswille nötig ist. Aber diesen kann ja der Unterlassende selber haben. Das äußere Geschehen, die räumliche Verschiebung der Sache, ist nicht an menschlichen Vollzug gebunden, kann vielmehr, wenngleich dies natürlich weit seltener ist als etwa bei Sachzerstörungen, auch durch Naturkräfte verursacht werden. Wasserströmung, Sturm und tierisches Verhalten mögen als Beispiele dienen. Es wäre darum auch nicht zutreffend, nur Garanten, in deren Herrschaftsbereich die wegnehmende Kraft fällt, als mögliche Unterlassungstäter anzuerkennen. Auch wer fremdes Eigentum zu beschützen hat, kann zum Dieb werden, wenn er räumliche Verschiebungen der ihm anvertrauten Sachen zuläßt. Ein Beispiel: A, der vor kurzem seinem Freund B eine wertvolle Katze verkauft hat, hütet während B's Urlaub dessen Besitz. Die heimwehkranke Katze will zurück in A's Haus. A läßt das Tier entwischen in der Absicht, es noch einmal gewinnbringend zu verkaufen.

Nun sind dies sehr theoretische Fälle. Der Leser wird mit Recht in erster Linie wissen wollen, ob die h. L. in dem allein praktischen Fall zutrifft, daß ein Garant pflichtwidrig andere Menschen nicht am Stehlen hindert. Diese Frage führt indes tief in das Problem der Zuneigungsabsicht, also ein sehr spezielles des Diebstahlstatbestandes, das außerhalb unseres Themas liegen muß. Hier können deshalb die möglichen Lösungswege nur angedeutet werden. Dabei lassen wir von vornherein die naheliegenden Zweifel bei-

---

ist später einzugehen; sie gehört in den Problemkreis des Vorsatzes bei Unterlassungsdelikten, vgl. dazu unten, § 19.

[29] Vgl. im einzelnen oben, § 7.

seite, die sich daraus ergeben, daß selbst eine an sich denkbare Diebstahlstäterschaft des Unterlassenden vielleicht hinter dem Gesichtspunkt der Beihilfe zurücktreten müßte.

Sicher ist zuerst einmal, daß die Annahme von Unterlassungstäterschaft nicht mangels „Wegnahme" scheitert. Denn das Fehlen aktiver Verursachung des Gewahrsamswechsels wird durch die Garantenstellung ausgeglichen, und daß der neue Gewahrsam nicht ein solcher des Täters selber sein muß, ist in Judikatur und Schrifttum gleichermaßen anerkannt[30]. Wer sich als Verfügungsbefugter über eine frei gelagerte Sache ausgibt und diese an einen Ahnungslosen, der sie sogleich abtransportiert, verkauft, nimmt in mittelbarer Täterschaft weg und begeht Diebstahl[31].

Das eigentliche Problem liegt, wie gesagt, bei der Zueignungsabsicht. Zwar kann der Fall eindeutig liegen, nämlich so, daß der Garant durch seine Untätigkeit keinerlei Vermögensvorteile anstrebt; es greift etwa der Nachtwächter lediglich aus Angst oder Gleichgültigkeit nicht ein, oder weil er seinem verhaßten Arbeitgeber den Schaden gönnt. Dies kann kein Diebstahl sein, denn es liegt auf der Hand, daß allenfalls wirtschaftliche Interessen die hier gänzliche fehlende Anmaßung einer eigentümerähnlichen Herrschaftsmacht (Einverleibung der Sache selbst oder des in ihr verkörperten Sachwertes in das eigene Vermögen[32]) ausgleichen könnten. Zwar muß es an solcher Anmaßung nicht notwendig in allen Fällen garantenpflichtwidrigen Nichtverhinderns fremdhändiger Wegnahme fehlen. Man könnte sich vielleicht einen Herrn von Ribbeck vorstellen, der sein Anwesen verkauft und dem neuen Eigentümer und Gewahrsamsinhaber versprochen hat, bis zu dessen Einzug auf das Obst aufzupassen. Wenn nun die Kinder — erlaubterweise, wie sie glauben — weiterhin sich Früchte vom Baum holen und R, um den Ruf des freigebigen Spenders zu behalten, sie nicht daran hindert, so wäre das pflichtwidrige Unterlassen nicht nur als Wegnahme zu bewerten, sondern auch als Anmaßung der verlorenen Eigentümerstellung. Denn R würde sich hier, genau wie wenn er die Kinder aufgefordert hätte, den Luxus des Schenkenkönnens leisten, der nur dem Eigentümer zukommt. Aber so liegt es normalerweise nicht. Der untätige Nachtwächter gestattet sich zwar ein Verhalten, welches ihm nur der Eigentümer erlauben kann, aber er maßt sich deshalb doch noch nicht die Eigentümerstellung an. Wollte man es anders sehen, so hätte auch der Diebstahlsanstifter Zueignungsabsicht. So bleibt unter den praktischen Fällen nur noch der zweifelhaft, daß der Garant in der

---

[30] Aus der Rechtsprechung vgl. RG 47 147, 48 58, 57 166, 70 213; aus dem Schrifttum: *Frank*, § 242, Abn. VI 2; *Jagusch*, LK, § 242, Anm. III 1; *Maurach*, B. T., S. 195; *Mezger-Blei*, StuB II, S. 136; *Schönke-Schröder*, § 242, Rdn. 31; *Schwarz-Dreher*, § 242, Anm. 2.

[31] Vgl. etwa BGH bei *Dallinger*, MDR 1954, S. 398: Unbefugter Verkauf von staatlichem Holz durch einen Forstbeamten, der keinen Alleingewahrsam hatte.

[32] Vgl. *Schönke-Schröder*, § 242, Rdn. 45 und die Nachweise dort.

Absicht untätig bleibt, von den Dieben einen Teil der Beute oder sonstigen Lohn für seinen Verrat zu erhalten. Einzelne Aussagen des BGH deuten, zusammengenommen, auf Bejahung von Diebstahl in diesem Fall hin. Denn einerseits soll es ja — was auch im Schrifttum anerkannt ist — nicht auf die Erlangung eigenen Gewahrsams ankommen, andererseits soll für die Zueignung genügend sein ein „Nutzen oder Vorteil im weitesten Sinne“[33], selbst nur mittelbarer Art, jedenfalls aber ein „eigenes wirtschaftliches Interesse“[34] an der Verfügungsgewalt des neuen Gewahrsamsinhabers.

Dieses Ergebnis wäre jedoch nicht gutzuheißen. Der Diebstahl ist kein Bereicherungsdelikt. Bereicherungsabsicht ist für die Tatbestandsverwirklichung einerseits nicht erforderlich, andererseits nicht ausreichend. Sie kann das „se ut dominum gerere“, das die Mindestsubstanz der Zueignung bildet, nicht ersetzen. Es ist allerdings auch fraglich, ob der BGH wirklich meint, was er sagt. Denn er hat seinen Zueignungsbegriff bei der Beurteilung von Tätern entwickelt, die das unrechte Gut zunächst in Händen hatten und es erst dann ohne Entgelt Dritten überließen. Es liegt nahe, hierin den tragenden Grund für die Annahme der Zueignung zu vermuten, der dem BGH nur nicht voll bewußt geworden ist. *Roxin* lehnt denn auch im Fall BGH 17 88 wohl die Begründung, nicht aber das Ergebnis ab. Der BGH hatte hier einen Kellner wegen Straßenraubs verurteilt, der gemeinsam mit dem Wirt Gästen Geldscheine weggenommen und sie „sogleich der Verfügungsgewalt“ des Wirtes „überlassen“ hatte. „Ein eigenes wirtschaftliches Interesse“ am Gewinn des Wirtes hatte der Kellner, weil er sonst hätte fürchten müssen, selbst vom Wirt in Anspruch genommen zu werden. *Roxin* bejaht dagegen die Zueignungsabsicht nicht deshalb, sondern weil in der durch die Wegnahme „ermöglichten freiwilligen ‚Überlassung der Sache an den anderen‘ sich die quasidingliche Verfügungsgewalt manifestiert, die für die Zueignung kennzeichnend ist“[35]. Für ihn folgt das aus seinem sehr weiten Zueignungsbegriff, nach welchem allein entscheidend sein soll, daß der Wegnehmende „ungenötigt und selbständig darüber bestimmt, ob er dem Eigentümer die Sache dauernd entziehen, ob er sie weitergeben und wer sie erhalten soll“[36]; undenkbar wird so vor allem die bekannte Figur des „absichtslosen dolosen Werkzeugs“, das nach *Roxins* Lehre immer Täter ist. Ob dies nun Billigung verdient oder nicht, stehe dahin[37]. Denn sicher ist jedenfalls, daß selbst ein

---

[33] BGH 4 236 (Leitsatz).

[34] BGH 17 88 (Leitsatz).

[35] Täterschaft, S. 343 f.

[36] a. a. O., S. 341.

[37] Die h. L. ist bekanntlich anderer Ansicht. Sie erkennt das absichtslose dolose Werkzeug an und beurteilt es als Gehilfen, vgl. besonders *Welzel,* Lehrbuch, S. 104, 343, und *Gallas,* Gutachten, S. 136. Im Falle BGH 17 88 würde sie wohl Beihilfe des Kellners annehmen, weil er das Geld nicht seinem Vermögen einverleiben, sondern schlicht weitergeben will. So ausdrücklich *Schröder* in seiner Urteilsanmerkung, JR 1962, S. 348.

derart ausgeweiteter Zueignungsbegriff (der auch dem BGH vorzuschweben scheint) nicht weit genug ist, den untätigen Garanten zum Täter zu machen.

Hardwig bestreitet das. Er wirft *Roxin* Mangel an Folgerichtigkeit vor mit der Begründung: „Nach *Roxin* hätte ja der Wächter durch das Zulassen der Wegnahme eine ‚Bestimmung' über den Verbleib der Sache getroffen: Der Dieb soll sie haben"[38]. Dieser Vorwurf ist nicht begründet. Eine Bestimmung über den Verbleib der Sache trifft, so gesehen, selbst der Anstifter, der den Dieb auf ein Objekt aufmerksam macht. Ihm schon deshalb Zueignungsabsicht anzulasten, wäre eine verfehlte Begriffsbildung. Es findet sich aber auch keine Stelle bei *Roxin*, die ihn auf solche Konsequenzen festlegt. Im Gegenteil: auf der Grundlage seines Zueignungsbegriffes *mußte Roxin* beim untätigen Nachtwächter die Zueignungsabsicht verneinen, weil dessen „Bestimmung über den Verbleib der Sache" genau wie beim Anstifter nicht Ausfluß und Manifestation einer umfassenden, quasidinglichen Verfügungsmacht ist, die im selben Augenblick eine Vielzahl anderer Verwertungsmöglichkeiten gewährt. Das sog. absichtslos-dolose Werkzeug hingegen — auch darin hat *Roxin* recht — hat diese Stellung inne, weil es die Sache in Händen hält und über ihr Schicksal frei entscheiden kann.

Die Resultate lassen sich mit drei Sätzen zusammenfassen: Diebstahl durch Unterlassen ist in allen Spielarten der Garantenpflicht denkbar, weil § 242 StGB ein reines Bewirkungsdelikt ist. Im einzig praktischen und allein diskutierten Fall — der Beschützergarant schreitet gegen den Diebstahl anderer Leute nicht ein — fehlt jedoch beim Unterlassenden die Zueignungsabsicht. Schon aus diesem Grunde kann er höchstens Teilnehmer sein.

2. Unterschlagung und Wilderei

a) Auch die §§ 246, 292 StGB enthalten den Zueignungsbegriff. Doch besteht hier ein wichtiger Unterschied. Beim Diebstahl ist, worauf besonders *Oehler* und *Lange* aufmerksam gemacht haben, die Zueignung ins Subjektive verlegt. Hier „wartet das Gesetz ... nicht erst, bis die Zueignung eingetreten ist ... Es genügt ihm zur Strafbarkeit die Verflüchtigung dieses zweiten Aktes ins Subjektive"[39]. Daraus folgt: Die Zueignung braucht, als Absicht, eine Erfolgsbewirkung lediglich zu begleiten und kann deshalb, genau wie der Vorsatz gewissermaßen unsichtbar, auch bei reinen Unterlassungen in einer der Tatbestandserfüllung genügenden Weise vorhanden sein. Das ist bei der Unterschlagung und der Wilderei anders. Hier bildet die Zueignung die objektive Tatbestandshandlung. Der Zueignungswille genügt nicht. Er bedarf des verstehbaren Ausdrucks, der Manifestation durch ein „vielsagendes" Verhalten. „Erforderlich ist ...", sagt *Schröder*, „daß der Wille, die Sache zu behalten, durch eine nach außen erkennbare Handlung betätigt

[38] JZ 1967, S. 88.

[39] *Oehler*, Das objektive Zweckmoment, S. 79; ähnlich *Lange*, ZStW 63, S. 480.

wird"[40]. Die in vieler Hinsicht so eng verwandten Delikte haben deshalb eine durchaus unterschiedliche Tatbestandsstruktur: Der Diebstahl ist ein reines Bewirkungsdelikt, Unterschlagung und Wilderei durch Zueignung sind verhaltensgebundene Straftaten[40a]. Sie sind zwar, das sei sogleich gesagt, wohl unechte Unterlassungsdelikte, weil die Zueignung auch in körperlicher Passivität Ausdruck finden kann. So etwa, wenn A, der Wein des B bei sich gelagert hat, den zu Besuch weilenden Freund C aus Scham nicht hindert, Flaschen zu öffnen und den Wein, im Glauben, er gehöre dem Gastgeber, zu trinken. Doch handelt es sich in Fällen dieser Art um die vertraute Erscheinung des konkludenten Unterlassens, deren Möglichkeit nur bedeutet, daß das verhaltensgebundene Delikt nicht tätigkeitsgebunden ist. Die Geltung der Garantenregeln beweist sie nicht. Ob im Beispiel der A garantenpflichtig ist oder nicht, ist ja auch ersichtlich ohne Belang.

Bei diesem Ergebnis dürfen wir jedoch nicht stehenbleiben. Über die hier interessierenden Fragen ist vollen Umfangs erst entschieden, wenn feststeht, welcher Unterart der verhaltensgebundenen Delikte die Unterschlagung und die Zuneigungs-Wilderei angehören. Das hängt bekanntlich davon ab, ob die Tatbestände in mittelbarer Täterschaft begehbar sind. Diese Begehungsform läßt sich für zwei Grundkonstellationen in Erwägung ziehen.

Erstens ist denkbar, daß jemand durch Mittel, die normalerweise Täterschaft begründen, einen anderen dazu bringt, sich fremdes bzw. fremdem Jagdrecht unterliegende Sachen zuzueignen. A spiegelt z. B. dem B vor, der Eigentümer C habe nichts dagegen, wenn B den neulich entliehenen Rasenmäher behalte; daraufhin verkauft ihn B. Oder: A täuscht B über den Umfang des Wildereiverbotes, woraufhin B guten Gewissens verendetes Wild einsammelt und für sich behält. Eine Unterschlagung begeht im ersten Fall der A nach der besonders eindrucksvoll von *Bockelmann*[41] begründeten wortlautstrengen Theorie schon darum nicht, weil er nicht Gewahrsamsinhaber ist. Diesen Grund erkennt die h. L. nicht an. Für sie ist jede Zueignung einer fremden Sache tatbestandsmäßig i. S. § 246 StGB, es sei denn, sie erfolgt durch Wegnahme[42]. Gleichwohl ist in beiden Fällen nach beiden Auffassungen A nicht mittelbarer Täter, weil er die Sachen nicht *sich* zueignet. Das bedarf nach dem soeben zum Diebstahl Gesagten keiner näheren Begründung.

---

[40] *Schönke-Schröder*, § 246, Rdn. 11; aus der Rechtsprechung vgl. RG 63 378, 65 147, 67 73; OLG Braunschweig, NJW 1950, S. 158.

[40a] Zur Unterschlagung vgl. auch *Schünemann*, Grund und Grenzen der unechten Unterlassungsdelikte, S. 369.

[41] MDR 1953, S. 3; übereinstimmend *Frank*, § 246, Anm. II 3; *Kohlrausch-Lange*, § 246, Anm. II; *Schünemann*, JuS 1968, S. 115 f.; BGH 2 317.

[42] So vor allem *Binding*, Normen II 2, S. 1040 ff. und Lehrbuch I, S. 245 f.; *Welzel*, JZ 1952, S. 617 und Lehrbuch, S. 345; *Schönke-Schröder*, § 246, Rdn. 1, 8, 9 (vgl. dort weitere Nachweise aus Rechtsprechung und Literatur).

Zweitens kann es so sein, daß jemand sich eines anderen bedient, um die Sache oder den in ihr verkörperten Sachwert seinem eigenen Vermögen einzuverleiben. Hier kann man, scheint mir, in gewissen Fällen auf die Figur der mittelbaren Täterschaft nicht verzichten. Zwar wird sie bei der Unterschlagung zumeist nicht der richtige Gesichtspunkt sein. Das liegt daran, daß der Unterschlagende im Normalfall als Gewahrsamsinhaber die Sache ohnehin in seiner Gewalt hat; zur Einverleibung des Objektes in sein Vermögen genügt dann schon die Einwirkung auf den anderen, weil bereits durch sie der Zueignungswille in objektiv erkennbarer Weise betätigt wird. Wenn beispielsweise jemand seine ahnungslose Frau mit dem Verkauf einer Sache beauftragt, die er vor kurzem seinem Gläubiger sicherungsübereignet hat, so begeht er, als unmittelbarer Täter, schon durch die Erteilung des Auftrags die Unterschlagung. Anders ist es jedoch, wenn der Veranlassende keinen Gewahrsam hat. B erzählt etwa dem A, daß er ein entliehenes Buch zu Hause habe, an dessen Eigentümer er sich beim besten Willen nicht erinnern könne; schnell schaltend gibt sich A als Eigentümer aus und erreicht so, daß ihm B das Buch später aushändigt. Die h. L. muß hier neben Betrug auch Unterschlagung bejahen (Zueignung ohne Gewahrsamsbruch). Legt man sie als richtig zugrunde, so wäre es gleichwohl nicht zutreffend, eine vollendete Unterschlagung schon in der Lüge des A zu sehen. Denn zwar findet bereits in ihr A's Zueignungsabsicht erkennbar Ausdruck, aber das entscheidende Element, die Einverleibung in A's Vermögen, wird erst durch die Handlung des B vollzogen.

Erst recht vorstellbar ist die Zueignung in mittelbarer Täterschaft bei der Wilderei. Sie wäre z. B. zweifellos bei einem Vater anzunehmen, der seine Kinder durch Drohnungen zwingt, in den Wald zu gehen und Sachen, die fremdem Jagdrecht unterliegen, nach Hause zu schaffen.

Die Unterschlagung und die Wilderei durch Zueignung sind also verhaltensgebunden, aber nicht eigenhändiger Natur. Wohl muß immer eine menschliche Handlung vorhanden sein, die die begehrte Sache einem Vermögen einverleibt und den Zueignungswillen des Vermögensinhabers manifestiert und erkennbar macht. Da es aber insoweit nicht auf Eindeutigkeit ankommt[43], ist kein Grund zu sehen, warum der Zueignungswillige die Handlung, die seine Absicht offenbart, persönlich vornehmen muß. Der Zueignungswille kann ebensogut durch die Tat eines menschlichen Werkzeugs verkörpert werden. Für die Garantendogmatik folgt daraus, daß sie einen dem Bereich der mittelbaren Täterschaft entsprechenden Geltungsraum hat — mit der bekannten Einschränkung auf Überwachungsgaranten. Wer in Zueignungsabsicht etwa sein unwissendes Kind nicht hindert, seinen — des Vaters — Stempel in ein entliehenes Buch zu drücken, begeht Unterschlagung, selbst wenn das Unterlassen keine unmittelbare Aussagekraft hat. Denn er verhindert nicht, daß ein Mensch, den er als Garant zu überwachen hat, eine Zu-

[43] So besonders deutlich BGH 14 41.

eignungshandlung für ihn vornimmt. Wilderei durch Unterlassen beginge beispielsweise ein Vater, der in Zueignungsabsicht seine Kinder gewähren läßt, die während des Spazierganges Eier von jagdbarem Federwild sammeln und in den Picknickkorb legen.

b) Der schon bei Erörterung des Diebstahls kritisierten Lehre *Roxins*, es ließen sich „aus den Bestimmungen der Zueignungsdelikte ... keine selbständigen Unterlassungstatbestände entwickeln“[44], kann also selbst für die Unterschlagung und die Zueignungswilderei nur mit gewissen Einschränkungen zugestimmt werden. Gänzlich verfehlt ist es jedoch, wenn *Roxin* in diesem Zusammenhang strafbares Unterlassen innerhalb des Wildereitatbestandes summarisch für undenkbar erklärt. Daß „der Förster, der die Wilderer gewähren läßt, nicht als Täter ... der Wilderei bestraft werden kann“[45], ist doch nur für die Zueignungsalternativen in § 292 StGB zwingend. Für die Alternativen des Fangens, Erlegens, Beschädigens und Zerstörens leuchtet die Behauptung nicht ein. Daß das Erlegen von Wild ein normales Bewirkungsdelikt mit voller Geltung der Garantenregeln ist, wurde schon oben gezeigt[46]. Das dort Gesagte läßt sich nicht nur ausdehnen auf die Beschädigung und Zerstörung von Sachen, die dem Jagdrecht unterliegen, sondern auch auf das Fangen von Wild. Denn das Gesetz meint mit dem Begriff des Fangens bestimmt jede Art der Verursachung von Gefangenschaft jagdbarer Tiere. Dem aktiven Fangen muß deshalb das garantenpflichtwidrige Nichthindern des Verlustes der Bewegungsfreiheit gleichstehen.

Zweifelhaft scheint allein die Alternative des Nachstellens. Sie dient bekanntlich seit längerem als Paradebeispiel für die durch Hellmuth *von Weber*[47] entdeckten „finalen Tätigkeitswörter“ oder „final gefaßten Tatbestände“. Wenn diese Betrachtung zutrifft, dann hätten wir allerdings im „Nachstellen“ einen weiteren verhaltensgebundenen Wildereitatbestand vor uns. Das sieht *Gallas* richtig, der die finalen Tätigkeitswörter — zu denen er das „Nachstellen“ ausdrücklich rechnet — in eine Reihe stellt mit allen „Deliktstypen, die nicht als reine Erfolgsdelikte gestaltet sind“; denn hier werde „ein Handeln, ein von einem subjektiven Sinn gelenktes Verhalten, nicht ein bloßer Kausalablauf beschrieben“[48]. Aber die Zuordnung zu den final gefaßten oder, worauf es hier ankommt, zu den verhaltensgebundenen Tatbeständen ist nicht überzeugend, so sehr sich der Gedanke zuerst aufdrängen mag. *Oehler* hat einleuchtend dargelegt, daß ein rein objektives Verständnis des Nachstellensbegriffes nicht nur möglich ist, sondern auch den Vorstellungen des Gesetzgebers näherkommen dürfte. „Wenn ein nicht

---

[44] Täterschaft, S. 481.

[45] a. a. O., S. 482.

[46] Vgl. oben S. 130, 133 f.

[47] Zum Aufbau des Strafrechtssystems, 1935, S. 8 f.; Grundriß des Deutschen Strafrechts, 2. Aufl., 1948, S. 54 f.

[48] ZStW 67, S. 33.

jagdberechtigter Bauer", schreibt er, „auf seiner Wiese Fallen aufstellt, die üblicherweise von den Wilderern zum Nachstellen auf Rehe, Hasen u. ä. Tiere benützt werden, ihm in seiner Einfalt aber allein zum Fangen von Ratten dienen sollen, dann ist das Tatbestandsmerkmal des ‚dem Wild nachstellen' objektiv erfüllt. Dieser Begriff bedeutet doch nur soviel wie Maßnahmen treffen, die nach objektiver Betrachtung dem Nachstellen von Wild dienen sollen... Andernfalls könnte der Jagdberechtigte nicht wirksam gegen den Bauern vorgehen"[49]. Denkt man das folgerichtig zu Ende, dann wird man sogar sagen müssen: Das Gesetz meint mit diesem Begriff ganz allgemein jedes Verursachen konkreter Gefahren für Leben, Freiheit und körperliche Unversehrtheit von jagdbaren Tieren. Dem aktiven Verursachen muß dann aber auch wieder das Nichtabwenden gleichstehen, sofern eine Garantenstellung hinzukommt. Im Sinne des Gesetzes stellt deshalb dem Wild auch der Lehrer nach, der beim Klassenausflug die Pirsch seiner Schüler nicht verbietet, oder der zum Schutz des Wildes angestellte Jagdschutzbeamte, der Wildererschlingen absichtlich liegen läßt oder einen streunenden Hund nicht unschädlich macht.

C. Begünstigung und Hehlerei

1. Die Begünstigung, § 257 StGB, ist sowohl in der persönlichen wie der sachlichen Alternative ein reines Bewirkungsdelikt. Für den Begriff des „Beistandleistens" gilt nichts anderes als für den des „Hilfeleistens" in § 49 StGB. Auf das zur Beihilfe Gesagte kann hier verwiesen werden[50].

Freilich sind Verstöße gegen § 257 StGB durch garantenpflichtwidriges Unterlassen nicht allzu häufig. Das hat seinen Grund in der Eigentümlichkeit des Schutzgutes der Bestimmung. Denn die Rechtspflege sowie „die Rechtsordnung als Ganzes und ihre Forderung auf Strafe und Restitution"[51] zu schützen, sind Privatleute im allgemeinen nicht verpflichtet, so daß die Rolle des Beschützergaranten von vornherein nur Rechtspflegeorganen zufällt. Diese sind zudem, sofern sie einen Verbrecher zum Zwecke der Strafvereitelung unbehelligt lassen, der Sondervorschrift des § 346 StGB unterworfen, einem Garantendeliktstatbestand, der zwischen aktivem Beistehen und passivem Nichteinschreiten keinen Unterschied macht.

Eine gewisse Bedeutung behält für § 257 StGB die andere Grundform der Garantenpflicht. Faktoren des eigenen Herrschafts- und Verantwortungsbereichs, die den Beistandserfolg hervorzubringen drohen, muß jeder, auch der Privatmann, unschädlich machen.

2. Bei der Hehlerei (§ 259 StGB) ist der Tatbestand des Ansichbringens (den die Spezialfälle des Ankaufens und Zum-Pfande-Nehmens bloß bei-

---

[49] Das objektive Zweckmoment, S. 77.
[50] Vgl. oben S. 114.
[51] *Schönke-Schröder*, § 257, Rdn. 1.

spielhaft veranschaulichen) zweifellos verhaltensgebunden. Denn der hier gemeinte Vorgang des Erwerbs im Einvernehmen mit dem Vorbesitzer setzt notwendig ein menschliches Verhalten voraus, dem man eine Bedeutung und einen Aussagegehalt beilegen kann; in der Wirklichkeitsschicht der rein faktischen Kausalverläufe ist er überhaupt nicht vorstellbar. Allerdings ist die Tatbestandsverwirklichung durch reines Unterlassen nicht völlig ausgeschlossen, weil die Hehlerei durch Ansichbringen kein eigenhändiges Delikt ist. Es liegt hier ähnlich wie bei der Unterschlagung und der Zueignungswilderei. Wer in Vorteilsabsicht Personen, die er zu überwachen hat, beim Anschaffen von Verbrechensbeute gewähren läßt, begeht Hehlerei. So etwa der Chef, der den ahnungslosen Angestellten eine Sache für den Betrieb kaufen läßt, deren Herkunft aus einem Diebstahl ihm bekannt ist. Nichts mit dem Garantenprinzip zu tun haben dagegen die Unterlassensfälle, die die Rechtsprechung[52] gelegentlich beschäftigen: Ein Stellvertreter erwirbt Deliktsgut, der zunächst gutgläubige Geschäftsherr duldet auch nach Kenntniserlangung die weitere Verwendung im Betrieb oder Haushalt. Diese Sachlage wird bei genauerer Betrachtung so gut wie immer mit einem konkludenten Verhalten verbunden sein, welches das Einverständnis mit dem Vorbesitzer und die Übernahme der Verfügungsmacht unmittelbar zum Ausdruck bringt; daß beides mit der Gewahrsamserlangung zusammenfallen und dem Vorbesitzer bekannt werden muß, ist nicht zu verlangen[53]. Wo das konkludente Verhalten aber ausnahmsweise fehlt — es scheint z. B. der Erwerber von der Existenz der Sache in seinem Betrieb gar nichts zu wissen —, da ist dann auch die Hehlereistrafe nicht am Platze. Denn bloßes Nichtwegbringen ist auch bei Pflichtwidrigkeit noch kein Ansichbringen. Deshalb geht es viel zu weit, wenn der BGH die Behauptung aufstellt: „Wer, wie der vom Gewerbegehilfen vertretene Firmeninhaber, den Gewahrsam an Sachen ohne sein Wissen erlangt, bringt diese ... dadurch an sich, daß er sich der tatsächlichen Verfügungsgewalt bewußt wird und diese willentlich fortbestehen läßt“[54]. Genau das Richtige treffen dagegen die Worte *Welzels*, daß „auch hier das Ansichbringen, ebenso wie in § 246 der Zueignungswille, in einem äußeren Akt manifestiert werden“[55] müsse.

Diese restriktive Deutung — verhaltensgebunden, wenngleich fremdhändig begehbar — dürfte auch für die Alternative des Verheimlichens den Vorzug verdienen. Zwar ließe sich erwägen, ob es kriminalpolitisch nicht sinnvoller wäre, schlechthin jedes Verursachen einer die Entdeckung der Sache erschwerenden Lage zu erfassen. Aber das wäre kaum durchführbar. Es würde sonst beispielsweise auch derjenige „verheimlichen“, der auf seinem Gartenbeet

[52] Vgl. RG 55 220, 52 204; OLG Celle, HESt. 1, 110.

[53] So die ständige Rechtsprechung; vgl. RG 52 203, 55 220, 56 235, 64 326; BGH 5 49, 15 58; OLG Celle, GA 1966, S. 56.

[54] BGH 5 49.

[55] Lehrbuch, S. 398.

eine, wie er weiß, gestohlene Sache findet und sie, nur weil sie dort stört, in den Schuppen legt. Entdeckungserschwerende Handlungen haben nach richtiger Ansicht nur dann Verheimlichungscharakter, wenn sich in ihnen der Wille zur Restitutionsvereitelung erkennbar ausdrückt. Daraus folgt, daß (von der mittelbaren Täterschaft abgesehen) bloße Untätigkeit ohne schlüssigen Aussagewert von vornherein nicht tatbestandsmäßig sein kann.

Demgegenüber will die im Schrifttum überwiegende Meinung[56] und zum Teil auch die Rechtsprechung[57] hier die allgemeinen Garantenpflichtregeln anwenden. Wie wenig dies der Sache angemessen ist, beweist ein Sachverhalt, den der BGH zu beurteilen hatte: Der Angeklagte war nachts von einem Bekannten geweckt und gebeten worden, einen Lkw-Reifen bei ihm unterstellen zu dürfen. Der Angeklagte erlaubte das, ohne zu wissen, daß sein Bekannter den Reifen gestohlen hatte. Später erfuhr er es, ließ aber weiterhin den Reifen bei sich liegen. — Das Landgericht hatte eine Hehlerei durch Verheimlichen bejaht und dies offenbar auch auf den Gedanken des vorangegangenen Tuns gestützt. Der BGH sah ebenfalls den Nachweis einer „Rechtspflicht zum Handeln" als entscheidend an, verneinte sie aber mit der Begründung: „Die Tatsache, daß das Diebesgut gutgläubig in Besitz genommen wurde, reicht nicht aus, eine solche Pflicht zu begründen. Sonst müßte derjenige, der eine Sache gutgläubig vom Dieb angekauft hat und nach erlangter Kenntnis von dem strafbaren Vorerwerb sich darauf beschränkt, die Sache zu behalten, wegen Hehlerei bestraft werden"[58]. *Schröder* stimmt der Entscheidung ausdrücklich zu[59].

In Wahrheit sind aber Ergebnis und Begründung mit dem Ausgangspunkt, daß es auf die „Rechtspflicht zum Handeln" ankomme, unvereinbar. Mag auch dem Angeklagten bei der Inverwahrungnahme böser Glaube nicht nachzuweisen gewesen sein, so mußten ihm doch die Umstände des Falles die Ahnung geradezu aufdrängen, daß hier nicht alles seine Richtigkeit hatte und daß er durch seine Erlaubnis möglicherweise die Wiederauffindung einer unrechtmäßig erlangten Sache erschweren werde. Der BGH leugnet denn auch nicht, daß der Angeklagte durch sein Tun, selbst ex ante betrachtet, die höchst naheliegende Gefahr der Restitutionsvereitelung geschaffen hat. Dann ist aber unerfindlich, wie er gleichwohl eine Garantenpflicht aus vorangegangenem Tun verneinen zu können glaubt. Diese Inkonsequenz erklärt sich allein daraus, daß hier eine richtige Sacherkenntnis den falschen theoretischen Ansatz wiederaufhebt. Es ist aber das, was beim BGH und bei *Schröder* dogmatisch letztlich unbegründbar bleibt, sofort auch theoretisch richtig, wenn man das Verheimlichen als verhaltensgebunden begreift. Denn

---

[56] *Schönke-Schröder*, § 259, Rdn. 46; *Maurach*, B. T., S. 370 f.; *Jagusch* in LK, § 259, Anm. 4 b; a. A. *Schwarz-Dreher*, § 259, 3 Ba.

[57] Vgl. RG, HRR 1940 Nr. 1213; anders jedoch RG, GA 65, S. 548.

[58] BGH 2, S. 138.

[59] *Schönke-Schröder*, § 259, Rdn. 46.

dann ist zwingend, daß das bloße Nichtaufzeigen einer Sache, selbst wenn es pflichtwidrig sein sollte, noch kein Verheimlichen ist.

Ein reiner Bewirkungstatbestand ist in § 259 StGB allein das Mitwirken beim Absatz. Schon der Wortlaut macht deutlich, daß es dem Gesetzgeber hier darum ging, schlechthin jedes Fördern der Übertragung des unrechten Gutes an Dritte zu verhindern. In dieser Alternative ähnelt die Hehlerei der Beihilfe und der Begünstigung. Deshalb entsprechen sich auch die Folgerungen für den Unterlassensbereich. Ein Garant muß alle von ihm zu verantwortenden Umstände beseitigen, die den Absatzvorgang begünstigen, mag es dabei auch um Faktoren gehen, die nicht im Handeln anderer Menschen bestehen.

Das RG hatte z. B. einmal über einen Wirt zu befinden, in dessen Gaststube Diebe gestohlene Geschirre zum Verkauf ausgelegt hatten. Obwohl der Wirt die Diebe zum Wegräumen der Sachen aufgefordert hatte (nicht sehr entschieden zwar und ohne Erfolg), verurteilte ihn das RG wegen Hehlerei. Dies sei, schreibt der Senat, begründet, „selbst wenn man ... in seinem Verhalten nur ein Geschehenlassen, das Unterlassen eines entschiedenen Einschreitens, erblicken wollte ..., denn es ist ... anerkannt, daß ein Mitwirken zum Absatz durch Unterlassung dann begangen werden kann, wenn eine Rechtspflicht zum Einschreiten besteht“[60].

Die nun folgende Begründung der „Rechtspflicht zum Einschreiten“ aus der Gewerbeordnung ist formalistisch und befriedigt nicht. Im Ergebnis trifft die Entscheidung aber zu. Denn hat eine Kneipe in den interessierten Kreisen erst einmal den Ruf eines Umschlagplatzes für Diebesgut erworben (was im RG-Fall offenbar zutraf), dann bildet sie einen Gefahrenherd. Zumindest in solchem Fall steht es einer aktiven Mitwirkung gleich, wenn der Inhaber den absatzfördernden Effekt seiner Räumlichkeiten zuläßt. Zwar hatte der Wirt gegen das Treiben der Diebe protestiert. Bei einem verhaltensgebundenen Delikt, etwa dem Gewähren von Gelegenheit nach § 180 StGB, kann dies genügen, die Tatbestandserfüllung auszuschließen. Die Hehlerei durch Mitwirken zum Absatz ist jedoch ein reines Bewirkungsdelikt, bei welchem allein Garantenpflicht und Hinderungsmöglichkeit über die Tatbestandsmäßigkeit von Unterlassungen entscheiden.

D. Nötigungsdelikte

Nötigungsdelikte — ich greife Notzucht (§ 177 StGB), Freiheitsberaubung (§ 239 StGB), den Grundtatbestand des § 240 StGB, Bedrohung (§ 241 StGB), Raub (§ 249 StGB) und Erpressung (§ 253 StGB) beispielshalber heraus — werden durch „Gewalt“ und „Drohung“ begangen. Es kann sich dabei um den Enderfolg der Straftat handeln. So ist im Falle des § 241 StGB das Delikt mit der vom Empfänger verstandenen Drohung vollendet. Der Ver-

---

[60] RG 58 300.

lust der persönlichen Freiheit, der den Erfolg des § 239 StGB kennzeichnet, bedeutet einen Zustand andauernder Gewalt (vis absoluta). Häufiger aber sind Gewalt und Drohung nur Zwischenerfolge, Mittel zu weiteren Zwecken, die in Handlungen oder Unterlassungen nur des Genötigten (Nötigung, Erpressung), oder außerdem auch des Nötigers (Notzucht, Raub) bestehen können. Doch wie ein Nötigungstatbestand im einzelnen auch ausgestaltet sein mag, die Grundproblematik unter dem Aspekt des unechten Unterlassungsdeliktes ist einheitlich. Stets lautet die Ausgangsfrage: Ist die Nötigung verhaltensgebunden oder nicht?

Gallas hat diese Frage im ersteren Sinn beantwortet. Man könne den Begriff „nötigen" nicht als Beschreibung einer reinen Erfolgsverursachung verstehen, wie etwa den Tötungsbegriff. Vielmehr bedeutet „nötigen" „ein von einem subjektiven Sinn gelenktes Verhalten", nicht werde „ein bloßer Kausalablauf beschrieben"[61]. Zutreffend ist die Antwort von *Gallas* nur, wenn sie sich für die beiden Grundalternativen, aus denen der Nötigungsbegriff zusammengesetzt ist, gleichermaßen als richtig erweist.

Was zunächst die Drohung angeht, so hat *Gallas* ohne Zweifel recht. Die Drohung wird definiert als „das In-Aussicht-Stellen eines Übels, auf dessen Eintritt einen Einfluß zu haben der Täter vorgibt"[62]. Es genügt also nicht, daß jemand einen anderen in eine „bedrohliche" Situation führt, in der dieser ein Übel auf sich zukommen sieht. Drohen tut vielmehr nur derjenige, der den Eintritt des Übels als von seinem Willen abhängend darstellt. Dieses Darstellen der persönlichen Macht kann ausdrücklich oder konkludent, im letzteren Fall sowohl durch aktives Tun wie durch vielsagendes Schweigen geschehen. Auch in mittelbarer Täterschaft kann man drohen. In diesem Fall genügt es, wenn das Werkzeug das Übel in Aussicht stellt und dem Betroffenen seine — des Werkzeugs — Entscheidungsgewalt zu verstehen gibt. Immer aber erfordert die Drohung ein menschliches Verhalten mit Aussagegehalt. Die Konsequenzen für den Bereich strafbaren Unterlassens sind die bekannten. Drohung durch reines Unterlassen gibt es nur in der Form der mittelbaren Täterschaft (jemand schreitet nicht gegen die Drohung einer Person ein, für deren Tun er als Überwachungsgarant verantwortlich ist). Wer dagegen unmittelbar, und sei es auch entgegen einer Garantenpflicht, einen anderen in Gefahr geraten läßt, aus der dieser sich nur durch die vom Untätigen gewünschte Handlung retten kann, verwirklicht einen Nötigungstatbestand jedenfalls nicht in der Drohungs-Alternative.

Anders liegt es hinsichtlich der Gewalt, und insoweit hat *Gallas* unrecht. Der Begriff der Gewalt zeigt, wo immer er verwandt wird, das Vorliegen

[61] ZStW 67, S. 33.

[62] So von *Welzel*, Lehrbuch, S. 325, in sachlicher Übereinstimmung mit dem gesamten Schrifttum und der ständigen Rechtsprechung; vgl. etwa *Kohlrausch-Lange*, § 52, Anm. III; *Schönke-Schröder*, Rdn. 20 vor § 234; *Maurach*, B. T., S. 115; RG 54 236; BGH 7 198, 16 387.

eines Bewirkungstatbestandes oder -tatbestandsteiles an[63]. Legt man freilich die „klassische" Definition: Gewalt ist die zur Überwindung eines Widerstandes entfaltete physische Kraft[64], zugrunde, so ist die Behauptung nicht haltbar. Wenn nämlich Gewaltausübung und -anwendung ohne die Entfaltung physischer Kraft nicht denkbar sind, dann sind Gewaltdelikte geradezu Musterbeispiele für tätigkeitsgebundene, also qualifiziert-verhaltensgebundene Straftaten. Es würde vor allem, was uns besonders interessiert, keinerlei strafbares Unterlassen in unmittelbarer Täterschaft geben, weil ein Unterlassender schon definitionsgemäß den Erfolg nicht unter Aufbietung von Körperkraft anstrebt. Aber die alte Begriffsbestimmung, wiewohl als solche besonders von der Rechtsprechung bis heute beibehalten[65], entspricht schon lange nicht mehr dem Stand der wissenschaftlichen Erkenntnisse. Gerade das in unserem Zusammenhang interessierende Moment der Kraftentfaltung hat nach und nach den kriminalpolitischen Bedürfnissen vollständig weichen müssen. So hat sich der BGH[66], in Abkehr von der reichsgerichtlichen Rechtsprechung[67], der im Schrifttum[68] schon früher überwiegenden Meinung angeschlossen, daß auch das nicht gewalttätige Beibringen narkotischer Mittel als Gewalt zu werten sei. Aber schon das RG selbst hatte in kaum verdecktem Widerspruch zur eigenen Begriffsbestimmung das Einsperren und Abschließen der Tür[69] und die Abgabe von Schreckschüssen[70] als Gewalt bezeichnet, ohne zu verlangen, daß der Täter nennenswerte Kraft habe entfalten müssen. Und sogar das Unterlassen ist vom RG als mögliche Verwirklichkeitsform der Gewalt anerkannt worden[71]. *Schröder* spricht deshalb zutreffend von der unverkennbaren und billigenswerten „Tendenz der Rechtsprechung, von dem Begriff der Gewalt als Kennzeichnung des *Mittels* der Einwirkung zur Berücksichtigung der Gewalt*wirkung* zu kommen"[72]. Im Schrifttum ist zwar der Gewaltbegriff in vielem auch heute noch lebhaft umstritten. Aber er ist es kaum noch, was die Notwendigkeit physischer Kraftentfaltung be-

---

[63] So sind die Nötigung durch Gewalt und die Freiheitsberaubung (als ganze) Bewirkungstatbestände; die Notzucht dagegen enthält zwar auch die gewaltsame Nötigung, sie ist hier aber nur ein Teilstück, dem sich ein zweiter, tätigkeitsgebundener Tatbestandsteil anschließt.

[64] So oder ähnlich RG 56 87, 64 115; *Frank*, § 52, Anm. I 1; *Olshausen*, § 240, Anm. II 4 a; *Kohlrausch-Lange*, § 52, Anm. II.

[65] Vgl. BGH 16 341; BayObLG, NJW 1959, S. 495; OLG Neustadt, MDR 1957, S. 309; OLG Celle, NJW 1959, S. 1597.

[66] BGH 1 145.

[67] RG 56 87, 58 98, 72 351.

[68] Vgl. die Nachweise des BGH a. a. O., S. 148.

[69] RG 13 50, 27 406, 73 343.

[70] RG 60 157, 66 355.

[71] RG 13 50, 24 339 (Freiheitsberaubung durch Unterlassen).

[72] *Schönke-Schröder*, Rdn. 8 vor § 234.

trifft[73]. Wir dürfen den folgenden Erwägungen deshalb ohne Bedenken einen begehungsneutralen Gewaltbegriff zur Grundlage geben: Gewalt ist jedes Verursachen einer Zwangslage für einen anderen, in der dieser entweder — vis absoluta — bestimmte Handlungen nicht vornehmen kann (Einsperrung), oder — vis compulsiva — eine bestimmte Handlung vornehmen muß, um den Nachteilen eines gegenwärtigen empfindlichen Übels zu entgehen (Verscheuchen durch Schreckschüsse).

Daraus folgt für uns zunächst: Der allgemeinen Auffassung[74], daß Gewalt auch durch Unterlassen geübt werden kann, ist zu folgen. Sodann können wir diese Lehre präzisieren, indem wir aus der Zuordnung zum Begriff des Bewirkungsdeliktes folgern, daß Gewalt durch Unterlassen jedenfalls immer dann vorliegt, wenn der Untätige entgegen einer Garantenpflicht jemanden in eine Zwangslage geraten läßt, die den genannten Anforderungen genügt. Dies kann einmal so aussehen, daß in der einen Unterlassung sich der Beitrag des Garanten zur Tatbestandserfüllung erschöpft. Es läßt etwa ein Ehemann, dessen Frau einen nur von außen zu öffnenden Raum betreten hat, die Tür hinter ihr ins Schloß fallen (Freiheitsberaubung); oder es läßt, nach einem Beispiel von *Blei*[75], jemand den ihm anvertrauten Kranken so lange ohne Nahrung und Pflege, bis ihn dieser, gepeinigt von Hunger und Schmerz, zum Alleinerben einsetzt (Erpressung). Möglich ist aber auch, daß der Unterlassung noch ein weiteres Verhalten des Garanten folgen muß. Es läßt beispielsweise jemand seinen Hund den Geldbriefträger anfallen, um dem Wehrlosen das Geld wegnehmen zu können; oder der schutzpflichtige Begleiter einer Frau wehrt den Notzüchtiger absichtlich nicht ab, weil er die Überfallene anschließend selber zum Beischlaf mißbrauchen will.

Gemeinsam ist allen vier Beispielen, daß der Garant schon den Eintritt der Zwangslage hindern kann und dies bewußt nicht tut. Von dieser ersten Grundkonstellation, die keine besonderen Schwierigkeiten aufwirft, ist nun sorgfältig die zweite zu unterscheiden, die merkwürdigerweise die wissenschaftliche Diskussion ausschließlich beherrscht. Ihr ist eigen, daß dem Täter der Eintritt der Zwangslage entweder gar nicht oder doch nicht so, wie es der Tatbestand voraussetzt, vorgeworfen werden kann, er aber die eingetretene

---

[73] Von den neuesten Stellungnahmen vgl. besonders *Schönke-Schröder*, Rdn. 6 ff. vor § 234; *Maurach*, B. T., S. 113—115; *Mezger-Blei*, StudB I, S. 221; *Welzel*, Lehrbuch, S. 325; aus der neueren Diskussion vgl. ferner *Knodel*, Der Begriff der Gewalt im Strafrecht, 1962; *Blei*, NJW 1954, S. 583; *Schultz*, SchwZStr. 68 (1952), S. 340; *Koffka*, JR 1964, S. 39; am Erfordernis physischer Kraftentfaltung halten im gewissen Umfange fest: *Baumann*, A. T., S. 457; *Geilen*, Festschrift für H. Mayer, S. 445 ff. (448 f.).

[74] *Knodel*, a. a. O., S. 114 ff.; *Eser*, NJW 1965, S. 379 f.; *Schönke-Schröder*, Rdn. 15 vor § 234 und § 235, Rdn. 7, § 240, Rdn. 8; *Mezger-Blei*, StudB II, S. 56; *Maurach*, B. T., S. 122; *Schaefer* in LK, § 240, Anm. II 3 a; RG 13 50, 24 339; BayObLG, NJW 1963, S. 1261; grundsätzlich auch *Geilen*, a. a. O., S. 449.

[75] NJW 1954, S. 585.

Zwangslage bewußt bestehen läßt oder zu deliktischen Handlungen ausnutzt. So lag etwa der Fall RG 24 339, der seitdem ständig das Lehrbeispiel einer Freiheitsberaubung durch Unterlassen abgibt: Der Angeklagte hatte eine Frau versehentlich eingeschlossen und sie später absichtlich nicht herausgelassen. Auch die Sachverhalte, die *Knodel*[76] und *Eser*[77] zur Veranschaulichung der Gewalt durch Unterlassen bilden, gehören sämtlich in diese Gruppe. Wenn — ein Beispiel von *Eser* — der Sexualverbrecher sein Opfer zunächst nur fesselt, um sich an ihm vergehen zu können, dann aber die Wehrlosigkeit der Frau aufgrund eines plötzlichen Entschlusses auch dazu benutzt, sie auszuplündern, dann hat er, wie *Eser* zu Recht betont, als *Mittel* zur Wegnahme (vgl. § 249 StGB: „mit Gewalt") nicht das Schaffen, sondern lediglich das Nichtbeseitigen der Zwangslage benutzt.

Das Bedenkliche der Gleichstellung auch (und gerade) dieser Fälle mit der aktiven Gewaltanwendung wird kaum gesehen. Die Frage ist nämlich, ob die Gleichbewertung hier nicht ebenso unerlaubt ist wie in den bekannten Fällen der unterlassenen Schadenswiedergutmachung: Wer z. B. im irrigen Glauben, eine Maschine reparieren zu sollen, sie auseinandernimmt und, nach Aufklärung, die Wiederzusammensetzung ablehnt, begeht keine Sachbeschädigung durch Unterlassen, oder wer aus Versehen ein amtliches Siegel abgelöst hat und es dann nicht wieder anbringt, verstößt nicht gegen § 136 StGB[78].

Nun hat freilich die Wissenschaft hier einen Unterschied herausgearbeitet, der die abweichende Beurteilung unserer Fälle vielleicht zu rechtfertigen vermag. Er wird durch die Begriffe des „Zustands-" und des „Dauerdeliktes" gekennzeichnet und soll darin bestehen, daß der verpönte Erfolg bei jenem mit der Deliktsvollendung endgültig eintritt, während er bei diesem sich gleichsam immerfort erneuert[79]. Da ein Dauerzustand in diesem Sinne bei anhaltenden Zwangslagen (etwa aufgrund Gefesselt- oder Eingesperrtseins) wohl immer zu bejahen ist, könnte man daraus für unsere problematischen Fälle ableiten, daß der Untätige hier eben doch eine gewissermaßen erst in der Zukunft eintretende Gewaltwirkung nicht verhindert und nicht nur eine bereits eingetretene unbeseitigt läßt. *Schröder* hält das in der Tat für richtig. Wegen der Eigenart des Dauerdeliktes bedeutet ihm „die Unterlassung, den Dauerzustand zu beseitigen, eine Intensivierung des durch seine Herbeiführung eingetretenen Schadens mit dem Ergebnis, daß bei einem Dauerdelikt nach den Regeln unechter Unterlassungsdelikte auch derjenige strafbar ist, der den Dauerzustand ohne strafrechtliche Verantwortlichkeit geschaffen hat und es unterläßt, ihn zu beseitigen"[80]. Dem wird man die Zustimmung

---

[76] a. a. O., S. 115 f.

[77] NJW 1965, S. 379.

[78] Beispiele von *Schröder*, NJW 1966, S. 1002.

[79] Vgl. etwa *Maurach*, A. T., S. 738; *Schönke-Schröder*, Rdn. 45 vor § 73; *Jescheck*, Lehrbuch, S. 178.

[80] NJW 1966, S. 1002.

letztlich wohl nicht verweigern können. Es entstünden sonst echte Strafbarkeitslücken und Ergebnisse, die dem Rechtsgefühl widersprächen. Es ist allersings nicht sicher, ob *Schröders* Lehre, einmal akzeptiert, sich wirklich so streng auf Dauerdelikte beschränken läßt. So ist die Körperverletzung normalerweise gewiß ein Zustandsdelikt. Kann man daraus nun folgern, daß eine Mutter, die ihr Kind schuldlos verletzt hat und nun absichtlich die den Heilungsprozeß beschleunigende Handlung unterläßt, nicht gegen § 223 StGB verstößt? Wegen der Sachähnlichkeit mit der Lage bei Dauerdelikten würde *Schröder* die Folgerung wohl verwerfen, damit aber zugleich die mit seinen Thesen verbundene Gefahr der Strafbarkeitsüberdehnung sichtbar machen.

Um so gewissenhafter muß man deshalb die Grenzen beachten, die die Unterlassungsdogmatik der Verantwortlichkeit des Nichtbeseitigers nun endgültig zieht. So liegt Gewalt durch Unterlassen insbesondere nicht schon vor, wenn das Bestehen einer Zwangssituation zu unerlaubtem Tun ausgenutzt wird. Man denke sich, daß ein Passant einen von anderen gefesselten Menschen ausplündert, oder daß ein Sexualverbrecher eine Frau betäubt und ihr nach dem Beischlaf aufgrund neuen Entschlusses das Geld wegnimmt. In beiden Fällen wäre Raub zu verneinen, im ersten, weil den Täter keine Pflicht zur Aufhebung der Gewalt trifft[81], im zweiten, weil ihm im Augenblick der Wegnahme die Beendigung der Zwangslage nicht möglich ist[82]. Zumindest das letztere Ergebnis ist nicht befriedigend, weil, worauf *Eser* hinweist, so „die intensivere, weil vom Täter nicht beendbare Form der Gewaltanwendung gewissermaßen noch honoriert wird"; aber *Eser* sieht selbst richtig, daß dies „wohl eine zwingende Konsequenz der Tatbestandsfassung des § 249"[83] ist.

Von hier aus wird auch ganz deutlich, warum die Strafbarkeitslücke, die in Fällen der eigenmächtigen Heilbehandlung nach richtiger Ansicht de lege lata besteht, nicht über die §§ 239, 240 StGB geschlossen werden kann. Wenn ein Arzt der narkotisierten Patientin statt lediglich eines Geschwürs am Uterus abredewidrig die krebsbefallene Gebärmutter entfernt, so nutzt er dazu zwar die Zwangslage der Betroffenen aus. Aber entgegen einer im Schrifttum stark vertretenen Ansicht[84] ist es gleichwohl unzulässig, den Arzt wegen Nötigung oder Freiheitsberaubung zu bestrafen. Diese rechtliche Einordnung ist sogar aus zwei Gründen falsch. Erstens nämlich ist der Arzt im Augenblick der Operation gar nicht in der Lage, den wehrlosen Zustand der

---

[81] Ebenso *Knodel*, a. a. O., S. 116 f.

[82] Ebenso *Eser*, NJW 1965, S. 380.

[83] a. a. O., S. 380.

[84] So heute noch *Kohlrausch-Lange*, § 223, Anm. III C; *Welzel*, Lehrbuch, S. 289; *Maurach*, B. T., S. 78; früher auch *Schönke-Schröder*, § 240, Anm. III 4 (bis zur 9. Aufl.); Eb. *Schmidt*, Der Arzt im Strafrecht, S. 112; *Mezger*, StudB II, S. 57 (bis zur 7. Aufl.).

Patientin zu beenden, weshalb die Nichtbeendigung schon tatbestandlich in jeder Hinsicht irrelevant bleiben muß. Und zweitens beginge er, selbst wenn er den Zustand aufheben könnte, keine Gewalt durch Unterlassen, weil die Wehrlosigkeit der Patientin gar nicht auf Gewalt beruht[85].

---

[85] Im Ergebnis ebenso *Knodel,* S. 117; *Schröder,* NJW 1961, S. 952 f. und Kommentar, Rdn. 19 vor § 223; *Bockelmann,* Strafrecht des Arztes, S. 71. Gewiß kann der eigenmächtige Eingriff Nötigung sein. Aber er ist es, wie *Bockelmann,* a. a. O., beweist, nur ausnahmsweise. „Zur Nötigung gehört, daß fremder Wille gebeugt wird. Zwang kommt aber nur dann in Betracht, wenn der Kranke den Eingriff geradezu verweigert. Daß der Operateur in solchem Fall wirklich Gewalt oder Drohung mit einem empfindlichen Übel anwendet, um die Operation zu erzwingen, kommt wohl kaum vor."

ZWEITER TEIL

DER HANDLUNGSBEGRIFF IM STRAFRECHT

§ 11 BEGRENZUNG DER PROBLEMATIK

Die Vorarbeit ist geleistet. Der erste Teil hat geklärt, wo der Garantenregeln wichtigstes Geltungsgebiet zu finden ist, und damit zugleich den Tatbestandstyp aufgezeigt, über den die traditionelle Dogmatik des unechten Unterlassungsdelikts — eben die Garantendogmatik — überhaupt etwas aussagen kann. Diesen Tatbeständen, den offenen[1], muß sich die Untersuchung nunmehr vor allem widmen.

Doch gilt es, zuvor die Grundprämisse zu überprüfen. Damit ist folgendes gemeint: Es wurde bisher vorausgesetzt, daß reine Unterlassungen, sofern sie garantenpflichtigen Personen zur Last fallen, den Bewirkungsdelikten genau wie aktive Handlungen ohne weiteres subsumiert werden können. Während etwa echte Unterlassungsdelikte überhaupt nur durch Untätigbleiben und verhaltensgebundene Delikte außer durch aktives Tun allein durch handlungswertige, konkludente Unterlassungen zu verwirklichen sind, sollen die Tatbestände der reinen Bewirkungsdelikte neben dem aktiven Tun auch und mit derselben Unmittelbarkeit wirkliches Unterlassen umspannen. So dezidiert gesagt, ist das aber eine äußerst fragwürdige Behauptung, die mittlerweile nur noch bei einer Mindermeinung auf Zustimmung rechnen darf. Daß sie gleichwohl zutrifft, muß also zunächst bewiesen werden.

Die Frage nach der Spannweite eines gesetzlichen Tatbestandes ist aufs engste verbunden mit der nach der Existenz eines strafrechtsdogmatischen Oberbegriffs für Tun und Lassen. Gibt es ihn nicht, so ist es von vornherein nicht denkbar, daß bestimmte Unterlassungen, bezogen auf einen konkreten Gesetzestatbestand, sich dort zusammen mit aktivem Tun einem Handlungsmerkmal begrifflich einordnen lassen. Denn wie sollte man dann z. B. dem Merkmal „töten", das doch ein Begriff ist, sowohl aktive Handlungen wie gewisse Unterlassungen subsumieren können! So führt die Ausgangsfrage zwangsläufig in die wissenschaftliche Diskussion des Handlungsbegriffs.

Doch weil der Handlungsbegriff nicht um seiner selbst willen interessiert, sind sogleich Einschränkungen zu machen. Unser unmittelbares Ziel kann nicht sein, den zahlreichen Handlungslehren eine weitere zur Seite zu stellen. Die hier gestellte Aufgabe ist eine andere, beschränktere. Es soll das Aporem des unechten Unterlassungsdelikts überwunden werden, und dies erfordert

---

[1] Zur Begriffsbildung vgl. oben S. 46 ff., S. 128.

zunächst lediglich den Beweis, daß die beiden Verhaltensformen, durch die sich das unechte Unterlassungsdelikt verwirklichen läßt — Handlung (i. e. S.) und Garanten-Unterlassung — im Wege der Abstraktion auf einen Oberbegriff zurückgeführt werden können. Die Existenz eines allumfassenden Handlungsbegriffs, der dem Strafrechtssystem als Grundlage *aller* denkbaren Deliktserscheinungen dienen kann, darf an sich in der Schwebe bleiben; was nicht ausschließt, daß die auf begrenztem Felde gezeichneten Linien von selbst zusammenfinden und den Grundriß eines umfassenden Handlungsbegriffs am Ende hervortreten lassen.

Um so höher sind dafür die Anforderungen, die wir im hier gesteckten Rahmen stellen. Von unserem Oberbegriff fordern wir nämlich nicht bloß die Vereinigung der beiden genannten Verhaltensweisen in beliebiger Abstraktionshöhe, er muß außerdem so konkret bleiben, daß er *nur* sie umfaßt. Und schließlich lassen wir den Begriff nur gelten, wenn er an Exaktheit und Aussagekraft nicht hinter den von ihm aufgehobenen Unterbegriffen der Handlung i. e. S. und der Garanten-Unterlassung zurücksteht.

Durch ein Gesetzesbeispiel wird das verständlicher. Den Begriff „töten" (§ 212 StGB) kann der Strafrechtler nach Umfang und Inhalt bis zu einem gewissen Grade exakt bestimmen. Läßt man alle peripheren Zweifelsfragen beiseite, so ließe sich sagen: Es tötet erstens, wer den Tod eines Menschen durch willkürliche Körperbewegung bewirkt (Handlung i. e. S.), und zweitens, wer den Tod nicht verhindert, obwohl er dies könnte und eine Garantenstellung innehat (Garanten-Unterlassung). Da die beiden Verhaltensweisen zusammen den Inhalt des Tötungsbegriffes erschöpfen und außerdem beide definibel sind, spricht alles dafür, daß auch der Tötungsbegriff selber ein definibler ist. Verfehlen würde man ihn allerdings, wenn beim Abstraktionsvorgang unversehens weitere Verhaltensweisen in den Oberbegriff einflössen. Schon dann, wenn diesem etwa das Nichtverhindern des Todes *ohne* Garantenstellung unterfiele, wäre er nicht mehr der Tötungsbegriff, den § 212 StGB meint.

Auf diesem Hintergrund ist die Kritik zu sehen, die im folgenden an einigen Stellungnahmen des Schrifttums geübt werden wird. Wir brauchen nicht sämtliche Handlungsbegriffe und -theorien Revue passieren zu lassen, ins Blickfeld geraten von vornherein nur solche Lehren, die sich zum begrifflichen Verhältnis von aktivem Tun und Unterlassen äußern. Diese freilich müssen unnachsichtig dem Prüfstein des unechten Unterlassungsdelikts ausgesetzt werden. Versagen sie hier, so sind sie für unseren Zweck unbrauchbar.

§ 12 STELLUNGNAHMEN IM SCHRIFTTUM

Die Theorien zum Handlungsbegriff lassen sich unter der so begrenzten Fragestellung grundsätzlich danach unterscheiden, ob sie die Existenz eines Oberbegriffs für Tun und Lassen bejahen oder verneinen.

I. Tun und Lassen als kontradiktorische Gegensätze (Gallas, Grünwald, Schröder u. a.)

Zahlreiche Autoren stellen sich auf den zweiten Standpunkt. Am bekanntesten sind hier die Äußerungen von *Gallas*, *Grünwald* und *Schröder*, die sich alle auf eine (unter Juristen) berühmte These *Radbruchs* berufen. „So aber lassen sich", glaubte *Radbruch* erkannt zu haben, „so wahr man nicht Position und Negation, a und non-a unter einen Oberbegriff bringen kann, auch Handlung und Unterlassung nicht unter einem solchen zusammenbiegen, er nenne sich nun Handlung im weiteren Sinne, menschliches Verhalten oder wie immer sonst"[1]. Diese Worte sind noch immer aktuell. Nach *Schröder* muß alles Bemühen um Koordinierung von Tun und Lassen unter einem übergeordneten Begriff „heute als gescheitert angesehen werden. Handlung und Unterlassung verhalten sich strukturell wie A und Non-A (Radbruch)"[2]. Bei *Grünwald* lesen wir: „Mit der Begriffsbestimmung der Unterlassung als Nichtvornahme einer bestimmten Handlung ist sie der Handlung im Verhältnis von a und non-a gegenübergestellt. Das bedeutet, daß es keinen gemeinsamen Oberbegriff für die Handlung und die Unterlassung gibt"[3]. Und auch für *Gallas* hat „die Feststellung Radbruchs, daß der Begriff der Handlung nicht zugleich deren Negation in sich aufzunehmen vermöge", volle Geltung behalten. Sehr entschieden heißt es sodann: „Alle Versuche aber, jenseits des kausalen Merkmals Körperbewegung ein dem Begehungs- und Unterlassungsdelikt gemeinsames Moment ausfindig zu machen, an das, wie es das systematische Anliegen eines allgemeinen Handlungsbegriffs fordert, die strafrechtliche Wertung allererst anzuknüpfen hätte, alle Versuche also, die auf der Linie eines Begriffs der ‚Handlung im weiteren Sinne' liegen, sind zum Scheitern verurteilt"[4]. Das meinen auch viele andere Schriftsteller, von denen hier *Sax*[5], *Schmidhäuser*[6], *v. Bubnoff*[7], *Welp*[8] sowie — mit Vorbehalt — auch *Lampe*[9] und *Bärwinkel*[10] genannt seien.

---

[1] Handlungsbegriff, 1904, S. 140.

[2] *Schönke-Schröder*, Vorbem. 80.

[3] Dissertation, S. 18.

[4] ZStW 67, S. 7 f.

[5] Vgl. Nottarp-Festschrift, S. 142 f., Anm. 26 („das Verhältnis der Kontradiktion").

[6] Vgl. Radbruch-Gedächtnisschrift, S. 278: der Oberbegriff „dürfte ohnehin nicht zu finden sein, da die Handlung als gewolltes Tun wertfrei, die Unterlassung aber als gesolltes Handeln nur unter irgendeiner Wertbeziehung festgestellt werden kann"; vgl. auch Lehrbuch, 16/4: Gleichheit liegt „nur im rechtsgutsverletzenden Charakter des Verhaltens . . .; das reale Substrat dagegen ist wie a und non-a in Sachverhalte aufgespalten, die sich gegenseitig ausschließen".

[7] Vgl. Die Entwicklung des Handlungsbegriffes, 1966, S. 149 ff.

[8] Vgl. Vorangegangenes Tun, S. 172 („Verhältnis von a und non-a").

[9] Vgl. ZStW 79, S. 484.

[10] Vgl. Garantieverhältnisse, 1968, S. 30 ff.

Die Kritik darf sich an dieser Stelle kurzfassen. Denn regelrecht widerlegen kann man die „kontradiktorische" Theorie selbstverständlich nur durch die positive Entgegensetzung eines überzeugenden Handlungsbegriffs. Das soll aber erst später versucht werden. Hier mögen folgende Anmerkungen genügen:

A. Es ist zunächst augenscheinlich, daß die kontradiktorische Theorie dem Phänomen des unechten Unterlassungsdelikts, das doch auch sie nicht negieren kann, nicht gerecht wird. Wären nämlich Tun und Lassen kontradiktorische, in einem Oberbegriff nicht zu vereinende Begriffe, dann würde unabweislich die Feststellung *Bärwinkels* zutreffen, daß „ein und dasselbe ‚Tätigkeits'-wort eines kodifizierten Tatbestandes nicht zugleich die Herbeiführung und die Nichtabwendung eines Erfolges bedeuten (kann)... Eine Auslegung, die ein und demselben Wort zwei Begriffe zuordnet, die nicht nur unvereinbar nebeneinanderstehen, sondern sich als kontradiktorisch auch gegenseitig ausschließen, weil einer die Verneinung des anderen ist, wäre keine Auslegung mehr, sondern ein juristischer Trick"[11]. *Radbruchs* und *Gallas*' Vorschlag, Begehungs- und Unterlassungsdelikte nicht im Handlungsbegriff zu vereinen, sondern sie auf den gemeinsamen Nenner der „Tatbestandsverwirklichung"[12] bzw. des „Unrechtstatbestandes"[13] zu bringen, ist also eine Scheinlösung, widerspricht jedenfalls der Autoren eigenem Ausgangspunkt. Allein konsequent wäre es stattdessen, das sog. Begehen durch Unterlassen ungeschriebenen Tatbeständen zuzuordnen[14] und für seine generelle Straflosigkeit einzutreten — womit diese Lehre sich freilich selbst ad absurdum führen würde.

B. Doch nicht nur durch ihre Konsequenzen wird die Ausgangsthese zweifelhaft. Sie beruht selber schon auf einem handgreiflichen Denkfehler. Denn der kontradiktorische Gegensatz zwischen Handlung und Unterlassung entsteht ja nur unter der Voraussetzung, daß man die Handlung (a) mit dem Unterlassen eben *dieser*, *derselben* Handlung (non-a) vergleicht. Die Unterlassungen, die so in den Blick kommen, sind aber notwendigerweise genau diejenigen, die gerade nicht interessieren.

Wenn eine aktive Handlung strafrechtliche Relevanz besitzt, so ist damit zugleich festgestellt, daß das Unterlassen *dieser* Handlung unter strafrechtlichem Aspekt belanglos ist. Das Unterlassen, welches die Strafrechtswissenschaft ihrem Begriffssystem einzufügen bemüht ist, war immer nur das Unterlassen von Handlungen, die den aktiven Deliktsverwirklichungen gewissermaßen entgegengesetzt sind. Konkret und schlagwortartig gesprochen: Das

---

[11] a. a. O., S. 30; ähnlich E. A. *Wolff*, Der Handlungsbegriff in der Lehre vom Verbrechen, 1964, S. 22.

[12] Vgl. Frank-Festgabe, 1930, Band 1, S. 161 f.

[13] Vgl. ZStW 67, S. 12 f.

[14] Immerhin diesen ersten Schritt tun folgerichtig *Grünwald* (vgl. ZStW 70, S. 412 f.) und *Welp* (vgl. Vorangegangenes Tun, S. 171).

a-non-a-Argument betrifft den Gegensatz Töten-Nichttöten, verfehlt aber das Begriffspaar Töten-Nichtretten, kann also für dieses letztere, das uns allein interessiert, auch nicht die Nichtexistenz eines Oberbegriffs nachweisen. Wissenschaftlichen Wert hat *Radbruchs* „Entdeckung“[15] mithin nie gehabt. Ihre Überzeugungskraft bezog sie aus einer simplen Begriffsverwechslung. Daß darauf nicht längst jemand den Finger gelegt hat[15a], das kann man kaum begreifen.

II. Die „beschreibende Wesenserfassung“ bei Arthur Kaufmann und Roxin

Eine Mittelstellung zwischen der kontradiktorischen Theorie und den sogleich unter III zu besprechenden Lehren nehmen Arthur *Kaufmann* und *Roxin* ein. Sie teilen zunächst die Meinung *Radbruchs* und seiner Nachfolger, was den Ausgangspunkt betrifft. *Radbruchs* Entdeckung, meint *Roxin*[16], habe nicht widerlegt werden können, und auch Arthur *Kaufmann* bezeichnet es als „logisch unmöglich“, Tun und Unterlassen, die man als a und non-a erklären müsse, „unter der Bezeichnung des ‚Verhaltens‘ zusammenzufassen“[17]. Doch beide Schriftsteller folgern daraus nicht etwa die Notwendigkeit des Verzichts auf jede begriffliche Zusammenfügung, vielmehr halten sie lediglich den Weg der Abstraktion mit dem Ziel des „definiblen Begriffs“[18] für ungangbar. So lehrt *Roxin*, daß im Lichte seiner Betrachtungsweise „sich die so unermüdliche wie bisher erfolglose Suche nach einer subsumtionsgerechten Handlungs*definition* als methodologisch schon im Ansatz verfehlt erweisen“ würde. „Es würden sich nur verschiedene Verhaltenstypen darstellen lassen, deren Gemeinsamkeit darin bestünde, daß sie zur Person zugerechnet werden können ...“; das ermögliche die „abstrakte Bezeichnung“ als „personal zurechenbares Verhalten“, der aber nur „die Bedeutung einer normativen Richtlinie“ zukomme[19]. Ähnlich äußert sich Arthur *Kaufmann*: „Man ist darum von vornherein auf dem Holzweg, wenn man darauf aus ist, einen im strengen Sinne ‚definierten‘ (= mittels isolierender ‚Merkmale‘ ‚begrenzten‘) Gattungs- oder Klassenbegriff der Handlung aufzustellen. In Betracht kommt also nur eine beschreibende (deskriptive) Sacherklärung, eine Phänomenologie des Wesens der Handlung, d. h. ein Aufzeigen der für sie eigentümlichen Eigenschaften unter Verzicht auf eine ‚abschließende‘ Definition“[20]. Auf diesem Hintergrund muß *Kaufmanns* „personaler Handlungsbegriff“ gesehen werden: Menschliches Handeln ist „verantwortliche, sinnhafte Gestaltung der Wirklichkeit mit vom Willen beherrschbaren (dem Handelnden daher zurechenbaren) kausalen Folgen (im weitesten Sinne)“[21].

---

[15] *Roxin*, Radbruch-Gedächtnisschrift, S. 261.
[15a] Vgl. jedoch jetzt *Schünemann*, a. a. O., S. 58 f.
[16] a. a. O., S. 261, 263.
[17] H. Mayer-Festschrift, S. 90.
[18] *Roxin*, a. a. O., S. 263.
[19] a. a. O., S. 264; ähnlich jetzt in ZStW 82, S. 681.
[20] H. Mayer-Festschrift, S. 87 f.
[21] a. a. O., S. 116.

Sachliche Zweifel an diesen formelhaften Wesensbeschreibungen zu äußern, wäre verfrüht. Beide Autoren scheinen nicht bestreiten zu wollen, daß ihre Vorschläge in gewisser Weise Notlösungen sind, die sofort beiseite treten müßten, wenn ein definibler, schärferer, subsumtionsgeeigneterer Handlungsbegriff doch aufzufinden wäre. Und dies zu hoffen haben wir ja guten Grund, weil zumindest die eine Prämisse (der a-non-a-Gedanke), auf der beider Lehren fußen, sich als unzutreffend erwiesen hat. Ein anderes Bedenken, ein die Logik der Methode betreffendes, sei hier jedoch angemerkt:

Wenn man einmal davon ausgeht, Tun und Lassen stünden sich wirklich im *Radbruch*schen Sinne wie Position und Negation gegenüber, dann ist in der Tat die Suche nach einer übergeordneten Handlungsdefinition aussichtslos. Aber hat es dann mehr Sinn, eine Formel aufzustellen, die als normative Richtlinie angeblich alle denkbaren deliktischen Verhaltensweisen umreißt? Bei Lichte besehen, nehmen doch auch *Roxin* und Arthur *Kaufmann* in Anspruch, man dürfe sowohl dem aktiven Tun wie der Garantenunterlassung die gemeinsame übergeordnete Bezeichnung des „personal zurechenbaren Verhaltens" bzw. der „verantwortlich-sinnhaften Wirklichkeitsgestaltung" geben. Ich kann da keinen Unterschied zur Denkweise der Abstraktion, des Aufsteigens von den Arten zur Gattung, entdecken, jedenfalls keinen so durchgreifenden, daß es möglich würde, die als unlösbar empfundene Kontradiktion zu umgehen. Es ist nicht recht verständlich, wie Arthur *Kaufmann* es unlogisch nennen kann, daß andere Tun und Unterlassen unter der — doch sehr neutralen — Bezeichnung des „Verhaltens" zusammenfassen[22], am Ende aber für seinen eigenen Handlungsbegriff der „Wirklichkeitsgestaltung" beanspruchen zu dürfen glaubt, er umfasse „sowohl aktives Tun wie Unterlassen"[23].

Man kann mithin, wenn man *Radbruchs* Gedanken für richtig hält, den Schwierigkeiten nicht durch Flucht in die Ungenauigkeit entgehen. Auch die nur umschreibende Formel bleibt, wenn sie alles Erhebliche in sich vereinen soll, ein Oberbegriff, der Unvereinbares nicht wirklich vereint.

III. Tun und Lassen in begrifflicher Vereinigung

A. Handlungsfähigkeit und Handlungsmöglichkeit

(Armin Kaufmann, Hardwig, Welzel)

Schon immer hat man versucht, die anscheinend antinomische Spannung zwischen Tun und Lassen in den gesetzlichen Tatbeständen im Begriff des „Verhaltens" aufzulösen. Dieser Versuch ist, soweit das Wort für sich allein oder mit ganz spärlichen Attributen wie „menschlich"[24], „willensgetragen"[25]

[22] a. a. O., S. 90; ebenso in JuS 1967, S. 151.
[23] a. a. O., S. 116.
[24] *Mezger-Blei*, StudB I, S. 50.
[25] *Baumann*, Lehrbuch, S. 177.

oder „sozial-erheblich"[26] versehen angeboten wird, untauglich. Denn wer so verfährt, zeigt ja nicht eigentlich greifbar das gesuchte Gemeinsame auf, er *behauptet* nur, daß es existiere, und gibt der gesuchten und nicht gefundenen Größe einen *Namen.* Etwas überspitzt ausgedrückt: Man könnte ebensogut „x" oder „Oberbegriff" zum übergeordneten Anknüpfungspunkt erklären.

Einige Autoren haben aber nun diesen Nominalismus hinter sich gelassen. Es sind insbesondere *Welzel, Hardwig* und Armin *Kaufmann*[27], die zwar formal am Oberbegriff des „Verhaltens" festhalten, dabei aber doch sehr konkret das „gemeinschaftstiftende Moment"[28] nennen, daß dem Verhaltensbegriff materielle Substanz geben soll. Entnommen ist es dem engeren, final geprägten Handlungsbegriff des aktiven Tuns. Die „Fähigkeit zu zweckhafter Willenslenkung"[29] ist nach *Welzel* das, was der Tätige und der Unterlassende gemeinsam haben. Ausführlicher hat das Armin *Kaufmann* vorgetragen: „Die Handlungsfähigkeit ist ... nicht nur eine Wesensvoraussetzung der Unterlassung, sondern ebenso Essentiale der Handlung." Denn „schlagender kann ein Mensch nicht beweisen, daß ihm eine bestimmte Handlung möglich ist, als dadurch, daß er eben diese Handlung vornimmt"[30]. „Ein Handlungsfähiger ‚verhält sich', indem er entweder die ihm mögliche Handlung vornimmt, oder sie nicht durchführt"[31]. Dasselbe meint *Hardwig*: Die Möglichkeit einer Handlung werde durch ihre Vornahme bewiesen, und von einer Unterlassung könne man ebenfalls nur sprechen, wenn eine Handlung möglich gewesen sei[32].

An dieser Lehre ist von vielen Kritik geübt worden[33]. Die wollen wir hier aber nicht referieren. M. E. hat bisher ohnehin noch niemand den entscheidenden Fehler aufgedeckt.

Dieser ist paradoxerweise im Prinzip derselbe, der schon *Radbruch* unterlaufen ist, obwohl doch dieser Denker gerade das Gegenteil, die Nichtexistenz

---

[26] So *Jescheck* früher, vgl. Eb. Schmidt-Festschrift, S. 151; anders und wesentlich substantieller jetzt in Lehrbuch, S. 153.

[27] Der Grund, aus dem *Kaufmann* das unechte Unterlassen ungeschriebenen Tatbeständen zuordnet, ist also ein anderer als der *Grünwalds*; vgl. dazu besonders die Ausführungen *Kaufmanns* in JuS 1961, S. 173 ff.

[28] Armin *Kaufmann*, Unterlassungsdelikte, S. 84.

[29] *Welzel*, Lehrbuch, S. 32; ähnlich *Engisch*, Kohlrausch-Festschrift, S. 164 f., und R. v. *Hippel*, Lehrbuch des Strafrechts, S. 91 („Möglichkeit der Willensbetätigung ... im Augenblick des Tuns oder Unterlassens").

[30] Unterlassungsdelikte, S. 83.

[31] Unterlassungsdelikte, S. 85.

[32] Zurechnung, S. 105.

[33] Vgl. etwa *Gallas*, ZStW 67, S. 11, Anm. 33; *Androulakis*, Studien, S. 112; *Lampe*, ZStW 79, S. 491; *Bärwinkel*, Garantieverhältnisse, S. 35 ff.; *Baumann*, Lehrbuch, S. 186; *Jescheck*, Eb. Schmidt-Festschrift, S. 149, und Lehrbuch, S. 152, Anm. 14; *Maurach*, A. T., S. 586; *Schönke-Schröder*, Vorbem. 81.

des Oberbegriffs, behauptete. Um es sofort und konkret zu sagen: Wer auf die gleichartige Handlungsfähigkeit abstellt, zeigt eine Gemeinsamkeit auf wohl für den Mörder und den Nichtmörder, der auch hätte morden können, nicht aber für den Mörder und den die Lebensrettung Unterlassenden. Oder, vom Unterlassungsdelikt her betrachtet: Die Gemeinsamkeit besteht zwischen dem Nichtretter, der retten könnte, und dem tatsächlichen Rettenden, nicht aber zwischen dem Nichtretter und dem Mörder. Welchen der beiden möglichen Blickpunkte man auch wählt, in den Kreis der zur gleichen Handlung Fähigen geraten sofort Personen, deren Verhalten keinesfalls ein Delikt sein kann (Nichttötende bzw. Rettende), während andere, die wir unbedingt einbeziehen müssen (Nichtretter bzw. Mörder) draußen bleiben. Am konkreten Beispiel eines unechten Unterlassungsdelikts muß die Theorie darum scheitern. Es hat etwa A den B gewürgt, und der Garant G unterläßt anschließend, den B durch Wiederbelebung zu retten, obwohl er dies könnte. Die Fähigkeit zu einer bestimmten Handlung, die A, mit *Kaufmann* zu sprechen, dadurch schlagend beweist, daß er eben diese Handlung vornimmt, ist die Fähigkeit, B zu erwürgen. Ob die auch der G besitzt, ist nicht sicher. Ihn hätte B vielleicht abwehren können. Von G steht nur fest, daß er die Kunst der Wiederbelebung beherrscht, die wiederum A abgehen kann.

Nun könnte man freilich die Gemeinsamkeit im abstrakten Begriff suchen. Denn vereint A und G auch nicht die gleiche Art von Handlungsfähigkeit, so ist ihnen doch gemeinsam, daß sie überhaupt, in irgendeiner Hinsicht, handlungsfähig sind. Aber das wäre kein Ausweg und kann von *Welzel*, *Hardwig* und *Kaufmann* auch nicht gemeint sein. Ein so zu verstehender Verhaltensbegriff ginge nämlich der selektiven und limitativen Wirkung fast ohne Rest verlustig. Zu irgendeiner Handlung ist schließlich jeder befähigt, sofern er nicht gerade schläft. Dem Begriff des Tötungsverhaltens, der auf der untersten Zurechnungsstufe mit dem aktiven Mörder eine Verbindung herstellen würde, unterfiele so nicht nur der gefesselte Rettungswillige (denn er kann z. B. sprechen), sondern auch der Japaner, der in Tokio seinen Geschäften nachgeht, während in München ein Mord geschieht[34].

B. Der soziale Handlungsbegriff Maihofers

Die Lehre *Maihofers*[35] entwickelt sich wesentlich aus der kritischen Analyse der rivalisierenden anderen Handlungsbegriffe. *Maihofer* entdeckt sowohl im „natürlichen“ (kausalen), wie im finalen und im vor ihm entstandenen sozialen Handlungsbegriff (insbesondere Eb. *Schmidts* und *Engischs*) „Reste naturalistischer Betrachtung“: Im kausalen Handlungsbegriff „die physiologischen und psychologischen Merkmale der Körperlichkeit und Willkürlich-

[34] Auf einen derartigen Verhaltensbegriff läuft auf anderem Wege die Lehre *Baumanns* (vgl. Lehrbuch, S. 185 f.) hinaus; vgl. dazu die m. E. berechtigte Kritik *Roxins*, ZStW 80, S. 698—700, 701.

[35] Der Handlungsbegriff im Verbrechenssystem, 1953; Der soziale Handlungsbegriff, Eb. Schmidt-Festschrift, 1961, S. 156—182.

keit"[36], im finalen das psychologische Merkmal der „Willentlichkeit"[37] und im sozialen wiederum das der „Willkürlichkeit"[38]. Indessen, in Wahrheit fehle die Körperlichkeit bei den Unterlassungsdelikten, zumindest bei den echten[39], die Willkürlichkeit und erst recht die Willentlichkeit sowohl bei den Vergeßlichkeits- (unbewußt fahrlässiges Unterlassen) wie den Nachlässigkeitsdelikten (unbewußt fahrlässiges Tun)[40]. Da man in allen diesen Fällen aber das Vorliegen von Handlungen im Strafrechtssinne nicht gut leugnen könne (wenn man nicht mit dem Grafen *zu Dohna*[41] Verbrechen anerkennen wolle, die nicht Handlungen seien), bleibe nur der Ausweg, die Elemente der Körperlichkeit und Willkürlichkeit aus dem Handlungsbegriff zu streichen[42].

Dieser Gedankengang hatte *Maihofer* zunächst zu einer sehr blassen Handlungsdefinition geführt: „‚Handlung' ist auf die Verletzung von Sozialgütern gerichtetes Verhalten"[43]. Hier konnte die Frage nicht ausbleiben, die *Lang—Hinrichsen* gestellt hat, nämlich „ob ein derart anämischer Handlungsbegriff noch wissenschaftliche Lebensfähigkeit besitzt". „Von einem gewissen Grad der Generalisierung an", so antwortet der Frager selbst, „verlieren die Begriffe ihren Wert und münden in Nominalismus"[44]. Dieser Einwand ist um so berechtigter, als bei näherem Zusehen sogar das einzige etwas konkretere Element, das die Definition im Gerichtetsein auf die Verletzung von Sozialgütern enthält, als unzutreffend getilgt werden muß. So ist z. B. das Bestreichen eines fremden Hauses mit Farbe u. U. als Sachbeschädigung strafbar. Eine strafrechtserhebliche Handlung muß es also sein, selbst wenn der Eigentümer eingewilligt hat. Doch kann man von Malermeistern gewiß nicht sagen, sie zielten tagtäglich auf Verletzung von Sozialgütern.

Maihofer hat darum gut daran getan, seine Lehre einer Revision zu unterziehen. Sein Handlungsbegriff lautet nun, vorsichtiger und inhaltsvoller zugleich: Handlung im strafrechtlichen Sinne ist „ein objektiv für Menschen beherrschbares Verhalten, das auf objektiv voraussehbare soziale Folgen für Andere gerichtet ist"[45]. Doch fragt sich natürlich auch jetzt, welche von diesen Merkmalen übrig bleiben, wenn man sie kritisch unter die Lupe nimmt.

Undurchführbar dürfte zunächst die Begrenzung durch das Merkmal „soziale Folgen für Andere" sein. Wenn etwa ein Schäfer auf einer einsamen Weide Sodomie treibt, von der niemand je das Geringste erfährt, oder wenn ein Junggeselle seinen alten Nachttisch zu Brennholz zerkleinert, dann liegen

---

[36] Festschrift, S. 159.
[37] a. a. O., S. 160.
[38] a. a. O., S. 163.
[39] Vgl. besonders Handlungsbegriff, S. 17—20.
[40] Vgl. Handlungsbegriff, S. 20—28; Festschrift, S. 163—168.
[41] Vgl. Aufbau der Verbrechenslehre, 4. Aufl., 1950, S. 14 f.
[42] Vgl. Festschrift, S. 160, 168.
[43] Handlungsbegriff, S. 72.
[44] JR 1954, S. 88.
[45] Festschrift, S. 181.

keine Handlungen vor, die, soll die Redeweise einen Sinn haben, auf soziale Folgen für andere gerichtet sind. Und doch sind es strafrechtserhebliche Handlungen (treffender vielleicht: Handlungen mit dogmatischer Relevanz), die letztere als „beinahe" tatbestandsmäßige Sachbeschädigung, die erstere als eine bis vor kurzem strafbare Selbstbefleckung. Der naheliegende Einwand, was strafrechtserheblich sei, habe auch soziale Folgen oder zumindest soziale Relevanz, verfinge jedenfalls in diesem Zusammenhang nicht, weil er in den Zirkel hineinführen würde, die eine Unbekannte durch die andere erklären zu müssen. Der Handlungsbegriff soll ja ein jeder rechtlichen Würdigung vorgelagerter Anknüpfungspunkt sein und muß darum ohne Vorgriff in den Bereich des spezifisch Rechtlichen auskommen. Die Möglichkeit strafrechtserheblicher Handlungen, die sozial ganz irrelevant sind, ist also gegeben, ja selbstverständlich, weil sich das Subsumieren des Strafrechtlers schon aus didaktischen Gründen nur als zerlegender und schrittweiser Denkprozeß darstellen läßt[46]. Eine rechtmäßige, aber einen (Leitbild-)Tatbestand fast oder ganz erfüllende Handlung muß darum als strafrechtliche anerkannt werden, sonst hätte man nicht schon unter dem Tatbestandsaspekt die erste Wertung an sie knüpfen können[47].

Es ist ferner zu eng, wenn *Maihofer* fordert, daß das Verhalten auf „objektiv voraussehbare" Folgen gerichtet sein müsse. Als prägnantes Beispiel für das Fehlen der Voraussehbarkeit nennt er den abergläubischen Versuch[48]. Aber es ist schon wegen des fließenden Übergangs zum untauglichen Versuch nicht sinnvoll, hier bereits den Handlungscharakter zu verneinen. Dies ist ferner auch deshalb unzweckmäßig, weil Folgen, die nicht voraussehbar sind, trotzdem erstrebt und erreicht werden können. Wenn ein abergläubischer Mann von einem Flugzeugabsturz träumt, und daraufhin den geisteskranken Erbonkel in ein Flugzeug setzt, dann würde sich an der Unvorhersehbarkeit natürlich nichts durch den Zufall ändern, daß das Flugzeug wirklich abstürzt. Mit *Maihofer* aber den Mann mangels Handlung freizusprechen, hieße für die richtige Entscheidung den falschen Gesichtspunkt heranziehen. Zutreffend wäre vielmehr der des erlaubten Risikos[49].

---

[46] Der tiefere Grund ist freilich ein anderer. Er liegt, wie ihn *Gallas,* ZStW 67, S. 1, treffend beschrieben hat, „in der Eigenart unseres begrifflichen Denkens" überhaupt, eines Denkens nämlich, „das des Gegenstandes in seiner wesensmäßigen Einheit nicht unmittelbar habhaft zu werden vermag, vielmehr auf eine Zergliederung in Einzelmerkmale angewiesen ist, wodurch die ursprüngliche Einheit in eine Mehrheit bloßer Teilmomente aufgelöst, das ursprüngliche Zugleich in ein logisches Nacheinander verwandelt wird".

[47] Deshalb ist auch die, mit *Maihofer* verglichen, neutralere Umschreibung der Handlung als „sozial-erhebliches Verhalten" nicht richtig; so aber *Jescheck,* Eb. Schmidt-Festschrift, S. 151, und Lehrbuch, S. 153.

[48] Festschrift, S. 181.

[49] Denn das Tun des Mannes hielt sich im Rahmen einer zulässigen Gefährdung des Onkels, und dies ändert sich nicht durch die böse Absicht. Es ist kennzeichnend, daß *Oehler,* dessen Lehre von der „objektiven Bezweckbarkeit" der Handlung sich

So bleibt es allenfalls möglich, das Verhalten mit *Maihofer* dahin zu kennzeichnen, daß es „auf Folgen gerichtet" sein müsse. Aber selbst dies ist höchstens als Leerformel richtig (und darum besser gleich zu streichen), weil man insbesondere im Hinblick auf die echten Unterlassungsdelikte unter „Folgen" selbst das bloße, also eigentlich doch folgenlose Andauern eines Zustandes verstehen müßte, wie z. B. das Nichtunterrichtetsein der Behörde im Falle einer gesetzlichen Meldepflicht oder das Offenstehen einer Grube im Falle des § 367 Nr. 1 StGB.

Haben sich die bisher untersuchten Konkretisierungen, die *Maihofer* dem „Verhalten" zuteil werden lassen will, als unberechtigte Verengungen des Handlungsbegriffs erwiesen, so zeigt sich bei näherer Prüfung, daß das einzig verbleibende Attribut, die „objektive Beherrschbarkeit", aus umgekehrtem Grund der Ablehnung verfallen muß. Im Anschluß an *Engisch* will *Maihofer* den Handlungsbegriff „von den subjektiven Begrenztheiten der Täterpersönlichkeit"[50] lösen. Er meint, daß die Grenze zwischen menschlichem „Handeln" und „Nichthandeln" im strafrechtlichen Sinne nicht in dem liegen könne, „was ein *bestimmter* Mensch voraussehen und beherrschen: damit ‚leisten' kann"[51]. Sie müsse vielmehr danach bestimmt werden, „*was Menschen überhaupt* zu ‚leisten' und nicht zu leisten vermögen"[51]. Entscheidend sei der Maßstab des „Menschenmöglichen"[52]. Damit vermeide man „für die *Zurechnung* eines Geschehens als *Handlung* jeden Vorgriff auf reale oder personale Zurechnungsmaßstäbe des Unrechts oder der Schuld, vor allem auf das subjektive Leistungsvermögen des konkreten individuellen Täters, das sich nach seinen persönlichen Einsichten und Fertigkeiten bestimmt"[52].

Sehe ich recht, so hat sich *Maihofer* hier die Konsequenzen nicht genügend bewußt gemacht. Reflexbewegungen will er nämlich mit der allgemeinen Meinung aus dem Handlungsbegriff heraushalten[53]. Von seinem Standpunkt aus ist das jedoch nicht zu erreichen. Denn „menschenmöglich" ist die Beherrschung reflexiver Geschehensabläufe so gut wie immer. Der Patient, der bei der Patellareflexprobe den Arzt vors Schienbein tritt, der Gekitzelte, der eine Vase zerschlägt, der hilflose Alte, der angerempelt in ein Schaufenster fällt, sie alle hätten tatbestandsmäßig „gehandelt", weil ein willensstärkerer oder unempfindlicherer oder gewandterer Mensch in derselben Situation seinen Körper hätte beherrschen können. Auch die vis absoluta (Beispiel: gewaltsames Führen fremder Hand zur Urkundenfälschung), deren handlungsausschließende Wirkung noch nie bestritten worden ist, hätte diese Bedeu-

---

hier eng mit *Maihofer* berührt, im Handlungscharakter der abergläubischen Erfolgsanstrebung gar kein Problem sieht; vgl. Das objektive Zweckmoment, S. 71 f. Eine Handlung bejaht in derartigen Fällen ausdrücklich auch *Jescheck*, Eb. Schmidt-Festschrift, S. 153, Anm. 70.

50 *Engisch*, Kohlrausch-Festschrift, 1944, S. 164.

51 Eb. Schmidt-Festschrift, S. 177.

52 a. a. O., S. 180.

53 a. a. O., S. 169, 181.

tung nicht mehr, denn man kann sich an Stelle des Vergewaltigten immer einen stärkeren denken, der den Nötiger abgeschüttelt hätte.

Kaum weniger befremdlich sind die Auswirkungen im Unterlassensbereich, wenngleich *Maihofer* mit seinen Ergebnissen hier nicht ganz so isoliert ist[54]. Der gefesselte Sohn, der nach dem Überfall zusehen muß, wie sein Vater am Knebel erstickt — nach *Maihofer* hätte er eine tatbestandsmäßige, ja wohl sogar rechtswidrige Tötung begangen. Denn was dem Sohn nicht möglich ist, ist trotzdem „menschenmöglich", wie die Entfesselungskünstler beweisen.

Diese Konsequenzen können nicht hingenommen werden. *Maihofer* selbst hat sie ja nachweislich höchstens zum Teil gewollt. Auch die Kennzeichnung des Verhaltens durch die objektive, menschenmögliche Beherrschbarkeit, muß also durch eine andere ersetzt werden. Es ist denkbar, daß *Maihofer* durch das „Beherrschens"-Merkmal etwas Wesentliches immerhin angedeutet hat. Aber als Handlungsbegriff ist das „beherrschbare Verhalten" nicht tauglich. Es würde wie die anderen Verhaltens-Formeln der gesuchten Größe nur einen Namen geben, ohne sie gefunden zu haben. Die Kluft zwischen Tun und Lassen bliebe ungeschlossen, sie würde nur verdeckt. Erst recht könnte diese Formel nicht erklären, warum im konkreten Fall etwa der Tötung die Tatbestandshandlung außer von aktiv den Tod Bewirkenden nur von solchen Leuten begangen werden könnte, die eine Garantenstellung innehaben. Schließlich wäre der Begriff in dieser Form auch uferlos weit. Im Strafrechtssinne handeln würde selbst der noch, der friedlich im Sessel sitzt und nachdenkt. Denn er beherrscht sein Verhalten, solange er nicht einschläft.

C. *Der individuelle Handlungsbegriff von E. A. Wolff*

Unser besonderes Interesse erweckt zuletzt noch der Handlungsbegriff von E. A. *Wolff*. Denn dieser Autor hat seine Lehre mit einer der unseren ähnlichen Zielsetzung entwickelt. Seine Arbeit, betitelt „Der Handlungsbegriff in der Lehre vom Verbrechen", beruht weitgehend auf der Schrift des Verfassers über „Kausalität von Tun und Unterlassen", in der das Problem des Erfolgszurechnung bei den unechten Unterlassungsdelikten als ein solches der Kausalität gesehen wird. Der *Wolff*sche Handlungsbegriff bietet sich so als ein Versuch dar, speziell die *Garanten*unterlassung — unter den den Unterlassungen soll sie und nur sie erfolgskausal sein — zusammen mit dem aktiven Tun einem übergeordneten Handlungsbegriff einzufügen.

Wir müssen uns hier im wesentlichen auf das Ergebnis beschränken. „‚*Handlung*' als die durch eine Entscheidung gestaltete Wirklichkeit" ist nach *Wolff* „ein *freies, sinnbezogenes Ergreifen einer dem Einzelnen offenstehenden Möglichkeit*"[55]. Diese Formel, die *Jescheck*[56] dem Inhalt nach be-

---

[54] Vgl. dazu unten S. 199 f.

[55] Handlungsbegriff, 1964, S. 17; vgl. auch Radbruch-Gedächtnisschrift, S. 294 f. Neben diesem der schuldhaften Unterlassung zugeordneten, sog. „individuellen Handlungsbegriff" erkennt *Wolff* auch noch einen „sozialen Handlungsbegriff" (für

stätigt und übernommen hat, soll auf das aktive Verbrechen immer zutreffen, auf Unterlassungen nur, wenn die Möglichkeit, etwas in Richtung auf einen anderen zu tun, „einer gemeinsamen Norm entspricht, der auch der andere unterworfen ist. Dann ist die Möglichkeit, über die der eine entscheidet, auch die Möglichkeit des anderen“[57]. Nun die entscheidenden Sätze: „So wie der Einzelne durch die Realisierung der Entscheidung, etwas nicht zu tun, dem anderen etwas gewähren kann[58], kann er ihm dadurch auch etwas *nehmen,* wenn die beiden Personen durch eine Norm verbunden sind, die dem anderen das Recht auf Hilfe gibt“[59]. Die verbindende Norm, „die gemeinsame Maxime, die die Voraussetzung für ein ‚Bewirken durch Unterlassen‘ ist, darf dabei nicht als etwas bloß Abstraktes aufgefaßt werden. Vielmehr kennzeichnet sie die Abhängigkeit des Einzelnen von dem anderen“[60].

Es soll hier nicht der Wert und die weitgehende Richtigkeit der Überlegungen bezweifelt werden, die der *Wolff*schen Handlungslehre zugrunde liegen. Insbesondere den alten Gedanken der Abhängigkeit des einen vom anderen, der sozialen Nähebeziehung zwischen einzelnen Menschen, der das Sinnzentrum des unechten Unterlassungsdeliktes trifft, hat *Wolff* in bereichernder Weise neu gedacht und beschrieben[61]. Doch darum geht es jetzt nicht. Hier interessiert die Leistungsfähigkeit des definierten Begriffs, der als (ein) Grundelement des Verbrechenssystems zumindest die Erscheinung des unechten Unterlassungsdelikts bündig erklären und die Praxis der Bestrafung aus den Begehungstatbeständen rechtfertigen können muß. Diese Fähigkeit aber ist m. E. auch dem *Wolff*schen „individuellen“ Handlungsbegriff abzusprechen, und zwar aus zwei Gründen: Erstens wird die „kontradiktorische“ These *Radbruchs* nicht überwunden, wenn man Tun und Lassen begrifflich in einem Tätigkeitswort wie dem des „Ergreifens“ oder des „Gestaltens der Wirklichkeit“ einzufangen sucht. Daß das Sprachgefühl sich nicht sträubt, beweist nichts. Man hat ja immer schon gewußt, daß es Worte gibt, die auf Tätigkeiten so gut wie auf gewisse qualifizierte Unterlassungen passen, und dies hat man sich auch stets zunutze gemacht, indem man wenigstens nominell das unechte Unterlassungsdelikt den Begehungstatbeständen als „Bewirken durch Unterlassen“, „Begehen durch Unterlassen“ oder „Verhalten“ zuord-

---

die Unrechtsebene) als berechtigt an; vgl. Handlungsbegriff, S. 29 ff.; Kausalität, S. 54 f.; darauf soll hier nicht eingegangen werden.

[56] Vgl. Lehrbuch, S. 153; Entlehnungen finden sich ferner bei Arthur *Kaufmann,* H. Mayer-Festschrift, S. 79 ff., und bei *Welp,* Vorangegangenes Tun, im 2. und 3. Kapitel.

[57] Handlungsbegriff, S. 23.

[58] *Wolff* nennt als Beispiel den Verzicht auf das erlaubte Zuschlagen in einem nach Regeln ausgetragenen Kampfspiel.

[59] a. a. O., S. 23.

[60] a. a. O., S. 24.

[61] Dies vornehmlich in Kausalität, S. 36 ff.

nete. Aber Benennungen allein lösen keine Probleme. *Wolffs* Ergreifens-Metapher kann davon nicht ausgenommen werden. Es liegt auf der Hand, daß die begrifflich-logische Grundschwierigkeit, derer die Unterlassungsdogmatik nicht Herr zu werden weiß, um keinen Deut geringer würde, wenn der Gesetzgeber seine Tatbestände in *Wolffs* Sinne fassen würde. Unter dem Tatbestand „wer die ihm offenstehende Möglichkeit des Todes eines Menschen ergreift...", harmonieren aktives Bewirken und Geschehenlassen gewiß nicht besser miteinander, als unter der schlichten Beschreibung „wer einen Menschen tötet..." — Zweitens ist der „individuelle Handlungsbegriff" offensichtlich überfordert, wenn *Wolff* ihm sogar die Funktion zutraut, innerhalb der Unterlassungen auch noch die entscheidende Grenze zwischen Garanten und Nichtgaranten zu ziehen. Auch Nichtgaranten können das Los anderer in Händen halten und moralisch und sogar rechtlich (§§ 330 c, 138 StGB) verpflichtet sein, den Mitmenschen, der auf sie angewiesen ist, zu retten. Tun sie das willentlich nicht, so gestalten sie durch Entscheidung die Wirklichkeit und wenden es dem Bedrohten durch freies Ergreifen einer ihnen offenstehenden Möglichkeit zum Schlechten. Daß diese Formeln nur auf die mit dem Betroffenen durch eine „gemeinsame Maxime" verbundenen Garanten passen, ist nicht wahr. *Wolff* kann die entscheidende Grenzlinie nicht darum aufzeigen, weil sie in den Begriffen der Wirklichkeitsgestaltung und des freien Ergreifens offener Möglichkeiten angelegt und objektiv vorfindbar wäre, sondern weil er das Garantenprinzip kennt und dieses in seine Begriffe hineindeutet.

§ 13 DER HANDLUNGSBEGRIFF FÜR DAS REINE BEWIRKUNGSDELIKT

So zahlreich die Versuche, so unbestreitbar der Fleiß und der Scharfsinn sind, die auf unser Problem verwandt worden sind, eine rundum befriedigende Lösung ist nicht gelungen. Aber sie muß gelingen, wenn nicht das System der Unterlassungsdogmatik ein Haus ohne Fundament bleiben soll.

Unser eigener Versuch geht den Weg, das Problem zunächst für einen konkreten Lebenssachverhalt und für einen paradigmatischen Gesetzestatbestand zu lösen:

Man denke sich, daß A den X in Tötungsabsicht mit dem Messer niedersticht. X droht zu verbluten, könnte aber von seinem Sohn B und dem zufällig anwesenden C gerettet werden. B und C wissen das, tun aber nichts. X stirbt. — Die rechtliche Beurteilung steht im Ergebnis weitgehend fest: A und B sind der vorsätzlichen Tötung schuldig[1], C ist wegen unterlassener Hilfeleistung nach § 330 c StGB zu bestrafen. Wie aber ist es dogmatisch zu rechtfertigen, daß wir hier einerseits das aktive Tun des A wie das Untätigbleiben des B dem abstrakten Oberbegriff des Tötens subsumie-

[1] Daß B nach Meinung vieler nur Beihilfe zur Tötung leistet, soll hier einmal außer Betracht bleiben.

ren, andererseits jedoch nicht das Unterlassen des C? Es sind also zwei Grundschwierigkeiten zu meistern. Erstens die begriffliche Vereinigung der aktiven Bewirkung des Todes mit dessen Nichtverhinderung, zweitens die Ausklammerung des Nichtgaranten.

1. Das vermeidbare Nichtvermeiden

Die erste ist die geringere. Sie ist verhältnismäßig leicht zu lösen, wenn man sich nur von dem traditionellen Vorurteil befreit, den Unterlassenden dem Aktivtäter angleichen zu müssen. Ich sehe darin einen Grundfehler der gesamten Unterlassungsdogmatik, der in den Interferenztheorien sich am schlimmsten verfestigte, aber heute im scheinbar so geläuterten Gleichwertigkeitsdogma weiterlebt. Der richtige gedankliche Weg verläuft gerade umgekehrt: Man muß vom Unterlassen ausgehen und dieses auch im aktiven Tun aufzufinden suchen. Das ist geradezu evident. Denn niemand bestreitet, daß die aktive Untat in gewisser Weise die schwerwiegendere Form der Erfolgsherbeiführung darstellt, weshalb ja auch von den meisten für das Begehen durch Unterlassen eine Strafmilderung gefordert wird. Im Größeren das Kleinere unverkürzt entdecken zu können, hat darum gute Aussicht, während es ganz unbegreifbar ist, wie das maius im minus voll erhalten bleiben soll.

In dieser Weise ansetzend, wäre zuerst zu überlegen, ob man nicht ganz radikal sagen könnte, im Beispiel habe es auch der A unterlassen, den Tod des X zu verhindern. Freilich, um A's Verhalten unter den Unterlassungsaspekt zu bringen, müßte man es geradezu auf den Kopf stellen. Nicht das aktive Zustechen dürfte man sehen, sondern abzustellen wäre darauf, daß A es unterlassen hat, sich im entscheidenden Augenblick „zurückzuhalten". Dies wäre in der Sache zwar richtig, terminologisch jedoch befremdlich. Denn wenn wir für Tun und Unterlassen einen Oberbegriff suchen, dann impliziert dies das Bestreben, beide Verhaltensweisen, die im Oberbegriff in des Wortes doppelter Bedeutung *aufgehoben* sein sollen, in ihrer Eigenständigkeit und Verschiedenartigkeit zu erhalten. Es kann darum keine ganz befriedigende Lösung sein, das Tun im Begriff des Lassens einfach mit unterzubringen. Dies gilt jedenfalls für eine Systematik, die an der überkommenen begrifflichen Scheidung im Prinzip festhalten zu müssen glaubt. Da diese Systematik auch hier bis auf weiteres zugrunde gelegt ist, müssen wir uns nach einem anderen Terminus umsehen. Hier bietet sich nun der des *Vermeidens* an: Allen drei Delinquenten unseres Beispiels ist gemeinsam, daß sie den Tod des X nicht vermeiden, ferner aber auch, daß sie ihn hätten vermeiden können, A durch schlichte Unterlassung seines Verhaltens, B und C durch die Rettung des verblutenden X. Der Vermeidensbegriff kann darum gleich zweimal verwendet werden: A, B und C vermeiden den Tod des X nicht, obwohl ihnen dies (das Nichtvermeiden des Todes) vermeidbar war. Aktive Todesbewirkung und Unterlassen der Todesverhinderung finden zusammen im *vermeidbaren Nichtvermeiden* des Todes. Dabei bleibt, was hier nur angedeutet werden soll, die Ausscheidungskraft des klassischen engeren Handlungsbegriffes (willkürliche Körperbewegung) diesem Oberbegriff voll erhalten. Denn wenn A nicht gehandelt hätte, weil er z. B. in einem epileptischen Anfall sein Messer in X gebohrt hätte, dann hätte er den Tod des X auch nicht vermeiden können; das Nichtvermeiden des Todes wäre für ihn unvermeidbar gewesen.

Viele Autoren schon haben Schritte in die hier gewiesene Richtung getan, ohne doch den Weg konsequent zu Ende zu gehen. Das wird noch zu zeigen sein. Unverzüglich indessen ist hier die Lehre von *Kahrs* zu erwähnen. *Kahrs* hat den Gedanken des Nichtvermeidens zum Ausgangspunkt einer monographischen Behandlung der Kausalitäts- und Zurechnungslehre gemacht, was schon der Titel seines Buches ausdrückt[2]. Hier findet sich Übereinstimmung bis in die Wortwahl. Der Verfasser formuliert sein „Vermeidbarkeitsprinzip", das zugleich ein Zurechnungsprinzip sein soll, anfangs so: „Dem Täter wird ein Erfolg zugerechnet, wenn er ihn nicht vermieden hat, obwohl er ihn vermeiden konnte und das Recht es ihm gebot"[3]. Von unserem Standpunkt aus ist es nun allerdings bedauerlich, daß *Kahrs* das Vermeidbarkeitsprinzip fast ausschließlich unter dem Zurechnungsaspekt sieht[4]. So dringt er nicht vor zur Definition eines Handlungsbegriffes, geschweige, daß er sein Prinzip für eine eigenständige Handlungslehre fruchtbar machen könnte. Schon das Element der Rechtspflicht in der *Kahrs*schen Formel verhindert dies. Auch die Tötung in Notwehr, die zu vermeiden das Recht dem Angegriffenen nicht gebietet, muß im Strafrecht begrifflich erfaßt werden, wenn nicht mit Hilfe des Tatbestandes[5] (was die Verfechter eines die „negativen Tatbestandsmerkmale" umfassenden Gesamttatbestandes ablehnen), so doch durch den Handlungsbegriff.

Ein wichtiges Zwischenergebnis läßt sich schon jetzt feststellen: Die alte *Radbruch*-These vom kontradiktorischen Gegensatz der Strafrechtsbegriffe Tun und Lassen ist unrichtig (jedenfalls insoweit, als sie sich auf Erfolgsbewirkungen bezieht). In ihrem für das Strafrecht relevanten Bezug auf den

---

[2] Das Vermeidbarkeitsprinzip und die condicio-sine-qua-non-Formel im Strafrecht, 1968.

[3] a. a. O., S. 36. Im Verlauf der Darstellung modifiziert *Kahrs* diesen Satz in nicht unbedenklicher Weise, doch liegen die damit zusammenhängenden Fragen außerhalb unseres Themas.

[4] Nur nebenbei (S. 34 f.) erwähnt er treffend, es biete „auch den Vorteil ..., für positive Handlungen und Unterlassungen in gleicher Weise anwendbar zu sein, für die Unterlassungen recht deutlich, weil Erfolgsvermeidung und Erfolgsabwendung sprachlich vergleichbar sind, und für die positiven Handlungen insofern, als der Täter den Erfolg hätte vermeiden können, wenn er nicht gehandelt hätte".

[5] Zu Unrecht meint *Kahrs*, von seinem Standpunkt aus einen „wertfreien Tatbestand" notwendig verwerfen zu müssen (a. a. O., S. 41, 116 ff.). Tatbestandsmäßigkeit und Zurechenbarkeit müssen sich nicht decken. Es kommt auf die Funktionen an, die man den Begriffen zuweist und die durchaus verschieden sein können.

gemeinsamen Erfolg verhalten sich Tun und Lassen eben nicht wie a und non-a, sondern wie non-a und non-a. Das, was der Unterlassende nicht verhindert — den unerwünschten Erfolg —, das verhütet der Aktivtäter ja keineswegs, sondern er vermeidet es *ebenfalls nicht*, weil er sich zur Zügelung seiner selbst nicht aufrafft.

II. Das vermeidbare Nichtvermeiden in Garantenstellung

Doch ist für unser Beispiel der gesuchte Tötungsbegriff so erst zur Hälfte gefunden. Ein vermeidbares Nichtvermeiden des Todes fällt ja fraglos auch dem C, nicht nur dem A und dem B, zur Last. Hier ist nun kein Ausweichen möglich: Was den C vom B allein unterscheidet, ist das Fehlen der Garantenstellung; eine Verbindung zwischen A und B, die gleichzeitig den C ausschließt, ist also nur mit Hilfe dieses Merkmals denkbar; wenn sich nicht auch von A sagen läßt, er sei wie B Garant für das Leben X, dann gibt es den Tötungsbegriff, den die Rechtsanwendung stillschweigend voraussetzt, nicht.

Es könnte sein, daß der Leser längst verstanden hat, worauf wir hinauswollen. Der Autor selbst kann schlecht beurteilen, wie klar für andere ist, was ihm nach langem Bedenken so klar erscheint. Deshalb und weil für den gesamten ferneren Gang der Darstellung so vieles von der Akzeptierung unseres Handlungsbegriffes durch den Leser abhängt, empfiehlt es sich, Widerstand vorauszusetzen und an dieser entscheidenden Stelle etwas weiter auszuholen.

So, wie der Begriff der Garantenstellung bisher verstanden worden ist, scheint er auf den Aktivtäter, im Beispiel auf den A, nicht zu passen. A kann ja dem X so fremd gegenüberstehen wie C, ohne daß auf ihn der Tötungsbegriff unanwendbar würde. Bewirkt jemand aktiv den Erfolg, dann, so sagt man, kommt es gerade nicht auf die Garantenpflicht an. Diese ist nur vonnöten, um das Fehlen der Erfolgsverursachung durch Tätigkeit auszugleichen.

Diese Sätze werden schlechthin von allen für richtig gehalten, und doch verbirgt sich in ihnen der entscheidende Fehler, der, zusammen mit dem a-non-a-Vorurteil, bis heute ein einheitliches Deliktssystem verhindert hat. Dessen wird man sich inne, wenn man die Reichweite des Garantenprinzips bedenkt. Als Garanten bezeichnen wir nicht nur die Personen, die ein bestimmtes Rechtsgut vor Schaden zu bewahren haben (wie z. B. Eltern das Leben ihrer Kinder), sondern auch solche, die für eine bestimmte Gefahrenquelle verantwortlich sind. Wer seine Blumentöpfe auf dem Balkon nicht gut befestigt, wer seinen bissigen Hund nicht sorgsam überwacht, wer wintertags seinen Bürgersteig nicht bestreut, der kann als verantwortlicher Garant für diese Gefahrenherde zum Unterlassungstäter vorsätzlicher oder fahrlässiger Begehungsdelikte werden. Der Mensch steht gewissermaßen im Zentrum eines Herrschaftskreises, der zugleich die Sphäre seiner sozialen Verantwortung ist. Je weiter man nach außen schreitet, desto mehr nimmt die Intensität der Beherrschung ab und desto zweifelhafter wird auch die Garantenverantwortlichkeit; so ist es z. B. fraglich, ob Garantenpflichtigkeit auch hinsichtlich der Gefahren besteht, die von einem aus Gefälligkeit für kurze Zeit in Pflege genommenen fremden Hund ausgehen. Je mehr man sich aber umgekehrt dem Zentrum nähert, desto selbstverständlicher wird auch die Garantenstellung. Und das innerste Zentrum bildet nun ohne Frage die Person selbst, in ihrer Einheit von Leib und Seele.

Wenn jemand auf einem fremden Sofa liegt und plötzlich bemerkt, daß er Nasenbluten hat, dann muß er den drohenden Sachschaden verhindern. Läßt er, um den Eigentümer zu schädigen, das Blut einfach auf das Polster laufen, so macht er sich nach § 303 StGB strafbar. Kein Richter würde wohl auf den Gedanken verfallen, ihn freizusprechen, weil Bluten kein willentlicher Körpervorgang ist[6]. Entscheidend sind Garantenpflicht und Vermeidbarkeit, die in diesem Fall beide vorliegen, die begriffliche Einordnung als aktives Tun oder Unterlassen ist letztlich ohne Belang.

Was aber folgt daraus für die Fälle echter Aktivität? Offenkundig dies: Auch der Aktivtäter muß als Garant betrachtet werden, denn die Willkürlichkeit eines Verhaltens ändert nichts an dem Befund, daß sich in der deliktischen Körperbewegung die Person als potentieller Gefahrenherd aktualisiert. Ob der Nasenbluter das Sofa nur wissentlich schmutzig werden *läßt*, oder ob er es willentlich durch körperliches Tun schmutzig *macht*, der juristisch entscheidende Kern — Nichtvermeidung des Schadens, der auf den zu verantwortenden Gefahrenherd der eigenen Person zurückgeht — bleibt auch im zweiten Fall voll erhalten.

Kehren wir zum Ausgangsbeispiel zurück, so läßt sich nun der Tötungsbegriff endgültig definieren. Im Sinne des § 212 StGB tötet, wer den Tod eines Menschen, den er vermeiden könnte, nicht vermeidet, und eine Garantenstellung hinsichtlich dieses Erfolges innehat, oder kürzer: Tötung ist das vermeidbare Nichtvermeiden eines Todes in Garantenstellung.

Das Merkmal der Garantenstellung ist nicht etwa ein Vorgriff in den Bereich der Rechtswidrigkeit oder sogar der Schuld. Es besagt allein, daß das Geschehen dem Nichtvermeider *zugerechnet* wird, daß er also für die Erlaubtheit oder Unerlaubtheit als Garant einstehen muß. So bleibt z. B. der Hundehalter, der zuläßt, daß sein Hund einen Räuber beißt, trotz der Notwehrlage Garant. Er kann das Geschehnis zwar verantworten, aber er muß es auch, anders als ein Unbeteiligter. Dasselbe gilt für Aktivhandlungen. Vermeidbare Emanationen der eigenen Person — und Gewolltes ist vermeidbar — werden der Person als ihr Werk zugerechnet. Der Täter muß

[6] Vgl. *Jescheck*, Eb. Schmidt-Festschrift, S. 143. Der engere Handlungsbegriff, nach *Beling* das „blutleere Gespenst“, hat also nicht einmal die Bedeutung, die man ihm allgemein zugesteht. Von einer „a limine stattfindenden Ausscheidung unwillkürlicher Verhaltensweisen ... aus der strafrechtlichen Betrachtung“ (*Jescheck*, a. a. O.) kann gar keine Rede sein. Darauf werden wir noch zurückkommen.

sie als Garant verantworten. Kann er es, weil er gerechtfertigt handelt, um so besser für ihn.

Der Handlungsbegriff für die reinen Bewirkungsdelikte (genauer: für die Delikte mit offenem Tatbestand), die ja immer Erfolgsdelikte sind, kann mithin durch eine geringfügige Abstraktion aus dem Tötungsbegriff abgeleitet werden. Handlung ist das vermeidbare Nichtvermeiden eines Erfolges in Garantenstellung.

Die Möglichkeit, das Begehungsdelikt ins Negative zu wenden, ist dem Scharfsinn Armin *Kaufmanns* nicht entgangen[7]. Aber er ist von vornherein „befremdet“ vom Bild des Mörders, „der dadurch, daß er auf sein Opfer lauert, zu dessen Garanten wird“, und hält die Einsicht, die Ansatz zur Überwindung so vieler begrifflicher und dogmatischer Schwierigkeiten hätte werden können, für ein Gegenargument: Auf diese Weise lasse sich „letzten Endes jedes Begehungsdelikt in ein Unterlassungsdelikt auflösen ...“ Weiter heißt es: „Der vom Verwirklichungswillen getragene Handlungsablauf kann nicht die Grundlage einer Garantenpflicht zur Verhinderung dieser Handlung sein. Die Rechtsordnung verbietet die vorsätzliche Tötung. Ein Gebot an den Unterlassungspflichtigen, die von ihm ausgehende willentliche Erfolgsherbeiführung ... zu bekämpfen, ist überflüssig.“ Als ob es schon um seiner selbst willen wertvoll wäre, die Begriffe „Begehungsdelikt“ und „Verbot“ als Grundbegriffe zu erhalten und das Bild, das man bisher mit der Garantenformel verband, zu konservieren!

§ 14 ENTWURF UND ABSICHERUNG EINES NEGATIVEN HANDLUNGSBEGRIFFES

I. Ausdehnung auf andere Delikte

Mit der zuletzt festgelegten Definition ist unser eigentliches Ziel erreicht. Es ist der genannte, auf das reine Bewirkungsdelikt beschränkte Handlungsbegriff, der den Schlüssel zur Lösung der spezifischen Probleme des unechten Unterlassungsdelikts liefert, die die Wissenschaft bis heute nicht in den Griff zu bekommen weiß. Aber es wäre nicht klug, nun sogleich den Blick auf das Garantenprinzip in seiner Bedeutung nur für die offenen Tatbestände zu richten. Denn es ist nicht schwer zu sehen, daß wir auf dem Wege zu einem umfassenden Handlungsbegriff die größten Hindernisse bereits überwunden haben. Darum dürfen wir uns hier den reizvollen Exkurs in die Problematik des allgemeinen strafrechtlichen Handlungsbegriffes gestatten, wobei man außerdem beachten muß, daß das Problem der Handlung im Strafrecht wegen der unlösbaren Verklammerung mit dem Garantenprinzip, unserm Leitthema, ohnehin im weiteren Rahmen unserer Arbeit liegt.

Überprüft man im Blick auf dieses neue, weitergesteckte Ziel die vorliegende Definition, so zeigt sich sofort, daß das Erfolgs-Merkmal in ihr kei-

---

[7] Vgl. Unterlassungsdelikte, S. 229, Anm. 301.

nen Bestand haben kann. Reine Tätigkeitsdelikte, Versuche und die meisten echten Unterlassungsdelikte setzen keinen Erfolg voraus, den zu vermeiden das Gesetz befiehlt. Auch das bloße Hinwirken in Richtung auf einen Erfolg (Versuch), die schlichte Tätigkeit (etwa bei der homosexuellen Unzucht) und das folgenlose Andauern eines Zustandes (z. B. das Offenstehen einer Grube) können Gegenstand strafrechtlicher Mißbilligung sein. Will man dies alles zusammen erfassen, so könnte man es höchstens durch das Wort „etwas", das man aber auch weglassen kann, wo es sich sprachlich empfiehlt, weil im Begriff des Nichtvermeidens das „etwas" schon enthalten ist.

Mit dem Verzicht auf den „Erfolg" erhält das „Nichtvermeiden" aber nun in der Tat die Spannweite, schlechthin jedes denkbare Delikt zu umgreifen. Es erfaßt, wie gesagt, jedes nicht vermiedene Etwas: Erstens den von der Person ablösbaren Erfolg in der Außenwelt (Tod eines Menschen); zweitens die ebenfalls geschehnishafte, aber vom Täter nicht abtrennbare Tätigkeit (sexuelle Handlung, Begehungsversuch); drittens den beharrenden, außerhalb des Täters liegenden Zustand (offene Grube, Nichtunterrichtetsein einer Behörde), der regelmäßig die echten Unterlassungsdelikte kennzeichnet; viertens den unveränderten Zustand des Täters selbst, der ausnahmsweise auch einmal Gegenstand strafrechtlicher Mißbilligung sein kann. Dies letztere ist, soweit ich sehe, nur beim untauglichen Unterlassungsversuch denkbar: Wenn eine Frau ihren gebrechlichen alten Vater aus der Badewanne um Hilfe rufen zu hören glaubt — während er in Wirklichkeit ein Lied singt —, dann gebietet ihr das Recht nichts weiter, als in Richtung auf die vermeintlich notwendige Rettung hin tätig zu werden. Unternimmt sie nichts, weil sie den Tod des Vaters wünscht, so hat sie das Andauern ihrer Untätigkeit nicht vermieden, obwohl sie es vermeiden konnte, und ist darum der versuchten Tötung schuldig[1].

Die zweite Frage ist, ob das Erfordernis der Garantenstellung in den umfassenden Handlungsbegriff aufgenommen werden kann. Dabei verstehen wir unter Garantenstellung alle sozialen Sonderbeziehungen des Täters zum Schutzgut oder zur Gefahrenquelle, erstens die von Rechtsprechung und Lehre für die unechten Unterlassungsdelikte anerkannten, zweitens die hier hinzugefügte Sonderverantwortlichkeit für den Gefahrenherd der eigenen Person. Bei dieser Betrachtung bleibt das Garantenmerkmal zunächst sowohl für die Garantendelikte wie für die verhaltensgebundenen Straftaten gültig. Denn diese Tatbestände weisen nur die Besonderheit auf, daß der Gesetzgeber die täterschaftstauglichen Garantenstellungen auf solche *bestimmter Art* begrenzt hat. So kann Täter der Untreue nur ein Beschützergarant sein, während man ein verhaltensgebundenes Delikt umgekehrt nur begehen kann, wenn man als Überwachungsgarant das Verhalten seiner selbst oder eines

[1] Konnte sie dagegen ihre Passivität nicht vermeiden, etwa weil der Schreck sie psychisch und physisch lähmte, so läge nach richtiger Ansicht keine Unterlassung und also auch keine strafrechtliche Handlung vor.

Menschen der eigenen Verantwortungssphäre nicht vermeidet[2]. Auf eine einzige Garantenstellung beschränkt sich die Täterschaft, sofern das verhaltensgebundene Delikt eigenhändige Tatausführung voraussetzt, weil man in diesem Fall nur sich selbst überwachen, d. h. höchstpersönliches Verhalten vermeiden muß.

Eine Garantenstellung ist ferner auch bei fast allen echten Unterlassungsdelikten erforderlich. Wir können uns insoweit auf frühere Ausführungen beziehen[3]. Es sei hier nur daran erinnert, daß das echte Unterlassungsdelikt den Garanten in aller Regel schon im Tatbestand ausdrücklich anspricht, und zwar meistens den Überwachungsgaranten. So spricht § 367 Nr. 12 StGB von der — ja nicht an beliebige Personen ergehenden — „polizeilichen Aufforderung", Gebäude auszubessern, oder § 368 Nr. 4 StGB von den Feuerstätten in „seinem" (des Täters) Hause. Aber auch die wenigen offenen Tatbestände unter den echten Unterlassungsdelikten enthalten, wie erinnerlich, die Garantenbegrenzung. Daß bösartige Tiere frei herumlaufen oder gefährliche Gruben unverschlossen sind (vgl. § 367 Nr. 11, 12 StGB), muß nicht jeder vermeiden, der es könnte, sondern zufolge teleologischer Reduktion des Gesetzeswortlautes nur der für die Gefahrenquelle verantwortliche Garant.

Nun gibt es aber einige ganz wenige echte Unterlassungsdelikte, die tatbestandlich anders strukturiert sind. Im geltenden Recht sind es anscheinend nur zwei: Die Nichtanzeige von Verbrechen (§ 138 StGB) und die unterlassene Hilfeleistung (§ 330 c StGB). Wohl enthalten auch diese Tatbestände Merkmale, die man als Täterqualifikation verstehen kann (glaubhafte Kenntnis bzw. Zumutbarkeit), aber eine Begrenzung der Vermeidepflicht auf Garanten bewirken sie nicht. Der Garantenbegriff verlöre sofort jede Kontur, wenn man ihn auf den zufällig des Weges kommenden Passanten, der einen Schwerverletzten sieht, oder auf den am geplanten Mord ganz Unbeteiligten, der nur davon gehört hat, ausdehnen würde. Man steht an dieser Stelle also vor einer Entscheidung, die man durch keinen Kompromiß umgehen kann: Entweder eliminiert man das Garantenmerkmal aus dem Handlungsbegriff. Dann erweitert er sich auf jedes vermeidbare Nichtvermeiden und vermag auch die §§ 138, 330 c StGB in sich aufzunehmen. Oder man nimmt an, daß der Gesetzgeber diesen beiden Tatbeständen nicht den strafrechtlichen Handlungsbegriff, sondern einen allgemeineren *Nichtvermeidensbegriff* zugrunde gelegt hat. Ich entscheide mich für das letztere. Denn das erstere zu wählen, würde eigentlich nur ein ästhetisches Bedürfnis befriedigen, das Verlangen nach dem einheitlichen, wirklich allumfassenden Grundelement des Strafrechts. Es ist aber wissenschaftlich nicht ökonomisch, verschwindend seltenen Ausnahmen zuliebe auf ein Begriffsmerkmal zu verzichten, das hohen Erkenntniswert hat und weitreichende Limitativwirkung entfaltet.

---

[2] Vgl. dazu ausführlich oben § 7.

[3] Vgl. oben § 4.

Im strafrechtlichen Sinne handelt also, wer als Garant etwas nicht vermeidet, was er vermeiden könnte. Die Handlung des Strafrechts ist das vermeidbare Nichtvermeiden in Garantenstellung. Will man diesem neuen Handlungsbegriff einen Namen geben, so könnte man ihn am besten als den *negativen* bezeichnen. Denn negativ ist er, weil er immer, auch im Normalfall der deliktischen Aktivität, ein Negativum als das juristisch Entscheidende markiert: Nach ihm kommt es stets auf das an, was der Täter *nicht* tut. Und negativ ist er auch, weil er somit eher ein Nichthandlungs-, ein Unterlassungsbegriff ist.

II. Vermeidbarkeit und Willkürlichkeit

Die erste auffällige Besonderheit des negativen Handlungsbegriffs ist sein Verzicht auf das Moment der Willentlichkeit oder Willkürlichkeit der Handlung im Strafrecht. Daß im Handlungsbegriff die Finalität, sei diese nun der Vorsatz oder ein Teil des Vorsatzes oder das vom Vorsatz zu scheidende Willensmoment in der Handlung, kein dogmatisches Existenzrecht hat, widerspricht der herrschenden Meinung. So sagt z. B. *Bockelmann* apodiktisch, es sei „kein Strafgesetz denkbar, daß Verhaltensweisen pönalisierte, die nicht final sind. Was nicht Willenshandlung ist, daß ist für das Strafrecht nicht interessant"[4]. Auf dem Boden der fast allgemeinen Ansicht steht auch *Henkel,* der die Handlung im Strafrecht als „zielgerichteten (finalen), wirkenden Willensakt"[5] definiert und sie von einem im Polizeirecht etwa geltenden weiteren „Verhaltens"-Begriff unterscheidet. „Im Gegensatz dazu bezeichnet im Strafrecht der Handlungsbegriff — neben dem rechtspflichtwidrigen Unterlassen — die Untergrenze der strafrechtlichen Haftung. Schadenstiftende Auswirkungen der Körpertätigkeit, die — wie insbesondere bei den Reflexbewegungen — den Menschen nicht zum Urheber einer psychosomatischen Leistung machen, die also unterhalb der Handlungsgrenze liegen, scheiden mithin als möglicherweise die Strafbarkeit begründend aus... Hier hat der Handlungsbegriff als rechtlich unterscheidendes und begrenzendes Merkmal grundlegende Relevanz, und er ist infolgedessen... in seiner ontologischen Vorgegebenheit in die strafrechtliche Betrachtung aufzunehmen"[6].

Angesichts der Existenz der Unterlassungsdelikte gerät diese Lehre aber nun in so unverkennbare Schwierigkeiten, daß im Laufe der Zeit hier und da doch Stimmen laut wurden, die, mehr oder weniger bewußt, im Sinne

---

[4] Strafrechtliche Untersuchungen, S. 152. Doch sieht auch *Bockelmann,* daß er das sogleich einschränken muß; vgl. a. a. O., Anm. 1: „Ganz ohne Ausnahme gilt nicht einmal das, wie das Beispiel der unbewußt fahrlässigen Unterlassung beweist." Vgl. dazu auch *zu Dohna,* Aufbau, S. 14 f., der infolge der herkömmlichen Fixierung auf die Willentlichkeit „keine Möglichkeit" sieht, „den Handlungsbegriff dahin auszuweiten, daß er diese Gestaltungen mit umfaßt", und deshalb „Verbrechen" für möglich hält, die nicht „Handlung" sind.

[5] Einführung in die Rechtsphilosophie, S. 184.

[6] a. a. O., S. 183.

eines negativen Handlungsbegriffes das Vermeidbarkeitsprinzip an die Stelle der Willentlichkeit setzen wollten. Einige vollzogen den Austausch fast unmerklich unter dem gleichbleibenden terminologischen Etikett der Willkürlichkeit. Hier ist zunächst die Studie von *Kissin* zu erwähnen, dem allgemein „die Fähigkeit, sich anders zu verhalten", entscheidend dünkt, auch bei aktiven Handlungen. Denn „willkürlich kann das Tun nur genannt werden, wenn für den betreffenden Menschen im fraglichen Augenblick die physische Möglichkeit gegeben war, die Handlung nicht vorzunehmen ..."[7]. Ähnlich erklärt *Engisch* seinen Handlungsbegriff des „willkürliche(n) Bewirken(s) berechenbarer sozialerheblicher Folgen"[8]. Das Merkmal der Willkürlichkeit bedeute nicht, sagt er, „daß das Tun oder Unterlassen bewußt und gewollt vollzogen ist, daß es ‚bezweckt' ist. Die Willkürlichkeit ist von der Finalität wohl zu unterscheiden ... Willkürlichkeit bedeutet nur, daß der Täter psychophysisch in der Lage war, sich anders zu verhalten, daß er ‚Handlungsfreiheit' besaß"[9]. Auch *Vogt* nennt Tun und Lassen „willkürliche Formen unseres Verhaltens" und will dies so verstanden wissen: „Beide haben zur Voraussetzung, daß die Möglichkeit eines anders gearteten Verhaltens bestand. Nur dann sprechen wir von einer Handlung, wenn der Handelnde die Freiheit besaß, sie zu unterlassen, nur dann von einer Unterlassung, wenn dem Unterlassenden die Vornahme der unterlassenen Handlung möglich war"[10]. Einen Schritt weiter geht *Maihofer*[11], der das Kriterium der Willkürlichkeit auch terminologisch tilgt und durch das der „Beherrschbarkeit" ersetzt. Unserer Auffassung am nächsten dürfte jedoch *Kahrs*[12] stehen, der die Vermeidbarkeit zwar nicht zum Handlungskriterium, aber zum zentralen Zurechnungsprinzip erklärt, was sachlich selbstverständlich ebenfalls richtig ist.

Alle diese Schriftsteller bleiben im richtigen Ansatz stecken. Sie erkennen zwar, daß es unwillentliche Verhaltensweisen gibt, die trotzdem strafrechtliche Haftung nach sich ziehen, und berücksichtigen dies bei der Bildung und Ausdeutung des umfassenden Handlungsbegriffes. Aber mit der abweichenden, überwiegenden Meinung kommen sie im Sachlichen dann doch wieder überein, weil sie die Irrelevanz des Willensmomentes nur für *bestimmte*, nicht für alle Erscheinungsformen des Verbrechens behaupten. Ganz pragmatisch wird auf die Finalität verzichtet, wo sie nicht vorhanden ist, etwa bei den Unterlassungsdelikten. Ist sie aber gegeben, wie zumindest bei den vorsätzlichen Begehungsdelikten, so wird sie allgemein als unentbehrlicher Bestandteil des Verbrechens angesehen, und der Streit geht nur noch um die richtige systematische Einordnung. *Schmidhäuser* ist es, der diese „finalitäts-

[7] Die Rechtspflicht zum Handeln bei den Unterlassungsdelikten, 1933, S. 2.
[8] Vom Weltbild des Juristen, 1950, S. 38.
[9] Kohlrausch-Festschrift, 1944, S. 164.
[10] ZStW 63, S. 382.
[11] Vgl. oben S. 163—167.
[12] Vgl. oben S. 171.

kritische" Denkrichtung mit der größten Entschiedenheit vertritt. Er verneint ein finales Wollen völlig bei den Unterlassungsdelikten und tilgt das voluntative Moment ferner aus dem Vorsatz der Begehungsdelikte. Dort aber, wo es verbleibt, in der Handlung des Begehungsdeliktes, da ist es konstitutiv für den Unrechtstatbestand[13].

Hier wage ich nun eine kühne Behauptung. Ich sage nämlich, daß die Finalität als solche im Strafrecht *überhaupt unerheblich* ist[14]. Dem liegt folgende Überlegung zugrunde: Das Willensmoment in der aktiven Handlung kann man allenfalls solange für strafbegründend und unverzichtbar halten, wie man nicht erkennt, daß auch der Aktivtäter sowohl etwas unterläßt wie eine echte Garantenpflicht verletzt. Bei diesem Erkenntnisstande liegt es nämlich nahe, daß man *alle* Bestandteile, aus denen sich die Aktivhandlung zusammensetzt, für notwendig hält, um das Fehlen der Umstände auszugleichen, die beim unechten Unterlassungsdelikt zusammenkommen. Der negative Handlungsbegriff deckt aber auf, daß auch der Aktivtäter mit vollkommener Eindeutigkeit alles aufweist, was für die Annahme einer sog. Begehung durch Unterlassen genügen würde: Er verhindert das Geschehen nicht, er könnte es verhindern, und das Geschehen ist ihm als Gefahrquellengarant zuzurechnen. Daraus folgt zwingend, daß auch im Falle der aktiven Begehung wirklich strafbegründend ausschließlich *diese* Elemente sind. Daß der Körpervorgang, der den Kausalverlauf anstieß, nicht nur ein vermeidbarer, sondern auch ein willentlich-aktiver war, ist überflüssiges Beiwerk.

Man sieht dies sofort, wenn ein erfolgsursächlicher körperlicher Vorgang nicht final gesteuert, aber ausnahmsweise trotzdem ganz oder in seinen Auswirkungen vermeidbar ist. Es wurde hier das Beispiel eines Menschen gebildet, der auf einem fremden Sofa liegt und wissentlich nicht verhindert, daß das aus seiner Nase tropfende Blut den Bezug beschmutzt. Gewiß ist das ein Ausnahmefall. Normalerweise kann ein Mensch das, was von seinem Körper ungewollt ausgeht (Schlafwandeln während einer Ausgangssperre, Zuschlagen im epileptischen Anfall), auch nicht verhindern, jedenfalls nicht im Augenblick des Geschehens. Die angebliche Relevanz der Finalität bezieht ja gerade daraus ihre Überzeugungskraft, daß eine Körperbewegung, die nicht vom Willen gesteuert ist, fast immer auch unvermeidbar ist. Doch das kann am Prinzip nichts ändern, daß nach Verneinung der Finalität immer, auch bei Körperbewegungen, die entscheidende Frage erst noch zu beantworten ist.

---

[13] Dieser Grundgedanke kehrt in zahlreichen Schriften *Schmidhäusers* immer wieder. Vgl. besonders Vorsatzbegriff und Begriffsjurisprudenz, 1968, S. 1 ff. (25 f., 32); ferner Radbruch-Gedächtnisschrift, S. 277; GA 1958, S. 161 ff. (179 f.); Gesinnungsmerkmale, 1958, S. 146 f. (Anm. 40); ZStW 66, S. 27 ff.; jetzt auch in Lehrbuch, 7/32—35, 8/25—28.

[14] Von ihrer später zu besprechenden Bedeutung für die Strafhöhe abgesehen.

Diese These paßt keiner strafrechtlichen Handlungslehre ins Konzept[15], für eine aber, die finale, wäre sie tödlich. Denn das ganze dogmatische Gebäude, das sie auf der Finalstruktur der Handlung aufgebaut und aus ihr abgeleitet hat, muß einstürzen, wenn es auf die Finalität nicht ankommt. Kann die finale Handlungslehre unsere Einwände abwehren? Das wird abzuwarten sein. Auf eine Apologie zum Schutze des Finalismus, die Armin *Kaufmann* versucht hat, kann jedoch bereits hier repliziert werden.

Kaufmann leugnet bekanntlich, die Lehre *Welzels* konsequent zu Ende führend, die Möglichkeit eines Unterlassungsvorsatzes. Dem hat *Roxin* widersprochen. Er beschränkt den Vorsatz auf die Wissensseite und kann so einen vollwertigen Vorsatz auch bei Unterlassungen nachweisen: „Wenn ich jemanden mit meiner Pistole erschieße, dann begründet der Druck auf den Abzugshahn ... doch nur die Kausalität. Der Vorsatz steckt nicht in meinem Finger, sondern in meinem Kopf: Er besteht in der Vorausberechnung und Sinnerfassung eben dieses Geschehens, und darin allein. Beides ist aber auch beim Unterlassenden möglich"[16]. Darauf antwortet Armin *Kaufmann*[17]: „*Roxin* hält zwei Bruchstücke für ein Ganzes: Niemals ist ein Täter schon deshalb verurteilt worden, weil einerseits er auf einen Abzugshahn gedrückt hat, andererseits in seinem Kopfe die Vorstellung hiervon und die Vorausberechnung der Folgen war." Denn „fehlt die Willensbetätigung, weil das Wollen fehlt", dann fehlt es „schon an einer Handlung; noch jeder Handlungsbegriff hat den Willen in sich aufnehmen müssen, um lebensfähig zu sein, und sei es auch nur die gewillkürte Muskelinnervation. Tatvorsatz ist nicht Wissen und bloßes Wünschen, sondern Tatvorsatz ist Verwirklichungswille; der Wille gerade ist der den Kausalablauf anstoßende und steuernde Faktor". Das will *Kaufmann* durch einen Sachverhalt einsichtig machen: „A mag, während er, ausgerutscht, auf die Schalttafel einer Bergbahnstation zustürzt, genau ‚vorausberechnen', was geschehen wird — Scherben, Kurzschluß, purzelnde Passagiere in der Gondel —, und ‚den Sinn erfassen' (Sachbeschädigung, Körperverletzung). Die Vorstellung in *diesem* Kopf dürfte auch für *Roxin* nicht ausreichen."

Kaufmanns Entgegnung hält nicht Stich. Sein eigenes Beispiel zeigt, daß mit der Verneinung der Willkürlichkeit noch nichts entschieden sein kann. Für ein vorsätzliches Delikt muß es genügen, daß A die Folgen seines Ausrutschens erkennt, vermeiden kann und dies wissentlich unterläßt. Er darf doch nicht einfach weiterrutschen, nur weil er seine Bewegung nicht steuert!

---

[15] Dagegen stimmt sie mit der Lehre von *Larenz* überein; vgl. *Dölle*-Festschrift, 1963, S. 169 ff.; Lehrbuch des Allgemeinen Teils, S. 68 ff.; Methodenlehre, S. 210 ff.: „Die einzelne Handlung braucht nicht zweckgerichtet zu sein, genug, daß der Urheber anders handeln *konnte*, sofern er den Erfolg bedacht, ihn zu vermeiden sich zum Ziel gesetzt hätte"; und: „... auch eine ungewollte, aber bei entsprechender Aufmerksamkeit vermeidbare Körperbewegung ... kann eine ‚Handlung' sein."

[16] ZStW 74, S. 530.

[17] Festschrift für H. v. Weber, 1963, S. 218 f.

Vielleicht würde *Kaufmann* erwidern, daß im Falle des Vermeidenkönnens eben ein unechtes Unterlassungsdelikt vorliege. Das träfe zu und ginge zugleich fehl, denn wo bleibt die angeblich straf- und vorsatzkonstitutive Bedeutung des Willensmomentes, wenn dieses nur über die begrifflich-systematische Einordnung des so oder so als Vorsatzdelikt strafbaren Verhaltens entscheidet?

Es bleibt also dabei: Die Finalität ist als solche unerheblich. Sie ist weder für den Vorsatz noch als ein vom Vorsatz zu trennendes Moment für die Tatbestandsverwirklichung konstitutiv. Sie ist nur die Schale, die den konstitutiven Kern der Vermeidbarkeit umschließt, ein regelmäßig gegebenes Element, daß das entscheidende Kriterium verdeckt. Wenn A wissentlich und willentlich den B erschießt, dann handelt er nicht deshalb, weil er den Finger am Abzugshahn krümmen *will*, und er tötet nicht deshalb vorsätzlich, weil er den Tod des B *will*. Nein, A handelt, weil er seine das Geschehen auslösenden Körperbewegungen vermeiden könnte[18], und er tötet vorsätzlich, weil er dies weiß und die Folgen vorhersieht.

Das finale Wollen spielt in der strafrechtlichen Dogmatik also eine bescheidenere Rolle, als die h. L. glaubt, und die überragende Stellung, die ihm die finale Handlungslehre zuweist, hat es schon gar nicht. Ohne Belang ist es indessen auch wieder nicht. Eine gewisse Bedeutung behält es in vierfacher Hinsicht:

Der Begriff der finalen Handlung (also der willensgetragenen gesteuerten und steuernden Körperaktivität) hat erstens *Beweisfunktion*. Was man wollend aktiv verwirklicht, das kann man immer auch unterlassen. Mit der Willkürlichkeit ist also immer zugleich die Vermeidbarkeit bewiesen. Deshalb ist es zwar theoretisch ungenau, praktisch aber unbedenklich, wenn man Körperbewegungen dem Urheber deshalb zurechnet, weil er sie gewollt hat.

Die Finalität — genauer: ihr Fehlen — hat zweitens *Indizwirkung*. Im Regelfall nämlich sind unwillkürliche Körpervorgänge auch unvermeidbar. Darum kann es zweckmäßig sein, zunächst die Unwillkürlichkeit festzustellen, worauf die dann meistens ganz kurze Prüfung folgt, ob die Körperbewegung oder ihre Auswirkung auch unvermeidbar war. Freilich birgt dieses Vorgehen auch Gefahren, vor allem für den noch begriffgläubigen Studenten, der einen Sachverhalt begutachtet. Denn nur allzu leicht entgeht einem so der Gesichtspunkt der actio libera. Für die Zurechnung muß es eben genügen, daß die Körperbewegung oder ihre Folgen überhaupt vermeidbar sind: Ein Epileptiker, der für einen bestimmten Zeitpunkt einen Anfall vorhersieht, muß sich danach richten, wenn er in Porzellanläden geht.

---

[18] Was sofort klar wird, wenn man sich einmal vorstellt, A litte an unwillkürlichen Fingerzuckungen, die er aber unter Aufbietung von Willenskraft vermeiden könnte.

Zwar kann er zur Zeit des Anfalls nicht vermeiden, was von ihm ausgeht, aber er kann und muß Vorsorge treffen[19].

Der dritte Punkt betrifft das *Strafmaß*. Für dieses ist es nämlich erheblich, ob ein Garant ein Geschehen nur vermeiden kann, oder ob er es außerdem willentlich erzeugt. Doch soll das hier nicht näher besprochen werden, weil dem Problem der Strafmilderung für Unterlassungen ein eigener Abschnitt gewidmet ist[20].

Am fragwürdigsten ist der vierte Aspekt, der *systematische*. Sicher kann über die begriffliche Zuordnung eines menschlichen Verhaltens zum Tun oder Lassen nur das die Aktivität kennzeichnende Willensmoment entscheiden. Doch eine andere Frage ist es, ob eine auf dem negativen Handlungsbegriff aufbauende Systematik dieser Zweiteilung noch den alten fundamentalen Rang einräumen kann. In der Konsequenz unseres Handlungsbegriffes läge es zweifellos, das unkonstitutive Willensmoment, das zum Nichtvermeiden vermeidbarer Körpervorgänge regelmäßig, aber überflüssigerweise hinzutritt, aus dem System ganz zu streichen oder wenigstens in eine unbedeutendere Position zu verbannen. Strenggenommen ist ja der Aktivtäter nur eine Unterart des Garanten, der sich selbst nicht überwacht, und der wiederum ist zunächst auf den umfassenderen Begriff des Überwachungsgaranten zurückzuführen, ehe er sich mit dem Beschützergaranten in der allgemeinsten Figur des Garanten überhaupt vereinigt. Das vom negativen Handlungsbegriff an sich geforderte System sähe also, wenn man es in grober Schematisierung bis zur frühestmöglichen Position des aktiven Tuns einseitig durchzeichnet, so aus:

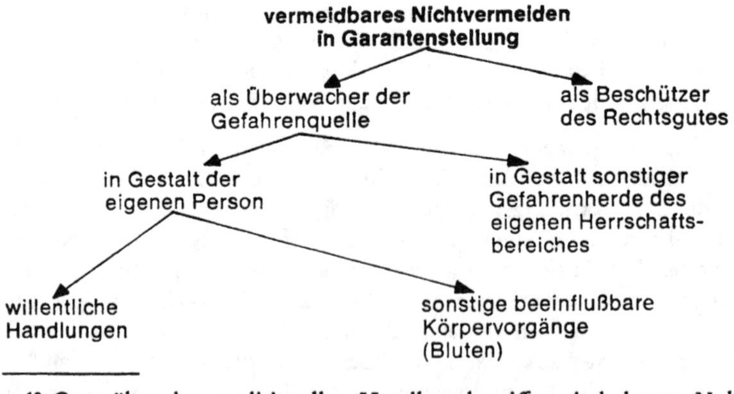

[19] Gegenüber den traditionellen Handlungsbegriffen sind darum *Nolls* Zweifel berechtigt, ob diese denn überhaupt das Minimum leisteten, den für die strafrechtliche Betrachtung überhaupt in Frage kommenden Bereich abzugrenzen. Auch er weist auf die actio libera hin: „Die immer wieder angeführten Fälle von Reflexbewegungen, Schlafwandel usw. sind keineswegs schlüssig; denn stets wird die Frage zu stellen sein, ob der Täter sich nicht schuldhaft in die Situation begeben hat, in der er mit schädlichen Fehlreaktionen rechnen mußte" (GA 1970, S. 181 f.).

[20] Vgl. dazu unten § 22 II.

Dieses System spiegelt den dogmatischen Befund zwar in optimaler Weise wider. Betrachtet man aber realistisch den Erkenntnisstand der Wissenschaft, so scheint es doch wohl ratsamer, dem aktiven Tun eine herausragendere Stellung im System einzuräumen. Allzu radikale Konsequenzen können bewirken, daß man die ihnen zugrunde liegenden Gedanken unüberprüft gleich mitverwirft. Auch gibt es einige sachliche Argumente, die für ein Festhalten an der überkommenen Zweiteilung sprechen. Zunächst ist da die Überlegung, daß die Garantenpflichtverletzung durch aktives Tun in der Rechtspraxis zahlenmäßig alle anderen Formen weit überwiegt und darum auch dogmatisch von besonderem Interesse ist. Sodann ist es ja immerhin so, daß der willentlich-aktiven Rechtsverletzung eine Sonderstellung gebührt, weil sich für sie in jedem Falle die außerordentliche Strafmilderung verbietet. Endlich ist zu bedenken, daß ein rechtswissenschaftliches System in gewissen Grenzen auch auf den begrifflichen Apparat des Gesetzgebers Rücksicht nehmen soll. Der Gesetzgeber aber hat uns aufgetragen, die Begriffe der Unterlassung und des unechten Unterlassungsdeliktes zu klären, indem er diese durch § 13 StGB 1973 verselbständigt und dem aktiven Tun gegenübergestellt hat. Entscheidendes Kriterium kann insoweit wiederum nur das Moment der gewillkürten Körperbewegung sein.

Aus allen drei Gründen wird auch in den noch ausstehenden Teilen dieser Arbeit so verfahren, daß die klassische Scheidung von Tun und Lassen unterhalb des negativen Handlungsbegriffes bestehenbleibt. Doch bedeutet dies nicht eine Einschränkung der verfochtenen Thesen in der Sache selbst. Das konsequente, vom negativen Handlungsbegriff an sich geforderte System bleibt sozusagen im Hintergrund stets gegenwärtig und liefert oder erleichtert die Lösung in sonst dunkel bleibenden Problembereichen, wie etwa für die Kausalität der Unterlassung, den Unterlassungsvorsatz, die Zweitatbestandstheorie, das vorangegangene Tun und für viele andere Fragen.

III. Negative Fassung und Garantenkriterium

Neben dem Verzicht auf den wirkenden Willensakt sind es zwei weitere Eigentümlichkeiten des negativen Handlungsbegriffes, die Zweifel wecken und Widerspruch herausfordern könnten: Seine negative Fassung und das Garantenmerkmal. Beide habe ich bereits zu rechtfertigen versucht, doch sind hier noch einige weitere Bemerkungen am Platze, um immer noch denkbaren Einwänden zuvorzukommen.

A. Was zunächst das Garantenkriterium anlangt, so muß es natürlich befremden, daß ein anscheinend so spezifisch rechtlicher, ja strafrechtlicher Gesichtspunkt, welcher bisher immer in späteren Stadien der Sachverhaltsbewertung herangezogen wurde, nun schon an der allerersten Auslese durch den Handlungsbegriff beteiligt sein soll. Daß dies jedenfalls keinen Vorgriff auf die Ebene rechtlicher Verbote bedeutet, wurde bereits dargetan. Doch es lassen sich noch weitere Überlegungen ins Feld führen:

1. Zuerst ist einem naheliegenden Mißverständnis vorzubeugen. Das Merkmal der Garantenstellung gehört zum Handlungsbegriff, aber nicht zum Begriff des Nichtvermeidens, wie er z. B. § 330 c StGB zugrunde liegt. Wer als Nichtgarant eine fremde Sache, die er retten könnte, untergehen sieht, hat auch im Rechtssinne etwas nicht vermieden, d. h. unterlassen. Den engeren Handlungsbegriff, auf dem § 303 StGB aufbaut, erfüllt er u. E. allerdings nicht. Zu sagen aber, eine Handlung liege nicht vor, weil der Untätige für das Geschehen nicht verantwortlich gemacht, es ihm nicht wie ein Werk der eigenen *Hand* zugerechnet werden kann, hat, meine ich, etwas unmittelbar Einleuchtendes.

2. Man darf nicht, was oft geschieht, darüber hinwegsehen, daß der strafrechtliche Handlungsbegriff eben ein strafrechtlicher, kein vorrechtlicher ist. „Eine Handlungsdefinition", hat *Roxin* vorgetragen, „die als Systemoberbegriff dienen soll, muß notwendig spezifisch strafrechtlicher, gesetzesgebundener Natur sein". Alle Handlungsbegriffe sind, sofern sie sich nicht auf vorgegebene ontologische Strukturen berufen, „aus dem positiven Recht abgeleitet ... Das kann nicht anders sein. Denn ein solcher Begriff wird durch Abstraktion aus den verschiedenartigen Erscheinungsformen strafbaren Verhaltens gewonnen und bleibt daher an sie gebunden"[21]. Das trifft zu und wird durch unsere eigenen Untersuchungen bestätigt. Wenn der Gesetzgeber (so gut wie) immer schon auf der ersten Wertungsstufe, im Tatbestand, die Strafbarkeit auf Garanten beschränkt, so kann dies nicht ohne Einfluß auf den Handlungsbegriff bleiben. Denn dieser darf, sonst dächte man nicht ökonomisch, nur so abstrakt und tatbestandsfern wie unbedingt notwendig sein. Auf das Garantenprinzip verzichten dürfte man erst, wenn das garantenstellungsunabhängige Nichtvermeiden so häufig unter Strafe stünde, daß man diese Fälle nicht mehr als Ausnahmen ansehen könnte. Dann allerdings müßte man es auch, denn der Handlungsbegriff folgt dem Gesetz.

3. Gewiß ist die Garantenstellung ein normativer Begriff. Ob jemand in einem konkreten Fall ein Geschehen verantworten muß, daß ist keine Frage blanker Faktizität, wie etwa die Frage nach dem Vorliegen von Körperbewegungen und willkürlichem Kausalanstoß. Menschliches Verantwortenmüssen läßt sich nur durch wertendes Verstehen, durch das Erfassen von Bedeutungen und Sinngehalten feststellen. Daß solche Urteile schon im Rahmen des Handlungsbegriffes erforderlich sein sollen, widerstreitet herkömmlicher Betrachtung. Doch spricht es in Wahrheit nicht gegen, sondern für die Richtigkeit unserer Konzeption. Denn eigentlich ist es doch nur natürlich, daß in einer so durch und durch normativen Materie, wie sie das Strafrecht ist, auch der Zentral- und Grundbegriff, der alles trägt, ein Wertungselement enthält. Außerdem ist es nur scheinbar so, daß die anderen Handlungsbegriffe jedes normativen Einschlags bar wären. Nicht einmal der rein naturalistisch wirkende kausale ist es. Wenn er von allen denkbaren Ge-

[21] ZStW 74, S. 516.

schehnissen gerade diejenigen zu Handlungen erklärt, die auf willentlicher Körperbewegung beruhen, dann hat dies seinen tieferen, verborgenen Grund darin, daß jeder für das vom eigenen Körper vermeidbar Ausgehende einstehen, seine Ordnungsmäßigkeit *garantieren* muß. Es kann kein Nachteil sein, wenn der negative Handlungsbegriff das irreführende naturalistische Gewand abstreift, den normativen Zurechnungsaspekt beim Namen nennt, und dies in einer Form, die die Verbindung zum Unterlassensbereich herstellt.

4. Der denkbare Einwand, der negative Handlungsbegriff sei zu eng und übernormativ, er passe nicht auf zahllose Alltagsaktivitäten, die jedermann mit Recht Handlungen nenne, würde nach allem keine wirkliche Schwäche unserer Konzeption aufdecken. Wenn ich hier einmal ein mir im privaten Gespräch vorgehaltenes Beispiel aufgreifen darf: Gewiß wäre es seltsam und unpassend, das Speisen am Mittagstisch ein vermeidbares Nichtvermeiden in Garantenstellung zu nennen. Aber was schadet es, wenn solches Tun im Normalfall außerhalb des strafrechtlichen Handlungsbegriffs liegt? Wir kritisieren bei den Zivilisten ja auch nicht, daß ihr Grundbegriff des Rechtsgeschäfts z. B. eine Einladung oder Verabredung zum Mittagessen nicht erfaßt. Dazu wäre es nur die Parallele, wenn der Handlungsbegriff des Strafrechts normativ genug wäre, um klarzustellen, daß sich das Recht normalerweise auch für das anschließende Speisen nicht interessiert.

Auf der anderen Seite ist hier mit Vorbedacht die Normativierung des Begriffs nicht so weit getrieben, daß dieser erst bei einer Verletzung des Rechts anwendbar würde. Er paßt schon beim entfernten Verdacht einer Sozialwidrigkeit. Bestehen Zweifel, ob der hungrige Esser nicht aus Versehen sich an Schüssel und Flasche seines Tischnachbarn vergreift, so trifft es durchaus die Sache zu sagen, hier vermeide jemand eine Essens- und Getränkeentfernung nicht, obwohl er sie vermeiden könne, und allein er — nicht etwa der Zuschauer am Nebentisch — müsse als Garant dafür einstehen, daß es mit diesem Entfernen seine Richtigkeit habe.

B. Die negative Fassung unseres Handlungsbegriffes wird vielleicht manchen deshalb nicht überzeugen, weil sie ihm das Wesen der wichtigsten Erscheinungsform strafbaren Verhaltens zu verfehlen scheint. Daß nicht die zielbewußte oder unsorgfältig gesteuerte Tat Bezugspunkt und Träger des Unrechtsvorwurfs sein soll, sondern eine in ihr versteckte Unterlassung, das mag viele eine gedankenblasse, papierene Konstruktion dünken, der die Fühlunghabe mit der natürlichen Auffassung vom Wesen der Straftat verlorengeht. Hauptsächliche Erwiderung auf derartige Einwände kann natürlich nur sein, daß unsere Konzeption eben das Ergebnis eines logisch zu Ende geführten Denkprozesses ist, der zum Ausgangspunkt die praktisch unbestrittene Existenz der unechten Unterlassungsdelikte hatte. Wer diese einräumt, der hat damit ja schon zugegeben, daß das Gesetz auch Minderes als die Ausübung menschlicher Zwecktätigkeit zum Vorwurf macht, und er muß es dann wie wir als entscheidend ansehen, ob dieses Mindere in der Zwecktätigkeit ungeschmälert auffindbar ist.

Es ist aber noch die Frage, ob der negative Handlungsbegriff außer der dogmatischen Folgerichtigkeit nicht sogar schon das natürliche, vorwissenschaftliche Wesensverständnis der Straftat auf seiner Seite hat. Mir jedenfalls scheint auch dies der Fall zu sein. Man betrachte einmal die Bezeichnungen, mit denen sich die Vorstellung ausgesprochener Aktivität verbindet, die also besonders auf der Linie der finalen Handlungsauffassung liegen müßten: tatkräftig, strebsam, fleißig, zielstrebig, unermüdlich, zupackend, willensstark, energisch, emsig; arbeiten, schaffen, sich regen, sich rühren, sich aufraffen, sich durchbeißen, etwas leisten. Kaum einer dieser Begriffe ist in dem Sinne neutral, daß man ihn durch beliebigen Inhalt konkretisieren könnte. Einen Dieb, der Tag und Nacht mit Einbrüchen und deren Vorbereitung beschäftigt ist, werden wir nicht einen fleißigen Menschen nennen, und ein Raufbold, der dauernd Händel sucht, ist deswegen doch nicht strebsam. Aktivitätsbegriffe bezeichnen ganz vorwiegend ein ethisch, wirtschaftlich oder für die berufliche Karriere wertvolles Tun.

Für das wertwidrige Tun gilt das genaue Gegenteil. Das machen schon die Umschreibungen des strafrechtlichen Zentralbegriffes deutlich. Dem Strafrechtsdogmatiker mag das Verbrechen — déformation professionelle — als Prototyp der *Tat* erscheinen (Tatzeit, Tatort, Tatherrschaft, Tateinheit), das Volk und die Dichter aber nennen es lieber *Un*tat, *Misse*tat. Auch sonst stellt die Sprache fast nur Begriffe der Verneinung und des Unterlassens zur Verfügung und solche, die auf außerhalb des menschlichen Willens liegende Kräfte hinweisen. So spricht man von „gefallenen" Menschen, die auf die „schiefe Bahn" geraten sind und so zu „Hangtätern" wurden, geradeso, als falle dem Verbrecher nur zur Last, daß er sich nicht gegen die Schwerkraft sichere. Wenn jemand eher ausnahmsweise gegen ethische, rechtliche oder konventionelle Normen verstoßen hat, dann hat er „gefehlt", sich nicht gemäßigt, gebändigt, bezähmt, beherrscht, zurückgehalten, gezügelt, nicht an sich gehalten, dann ist er gestrauchelt, der Versuchung erlegen, hemmungslos gewesen, dann hat es ihn übermannt, war *es* stärker als er; wer Verbotenes tut, der läßt sich gehen, läßt seiner Wut freien Lauf, seinen Begierden die Zügel schießen usw. usw.

So müssen wir die erstaunliche Feststellung machen, daß der natürliche Sprachgebrauch dem, was das Eigentliche der aktiven Straftat ausmacht, seit je näher gekommen ist als die Gelehrten, die ihr von Berufs wegen auf den Kern zu kommen trachteten. Denn während diese wie gebannt auf die aktive Willensverwirklichung starrten und sie sogar noch beim Nur-Unterlassenden nachweisen zu müssen glaubten (Interferenzgedanke), hatte der objektive Geist der Sprache längst begriffen, daß gerade umgekehrt auch dem aktiven Verbrecher eigentlich ein Lassen, ein Nichtwollen zum Vorwurf gereicht: Daß er sich nicht zurückhält, obwohl er für sich verantwortlich ist. Der negative Handlungsbegriff verwissenschaftlicht dieses Wesensverständnis und stellt die aktive Tat in den größeren systematischen Zusammenhang aller deliktischen Verhaltensmöglichkeiten, indem er sie als garantenpflichtwidrige Nichtüberwachung einer Gefahrquelle begreift. Wie sehr dies dem spontanen Empfinden entspricht, kann nirgends deutlicher werden als in der populären Warnung „hüte dich!“ oder „nimm dich in acht!“, die wir dem zurufen, der sich anschickt, Verbotenes zu tun[22].

Alles dies läuft, wie gezeigt, besonders *Welzels* finaler Handlungslehre zuwider; aber erstaunlicherweise harmoniert es vortrefflich mit *Welzels* Theorie zu „Schuld und Willensfreiheit“[23]. Wir lesen: „Böser Wille ist kausale Abhängigkeit vom wertwidrigen Antrieb und insofern unfreier Wille ... Schuld ist das Ausbleiben der sinngemäßen Selbstbestimmung bei einem Subjekt, das dieser Sinnbestimmung mächtig ist. Sie ist nicht sinnmäßige Entscheidung zugunsten des Schlechten, sondern das Verhaftet- und Abhängigbleiben, das Sichtreibenlassen von wertwidrigen Antrieben“[24]. *Welzel* rügt, daß man verschiedentlich zwischen dieser „Antriebssteuerung“ (deren Ausbleiben die Schuld ausmache) und der „Handlungssteuerung“ nicht richtig unterschieden und so die finale Handlungslehre mißdeutet habe[25]. Die Frage ist aber m. E. zunächst nicht, ob man den Unterschied machen kann, sondern, ob man ihn machen soll. Die Bewertung eines Lebenssachverhaltes ist im Strafrecht ein kontinuierlicher, linear verlaufender Prozeß, der mit dem Feststellen einer Handlung beginnt und dieser immer weitere Attribute anfügt, bis endlich das Urteil der Strafbarkeit gefällt werden kann. Es ist mißlich und läßt einen grundsätzlichen Fehler in *Welzels* Konzeption vermuten, daß er im Verlauf dieses Prozesses vom positiven zum negativen Aspekt erst hinüberwechseln muß. *Schuldhaftes* Handeln ist für ihn ein „Ausbleiben“, ein „Verhaftet- und Abhängigbleiben“, ein „Sichtreibenlassen von wertwidrigen Antrieben“. Warum ist dann nicht das Handeln *überhaupt* in seinem strafrechtlichen Wesen ein *Ausbleiben* von etwas, und speziell das aktive Tun ein *Sichtreibenlassen* von Antrieben (die normalerweise, aber nicht immer wertwidrig sind, so daß Rechtswidrigkeit und Schuld zunächst noch dahinstehen)? Was ich dem Täter zuletzt vorwerfe — daß er sich ohne Recht und Not hat treiben lassen —, muß doch im Kern eben das sein, was

[22] Zum Ganzen vgl. auch die folgenden Sätze des Philosophen *Rombach* in: Wer ist das eigentlich — Gott?. S. 201: „Man trifft etwa mit Insassen eines Zuchthauses zusammen und wird mit Sicherheit erfahren, daß der Verbrecher seine schwere Tat nicht eigentlich als *seine* Tat empfindet, sondern als etwas, das ‚über ihn kam‘. Im Augenblick des Verbrechens war er seiner nicht mächtig, darum fühlt er sich bis zu einem gewissen Grad unschuldig; schuldig nur insoweit, als er diesem Es, das da über ihn gekommen ist, Raum gelassen hat. Offenbar ist damit ein Grundzug im Phänomen des Verbrechens ausgesprochen. Eine böse Tat ist immer eine Un-Tat, das heißt eine solche, in der der Täter fehlt ...“

[23] Lehrbuch, S. 142 ff.

[24] Lehrbuch, S. 148.

[25] Lehrbuch, S. 144.

ich ihm im ersten Wertungsakt unter dem allgemeinen Handlungsaspekt zugerechnet habe.

Den Bruch in seinem System müßte *Welzel* dadurch beheben, daß er seine finale Handlungslehre seiner Schuldauffassung anpaßt — nicht umgekehrt. *Welzel* sagt: „Die finale Struktur des menschlichen Handelns ist für die strafrechtlichen Normen schlechthin konstitutiv. Rechtsnormen ... können sich ... nur an *Handlungen* wenden, die die Zukunft zwecktätig zu gestalten vermögen. Normen können nur ein *zwecktätiges* Verhalten gebieten oder verbieten“[26]. Das ist nicht richtig. Strenggenommen gebieten strafrechtliche Normen einheitlich ein Vermeiden. Dies kann zwar, bei den Begehungsdelikten, bedeuten, daß mittelbar dem Täter ein zwecktätiges Verhalten verboten ist, und es wird bei den Unterlassungsdelikten in der Regel bedeuten, daß dem Täter unmittelbar ein zwecktätiges Verhalten geboten ist, weil er nur auf diesem Wege das zu Vermeidende vermeiden kann. Darum sieht es so aus, als vermöge auch die finale Handlungslehre wenigstens der Konstruktion nach den gesamten Bereich des Strafbaren zu umgreifen. Größtenteils kann sie das tatsächlich, selbst wo es um vermeidbare, ungesteuerte Körpervorgänge geht. In unserem früheren Beispiel des Nasenbluters würde sie die „konstitutive finale Struktur“ eben in dem erblicken, was der Täter *nicht* tut: sich zwecktätig vom Sofa zu erheben oder den Kopf in den Nacken zu legen. Aber es gibt auch strafrechtsrelevante Geschehnisse, die weder zwecktätiges Aktivverhalten sind noch durch ein solches verhindert werden müssen. Hellmuth *von Weber* hat jüngst auf Derartiges aufmerksam gemacht[27]. Ein erstes, in Anlehnung an ihn gebildetes Beispiel ist manchem aus eigener Erfahrung vertraut: Jemand wird während des Gottesdienstes von einem Lachreiz gepackt; er kann die drohende Störung nur verhüten, indem er intensiv an ein trauriges Erlebnis denkt. Das Lachen wäre hier ein ungesteuerter, ganz und gar nicht gewollter Reflex, aber das Mittel, mit dem es allein unterdrückt werden kann, ist genausowenig eine finale Handlung[28]. Ein anderes Beispiel, ebenfalls nach H. *v. Weber*: Einen wachhabenden Soldaten droht der Schlaf zu übermannen. Wird die Norm (§ 44 WStG) übertreten, so nicht durch Zwecktätigkeit im Sinne der finalen Handlungslehre. „Man schläft nicht ‚final‘ ein“[29]. Wird dem Gesetzesbefehl Folge geleistet, so geschieht auch dies jedenfalls nicht notwendig durch aktiv-finale Kausalsteuerung; wer wachbleiben will, kann das normalerweise auch ohne zu handeln. An solchen Konstellationen muß die finale Handlungslehre scheitern. Sie fallen, bildlich

---

[26] Lehrbuch, S. 37.

[27] Vgl. Engisch-Festschrift, S. 332—335.

[28] Gleichwohl ist unser Gottesdienstbesucher verpflichtet, dieses Mittel einzusetzen. Zu Unrecht also behauptet *Stratenwerth*, Lehrbuch, Rdn. 151 (vgl. auch Rdn. 155), daß „ein sozialethischer Vorwurf von vornherein gegenstandslos“ sei, wo ein Geschehensablauf weder auf finalem Handeln beruhe, noch die Möglichkeit bestehe, ihn durch finales Handeln zu beeinflussen.

[29] *v. Weber*, a. a. O., S. 334.

gesprochen, in die tote Zone dieser Lehre, in welche sie von keiner Seite aus hineinlangen kann. Einer negativen Handlungslehre würden die Fälle dagegen keine Schwierigkeiten machen, denn es wird hier etwas (Gottesdienststörung, Schlaf) nicht vermieden, was vermieden werden kann.

§ 15 DIE „HERRSCHAFT ÜBER DEN GRUND DES ERFOLGES" ALS ÜBERGEORDNETE RICHTLINIE IN DER LEHRE VON SCHÜNEMANN

Es versteht sich von selbst, daß ein Handlungsbegriff, dem wir als wesentlichstes Element das Garantenmerkmal eingefügt haben, nicht umstürzend wirken kann hinsichtlich seiner praktischen Ergebnisse für die Unterlassungsdoktrin. Er scheint vielmehr geradezu darauf angelegt, den Bestand der überlieferten und praktizierten Haftungsprinzipien im Bereich der reinen Bewirkungsdelikte durch Nachschieben des dogmatischen Fundaments vor grundsätzlicher und extrem weitgehender Kritik zu schützen. Daß es sich so tatsächlich verhält, sei ohne Umschweife eingeräumt. Dahinter steht nämlich nicht etwa die Angst oder Unlust, ungewohnte Wege zu beschreiten, sondern eine vorab erarbeitete, sowohl sachliche wie methodische Überzeugung, deren Gründe noch offenzulegen sind und im Fortgang unserer Untersuchungen Bestätigung finden werden.

Indes nicht jeder wird unserem Standpunkt einen Vertrauensvorschuß gewähren. Das Gegenteil ist wahrscheinlicher, denn neue und neueste Beiträge zur Unterlassungsdogmatik zielen in ihrer hauptsächlichen Stoßrichtung immer öfter auf Grundpfeiler des vertrauten Lehrgebäudes, und man wagt nicht viel mit der Behauptung, daß auch unter den Schriftstellern, die solche Kritik noch nicht ausdrücklich akzeptieren, sich wachsendes Unbehagen breit macht an der so oft beschworenen „Hypertrophie" der Pönalisierung im Unterlassensbereich.

In dieser Situation mag mancher die vorliegende, an ihren sachlichen Resultaten gemessen eher konservative Monographie als Apologie des kritisch zu Überwindenden empfinden und ihre Erfolgsaussichten nicht eben hoch einschätzen. Ist es nicht das Gebot der Stunde, durch strengste Beachtung des Prinzips der Begehungsgleichheit der Maxime „nullum crimen sine lege" auch in den Niederungen unterlassungsdogmatischer Detailfragen Geltung zu verschaffen, und ist dazu die Richtlinie unseres negativen Handlungsbegriffs (der ja an sich *jede* denkbare Garantenstellung verkraftet) nicht offenbar völlig ungeeignet?

Diese Erwägungen führen uns in die Auseinandersetzung mit *Schünemanns* großem Entwurf, den er kürzlich unter dem Titel „Grund und Grenzen der unechten Unterlassungsdelikte" vorgelegt hat und der dem unseren wohl als die eindrucksvollste und entschiedenste Antithese gegenübersteht. In seinem methodischen Vorgehen nicht unähnlich, sucht auch *Schünemann* den Schlüssel zur Lösung des „Gleichstellungsproblems" in einem übergeordneten, Gemeinsamkeit stiftenden Begriff (vgl. a. a. O.,

S. 292 ff.). Er findet ihn schließlich in der „Herrschaft über den Grund des Erfolgs", die als Gleichstellungsrichtlinie freilich nur für den Typus der „Erfolgsdelikte"[1] maßgeblich sein soll (S. 235). Die Überlegungen, die ihn dahin führen, nehmen ihren Ausgangspunkt von der unbestrittenen Existenz unechter Unterlassungsdelikte im StGB und der These, daß hierfür nur „begehungsgleiche" Unterlassungen in Frage kommen (S. 232)[2]. Können also allein diejenigen Merkmale der Unterlassung für ihre Bestrafbarkeit wesentlich sein, die sie als begehungsgleich kennzeichnen, so gelte es, das tertium comparationis zwischen Begehung und unechter Unterlassung aufzufinden (S. 233). *Schünemann* sieht es im (vorstrafrechtlichen) „Grund der Bestrafbarkeit". Er liege bei den Erfolgsdelikten allgemein in der Zurechnung des Erfolges an die Person (S. 234). Die Gemeinsamkeit offenbare sich aber erst, wenn man frage, *warum* dem Täter aufgrund einer Handlung ein Erfolg zugerechnet werde (S. 234). Der Grund dafür liege nicht etwa in der naturwissenschaftlichen, mechanischen Kausalität der Handlung, die der Unterlassung fehle. Die Kausalität erkläre nur die Zurechnung des Erfolgs zur *Handlung*, nicht aber, worauf es letztlich ankomme, die Zurechnung zur *Person* (S. 234). Auch der Hinweis darauf, daß der Mensch in der Lage sei, den Kausalverlauf final zu lenken und zu steuern, sei insoweit unzureichend, denn das könne auch, wer eine ihm mögliche Rettungshandlung unterlasse, und es stehe ja fest, daß der beeinflußbare Kausalverlauf nicht jedem Unterlasser zugerechnet werde (S. 235). „Wir müssen uns also fragen, worin denn nun eigentlich das Besondere der *Körperbewegung* liegt, das die Zurechnung des daraus folgenden Kausalverlaufes an den Täter begründet" (S. 235). Dieses Besondere sei die Beziehung zwischen dem personalen Steuerungszentrum und der den Erfolg verursachenden Körperbewegung: *Die absolute Herrschaft der Person über den Körper* (S. 235). Die Zurechnung eines Erfolges an eine Person qua Handlung — Beherrschung des eigenen Körpers — begreift *Schünemann* als „Verbesonderung des allgemeinen Prinzips . . ., einen Erfolg derjenigen Person zuzurechnen, die die *Herrschaft über den Grund des Erfolges* ausübt" (S. 236).

Das Zurechnungsprinzip „Herrschaft über den Grund des Erfolges" erfährt im folgenden für das unechte Unterlassungsdelikt eine sorgfältige Präzisierung und Konkretisierung. Die Wiedergabe muß sich hier auf das Allerwichtigste beschränken, wobei wir die Wichtigkeit einer Aussage an ihrer praktischen Relevanz messen.

Schünemann entnimmt zunächst der Analogie zur Herrschaft bei Körperbewegungen, daß nur eine gegenwärtige, mit der Unterlassung *zeitgleiche* Herrschaftsbeziehung die Zurechnung des Erfolges begründen kön-

[1] Eine andere Bezeichnung für die hier „reine Bewirkungsdelikte" genannten Tatbestände.

[2] „Gleichheit" versteht er dabei nicht als Identität (welche schon ontologisch ausgeschlossen sei), sondern als eine „auf der Übereinstimmung in wesentlichen Punkten beruhende Ähnlichkeit" (S. 248).

ne — so, wie die Herrschaft über den Körper während der Handlung vorliegen müsse (S. 241, 246, 253). Daraus gewinnt er, wie sich später zeigt, ein erstes geradezu sensationelles Resultat: Es gibt keine Garantenstellung aus vorangegangenem Tun. „Die Herrschaft des Unterlassers liegt bei den Ingerenzfällen vollständig in der Vergangenheit und weist daher nicht die nach unseren Überlegungen erforderliche, in die Zukunft gerichtete *Aktualität* auf. Zum Zeitpunkt der Unterlassung unterscheidet sich der Ingerent in keiner Weise von dem quivis ex populo, beide besitzen lediglich eine durch die Abwendungsmöglichkeit gekennzeichnete *potentielle Herrschaft* über das Geschehen ... Wenn der Ingerent plötzlich dolos wird, so ist das Vorsatz ohne Herrschaft und daher bloßer böser Wille ohne Tat. Eine Herrschaft bedarf eines gegenständlichen Substrats, in dem sie wirkt; der bloße Kausalverlauf kommt dafür nicht in Frage, wenn man nicht in den Fehler verfallen will, die (aktuelle) Herrschaft mit der (potentiellen) Abwendungsmöglichkeit gleichzusetzen" (S. 316).

Zur Konkretisierung des Erfolgsgrundes nimmt *Schünemann* eine fundamentale Zweiteilung vor. Grund des Erfolges könne entweder eine „Station des Kausalverlaufs selbst" (= „wesentliche Ursache") oder die „besondere Hilflosigkeit des Opfers" sein. „Der Erfolg kann einem Unterlasser daher zugerechnet werden, wenn er entweder seine wesentliche Ursache oder die Anfälligkeit des Opfers aktuell, d. h. gegenwärtig beherrscht" (S. 241). Diese Aufgliederung berühre sich mit der üblichen Unterscheidung von Garantenpflichten zur Überwachung einer Gefahrenquelle und solchen zum Schutz eines Rechtsgutes, führe in ihrem Erklärungswert aber über sie hinaus, weil „mit dem Herrschaftsmoment bereits der in der Natur der Sache liegende Grund für die Garantenstellung herausgearbeitet" sei (S. 242). Auch dieser Gedanke führt zu einer revolutionierenden Schlußfolgerung: Verwandtschaftsverhältnisse selbst nächsten Grades sind nicht eo ipso strafrechtliche Garantenbeziehungen. Nicht auf die Bluts- und ehelichen Bande, die als solche nur für das Familienrecht relevant seien, komme es an, sondern darauf, daß jemand über die „konstitutionelle" oder „partielle" Hilflosigkeit des Opfers kraft existentieller Vorgegebenheit (Mutter-Kind-Beziehung) oder eigenen Zugriffs (Aufnahme eines Findelkindes, Gefangennahme einer Geisel) oder aufgrund fremden Vertrauensaktes (einverständliche Obhutsübernahme) die „tatsächliche personale Schutzherrschaft" ausübe (vgl. im einzelnen S. 341 ff.). Die „Garantenstellung aus natürlicher Verbundenheit" bedeute demgegenüber einen „unerträglichen Übergriff des Strafrechts auf die Individual- oder Sozialmoral" (S. 358), die bei strenger Entwicklung des unechten Unterlassungsdeliktes am Prinzip der Begehungsgleichheit genau wie die Ingerenz auf der Strecke bleiben müsse.

Zur Veranschaulichung des Ganzen sei hier beispielhaft wiedergegeben, wie *Schünemann* den Garantieaspekt „enge Lebensgemeinschaft" würdigt: „Garantiepflichten aus Lebensgemeinschaft" bestehen nach ihm „nur in bezug auf die Gefahren des täglichen Lebens, die vor allem *im gemein-*

samen Haushalt drohen". Der Begriff „Lebensgemeinschaft" bezeichne insoweit zusammenfassend „ein gewaltiges Bündel von konkreten Vertrauensakten . . ., die sich in einem Integrationsprozeß de tous les jours immer wieder neu abspielen". Ständiger Prüfstein müsse die Frage sein, „ob die Lebensgemeinschaft als sinnvolle Veranstaltung zur Bannung gerade dieser konkreten Gefahr begriffen werden kann oder ob sich das allgemeine Lebensrisiko im konkreten Fall außerhalb der Lebensgemeinschaft realisiert. Die moralische Pflicht, dem Lebensgefährten in allen Lebenslagen zu helfen, vermag eine Handlungsäquivalenz jedenfalls nicht zu begründen; erforderlich ist eine durch einen Dispositionsakt begründete Herrschaft, die sich im allgemeinen nur innerhalb des gemeinsamen Haushalts und der gemeinsamen Lebensführung finden wird" (S. 356).

Eine Lehre, die so grundstürzende Forderungen erhebt und damit dem vielfältigen Wunsche nach Verringerung der unechten Unterlassungsdelikte optimal zu entsprechen scheint, hat Anspruch auf unser aufgeschlossenes Gehör, muß andererseits sich freilich auch die unnachsichtige Bloßlegung ihrer logischen Schwächen gefallen lassen.

Was überzeugt an *Schünemanns* Konzeption? Sicher der gedankliche Ansatz, es gelte und müsse möglich sein, bei den Erfolgsdelikten zwischen aktiver Handlung und unechter Unterlassung „inhaltserfüllte Gemeinsamkeiten" (S. 278) aufzufinden. Gäbe es sie nicht, so ließen sich nicht beide unter dieselben Tatbestände bringen. *Schünemann* geht nun so vor, daß er der Handlung gewissermaßen den Primat zuerkennt und zunächst fragt, warum eigentlich bei der Körperbewegung der aus ihr folgende Kausalverlauf dem Urheber zugerechnet werde, um dann das gefundene Zurechnungsprinzip durch eine behutsame Verallgemeinerung auch auf gewisse Unterlassungen anwendbar zu machen. Obwohl dies den hier eingeschlagenen Weg umkehrt — ich bin vom vorausgesetzten Zurechnungsprinzip des unechten Unterlassungsdeliktes, dem Garantenprinzip, ausgegangen und habe dessen Anwendbarkeit auf die Begehung darzutun versucht —, räume ich ein, daß man auch so die Wahrheit finden kann, denn es kommt ja nur darauf an, die Zurechnung des Kausalverlaufs zur Urheberperson *zutreffend* zu begründen und sie im *richtigen* Maße zu verallgemeinern.

Aber hat *Schünemann* das getan? Man muß es schon deshalb bezweifeln, weil er als zwingende Schlußfolgerung ausgibt, was in Wahrheit auch bei intrasystematischer Würdigung doch nur dezisionistische Festsetzungen sind. Zurechnungsgrund bei Handlungen soll die aktuelle Herrschaft über den eigenen Körper als „wesentliche Erfolsursache" sein. Da diese Formel, wenn sie auf die unechten Unterlassungsdelikte anwendbar gemacht werden soll, selbstverständlich so nicht bleiben kann, erhebt sich sogleich die Frage nach den Orientierungspunkten, die *Schünemann* die Richtigkeit seiner Abwandlung gewährleisten. Hier erklärt er sich jedoch nicht, sondern vertraut darauf, daß sein Maß der Modifizierung aus sich selbst heraus überzeuge. Das tut es indessen keineswegs. Denn wieso eigentlich ist einerseits am Aktualitätsmerkmal unbedingt festzuhalten, was zur erklärten Folge hat, daß die altehrwürdige, im grundsätzlichen bislang unangezweifelte Ingerenzhaftung in Acht und Bann getan werden muß, und wieso ist andererseits das Merkmal „wesentliche Erfolgsursache" verzichtbar, so daß an seine Stelle auch die „Hilflosigkeit des Opfers" treten kann? *Schünemann* hätte doch ebensogut die Ingerenz halten können, indem er für die Begehungsähnlichkeit genügen ließe, daß beim Unterlasser eine in der Vergangenheit liegende aktuelle Herrschaft über eine wesentliche Erfolgsursache aufzuweisen ist, die sich zur potentiellen Herrschaft (Abwendungsmöglichkeit) verdünnt hat. Umgekehrt wäre es im Rahmen seiner Methode auch möglich, den gesamten Komplex der Beschützergarantie über Bord zu werfen, weil die „Herrschaft über die Anfälligkeit des Opfers" etwas ganz anderes sei als die über den eigenen Körper oder eine sonstige „Station des Kausalverlaufs", mithin eine ausreichende Begehungsähnlichkeit nicht vorliege.

Darüber hinaus ist aber bereits zweifelhaft, ob *Schünemann* mit dem Ähnlichkeitskriterium der „Herrschaft über den Grund des Erfolgs" überhaupt eine sachgerechte Richtlinie für die Gleichstellungsfrage aufgespürt hat. Dieser Zweifel rührt an das Fundament, auf dem *Schünemann* praktisch den gesamten dogmatischen Teil seiner Arbeit errichtet hat, und mir scheint, dieses Fundament trägt tatsächlich nicht. Schon auf den ersten Blick macht skeptisch, daß *Schünemann* die aus der Analyse des aktiven Verbrechens gewonnene Herrschaftsrichtlinie durch Einbeziehung der von ihm sog. „Schutzherrschaft" verbiegt, um gewisse Garantenstellungen, die er mit Recht nicht missen möchte, in sein System zu zwingen. Man bedenke folgendes Beispiel: In einsamer Gegend, in der sich nicht selten Raubüberfälle ereignen, wohnen zwei erwachsene Brüder miteinander im selben Haushalt. Als der eine eines Abends heimkehrt, wird er Zeuge eines verbrecherischen Angriffs auf den anderen. Er könnte den Angriff, was auch zumutbar wäre, durch entschlossenes Eingreifen abwehren, tut das aber aus Feigheit nicht, so daß sein Bruder Körperverletzungen erleidet. — Hier würde *Schünemann* sowohl dem Angreifer wie dem untätig gebliebenen Bruder den Verletzungserfolg zurechnen, mit der Begründung, beide hätten die Herrschaft über den Grund des Erfolgs innegehabt, der Angreifer diejenige über sich selbst als die wesentliche Erfolgsursache, der Unterlasser die Herrschaft über die Anfälligkeit des Opfers (Lebensgemeinschaft als sinnvolle Veranstaltung zur Bannung der konkreten Gefahr, vgl. S. 356). Angesichts solcher Terminologie ist man versucht, *Schünemann* entgegenzuhalten, was er selber in vergleichbarem Zusammenhang gegen *Welp* einwendet (vgl. S. 119): Die Beibehaltung derselben Worte verdunkelt die Erkenntnis, daß die Begriffsinhalte so verschieden sind, daß eine Zusammenfassung unter einem Ausdruck keinen Nutzen verspricht. Der Begriff „Herrschaft" paßt auf die wechselseitigen, auf Schutz und Beistand angelegten Beziehungen zwischen den beiden Brüdern von vornherein nicht recht. Verwendet man ihn dennoch, so kann das höchstens unkritische Leser darüber hinwegtäuschen, daß die Gemeinsamkeit auf falscher Ebene gesucht und nur nominell, durch die Verzerrung eines Begriffs hergestellt wird. Da *Schünemann* in seiner Richtlinie das Herrschaftsmoment „als weitgehend entnormativiert" versteht (vgl. S. 241), kann er ja nur meinen, daß der Lebensgefährte des Bedrohten durch dessen „Vertrauensakt" irgendwelche besonderen faktischen Machtmittel zur Verhütung oder Beseitigung etwaiger Hilflosigkeit erhalte, die ihn im konkreten Fall vor anderen, gleichfalls zur Erfolgsabwendung Befähigten auszeichnen und ihm deshalb die Garantenpflicht aufbürden[3]. Solch ein Mehr an faktischer Macht ist aber offenbar nicht notwendig und nicht ausschlaggebend. Eine Befehlsgewalt, mittels derer die in Lebensgemeinschaft Verbundenen ihr Verhalten wechselseitig steuern und drohender Hilflosigkeit des jeweils anderen vorbeugen könnten, besteht zwischen gleichberechtigten Erwachsenen ohnehin nicht, und auf das Beherrschen der konkreten Situation kann es nicht ankommen: Brächte der heimkehrende Bruder einen Freund mit, der, mit einer Waffe versehen, in weit stärkerem Maße „Herr" über die Hilflosigkeit des Überfallenen wäre, so bliebe es gleichwohl dabei, daß allein den Bruder die Sonderpflicht des Garanten träfe.

Solche Kritik wird *Schünemann* kaum überraschen. Er selber betont, es sei töricht, leugnen zu wollen, daß bei Anwendung der Herrschaftsrichtlinie „ein normativer, durch Wertungsakte auszufüllender Restbestand" übrig bleibe. Aber diese Frontbegradigung kann die Hauptposition nicht retten, wie die exemplarische Durchleuchtung konkreter Sachverhalte erweist. So sagt *Schünemann* einmal — sachlich zutreffend —, daß man von der garantenpflichtig machenden Übernahme der Schutzherrschaft (Obhut) die bloße „Teilerfüllung der Samariterpflicht des § 330 c" unterscheiden müsse (S. 351). Ein Beispiel für diese wäre es etwa, wenn eine Nachbarin aus dem 2. Stock das nach gewaltsamer Entführung seiner Mutter hilflose Kleinkind im Parterre zu versorgen beschließt und an Ort und Stelle mit Nahrung versieht[4], anderntags aber aufgrund eines Sinneswandels es wieder seinem Schicksal überläßt. Ist schon bezüglich der Nachbarin die Verneinung einer Garantenpflicht aus *Schünemanns* Konzeption heraus kaum erklärlich, so muß es erst recht verwundern zu hören, daß unser Autor eine „existentiell vorgegebene" Garantenstellung der Mutter hinwiederum unter allen Umständen auch für die Zeit ihrer Abwesenheit bejahen würde, selbst wenn sie nach ihrer Freilassung allein durch fernmündliche Alarmie-

[3] Ganz in diesem Sinne spricht denn auch *Schünemann* bei der Kennzeichnung der „Garantenstellung aus Vertrauensakt" davon, daß „ein über die bloße potentielle Kausalität hinausgehendes konkretes Verhältnis tatsächlicher Gewalt" notwendig sei (S. 345).

[4] Also keine „Veränderung der Hilflosigkeitsstruktur", woran man nach *Schünemann* die echte, garantenpflichtig machende Herrschaftsübernahme erkennen soll (S. 351).

rung anderer den nahen Hungertod ihres Kindes abwenden könnte[5]. Man sollte doch meinen, daß, wenn überhaupt jemand im kritischen Zeitraum eine „aktuelle Schutzherrschaft“, eine die bloße Rettungsfähigkeit überragende tatsächliche Gewalt über das Kind innehatte, dies nur die Nachbarin sein kann (Herrschaft durch eigenen Zugriff[6]) und nicht die Mutter, die mit eigener Hand ihrem Kind gar nicht mehr zu helfen vermag.

Es überzeugt nicht, wenn mit einem „normativen Restbestand“ zu erklären versucht wird, was in Wahrheit die partielle Außerkraftsetzung, ja Umkehrung des Ausgangsprinzips ist. Vielmehr muß man sich eingestehen, daß mit der „Herrschaft über den Grund des Erfolges“ das umfassend Gemeinsame, welches den Begehungstäter mit *allen* Garanten verbindet, eben noch nicht gefunden ist.

Dies mußte *Schünemann* deshalb mißlingen, weil er bei der Suche nach dem für Aktivtäter gültigen Zurechnungsgrund nicht ganz genau gewesen ist. Das Recht gründet nämlich die Erfolgszurechnung bei der aktiven Handlung nicht *unmittelbar* auf eine faktische Herrschaftsbeziehung, sondern darauf, daß sich für das individuelle Pflichtgefühl und die soziale Wertung mit der Herrschaft über den eigenen Körper eine erhöhte Verantwortlichkeit für die aus eigenen Körperbewegungen resultierenden Folgen verbindet. Das Recht *könnte* gar nicht ohne diese ihm vorgelagerte Überzeugung schädliche Erfolge dem Urheber durch Straftatbestände zurechnen, weil niemand sonst den mit der Strafe verbundenen sittlichen Tadel verstehen und akzeptieren würde. Bedarf aber strenggenommen selbst bei Begehungen die Herrschaft, um legitimer Zurechnungsgrund zu sein, der Mediatisierung durch den Gedanken der Sonderverantwortlichkeit, so kann allein dieser oberstes Leitprinzip einer jeden „Gleichstellungslehre“ sein, denn es ist ja durch nichts erwiesen, sondern im Gegenteil höchst unwahrscheinlich, daß *nur* aktuelle Herrschaftsbeziehungen erhöhte Verantwortlichkeit erzeugen; unwahrscheinlich deshalb, weil Rechtsprechung und Wissenschaft über allen Streit hinweg sich seit Jahrzehnten darin einig sind, daß zur Bestimmung von Garantenpflichten viele Topoi herangezogen werden müssen und eine Monopolisierung des Herrschaftsprinzips nicht in Frage kommt. Die im grundsätzlichen noch nie ernsthaft angezweifelten Garantenpflichtgründe Ingerenz und enge Verwandtschaft sollten hervorgegangen sein aus gigantischen kollektiven Irrtümern und nicht aus sachlicher Notwendigkeit? Das ist schwer vorstellbar; alle Beschäftigung mit der Rechtsdogmatik lehrt, daß es so etwas nicht gibt.

Zusammenfassend stellen wir fest, daß *Schünemanns* Attacken gegen die Grundlagen der herrschenden Unterlassungsdogmatik, auf denen auch

---

[5] Daran kann kein Zweifel sein nach *Schünemanns* knapper Behandlung der Garantenstellung der Mutter gegenüber ihren kleinen Kindern (S. 336 f., 342 f.), die keinerlei Kritik an der Rechtsprechung und der h. L. enthält.

[6] Vgl. S. 343: „Durch eigenen Zugriff wird . . . die Herrschaft desjenigen begründet, der sich eines unmündigen Kindes erbarmt und sich seiner annimmt“.

unser negativer Handlungsbegriff beruht, nicht durchschlagen. *Schünemann* hat einen Teil für das Ganze genommen. Zwar sucht er methodisch richtig das Gemeinsame von Begehung und unechter Unterlassung im Grund der Erfolgszurechnung, deklariert als solchen aber vorschnell die aktuelle Herrschaft über den Grund des Erfolgs, ohne zu fragen, ob diese nicht noch einer „normativen Abstrahierung" bedarf, um den wahren, allen Formen der Tatbestandserfüllung gemeinsamen Zurechnungsgrund hervortreten zu lassen.

Dieser Fehler ist freilich auch schwer vermeidbar, wenn man wie *Schünemann* zunächst einmal von der — nur halbherzig dann später abgeschwächten — Prämisse ausgeht, als unechtes Unterlassungsdelikt könne nur die begehungsgleiche Unterlassung strafbar sein. Die Begehung kann keine dogmatischen Vorrechte beanspruchen und nicht vorschreiben, daß sein müsse gleich ihr, was dem gemeinsamen Deliktstatbestand subsumiert werde. Das Sterbenlassen des eigenen Kindes ist dem aktiven Umbringen eines fremden nicht gleich oder auch nur gleichwertig, sondern beides sind verschiedene Arten der Gattung „Töten". Die Tatbestandsmäßigkeit einer Unterlassung von ihrer Begehungsgleichheit abhängig zu machen, wäre etwa so, als wollte man die umstrittene Einordnung des Gibbons in die Familie der Hominiden nur unter der Voraussetzung seiner Menschgleichheit zulassen.

Mit dem negativen Verdikt über *Schünemanns* Gleichstellungsrichtlinie entgeht uns allerdings auch deren gewaltige selektive Wirkung, die sie vielen sympathisch machen dürfte. Nicht ganz zu Unrecht bezeichnet *Schünemann* es als ihren besonderen Vorzug, „daß mit ihrer Anerkennung der wildwuchernden Schöpfung von Garantiepflichten allein aus Strafwürdigkeitserlebnissen ein Riegel vorgeschoben wird und für jede im Laufe der Zeit entwickelte Garantenstellung ein Kontrollmaßstab zur Verfügung steht" (S. 244). Dem ist jedoch entgegenzuhalten, daß es primär auf die sachliche Richtigkeit des Kontrollmaßstabs ankommt, die sich hier nicht bestätigt hat. Lieber eine unbestimmte Vielzahl brauchbarer Richtlinien als eine einzige, die irreführt. Es ist eben die Frage, ob „eine aus einem Stück gearbeitete Gleichstellungstheorie" *(Schünemann,* S. 321) überhaupt möglich ist. *Schünemann* verneint das stillschweigend selber, indem er der aktuellen Herrschaft über den Grund des Erfolgs, die bei unverfälschtem Begriffsverständnis nur Begehungstätern und Überwachungsgaranten eignet, auch gewisse herrschaftslose Nähebeziehungen inkorporiert, wie sie u. a. bei der engen Lebensgemeinschaft begegnen. Es wäre ein Leichtes, auf den von *Schünemann* gelegten Fundamenten ihn hinsichtlich der Festigkeit des Riegels sowie der Exaktheit des Kontrollmaßstabs noch zu übertrumpfen und der angeblichen Hypertrophie der unechten Unterlassungsdelikte noch entschiedener als er zu begegnen, indem man in unbedingterem Gehorsam gegenüber dem Dogma der Begehungsgleichheit allein die Inhaber aktueller Herrschaft über eine causa efficiens als mögliche Täter unechter Unterlassungsdelikte ansähe. Darin würde wohl niemand mehr einen Fortschritt erblicken.

DRITTER TEIL

GRUNDPROBLEME DER UNTERLASSUNGSDOGMATIK IM LICHTE DES NEGATIVEN HANDLUNGSBEGRIFFS

§ 16 DIE METHODISCHE FRAGE

Der Rahmen der Arbeit erlaubt es nicht, die Konsequenzen des negativen Handlungsbegriffs nach allen Seiten hin zu verfolgen, er beschränkt uns auf das Unterlassungsdelikt. Wenn wir es nun im folgenden unternehmen, einen Grundriß der Unterlassungsdogmatik maßgeblich auch mittels Ableitungen aus unserem Handlungsbegriff zu zeichnen, so muß schon der methodische Ansatz skeptisch stimmen. Kann man denn überhaupt mit Hilfe eines Systemoberbegriffes, und sei es von allen, die vertreten werden, der richtigste, sachliche Einsichten und Aussagen gewinnen oder wenigstens absichern? „Die Interessenjurisprudenz", sagt *Larenz*, „hat den Glauben daran zerstört, daß die gesamte Rechtsordnung (oder doch das Privatrecht) als ein in sich geschlossenes System von (aus den Rechtsnormen abstrahierten) Begriffen zu verstehen sei, aus dem mittels logischer Ableitung neue Rechtsbegriffe und Fallentscheidungen gewonnen werden könnten"[1]. Die auf *Heck* folgende verbreitete Systemskepsis, die bekanntlich in der Topiklehre Theodor *Viehwegs*[2] kulminierte, hat, wie die meisten Bewegungen in der Rechtsmethodologie mit einer gewissen Phasenverschiebung, inzwischen auch die Strafrechtsdogmatik erreicht. *Noll* z. B. spricht dem System jeden Erkenntniswert ab: „Ein widerspruchsfreies und geschlossenes rechtliches Begriffssystem bildet als solches höchstens einen ästhetischen Wert, wie er allen logischen Gedankengebäuden eigen ist"[3]. Und speziell den Handlungsbegriffen, die, wie ja auch der negative, aus den Strafgesetzen abstrahiert sind, bescheinigt *Roxin* ohne Einschränkung „praktische Bedeutungslosigkeit": „... wenn man fragt, was sich für das Strafrecht aus diesen Begriffen praktich ergibt, so muß die Antwort immer nur lauten: nichts. Man kann aus ihnen nichts ableiten, was man nicht schon vorher gewußt hat. Wie sollte es auch anders sein? Das Produkt eines Abstraktionsvorganges kann nie mehr enthalten als sein Substrat. Der gesuchte Systemoberbegriff hat also im Grunde nur architektonisch-ästhetischen Wert"[4].

So modern solche Äußerungen klingen, dem heutigen Stand rechtsmethodischer Erkenntnisse entsprechen sie nicht ganz. Es ist hier nicht der Ort, insoweit die neuesten Entwicklungstendenzen im ganzen nachzuzeichnen, die unverkennbar auf eine gewisse Wiedererstarkung des Systemdenkens auch als

[1] Methodenlehre, S. 149.
[2] Topik und Jurisprudenz, 3. Aufl., 1965.
[3] ZStW 77, S. 3.
[4] ZStW 74, S. 517.

Quelle der Rechtsgewinnung hindeuten[5]. Doch im beschränkten Blick auf den strafrechtlichen Handlungsbegriff seien hier einige Anmerkungen zum Wert des Systembegriffes gestattet.

Daß unser Handlungsbegriff „Produkt eines Abstraktionsvorganges" ist, trifft zu. Weil er das ist, ist es ebenfalls richtig, daß man schon vorher weitestgehend die verschiedenartigen Voraussetzungen kennen muß, unter denen einem Menschen Geschehnisse handlungsmäßig zugerechnet werden können. Nur wenn einem ein solches Wissen zur Verfügung steht, kann man dem Handlungsbegriff überhaupt Inhalt und Grenzen geben. Der Erkenntnisvorgang verläuft aber nun nicht etwa einbahnig nur vom Konkreten zum Abstrakten. Denn habe ich erst einmal nach umfassender Beobachtung des Besonderen den allgemeinen Begriff gewonnen, so läßt nunmehr dieser das Wesen und die rechtlichen Strukturen seiner Untererscheinungen deutlicher hervortreten.

Man kann das gut am Beispiel der Ingerenz veranschaulichen. Zunächst geht es darum, diese Figur bei der Bildung des Handlungsbegriffes überhaupt zu berücksichtigen. Aber sie ist zugleich besonders geeignet, zu einer Grundeinsicht des negativen Handlungsbegriffs zu verhelfen, nämlich daß jedermann garantenmäßig einstehen muß für die Gefahren, die aus ihm selbst hervorgehen. So kann gerade die Ingerenz, da sie ja nicht bloßer Unterfall, sondern konstitutives Element ist, maßgeblich an der Aufnahme des Garantenprinzips in den Handlungsbegriff beteiligt sein. Nachdem dieser gebildet ist, ist nun aber zugleich das vorangegangene Tun systematisch eingeordnet, nicht mehr als Einzelerscheinung, sondern als Teil eines Ganzen verstehbar. Das macht sachliche Erkenntnisse möglich. Wenn ich die Unterlassung nach vorangegangenem Tun als einen unter vielen Tatbeständen des vermeidbaren Nichtvermeidens in Garantenstellung, speziell der der personalen Eigenverantwortlichkeit, sehe, so verstehe ich den Gedanken der Ingerenz richtiger und vollständiger als bisher. Denn ich bin dann nicht mehr darauf angewiesen, den Sinngehalt dieses bislang weithin isolierten Topos allein aus ihm selbst heraus zu entwickeln, vielmehr werden Einsichten, die mir an anderer Stelle des Systems längst vertraut sind, durch den Systemoberbegriff vermittelt und auf die Ingerenz hinübergeleitet.

Der Erkenntnisprozeß ist also ein dialektischer: Die konstitutiven Elemente bringen den Handlungsbegriff hervor, empfangen aber erst durch ihn die genauen Konturen und die Erhellung ihres Wesens und Sinngehaltes. Genau besehen handelt es sich hier um einen Fall der als „hermeneutischer Zirkel" bekannten wechselseitigen Sinnerhellung zwischen dem Allgemeinen und dem Besonderen, wie sie dem Verstehensprozeß in den Geisteswissenschaften überhaupt eigentümlich ist[6].

---

[5] Vgl. dazu besonders *Canaris,* Systemdenken und Systembegriff, 1969; ferner etwa *Larenz,* Methodenlehre, 1. und 2. Teil, jeweils Kapitel 5; *Diederichsen,* NJW 1966, S. 697 ff.; vgl. auch oben § 10.

[6] Zum ganzen vgl. *Canaris,* Systemdenken, S. 88 ff. (90), mit zahlreichen weiteren Nachweisen.

§ 17 DIE UNTERLASSUNG — BEGRIFF UND KAUSALITÄT

I. Die Handlungsfähigkeit

A. Der verbrechenssystematische Standort

Eine äußerst streitige Frage ist, welche dogmatische Bedeutung das Fehlen der „Handlungsfähigkeit" des Untätigbleibenden hat: Der gefesselte Sohn muß z. B. zusehen, wie sein Vater am Knebel erstickt. Während die h. L. in derartigen Fällen schon ein Unterlassen verneint[1], also den Handlungsbegriff nicht verwirklicht sieht, gibt es andere Stimmen, die teils die Tatbestandsmäßigkeit verneinen[2], teils einen Rechtfertigungsgrund annehmen[3], oder schließlich auch den Untätigen nur als entschuldigt ansehen[4]. Im Recht ist die herrschende Lehre. Um das zu erklären, kann man gut anknüpfen an *Baumanns* gegen *Roxin* gerichtete Replik, daß die h. L. von ihrem Standpunkt aus folgerichtig „korrespondierend zum Handlungsbegriff für die Begehungstat Möglichkeit des Unterlassens fordern"[5] müßte. Hier liegt in der Tat der springende Punkt. Nur verkennt *Baumann*, daß sich sein Argument gegen ihn selber kehrt. Denn für die Begehungstat ist ja die „Möglichkeit des Unterlassens" immer gefordert worden: Wer unter vis absoluta sich bewegt, wer in Hypnose oder als Schlafwandler etwas tut, oder wer im epileptischen Anfall eine Sache zerschlägt, der handelt im strafrechtlichen Sinne nicht. Fälschlicherweise erklärt man das zwar mit dem Fehlen der Willkürlichkeit, doch der konstruktiv falsche Weg führt zum richtigen Resultat: Wer seine Körperbewegungen nicht will, kann sie (normalerweise) nicht unterlassen, und wer sie nicht unterlassen kann, handelt nicht.

Schon dieser Streit ist in überzeugender Weise erst durch den negativen Handlungsbegriff zu schlichten. Denn er ist es ja, der das unter dem Willensmoment verborgene Erfordernis der Vermeidensmöglichkeit ans Licht zieht, das ohne Frage ein konstitutives Element des aktiven Tuns ist[6], und er ist

---

[1] z. B. *Schönke-Schröder*, Vorbem. 82; *Maurach*, A. T., S. 587; *Grünwald*, Diss., S. 9; *Gallas*, JZ 1960, S. 652; H. *Mayer*, Lehrbuch, S. 122; *Welzel*, Lehrbuch, S. 201; Armin *Kaufmann*, Unterlassungsdelikte, S. 35 ff.; *Roxin*, ZStW 80, S. 699, 701 f.; *Schmidhäuser*, Lehrbuch, 16/63—65; *Schünemann*, Grund und Grenzen der unechten Unterl.del., S. 30 f.

[2] So *Jescheck*, Lehrbuch, S. 410; die Handlungsqualität sei erst dann zu verneinen, wenn in der Situation des Untätigen auch jeder andere handlungsunfähig gewesen wäre, S. 154. Ebenso *Maihofer*, Eb. Schmidt-Festschrift, S. 174 ff., der aber die individuelle Handlungsunfähigkeit in den Bereichen von Rechtswidrigkeit und Schuld berücksichtigen will.

[3] So *Baumann*, Lehrbuch, S. 223.

[4] So *v. Weber*, Grundriß, S. 122 f.; für manche, nicht näher beschriebene Fälle auch *Maihofer*, a. a. O.

[5] Lehrbuch, S. 223.

[6] Unrichtig darum *Grünwald*, GA 1959, S. 112, der behauptet, daß die „Möglichkeit der Erfolgsabwendung" weder zut Täterschaft noch zur Beihilfe des Begehungsdeliktes gehöre, und u. a. auf diese Annahme seine radikale Verselbständigung der Unterlassung stützt.

es, der den Handlungsbegriff als die einheitlich richtige Stelle der systematischen Einordnung aufzeigt. Übrigens widerlegt er auch die vermittelnde Ansicht von *Maihofer* und *Jescheck,* die bei Unterlassungen die Handlungsqualität erst verneinen, wenn dem Untätigen die Handlungsfähigkeit fehlt „und diese auch für jeden anderen in seiner Lage nicht gegeben gewesen wäre“[7]. Das ist deshalb nicht richtig, weil bei Körperbewegungen unbestritten nur auf die individuelle Vermeidensfähigkeit abgestellt wird[8]. Für das Untätigbleiben kann dann nichts anderes gelten. Wer nicht schwimmen kann, unterläßt nicht die Rettung des Ertrinkenden, weil andere Menschen schwimmen können, sowenig, wie ein durch absolute Gewalt zu Körperbewegungen Gezwungener handelt, weil ein Stärkerer den Nötiger besiegen könnte.

B. Die intellektuellen Voraussetzungen der Handlungsfähigkeit nach der Lehre Armin Kaufmanns

Da die Unterlassung die Handlung des Unterlassenden ist, setzt auch die Unterlassung Vermeidbarkeit und damit Handlungsfähigkeit des Untätigen voraus. Das wurde soeben im Prinzip festgestellt. Wann nun aber konkret Handlungsfähigkeit gegeben ist, das ist so leicht nicht zu beantworten, wie man zunächst meinen mag. Dafür zwei Beispiele, die sofort mitten in die wissenschaftliche Kontroverse führen: A wandert nachts am Ufer eines Sees. Er kommt ganz nah an B vorbei, der zu ertrinken droht. Erster Fall: B kann sich nicht bemerkbar machen und stirbt, weil A, an sich ein Meisterschwimmer, vorübergeht. Zweiter Fall: A bemerkt B. Da er nicht schwimmen kann, sucht er nach einem Gegenstand, den er B zuwerfen könnte. Allein tauglich ist ein Rettungsring, der zwar nur wenige Schritte von A entfernt ist, aber für A unsichtbar im Gebüsch verborgen liegt. B ertrinkt. „Unterläßt“ A die Rettung, weil sie ihm „möglich“ ist?

Die herrschende Lehre würde das vermutlich für beide Fälle bejahen; ausdrücklich tut es *Schröder*: „Dieses Möglichkeitsurteil ist nach objektiven Gesichtspunkten abzugeben, bedeutet also die Feststellung, daß das zur Beseitigung einer Gefahrensituation Notwendige dem Unterlassenden objektiv möglich gewesen wäre. Dagegen berührt die Frage, ob die Gefahrensituation oder die Handlungsmöglichkeit oder das in concreto Erforderliche dem Unterlassenden bekannt war oder hätte bekannt sein können, lediglich Vorsatz und Fahrlässigkeit“[9]. Armin *Kaufmann* dagegen und im Anschluß an ihn auch *Welzel* würden die Frage verneinen. Sie halten nämlich einen engeren Unterlassungsbegriff für richtig, insofern sie Handlungsfähigkeit nur dann als gegeben erachten, wenn zur „objektiven Möglichkeit“ die subjektiven Elemente der „Kenntnis des Handlungszieles“ („Wissensbasis“) sowie

---

[7] *Jescheck,* Lehrbuch, S. 154.

[8] Vgl. dazu oben S. 166 f.

[9] *Schönke-Schröder,* Vorbem. 84; übereinstimmend *Schmidhäuser,* Lehrbuch, 16/65; *Schünemann,* a. a. O., S. 30 f.

der „Erkennbarkeit des Verwirklichungsweges" kommen. *Kaufmann* faßt seine eingehend begründete Lehre mit diesen Sätzen zusammen: „Die Fähigkeit zu finalem Handeln verlangt als Wissensbasis der Finalsteuerung das Erfassen der möglichen Handlungsrichtung (des Handlungszieles, des Einwirkungsobjektes, der ‚tatbestandsmäßigen Situation'); hier ist zumindest ein Fürmöglichhalten erforderlich. — Für die Planung des Handlungsablaufes genügt die Erkennbarkeit der Handlungsmittel ..."[10].

1. Erkennbarkeit des Verwirklichungsweges

Meines Erachtens liegt die Wahrheit in der Mitte. Was zunächst das durch die zweite Fallalternative illustrierte Problem der „Erkennbarkeit des Verwirklichungsweges" anbetrifft, so muß man *Kaufmann* und *Welzel* vorbehaltlos zustimmen. Wenn man feststellen will, ob in concreto ein Mensch zu einer bestimmten Handlung befähigt war, so kann man das nur scheinbar mit einem allein die äußerlich-physiche Seite berücksichtigenden Maßstab. Will jemand einen Tresor öffnen, so ist er dazu nicht schon deshalb fähig, weil seine Hände geschickt und kräftig genug sind, jede verlangte Zahlenfolge einzustellen. Wer die richtige Kombination nicht kennt und nicht herausbekommen kann, ist zur Öffnung des Tresors nicht in der Lage. Soll jemand einen Schwerverletzten ins Krankenhaus fahren, so darf man nicht sagen, dies sei ihm schon deshalb möglich, weil jeder gesunde Mann Steuerrad, Pedale und Hebel in der richtigen Reihenfolge richtig bewegen kann[11]. Wer Autofahren nicht gelernt hat, „kann" es nicht. Für das Möglichkeitsurteil des Juristen (nicht des Logikers) macht es keinen Unterschied, ob es der betreffenden Person an Körperkraft gebricht (jemand kann einen schweren Gegenstand nicht hochheben, seine Fesseln nicht sprengen usw.), ob ihr eine körperlich-geistige Fertigkeit abgeht (Schwimmen, Autofahren), oder ob sie eines Tatsachenwissens nicht teilhaftig ist, ohne das nur blinder, praktisch oft undenkbarer Zufall den richtigen Akt hervorbringen könnte (jemand will einen Arzt anrufen, dessen Nummer er nicht kennt). Was man auch bei totaler Ausschöpfung seiner körperlichen und geistigen Fähigkeiten nicht schaffen kann, das unterläßt man im Rechtssinne in keinem Fall. Hier begriffliche Unterschiede zu machen, wäre nicht durch bedeutungsmäßige Stufungen vorgezeichnet und darum juristischer Denkweise nicht gemäß. In der zweiten Alternative unseres Ausgangsfalles ist also mit *Kaufmann* und *Welzel* schon begrifflich ein Unterlassen zu verneinen.

---

[10] Unterlassungsdelikte, S. 45; zum Ganzen vgl. *Kaufmann*, a. a. O., S. 40 ff., 99 ff.; *Welzel*, Lehrbuch, S. 201, 204, 212. Dieser Lehre steht *Jescheck*, Lehrbuch, S. 410, nur scheinbar nahe. Denn er verschiebt die *Kaufmann*schen Kriterien aus dem Unterlassungsbegriff in den Tatbestand des Unterlassungsdeliktes, wo sie von der h. L. ebenfalls berücksichtigt werden können.

[11] So mit Recht auch Armin *Kaufmann*, Festschrift für H. v. Weber, S. 231.

2. Erkennen der tatbestandsmäßigen Situation

Dagegen ist diesen Autoren zu widersprechen, soweit sie als intellektuelle Voraussetzung der Handlungsfähigkeit eine „Wissensbasis", ein Erkennen (mindestens in der Form des Fürmöglichhaltens) der „tatbestandsmäßigen Situation" verlangen. Schon eine praktische Erwägung läßt diese Begriffsbildung als nicht ratsam erscheinen. Denn sie schneidet von vornherein die Möglichkeit ab, ein Untätigbleiben ohne Wissensbasis als fahrlässige Unterlassung zu bestrafen. Der Bahnbedienstete, der, in sein Buch vertieft, den vorgeschriebenen Kontrollgang vergißt und so eines tödlichen Hindernisses auf den Gleisen nicht gewahr wird, könnte mangels strafrechtserheblichen Verhaltens nicht zur Rechenschaft gezogen werden[12].

Sodann macht aber auch der durch den negativen Handlungsbegriff ermöglichte Vergleich mit dem aktiven Tun die *Kaufmann*sche These unstimmig. Wenn ein Spaziergänger ahnungslos eine auf der Straße liegende Kontaktlinse zertritt, so fehlt auch ihm mit der Wissensbasis jedweder Anlaß, mit dem Ziel der Vermeidung der schädlichen Folge tätig (oder auch untätig) zu werden. Trotzdem bejahen wir in diesem Falle eine für die Sachzerstörung kausale Handlung (die freilich im Normalfall nicht tatbestandsmäßig oder jedenfalls nicht rechtswidrig ist, was letztlich auf dem Gedanken des erlaubten Risikos beruht). Dann aber ist es systematisch inkonsequent, in Fällen der Untätigkeit das Wahrnehmen der tatbestandsmäßigen Situation zum Kriterium des Handlungsbegriffes zu machen.

Nun darf man allerdings die Parallelität zum aktiven Tun nicht überfordern. Es besteht hier insofern eine grundsätzlich andere Situation, als sich dem Aktivtäter immer *viele* Möglichkeiten anbieten, die zu ergreifen die Vermeidung des Erfolgs bedeuten würde. Unter hundert Betätigungsmöglichkeiten gibt es für ihn neunundneunzig, deren Verwirklichung dem drohenden Schaden Rechnung trüge. Das macht es vertretbar, eine Erfolgsverursachung selbst dann noch vermeidbar und also „Handlung" zu nennen, wenn der Täter eigentlich keinen Anlaß hatte, etwas anderes als gerade das Eine, Schädliche zu tun. Beim Untätigen liegt es umgekehrt: Nur eine unter hundert denkbaren Aktivitäten würde den unliebsamen Erfolg vermeiden. Diese Wahrscheinlichkeitsdifferenz, die mehr ist als ein bloß gradueller Unterschied, macht, und damit nähern wir uns doch wieder der *Kaufmann—Welzel*schen Lehre, den Einbau einer Begrenzung in den Unterlassungsbegriff notwendig, der beim aktiven Tun nichts entspricht. Diese Eingrenzung kann wiederum nur das Kriterium der „Erkennbarkeit" leisten: Die körperlichen und geisti-

---

[12] Auf derartige Fälle hat schon *Grünwald*, H. Mayer-Festschrift, S. 300 f., hingeiwsen. *Welzels* Replik (vgl. Lehrbuch, S. 207) ist nicht überzeugend. Die von *Grünwald* aufgezeigten Ergebnisse liegen zumindest in der Konsequenz der Thesen Armin *Kaufmanns*. Außerdem lassen *Kaufmanns* Ausführungen zum fahrlässigen Unterlassungsdelikt deutlich erkennen, daß er die Folgerungen tatsächlich ziehen will (vgl. Unterlassungsdelikte, S. 173).

gen Kräfte des Untätigen müssen, voll ausgeschöpft, hinreichen, die tatbestandsmäßige Situation zu entdecken. Die Auffindung des Handlungszieles muß, würde sie gelingen, Leistung sein, nicht blinden Zufall voraussetzen. Wie im zweiten Fall unseres Ausgangsbeispiels der A den Rettungsring nur hätte ergreifen können, wenn ein genügender Anlaß gegeben war, gerade an der betreffenden Stelle nachzusehen, genauso ist er im ersten nur dann zur Rettung des B befähigt, wenn für ihn ein *Anlaß* besteht, nach dem Gegebensein der tatbestandsmäßigen Situation zu forschen[13]. Solcher Anlaß setzt auch und vor allem eine Sollensnorm, wenn auch nicht notwendig eine rechtliche, voraus. Sie kann vorgegeben sein, wie im Falle des soeben erwähnten Streckenwärters, und sie kann durch die konkrete Situation geschaffen werden. Ob A es im Rechtssinne unterlassen hat, den B zu retten, hängt also davon ab, ob sich ihm Anzeichen aufdrängten, hier könne jemand in Not sein.

Zum selben, zwischen den derzeitigen Fronten in der strafrechtlichen Diskussion liegenden Ergebnis ist schon vor vielen Jahren *Larenz* gelangt. Er schrieb, „daß das Wissen selbst Tat der Freiheit ist. Daß mir daher auch das Nicht-Gewußte insofern zugerechnet werden kann, als das Nichtwissen selbst für mich nicht zufällig, sondern Werk meiner Freiheit war: als das Wissen der Umstände für mich ein mögliches war... Erst wo diese Möglichkeit des Wissens und nicht schon, wo dieses selbst endet, endet auch die Zurechnung der Tat und beginnt der Bereich des bloß zufälligen Geschehens".

Den objektiven Möglichkeitsmaßstab verwirft in einer Entscheidung auch, wenngleich kaum bewußt, der Bundesgerichtshof. Er hatte einmal über die Untätigkeit eines Gefängnisbeamten zu befinden, der einen Häftling der Gestapo zum Verhör vorführen mußte und nicht verhinderte, daß der Gestapobeamte dem Häftling plötzlich und unerwartet einen Schlag ins Gesicht versetzte. Bei rein objektiver Betrachtung konnte der Aufseher den Schlag gewiß verhüten. Mit Recht aber läßt der BGH sich dadurch nicht zur Bejahung der Handlungsfähigkeit verleiten. Er verneint vielmehr eine Beihilfe zur Körperverletzung schon mangels Unterlassung, denn: „Den unerwarteten Schlag konnte B nach Lage der Sache nicht verhindern"[15].

Es ist einzuräumen, daß diese Lehre für eine nur „kausale" Unterlassung unterhalb der fahrlässigen kaum noch Raum läßt. Doch sehe ich nicht, welche sachlichen Einwände daraus gegen die Richtigkeit unserer Begriffsbildung folgen könnten. Außerdem sind die hier vertretenen Thesen doch wohl die unausweichliche Konsequenz für jeden, der mit dem Erfordernis der Handlungsfähigkeit Ernst macht. Und auf dieses kann, soll der Unterlassungsbegriff nicht uferlos werden, nicht verzichtet werden.

---

[13] Ähnlich *Androulakis,* Studien, S. 115 f.

[14] Hegels Zurechnungslehre und der Begriff der objektiven Zurechnung, 1927, S. 53.

[15] BGH in NJW 1951, S. 324.

II. Die Kausalität der Unterlassung

In engem, freilich kaum beachtetem Zusammenhang mit dem unter I behandelten Fragenkomplex steht das Problem der Kausalität. Machen wir uns das zunächst wieder am aktiven Tun klar. Schießt A auf B, den eine Sekunde vorher der C schon tödlich ins Herz getroffen hat, so wird A nicht kausal für den Todeserfolg. Soll man begründen, weshalb A schon den Tatbestand der vollendeten vorsätzlichen oder fahrlässigen Tötung nicht verwirklicht, so wird man sich getreu einer jahrzehntelangen Tradition, die dem Juristen in Fleisch und Blut übergegangen ist, auf eben dieses Fehlen der Kausalität berufen. Doch diese Begründung ist schief. Denn im Kern ist nicht der Kausalitätsmangel entscheidend, sondern wiederum das Fehlen der Vermeidbarkeit: Selbst wenn A „sich zurückgehalten" hätte, hätte er den Tod nicht vermieden. Daß eigentlich so argumentiert werden muß, sieht man schon daran, daß mit der Feststellung, ein Mensch sei kausal für einen Erfolg geworden, die handlungsmäßige Zurechnung durchaus offen bleibt, solange die Vermeidbarkeit noch ungeklärt ist; Schlafwandler können kausal werden, aber handeln tun sie nicht.

Das Vermeidbarkeitsmerkmal setzt sich mithin aus zwei gleichrangigen Elementen zusammen. Erstens der Fähigkeit, sich überhaupt zurückzuhalten, zweitens der Möglichkeit, durch die Selbstzügelung das Ausbleiben des Erfolges auch zu erreichen. Fehlt der erste Faktor, so fehlt es an jeglichem Handeln, fehlt der zweite (die Kausalität), so entfällt die spezifische, tatbestandsmäßige Handlung. So hat im Beispiel der A zwar eine Schießhandlung begangen — anders als ein Hypnotisierter —, aber keine Tötungshandlung. Da es aber im Strafrecht ohnehin immer auf die tatbestandsspezifische Handlung ankommt, kann man im Sinne des negativen Handlungsbegriffes allgemeine Handlungsqualität und Kausalität unter dem Gesichtspunkt der Vermeidbarkeit vereinigen. Die Frage lautet dann bei einem Erfolgsdelikt durch Begehung: Konnte die Person den Erfolg vermeiden, indem sie sich zurückhielt? Bei dieser Fragestellung wird es gleichgültig, ob der Täter causa des Erfolgs war, aber sich nicht zurückhalten konnte (Schlafwandler), oder ob er sich zwar zurückhalten konnte, aber nicht causa des Erfolgs war (Zweitschütze). Durch Selbstzügelung vermeiden konnte er den Erfolg in beiden Fällen nicht.

Diese Betrachtung, die Handeln und Kausalität zwar unterscheiden, aber im Begriff der Vermeidbarkeit zugleich vereinen kann, läßt sich nun auf einen Teil der Unterlassensfälle fast ohne Änderung übertragen: auf die Unterlassungen des Überwachungsgaranten. Man denke sich etwa, daß der Hund des A einem dem B gehörenden Schaf die Kehle durchbeißt. Ist A in diesem Zeitraum ohnmächtig, so wird zwar ein von ihm zu verantwortender Faktor kausal für den Tod, aber da er den Hund nicht zurückhalten kann, handelt (unterläßt) er trotzdem nicht. Hält hingegen A seinen Hund nicht zurück, obwohl er es könnte, war das Schaf aber kurz vorher von einem anderen Hund gerissen worden, so „unterläßt" A zwar, aber er begeht keine

Sachzerstörung. Denn einen Zerstörungserfolg durch Verstopfen der von ihm zu verantwortenden Gefahrenquelle vermeiden konnte er auch im zweiten Falle nicht.

Anders liegt es bei sonstigen Unterlassungen. Wohl gibt es auch dort solche, die keine tatbestandsmäßigen sind, aber eben doch Unterlassungen, und so z. B. als Versuche relevant sein können (jemand unterläßt die vermeintlich noch mögliche Rettung eines schon Verstorbenen). Es ist hier jedoch nicht möglich, innerhalb der Vermeidbarkeit ein Kausalmoment zu verselbständigen. Sieht A den meuchlings überfallenen B sterben, für den er als Garant oder nach § 330 c StGB verantwortlich ist, so liegt die causa efficiens weder in ihm selbst noch in seiner Verantwortungssphäre. Kausalität in diesem Sinne fällt also dem A keinesfalls zur Last. Eine andere Frage ist, ob man das Nichtnutzen der gegebenen Rettungsmöglichkeit trotzdem als Verursachen bezeichnet. Aber eine so verstandene Kausalität würde mit dem Vermeidbarkeitsurteil zusammenfallen: Ein Kausalsein ohne Vermeidbarkeit (wie beim Schlafwandler) gäbe es nicht.

Es bedarf nach dem Gesagten kaum noch der Erklärung, warum der Dauerstreit, der im Schrifttum um die Kausalität der Unterlassung ausgetragen wird[16], ein wahrhaft müßiger ist. Mit der Kausalität steht es genauso wie mit der Willkürlichkeit. Beide sind schon bei der aktiven Tat nur scheinbar konstitutive Zurechnungselemente. Sie verdecken je einen Teil des allein maßgebenden Vermeidbarkeitsprinzips. Von dieser Sacheinsicht ausgehend, sind zwei Wege statthaft: Entweder nennt man den zur Erfolgsvermeidung Fähigen „Verursacher". Dann gibt es Kausalität bei Unterlassungsdelikten im selben Sinne wie bei Begehungsdelikten. Oder man versteht unter Kausalität nur diejenige der causa efficiens. Dann ist die Verursachung, obwohl den Begehungsdelikten eigentümlich, kein Verbrechenserfordernis, weil ein Nur-Unterlassender ja niemals Wirkursache ist. In Schwierigkeiten gerät man freilich, wenn man nur der causa efficiens Ursächlichkeit zuspricht und trotzdem immer Erfolgsverursachung durch den Täter verlangt[17]. Diese Prämissen führen natürlich zwangsläufig auf den Standpunkt, daß Unterlassungen keine Begehungs-(Verursachungs-)Tatbestände erfüllen können. Doch darf man dann nicht das Gesetz tadeln, weil es für die unechten Unterlassungsdelikte keine selbständigen Tatbestände enthält, sondern muß die eigenen Prämissen aufgeben, weil sie falsch sind. Es stimmt eben nicht, daß die Begehungstatbestände das bewirkende Verursachen von Erfolgen beschreiben[18]. Sie beschreiben das vermeidbare Nichtvermeiden der Erfolge durch Sonderverantwortliche. Das bewirkende Verursachen durch Menschen, die ihr Verursachen vermeiden könnten, ist zwar die wichtigste und augenfälligste, aber nicht die einzige Erscheinungsform des Nichtvermeidens.

---

[16] Vgl. *Welp*, Vorangegangenes Tun, S. 166 ff., und die zahlreichen Nachweise dort (Anm. 107, 108); ferner *Schmidhäuser*, Lehrbuch, 16/74—76.

[17] So besonders *Bockelmann*, Eb. Schmidt-Festschrift, S. 449 ff., und noch entschiedener *Grünwald*, ZStW 70, S. 412.

[18] So aber mit Nachdruck *Grünwald*, a. a. O.

§ 18 GARANTENSTELLUNG UND RECHTSPFLICHT ZUM HANDELN

I. Zur Einführung

Wer die Dogmengeschichte des unechten Unterlassungsdeliktes als ganze ins Auge faßt, bemerkt in ihr eine Pendelbewegung, eine zyklische Schwerpunktverlagerung zwischen zwei Prinzipien: dem Rechtspflicht- und dem Gleichstellungsprinzip. Es versteht sich, daß die jeweiligen Phasen nicht streng geschieden werden können, daß Überlagerungen und eklektizistische Lehren anzutreffen sind, doch kann man, aufs Ganze und auf den jeweils herrschenden Ansatz gesehen, in etwa diese Einteilung machen[1]:

Am Anfang stand der Rechtspflichtgedanke (*Feuerbach, Spangenberg, Henke, Stübel*). Klassisch wurde die Begründung in *Feuerbachs* „Lehrbuch des gemeinen in Deutschland gültigen peinlichen Rechts“: „So ferne eine Person ein Recht auf wirkliche Äußerungen unserer Thätigkeit hat, insoferne giebt es Unterlassungsverbrechen. Weil aber die ursprüngliche Verbindlichkeit des Bürgers nur auf Unterlassungen geht; so setzt ein Unterlassungsverbrechen immer einen besonderen Rechtsgrund (Gesetz oder Vertrag) voraus, durch welchen die Verbindlichkeit zur Begehung begründet wird. Ohne diesen wird man durch Unterlassung kein Verbrecher“[2]. Es folgte eine Zeit des gewissermaßen kompromißlosen Gleichstellungsbestrebens, die „kausale“ Epoche, in der man auf den verschiedensten Wegen (gleichzeitiges Andershandeln, Ingerenz, Interferenz) versuchte, mit dem Kausalsein gewisser Unterlassungstäter diese den Aktivtätern vollkommen anzugleichen (*Luden, Krug, Glaser, Merkel, v. Buri, v. Berger, Binding, Hälschner*). Diese Epoche wurde abgelöst durch die Rückkehr zum Rechtspflichtprinzip, das im zweiten und dritten Jahrzehnt unseres Jahrhunderts nochmals zum fast unangezweifelten Ausgangspunkt der Unterlassungsdogmatik wurde (*Traeger, Beling,* M. E. *Mayer,* R. *v. Hippel, Frank, v. Liszt—Schmidt, Sauer, Kissin*). Die Kieler Schule (*Dahm, Schaffstein*), die in den dreißiger Jahren die Diskussion am stärksten beeinflußte, nahm demgegenüber zwar nicht den kausalen Ansatz wieder auf, doch wandte sie sich gegen die als formalistisch empfundenen Rechtspflichttheorien und versuchte, die unechten Unterlassungsdelikte unmittelbar durch „Ganzheitsbetrachtung“ zu begreifen, was im Effekt ebenfalls auf eine — freilich durch Wertung vollzogene — Angleichung an die aktive Tat hinauslief. In der gegenwärtigen Doktrin, der vor allem *Nagler* den Weg gewiesen hat, sind beide Grundrichtungen, mehr oder minder rein, vertreten, doch überwiegen dürfte heute der Versuch, zu einer Synthese zu gelangen, indem man der Rechtspflicht die Gleichbewertung als Korrektiv

---

[1] Auf Nachweise und Fundstellenangaben wird hier verzichtet. Wir verweisen auf die beiden vorzüglichen dogmenhistorischen Darstellungen, die in neuester Zeit *Rudolphi* (Gleichstellungsproblematik, 1966) und *Welp* (Vorangegangenes Tun, 1968) jeweils im ersten Kapitel ihrer Bücher vorgelegt haben.

[2] 11. Aufl., 1832, § 45.

zur Seite stellt. Am prägnantesten drücken dies das kommende Recht und die ihm zugrunde liegenden Kodifizierungsvorschläge aus. Nach § 13 E 1962 lag ein „Begehen durch Unterlassen" nur vor, wenn der Unterlassende „rechtlich dafür einzustehen hat, daß der Erfolg nicht eintreten werde" (Rechtspflichtprinzip), „und sein Verhalten den Umständen nach der Verwirklichung des gesetzlichen Tatbestandes durch ein Tun gleichwertig ist" (Gleichstellungsprinzip)[3]. Die vom Gesetzgeber beschlossene Fassung (§ 13 StGB 1973) weicht von diesem Vorschlag nur geringfügig und nicht in der Sache ab. Auch die Verfasser des Alternativentwurfs wollten beide Grundsätze im Gesetz verankert sehen. Sie sprachen (§12 AE) sowohl von „einer gesetzlichen oder freiwillig übernommenen Rechtspflicht" wie auch von der weiteren Voraussetzung, daß „das Unrecht seines Verhaltens nach den Umständen der Tat dem Unrecht der Begehung durch Tun entspricht".

Die vorliegende Untersuchung hat bis jetzt ausführlich nur nachzuweisen versucht, daß der Grundsatz der Gleichwertigkeit der Unterlassungsdogmatik kein tragfähiges Fundament sein kann. Er trifft auch in der geläuterten Form reinen Wertens nicht zu. Es geht nicht darum, das Mehr des aktiven Tuns auszugleichen, sondern es muß das, was der Nur-Unterlassende nicht aufweisen kann, Kausalität (im Sinne der causa efficiens) und Finalität, aus dem Handlungsbegriff und dem System der Verbrechensbestandteile gestrichen werden, weil es auch beim aktiven Tun nicht konstitutiv für die Strafbarkeit ist, und es muß weiter die Garantenstellung, die man zu Unrecht nur bei Unterlassungen für relevant hält, auch in der aktiven Tat als ein stets gegebenes, Verantwortung begründendes Element sichtbar gemacht werden. Pointiert gesprochen: Nicht darf sich die Unterlassungsdogmatik das aktive Tun zum Maßstab nehmen, sondern umgekehrt muß sich die Handlungslehre am unechten Unterlassen orientieren.

Noch nicht geklärt wurde dagegen die Bedeutung des Rechtspflichtgrundsatzes. Wir haben bisher die geläufigen Formeln „Rechtspflicht zum Handeln" und „Rechtspflicht zur Erfolgsabwendung" vermieden und ständig den Garantenbegriff verwandt. Nun aber stellt sich das Problem, das vor jeder Konkretisierung des Garantenprinzips gelöst werden muß, das Problem des Verhältnisses zwischen dem Garantenprinzip und dem Rechtspflichtgrundsatz.

Drei Standpunkte kommen in Betracht: Die außerhalb des Straftatbestandes begründete Rechtspflicht zur Erfolgsabwendung könnte mit der Garantenstellung identisch sein, weil vielleicht schlechthin jede Rechtspflicht den Träger der Pflicht zum Garanten macht (unten II). Oder es könnte diese Bedeutung nur bestimmten qualifizierten Rechtspflichten zukommen, m. a. W., die Feststellung einer Rechtspflicht zur Erfolgsabwendung wäre nicht hin-

[3] Daß der Gleichwertigkeitsklausel außerdem die Funktion zugewiesen ist, die angemessene Behandlung der verhaltensgebundenen Delikte sicherzustellen, wurde schon mehrfach betont; vgl. besonders oben § 7 III und E 1962, S. 125.

reichende, aber notwendige Bedingung für die Garantenstellung (unten III). Und schließlich ist denkbar, daß hier das Verhältnis zweier sich schneidender Kreise besteht, so daß es Erfolgsabwendungspflichtige gäbe, die nicht Garanten sind, und Garanten, die nicht — kraft einer außertatbestandlichen Norm — erfolgsabwendungspflichtig sind (unten IV).

II. Keine Gleichsetzung von Rechtspflicht und Garantenstellung

Daß der erste Standpunkt unhaltbar ist, gilt heute zu Recht als erwiesen. Es ist eine gesicherte und zutreffende Erkenntnis der neueren Unterlassungslehre, daß man allein vom Bestehen einer Rechtspflicht noch nicht auf eine Garantenstellung schließen darf. So kann im konkreten Fall jemand durch die Vorschrift des § 330 c StGB durchaus zu mehr als bloßer Hilfstätigkeit verpflichtet sein. Wer das Leben eines Verunglückten mit geringfügigem, zumutbarem Aufwand retten kann, muß das tun. Aber zum Garanten, dem, wenn er untätig bliebe, eine Tötung zur Last fiele, wird er durch *diese* Pflichtenstellung nicht[4]. Dieses Beispiel ist jedem bekannt. Weniger geläufig ist jenes, das in den Besprechungen der Großen Strafrechtskommission wiederholt erwähnt wurde. *Bockelmann* z. B. hat dort, im Anschluß an *Gallas* und ihm beitretend, vorgetragen, daß es Pflichten zur Erfolgsanwendung gebe, „die keine strafrechtliche Relevanz haben". „Ein Rettungsschwimmer wird von der Ehefrau eines Badenden, der sich weit hinaus wagen will, gegen Entgelt verpflichtet, den Ehemann bei Gefahr zu retten... Versagt er seine Hilfe...", sagt *Bockelmann*, „so kann er — vielleicht — nach § 330 c StGB, sicherlich aber nicht wegen Tötung bestraft werden"[5]. Ob die Entscheidung stimmt, ist eine Frage für sich[6], doch unabhängig davon macht dieses alte Beispiel jedenfalls deutlich, daß eine rechtswirksame Erfolgsabwendungspflicht den Verpflichteten nicht eo ipso zum Garanten machen kann. Die gegenteilige Annahme liefe auf die Abdankung des Strafrechts im Unterlassungsbereich hinaus. Nicht die strafrechtsspezifischen Wertungen würden über die Täterschaft entscheiden, sondern die wechselnden, möglicherweise auf ganz strafrechtsfremden Gesichtspunkten beruhenden Pflichtschöpfungen im zivilen und öffentlichen Recht und im Bereich der Privatautonomie.

Das noch eingehender darzutun, hieße offene Türen einrennen, weil auf dem ersten, extremen Standpunkt ohnehin niemand mehr steht.

---

[4] Heute unstreitig; die Rechtsprechung hat dies gelegentlich mißachtet, vgl. OGH 1 87 und besonders RG 71 189.

[5] Niederschriften, 12. Band, S. 86; ebenso *Gallas*, a. a. O., S. 80.

[6] Die Lösung des Falles (der wohl auf *Binding* zurückgeht, vgl. *Normen*, II, S. 572) war früher umstritten; *Traeger*, Unterlassungsdel., S. 52, 86, und *Landsberg*, Kommissivdelikte, S. 255, hielten entgegen *Binding* die Bestrafung wegen *Tötung* durch Unterlassen für angemessen.

III. Setzt jede Garantenstellung eine außertatbestandliche Rechtspflicht voraus?

Die ganz überwiegende Meinung vertritt heute vielmehr den zweiten. Dies ist so bekannt, daß wir auf Nachweise verzichten[7] und uns mit einem Blick aufs künftige Recht begnügen, das — freilich nur in diesem Punkt — exakt die herrschende Doktrin zu kodifizieren versucht hat. Nach § 13 Abs. 1 StGB 1973 liegt ein „Begehen durch Unterlassen" vor, wenn der den tatbestandlichen Erfolg Nichtabwendende „rechtlich dafür einzustehen hat, daß der Erfolg nicht eintritt, und wenn das Unterlassen der Verwirklichung des gesetzlichen Tatbestandes durch ein Tun entspricht". Der Gesetzgeber will damit folgendes sagen: Zu prüfen ist zunächst, ob eine Rechtspflicht zur Erfolgsabwendung besteht. Dies soll das Wort „rechtlich" klarstellen. „Es genügt nicht etwa die bloß sittliche Pflicht, einen drohenden Erfolg zu verhindern. Der Unterlassende muß vielmehr, wenn ihm sein Nichthandeln strafrechtlich zugerechnet werden soll, durch eine Rechtspflicht gehalten sein, den Tatbestandsmäßigen Erfolg abzuwenden ..."[8]. Ergibt sich, daß eine Rechtspflicht zur Erfolgsabwendung besteht, so kommt es nun darauf an, ob die spezielleren Voraussetzungen für eine Garantenpflicht vorliegen. „Die Garantenpflicht ist ... enger als die Pflicht zur Erfolgsabwendung"[9]. Das ist der Sinn der Wendung „... dafür *einzustehen* hat"[10]. Fällt die erste oder die zweite Prüfung negativ aus, so kann ein Begehungsdelikt nicht verwirklicht sein, weder in Täterschafts-, noch in Teilnahmeform. Bringt dagegen nach der ersten auch die zweite ein positives Ergebnis, so bedeutet selbst dies grundsätzlich erst eine Vorentscheidung, die in der Gleichwertigkeitsklausel noch eine letzte Instanz durchlaufen und dort Bestätigung finden muß. Ihre hauptsächliche Auswirkung hat die Gleichwertigkeitsklausel allerdings auf die verhaltensgebundenen Delikte. Bei den begehungsneutralen Erfolgsdelikten wirkt sie nur als Regulativ für extreme Fälle; in der Regel beinhaltet die Bejahung der Garantenpflicht hier zugleich die Gleichwertigkeit mit dem aktiven Tun[11].

---

[7] *Mezgers* klassische Formulierung stehe hier für viele andere, sachlich gleichbedeutende: „Erforderlich zur Haftung für den Erfolg ist eine Rechtspflicht zur Erfolgsabwendung, die den erweislichen Sinn hat, eine strafrechtliche Haftung für den Erfolg begründen zu wollen" (Lehrbuch, S. 140).

[8] E 1962, S. 124.

[9] *Gallas,* Niederschriften, S. 81 im 12. Band.

[10] Vgl. *Gallas,* a. a. O., S. 80, 479. Nach dem AE sollte dagegen die Gleichwertigkeitsklausel diese Begrenzungsfunktion übernehmen, vgl. Begründung zu § 12.

[11] Zur Funktion der Gleichwertigkeitsklausel in § 13 E 1962 vgl. Begründung, S. 25, ferner vor allem *Gallas,* a. a. O., S. 80—82, 479. Die sachliche Berechtigung einer zusätzlichen Wertung auch bei den reinen Bewirkungsdelikten ist umstritten; dafür vor allem *Androulakis,* Studien, S. 219 ff.; Arthur *Kaufmann/Hassemer,* JuS 1964, S. 153 ff.; *Henkel,* MSchrKrim 1961, S. 178 f.; dagegen, m. E. mit Recht, *Rudolphi,* Gleichstellungsproblematik, S. 60—62; *Roxin,* ZStW 78, S. 245 f.

Diese Konzeption ist durchdacht, und sie ist auch formallogisch unangreifbar. Die Tätigkeitsbegriffe in den Tatbeständen des Besonderen Teils lassen sich natürlich so verstehen, daß ihnen an Unterlassungen nur solche unterfallen, die unter anderem auch die Eigenschaft aufweisen, rechtspflichtverletzend zu sein[12]. Andererseits jedoch ist dieser Deutungsansatz nicht etwa zwingend. Mit logischen Argumenten kann man auch eine Auffassung nicht widerlegen, die beispielsweise schon sittliche Pflichten ausreichen läßt oder, ganz extrem, sich mit der bloßen Fähigkeit des Unterlassenden, den Erfolg abzuwenden, begnügt[13]. Bittet z. B. eine Frau den einzigen des Wegs kommenden Passanten um Hilfe, weil ihr zweijähriges Töchterchen die Balkontür von innen verschlossen hat, und hilft der Mann nicht, obwohl er es leicht könnte, so wird kein „rechtslogisches" Gesetz („ultra posse nemo obligatur") verletzt, wenn ich sage, dieser Passant habe die Frau „eingesperrt" und sei nach § 239 StGB strafbar. Wenn also die Rechtspflichttheorien seit *Feuerbach* immer auch axiomatisch argumentiert haben — die ursprüngliche Verbindlichkeit des Bürgers gehe nur auf Unterlassungen und deshalb setze das Unterlassungsverbrechen eine besondere Rechtspflicht voraus[14] — so haben sie damit die Ausgangsbasis für mögliche Problemlösungen in unzulässiger Weise verengt[15]. Denn welche Verbindlichkeiten ein Strafgesetz begründet, das gerade ist die Frage, die nur der Sinn des Gesetzes und die Sachangemessenheit der Lösungsalternativen entscheiden können.

Wie also steht es — das allein ist ausschlaggebend — um die Sachgerechtigkeit der h. L.?

Ihr wundester Punkt ist seit langem erkannt: Sie kann die Strafberechtigung in den Fällen des vorangegangenen Tuns nicht befriedigend erklären. Kein Satz des geschriebenen Rechtes ordnet mit der notwendigen Allgemeinheit und Eindeutigkeit an, daß jeder, der durch eigenes Handeln die Gefahr eines schädlichen Erfolgs schafft, den Erfolg verhindern müsse. Trotzdem

[12] Vgl. hierzu vor allem *zu Dohna,* DStR 1939, S. 145.

[13] Diese Lehre ist sogar vertreten worden von *Stübel,* Über den Tatbestand, 1805, § 43, § 50; aufgegeben 1828, vgl. Über die Teilnahme, § 37; vgl. auch *Kohler,* Studien I, 1889, S. 74, 49.

[14] Typisch ist die Argumentation M. E. *Mayers,* Lehrbuch, 1915, S. 190 f.: „... Tatbestände, die ein Verbot sanktionieren", geben nur an, „was einer nicht tun soll, und ... nicht ..., was einer tun soll. Das Verbot, tätig zu werden, schließt die Erlaubnis, untätig zu bleiben, ein. So ergibt sich: Während tatbestandsmäßige Tätigkeiten rechtswidrig sind, es sei denn, daß sie durch einen Rechtssatz ... gerechtfertigt werden, sind tatbestandsmäßige Untätigkeiten nicht widerrechtlich, es sei denn, daß sie durch einen Rechtssatz ... verboten werden."

[15] Auf dieser unüberprüften Grundlage werden dann vornehmlich Dissertationen erstellt, wie z. B. neuerdings die von *van Gelder,* Die Entwicklung der Lehre von der sog. Erfolgsabwendungspflicht aus vorangegangenem Tun, 1967, für den sich die Problematik von vornherein auf den Nachweis einer außerstrafrechtlichen Pflichtgrundlage verkürzt (vgl. S. 1).

muß diese Konstellation im Strafrecht durch die Begehungstatbestände wenigstens grundsätzlich erfaßbar sein, und die Rechtspflichtstheoretiker sind nicht so doktrinär, das zu leugnen. Doch ihre Prämisse widerstreitet dem, und so haben alle ihre Versuche, das Phänomen theoretisch zu verarbeiten, ein hilfloses und unstimmiges Aussehen. Zum Teil wird der Pflichtgrund (der ja wohlgemerkt immer ein dem anzuwendenden Strafgesetz vorgelagerter sein soll) schlicht fingiert. Erfolgsabwendungspflichten, so heißt es, können sich ergeben aus „Gesetz, Vertrag, vorangegangenem Tun". Das hört sich des näheren dann so an: „Nicht nur derjenige, der durch Rechtsgeschäft die Abwehr von Gefahren übernommen hat, sondern auch der, der eine Gefahrensituation geschaffen hat, ist zur Gefahrenabwendung verpflichtet. Wer sollte eher zur Erfolgsabwendung verpflichtet sein, wenn nicht der Urheber der gefährlichen Situation!"[16]

Im Gegensatz dazu hat *Landsberg*[17] den Versuch unternommen, den Pflichtgrund aus Polizeiverordnungen und ähnlichen Bestimmungen zu induzieren, was aber so unbefriedigend ausgeht, daß der Verfasser am Ende selber vorschlägt, die strafrechtliche Problematik de lege ferenda durch Aufnahme eines allgemeinen Ingerenzparagraphen ins BGB (!) zu beheben.

Wieder andere behelfen sich mit dem Hinweis auf die normative Kraft anhaltender wissenschaftlicher Überzeugung und forensischer Übung[18]. Aber auch das ist nicht einleuchtend, weil die Bestrafung in Ingerenzfällen auch früher, als sie noch keine bewußte Tradition hatte, Rechtens gewesen sein muß, und weil sie heute nicht davon abhängig gemacht werden darf, daß die Voraussetzungen des Gewohnheitsrechtes wirklich nachweisbar sind.

Warum sich die Ingerenz dem Zugriff der Rechtspflichttheorie so besonders auffällig entzieht, kann von uns aufgrund früherer Überlegungen leicht erklärt werden: Das Unterlassen nach voraufgegangenem Tun ist eine Untererscheinung des Nichtvermeidens schädlicher Auswirkungen der eigenen Person. In dieselbe Kategorie gehört die aktive Tat; es wäre aber offenbar von vornherein nicht richtig, in Fällen aktiver Erfolgsherbeiführung zunächst nach einem außerstrafrechtlichen Vermeidensgebot zu suchen. Das Vermeidensgebot ist der Tatbestand selbst. Für die Ingerenz gilt nichts anderes[19].

---

[16] *Baumann*, Lehrbuch, S. 237.

[17] Die sog. Commissivdelikte, 1890, S. 267 ff.

[18] Die gewohnheitsrechtliche Begründung findet sich z. B. bei *Traeger*, Unterl. del., S. 99; *Mezger*, Lehrbuch, S. 145; *Maurach*, A. T., S. 605; E. A. *Wolff*, Kausalität, S. 42 f.

[19] Darum ist es an sich zutreffend, wenn die Handlungspflicht in Ingerenzfällen „aus der Strafrechtsordnung selbst", „aus dem Verbot, andere zu verletzen", hergeleitet wird; vgl. etwa *Schönke-Schröder*, Vorbem. 119; *Jescheck*, Lehrbuch, S. 415; *Stree*, H. Mayer-Festschrift, S. 156 f. Nur sind dann zwei Konsequenzen zwingend, die man bei diesen Autoren vermißt: Erstens müßte deutlich gesagt werden, daß die Rechtspflicht nicht einem allgemeinen „neminem-laede"-Verbot, sondern dem

Man könnte nun daran denken, daß in der gezeigten Weise theoretische Folgerichtigkeit und praktischer Sachzwang nur dort auseinanderklaffen, wo es um „handlungsverwandte" Unterlassungen (Nichtüberwachung einer Gefahrquelle) geht, daß aber der Rechtspflichtgrundsatz, auf Beschützergaranten angewandt, brauchbar und richtig ist. Doch auch hier ist er es in Wahrheit nicht. Es sind hier vor allem zwei Konstellationen, die eigentlich schon längst Rechtsprechung und Lehre zur Aufgabe des Rechtspflichtdogmas hätte bewegen müssen.

1. Man denke sich den Fall, daß eine 19jährige heimlich und gegen den Willen ihrer Eltern eine Stelle als Kindermädchen angenommen hat und nun während ihres Dienstes eins der anvertrauten Kinder nicht vor Schaden bewahrt. Im Ergebnis ist es wohl kaum noch streitig, daß das Unterlassen in diesem Fall zur Bestrafung aus Begehungsdelikten führen kann[19a]. Woraus aber sollte hier die dem Straftatbestand vorgelagerte Handlungspflicht folgen? Die Antwort: „aus dem Vertrag", kann nicht gelten, denn der Vertrag ist ja nicht wirksam (vgl. §§ 108, 113 BGB). Und der so beliebte Gegeneinwand, man dürfe nicht „positivistisch" denken, liegt neben der Sache. Die Feststellung, daß man einen nichtigen Vertrag nicht erfüllen muß, ist schließlich keine Paragraphenreiterei, sondern nüchterne Zurkenntnisnahme einer eindeutigen Rechtsanordnung. So bleibt nur die Folgerung, daß der wahre, der tragende Zurechnungsgrund in solchen und anderen Fällen — auch wenn das Obhutsversprechen ein bürgerlich-rechtlich gültiges ist! — die rechtspflichtunabhängige Garantenstellung ist. Was nun deren Wesen ausmacht, ist hier noch nicht im einzelnen zu untersuchen. Sicher ist nur, daß dies nicht die in strafrechtsexternen Normen begründete Rechtspflicht zur Erfolgsabwendung tut und daß hier, wenn schon der Pflichtbegriff, anders als beim aktiven Tun, zweimal verwandt sein soll, auch sittliche und moralische Pflichten eine Rolle spielen. Man darf das nicht mit der Begründung bestreiten, daß dann unstatthafterweise an „nur" sittliche Pflichten rechtliche Folgen geknüpft werden, denn so ist es nicht. Natürlich trifft das Kindermädchen in unserem Beispiel auch eine Rechtspflicht. Nur: Diese Rechtspflicht zur Erfolgsabwendung hat nicht im BGB, sondern im Straftatbestand ihren Grund und kann deshalb nicht Voraussetzung für, sondern nur Folge aus dessen Anwendbarkeit sein[20].

2. Das zweite Beispiel führt in den bekannten Problemkreis, den die Stichworte „enge Lebensgemeinschaft" und „natürliche Verbundenheit"

---

konkreten des betreffenden Straftatbestandes entspringt, und zweitens wäre — parallel zum aktiven Tun — klarzustellen, daß die Feststellung der Rechtspflicht nicht Voraussetzung, sondern nur Folge der Anwendbarkeit der Strafrechtsnorm sein kann.

[19a] Vgl. nur *Stratenwerth*, Lehrbuch, Rdn. 1062.

[20] Ähnlich schon *Drost*, GS 109, S. 47, und *Kohlrausch*, ZAkDR 1939, S. 245 f. Zur entgegengesetzten Ansicht *Schünemanns* vgl. unten V.

kennzeichnen: Ein junger Mann lebt mit seiner kleinen Schwester in einer Familie und derselben Wohnung zusammen. Infolge grober Unachtsamkeit verhindert er es eines Tages nicht, daß das Kind aus einer Flasche tödliches Gift trinkt. Fällt dem Bruder hier eine fahrlässige Tötung zur Last? Man kann sich kaum vorstellen, daß heute noch jemand die Frage verneinen würde, und doch läge dies in der Konsequenz des Rechtspflichtdogmas; Geschwister sind einander kraft der negativen Entscheidung des Gesetzgebers im Familienrecht nicht unterhaltspflichtig, und von einer allgemeinen Lebenserhaltungspflicht zwischen engen Verwandten ist im BGB schon gar nicht die Rede. M. E. *Mayer* hatte von seinem Standpunkt aus ganz recht, wenn er seinerzeit ein Gerichtsurteil schalt, das eine Frau wegen eines Tötungsdeliktes bestraft hatte, weil diese zu ihrer Niederkunft keine Hebamme zugezogen hatte, so daß das Kind bei der Geburt starb. „Da ... die Rechtswidrigkeit ihres Verhaltens", schrieb *Mayer*, „nicht aus §§ 212, 222 abgeleitet werden kann, und eine besondere rechtliche Verpflichtung, Hebammen zu bemühen, nicht besteht, ist das Urteil falsch"[21].

Doch befriedigen kann solche Grundsatztreue natürlich nicht. Es wäre in unserem Beispiel eine handgreifliche Ungerechtigkeit, müßte sich zwar die Großmutter, die ihr Enkelkind kaum kennt und im Augenblick des Unglücks nur zufällig anwesend war, vor dem Strafrichter verantworten, nicht aber der Bruder. Solche Ungerechtigkeiten sind jedoch bei Zugrundelegung des Rechtspflichtkriteriums generell unvermeidlich, weil die Aspekte, unter denen in anderen Regelungsgebieten Rechtspflichten geschaffen werden, grundsätzlich nicht die des Strafrechts sind, wenngleich natürlich Gemeinsamkeiten aufgrund der Rechtsidee und oberster Rechtsprinzipien bestehen. So leuchtet es, um bei unserem Beispiel zu bleiben, vom Standpunkt des Familienrechtes aus ein, daß Geschwister einander nicht Unterhalt leisten müssen. Denn im Zeitraum ihrer gemeinsamen Kindheit und Jugend, in dem sie sich menschlich kaum weniger verbunden wissen als Ehegatten und in gerader Linie Verwandte, können sie es normalerweise nicht, und später, wenn sie es können, schwächt sich erfahrungsgemäß das Gefühl der Verantwortlichkeit füreinander ab. So liegen die Verhältnisse zwar nur im Normalfall, aber ihn muß das bürgerliche Recht seiner Regelung zugrunde legen. Daß der Zivilgesetzgeber nun als Ersatz für die substantiell pekuniäre Unterhaltspflicht eine — sachlich durchaus gebotene — Lebenserhaltungspflicht in akuten Notfällen statuiert, darf man nicht erwarten, weil solche als klagbare Ansprüche praktisch leerlaufende Vorschriften zu schaffen nicht seines Amtes ist. Dies eben ist Aufgabe des Strafgesetzes und seiner Interpreten, denn das Strafrecht wurzelt unmittelbarer als das bürgerliche in ethischem und moralischem Grunde und muß im Hinblick auf das Schuldprinzip feinere Scheidungen vornehmen und die menschlich-individuelle Beziehung zwischen zwei Rechtssubjekten stärker berücksichtigen. Die dabei entwickelten Normen und Deu-

[21] Lehrbuch, S. 191, Anm. 6.

tungsgrundsätze wirken dann allerdings auf das Zivilrecht mittelbar und in sehr genereller Weise zurück (§§ 823, 826 BGB).

Es gibt eine Bestimmung im StGB, in der das hier angedeutete Spannungsverhältnis zwischen den straf- und den zivilrechtlichen Regelungsbedürfnissen offen zutage tritt: die über den schuldausschließenden Notstand. Der Gesetzgeber hat hier (§ 52 Abs. 2 StGB) den Kreis der Personen, zu deren Gunsten begangene Notstandstaten entschuldigt sind, nach zivilistischem Vorbild so gezogen, daß vor allem die Rechtssicherheit verbürgt ist. Schon im Rahmen dieser Regelung zeigte sich, daß die Ausdeutung strafrechtsspezifischen Gesichtspunkten folgen mußte, daß jedenfalls nicht generell das bürgerlichrechtliche Verständnis entscheiden konnte, wer beispielsweise ein „Verwandter" ist[22]. Aber, am Schuldprinzip gemessen, war die Regel trotzdem zu schematisch, so daß sie im Zuge der Strafrechtsreform der Überprüfung nicht standhielt. Im kommenden Recht ist neben der Notstandstat zugunsten eines Angehörigen auch die zugunsten „einer anderen ihm (dem Täter) nahestehenden Person" entschuldigt[23]. Hier also sind die „enge Lebensgemeinschaft" und die „menschliche Verbundenheit" ausdrücklich als strafrechtsrelevante Individualbeziehungen anerkannt. Dann aber ist es fast zwingend, daß sich auf Dauer dieselben Rechtsgedanken, gewissermaßen mit umgekehrten Vorzeichen — schuldbegründend, nicht schuldausschließend —, auch bei den unechten Unterlassungsdelikten durchsetzen mußten. Daß es tatsächlich so war, beweist die Rechtsprechung. Obwohl gerade sie sich mit besonderer Betonung stets zum Rechtspflichtprinzip bekannte, hat sie vor den Forderungen der Sache selbst die Augen nicht verschlossen und Garantenstellungen notfalls aus sittlichen Pflichten und sogar — ein flagranter Zirkelschluß — aus der auf dem anzuwendenden Straftatbestand selbst beruhenden Handlungspflicht abgeleitet. Im allgemeinen wird insoweit die Entscheidung RG 66 71 als ein Wendepunkt angesehen. In ihr wurde die Bestrafung eines Vaters wegen Totschlags bestätigt, weil ihm die Pflicht obgelegen habe, sein außerehelich gezeugtes Kind nach der Geburt zu erretten. „Diese Pflicht", sagt der Senat, „hatte ihre Wurzel nicht nur in Menschlichkeit und Lebensbrauch. Sie war ihm durch die Rechtssätze, die das Verbot der Verletzung des Lebens, des Körpers und der Gesundheit eines anderen in sich schließen, so auferlegt, daß er sich ihr fügen mußte, auch wenn sein Gewissen ihn nicht trieb"[24]. Doch schon im Jahre 1888 hatte das RG einmal Eheleute, die vertraglich die Pflege einer geistesschwachen Frau übernommen hatten und diese nach Ablauf der

---

[22] Auch das nichteheliche Kind und sein Erzeuger sind i. S. des § 52 Abs. 2 StGB verwandt; vgl. RG 34 418, BGH 7 246, und *Bruns*, Die Befreiung des Strafrechts vom zivilistischen Denken, 1938, S. 31, 172.

[23] Vgl. § 35 Abs. 1, Satz 1 StGB 1973.

[24] a. a. O., S. 73. Allein auf „ein Gebot der Sittlichkeit" stellt RG 69 323 ab (Vernachlässigung einer in Hausgemeinschaft lebenden Tante), auf die „sittliche Pflicht" und eine Rechtspflicht kraft „gesundem Volksempfinden" RG 74 311 (unterlassene Pflege eines Geisteskranken).

Vertragszeit elend hatten umkommen lassen, der fahrlässigen Tötung geziehen mit der Begründung: „Die Pflicht zur Lebenserhaltung bestand unabhängig von der verabredeten Vertragsdauer... und ruhte rechtlich auf der strafrechtlichen Norm, welche die Gefährdung fremden Menschenlebens, für dessen Erhaltung jemand die Verantwortung übernommen hat, verbietet“[25].

Entscheidungen dieser Art, die den Bruch mit den eigenen Grundsätzen kaum noch kaschieren, sind freilich selten. Doch sollte man sich davon nicht täuschen lassen. Die wahre Situation sieht so aus, wie sie *Schaffstein*, der ebenfalls „bei folgerichtiger Anwendung des Rechtspflichtkriteriums... völlig unannehmbare praktische Ergebnisse“ sieht, beschrieben hat: „Wenn dies in der Rechtsprechung nicht so sehr hervorgetreten ist, wie man es an sich hätte erwarten sollen, so liegt es daran, daß das RG zwar regelmäßig in den Begründungen seiner Entscheidungen vom Rechtspflichterfordernis ausgeht, im Entscheidungsergebnis aber mit großem Geschick den Ungerechtigkeiten seiner allzu folgerichtigen Anwendung hat ausweichen können. Weil diese einigermaßen erträglichen Ergebnisse der Rechtsprechung jedoch nur auf Umwegen und Hintertreppen, unter Verzicht auf die theoretische Folgerichtigkeit erreicht werden konnten, so sprechen sie nicht für, sondern gegen die Brauchbarkeit des Rechtspflichtkriteriums“[26].

IV. Die völlige Verselbständigung des Garantenprinzips

Richtig ist somit der letzte in Betracht kommende Standpunkt. Den Täter des unechten Unterlassungsdelikts kennzeichnet die Rechtspflicht zur Erfolgsabwendung überhaupt nicht[27]. Stattdessen ist u. E. ein von der strafrechtsexternen Rechtspflicht prinzipiell völlig gelöstes Garantenprinzip zugrunde zu legen. Der Rechtspflicht gegenüber verhält dieses sich wie ein Kreis, der einen anderen schneidet[28], und seinem materiellen Inhalt nach bedeutet es, daß entscheidend die im sozialen Leben anerkannte, besondere Verantwortlichkeit ist, die einem Menschen zum Zwecke der Schadensverhinderung auferlegt ist. Diese soziale Sonderverantwortlichkeit wird spätestens durch den einschlägigen Straftatbestand zur Rechtspflicht — eine These, an der im Falle der aktiven Tat noch niemand Anstoß genommen hat. Das Garantenprinzip besagt also für einen beispielhaften konkreten Lebenssachverhalt folgendes: Die im Geist der Gemeinschaft lebendige, besondere Verantwortlichkeit des Bruders für seine Schwester macht auf sein Unterlassen die strafrechtliche Norm, die die fahrlässige Tötung betrifft, anwendbar.

[25] RG 17 260.

[26] Gleispach-Festschrift, S. 74.

[27] In diesem Punkte übereinstimmend insbesondere *Schaffstein*, a. a. O., S. 73 ff.; ferner *Dahm*, ZStW 59, S. 140; *Kohlrausch*, ZAkDR 1939, S. 246; heute vor allem *Grünwald*, ZStW 70, S. 414 ff., und Dissertation, S. 47—57; *Rudolphi*, Gleichstellungsproblematik, S. 28—31; *Welp*, Vorangegangenes Tun, S. 63—65; *Meyer-Bahlburg*, Dissertation, S. 139.

[28] Der Vergleich stammt von *Grünwald*, ZStW 70, S. 416.

„Den Tod verursachen" bedeutet im Rechtssinne also von vornherein u. a. auch, ihn der geschwisterlichen Sonderverantwortlichkeit zuwider nicht abwenden. Das aber heißt dann, daß eine solche Unterlassung durch § 222 StGB verboten ist, und, daß § 222 StGB die sittliche, soziale Pflicht zur Rechtspflicht erhebt.

Selbstverständlich haben außerstrafrechtliche Bestimmungen und pflichtbegründende Verträge den Wert gewichtiger Indizien für die Erkenntnis einer Garantenstellung. Das Recht ist als Ganzes Bestandteil der sozialen Wirklichkeit und hat darum auch als Ganzes Anteil am Zustandekommen des Urteils, daß eine Garantenstellung gegeben bzw. nicht gegeben sei. Letztlich entscheidend sind aber strafrechtsspezifische Wertgesichtspunkte, denn der Erkenntnis- und Wertungsvorgang erfolgt von Anfang an im Blick auf den Sinngehalt des Straftatbestandes, der angewendet werden soll und dem wir keinesfalls unterstellen dürfen, daß er lediglich Unterlassungen, die schon anderwärts für rechtswidrig erklärt worden sind, ein zweites Mal diesen Stempel aufdrücken will. Denn dies wäre nur dann eine begründete Annahme, wenn bewiesen werden könnte, daß der nach Abspleißung des Strafrechts verbleibende Torso der Rechtsordnung das lückenlose System sämtlicher Rechtspflichten enthielte. Davon kann aber keine Rede sein. Das Strafrecht schafft aus eigener Machtvollkommenheit Handlungspflichten ebenso wie Unterlassungspflichten. Hier sei nur noch auf ein Beispiel hingewiesen: Beischlafähnliche Handlungen mit Tieren zu unterlassen, war eine allein vom Strafrecht begründete Rechtspflicht. Schon deshalb war es unmöglich, die Hinderungspflicht desjenigen, der die Gefahr einer solchen Tat aktiv heraufbeschworen hatte, aus anderen Rechtsnormen herzuleiten als den §§ 175 b, 49 StGB. Es ist dann aber unerfindlich, warum es in sonstigen Fällen strafbaren Unterlassens des konstruktiven Umwegs bedürfen soll, den das Rechtspflichtdogma fordert.

Umstürzend neue Sacheinsichten und Fallentscheidungen darf man von der Ablösung des Garantenprinzips vom Rechtspflichtgrundsatz nicht erwarten. Daß die Dinge so liegen, wie sie hier geschildert wurden, ist ja in der Sache von Wissenschaft und Judikatur weitgehend anerkannt. Doch kann es sich auch im Ergebnis schädlich auswirken, wenn man das Rechtspflichtkriterium zugrunde legt und davon nur abweicht, wenn es die Einsicht in sachliche Notwendigkeit gebieterisch fordert. Man entwickelt dann nämlich die Garantendogmatik nicht aus ihrem eigenen Sinnzentrum heraus und bekommt es auf Schritt und Tritt zu spüren, daß ein Richtmaß dort, wo sich Rechtspflicht und Garantenstellung nicht decken, nicht zu Gebote steht.

Bedenklicher noch als die herrschende ist freilich die Lehre, die zur „Rückbesinnung"[29] mahnt und auch in den Sachentscheidungen sich wieder streng danach richten will, ob eine echte Rechtspflicht gegeben ist oder zumindest

[29] *Geilen*, FamRZ 1961, S. 151.

doch eine „rechtlich verfestigte"[30] Garantenpflicht. Am nachdrücklichsten hat in neuerer Zeit *Geilen* gefordert, „daß man an dem Erfordernis einer Garanten-*Rechts*pflicht festhalten muß, und zwar nicht nur in dem üblichen Lippenbekenntnis — insoweit ist das Erfordernis unbestritten und die ganze These wäre eine Trivialität —, sondern in dem Sinn einer dieser rechtlich-positiven Etikettierung auch inhaltlich entsprechenden Begrenzung der Pflicht"[31]. Diese Richtung hat sich im Alternativentwurf durchgesetzt, nach dessen Begründung zu § 12 die Verantwortlichkeit des Unterlassenden „stets Rechtspflicht sein muß" und dem es „unerträglich" scheint, die Gleichstellung mittels „einer Pflicht zum Handeln aus sog. konkreter Lebensgemeinschaft oder ähnlichen Gesichtspunkten" zu konstruieren.

Darauf ist zu antworten: Selbst wenn es allein darum ginge, Rechtssicherheit und Begrenzung der Strafgewalt zu gewährleisten, wäre die Rückkehr zum Rechtspflichtgrundsatz nicht der einzige und nicht der wirkungsvollste Weg. Doch davon abgesehen, würde *Geilens* und des Alternativentwurfs Forderung, wollte man mit ihr wirklich ernst machen, bedeuten, daß gerade die Unstimmigkeiten und Ungerechtigkeiten, die jahrzehntelange wissenschaftliche Beschäftigung mit dem Rechtspflichterfordernis aufgedeckt und im Wege pragmatischer Durchbrechungen gottlob verhütet hat, wieder aufträten. Denken wir z. B. an unseren Kindermädchenfall zurück, so kann kein Zweifel sein, daß es dort an einer im BGB „rechtlich verfestigten" Erfolgsabwendungspflicht fehlt. „Verfestigt" ist im Gegenteil das Freisein der Minderjährigen von vertraglicher Erfüllungspflicht. Hinter die Einsicht, daß es auf die zivilrechtliche Gültigkeit eines Obhutsvertrages für das unechte Unterlassungsdelikt nicht ankommen darf, kann aber ernsthaft niemand zurück wollen, schon gar nicht aus dem rein doktrinären Grunde, daß gegen eine strafrechtliche Norm nur ein Unterlassen verstoßen könne, das zugleich eine nichtstrafrechtliche Bestimmung verletzt.

V. Anhang: Das Sekundaritätsprinzip bei Schünemann

Unsere Auffassung, die der Sache nach in der neueren monographischen Literatur überwiegend vertreten wird, steht im Gegensatz zur Ansicht von *Schünemann*. Dieser Autor hat jüngst den Versuch unternommen, das Rechtspflichterfordernis neu zu begründen[32]. Grundlage seines Gedankenganges ist die von ihm behauptete „sekundäre Natur des Strafrechts"[33]: Die Rechtswidrigkeit eines Verhaltens bestimme sich grundsätzlich „nach der engeren rechtlichen Ordnung dieses Bereiches", und das Strafrecht wähle nur unter den danach rechtswidrigen Handlungen die der Strafe bedürftigen aus. „Handlungen, deren Rechtswidrigkeit auf keiner speziellen metastraf-

---

30 *Geilen*, a. a. O., S. 151.

31 a. a. O., S. 151. In dieselbe Richtung zielen die Äußerungen von *Welzel*, Lehrbuch, S. 213; *Baumann*, Lehrbuch, S. 232; *Busch*, v. Weber-Festschrift, S. 196 ff.

32 Grund und Grenzen der unechten Unterlassungsdelikte, S. 217 ff.

33 a. a. O., S. 221.

rechtlichen Regelung beruht, dürfen ... prinzipiell nur dann pönalisiert werden, wenn sie (vorstrafrechtlich gesehen) in einem rechtlichen Vakuum erfolgen"[34]. Da nach *Schünemanns* Ansicht die strafrechtlichen Garantieverhältnisse nicht in einem derartigen rechtsfreien Raum, sondern in Lebensbereichen wurzeln, die bereits eine dem Strafrecht vorgelagerte rechtliche Ordnung erfahren haben, ergibt sich für das Verhältnis von Garantenpflicht und formeller Rechtspflicht: „Handlungen (bzw. hier: Unterlassungen), die nach der speziellen rechtlichen Ordnung erlaubt sind, dürfen nicht als unechte Unterlassungsdelikte bestraft werden"[35]. Das Sekundaritätsprinzip habe freilich — und damit kommt *Schünemann* sachlich mit der oben unter III dargestellten herrschenden Auffassung überein — für die „Gleichstellungsproblematik" nur eine „negative Bedeutung": Strafe sei nicht erlaubt, „wo nach der engeren rechtlichen Ordnung eine Rechtspflicht ausscheidet"; das Gegebensein einer metastrafrechtlichen Rechtspflicht besage dagegen für die Frage der Strafbarkeit noch nichts[36].

Diese Gedanken verlangen nach zusätzlicher Stellungnahme, denn *Schünemanns* Lehre dürfte sich von unserem hauptsächlichen Einwand gegen die Rechtspflichttheorie, eine um die Strafrechtsnormen verkürzte Rechtsordnung enthalte offenbar nicht mehr das vollständige System sämtlicher Rechtspflichten, kaum getroffen fühlen. Sie scheint ihm zu entgehen, indem sie dem Strafgesetzgeber ausdrücklich die „rechtsfreien Räume" als Feld autonomer Pflichtschöpfung zubilligt. Das Sekundaritätsprinzip bestreitet — vorsichtiger — dem Strafrecht die pflichtenergänzende Funktion nur in den Bereichen, in denen anderes, namentlich ziviles Recht schon Ordnung geschaffen hat.

Indes auch dies ist eine sehr weitgehende und m. E. nicht haltbare These. *Schünemann* setzt sich erstaunlicherweise nirgendwo mit § 823 Abs. 2 BGB auseinander, einer Vorschrift, mit der seine Sekundaritätstheorie kaum vereinbar sein dürfte. Unter den Zivilisten ist es noch niemals streitig gewesen, daß auch strafrechtliche Normen Schutzgesetze i. S. dieser Bestimmung sein können. Folgt man dem — und wie könnte man es bestreiten? —, dann setzt das Zivilrecht ja geradezu voraus, daß ihm selbst in seiner ureigensten Domäne des Ausgleichs von Vermögensinteressen das Strafrecht zusätzliche Pflichtschöpfungen an die Hand gibt. Wenn z. B. A durch Lieferung unerkennbar mangelhafter Waren in rein fremdnütziger Absicht den G dazu bewegt, eine gegen S gerichtete Forderung an B abzutreten, so ist es offenbar primär § 263 StGB, der diesem Verhalten den Charakter des Pflichtwidrigen verleiht. Unter § 823 Abs. 1 BGB fiele es jedenfalls nicht, denn Forderungen rechnen nicht zu den „sonstigen Rechten"[37], und eine „ungerechtfertigte Bereicherung" hat sich A nicht verschafft. Freilich läßt sich die Rechts-

---

[34] a. a. O., S. 223.

[35] a. a. O., S. 225.

[36] a. a. O., S. 226.

[37] Vgl. *Larenz*, Schuldrecht II, S. 458.

widrigkeit auch aus § 826 BGB entnehmen, aber diese Generalklausel hat im Deliktssystem des BGB anerkanntermaßen nur die Funktion eines Auffangtatbestandes (auch im Verhältnis zu § 823 Abs. 2)[38], und es hat noch niemand behauptet, daß der strafrechtliche Vermögensschutz in seinem derzeitigen Umfang auf die Existenz des § 826 BGB angewiesen sei; gäbe es diese Norm nicht, so wäre A's Verhalten gleichwohl als Betrug verboten.

Entsprechendes würde gelten, wenn eine Prostituierte ihrem Freier den Lohn entlockt, ohne zum versprochenen Liebesdienst bereit zu sein, oder ein Schwarzhändler, der den Schwarzkäufer um die zugesagte Ware zu prellen gedenkt, sich im voraus bezahlen läßt. Bei isolierter Betrachtung der bürgerlichrechtlichen Bestimmungen scheint die Rechtsordnung in derartigen Fällen die Bereicherung nicht zum Unrecht zu stempeln[39] und eine Rückgabepflicht sogar ausdrücklich zu verneinen (§ 817 Satz 2 BGB). In der Zivilrechtsdogmatik ist aber anerkannt, daß § 817 Satz 2 nicht durchschlägt, wenn der Empfänger sich den Erwerb in deliktischer Weise, insbesondere durch Betrug, verschafft hat[40]. Hier wird besonders deutlich, wie wenig das Sekundaritätsprinzip der juristischen Wirklichkeit gerecht wird: Das bürgerliche Recht befragt die Strafrechtsordnung, ob diese ein bestimmtes Verhalten, welches in „der engeren rechtlichen Ordnung dieses Bereiches" eine negative Bewertung nicht oder jedenfalls nicht eindeutig erfahren hat, zum Unrecht erklärt, und gewährt ggf. mit der größten Unbefangenheit auf der strafrechtlichen Grundlage mittels der Blankettnorm des § 823 Abs. 2 BGB einen Ersatzanspruch. Bejaht man in den genannten Beispielsfällen mit der überwiegenden und richtigen Ansicht Betrug[41], so bedeutet das also keineswegs eine, wie *Schünemann* im Hinblick auf § 170 c StGB bemerkt, „Desavouierung der zivilrechtlichen Regelung durch das Strafrecht", die „allen Maximen vernünftiger Kriminalgesetzgebung Hohn spricht", sondern ein wertvolles und erwünschtes Mitwirken des Strafrechts an der gerechten Ausgleichsordnung des Zivilrechts, für welches das BGB bewußt Raum gelassen hat[42].

---

[38] *Larenz,* a. a. O., S. 484 f.; *Erman-Drees,* § 826, Anm. 1 b, aa.

[39] Eine Eigentumsverletzung i. S. des § 823 Abs. 1 BGB bezüglich des erschwindelten Geldes liegt nicht vor, weil der Getäuschte das Geld freiwillig hergibt; so *Mertens/Reeb,* Jus 1971, S. 471.

[40] RGZ 89 293, OGHZ 4 65; *Larenz,* a. a. O., S. 426; *Esser,* Schuldrecht II, S. 361 f.; *Erman-Seiler,* BGB I, § 817, Anm. 3 c, aa.

[41] Eingehend *Herzberg,* MDR 1972, S. 94 f.

[42] Zu § 170 c StGB ist allerdings ganz unabhängig vom Sekundaritätsprinzip die Frage berechtigt, ob der Gesetzgeber die Pönalisierung nicht zu weit getrieben hat (vgl. *Schünemann,* a. a. O., S. 223). Auch hier bedarf es jedoch der (von *Schünemann* versäumten) Klarstellung, daß das Zivilrecht die Erweiterung von Handlungspflichten durch das Strafrecht grundsätzlich einkalkuliert und für sein Anspruchsarsenal nutzbar macht; dementsprechend betrachten OLG Düsseldorf, FamRZ 1962, S. 310, und *Zeuner* in *Soergel-Siebert,* § 823, Rdn. 344, den § 170 c StGB als ein Schutzgesetz i. S. von § 823 Abs. 2 BGB.

Was speziell die Unterlassungsproblematik anbelangt, so ist *Schünemann* bereit, auch seine Rechtspflichtkonzeption an der Konstellation des nichtigen Schutzübernahmevertrages zu erproben. „Macht nicht der Paradefall des Kindermädchens", so fragt er selber, „das den Säugling verhungern läßt und sich vor den Schranken der Gerechtigkeit hohnlachend auf die zivilrechtliche Nichtigkeit des Anstellungsvertrages beruft, unmißverständlich und unwiderleglich deutlich, daß es auch Garantieverhältnisse außerhalb von metastrafrechtlichen Rechtspflichten geben muß?"[43] *Schünemann* versucht entsprechender Kritik dadurch vorzubeugen, daß er für die Garantenfrage nicht das Vertrags-, sondern das bürgerlichrechtliche Deliktsrecht maßgebend sein läßt: Die Gültigkeit des zivilrechtlichen Vertrages sei zwar Bedingung für das Vorhandensein von Vertragspflichten, nicht aber auch für die Existenz der davon säuberlich zu trennenden Deliktspflichten, die schon kraft eines tatsächlichen Obhutsverhältnisses bestünden[44].

Aber das Abstellen auf das zivile Deliktsrecht muß, obwohl *Schünemann* dies nicht wahrhaben will, zur Selbstaufhebung des Sekundaritätsprinzips führen. Wie schon der einheitliche Begriff „Delikt" und die gleichermaßen verwandten Aufbaukategorien (Tatbestand, Rechtswidrigkeit, Schuld) verraten, bestehen zwischen zivilen und strafrechtlichen Deliktsnormen in dogmatischer Hinsicht keine wirklichen Unterschiede. Die §§ 823 ff. BGB enthalten nichts anderes als ein vergröbertes Kriminalrecht, in dem das Reaktionsmittel der Strafe gegen das der Ersatzpflicht ausgetauscht ist. Das Rechtspflichtkriterium muß deshalb in beiden Bereichen dieselbe Bedeutung haben. Zu Recht, wenngleich entgegen der überkommenen zivilistischen Dogmatik, die wohl wegen ihrer weniger intensiven Beschäftigung mit diesen Fragen noch ganz auf dem Boden der formellen Rechtspflichttheorie verharrt, läßt *Schünemann* es für § 823 Abs. 1 BGB nicht gelten. Ob das Kindermädchen durch sein Unterlassen „das Leben eines anderen widerrechtlich verletzt" hat, ermittelt er im direkten Rückgriff auf das tatsächliche Obhutsverhältnis. Auf eine „metadeliktsrechtliche" Rechtspflicht soll es nicht ankommen. Dann aber liegt es doch auf der Hand, daß das Sekundaritätsprinzip im Strafrecht keine einschränkende Wirkung haben kann. Was soll bei der Frage nach der Garantenstellung eines Menschen, der einen anderen hat sterben lassen, die Vorabprüfung des entsprechenden zivilrechtlichen Tatbestandes (Lebensverletzung), wenn dessen Verwirklichung allein vom Bestehen eben des fraglichen Garantieverhältnisses abhängt?

Daß er auf diese Weise in den strafrechtlichen Subsumtionsprozeß nur eine Leerstufe einschiebt, bemerkt *Schünemann* freilich nicht, weil er beim Abstellen auf die zivilen Deliktspflichten nicht konsequent bleibt. So glaubt er die Wirkkraft seines Sekundaritätsprinzips vor allem dadurch erwiesen, daß „einige . . . exzentrische Garantenstellungen an der Klippe der engeren

[43] a. a. O., S. 226.
[44] a. a. O., S. 226 f.

Ordnung des Familienrechts Schiffbruch erleiden"[45]. Die Bestrafung desjenigen, „der seinem aus der Fremde zurückkehrenden gebrechlichen Bruder die Tür weist ..., scheitert schon daran, daß er zu dieser schnöden Handlung nach dem Familienrecht befugt ist (s. § 1601 BGB)". Und „wenn der Sohn dem greisen Vater den Lebensabend am häuslichen Herd verweigert, so kann darin ebenfalls kein unechtes Unterlassen gesehen werden, denn dazu war er berechtigt (s. § 1612 I, 1 BGB)"[46]. Aber hier muß sich der Autor beim Wort nehmen lassen: Auf die deliktsrechtlichen Handlungspflichten aus §§ 823 ff. BGB kommt es an. Was nach Lage des Familienrechts keine Unterhaltspflichtverletzung ist, kann gleichwohl nach § 823 Abs. 1 BGB als Gesundheitsbeschädigung usw. rechtspflichtwidrig sein. So, wie im Kindermädchenfall die schuldrechtliche (vertragsrechtliche) Regelung nichts Endgültiges besagt, so läßt auch die familienrechtliche nicht den Schluß auf die Erlaubtheit der Unterlassung zu. Zwar ist sicher, daß *Schünemann* in beiden Fällen einen Verstoß gegen § 823 Abs. 1 BGB verneinen würde, denn das Herrschaftskriterium, wie er es versteht, verbietet die Annahme von Garantenstellungen. Doch das interessiert an dieser Stelle nicht, wo es uns lediglich um den Nachweis geht, daß in der folgerichtig durchgeführten Konzeption von *Schünemann* das Rechtspflichterfordernis beim Ermitteln von Garantenpositionen keine vorwegaussondernde Wirkung haben kann.

Über die Rechtspflichttheorien herkömmlicher Ausformung führt mithin die Sekundaritätstheorie nicht hinaus, und darum entkräften sie im Grunde auch dieselben Argumente: Bei strenger Anwendung verstrickt sie sich in untragbare Konsequenzen; will man diese verhindern, wie es *Schünemann* wenigstens für die Übernahmegarantenstellung versucht, so geht das nur, indem man dem Rechtspflichtkriterium gleichsam die Spitze abbricht und es faktisch außer Kraft setzt.

§ 19 VORSATZ UND ABSICHT

I. Gibt es vorsätzliche und absichtliche Unterlassungen?

A. Zur Lehre Armin Kaufmanns

Armin *Kaufmann* hat in seinem Buch über die Unterlassungsdelikte viele verblüffende Thesen aufgestellt, doch das meiste Aufsehen erregte wohl die, daß es keinen Unterlassungsvorsatz gebe[1]. Unter den ungewöhnlich zahlreichen Stellungnahmen ist nur eine einzige voll zustimmend, diejenige

---

[45] a. a. O., S. 228.

[46] a. a. O., S. 357 f.

[1] Unterlassungsdelikte, S. 66 ff., 110 ff., 148 ff., 309 ff., 319; die verstreuten Ausführungen in der Monographie sind zusammengefaßt, ergänzt und gegen erste Einwände verteidigt in „Unterlassung und Vorsatz", Festschrift für H. v. Weber, 1963, S. 207—232 (im folgenden „Festschrift" zitiert); vornehmlich mit der dort gegebenen Darstellung werden wir uns nachfolgend auseinandersetzen.

Welzels[2]. Die anderen Autoren bestätigen *Kaufmanns* Lehre nicht, die meisten verwerfen sie gänzlich[3].

Es ist nicht meine Absicht, die Argumente pro und contra dem Leser noch einmal vollzählig vorzuführen. Vielmehr soll hauptsächlich versucht werden, die Diskussion um die neue Perspektive zu erweitern, die der negative Handlungsbegriff durch die dogmatische Vereinheitlichung von Tun und Lassen öffnet.

Kaufmann stützt seine Lehre auf zwei Grundüberlegungen. Die erste ist dem — angeblich existenten — voluntativen, die zweite dem intellektuellen Moment des Vorsatzes zuzuordnen.

1. Die Frage des finalen Unterlassens

Der erste Gedankengang ist die konsequente Zuendeführung der finalen Handlungslehre in der *Welzel*schen Ausprägung. Stichwortartig zusammengefaßt, lautet er so: Vorsatz ist Finalität. Kernstück der Finalität ist der den Kausalverlauf steuernde Wille. Ohne Wille keine Finalität, kein Vorsatz, kein vorsätzliches Begehungsdelikt. — Auch von willentlichen Unterlassungen mag man sprechen. Aber dieser Wille ist nicht Finalität. Der Unterlassende steuert ja nicht den Kausalverlauf, hat also auch keinen diesbezüglichen Willen. Darum gibt es kein finales, kein vorsätzliches Unterlassen[4].

Was darauf vom hier eingenommenen Standpunkt aus zu erwidern ist, hat der Leser bereits erfahren. Greifen wir auf die früheren Überlegungen zurück, so ergibt sich:

Kaufmanns Prämisse ist unrichtig. Schon bei erfolgsursächlichen Körperbewegungen ist der steuernde Wille für die Zurechnung entbehrlich; die Vermeidbarkeit genügt. Das Willensmoment kann darum schon für das Begehungsdelikt nicht konstitutiv sein und muß aus dem System der Verbrechensbestandteile getilgt werden, wo immer es Geltung beansprucht. Der Vorsatz jedenfalls beschränkt sich auf die Wissensseite. Zwar könnte hier, im Hinblick auf die bewußte Fahrlässigkeit, ein Korrektiv hinzuzufügen sein, doch müßte es sich notwendig um ein solches handeln, das auch bei Unterlassungen funktionstüchtig bliebe, wie etwa das Billigungsmoment, ein kalkulierter höherer Wahrscheinlichkeitsgrad oder eine bestimmte Bewußtheitsintensität.

---

[2] Vgl. Lehrbuch, S. 201, 204 f.

[3] Nicht völlig negativ: *Grünwald*, H. Mayer-Festschrift, S. 281 ff.; *Geilen*, JuS 1965, S. 428; *Schmidhäuser*, Vorsatzbegriff, S. 32 f., und Lehrbuch, 16/90; ohne Zugeständnisse ablehnend *Androulakis*, Studien, S. 262 ff.; *Baumann*, Lehrbuch, S. 375 f.; *Engisch*, JZ 1962, S. 190; *Hardwig*, ZStW 74, S. 27 ff.; *Jescheck*, Lehrbuch, S. 420; *Lampe*, ZStW 72, S. 93; *Maurach*, A. T., S. 610; *Roxin*, ZStW 74, S. 530; ZStW 78, S. 249, 259 f.; auch schon in Tatherrschaft, S. 510 f.; *Schultz*, SchwZStR 71, S. 209; *Stree*, GA 1963, S. 6 f.; E. A. *Wolff*, Kausalität, S. 47 f.

[4] Vgl. vor allem Festschrift, S. 218 ff.

Stimmt aber die Prämisse nicht, so hat natürlich auch die Folgerung keine Überzeugungskraft: Das Willenselement, das nicht einmal beim Begehungsdelikt den Vorsatz mitträgt, kann diese Bedeutung für das Unterlassungsdelikt erst recht nicht haben.

2. Das Gerechtigkeitsargument bei Armin *Kaufmann*

Kaufmanns zweites Argument ist nicht wie das erste rein begrifflich-dogmatischen Charakters, es zielt unmittelbar auf die materielle Gerechtigkeit. Den nach seiner ersten Überlegung naheliegenden Schluß, den Unterlassungsvorsatz durch eine verhältnismäßig geringfügige Modifizierung — Bewußtheit statt Finalität — retten zu können, verwirft *Kaufmann* nämlich aus folgendem Grunde: Ein Unterlassungsvorsatz wäre, so verstanden, nur dann gegeben, wenn der Untätige an die geforderte Handlung denke und wisse, daß er sie vornehmen könne. Ein solches „Daran-Denken", ein „aktuelles Bewußtsein" sei nun oft gerade bei den skrupellosesten Unterlassungstätern nicht gegeben. „Der Gefühllose beobachtet ohne Anteilnahme, wie der Knabe ertrinkt; kein Skrupel veranlaßt ihn, sich die Rettungsmöglichkeit bewußt zu machen." „Der Kraftfahrer überlegt nicht, ob und wie er dem in den Graben geschleuderten Opfer seiner Fahrlässigkeit helfen kann; er ist froh, daß der einzige Zeuge stirbt." In solchen Fällen sei dann trotz schwerster Schuld der Vorsatzstrafrahmen nicht anwendbar. Das aber müsse er sein. Obwohl es keinen Unterlassungsvorsatz gebe, müsse als „quasivorsätzlich" die vergleichbar schwerwiegende Konstellation eingestuft werden; diese zeichne sich aus durch das Fehlen des Entschlusses, die gebotene Handlung vorzunehmen, in Kenntnis der tatbestandsmäßigen Situation[5].

Doch auch diese Beweisführung ist nicht schlüssig. Dreierlei ist gegen sie einzuwenden:

a) *Kaufmann* beachtet nicht, daß auch das Begehungsdelikt die Vermeidbarkeit des Erfolges voraussetzt. Was man will, kann man lassen, und dieses Vermeidenkönnen ist der tragende Grund der Zurechnung. Es wäre nun abwegig — und noch niemand hat sich zu dieser These verirrt —, für den Vorsatz des Begehungstäters zu verlangen, daß dieser sich seine Vermeidensfähigkeit aktuell bewußt mache durch Reflexionen wie: „Ich könnte den Erfolg, den herbeizuführen ich im Begriffe bin, auch vermeiden, indem ich meine Willensaktivität einstelle", oder: „Ich kann jederzeit aufhören, denn ich werde zu meinen Bewegungen nicht gezwungen." Dann aber ist es nicht haltbar, der traditionellen Lehre die Konsequenz vorzuschreiben, sie müsse das Vorliegen des Unterlassungsvorsatzes ausnahmslos davon abhängig machen, daß der Untätige seine Vermeidensfähigkeit bedacht hat. Zumindest in Fällen, in denen die Handlungsmöglichkeit so selbstverständlich ist wie bei Begehungsdelikten die Möglichkeit des Unterlassens, kann sie dies konsequenterweise gerade nicht tun. Eindeutig so läge es z. B., wenn einer

[5] Vgl. Festschrift, S. 208 f., 224 ff.

Mutter ihr mißgebildetes Baby, dessen Tod sie seit langem wünscht, beim Baden aus dem Arm gleitet und in der Wanne zu ertrinken droht.

b) Wie weit bereits diese unmittelbar vergleichende, aus dem negativen Handlungsbegriff gewonnene Argumentation trägt, ist zweifelhaft, kann aber offenbleiben, wenn sich herausstellen sollte, daß das von *Kaufmann* aufgestellte Vorsatzerfordernis des aktuellen Bewußtseins auf einem grundsätzlichen Mißverständnis beruht.

So ist es m. E. in der Tat. In seiner Arbeit über „Die Bewußtseinsform des Vorsatzes" hat *Platzgummer* u. a. überzeugend nachgewiesen, daß ein intellektualistischer Vorsatzbegriff (wie ihn Armin *Kaufmann* vertritt) sich „im Lichte der neueren Psychologie" als nicht sachgerecht erweist. „Das Daran-Denken spielt im Leben nur selten die ihm zugedachte Rolle, weil hier weniger die Vernunft als vielmehr die Macht der Triebe regiert. Soll die Vorsatzlehre dieser Erkenntnis der modernen Psychologie Rechnung tragen, muß man den Vorsatz ‚entrationalisieren'"[6]. *Platzgummer* selbst löst die Aufgabe, indem er das „Mitbewußtsein" in den Vorsatzbegriff einbezieht[7]. Dies veranschaulicht er u. a. am Beispiel eines qualifizierten Diebstahls: Wer in einer Kirche oder auf einem Bahnhof stehle, handele hinsichtlich solcher möglichen Qualifikationsmerkmale auch dann vorsätzlich, wenn er sich den Ort seiner Tat nicht aktuell bewußt mache.

Auf anderem Wege, unter Betonung der „esoterischen Psychologie des Strafrechts", kommt *Bockelmann* zum selben Standpunkt: Der Täter hat „eine für § 59 genügende Kenntnis der objektiven Tatumstände..., wenn das, was er weiß, erkennt und voraussieht, aktuelle Kenntnis wäre, sofern er es zum Gegenstand der Reflexion machte". Ein „Daran-Denken" ist nicht erforderlich, auch „andere, gedämpftere Formen des Bewußtseins genügen"[8].

Roxin, der *Platzgummers* Lehre gutheißt, hat sie direkt für unser Problem fruchtbar gemacht. Ein Autofahrer, meint er, der am Straßenrand einen Schwerverletzten liegen sehe und weiterfahre, könne gar nicht umhin, sich bewußt zu sein, daß er den Verunglückten liegen lasse. „Diesem Verhalten ist aber das aktuelle Mitbewußtsein, keine Rettungshandlung vorzunehmen, immanent. Es ist durchaus nicht nötig, daß der Unterlassungstäter über die von ihm erwartete Hilfsaktion und ihre Ausgestaltung noch reflektiert"[9]. Dem denkbaren Einwand, daß ja oft unsicher sei, ob die Rettung überhaupt möglich ist, begegnet *Roxin* im voraus: Wenn eine Rettung, „über die der um jeden Preis unterlassungswillige Garant nicht nachgedacht hat, ohnehin unmöglich war, so würde es gleichwohl am Vorsatz nicht fehlen, es läge ein Versuch vor"[10].

---

[6] Bewußtseinsform, 1964, S. 37.

[7] Vgl. dazu a. a. O., S. 81—95.

[8] Radbruch-Gedächtnisschrift, S. 255; zum Problem im ganzen vgl. S. 254—256.

[9] ZStW 78, S. 259.

[10] a. a. O., S. 260.

Derselben Richtung dürfte die Entscheidung BGH 19 295 zuneigen. Hier ging es um eine Angeklagte, die den geplanten Raubüberfall ihres Mannes auf den alten Rendanten einer kleinen Sparkassenzweigstelle nicht angezeigt hatte. Ihre subjektive Einstellung schildert der Senat so: Als der Ehemann am Tatmorgen das Haus verließ, „dachte sie bei sich: ‚Jetzt macht er was'“[11]. Offenbar auf dieser Feststellung fußt die spätere Bejahung eines vorsätzlichen Verstoßes gegen § 138 StGB. Man muß das Urteil also dahin verstehen, daß hier die von *Kaufmann* aufgezeigte Schwierigkeit überhaupt nicht gesehen wurde[12]. Der BGH ließ es ohne Bedenken genügen, daß die Angeklagte das verbrecherische Vorhaben ihres Mannes durchschaute. Wohl zu Recht, denn wenn sie dachte, ihr Mann schicke sich an, einen Raub zu begehen, und ihn ungehindert des Weges ziehen sah, dann war darin ja notwendig die Erkenntnis mitenthalten, daß im Augenblick niemand, und also auch sie nicht, den Raub zu verhindern suche.

c) Tiefer in die Problematik des Mitbewußtseins einzudringen, verbietet der Rahmen der Arbeit. Das ist aber unschädlich, denn für unsere spezielle Frage kommt es bei näherem Zusehen auf die beiden ersten Überlegungen (a und b) nicht einmal an. Selbst wenn man *Kaufmanns* Vorsatzbegriff akzeptieren wollte, dürfte man doch die von ihm geforderte „radikale Abkehr vom Unterlassungsvorsatz“ nicht mitmachen. *Kaufmann* hat nämlich übersehen, daß sein Vorsatzverständnis, das er für allgemein anerkannt hält, die von ihm aufgedeckten sachwidrigen Konsequenzen keineswegs nur im Unterlassensbereich zeitigt. Dafür ein Beispiel: Zerschlägt jemand in einem Wutanfall eine fremde Sache, dann müßte *Kaufmann* den Vorsatz bezüglich der Fremdheit verneinen, wenn der Täter sich über die Eigentumsverhältnisse keine Gedanken gemacht hat. Es träfe hier dieselbe Erwägung zu: Der Skrupellose, der keinerlei Hemmung verspürt, dem alles „egal“ ist, geht straflos aus, bestraft werden muß dagegen, wer wenigstens nachdenkt und mit seinem Gewissen kämpft, bevor er sich gegen das Recht entscheidet.

Die ungerechten Resultate bringt also nicht etwa, wie *Kaufmann* meint, erst die Übertragung des Vorsatzbegriffes auf Unterlassungen hervor, sie liegen schon in *Kaufmanns* Vorsatzkonzeption als solcher begründet. Sollte diese trotzdem richtig sein, so muß man sich ihren mißlichen Konsequenzen beugen, wo immer sie auftreten, auch bei Unterlassungstaten. Warum gerade sie auszunehmen sein sollten, ist nicht einzusehen. Näher liegt es freilich, die von *Kaufmann* selbst aufgewiesenen Unstimmigkeiten zum Anlaß zu neh-

---

[11] S. 296.

[12] Nicht recht verständlich ist mir die Lesart von *Geilen*, JuS 1965, S. 428, der meint, das Problem habe sich nicht gestellt, weil der Senat ein nach jeder Ansicht ausreichendes Unterlassungsbewußtsein festgestellt habe. Der Sachverhaltsschilderung kann man das jedenfalls nicht entnehmen, und daß der BGH mit seiner beiläufigen und abstrakten Bemerkung auf S. 299 (vgl. *Geilen*, a. a. O.) behaupten will, die Angeklagte habe sich ihre Handlungsmöglichkeit reflektierend vergegenwärtigt, ist kaum anzunehmen.

men, den Vorsatzbegriff in *Platzgummers* Sinne zu korrigieren. Doch so oder anders, was „Kenntnis der Tatumstände“ in § 59 StGB bedeutet, ist für Begehungs- und Unterlassungsdelikte einheitlich zu bestimmen. „Quasi-Vorsatz“ und „Quasi-Kenntnis“, verstanden als Nichtvorsatz und Unkenntnis, können die Vorsatzstrafe jedenfalls nicht anwendbar machen.

B. Die Leugnung absichtlicher Unterlassungen bei Grünwald

Hier ist noch kurz einzugehen auf die vermittelnde Ansicht von *Grünwald*, der *Kaufmanns* Negierung des Unterlassungsvorsatzes ablehnt, soweit „sie sich auf den dolus directus und den dolus eventualis“ bezieht, sie aber bestätigt, was die „Vorsatzart Absicht“ anlangt. Seine Begründung: „Die Absicht enthält das Element des Wollens im Sinne des ‚finalen Verwirklichungswillens‘, der das Geschehen in der Außenwelt bewirkt. Diese Vorsatzart kann es deshalb im Bereich der Unterlassungen nicht geben“[13].

Auch dies leuchtet nicht ein. Gewiß, eine absichtliche Unterlassung kann es nicht geben, wenn man den Begriff der Absicht im vorhinein so definiert, daß er nur auf Begehungsdelikte paßt. So verfährt *Grünwald* ja ersichtlich, indem er, ohne dies des Beweises für bedürftig zu achten, die außenweltverändernde Bewirkensfinalität mit in den Absichtsbegriff hineinnimmt[14]. Aber wer so argumentiert, sagt im Grunde bloß: Absichtliche Unterlassungen kann es nicht geben, weil es nur absichtliche Tätigkeiten gibt.

Stellt man also die alles entscheidende Vorfrage, was der Strafrechtsbegriff „Absicht“ (im technischen Sinne) bedeutet, so zeigt sich, daß die von *Grünwald* angenommene Verklammerung mit dem aktiven Tun in Wahrheit nicht besteht. Der E 1962 hatte so definiert: „Absichtlich handelt, wem es darauf ankommt, den Umstand zu verwirklichen, für den das Gesetz absichtliches Handeln voraussetzt“[15]. Beabsichtigt ist danach das, worauf es dem Täter „ankommt“, eine Formel, die in Rechtsprechung und Literatur gleichermaßen anerkannt ist[16]. Wenn daneben auch häufig von der „Absicht i. S. zielgerichteten Handelns“ die Rede ist, so mag man das meinetwegen als bewirkensfinal gemeint verstehen[17], doch darf man es sinnvollerweise nur mit der

---

[13] Festschrift für H. Mayer, S. 289. Der Auffassung *Grünwalds* haben sich *Jescheck*, Lehrbuch, S. 420, und *Schröder*, Kommentar, § 59, Rdn. 46 a, angeschlossen. *Schröders* gegen *Grünwald* gerichtete Anm. zur Verdeckungsabsicht beim Mord (§ 211, Rdn. 22) steht dazu freilich im Widerspruch.

[14] *Grünwald* erwägt lediglich, ob man den Begriff der Absicht durch *Abwandlung* auf das Unterlassen anwendbar machen könne, was er schließlich verneint.

[15] § 17; die Bestimmung fand aus redaktionellen Gründen, nicht aus sachlichen, ins Gesetz keinen Eingang.

[16] Vgl. nur BGH 16 1, 18 151; *Oehler*, NJW 1966, S. 1633 f.; *Lenckner*, NJW 1967, S. 1890 f.; *Welzel*, NJW 1962, S. 20; *Jescheck*, Lehrbuch, S. 199.

[17] Freilich ist schon dies nicht zwingend, denn die Begriffe „Handeln“ und „Handlung“ umfassen nach überwiegendem strafrechtswissenschaftlichem Sprachgebrauch auch das Unterlassen, und ohne weiteres kann man das Unterlassen des Menschen, dem es auf den Erfolg ankommt, „zielgerichtet“ nennen.

Maßgabe, daß gesagt sein soll: Wenn es dem *Aktivtäter* auf etwas ankommt, so wirkt sich das so aus, daß er zielgerichtet aktiv wird. Recht verstanden, gibt auch die Redeweise vom „zielgerichteten Handeln" mithin die Konsequenz nicht her, die *Grünwald* ihr abgewinnen will.

Unbefangene Sachanschauung bestätigt unser Ergebnis. Es ist, um *Grünwalds* Beispiele aufzugreifen, durchaus nicht einzusehen, warum man nicht durch Unterlassen in der Absicht der Straftatverdeckung töten und in Bereicherungsabsicht täuschen können soll. Das erstere tut etwa der Autofahrer, der auf einsamer Landstraße einen Fußgänger fahrlässig schwer verletzt hat und ihn nun verbluten läßt, um den einzigen Zeugen zu beseitigen, das zweite der Vater, der, um das eigene Portemonnaie zu schonen, seinen acht Jahre alten Sprößling nicht hindert, einem Spielkameraden Geld abzuschwindeln.

II. Der Gegenstand des Vorsatzes (Irrtumsfragen)

Was der Unterlassungstäter wissen muß, wenn der Vorwurf eines vorsätzlichen Deliktes begründet erscheinen soll, war und ist eine umstrittene Frage. Sie wird gewöhnlich für die echten und die unechten Unterlassungsdelikte einheitlich gestellt und beantwortet. Hier soll das nicht geschehen, denn es fragt sich, ob nicht schon dies die Wahrheitsfindung erschwert, weil die unterschiedliche Tatbestandskonstruktion möglicherweise sich auch auf den Vorsatz auswirkt.

A. Unechte Unterlassungsdelikte

Rechtsprechung und Lehre haben für die unechten Unterlassungsdelikte mit zunehmender Klarheit herausgearbeitet, daß man grundsätzlich unterscheiden müsse zwischen den die Sonderverantwortlichkeit begründenden Umständen (Garantenstellung) und der Sonderverantwortlichkeit selbst (Garantenpflicht). Kein Streit besteht darüber, daß ein die Garantenstellung betreffender Irrtum die Vorsatzstrafe ausschließt. Die fast einmütige Auffassung begründet dies zutreffend mit § 59 StGB: Wer seine Garantenstellung verkenne — der Vater erkennt im Ertrinkenden nicht seinen Sohn —, irre über ein Tatbestandsmerkmal[18]. Geteilt sind die Ansichten hingegen, was die Garantenpflicht betrifft. Früher überwog die Meinung, auch sie sei Tatbestandsvoraussetzung, weshalb zum Vorsatz des Garanten auch das Bewußtsein seiner „Rechtspflicht zum Handeln" gehöre. Wer seine mit ihm in Hausgemeinschaft lebende Tante ohne Pflege läßt, würde sich demnach eines vorsätzlichen Begehungsdeliktes nicht schuldig machen, wenn er, falsch wertend, glaubt, für sie sowenig wie etwa für einen Nachbarn verantwortlich zu sein. Für die

---

[18] *Welzel*, Lehrbuch, S. 218, macht dagegen schon objektiv die Entstehung der Garantenpflicht von der Kenntnis ihrer sachlichen Voraussetzungen abhängig, was bedenklich ist, weil dann folgerichtig in jedem Falle der Unkenntnis zugleich Fahrlässigkeitsstrafe ausgeschlossen wäre.

Anhänger der Vorsatztheorie ist das selbstverständlich[19], doch wird dasselbe Ergebnis auch unabhängig von der Prämisse, zum Vorsatz gehöre das Bewußtsein, Unrecht zu tun, für richtig gehalten[20]. Der BGH, der zunächst ebenfalls überwiegend dieser Auffassung folgte[21], hat sich inzwischen durch den bekannten Beschluß des Großen Senats (BGH 16 155) auf den entgegengesetzten Standpunkt gestellt. Er teilt ihn mit der jetzt herrschenden Lehre[22, 23]. Nach dieser Ansicht also setzt „die Bestrafung wegen eines vorsätzlichen unechten Unterlassungsdeliktes ... nicht voraus, daß der Täter sich der Rechtspflicht, zur Erfolgsabwendung tätig zu werden (Garantenpflicht), bewußt wird. Der Irrtum hierüber ist ein Verbotsirrtum"[24].

Es lassen sich drei Begründungswege unterscheiden, die zu dieser These führen. Ich meine, daß keiner von ihnen gangbar ist.

1. Die Garantenpflicht als „Rechtspflichtmerkmal"

Den ersten hat vor allem *Roxin* aufgezeigt. Er hält die „spaltende Rechtspflichttheorie" für die notwendige und zutreffende Folgerung aus der dogmatischen Konzeption der Schuldtheorie[25]. Bei der Garantenpflicht handle es sich um einen „rechtswidrigkeitsumschließenden Umstand", der der Unrechtsbegründung diene (wie jedes Tatbestandsmerkmal), gleichzeitig aber die gesamte formelle Rechtswidrigkeit in sich berge[26]. Die Kenntnis dieses Merkmals bringe dem Täter „die formelle Rechtswidrigkeit seines Tuns mit logischer Notwendigkeit zum Bewußtsein, während sonst weder einzelne Tatumstände noch ihre Gesamtheit notwendig geeignet sind, dem Täter das Bewußtsein der Rechtswidrigkeit zu vermitteln"[27]. Um Fehlvorstellungen, die der Sache nach Verbotsirrtümer seien, nicht zu vorsatzausschließenden zu verfälschen, müsse man das Band zerschneiden, „mit dem die Kenntnis der formellen Rechtswidrigkeit in den Tatbestand hineingeflochten worden ist"[28].

---

[19] Vgl. *Schönke-Schröder*, § 59, Rdn. 42; *Baumann*, Lehrbuch, S. 224 f.; *Schmidhäuser*, Lehrbuch, 10/60, 16/95 f.

[20] So *Gallas*, JZ 1952, S. 373; ZStW 67, S. 26; *Engisch*, Mezger-Festschrift, S. 158; *Lange*, JZ 1956, S. 76; *Kohlrausch-Lange*, § 59, Anm. VI; *Mezger*, NJW 1953, S. 5; heute namentlich E. A. *Wolff*, Kausalität, S. 50, Anm. 33 und *Stratenwerth*, Lehrbuch, Rdn. 1107.

[21] Vgl. die Nachweise bei BGH 16 157.

[22] Umfassende Nachweise bei *Schönke-Schröder*, § 59, Rdn. 43.

[23] Eine Sonderstellung nimmt die Irrtumslehre *Androulakis'* ein (Studien, S. 251 bis 270). Auf sie wollen wir im folgenden nicht eingehen. Sie wird treffend kritisiert von *Roxin*, ZStW 78, S. 247.

[24] BGH 16 155 (Leitsatz).

[25] Vgl. ZStW 78, S. 247.

[26] Vgl. Offene Tatbestände und Rechtspflichtmerkmale, 2. Aufl. 1970, S. 188; ähnlich schon *Henkel*, Mezger-Festschrift, S. 280.

[27] a. a. O., S. 83; vgl. auch *Gallas*, JZ 1952, S. 373.

[28] a. a. O., S. 151. Derselbe Gedankengang findet sich in komprimierter Form auch in BGH 16 158.

Also: Das „Merkmal der Erfolgsabwendungspflicht ... gehört zum Tatbestand, soweit es auf pflichtbegründende Umstände hinweist; soweit es lediglich die Rechtswidrigkeit kennzeichnet, ist es allgemeines Verbrechensmerkmal und braucht nicht vom Vorsatz umfaßt zu sein“[29].

Diese Argumentation scheint mir nicht durchschlagend. Zwar überzeugt die Lehre *Roxins,* daß es „Rechtspflichtmerkmale“ der von ihm beschriebenen Eigenart gebe, im grundsätzlichen[30]. Doch daß zu ihnen auch die Garantenpflicht gehöre, muß bestritten werden. Welches Mißverständnis hier zu beklagen ist, liegt für uns nach den voraufgegangenen Untersuchungen geradezu auf der Hand: *Roxin* setzt die Garantenpflicht gleich mit der Rechtspflicht zur Erfolgsabwendung, die erst aus der Strafrechtsnorm folgt. In Wahrheit aber muß man beides trennen. Garantenpflichtigkeit bedeutet, daß der Unterlassende eine soziale Sonderstellung innehat, die gerade ihm die Verantwortung für den Erfolg auflädt. Der Terminus „Garanten*pflicht*“ ist gewiß irreführend und würde vielleicht besser vermieden, aber er ist vertretbar, wenn man sich nur klarmacht, daß er eine Pflicht bezeichnet, die der Garant, auch wenn er untätig bleibt, nicht notwendig verletzt. M. a. W.: Garant sein heißt verantworten müssen; ob man das zu Verantwortende verantworten kann, ist eine zweite Frage, die sich bei Unterlassungen genauso stellt wie beim aktiven Tun. Richtig verstanden ist ja auch der Aktivtäter immer Garant, ohne doch immer rechtswidrig zu handeln.

Es ist darum nicht zutreffend, wenn *Roxin* bei unechten Unterlassungsdelikten die gesamte Rechtswidrigkeitsprüfung im Merkmal der Garantenpflicht aufgehen lassen will[31]. Da die Garantenpflicht nicht mehr als ein allgemeingültiges Zurechnungsprinzip bezeichnet, liegt kein Grund vor, hier auf die bewährte Scheidung zwischen der elementaren Zurechnung (deren Standort der engere Tatbestand ist) und der Rechtswidrigkeit des Zugerechneten zu verzichten. Wenn beispielsweise jemand seinen Hund gewähren läßt, der den Kirschendieb durch Bisse vertreibt, so ist er garantenpflichtig, womit nicht mehr gesagt sein soll, als daß er das nicht verhinderte Geschehen verantworten, dafür einstehen, es rechtfertigen können usw. muß, genauso, wie wenn er den Dieb mit eigener Hand verletzt hätte. Ob er aber auch erfolgsabwendungspflichtig ist, richtet sich nach der Notwehrbestimmung und be-

---

[29] a. a. O., S. 142.

[30] Ein einleuchtendes Beispiel ist etwa das Verwerflichkeits-Merkmal in § 240 Abs. 2 StGB. Mit Recht meint *Roxin,* ZStW 82, S. 682 f., daß man es „dem Tatbestand zuschlagen muß, wenn man dessen Deliktstypizität aufrechterhalten will ...“ Wie kann aber die in Notwehr verübte Gewalt „verwerflich“ sein? Das Merkmal „schluckt gleichzeitig die sachlichen Voraussetzungen der Rechtfertigungsgründe auf“. Das muß im Irrtumsbereich für die eingeschränkte Schuldtheorie Konsequenzen haben, und zwar m. E. die von *Roxin* behaupteten.

[31] Vgl. a. a. O., S. 78 f.

darf gesonderter Prüfung[32]. Man muß also im vorliegenden Zusammenhang drei Irrtumsarten unterscheiden. Der Garant kann erstens aufgrund einer tatsächlichen Falschvorstellung seine Garantenstellung verkennen (ein Vater bemerkt nicht, daß das Kind, das er ertrinken läßt, sein eigenes ist). Er kann zweitens aufgrund falscher Wertung den Schluß auf die Garantenpflicht verfehlen, den er aus den sie begründenden Umständen eigentlich ziehen sollte (jemand meint, die mit ihm in Hausgemeinschaft lebende Tante ginge ihn nichts an). Und er kann drittens, wiederum falsch wertend, glauben, ein besonderer Rechtfertigungsgrund entbinde ihn von der Erfolgsabwendungspflicht (ein Gelähmter erkennt seinen Hund und weiß sich auch für dessen Beißen verantwortlich, meint aber, ein Notwehrrecht gegen das kleine Mädchen zu haben, das seine Kirschen ißt). Auf dem Boden der Schuldtheorie ist nur eindeutig, daß im ersten Fall ein Tatbestandsirrtum und im dritten ein Verbotsirrtum vorliegt. Wie dagegen der Irrtum im zweiten Fall zu qualifizierten ist, bleibt eine offene Frage, die jedenfalls nicht durch *Roxins* Theorie von den Rechtspflichtmerkmalen beantwortet wird.

2. Das Umkehrprinzip

Gerne ins Feld geführt wird eine zweite Überlegung. Sie beruht auf dem „Umkehrprinzip", nach welchem die Scheidelinie zwischen Tatbestand und Rechtswidrigkeit auch für die Abschichtung des Wahnverbrechens vom strafbaren Versuch maßgeblich sein soll. Ein Wahnverbrechen soll also vorliegen, wenn der Täter seine Tat aufgrund eines Verbotsirrtums für rechtswidrig hält, ein Versuch, wenn er infolge eines den Tatbestand betreffenden, normalerweise also tatsächlichen Irrtums ein Delikt vollenden zu können glaubt. Daran anknüpfend, meint der BGH, daß im Bereich des Versuchs die Gegenmeinung zu einem Ergebnis führe, „das die Strafbarkeit der Unterlassungen gegenüber den für Begehungsdelikte geltenden Grundsätzen nicht unwesentlich erweitern und deshalb mit der Gerechtigkeit kaum vereinbar sein würde. Der Unterlassungstäter, der — irrigerweise — eine Garantenpflicht annimmt, obwohl der — ihm bekannte — Sachverhalt diese Pflicht nicht ergibt, muß, wenn man der Gegenmeinung folgt, wegen eines versuchten unechten Unterlasungsdeliktes bestraft werden. In Wahrheit muß dieser Fall als strafloses Wahnverbrechen verurteilt werden"[33].

Dieses Argument ist noch weniger zugkräftig als das erste. Dabei kann auf sich beruhen, ob die vom BGH beispielhaft herangezogene Unterlassung als Wahndelikt wirklich sachangemessen beurteilt wäre. Jedenfalls unrichtig ist

---

[32] Nicht einleuchtend ist *Schmidhäusers* Behauptung, die Notwehr spiele bei Unterlassungsdelikten keine Rolle, weil es Verteidigung durch Unterlassen nicht gebe; Lehrbuch, 16/82; das Gegenteil beweist unser Beispiel, dem man weitere anfügen könnte, etwa: Der betrunkene Ehemann, der seine Frau angreift, wird vom hinzukommenden Sohn in ein Zimmer gesperrt; die an sich garantenpflichtige Frau schützt sich durch Nichtbefreien.

[33] BGH 16 160.

die Voraussetzung, die Gegenmeinung könne nicht zum selben Ergebnis gelangen. Das Umkehrprinzip schreibt keine Entscheidungen zwingend vor. Auf der Grundlage der eingeschränkten Schuldtheorie zwar hat es einen gewissen heuristischen Wert[34], doch letztlich muß die Versuchslehre die materiellen Kriterien, die über Wahnverbrechen und strafbaren Versuch entscheiden, aus den ihr selbst vorgezeichneten Regeln entwickeln. So wäre es beispielsweise unzureichend, die strafrechtliche Relevanz des untauglichen Versuchs einfach daraus abzuleiten, daß der Täter sich in einem (umgekehrten) Tatbestandsirrtum befindet. Hier könnte man immerhin erwägen, ob sich die Auffassung, der untaugliche Versuch sei prinzipiell strafbar, nicht gerade deshalb im Laufe der Zeit durchsetzen mußte, weil die Lehre von der Umkehrbarkeit der Irrtumsregeln eben richtig ist. Ein durchschlagendes Gegenbeispiel wäre dann aber der abergläubische Versuch. Wer seinen Feind totzubeten versucht und sich davon wirklich Erfolg verspricht, befindet sich ja keineswegs in einem Verbotsirrtum. Er hat selbstverständlich recht mit der Annahme, daß man keines Menschen Tod anstreben darf. Sein Irrtum ist, wie beim strafbaren untauglichen Versuch, tatsächlicher Art. Wenn gleichwohl der Versuch mit abergläubischen Mitteln auch von Anhängern der eingeschränkten Schuldtheorie für irrelevant geachtet wird, so ist dies, da es zutrifft, strenggenommen eine Widerlegung des Umkehrprinzips, jedenfalls, wenn man in ihm mehr sehen wollte als eine Faustregel, die Ausnahmen zuläßt.

3. Die Verselbständigung des Unterlassungstatbestandes

Zu würdigen bleibt der dritte Grund, der die Anhänger der Spaltungstheorie wohl am stärksten zu ihrer Überzeugung bestimmt hat. Ausgesprochen oder nicht, gehen sie nämlich alle von der Doktrin der Selbständigkeit des Unterlassungstatbestandes aus und lesen diesen von vornherein so, als beschreibe er außer der Unterlassung nur die faktischen Garantenstellungen, nicht aber die hieraus resultierende soziale Sonderverantwortlichkeit (Garantenpflicht). Hören wir statt vieler *Grünwald*, der auf diesem Weg zur größten Bewußtheit vorgestoßen ist. Er sagt: Es trifft nicht zu, „daß die Tatbestände der Unterlassungsdelikte außer den Merkmalen, die aus denen der gesetzlichen Tatbestände umzuformen sind, als weiteres Merkmal das der *Rechtspflicht* enthielten. In Wahrheit sind die Tatbestände der Unterlassungsdelikte folgendermaßen konstruiert: Sie enthalten erstens die Merkmale, welche sich aus denen der Handlungsdelikte durch Umformung gewinnen lassen (‚Wer den Tod eines Menschen nicht abwendet...'), zweitens Merkmale, die die Garantenstellung betreffen (‚... mit dem er im ersten Grade verwandt ist' oder ‚... der seiner Obhut untersteht')"[35].

---

[34] Für die anderen Irrtumslehren gilt das von vornherein nicht, was für sich allein gewiß kein ausreichender Grund ist, sie zu verwerfen.

[35] ZStW 70, S. 416.

So wird es zwingend, daß der Vorsatz des Täters sich auf die Kenntnis der Unterlassung sowie der Garantenstellung beschränkt. Der Täter muß wissen, daß die in Not befindliche Person mit ihm „im ersten Grade verwandt ist"; daß ihm dieser Umstand eine besondere Verantwortlichkeit aufbürdet, steht nicht im Tatbestand und kann darum auch nicht Gegenstand des Vorsatzes sein.

Diese Lehre ist — wie an früheren Stellen ausführlich begründet — abzulehnen. Sie verfälscht die Struktur des unechten Unterlassungsdeliktes. Der Tatbestand, den ein Garant verwirklicht, wenn er den ihm anvertrauten Menschen sterben läßt, lautet klipp und klar so, wie er in § 212 StGB geschrieben steht: „wer einen Menschen tötet..." Die besonderen Voraussetzungen, unter denen auch Unterlassungen tatbestandsmäßig sein können, müssen sämtlich als im Merkmal des „Tötens" enthalten betrachtet werden. *Grünwald* verfährt demgegenüber so, daß er einen — cum grano salis — „entnormativierten" Extra-Tatbestand für Unterlassensfälle schafft. Das geht nicht an, gerade in Anbetracht der Irrtumsproblematik nicht. Denn auf diese Weise „erschleicht" man die Lösung, indem man zwangsläufig auch einen „entnormativierten" Vorsatz gewinnt, der auf die Garantenpflicht selbst sich gar nicht mehr erstrecken *kann*.

4. Die eigene Lösung

Unsere eigene Lösung kann unmittelbar an die letzten Sätze anknüpfen. Zum Vorsatz gehört, grob gesagt, daß der Unterlassungstäter weiß, daß er tut, was der Begehungstatbestand voraussetzt. Er muß beispielsweise wissen, daß er tötet, wenn er den Ertrinkenden nicht rettet. Dies ist freilich in einem spezifisch juristischen Sinne zu verstehen. In der vollen Bedeutung des Wortes begreift, daß er „tötet", nur, wer aktiv tötet, von einigen Juristen und der bekannten Mutter, die ihr Kind verhungern läßt, abgesehen. Sollen nicht unerträgliche Strafbarkeitslücken entstehen, darf man für das Gros der Unterlassungstäter diese Anforderung nicht stellen. Das scheint bedenklich, doch liegt hierfür eine wohl befriedigende dogmatische Erklärung bereit. Soweit er Unterlassungen erfaßt, gewissermaßen also zur Hälfte, ist nämlich der Tötungsbegriff (und entsprechend die anderen Bewirkungsbegriffe in den Straftatbeständen), was bisher nicht klar gesehen wurde, ein „normatives" Tatbestandsmerkmal. Das bedeutet: Hinsichtlich des normativen Elementes genügt die „Parallelwertung in der Laiensphäre" (*Mezger*); „der Täter muß hier außer der Kenntnis der tatsächlichen Voraussetzungen eine Kenntnis der Wertung besitzen, die ihm das Bewußtsein vom Vorhandensein dieser Werteigenschaft seiner Handlung vermittelt, aber er braucht diese Wertung nur in dem Umfang zu vollziehen, der ihm als Nichtjuristen möglich ist"[36].

Auf dieser Basis scheint es mir nun fast zwingend, daß für den Unterlassungsvorsatz das Erfassen der Garantenpflicht, der Schluß von den die

[36] *Schönke-Schröder*, § 59, Rdn. 38.

Sonderverantwortlichkeit begründenden Umständen auf die Verantwortung selbst, einerseits zwar genügen muß, andererseits aber auch erforderlich ist. Wohl trifft es zu, daß auch dann, wenn man den Tatbestand auf die objektive Garantenposition beschränken wollte, der Gegenstand des Vorsatzes „nicht die nackte Faktizität, sondern eine sinnhaltige soziale Realität" wäre, „die den Schluß auf das Verbot in aller Regel nahelegt"[37]; z. B. hat der Begriff „Obhutsübernahme" schon für sich genommen deutlich einen normativen Einschlag. Aber dieser Gedanke trifft nicht den Kern der Sache. Entscheidend ist doch, ob der Garant so viel an „sinnhaltiger Realität" erfaßt, daß er sein Unterlassen als „Töten", „Zerstören" usw. begreift. Selbst wenn man insoweit nicht mehr als eine „Subsumtion nach Laienart" verlangt, ist das, womit die herrschende Auffassung sich für den Vorsatz begnügt, einfach zu wenig. Es ist hier wie bei vielen normativen Tatbestandsmerkmalen: Wer nur die sie konstituierenden — faktischen und normativen — Voraussetzungen kennt, der hält zwar die Teile in der Hand, doch fehlt ihm das geistige Band, das die Bruchstücke zum Begriff zusammenschließt[38].

Bekräftigend wirkt wieder der Vergleich mit dem aktiven Tun. Dem Aktivtäter ist mit dem Wissen um seine Garantenposition („ich weiß, daß *ich* dies bewirke") das Bewußtsein seiner Garantenpflicht („ich weiß, daß ich für das von meiner Person ausgehende Geschehen *verantwortlich* bin") notwendigerweise mitgegeben. Ein Verkennen des Letzteren bei Erkenntnis des Ersteren ist hier schlechthin undenkbar. Am Vorsatz des Begehungstäters gemessen, begnügt sich also die herrschende Ansicht bei Unterlassungen mit einer Kümmerform des Vorsatzes. Dies kann, auch wenn man wie wir das Gleichwertigkeitsdogma verwirft, nicht gebilligt werden; denn so logisch und unangreifbar die Subsumtion von Garantenunterlassungen unter die Begehungstatbestände prinzipiell ist, das rechtsstaatliche Fundament geht unweigerlich verloren, wenn die dogmatische Begriffsbildung im Unterlassensbereich einen eigenen, vom Begehungsdelikt getrennten Weg beschreitet.

Seine Garantenpflicht kennen heißt freilich nicht über sie reflektieren. Es ist darum kein triftiger Einwand gegen die hier vertretene Ansicht, wenn der BGH ihr diese Konsequenz unterstellt und sagt: „Nicht selten ist es aber gerade der gewissens- und rechtsstumpfe, ruchlose Täter, der sich trotz seiner Kenntnis von der Garantenstellung keinerlei Gedanken über seine Garantenpflicht macht. Ihn strafrechtlich besser zu behandeln als denjenigen Täter, dessen Gewissen und Rechtsempfinden weniger stumpf sind und der sich aus diesem Grunde seiner Garantenpflicht bewußt wird, ist mit den Forderungen der Gerechtigkeit nicht vereinbar"[39]. In Wahrheit verhält es sich hier so wie bei anderen Tatumständen auch: Ein „Daran-Denken", eine aktuelle Vergegenwärtigung ist nicht erforderlich, vielmehr hat der Täter die für § 59

[37] So *Roxin*, ZStW 78, S. 247, Anm. 37, gegen E. A. *Wolff*.

[38] Vgl. *Engisch*, Mezger-Festschrift, S. 160.

[39] BGH 16 159 f.

StGB genügende Kenntnis seiner Garantenpflicht, wenn diese, gesetzt, der Täter machte die in tieferer Persönlichkeitsschicht erfaßte Bedeutung seines Unterlassens zum Gegenstand der Reflexion, in sein aktuelles Bewußtsein träte[40]. Das wurde bereits für die Handlungsmöglichkeit gezeigt und braucht hier nicht im einzelnen wiederholt zu werden[41].

Wir kommen zu einem Ergebnis, das theoretisch zwischen den Fronten liegt, praktisch aber der älteren, zur Mindermeinung gewordenen Lehre entspricht: Zum Vorsatz bei unechten Unterlassungsdelikten gehört mehr als die Kenntnis der Garantenstellung, doch weniger als die Kenntnis der (konkreten) Erfolgsabwendungspflicht. Die hätte der Täter erst, wenn er davon ausginge, daß kein Rechtfertigungsgrund seine Handlungspflicht aufhebt. Wer für sein Tun oder Lassen bei vollständiger Kenntnis der faktischen Gegebenheiten irrig einen Rechtfertigungsgrund annimmt, erliegt einem Verbotsirrtum, der den Vorsatz unberührt läßt[42]. Das sollte für die Anhänger der Schuldtheorie kein Gegenstand des Streites sein. Nicht auf die endgültige Rechtspflicht, sondern auf die allgemeine Garantenpflicht i. S. der besonderen sozialen Verantwortlichkeit erstreckt sich der Vorsatz. Der Täter muß außer der objektiven Garantenposition die daraus fließende Verantwortlichkeit geistig erfassen. Praktisch bedeutet dies für den Täter, daß er das Wissen einer Pflicht zum Eingreifen besitzen muß, die gerade ihn aus der Masse der anderen heraushebt und von der ihn nur ein besonderer Grund (Einwilligung, Notstand usw.) entbinden könnte.

B. Echte Unterlassungsdelikte

Bei den echten Unterlassungsdelikten war die Entwicklung ähnlich wie bei den unechten. Während früher überwiegend, insbesondere von den Gerichten, auch die Rechtspflicht zum Handeln zum Irrtumstatbestand gerechnet wurde[43], hat sich heute in der Rechtsprechung und unter den Anhängern der Schuldtheorie die Auffassung durchgesetzt, die nur die pflichtbegründende Situation zum Gegenstand des Vorsatzes erklärt, die hieraus fließende Handlungspflicht selbst jedoch in den Bereich des Verbotsirrtums legt[44].

---

[40] Ein Bruder weiß, daß er für seine verunglückte kleine Schwester verantwortlich ist, daran denken muß er nicht.

[41] Vgl. oben S. 224.

[42] Ebenfalls ein Verbotsirrtum liegt vor, wenn der Täter das strafrechtliche Verbot überhaupt verkennt; ein militärischer Vorgesetzter z. B. schreitet nicht gegen das homosexuelle Treiben seiner jugendlichen Soldaten ein, weil er jede gleichgeschlechtliche Unzucht für neuerdings erlaubt hält (Beihilfe durch Unterlassen zu § 175 StGB). Dagegen wäre es ein Tatbestandsirrtum, wenn er schon seine grundsätzliche Erziehungsverantwortlichkeit (Garantenpflicht) nicht sähe.

[43] Vgl. etwa *Mezger*, LK, § 59, Anm. II 10 a; *Kohlrausch-Lange*, § 59, Anm. VI; RG 52 102, 75 160; BGH in GA 1959, S. 89; BGH in JZ 1958, S. 508.

[44] Aus der Rechtsprechung vgl. nur BGH 19 295; aus dem Schrifttum *Jescheck*, Lehrbuch, S. 419; *Welzel*, Lehrbuch, S. 220; *Lackner-Maassen*, § 59, Anm. II 1 c;

Hier nun ist der herrschenden Ansicht zu folgen. Denn die echten Unterlassungsdelikte sind, anders als die unechten, von verschwindend seltenen Ausnahmen abgesehen, so konstruiert, daß ihr Tatbestand nur die objektiv-faktische Garantenposition enthält („wer es unterläßt, dafür zu sorgen, daß die Feuerstätten *in seinem Hause* in brandsicherem Zustand unterhalten werden") oder auf eine solche überhaupt verzichtet („wer ein bevorstehendes Verbrechen, von dem er glaubhafte Kenntnis hat, nicht anzeigt"). Wenn also der Unterlassende z. B. weiß, daß ein Mord bevorsteht, oder daß in seinem Haus die Feuerstätten nicht brandsicher sind, so hat er schon damit den Gegenstand des Verbotes voll erfaßt. Darüber hinaus für den Vorsatz ein Bewußtsein der Rechtspflicht zum Handeln zu fordern, würde in der Tat bedeuten, daß man einen die Gesamtbewertung, das Verbotensein des Verhaltens betreffenden Irrtum in einen Tatbestandsirrtum umfälscht[45].

Bei näherem Zusehen zeigt sich, daß diese unsere scheinbar auf rein konstruktiv-begrifflichem Wege gewonnene Unterscheidung zwischen echtem und unechtem Unterlassen aus der Sache selbst ihren guten Sinn erhält. Wo nämlich der Täter sich durch einen Blick ins Gesetz darüber informieren könnte, daß ihm in der konkreten Situation eine Handlungspflicht obliegt, da ist das Verkennen der Verantwortlichkeit in der Regel weniger verzeihlich. Die Vorsatzstrafe muß möglich bleiben, mehr als ein Verbotsirrtum kann dem Täter nicht zugebilligt werden. Wo ihm aber trotz vollständiger Faktenkenntnis die Einsicht ins geschriebene Recht nicht helfen könnte, da muß er zunächst durch einen Wertungsakt seine Verantwortlichkeit erfassen, um die Wissensbasis zu gewinnen, auf der ihm der Schluß auf das strafgesetzliche Verbotensein seines Unterlassens regelmäßig angesonnen werden kann. Die letztere Situation ist für das unechte Unterlassungsdelikt typisch. Denn hier ist der Gesetzgeber in aller Regel in den unbestimmten Begriff ausgewichen, aus dem der Laie nichts entnehmen kan. Glaubt jemand, für die Pflege der mit ihm in Hausgemeinschaft lebenden kranken Tante sowenig wie andere verantwortlich zu sein, so wird er auch nach der Lektüre des Gesetzes nicht begreifen, daß ihm ein Untätigbleiben als „Mißhandlung" verboten ist.

Grundsätzlich anders würde die Lage, wenn es gelänge, das unechte Unterlassungsdelikt im Allgemeinen Teil derart zu kodifizieren, daß sich dort jedermann über die sachlichen Voraussetzungen der verschiedenen Garantenpflichten informieren könnte. Dann, aber auch nur dann wäre der Vorsatz beim unechten Unterlassungsdelikt auf die Garantenstellung zu beschränken, wie dies die herrschende Schuldtheorie zu Unrecht schon jetzt tut. Der Ver-

---

Geilen, JuS 1965, S. 427; *Roxin*, Offene Tatbestände, S. 144; *Heinitz*, JR 1959, S. 287.

[45] Von der Besonderheit, daß echte Unterlassungsdelikte dem Ordnungsstrafrecht angehören können (§ 368 Nr. 4 StGB ist vielleicht ein Beispiel), sehen wir ab; insoweit rechnen bekanntlich — aus einem Grunde, der unseren Zusammenhang nicht berührt — auch einige Anhänger der eingeschränkten Schuldtheorie die Rechtswidrigkeit zum Gegenstand des Vorsatzes.

zicht der Strafrechtsreformer auf eine Regelung mit materiellem Gehalt, der vielleicht unvermeidlich war, hat hier eine kaum beachtete praktische Konsequenz.

Den Ausgangspunkt teilt die hier entwickelte Ansicht mit *Heinitz*. Auch er wendet gegen die verbreitete Gleichsetzung ein, daß die Irrtumsproblematik „beim unechten und beim echten Unterlassungsdelikt völlig verschieden" liege und daß sich „aus der Behandlung des einen ... kein Schluß auf die Behandlung des anderen ziehen" lasse[46]. Die Eigentümlichkeit des unechten Unterlassungsdeliktes wird mit treffenden Worten gekennzeichnet: „Hier schiebt sich ... zwischen die Kenntnis des Ge- oder Verbotes und die Sachverhaltskenntnis noch ein Element dazwischen, das aus der Strafrechtsnorm, anders als beim echten Unterlassungsdelikt, nicht unmittelbar evident entnommen werden kann: die Frage, inwieweit das sonst rechtlich irrelevante untätige Verhalten wegen einer aus allgemeinen Gesichtspunkten zu entnehmenden Rechtspflicht sich als Verletzung der betreffenden Strafrechtsnorm darstellt"[47]. Im Ergebnis freilich mündet die Lehre auch dieses Autors in die herrschende ein[48], denn *Heinitz* schlägt das „Zwischenelement" nicht — wie wir — dem Irrtumstatbestand zu. Das muß erstaunen, weil *Heinitz* später selbst sagt: „Ein Irrtum über die Tatbestandsmerkmale, von denen das Gebot abhängt, auch soweit es sich um normative Tatbestandsmerkmale handelt, ist Tatbestandsirrtum"[49]. Unseres Erachtens ergibt näheres Hinsehen, daß das Verkennen der eigenen Garantenpflicht eben ein solcher Irrtum ist, ein Irrtum über das normative Tatbestandsmerkmal der jeweiligen Tathandlung.

Heinitz sieht es anders[50]. Er beruft sich auf *Gallas*, der vorgetragen hat: „Ein Irrtum über das Bestehen der Garantenpflicht ist ... grundsätzlich Tatbestandsirrtum. Freilich ist ein Subsumtionsirrtum ein Verbotsirrtum. Es kommt also für den Vorsatz nur darauf an, ob jemand die *Voraussetzungen* der Garantenstellung kennt"[51]. Diese Begründung kann aber nicht als durchschlagend anerkannt werden. Ein Subsumtionsirrtum ist nicht *notwendig* Verbotsirrtum. Bei normativen Tatbestandsmerkmalen kann er — da der Täter durch ihn häufig die zu fordernde „Parallelwertung in der Laiensphäre" verfehlt — auch Tatbestandsirrtum sein[52].

---

[46] JR 1959, S. 286.
[47] a. a. O.
[48] a. a. O., S. 286 f.
[49] a. a. O., S. 287.
[50] Vgl. a. a. O., S. 286 f.
[51] Niederschriften, 2. Band, S. 279.
[52] Vgl. *Schönke-Schröder*, § 59, Rdn. 39.

§ 20 UNTERLASSEN UND FAHRLÄSSIGKEIT

I. Das Unterlassungsmoment der Begehungsfahrlässigkeit

Eine Handlungskonzeption, die die fundamentale Gegensätzlichkeit zwischen Tun und Lassen leugnet, darf hinsichtlich der fahrlässigen Delikte auf geneigtere Ohren hoffen. Was man bei der vorsätzlichen Straftat nicht zu sehen vermag, das hat für die fahrlässige weithin Anerkennung gefunden: daß ihr ein „Unterlassungsmoment" innewohnt, auch wenn sie aktiv begangen wird[1]. Ganz unbestritten ist dies freilich nicht[2], und die, die die Existenz des Unterlassungsmomentes zugestehen, vermeiden doch überwiegend die extreme Folgerung, das fahrlässige Delikt überhaupt der Kategorie des Handelns durch Unterlassen einzufügen. Es herrscht die Auffassung, daß die begriffliche Trennung zwischen Begehungs- und Unterlassungsdelikt auch für die Fahrlässigkeitszone berechtigt, ja notwendig sei, weil sie über Strafe und Freispruch entscheiden könne. Wir werden das gleich genauer erfahren. Hier geht es zunächst darum, das eigentümlich ambivalente Gesicht des fahrlässigen Aktivverhaltens im Lichte des negativen Handlungsbegriffs etwas schärfer und besser zu sehen, als dies sonst möglich ist.

Vom vorsätzlichen Begehungstäter unterscheidet sich der fahrlässige, vereinfacht gesehen, nur dadurch, daß er den kriminellen Erfolg nicht will. Eine Verursachung durch Aktivität läßt sich jedenfalls auch bei ihm konstatieren. Man kann darum das Aktivverhalten bei Fahrlässigkeit ebenso wie bei Vorsatz zum Anknüpfungspunkt der Erfolgszurechnung machen und vorsätzliche wie fahrlässige Begehungstatbestände als reine Verbotsnormen auffassen. „Das Recht", so äußert sich z. B. *Oehler*, „gebietet nicht durch Anordnung der Beachtung der Sorgfaltspflicht, den inkriminierten Erfolg abzuwenden, sondern es verbietet, den Erfolg herbeizuführen, ganz gleich, ob dieser durch sorgfältiges oder unsorgfältiges Handeln eintritt"[3]. Vor allem die finale Handlungslehre, die natürlich ein Interesse daran hat, möglichst wenige Erscheinungsformen des Deliktes aus ihrem Handlungsbegriff herausfallen zu lassen (die Unterlassungen tun es eingestandenermaßen), markiert heute sehr bewußt die Willensaktivität als relevantes Element auch im Falle der Fahrlässigkeit. Nicht habe, wie viele Kritiker des Finalismus einwendeten, nur der Erfolg rechtliche Bedeutung, vielmehr habe „dieses kausale Element rechtliche Bedeutung nur dann, wenn es die Folge eines bestimmten sorgfaltswidrigen Handlungsvollzugs, und zwar einer gesteuerten finalen Handlung" sei[4].

---

[1] Eingehende Nachweise bei *Welp*, Vorangegangenes Tun, S. 199, Anm. 68, und *Binavince*, Die vier Momente der Fahrlässigkeitsdelikte, S. 37 ff. Vgl. ferner besonders *Androulakis*, Studien, S. 132 ff.

[2] Vgl. *Binding*, Normen IV, S. 322 ff.; *Nowakowski*, JZ 1958, S. 337; *Oehler*, Eb.-Schmidt-Festschrift, S. 241.

[3] *Oehler*, a. a. O.

[4] *Welzel*, NJW 1968, S. 428. Übereinstimmend *Gallas*, ZStW 67, S. 8.

Anders als beim Vorsatz ist hier nun aber verhältnismäßig leicht zu erkennen, daß nicht ausschließlich dieser Ansatz in Frage kommt. Wenn weder Inhalt noch Zweck der äußeren Handlung interessieren und wenn sich mit der Un-sorgfalt so unübersehbar ein Negativum in den Vordergrund schiebt, dann liegt der Verdacht nahe, es könne vielleicht überhaupt verfehlt sein, mit der strafrechtlichen Würdigung am aktiven Tun anzuknüpfen.

So kommt es, daß im „Unterlassungsmoment" der Fahrlässigkeit gelegentlich nicht eine mehr oder minder auffällige Beimischung, sondern ihr dogmatisch entscheidender Wesenszug gesehen wird, der Veranlassung geben soll, die Fahrlässigkeit prinzipiell den Unterlassungsdelikten zuzuordnen. Dies lehrten z. B. *Radbruch* und Graf *zu Dohna.* Für *Radbruch* war jedes Fahrlässigkeitsdelikt sogut wie jedes unechte Unterlassungsdelikt Nichtvornahme einer Handlung, den Unterschied sah er nur darin, daß bei letzteren eine „äußere", bei ersteren eine „innere" Handlung unterbleibe, nämlich die zur Voraussicht eines voraussehbaren Erfolgs notwendige Willensanspannung[5]. Noch grundsätzlicher argumentierte *zu Dohna,* als er schrieb, es gebe schon begrifflich nur vorsätzliche Handlungen. Eine fahrlässige Handlung sei „eine contradictio in adiecto". Das strafrechtlich relevante Merkmal aller fahrlässigen Delikte sei das Unterlassen der erforderlichen Umsicht und Aufmerksamkeit im sozialen Zusammenleben[6].

Von diesem Standpunkt ist es zur Anerkennung unseres negativen Handlungsbegriffes — beschränkt freilich auf den Fahrlässigkeitsbereich — nicht mehr weit. Dieser führt über die im Ansatz übereinstimmende *Radbruch—Dohna*sche Lehre allerdings in zwei Punkten hinaus, indem er erstens die genannten Pflichten (Willensanspannung, Umsicht, Aufmerksamkeit) als bloße Teilmomente in der umfassenderen Vermeidepflicht aufgehen läßt (denn aufmerksam zu sein, ohne aus dem Erkannten die Vermeidekonsequenz zu ziehen, genügt nicht) und zweitens hervorhebt, daß auch der aktiv Fahrlässige für die Folgen seines Unterlassens als Garant einstehen muß, weil der verursachende Faktor — er selbst — im Zentrum des eigenen Verantwortungsbereiches sich befindet. Wir können sagen: Jedes fahrlässige Delikt ist ein ungewolltes, vermeidbares und sorgfaltswidriges Nichtvermeiden in Garantenstellung.

II. Zur Relevanz der begrifflichen Einordnung doppeldeutiger Verhaltensweisen

Wenn man *jedes* unsorgfältige Verhalten seinem rechtlichen Wesen nach als Unterlassung auffassen darf (und genaugenommen sogar muß), dann dürfte eigentlich in der Sache nichts dadurch präjudiziert werden, daß man auch aktive Erfolgsverursachungen — zutreffend — so einstuft. Ein leidiges, seit vielen Jahren lebhaft erörtertes Problem ließe sich damit aus der Welt schaffen.

---

[5] Vgl. ZStW 24 (1904), S. 344 ff.

[6] Vgl. ZStW 27 (1907), S. 330 ff.

Dieses Problem ist in neuerer Zeit vor allem durch den vom BGH entschiedenen „Radfahrerfall"[7] wieder aktuell geworden, läßt sich aber ebenso an drei berühmten Beispielen aus der reichsgerichtlichen Judikatur demonstrieren, dem „Apotheker-"[8], dem „Ziegenhaar-"[9] und dem „Kokainfall"[10]. Die einheitliche Grundkonstellation dieser Fälle ist die, daß der Täter sorgfaltswidrig handelte und durch sein Handeln einem Rechtsgut Schaden zufügte, was aber mit mehr oder weniger großer Wahrscheinlichkeit auch bei ordnungsmäßigem Verhalten geschehen wäre[11]. An diesen Fällen soll uns hier nur das „Einstiegsproblem" interessieren. Die Diskutanten sind sich einig, daß vorab immer zu klären sei, ob die strafrechtliche Würdigung an ein *Tun* oder an ein *Unterlassen* anknüpfen müsse[12], und haben zur Lösung unterschiedliche und teilweise sehr unsichere Kriterien vorgeschlagen. Arthur *Kaufmann* und *Spendel* wollen „im Zweifel" eine Begehungstat annehmen[13]. *Baumann* schlägt vor, vom Erfolg zurückgehend die nächste selbständige Ursache aufzusuchen und ein Unterlassungsdelikt zu bejahen, wenn die „causa proxima" ein Unterlassen ist[14]. Einige lassen entscheiden, bei welcher Verhaltensform das „Schwergewicht"[15], oder wo der „Schwerpunkt der Vorwerfbarkeit"[16] liegt, oder „wogegen der rechtliche Vorwurf sich jeweils richtet"[17]. Für *Schmidhäuser* ist maßgeblich der Inhalt des „Achtungsanspruches", der vom Rechtsgut ausgeht; durch ein Unterlassen wird das Rechtsgut verletzt, wenn der Achtungsanspruch dem Täter aufgibt, dem Objekt eine Leistung zukommen zu lassen; muß er ihm dagegen einen Eingriff ersparen, so ist auf ein Begehen abzustellen[18]. Nach anderen wiederum gibt der „soziale Sinn" des Verhaltens den Ausschlag[19]. Schließlich ist noch die „Subsidiaritätstheorie" zu nennen, nach der ein Unterlassen nur dann Anknüpfungspunkt sein darf, wenn ein kausal-fahrlässiges positives Tun nicht vorliegt[20].

---

[7] BGH 11 1.

[8] RG 15 151.

[9] RG 63 211.

[10] RG in HRR 1926, 1636.

[11] Vgl. die knappe Wiedergabe der Sachverhalte bei *Roxin*, ZStW 74, S. 411 f.

[12] Vgl. *Spendel*, Eb.-Schmidt-Festschrift, S. 184 f., und JuS 1964, S. 14 f.; *Roxin*, a. a. O., S. 413 ff.; *Ulsenheimer*, Das Verhältnis zwischen Pflichtwidrigkeit und Erfolg, S. 82; *Maurach*, A. T., S. 582; *Wessels*, JZ 1967, S. 450.

[13] Eb.-Schmidt-Festschrift, S. 212 bzw. 194.

[14] Lehrbuch, S. 188 f. und 226 f. *Baumann* scheint dabei zu übersehen, daß man dann selbst im Falle eines tödlichen Messerstichs ein Unterlassungsdelikt annehmen müßte, wenn der Täter das Opfer zunächst noch hätte retten können.

[15] *Schönke-Schröder*, Vorbem. 95; OLG Stuttgart in FamRZ 1959, S. 74.

[16] BGH 6 59.

[17] *Mezger-Blei*, StudB I, S. 81.

[18] Lehrbuch, 16/102—106.

[19] Eb. Schmidt, Der Arzt im Strafrecht, S. 78 ff.; BGH in NJW 1952, S. 1924.

[20] *Grünwald*, Diss., S. 26; *Roxin*, a. a. O., S. 415 ff.; *Welzel*, Lehrbuch, S. 203; *Jescheck*, Lehrbuch, S. 401.

Wieso aber kommt es auf diese Überlegungen überhaupt an? Zwei Gründe werden genannt.

Erstens das Erfordernis der Garantenpflicht. *Maurach* hat zur Erläuterung das Beispiel gebildet: „A gibt dem B in einem typhusverseuchten Gebiet ein Glas Wasser zu trinken, ohne es vorher abgekocht zu haben und ohne den B zu warnen." Nehme man ein Unterlassungsdelikt an, meint *Maurach*, so könne A mangels Fürsorgepflicht keinesfalls bestraft werden[21]. Indessen: Wer hier auf das Unterlassen abstellt, müßte folgerichtig das *gesamte* Unterlassen des A in Betracht ziehen. Da dieses im Nichtvermeiden des Todes des B besteht und A die schädlichen Auswirkungen der eigenen Aktivität zweifellos als Garant verhindern muß, könnte er im Falle mangelnder Sorgfalt durchaus bestraft werden[22]. Es beruht also auf einem grundsätzlichen Mißverständnis, wenn *Roxin* für seine Subsidiaritätstheorie ins Feld führt: „Mit Hilfe dieses viel erörterten ‚Unterlassungselementes' der Fahrlässigkeit könnte man theoretisch die fahrlässigen Begehungstaten völlig ausschalten, indem man den Handlungssinn stets auf den Sorgfaltsmangel verlegte. Damit wäre die Haftung für fahrlässige Taten auf Garanten eingeschränkt"[23]. Wer den Unterlassungsansatz konsequent zu Ende führt, kann dartun, daß der Täter, wenn er — wie in allen vier Ausgangsbeispielen — den Erfolg durch positives Tun verursacht, allemal Garant *ist*[24].

Zweitens soll die Qualifizierung als Tun oder Lassen unter dem Gesichtspunkt der Kausalität erheblich sein. Das wird wie folgt begründet: Es steht in allen Fällen fest, daß das positive Tun des Täters conditio sine qua non des Erfolgs ist. Geht man hingegen von einem Unterlassungsdelikt aus, so führt schon die Kausalitätsprüfung zum Freispruch. Ein Unterlassen ist im Rechtssinne nur dann kausal, wenn die Vornahme der gebotenen Handlung

---

[21] A. T., S. 582.

[22] Vgl. auch *Grünwald*, Diss., S. 25, der ebenfalls die Erheblichkeit der Unterscheidung bestreitet und die Konstruktion einer Garantenstellung aus „nebenhergehendem gefährlichem Tun" vorschlägt.

[23] a. a. O., S. 418.

[24] Allerdings ist nicht schlechthin jede aktive Erfolgsverursachung tatbestandstauglich. Wer in seinem eigenen Boot davonrudert, um die später vielleicht notwendig werdende Rettung eines schlechten Schwimmers unmöglich zu machen, tötet nur, wenn er im üblichen Sinne Garant ist. Die Garantenpflicht zur Selbstüberwachung kann in diesem Fall keine Täterschaft begründen, weil für eine wertende Betrachtung der Kausalnexus zwischen Handlung und Erfolg zu schwach ist. Das Kennwort „Unterlassung durch Begehung" ist nicht gut gewählt, beginnt sich für diesen Falltypus aber durchzusetzen. Die Frage, wo hier die Beurteilung umschlägt, ist natürlich auch praktisch von Belang, sie betrifft jedoch eine andere Konstellation als die im Text besprochene, in der ein normaler Kausalzusammenhang (von zweifellos ausreichender „Dichte") vorliegt. In der literarischen Diskussion werden beide Konstellationen gelegentlich in unzulässiger Weise vermengt; vgl. etwa *Ranft*, JuS 1963, S. 340 ff.; *Jescheck*, Lehrbuch, S. 400 f.; *Baumann*, Lehrbuch, S. 189.

den tatbestandsmäßigen Erfolg mit Sicherheit abgewendet hätte. Hier ist es aber sehr wohl möglich, daß der Erfolg auch bei korrektem Verhalten, d. h. trotz Überholens in ordnungsmäßigem Abstand, trotz Rückfrage beim Arzt vor erneuter Auslieferung der Medizin, trotz der vorgeschriebenen Desinfektion der Ziegenhaare und trotz der wissenschaftlich angebrachteren Verwendung von Novokain statt Kokain eingetreten wäre[25].

Auch das ist nicht haltbar. Der Fehler, auf dem die unterschiedlichen Resultate beruhen, liegt darin, daß man das Gesamtgeschehen berücksichtigt, wenn die Kausalität des aktiven Tuns geprüft wird, aber ein Teilmoment herausgreift, sobald der Blickwinkel des Unterlassens gewählt wird. Unrichtig ist das zweite. Würdigt man z. B. im Radfahrerfall das Verhalten des Lastzugführers als Unterlassen, so muß man beachten, daß der Täter nicht nur unterlassen hat, den gebotenen Abstand einzuhalten: er hat den Tod des Radfahrers nicht abgewendet, obwohl er das — etwa durch Bremsen oder weiträumiges Umfahren — konnte.

Beachtet man dies nicht und beschränkt man den Blick auf das sorgfaltswidrige Teilmoment — die Nichteinhaltung des vorgeschriebenen Abstands — so dürfte man konsequenterweise auch beim Begehungsdelikt lediglich den normverletzenden Teil des aktiven Tuns — also das Unterschreiten des erlaubten Abstands — auf seine Kausalität hin prüfen. Auf diese Weise würde dann ebenfalls Übereinstimmung hergestellt, freilich die falsche, denn mit der Verneinung der Kausalität (bzw. des faktischen Vermeidenkönnens) umgeht man die verwickelte Problematik dieser Sachverhalte, statt sie zu lösen.

Unser Ergebnis lautet: Die Einstufung doppeldeutiger Verhaltensweisen als Tun oder Lassen ist ein Scheinproblem. Sachlich hängt von ihr nichts ab, wenn man nur den jeweils gewählten Ansatz folgerichtig zu Ende führt[25a].

III. Sorgfaltspflicht und Garantenpflicht

A. Allgemeines

Herkömmlicherweise wird die Sorgfaltspflicht als ein allein dem fahrlässigen Delikt angehörender Begriff aufgefaßt, während man die Garantenpflicht ebenso ausschließlich dem unechten Unterlassungsdelikt zuordnet. Das fahrlässige unechte Unterlassungsdelikt stellt uns nun vor die Frage, in welchem Verhältnis die beiden Pflichten zueinander stehen. Handelt es sich hier vielleicht um verschiedene Erscheinungen derselben Sache? Und fallen darum beide Pflichten ineinander, wo die beiden Deliktstypen, denen sie angehören, sich vereinigen? Es gibt im Schrifttum Äußerungen, die dieser Sichtweise zuneigen. *Niese* z. B. nahm ein Entsprechungsverhältnis an: „Der

---

[25] Vgl. *Spendel*, JuS 1964, S. 14 f.; *Roxin*, a. a. O., S. 413; *Wessels*, JZ 1967, S. 450.

[25a] Im Ergebnis ebenso *Stratenwerth*, Lehrbuch, Rdn. 1095.

Garantenpflicht entspricht ... genau die Sorgfaltspflicht, deren Grund und Umfang sich hier stets aus dem jeweiligen Handeln des Täters ergibt ..."[26]. *Jescheck* lehrt, daß beim fahrlässigen unechten Unterlassungsdelikt „Garantenpflicht und objektive Sorgfaltspflicht zusammenfallen ..."[27]. Auch *Gallas* meint, daß „die Frage nach der Garantenpflicht hier mit der nach der objektiven Sorgfaltspflicht zusammenfällt", und „daß im Bereich des fahrlässigen Unterlassungsdeliktes die Garantenpflicht Sorgfaltspflicht ist"[28]. Auf denselben Gedanken ist die Konzeption zurückzuführen, die *Roxin* unter der Kapitelüberschrift „Täterschaft und Teilnahme bei fahrlässigen Delikten"[29] entwickelt hat. Nach ihm entsprechen die Pflichten einander insofern, als sie beide das Tatherrschaftskriterium verdrängen und jeden Pflichtverletzer grundsätzlich zum Täter machen, ungeachtet der möglicherweise „erfolgsnäheren" Beteiligung anderer. Was er zuvor für die unechten Unterlassungsdelikte dargelegt hat[30], gilt auch für die Fahrlässigkeitstatbestände des geltenden Rechts: Sie sind „Pflichtdelikte". „Das personale Element, das den Täter der Fahrlässigkeitstat aus der unübersehbaren Menge der zu irgendeinem Zeitpunkt in den Kausalverlauf eingeschalteten Menschen heraushebt, ist allemal die Verletzung der objektiven Sorgfaltspflicht"[31].

Unser eigener Ausgangspunkt ist demgegenüber die strenge Trennung der beiden Pflichten. Die Garantenpflicht ist die aus einer Garantenstellung folgende soziale Sonderverantwortlichkeit für ein bestimmtes Geschehnis, die Sorgfaltspflicht bezeichnet die Pflicht des Garanten (und *nur* des Garanten), in begrenztem Umfang Sorgfalt zur Vermeidung dieses Geschehens aufzuwenden. Daß beim fahrlässigen unechten Unterlassungsdelikt die eine Pflicht mit der anderen „zusammenfällt", ist zu bestreiten. Vielmehr ist hier gedanklich nicht anders als bei Begehungsdelikten zu verfahren: Zunächst prüft man, ob das Schadensereignis überhaupt in die Verantwortungssphäre (Garantenpflicht) dessen fällt, den man als Zurechnungssubjekt ins Auge gefaßt hat. Ist das nicht der Fall (weil die betreffende Person weder aktiver Verursacher noch Garant i. e. S. ist), so ist die Prüfung zu Ende. Ist die Verantwortlichkeit zu bejahen, so muß nunmehr gefragt werden, ob der Garant seine objektive Sorgfaltspflicht verletzt hat. Nur wenn auch dies zutrifft, ist der weitere Weg zur Prüfung eines fahrlässigen Deliktes frei. Verdeutlichen wir das durch einen konkreten Fall: Ein kleines Kind stürzt beim Spielen aus dem Fenster des Kinderzimmers und stirbt. Nebenan in der Küche unterhält sich ahnungslos die Mutter mit einer Nachbarin. Beide Frauen haben den Tod des Kindes nicht abgewendet und kommen deshalb

[26] Finalität, Vorsatz und Fahrlässigkeit, 1951, S. 62.
[27] Lehrbuch, S. 421.
[28] Strafrechtliche Verantwortung, S. 32.
[29] Täterschaft, S. 527.
[30] Vgl. a. a. O., S. 458 ff.
[31] a. a. O., S. 527.

als Täter einer fahrlässigen Tötung durch Unterlassen zunächst in Betracht. Während die Nachbarin mangels Garantenpflicht sogleich wieder ausscheidet, findet bei der Mutter die elementare Zurechnung unter dem Garantengesichtspunkt statt. Das besagt aber noch nicht, daß ihr der Todeserfolg auch als Unrecht zugerechnet würde. Darüber entscheiden — neben den Rechtfertigungsgründen — die Maßstäbe der objektiven Sorgfalt, die m. E. immer das eine besagen: wo die Grenze des erlaubten Risikos verläuft. Diese muß in unserem Beispiel, so wie wir es gebildet haben, nicht unbedingt überschritten sein.

B. Roxins Täterkonzeption für Fahrlässigkeitsdelikte

Natürlich ist damit noch nicht über *Roxins* Täterlehre im Fahrlässigkeitsbereich entschieden. Die Behauptung, die Verletzung der objektiven Sorgfaltspflicht begründe allemal (Fahrlässigkeits-)Täterschaft, kann richtig sein, obwohl die Vermengung mit dem personalen Element der Garantenpflicht abzulehnen ist. Einer kritischen Analyse hält jedoch diese Lehre nicht stand.

1. Die Verletzung der objektiven Sorgfaltspflicht bei Vorsatztaten

Gegen sie ist zunächst ein grundsätzlicher Einwand zu erheben. *Roxin* nimmt an, daß die Verletzung der objektiven Sorgfaltspflicht bei reinen Erfolgsdelikten schlechthin Täterschaft begründe, neben der die durch dieselbe Pflichtverletzung möglicherweise zugleich verwirklichte fahrlässige Teilnahme „der Sache nach nie selbständig strafbar sein“ könne und „immer nur eine theoretische Existenz“ behaupte[32]. Wenn dies richtig wäre, dann müßte jedoch für vorsätzliche Erfolgsverursachungen dasselbe gelten. Denn von fahrlässigen unterscheiden sich diese nur graduell, und zwar dadurch, daß der vorsätzlich Verursachende den Erfolgseintritt (zumindest) „in Kauf nimmt“[33]. Eine vorsätzliche Anstiftung zum Totschlag etwa dürfte also für *Roxin* konsequenterweise auch nur eine theoretische Existenz haben; sie wäre als eine Verletzung der dem § 212 StGB zugrunde liegenden Sorgfaltspflicht in erster Linie Täterschaft und unterfiele dem Totschlagsparagraphen unmittelbar. Der Einheitstäterbegriff, den *Roxin* so überzeugend mit Hilfe des Tatherrschaftskriteriums aus seinem System gewiesen hat, drängt sich also durch die Hintertür des Pflichtdeliktes wieder hinein.

Roxin, der diese unhaltbare Konsequenz weder zieht noch sieht, könnte sich allerdings auf die absolut herrschende Lehre berufen. Diese betrachtet den Vorsatz nicht als ein die Fahrlässigkeit mit allen ihren Elementen umgreifendes Mehr; stattdessen behauptet sie, zwischen beiden Deliktstypen

---

[32] a. a. O., S. 570.

[33] Dieses auf die Grenzlinie zwischen bewußter Fahrlässigkeit und bedingtem Vorsatz zielende Kriterium ist freilich umstritten. Doch auf diese Meinungsverschiedenheiten kommt es hier nicht an.

bestehe „das Verhältnis ... der Verschiedenheit, des ‚aliud'"[34], oder sogar, Vorsatz und Fahrlässigkeit seien „gegensätzliche(r) Natur"[35]. Gerade daraus erklärt sich ja die auffällige Tatsache, daß bei Vorsatztaten unter den Unrechts- oder Schuldvoraussetzungen die Verletzung der objektiven Sorgfaltspflicht so selten genannt wird[36].

Die herrschende Lehre ist indes im Unrecht. Schon der erste Anschein spricht gegen sie. Wie kann angesichts des gleitenden Übergangs der bewußten Fahrlässigkeit in den bedingten Vorsatz jene von diesem wesensverschieden sein? Es ist doch offenkundig, daß der einzige Unterschied im höheren Bewußtheitsgrad des Vorsatztäters liegt, daß dieser jedenfalls nicht die objektive Sorgfaltspflicht, die der Fahrlässige verletzt, erfüllt. Wer z. B. auf einer belebten Straße wild um sich schießt, überschreitet allemal die Grenze des erlaubten Risikos, er respektiert sie nicht dadurch, daß er Menschen töten *will*.

Die Verletzung der Sorgfaltspflicht ist aber beim Vorsatzdelikt nicht nur vorhanden, sie ist für das Unrecht auch konstitutiv. Ganz klar hat dies *Krauß* gesehen. Bei ihm lesen wir: Es sei nicht zu bestreiten, „daß der Erfolg dem Handelnden nicht schon dann zugerechnet wird, wenn er sich als Realisierung des Verwirklichungswillens darstellt und als Konsequenz des Täterwillens auch vorhersehbar war. Gegenstand des Unrechtsvorwurfs wird der Erfolg in jedem einzelnen Fall nur unter der Voraussetzung, daß die Rechtsordnung unabhängig von den persönlichen Absichten und Motiven des Täters in der konkreten Situation ein Andershandeln geboten hat, daß also das Willensverhalten sich als Verletzung einer objektiven Sorgfaltspflicht darstellt"[37].

Im sachlichen Ergebnis steht übrigens *Roxin* selbst auf diesem Standpunkt: „Handlungen, die für das geschützte Rechtsgut keine oder nur eine erlaubte Gefahr schaffen, lassen sich objektiv nicht als den Erfolg bezweckend denken, so daß vom Standpunkt der Rechtsordnung aus auch ein etwa subjektiv dahinzielender Wille irrelevant ist und keine Erfolgszurechnung begründet. Der Chirurg, dessen Patient trotz einer einwandfrei lege artis durchgeführten Operation stirbt, hat auch dann keine Tötungshandlung begangen, wenn dieser Erfolg etwa seinem Willen zur Beseitigung eines Neben-

---

[34] *Mezger-Blei*, StudB I, S. 214; übereinstimmend BGH 4 341; *Maurach*, A. T., S. 452; *Mezger* in LK, § 59, Anm. 22 (S. 508); *Schaffstein*, NJW 1952, S. 729; *Schönke-Schröder*, § 59, Rdn. 146, 148; *Schröder*, Sauer-Festschrift, S. 207 f., 244 f.

[35] *Bockelmann*, Strafr. Unters., S. 52.

[36] Beiläufig *Oehler*, Eb.-Schmidt-Festschrift, S. 240: „Dieser Sorgfaltspflicht kann" (nicht: muß!) „genauso der vorsätzliche Täter entgegenhandeln". Zutreffend aber *Jescheck*, Lehrbuch, S. 173: „Auch bei den Vorsatzdelikten ist somit die Zurechnung des Erfolges davon abhängig, daß der Täter gegen eine ihm objektiv obliegende Sorgfaltspflicht verstößt." Vgl. auch *Schmidhäuser*, Lehrbuch, 9/20.

[37] ZStW 76, S. 47. Ebenso *Jescheck*, Lehrbuch, S. 173.

buhlers entsprach"[38]. Abgesehen davon, daß hier u. E. nur die Rechtswidrigkeit der Tötungshandlung (nicht diese selbst) verneint werden darf[39], entspricht das unserer Auffassung. Daß *Roxin* die Konsequenzen, die für seine Täterlehre aus diesem Gedanken erwachsen, nunmehr sieht, ist freilich nicht anzunehmen. Denn anders als im Tatherrschaftsbuch[40] wird in dem Zusammenhang, in dem das gerade Zitierte steht, offenbar die Überschreitung des erlaubten Risikos von der Verletzung der objektiven Sorgfaltspflicht (die als „außerstrafrechtliche Sonderpflicht" nur bei Fahrlässigkeitsdelikten gegeben und nur dort die Teilnahme zum Verschwinden bringen soll) getrennt[41].

Ich meine also: Der Neffe, der den geisteskranken Erbonkel in der Hoffnung auf ein tödliches Unglück in ein Flugzeug setzt und dadurch tatsächlich dessen Tod bewirkt, begeht deshalb kein Unrecht, weil er das Leben des Onkels keinem *unerlaubten* Risiko ausgesetzt hat[42]. Die h. L. kommt über die fehlende Tatherrschaft[43], die völlige Unwahrscheinlichkeit der Kausalität[44], das Fehlen der objektiven Bezweckbarkeit des Erfolgs[45] und andere Kriterien zum selben Ergebnis. Diese Kriterien treffen aber nicht genau den springenden Punkt, und zwar deshalb nicht, weil sie alle auf die wertfreie Wahrscheinlichkeit des angestrebten Erfolgs abstellen und damit das entscheidende normative Moment der Erlaubtheit eines Risikos verfehlen. Gewiß spielt für diese der Grad der Erfolgswahrscheinlichkeit eine wesentliche Rolle, doch schlechthin maßgebend ist er nicht. Verdeutlichen wir uns das durch den Vergleich zweier Sachverhalte:

1. A legt auf B an. Die Gefahr eines tödlichen Treffers ist so gut wie ausgeschlossen, weil A ein miserabler Schütze ist und B fast schon außer Reichweite der Waffe steht. Der ganz unwahrscheinliche Fall tritt ein. B wird getroffen und stirbt.

2. A deckt im Ring seinen schwer angeschlagenen Gegner B mit zermürbenden Kopftreffern ein. Er bezweckt den Tod des B, hält sich jedoch korrekt innerhalb der Regeln des Boxkampfes. B geht zu Boden und stirbt, wie viele vor ihm, an einer Gehirnverletzung.

Im ersten Fall ist A einer vorsätzlichen Tötung schuldig. Der gezielte Schuß auf einen Menschen, bis zu dessen Standort die Waffe trägt, ist eine Gefahrsetzung, die die Rechtsordnng nicht hinnimmt, so unwahrscheinlich

---

[38] Honig-Festschrift, S. 144.

[39] Näheres dazu unten, IV.

[40] Vgl. dort, S. 530: Die „Lehre vom erlaubten Risiko" diene „nur der Konkretisierung der objektiven Sorgfaltspflicht".

[41] Vgl. Honig-Festschrift, S. 146.

[42] Ebenso *Roxin*, a. a. O., S. 137.

[43] Vgl. *Hirsch*, ZStW 74, S. 98; *Zipf*, ZStW 82, 634.

[44] *Baumann*, Lehrbuch, S. 214.

[45] *Oehler*, Zweckmoment, S. 73.

im konkreten Fall der Erfolg auch sein mag[46]. Die Gefährdung eines Menschenlebens durch sportlich einwandfreie Faustschläge im Boxring gibt sie — in Deutschland — dagegen frei. Obwohl die Gefahr für B im zweiten Fall größer war als im ersten, hat A im zweiten nicht rechtswidrig gehandelt, weil er sich im Rahmen des erlaubten Risikos hielt. Daß er den B totschlagen *wollte*, ist unerheblich. Denn es steht, wie *Krauß* mit Recht betont, „jedermann frei, seinen verwerflichen Zielen nachzugehen, sofern er nur die Grenzen (der) objektiven Sorgfaltspflicht beachtet"[47]. Die Beurteilung desselben Falles (bei gleich großer Erfolgswahrscheinlichkeit!) würde sich aber sogleich ändern, wenn der Gesetzgeber den Schutz von Leib und Leben so erweitern würde, daß A's Verhalten nicht mehr gedeckt wäre, etwa indem er vorschriebe, Faustkämpfe gegen einen offensichtlich unterlegenen Gegner seien abzubrechen. Dann beginge A auch im Fall 2 eine vorsätzliche Tötung.

Noch überzeugender vielleicht läßt sich an *Roxins* Beispiel anknüpfen: Der Chirurg, der lege artis operiert in der Hoffnung auf den Tod des Patienten, kann Jahre später mit der gleichen Handlung, wenn diese nach erheblichem Fortschritt der Wissenschaft nicht mehr der ärztlichen Sorgfaltspflicht entspricht, einen (versuchten) Mord begehen, obwohl sich die Wahrscheinlichkeit des tödlichen Ausgangs nicht vergrößert hat.

Läßt sich mithin die Verletzung der objektiven Sorgfaltspflicht als eine auch für vorsätzliche Straftaten unverzichtbare Unrechtsvoraussetzung aufweisen, so kann es nicht richtig sein, wenn *Roxin* diese Pflicht als eine „außerstrafrechtliche Sonderpflicht" auffaßt, die den Verletzer prinzipiell zum Täter macht. Das Tatherrschaftsprinzip ließe sich so, wie schon gesagt, mühelos überspielen.

2. Das Pflichtkriterium bei Fahrlässigkeitstaten

Wenn *Roxin* gleichwohl mit Hilfe des Pflichtkriteriums zu durchweg richtigen Ergebnissen gelangt, so liegt dies einmal daran, daß die Fahrlässigkeitstäterschaft in Ermanglung von Tatbeständen der fahrlässigen Teilnahme deren Funktion im geltenden Recht in gewissen Grenzen mitübernehmen muß (darauf kommen wir gleich), zum anderen daran, daß *Roxin* in den kritischen Fällen den Ergebnissen zuliebe seinen Maßstab, ohne es zu merken, nicht konsequent anwendet. Dies letztere unterläuft ihm, soweit ich sehe, zweimal.

---

[46] Übereinstimmend wieder *Roxin*, a. a. O., S. 148.

[47] ZStW 76, S. 48. A. A. *Zipf*, ZStW 82, S. 633 ff., der im Boxerfall eine rechtswidrig-vorsätzliche Tötung annimmt; die „Sozialadäquanz" könne „nie ein Deckmantel für absichtliche Rechtsverletzungen sein ..." Damit läßt *Zipf* (ohne die entgegengesetzten Stellungnahmen von *Krauß*, *Jescheck*, *Schmidhäuser*, *Roxin* u. a. auch nur zu erwähnen) die Hoffnung des Täters auf den Schadenseintritt bewirken, daß eine mäßige, sozial akzeptierte Gefahrsetzung rechtswidrig wird. Folgerichtig müßte er jedem Boxer, der, sportlich korrekt kämpfend, den Tod seines Gegners herbeizuführen wünscht, einen Mordversuch zur Last legen.

a) *Lampe*, der die Regreßverbotslehre für richtig hält, hat dafür folgenden angeführt: „Läßt jemand versehentlich seinen geladenen Revolver offen liegen und erschießt sich mit ihm ein anderer vorsätzlich, so ist der Eigentümer wegen fahrlässiger Tötung strafbar, wenn sein Verhalten — entsprechend der extensiven Theorie — als Täterschaft und nicht mehr als Beihilfe gewertet wird“[48]. *Roxin* greift den Satz auf und meint, daß ihm vom Standpunkt des herrschenden „extensiven Täterbegriffs aus ... wenig entgegenzusetzen“ sei. „Denn auch wenn man die Vorhersehbarkeit hinzuimmt, kann eine vermeidbare Verursachung sehr wohl vorliegen“[49]. Da er ein Regreßverbot ablehnt, bemüht er zur Vermeidung des (wegen der Straflosigkeit vorsätzlicher Selbstmordteilnahme) ungereimten Ergebnisses das Pflichtprinzip: Die richtige Lösung ergebe sich „zwanglos aus dem täterschaftlichen Kriterium der Pflicht. Eine Todesverursachung kann nur dann unter § 222 StGB fallen, wenn die Rechtsordnung dem einzelnen die Pflicht auferlegt, sein Verhalten so einzurichten, daß es für den Selbstmord eines anderen nicht kausal werden kann. Daß eine solche Pflicht ... nicht besteht, läßt sich aus der Straflosigkeit der Anstiftung und Beihilfe zum Selbstmord mit Sicherheit entnehmen“[50].

Dazu ist zu sagen: Eine Rechtsordnung, die die Mitwirkung am frei gewählten Suizid für nicht pflichtwidrig erklärt, ist zwar denkbar, sie ist aber nicht die unsrige. Man muß sich vor Augen halten, was in *Roxins* Behauptung steckt: Daß es, da nicht pflichtwidrig, erlaubt und Rechtens sei[51], einen Verzweifelten, der vielleicht nur des menschlichen Zuspruchs bedarf, durch gleichgültiges Hinlegen einer geladenen Waffe in den Tod zu treiben. Dies ist nicht nur wegen des absoluten Ranges, den unser Rechtssystem im ganzen dem menschlichen Leben einräumt, unhaltbar, es läßt sich auch aus dem positiven Recht widerlegen. Denn wenn die tatbeherrschende Gewährung eines frei gewählten Todes laut § 216 StGB ein Unrecht darstellt, dann können die nur dem Grade nach geringfügigeren Mitwirkungsformen nicht gut das Gegenteil sein. Der Strafrechtsordnung läßt sich demnach unmittelbar nur entnehmen, daß das Unrecht der vorsätzlichen Selbstmordteilnahme nicht tatbestandlich vertypt und mithin nicht *strafbar* ist; den weitergehenden Schluß auf die Pflichtgemäßheit zumindest der unwillentlichen Teilnahme, den *Roxin* zieht, gibt sie nicht her. Das verabsolutierte Pflichtkriterium zwingt im Gegenteil dazu, im Beispiel dem Revolvereigentümer eine fahrlässige Tötung vorzuwerfen.

---

[48] ZStW 71, S. 613 f.

[49] Täterschaft, S. 545.

[50] a. a. O., S. 546.

[51] Denn was keiner Rechtspflicht zuwiderläuft, ist rechtmäßig. Daß es zwischen „rechtmäßig“ und „rechtswidrig“ eine dritte Kategorie des „rechtlich neutralen“ oder „unverbotenen“ (also nicht rechtswidrigen, aber auch nicht rechtmäßigen) Verhaltens nicht geben kann, hat *Lenckner*, Der rechtfertigende Notstand, S. 15 ff., überzeugend nachgewiesen.

b) An anderer Stelle kommt *Roxin* auf die Schwierigkeiten zu sprechen, die sich für den extensiven Täterbegriff aus der Straflosigkeit der vorsätzlichen Beihilfe zur Übertretung ergeben. Daß nach der herrschenden Fahrlässigkeitsdoktrin hier „eine unvorsätzliche Erfolgsbewirkung strafbar" sein könne, „wo eine vorsätzliche Verursachung derselben Rechtsgüterverletzung ungeahndet bleibt"[52], will er nicht hinnehmen. Den Ausweg soll wiederum nicht ein starres Regreßverbot, sondern das den Besonderheiten des Übertretungsrechtes angepaßte Pflichtkriterium bieten: Eine Sorgfaltspflicht aufzupassen, daß das eigene Verhalten dem anderen bei einer vorsätzlichen Übertretung nicht nützlich sei, bestehe nicht. „Wenn also jemand beispielsweise Feuerwerkskörper in Besitz hat, wird man ihn allenfalls für verpflichtet halten können, darauf zu achten, daß sie nicht infolge eigener oder fremder Unvorsichtigkeit abbrennen. Dagegen wird man keine tatbestandsmäßige Pflichtverletzung darin sehen können, daß jemand durch seine Unachtsamkeit anderen die Wegnahme der Feuerwerkskörper ermöglicht, die sie dann aus Mutwillen vorsätzlich abbrennen"[53].

Verschiedene Wendungen deuten darauf hin, daß *Roxin* die Frage der Pflichtverletzung hier in einem beschränkten, tatbestandsbezogenen Sinne stellen will, nämlich dahin, „welches Verhalten der einzelnen Strafbestimmung sinngemäß unterfallen und damit eine Täterschaft begründen könnte"[54]. Wenn das wirklich gemeint wäre, liefe die ganze Argumentation auf einen Zirkelschluß hinaus, der so aussähe: Tatbestandsmäßig handelt, wer die Sorgfaltspflicht verletzt, pflichtverletzend ist aber nur ein solches Verhalten, das dem Tatbestand vernünftigerweise subsumiert werden kann. Wo dem, wie im Falle der unvorsätzlichen Erleichterung einer vorsätzlichen Übertretung, ein argumentum a fortiori im Wege steht, liegt eine Pflichtverletzung nicht vor.

Soll *Roxins* Kriterium einen Aussagegehalt haben, muß man es also wörtlich nehmen. Dann ergäbe sich die Behauptung, daß die ungewollte Förderung vorsätzlicher Übertretungen erlaubt sei. Das wäre aber sachlich falsch. Denn auf eine rechtliche Sorgfaltspflicht, solche Förderung zu vermeiden, kann schlechterdings nicht verzichtet werden. Soll es etwa für die allnächtlich gestörten Nachbarn keine zivilrechtlichen Mittel und Wege geben, gegen den Besitzer der Feuerwerkskörper vorzugehen, der durch grobe Nachlässigkeit unbekannten Halbwüchsigen ständigen Spektakel ermöglicht? Das Pflichtkriterium führt also auch hier nicht über die h. L. hinaus. Es führt wie der extensive Täterbegriff zur Strafbarkeit unvorsätzlicher Verhaltensweisen, die als vorsätzliche straflos bleiben.

---

[52] a. a. O., S. 547.

[53] a. a. O., S. 548.

[54] a. a. O., S. 548; vgl. auch Offene Tatbestände, S. 172, Anm. 381 a.

IV. Die eigene Fahrlässigkeitskonzeption im Grundriß

Dabei ist *Roxin* zuzugeben, daß das ungerechte Resultate sind[55]. Sie ließen sich aber leicht vermeiden, wenn die herrschende Auffassung sich dazu verstehen könnte, bei grundsätzlichem Festhalten am extensiven Ausgangspunkt anzuerkennen, was an der Regreßverbotslehre berechtigt ist. Dann ergäbe sich die folgende Konzeption:

Der fahrlässigen Teilnahme ist eine beschränkte dogmatische Selbständigkeit zu belassen. Dies in erster Linie zu dem Zweck, an Hand des Vergleichs mit der entsprechenden vorsätzlichen Teilnahme feststellen zu können, wo unvorsätzliches Mitwirken an vorsätzlicher Tat nicht strafbar sein darf. So ergäbe sich etwa die Straflosigkeit der fahrlässigen Teilnahme am Selbstmord und der fahrlässigen Beihilfe an vorsätzlichen Übertretungen. Im übrigen wird — dafür spricht ein dringendes praktisches Bedürfnis, das die Anhänger des Regreßverbotes nicht hinwegdisputieren können[56] — die fahrlässige Teilnahme vom Fahrlässigkeitstatbestand[57] erfaßt und geht, wenn man sich so ausdrücken will, in einem „extensiven Täterbegriff" auf. Ihre dogmatische Selbständigkeit wirkt sich hier nur noch in einer strikten Limitation des Strafmaßes aus. Zum Beispiel wäre das fahrlässige Fördern einer Tötung auf Verlangen, sofern erfolgskausal, eine fahrlässige Tötung, dürfte als solche aber nie höher bestraft werden als eine vorsätzliche Beihilfe zu § 216 StGB.

Auf diesem einfachen Wege kann man die Vorzüge der herrschenden und der Regreßverbotslehre vereinen und die beiderseits vorhandenen Mängel ausscheiden. Daß wir ferner auch in der Lage sind, das von *Roxin* mit Recht betonte, aber zu Unrecht absolut gesetzte Kriterium der Pflichtverletzung als Unrechtsvoraussetzung festzuhalten, versteht sich von selbst. Denn natürlich bedingt eine prinzipiell extensive Täterbestimmung nicht, daß die Verletzung der objektiven Sorgfaltspflicht ihre zentrale Bedeutung im Unrechtstat-

---

[55] Wieso, muß zu erklären freilich der h. L. schwerfallen. Denn das argumentum a maiore ad minus ist dem verwehrt, der ein aliud-Verhältnis zwischen Vorsatz und Fahrlässigkeit annimmt.

[56] Man denke nur an den bekannten Reichsgerichtsfall RG 64 370: Eine Frau hatte ihrem Liebhaber Gift besorgt, mit dem dieser seine Ehefrau umbrachte, und sogar daran gedacht, daß er dies vorhaben könnte. Vorsatz war ihr jedoch nicht nachweisbar. — Was sollte uns eigentlich berechtigen, solch frevelhaften Leichtsinn *nicht* als „fahrlässige Todesverursachung" zu ahnden? Das am triftigsten scheinende, oft wiederholte Argument, der Gesetzgeber habe die fahrlässige Teilnahme nicht unter Strafe gestellt, ist, da die h. L. mit ihrer extensiven Deutung der Fahrlässigkeitstatbestände das Gegenteil behauptet, eine petitio principii. Für ein allgemeines Regreßverbot aber heute noch: H. *Mayer*, Lehrbuch, S. 138; *Lampe*, ZStW 71, S. 615; *Naucke*, ZStW 76, S. 409 ff.; *Welp*, Vorangegangenes Tun, S. 274 ff. (299 ff.).

[57] Sofern dieser eine neutrale Erfolgsverursachung beschreibt; fahrlässige Förderung eines fremden Meineids z. B. kann nicht nach § 163 StGB als fahrlässiger Falscheid bestraft werden; dem steht die Eigenhändigkeitsstruktur dieses Tatbestandes im Wege.

bestand des fahrlässigen Deliktes einbüßt[58]. Freilich: die hier vertretene Theorie legt uns auch nicht dahin fest, die Pflichtverletzung deliktssystematisch so fundamental einzuordnen, wie *Roxin* sich gezwungen sieht; für ihn nämlich entfällt mit dem Sorgfaltsverstoß bereits die tatbestandliche *Handlung*, denn, so meint er: „Aus der Maßgeblichkeit der Pflichtverletzung für die Täterbestimmung ergibt sich gleichzeitig, daß sie das konstituierende Element auch der Tatbestandshandlung bildet. Denn wenn die Vornahme der Tatbestandshandlung den Ausführenden zum Täter macht, muß das Täterkriterium aus ihr zu entnehmen sein ... Die Pflichtwidrigkeit ist hier ein Merkmal an der finalen Handlung"[59]. Diese Konsequenz für den Systemaufbau der fahrlässigen Straftat scheint mir wenig sachgerecht, denn sie besagt doch, daß es keinen wesentlichen Unterschied mache, ob jemand einen schädlichen Erfolg überhaupt nicht oder ohne Überschreitung des erlaubten Risikos durch „verkehrsrichtiges Verhalten" verursache. Der Unterschied liegt aber offen zu Tage: Im ersten Fall ist weder ein Handlungs- noch ein Erfolgsunwert gegeben, im zweiten bringt die einwandfreie Handlung einen schädlichen Erfolg hervor. Der Erfolgsunwert wird in der Regel auch nicht, wie in den klassischen Rechtfertigungssituationen, durch überwiegende Interessen aufgewogen oder durch das Einverständnis des Rechtsgutinhabers unerheblich. Man betrachte den „leading-case" der neueren Diskussion, BGHZ 24 21: Der Kläger wurde, als er die von der Beklagten betriebene Straßenbahn besteigen wollte, von dieser erfaßt und schwer verletzt. Er hatte — so jedenfalls stellte es die Beklagte dar — versucht, auf den bereits fahrenden Zug aufzuspringen. Man tut der Sache Gewalt an (oder unterläßt doch wenigstens eine sinnvolle Differenzierung), wenn man hier das Verhalten des Triebwagenführers dogmatisch auf eine Ebene stellt mit einem Fahrvorgang ohne die geringste schädliche Auswirkung. Darum sind *Roxin* und die inzwischen wohl herrschende Lehre nach meiner Überzeugung auf dem falschen Wege, wenn sie die objektive Sorgfaltspflicht als eine Frage des engeren Tatbestandes auffassen. Allerdings überzeugt die Gegenansicht (verkehrsrichtiges Verhalten als Rechtfertigungsgrund) genausowenig. Sie tut in unserm Fall so, als habe der Fahrer den Kläger wie einen Raubmörder abwehren dürfen oder als habe der Kläger in die Verletzung wirksam eingewilligt. Sicher ist es möglich, auch das erlaubte Risiko den allgemeinen Rechtfertigungsprinzipien des überwiegenden oder mangelnden Interesses einzuordnen[60]. Doch es deckt dann die einheitliche Bezeichnung klaffende Unter-

---

[58] Dies scheint *Roxin* nicht immer deutlich zu sehen; vgl. besonders die Ausführungen a. a. O., S. 544 f.

[59] a. a. O., S. 527.

[60] So *Lenckner*, Der rechtfertigende Notstand, S. 142 f.: „... auch das erlaubte Risiko kann seine Legitimation als Rechtfertigungsgrund nur daraus empfangen, daß der Verletzte entweder selbst das Risiko einer Verletzung auf sich genommen hat (Prinzip des mangelnden Interesses) oder daß ihm dieses von der Rechtsordnung um höherer Interessen willen auferlegt worden ist (Prinzip des überwiegenden Interesses)."

schiede in der Sache zu. Die *wirkliche* Wahrung eines höheren Interesses ist etwas anderes als die nur ex ante als gefahrlos oder werterhaltend einzuschätzende Handlung, die ex post betrachtet besser unterblieben wäre (z. B. kunstgerechte ärztliche Operation mit tödlichem Ausgang); und die Einwilligung in den Verletzungs*erfolg* (Boxkampf) ist etwas anderes als die Aufsichnahme eines bloßen Verletzungs*risikos* (Aufspringen auf eine fahrende Bahn[61]). Es geht eben nicht darum, die objektive Sorgfaltspflicht irgendwo im klassischen System wohl oder übel unterzubringen. Vielmehr muß die Beobachtung, daß dieses Phänomen in keine der überkommenen Aufbaukategorien so recht sich fügen will, Anlaß sein, das System als Ganzes neu zu durchdenken. Sonst kommt es leicht dahin, daß in den Sachfragen die Konsequenz des Problems der Konsequenz des Systems geopfert wird.

Wie ich die Dinge sehe, kann ich hier nur andeuten: Die Merkmale des klassischen (Indiz-)Tatbestandes bilden zusammen mit den negativen Tatbestandsmerkmalen (Abwesenheit von Rechtfertigungsgründen) die Stufe des „Erfolgsunwertes". Erst dahinter, also noch jenseits der traditionellen Rechtfertigungsgründe, taucht die Verletzung der objektiven Sorgfaltspflicht auf. Sie gehört der eigens für sie zu bildenden Stufe des „Handlungsunwertes" an. „Erfolgs-" und „Handlungsunwert" ergeben zusammen den „Unrechtstatbestand", der die Basis strafrechtlicher Schuld bildet[62].

§ 21 DIE VERFASSUNGSRECHTLICHE PROBLEMATIK DER SOGENANNTEN GARANTENGEBOTSTATBESTÄNDE

„Eine Tat kann nur bestraft werden, wenn die Strafbarkeit gesetzlich bestimmt war, bevor die Tat begangen wurde" (Art. 103 Abs. 2 GG; § 2 Abs. 1 StGB). Dieses Prinzip des „nullum crimen sine lege" beinhaltet zweierlei: Erstens das Verbot ergänzender Rechtsbildung durch den Richter zu Lasten des Täters im Wege der Neuschöpfung oder Ausdehnung von Strafvorschriften (Analogieverbot), zweitens die Forderung nach hinreichender Bestimmtheit des Strafgesetzes (Bestimmtheitsgebot). Unter beiden Aspekten sind Bedenken gegen die Anerkennung des unechten Unterlassungsdelikts geäußert worden.

---

[61] Es ist m. E. auch terminologisch bedenklich, einen solchen Fall dem Prinzip des mangelnden Interesses zuzuweisen (vgl. *Lenckner*, a. a. O., Anm. 183). Das hieße doch, daß die Rechtsordnung am Ausbleiben des Erfolgs kein Interesse hätte. Ein Dritter dürfte ihn also nicht verhindern, selbst wenn sein Eingreifen nur ganz geringfügige entgegenstehende Interessen beeinträchtigen würde.

[62] Dies ist der Aufbau des vollendeten fahrlässigen Deliktes. Inwieweit er auch dem vorsätzlichen gerecht zu werden vermag, hoffe ich anderswo eingehend darstellen zu können.

I. Das Analogieverbot

Einen Verstoß gegen das Analogieverbot nahm früher *Kraus*[1] und nehmen heute insbesondere *Grünwald*[2], Armin *Kaufmann*[3], *Lang-Hinrichsen*[4] und *Busch*[5] an. Dieses Bedenken haben unsere Überlegungen zum Handlungsbegriff erledigt, so daß wir uns hier auf wenige, zusammenfassende Bemerkungen beschränken können.

In den Raum verbotener Analogie wird das unechte Unterlassungsdelikt dann abgedrängt, wenn man die Strafbestimmungen des Besonderen Teils so auffaßt, daß sie nur auf aktives Tun passen. So verfahren die genannten Autoren. *Grünwald* z. B. meint: „Die Tatbestände unseres gegenwärtigen StGB sind auf Handlungen zugeschnitten, sie sind so gefaßt, daß sie durch Unterlassungen nicht erfüllt werden können. Wer es unterläßt, einen anderen vor dem Tode zu retten, kann einen Tatbestand, der die Merkmale der Tötung eines Menschen enthält, der Verursachung des Todes eines Menschen, nicht erfüllen"[6]. Armin *Kaufmann* beruft sich auf das „Wesen der Norm": „Aus jeder Norm fließt nur eine Art von Pflichten, aus den Verboten nur Unterlassungspflichten, aus den Geboten nur Handlungspflichten"[7]. Wir haben bereits gesehen, daß diese Thesen nicht stimmen. Wenn die Rechtsprechung aktive Handlungen und Unterlassungen ein und demselben Straftatbestand subsumiert, so ist dies ein logisch einwandfreies Verfahren, weil man jeden Tatbestand als die Beschreibung eines Nichtvermeidens auffassen kann und damit ein Begriff gefunden ist, dem Handeln und Unterlassen gleichermaßen unterfallen. *Kaufmanns* „normlogisches Axiom" hat also keine Gültigkeit. Aus der Norm „du sollst nicht töten" z. B., die den §§ 211—217 StGB zugrunde liegt, lassen sich bei entsprechend weitem Verständnis des Tötungsbegriffes sowohl Unterlassungs- wie Handlungspflichten ableiten: Einmal die Pflicht, den Tod eines Menschen durch Untätigbleiben, ein andermal die Pflicht, ihn durch aktives Eingreifen zu vermeiden. Die Norm ist Verbot und Gebot zugleich. Daß diese Interpretation nicht die einzig denkbare, ja vielleicht nicht einmal die dem „natürlichen Wortsinn" nächstliegende ist, steht auf einem anderen Blatt. Hier entscheidet, daß sie widerspruchslos durchführbar und aus kriminalpolitischen Gründen vernünftig ist.

Der negative Handlungsbegriff entkräftet auch das zweite, in diesem Zusammenhang vorgebrachte Argument. Armin *Kaufmann* schreibt: „Zum Tat-

---

[1] ZStW 23 (1903), S. 789 ff.

[2] ZStW 70, S. 412 ff.; Diss., S. 44, 68.

[3] Unterlassungsdelikte, S. 239 ff., 280 ff.; JuS 1961, S. 174—176.

[4] Verhandlungen des 43. deutschen Juristentages, Band I, 3. Teil, Heft B, S. 14 f.

[5] v. Weber-Festschrift, S. 194 ff.

[6] ZStW 70, S. 412. Ähnlich *Lang-Hinrichsen*, a. a. O., S. 14: „Die Tatbestände des Besonderen Teils . . . beschreiben Tätigkeiten und nicht Unterlassungen. Daher ist die Strafbarkeit der unechten Unterlassungsdelikte durch den Wortlaut der Tatbestandsformulierungen nicht unmittelbar gedeckt."

[7] Unterlassungsdelikte, S. 259.

bestand des Begehungsdeliktes gehört die Garantenstellung nicht; denn die Erfolgsherbeiführung durch Handeln ist auch dann tatbestandsmäßig, wenn der Täter kein Garant ist. Da das unechte Unterlassungsdelikt aber tatbestandlich die Garantenstellung voraussetzt, muß der zugehörige Tatbestand *mindestens* in diesem Punkte vom Begehungstatbestand abweichen; es ist ein anderer Tatbestand, ein eigener Unterlassungstatbestand“[8]. Indessen, auch der Begehungstäter ist Garant insofern, als er für sich selbst genauso (und noch mehr) verantwortlich ist wie für andere Gefahrenherde und Verursachungsfaktoren innerhalb seiner Überwachungssphäre. Nichts hindert uns also, aktive Erfolgsverursachungen und garantenpflichtwidriges Nichtabwenden von Erfolgen ein und demselben Tatbestand zu subsumieren, den man, weil er die Erfolgsvermeidung nur Garanten gebietet, einheitlich einen „Garantengebotstatbestand“ nennen kann[9].

II. Das Bestimmtheitsgebot

Unter welchen Voraussetzungen ein Nur-Unterlassender Garant und damit Täter ist, das freilich geben die Verhaltensbeschreibungen der offenen Tatbestände (auf sie beschränkt sich die Problematik) nicht zu erkennen. Darauf weisen nun jene hin, die die Bestrafung von Garanten-Unterlassungen, wenn nicht für verbotene Analogie, so doch angesichts des Postulats präziser Tatbestandsfassung für bedenklich halten[10]. Dieses Bedenken ist nicht ohne weiteres von der Hand zu weisen. Jedoch es verliert sogleich erheblich an Gewicht, wenn man sich einmal bewußt macht, wie unbesorgt Unbestimmtheiten gleichen Grades dort hingenommen werden, wo es um die Anwendbarkeit der Gesetzestatbestände auf aktive Erfolgsbewirkung geht. Denn es ist ja keineswegs so, daß sich exakt sagen ließe, jede vorsätzliche bzw. fahrlässige Verursachung begründe die Täterschaft. Bei den Vorsatzdelikten tritt das höchst problematische Erfordernis der Tatherrschaft (oder nach anderer Ansicht: des Täterwillens) hinzu, deren Voraussetzungen man aus den Formulierungen des Gesetzes sowenig ablesen kann wie diejenigen der Garantenstellung. Gewiß steht man hier meistens nicht vor der Entscheidung zwischen Strafe und Freispruch. Aktives Mitwirken ohne Tatherrschaft wird regelmäßig von den Teilnahmetatbeständen aufgefangen. Das macht aber

---

[8] JuS 1961, S. 175.

[9] Die Unterscheidung *Bärwinkels,* Garantieverhältnisse, S. 16 ff. (ähnlich *Roxin,* Täterschaft, S. 461), zwischen einem „Kodifikationstatbestand“, der dem nullum-crimen-Grundsatz Genüge tun soll, und zwei verschiedenen „Auslegungstatbeständen“ für Begehung und unechte Unterlassung ist demgegenüber eine ausgesprochene Notlösung. Sie erübrigt sich, sobald in der aktiven Begehung das Nichtvermeidensmoment sowie die Garantenstellung des Täters nachgewiesen sind.

[10] So vor allem H. *Mayer,* Materialien, Band 1, S. 277, und Studienbuch, S. 80 (H. *Mayers* Gegenvorschlag haben wir oben, S. 108 ff., ausführlich behandelt). Vgl. ferner *Grünwald,* ZStW 70, S. 418; Diss., S. 69; *Androulakis,* Studien, S. 176; *Welp,* Vorangegangenes Tun, S. 140 ff.; *Stratenwerth,* Lehrbuch, Rdn. 1050.

keinen prinzipiellen Unterschied: Was im Rechtssinne „töten“, „beschädigen“, „verletzen“, „wegnehmen“ usw. heißt, ist auch hinsichtlich aktiver Erfolgsverursachung in erheblichem Maße „unbestimmt“ und bedarf der „Bestimmung“ durch gerichtliches Urteil und wissenschaftliche Abhandlung. Nichts anderes gilt für das objektive Fahrlässigkeitsmoment der Sorgfaltsverletzung. Wer einen tatbestandsmäßigen Erfolg unvorsätzlich verursacht, ist Täter des Fahrlässigkeitsdeliktes nur, wenn er hinter den objektiven Sorgfaltsanforderungen zurückgeblieben ist, d. h. das erlaubte Risiko überschritten hat. Wann das aber der Fall ist, steht nicht im Gesetz. Die Fahrlässigkeitstatbestände sind insoweit „unbestimmt“[11].

Soweit ersichtlich, bezweifelt *dieser* Unbestimmtheiten wegen niemand die verfassungsmäßige Zulänglichkeit unserer Strafvorschriften im Besonderen Teil. Ich möchte daraus, mit aller Vorsicht und vorbehaltlich genauerer Untersuchung, folgendes schließen: Strafbarkeitsvoraussetzungen, die für viele Tatbestände gelten und die daher innerhalb des Allgemeinen Teils zu behandeln sind, unterliegen nicht oder nur sehr beschränkt den Bestimmtheitsanforderungen des Artikels 103 Abs. 2 GG[11a]. Der Gesetzgeber hat in dem Bereich, den man als die eigentliche Domäne der systematischen Strafrechtswissenschaft betrachten darf, einen praktisch kaum begrenzten Entscheidungsspielraum, ob er ins einzelne gehende Regelungen schaffen, sich mit normativen Richtlinien bescheiden oder auf begriffliche Bestimmungen ganz verzichten will, um die Rechtsentwicklung nicht festzulegen und die Klärung von Zweifelsfragen der Rechtslehre und Rechtsprechung zu überlassen. Nicht überall ist, an der Forderung nach Rechtssicherheit gemessen, jede Entscheidung gleich gut. Doch wo der Gesetzgeber von der Aufstellung materieller Regeln im Allgemeinen Teil absieht, wird er dafür ja wohl immer gute Gründe haben, die seine Abstinenz wenigstens vertretbar erscheinen lassen. Das aber muß schon genügen, einen Konflikt mit Art. 103 Abs. 2 GG auszuschließen. Strengere Maßstäbe sind nicht realistisch.

Für unser spezielles Problem ist noch ein weiteres zu bedenken: Die Gesetzgebung ist eine Kunst des Möglichen. Auch für den Gesetzgeber gilt, daß ihn die Verfassung nicht zu mehr verpflichten kann, als er zu leisten imstande ist. Mir scheint nun, die Lehre von den Garantenstellungen ist z. Z. weder im grundsätzlichen noch in den Einzelheiten so gesichert, daß der Gesetzgeber eine Bestimmung, die der Sache gerecht wird, überhaupt geben könnte. Wir haben ja gesehen, daß selbst die ganz abstrakte Umschreibung des

[11] Dabei ist ohne Belang, wo man die Verletzung der objektiven Sorgfaltspflicht systematisch einordnet. Denn wenn unbestimmte Strafbarkeitsvoraussetzungen, wie sie hier in Rede stehen, unter verfassungsrechtlichem Aspekt bedenklich sind, dann kann man die Bedenken jedenfalls nicht dadurch ausräumen, daß man die unbestimmten Elemente im Deliktssystem „nach oben“ verschiebt. Dergleichen formale Kunstgriffe können ja niemals die Sache ändern. A. A. — im Hinblick auf die Garantenpflicht — offenbar *Baumann*, Lehrbuch, S. 230.

[11a] Vgl. jedoch *Schünemann*, Grund und Grenzen, S. 71.

Garantenerfordernisses durch das Rechtspflichtprinzip, die er in § 13 StGB 1973 gewagt hat, verfehlt ist[12]. Man kann sich denken, wie fehlerhaft erst eine materielle Regelung der einzelnen Garantenstellungen, die die Unbestimmtheit einigermaßen beseitigen würde, ausfallen müßte. Da die Rechtsanwendenden sich an Regelungen im Allgemeinen Teil, die die Sachprobleme nicht richtig lösen, erfahrungsgemäß nicht halten, wäre ein solches Gesetz nur irreführend; es würde eine Rechtssicherheit vortäuschen, die nicht vorhanden ist. Unter diesen Umständen ist das Schweigen unseres noch geltenden StGB kluge Zurückhaltung und kein Versagen vor den Anforderungen des Bestimmtheitspostulats.

III. Strafbegrenzung auf eklatante Pflichtverstöße?

Zu untersuchen bleibt, inwieweit die Unterlassungskonzeption zutrifft, die jüngst *Roxin* im Blick auf das nullum-crimen-Prinzip entworfen hat[13]. *Roxin* sieht das Problem von vornherein auf die „Handlungsdelikte" beschränkt, bei denen das nulla-poena-Postulat nicht durch Inbezugnahme außerstrafrechtlicher Pflichten (etwa des Anwalts, Gefangenenaufsehers usw.), sondern durch „Handlungsbeschreibungen" erfüllt werde. Allein hier ergebe sich „die kaum lösbare paradoxe Frage, wie jemand durch Nichthandeln im Sinne einer präzisen Tatbeschreibung gehandelt haben soll". Es ist für *Roxin* „ein offenes Geheimnis, daß die Rechtsprechung sich insoweit in freier Rechtsfindung über das Fehlen einer tatbestandlichen Grundlage hinweggesetzt hat". Sehr viele Unterlassungen, die von den Gerichten aufgrund von Begehungstatbeständen bestraft würden, seien „mit den tatbestandlich umschriebenen Handlungen so wenig identisch, daß eine Subsumtion des Untätigbleibens unter diese Beschreibungen dem nullum-crimen-Satz nicht mehr gerecht" werde. „Richtigerweise hätte bei Handlungsdelikten eine Gleichstellung des Unterlassens mit dem positiven Tun nur dort erfolgen dürfen, wo Pflichtdelikte in den Tatbestand eines Handlungsdeliktes eingelagert sind, wie z. B. in dem Fall, daß eine Mutter ihr Kind verhungern oder daß ein Arzt den ihm anvertrauten Patienten durch pflichtwidrige Nichtverabfolgung der lebensrettenden Medikamente sterben läßt. Hier handelt es sich um eklatante Pflichtverstöße im Rahmen eines vorher bestehenden sozialen Beziehungsverhältnisses, die nur deshalb nicht zu Sonderdelikten ausgeformt werden mußten, weil der Handlungstatbestand auch des Totschlages sie überdeckt".

Im Kampf gegen die h. L. und die Strafpraxis unserer Gerichte hat *Roxin* damit einen eigenartigen dritten Standpunkt eingenommen. Denn er sieht weder ein prinzipielles begriffslogisches Verbot, schwerwiegende Unterlassungen den „Handlungsdelikten" zu subsumieren (oben I), noch geht er so vor, die überkommenen Garantenregeln als an sich sachrichtig zu akzeptieren und

[12] Vgl. oben, S. 105 f. und S. 209 ff.

[13] Vgl. Kriminalpolitik und Strafrechtssystem, 1970, S. 18—20; die im Text folgenden Zitate sind den S. 18 und 19 entnommen.

nur das Fehlen ihrer gesetzlichen Bestimmtheit anzuprangern (oben II). Vielmehr leitet er aus dem nullum-crimen-Prinzip die Forderung ab, man solle mit dem Gleichwertigkeitssatz Ernst machen und die aus den Begehungsdelikten herauszulesenden Handlungspflichten rigoros verringern.

Dem müssen wir zunächst entgegenhalten, daß der Gleichwertigkeitssatz eine anfechtbare und u. E. unzutreffende Prämisse ist. Warum, braucht an dieser Stelle nicht abermals erklärt zu werden. Zurückzuweisen ist jedenfalls *Roxins* Behauptung, die Möglichkeit des Begehens durch Unterlassen ende an der Grenze zwischen der „Ausübung strafrechtsunabhängiger sozialer Rollen“ (Kindesfütterung durch die Mutter, Weichenstellen durch den Bahnbeamten) und dem rettenden Eingreifen „außerhalb des sozialen Regelablaufes“. Der „mögliche Wortsinn“ der gesetzlichen Tatbeschreibungen reicht erweislich tiefer in den Unterlassensbereich hinein, als *Roxin* glaubt. Um des Bestimmtheitsgebotes willen dennoch an der aufgewiesenen Grenze Halt zu machen, ist angesichts noch dringlicherer Forderungen der Kriminalpolitik und der Gerechtigkeit nicht möglich. Sollen etwa die Tötungstatbestände *nicht* anwendbar sein auf die Mutter, die ihr in ein Schwimmbecken gestürztes Kind absichtlich ertrinken läßt? Soll es etwa *kein* vorsätzlicher Totschlag oder Mord sein, wenn jemand einen von ihm aus Unachtsamkeit angeschossenen Menschen, den er leicht retten könnte, grausam verbluten läßt? Verdient der Vater, der sein Baby verhungern läßt, nicht auch dann die denkbar höchste Strafe, wenn seine soziale Rolle die tägliche Ernährung des Kindes nicht zum Inhalt hatte?

Roxin sieht anscheinend selber, daß seine Lehre allenfalls dann praktikabel wäre, wenn § 330 c StGB „mit einigen Qualifikationen (etwa für die Ingerenz, Angehörige usw.)“ versehen würde. Was aber wird mit dieser — von *Roxin*[14] „zumindest de lege ferenda“ geforderten — „Umorientierung“ gewonnen? Meines Erachtens nichts, denn Sachprobleme werden sich durch räumliche Verschiebung im Gesetz kaum beheben lassen. Es bleibt sich schließlich gleich, ob ich ein garantenpflichtwidriges Sterbenlassen als erschwerten Fall unterlassener Hilfeleistung oder als minderschwere Tötung (§ 13 Abs. 2 StGB 1973) ansehe, und ebenso bleiben die alten Schwierigkeiten (vor denen die Reformer kapituliert haben) dieselben, wenn man die Garantenstellungen (auf deren Kodifizierung es so oder so hinausliefe) statt im Allgemeinen Teil im Besondern, hier aber in einem doch wieder allgemeinen Unterlassungstatbestand als Qualifikationsgründe zu positivieren versucht.

Unsere Kritik muß aber noch weiter gehen, denn *Roxins* Konzeption bringt nicht nur keinen Gewinn, sie ist auch in sich widersprüchlich. Dies rührt daher, daß *Roxin* die überkommene Unterlassungsdogmatik nur insoweit ändern will, als sie Vorsatztaten betrifft. Die Fahrlässigkeitsdelikte sollen allemal *Pflichtdelikte* sein[15], und bei diesen sei es „unter dem Gesichts-

[14] a. a. O., S. 20.

[15] Vgl. a. a. O., S. 22; ferner Täterschaft, S. 597 ff., 615 ff.

punkt der nullum-crimen-Problematik offenbar gleichgültig", ob jemand durch Tun oder Unterlassen gegen seine Verhaltenspflichten verstoße[16]. Danach beginge also die Mutter eine fahrlässige Tötung oder Körperverletzung, wenn aufgrund ihrer Unaufmerksamkeit ihr kleines Kind auf die Straße rennt und dort überfahren wird. Diese Entscheidung träfe natürlich zu, denn zu den „Verkehrspflichten ..., die zur Ausfüllung der ... blankettħaft formulierten Norm dienen"[17] (hier: §§ 222, 230 StGB), gehört gewiß auch die Pflicht der Eltern, ihre Kinder vor Unglücksfällen zu schützen. Für *Roxin* ergäbe sich aber nun eine seltsame Diskrepanz: Der Garant, der ein tödliches Unglück nicht verhindert, begeht zwar dann ein Tötungsdelikt, wenn ihm Fahrlässigkeit zur Last fällt, nicht aber, wenn seine subjektive Einstellung die Merkmale des Vorsatzes aufweist. Das kann nicht richtig sein, denn jeder, dem eine fahrlässige Tötung vorgeworfen wird, ist, sofern man ihm Vorsatz nachweisen kann, aufgrund der §§ 211/212 StGB zu bestrafen.

§ 22 DIE ABGRENZUNG VON TÄTERSCHAFT UND TEILNAHME UND DIE FRAGE DER STRAFMILDERUNG BEI UNECHTEN UNTERLASSUNGSDELIKTEN

Im Schrifttum wird seit längerem die Frage diskutiert, ob das Gesetz für unechte Unterlassungen die Möglichkeit einer Strafmilderung vorsehen sollte. Die Große Strafrechtskommission hat sich mit knapper Mehrheit dagegen ausgesprochen[1]. Auch der Alternativentwurf enthielt in § 12 keine Milderungsklausel. *Androulakis*[2] und *Schröder*[3] halten das für sachgerecht. Inzwischen hat jedoch der Gesetzgeber eine fakultative Strafmilderung beschlossen, und zwar ohne Einschränkung für alle Fälle des „Begehens durch Unterlassen"[4]. Er hat damit der Forderung der jetzt h. L. entsprochen[5].

Ausschlaggebend für die ablehnende Entscheidung der Großen Strafrechtskommission dürfte gewesen sein, daß „die Zulässigkeit einer Strafmilderung ... in einem auffallenden Gegensatz zum Erfordernis der Gleichwertigkeit der Unterlassungstat"[6] stünde. Diese Überlegung hat kein Ge-

---

[16] a. a. O., S. 18.

[17] a. a. O., S. 22.

[1] Vgl. Niederschriften, 2. Band, S. 275, 276, 278—281; 12. Band, S. 100—102, 244, 247; E 1962 Begr. zu § 13, S. 126.

[2] Studien, S. 243.

[3] Kommentar, Vorbem. 143.

[4] Vgl. § 13 Abs. 2 StGB 1973.

[5] Vgl. *Gallas,* ZStW 80, S. 20; *Grünwald,* ZStW 70, S. 423; GA 1959, S. 115; Diss., S. 107; *Jescheck,* Lehrbuch, S. 405 f.; vgl. ferner die zahlreichen Nachweise aus älterer Zeit bei Armin *Kaufmann,* Unterlassungsdelikte, S. 301, Anm. 210; schon nach geltendem Recht bejahen Armin *Kaufmann,* a. a. O., S. 302; *Roxin,* Täterschaft, S. 501 f.; *Schmidhäuser,* Lehrbuch, 16/22; *Welzel,* Lehrbuch, S. 222, die Möglichkeit der Strafmilderung.

[6] E 1962, Begr. zu § 13, S. 126.

wicht. Die Garantenunterlassung ist gegenüber der Begehung ein echtes Minus. Das Dogma, nur ein gleichwertiges Unterlassen könne die primär auf aktives Tun zugeschnittenen Tatbestände erfüllen, muß aufgegeben werden. Für die Tatbestandsverwirklichung genügt prinzipiell das vermeidbare Nichtvermeiden in Garantenstellung. Wo das Nichtvermeiden in reiner Untätigkeit besteht, braucht insbesondere das der Begehung eigene Moment der Willensverwirklichung nicht ausgeglichen zu werden. Daraus aber könnten sich durchaus Konsequenzen im Hinblick auf das Maß der Strafwürdigkeit ergeben.

I. Täterschaft und Teilnahme

A. Die allgemeine Problematik

Die Befürworter einer fakultativen Strafmilderung leiten zum Teil ihre Forderung aus der Annahme eines Einheitstäterbegriffes für unechte Unterlassungsdelikte ab[7]. Sie bestreiten weitgehend oder gänzlich die dogmatische Existenz oder selbständige Bedeutung der Beihilfe durch Unterlassen und sehen sich damit vor Konsequenzen gestellt, die die Zulassung gemilderter Strafe ganz sicher notwendig machen. Denn die Milderungsmöglichkeit aus § 49 StGB wird durch den Einheitstäterbegriff abgeschnitten, obwohl es unter den unechten Unterlassungsdelikten unzweifelhaft solche gibt, die keinesfalls höher als eine aktive Beihilfe bestraft werden dürfen (Beispiel: Vorsätzliche Nichthinderung eines Mordes nach fahrlässigem Hinlegen der Waffe, die der Mörder gebraucht).

Die herrschende Auffassung, die die Figur der Beihilfe durch Unterlassen anerkennt[8], kann diese Argumentation nicht übernehmen, da sie eine Milderungsklausel für sämtliche Unterlassungsfälle jedenfalls nicht dazu benötigt, die Folgen der Einebnung von Täterschaft und Beihilfe zu entschärfen. Freilich müßte sie der Forderung ihrer Gegner auch vom eigenen Standpunkt aus zustimmen, wenn es sachlich unangemessen wäre, zwischen den von ihr als Beihilfe und den als Täterschaft eingestuften Unterlassungen einen Unterschied zu machen. Dies wird von der Gegenmeinung in der Tat behauptet und als ein Hauptgrund für die Negierung der Beihilfe durch Unterlassen angesehen: „Ob der Vater nicht eingreift, wenn sein Kind ins Wasser zu stürzen droht, oder ob er untätig bleibt, wenn ein Dritter das Kind ins Wasser stürzen will, das ist — ceteris paribus — für das Maß der Strafwürdigkeit des Unterlassens ohne Bedeutung“[9].

Dieser Vergleich ist jedoch nicht beweiskräftig. Er zieht seine Eindruckskraft allein daraus, daß das Verhalten des Garanten in beiden Fällen — wie

---

[7] Vgl. Armin *Kaufmann*, Unterlassungsdelikte, S. 300 ff.; *Grünwald*, GA 1959, S. 110 ff.; *Roxin*, Täterschaft, S. 501 f. Die Lehren dieser drei Autoren weichen im einzelnen erheblich voneinander ab; darauf kommt es hier aber nicht an. — Nachdrücklich für den Einheitstäterbegriff neuerdings auch *Stratenwerth*, Lehrbuch, Rdn. 1145 ff.

[8] Vgl. *Jescheck*, Lehrbuch, S. 461 f. und die Nachweise dort.

[9] Armin *Kaufmann*, a. a. O., S. 302.

immer bei Unterlassungen — das gleiche ist. Solche Konstellationen sind aber auch bei positiver Erfolgsverursachung denkbar. Wenn sich A am Ufer aufstellt und Passanten an der Rettung des ertrinkenden B hindert, so müßte man mit demselben Recht wie in *Kaufmanns* Beispiel sagen können, es sei doch gleichgültig, wodurch B in Not geraten sei. Das sagt aber niemand. Es ist unbestritten, daß das Tun des A im einen Fall Täterschaft, im anderen — wenn B von Menschenhand ertränkt wird — Beihilfe sein kann.

Aus demselben Grund scheitert die Beweisführung *Grünwalds*. Ihn dünkt die Konsequenz der h. L. unhaltbar, daß „der Vater ..., der seinem Kind nicht zu Hilfe eilt, wenn er irrig annimmt, daß es ermordet werde“, straflos bleibt (versuchte Beihilfe), aber wegen versuchten Mordes bestraft wird, wenn er das Kind irrtümlich für verunglückt hält[10]. Dagegen ist wiederum einzuwenden, daß dieses Ergebnis ja auch in gewissen Fällen aktiver Begehung auftreten kann: Wer in dem irrigen Glauben, ein Schlafender werde durch Gas vergiftet, vor dem Haus Posten bezieht und die Bewohner am Betreten hindert, begeht, wenn er sich ein Unglück vorstellt, versuchten Mord, aber einen straflosen Beihilfeversuch, wenn er glaubt, ein anderer habe mit Absicht den Gashahn geöffnet. Gewiß will in *allen* diesen Fällen die Differenzierung nach Täterschaft und Teilnahme auf den ersten Blick nicht einleuchten. Sie ist jedoch kaum noch befremdlich, wenn man sich auf die Selbstverständlichkeit besinnt, daß ein Beteiligter immer nur durch einen anderen *Menschen* aus dem Zentrum des Geschehens gedrängt werden kann. Wer Naturkräften den Weg ebnet oder nichts in den Weg legt, ist notwendig Zentralgestalt und, wenn überhaupt verantwortlich, Täter, mag sein Verhalten an sich auch Raum lassen für fremde Täterschaft. Daß aber die Beurteilung sich nicht ändern können soll, wenn sich ein anderer zwischen den Beteiligten und den Erfolg schiebt, leuchtet nicht ein. Wie dem auch sei: Die Differenz in den Resultaten tritt nicht nur in Unterlassensfällen auf; darum ist es jedenfalls nicht überzeugend, wenn man ihretwegen für das unechte Unterlassungsdelikt eine spezielle Täterkonzeption verficht, die für das Begehungsdelikt undiskutabel ist.

Freilich wäre es voreilig, eine Beihilfe durch Unterlassen überall anzunehmen, wo man sie konstruieren kann. Die Lehre vom Einheitstäterbegriff für das unechte Unterlassungsdelikt enthält einen richtigen Kern. Ihn gilt es herauszuarbeiten. Allerdings ist keine lückenlose Erörterung sämtlicher literarischen Äußerungen beabsichtigt. Allzu viele Details könnten gerade hier leicht die Grundprobleme verschütten.

Maßgeblich vor allem ist die Unterscheidung zwischen Überwachungsgaranten (die für einen schadensursächlichen Faktor verantwortlich sind) und Beschützergaranten (die das bedrohte Rechtsgut vor Schaden schlechthin, ohne Rücksicht auf den Kausalverlauf, zu bewahren haben). Die ersteren

[10] GA 1959, S. 116; im Anschluß an ihn ebenso Armin *Kaufmann*, a. a. O., S. 293 f.; *Roxin*, Täterschaft, S. 498 f.

begehen, wenn sie das deliktische Tun eines anderen nicht hindern, grundsätzlich Beihilfe. Für uns ergibt sich das schon aus der Überlegung, daß genau besehen ja auch der aktive Gehilfe in diese Gruppe zu rechnen ist, weil er die gefährlichen Auswirkungen seiner eigenen Person weder verhindert noch unschädlich macht[11]. Aber auch unabhängig von der Akzeptierung des negativen Handlungsbegriffes ist die Richtigkeit unserer Behauptung evident: Wenn nur Gehilfe ist, wer dem Mörder zweckbewußt die Pistole leiht und dann den Tod des Opfers nicht verhindert, dann kann nicht Täter sein, wer dieselbe gefährliche Vorhandlung begeht, ohne die Folgen vorherzusehen[12].

Die entgegengesetzte Auffassung bliebe übrigens auch auf dem Boden des künftigen Rechtes, das für den Unterlassungstäter die Möglichkeit der Strafmilderung vorsieht (§ 13 Abs. 2 StGB 1973), ungerecht. Erstens handelt es sich insoweit nur um eine fakultative Strafmilderung — während die für die Beihilfe obligatorisch wird (§ 27 Abs. 2 StGB 1973) —, und zweitens blieben die Unstimmigkeiten erhalten, die aus der Straflosigkeit der versuchten Beihilfe folgen: Es kann nicht richtig sein, daß in unserem Beispiel der Pistolenverleiher, der zu Unrecht seinem Freund Mordabsichten unterstellt, straflos bleibt, wenn schon die Hingabe der Waffe vorsätzlich erfolgt, aber einen Tötungsversuch durch Unterlassen begeht, wenn er erst später seine Überzeugung gewinnt[13].

Unterlassungs*täter* kann der Überwachungsgarant demnach nur ausnahmsweise sein, dann nämlich, wenn ihn auch eine vorsätzlich-aktive Veranlassung oder Unterstützung des Ausführenden zum (mittelbaren) Täter gemacht hätte. Beispiele: A erkennt, daß B den Revolver, den A leichtfertig übergeben (Ingerenz) oder unbewacht gelassen hat (Sicherungspflicht des Besit-

---

[11] Mit der Garantenpflicht verhält es sich ähnlich wie mit der objektiven Sorgfaltspflicht. Die Verletzung beider Pflichten ist *jedem* Delikt wesenseigen und kann darum nicht ohne weiteres Täterschaft begründen, wie *Roxin* glaubt.

[12] Dasselbe Argument gebraucht *Schröder*, Kommentar, Rdn. 112 vor § 47. *Roxin*, Täterschaft, S. 508, hält ihm entgegen, er sei damit „nicht weit von einem Zirkelschluß entfernt". Denn „anstatt die Gehilfenschaft des Unterlassenden daraus zu schließen, daß ein vorsätzliches vorangegangenes Tun auch nur eine Beihilfe begründet hätte", könne man „in entgegengesetztem Sinne folgern, daß die positive Unterstützung deshalb eine Täterschaft sei, weil das entsprechende nachfolgende Unterlassen ebenfalls zur Täterschaft führe ..." Der Einwand ist nicht berechtigt. Die Prämisse *Schröders* von der bloßen Gehilfenschaft des vorsätzlich-aktiv Unterstützenden ist ja allseits anerkannt und so gesichert, daß man aus ihr Argumente durchaus ableiten kann. Hätte *Roxin* recht, wäre letztlich jedes argumentum a fortiori ein Zirkelschluß.

[13] Die Verantwortung für solche widersinnigen Ergebnisse trägt in diesem Bereich eindeutig die Dogmatik, nicht der Gesetzgeber. Man wird sie nicht mit dem Hinweis los, daß „die Differenz sofort verschwinden" würde, „stünde die versuchte Beihilfe unter Strafe" (*Roxin*, Täterschaft, S. 505). Dem Gesetzgeber kann nicht angesonnen werden, daß er entgegen guten Sachgründen den Beihilfeversuch unter

zers), für ungeladen hält und im Scherz auf C abdrücken will; A bemerkt, wie sich sein sieben Jahre altes Kind anschickt, eine fremde Sache zu zerstören. Ob man in solchen Fällen von Tatherrschaft und *mittelbarer* Täterschaft des A sprechen will, betrachte ich als vorwiegend terminologische Frage; sinnvoll wäre es.

Grundsätzlich als Täter sind demgegenüber unterlassende Beschützergaranten zu beurteilen. Zwingend beweisen kann man das allerdings nicht. Wollte man hier Täterschaft und Teilnahme genau wie bei Überwachungsgaranten abgrenzen, so wäre das konstruktiv möglich und widerspruchsfrei durchführbar: Der Vater, der gegen den Mörder seines Kindes nicht einschreitet, wäre normalerweise Gehilfe, Täter nur dann, wenn der Handelnde (wie z. B. ein Geisteskranker) Werkzeugrang hat. Aber aus der Struktur und dem sozialen Sinn dieser besonderen Garantieverhältnisse lassen sich doch zwei gewichtige Gründe für die Konzeption gewinnen, die die Mindermeinung vertritt:

1. Der Beschützergarant hat keine bestimmte, einzelne Gefahrenquelle zu überwachen. Er ist primär nicht aufgerufen, einen von bestimmter Stelle ausgehenden Kausalprozeß im Ansatz zu ersticken (wenngleich er auch dadurch natürlich seine Pflicht erfüllen kann und im Einzelfall muß), sondern das ihm anvertraute Gut gegen Beeinträchtigungen aller Art abzuschirmen. Aus seiner Perspektive interessiert der Erfolg und nicht, wie dieser zustande kommt. Darum ist es sachgerechter, das Unterlassen des Beschützergaranten *unmittelbar* auf den Erfolg zu beziehen, als durch Wägung des Gesamtgeschehens festzustellen, ob der Garant eine überlegene, das Geschehen quasi beherrschende Stellung innehat oder nicht[14].

2. Unerträgliche Strafbarkeitslücken werden im Bereich der unterlassenen Selbstmordhinderung nur bei Zugrundelegung dieser Betrachtungsweise vermieden. Ein Beschützergarant darf sich der Verantwortung nicht durch Hinweis auf die Tatherrschaft des sich selbst tötenden Schützlings entziehen können, wie wir sogleich (unter B) deutlich zu machen versuchen werden. Die Konsequenz unserer Konzeption wird somit ihrerseits ein Argument für ihre Richtigkeit.

Der zur Erfolgsvermeidung fähige Beschützergarant ist mithin prinzipiell als Täter anzusehen, und zwar als unmittelbarer, denn der Begriff der mittelbaren Täterschaft verliert seine Berechtigung, wo zwischen Naturgewalt und Menschenkraft kein Unterschied gemacht wird.

Er begeht freilich zugleich, wenn er gegen den noch handelnden Täter oder

---

Strafe stellt, weil anderenfalls eine bestimmte Unterlassungsdogmatik an ihren Ergebnissen scheitert.

[14] Es handelt sich hier um dieselbe Überlegung, die uns veranlaßt hat, bei fremdhändig begehbaren verhaltensgebundenen Delikten die Unterlassungstäterschaft auf Überwachungsgaranten zu begrenzen, vgl. oben S. 100 ff.

später gegen den vom Täter in Gang gesetzten Kausalverlauf[15] nicht einschreitet, eine Beihilfe durch Unterlassen. Diese ist normalerweise subsidiär, gewinnt aber dann selbständige Bedeutung, wenn der Garant als Täter des vollendeten Deliktes nicht bestraft werden kann. Gehilfenstrafe droht dem Beschützergaranten demnach erstens, wenn ihm statt der Erfolgsvermeidung nur eine Taterschwerung möglich ist[16] (in diesem Fall kann mit der Beihilfe ein untauglicher Versuch ideell konkurrieren). Zweitens, wenn ihm eine tatbestandlich vorausgesetzte besondere Absicht fehlt (Nichthinderung eines Diebstahls ohne eigene Zueignungsabsicht[17]), und drittens, wenn das nichtverhinderte Delikt verhaltensgebunden ist, so daß als Täter durch reines Unterlassen allenfalls Überwachungsgaranten in Betracht kommen (Notzucht, Betrug, Beleidigung usw.)[18].

Führt aber nicht auch diese Theorie zu unerträglichen Wertungswidersprüchen? Wenn wir bei den überkommenen Vorstellungen stehenbleiben: Ja. Die Mutter, die dem Mörder ihres Kindes, den sie leicht vertreiben könnte, bei seiner Schandtat bloß zusieht, könnte nach geltendem und künftigem Recht als Unterlassungstäterin mit lebenslangem Freiheitsentzug bestraft werden. Tut sie aber ein übriges, geht sie dem Mörder aktiv zur Hand, so käme sie als Begehungsgehilfin in den Genuß der demnächst sogar obligatorischen Strafmilderung. Ferner: Glaubt sie irrig, man wolle ihr Kind umbringen, so wäre ihr Untätigbleiben ein strafbarer Mordversuch, ihr förderndes Mitwirken hingegen — als versuchte Beihilfe — straflos. Solche Entscheidungen würden die Gerechtigkeit geradezu auf den Kopf stellen.

Die Ungereimtheiten setzen sich in gewissen Fällen der Teilnahme am Unterlassungsdelikt fort, wo man sie bisher noch gar nicht bemerkt hat. Droht ein Kind zu ertrinken und wagt die Mutter die schwierige, ihr aber noch zumutbare Rettung nicht, so beginge sie eine vorsätzliche Tötung. Braucht sie dagegen, selber Nichtschwimmerin, bloß den rettungswilligen jungen Mann gewähren zu lassen, den sie aber böswillig vom Retten „abstif-

---

[15] Das Unterlassen ist in beiden Situationen entgegen *Gallas,* JZ 1960, S. 687, *Schmidhäuser,* Lehrbuch, 17/14, und *Kielwein,* GA 1955, S. 227, gleichwertig. Begeht der Nichthindernde zunächst nur Beihilfe, so rückt er, auch nachdem der Begehungstäter sein Werk beendet hat (das ins Wasser gestoßene Opfer kann noch gerettet werden), nicht zum Unterlassungstäter auf. Das muß einleuchten, wenn man die entsprechende Situation beim Begehungsdelikt zum Vergleich heranzieht. Wenn jemand im Auftrag des abwesenden Täters die Höllenmaschine kurz vor der Explosion — an sich unnötigerweise — noch einmal überprüft und zurechtrückt, so wird dies regelmäßig — auch nach dem Tatherrschaftskriterium — nur Beihilfe sein, obwohl dem Beauftragten niemand den „Zugang" zum strafbaren Erfolg „verstellt" (vgl. *Gallas,* a. a. O.) und von seinem Verhalten „der Eintritt des strafrechtlichen Erfolges ausschließlich . . . abhängt" (vgl. *Kielwein,* a. a. O.).

[16] Zur Möglichkeit einer Beihilfe durch Unterlassen der Taterschwerung vgl. oben S. 116—119.

[17] Vgl. oben S. 140—142.

[18] Vgl. dazu im einzelnen oben §§ 6, 7.

tet", so wäre das nur eine Teilnahme am Unterlassen der Hilfeleistung (§§ 330 c, 48 StGB)[19].

Jedoch sind alle diese Resultate nur scheinbar unvermeidlich. Sie verschwinden mit einem Schlage, wenn man einen kleinen, von der Sachlogik ohnehin geforderten Schritt tut.

Ein Garant, der nach den soeben aufgestellten Regeln bei passivem Verhalten Täter wäre, entgeht der Täterstrafe nicht durch aktive Teilnahme an der Begehung oder Unterlassung eines anderen. Das ist nicht so zu verstehen, als wollte ich in diesem Falle das herrschaftslose Mitwirken zur Tatbeherrschung verfälschen. Nein, der aktive Tatbeitrag bleibt als solcher natürlich Teilnahme. Die Täterschaft beruht auf dem *Unterlassen* (Nichtvermeiden) des Garanten. Sie folgt, wenn die aktive Teilnahme erfolgskausal ist, daraus, daß der Garant seinen entscheidenden Tatbeitrag bzw. sein das Unterlassen eines anderen provozierendes Verhalten nicht vermieden hat, in den übrigen Fällen ergibt sie sich wie sonst auch aus dem Unterlassen eines rettenden Eingreifens.

Die Unterlassungstäterschaft des aktiv beteiligten Beschützergaranten tritt zwar im Regelfall hinter der Begehungsanstiftung zurück[20], verdrängt aber ihrerseits jede Art von Beihilfe. Als Gehilfe ist darum auch der aktiv fördernde Beschützergarant nur in den drei soeben (S. 262) genannten Ausnahmesituationen zu bestrafen. Machen wir uns das durch Beispiele klar:

1. Die abwesende Ehefrau weiß, daß sie ihren Mann sowieso nicht von der Tötung des Kindes abhalten kann. Durchs Telefon gibt sie ihm Ratschläge, wie er zweckmäßig vorgehen soll, was den Tod um ein Geringes beschleunigt. — Täterschaft der Frau scheidet hier mangels Vermeidefähigkeit aus.

2. Anstatt den Einbrecher dingfest zu machen, will der Nachtwächter seinen verhaßten Arbeitgeber schädigen und gibt deshalb dem Dieb einen Fingerzeig, wo wertvolle Beute zu finden ist. — Obwohl Beschützergarant, ist der Wächter nur Gehilfe, weil er keine Zueignungsabsicht hat.

---

[19] Die Tötungsbestimmungen sind nicht etwa über § 50 Abs. 3 StGB anwendbar, denn das Garantenverhältnis wirkt nicht strafschärfend, sondern strafbegründend; vgl. *Schönke-Schröder*, § 50 Rdn. 22; die §§ 211 ff. StGB sind keine verschärften Abwandlungen des § 330 c und gehen mit dieser Vorschrift auch nicht auf einen gemeinsamen Grundtatbestand zurück. Die Konzeption Armin *Kaufmanns* (Teilnahme an Unterlassungsdelikten ist begrifflich ausgeschlossen, *jedes* erfolgsursächliche Abhalten anderer von der Rettung ist Begehungstäterschaft, vgl. Unterlassungsdelikte, S. 191 ff., 195 ff.) ergibt hier zwar ausnahmsweise eine brauchbare Entscheidung, doch muß diese Theorie nach den Angriffen von *Stree*, GA 1963, S. 1 ff., und *Roxin*, Täterschaft, S. 510 ff., als widerlegt gelten.

[20] Denn diese wiegt, wie das künftige Recht endgültig klarstellt — vgl. § 13 Abs. 2 mit § 26 StGB 1973 —, schwerer als die Unterlassungstäterschaft.

3. Die Freunde des V nehmen im Eisenbahnabteil mit Gewalt unzüchtige Handlungen an V's Tochter vor. Währenddessen paßt V draußen auf, daß niemand kommt. — Die Gewaltunzucht (§ 176 Abs. 1 Nr. 1 StGB) ist an ein spezifisch geartetes menschliches Verhalten gebunden; das Unterlassen eines *Beschützer*garanten kann diesen niemals zum Täter machen.

Von diesen Ausnahmen abgesehen, gilt aber für Beschützergaranten, daß sie auch bei aktiver Hilfeleistung als (Unterlassungs-)Täter zu bestrafen sind. Daß wir diese Korrektur, diese Anpassung der Teilnahmelehre an die Unterlassungsdogmatik vornehmen müssen, ist überdeutlich. Jede Lehre, die im Bereich reinen Unterlassens alle Beschützergaranten als Täter ansieht, bleibt sonst in offenkundige Widersprüche verstrickt. Die Konsequenz, die hier gezogen wurde, wird aber ohnehin nur den erschrecken, der es gewohnt ist, die Unterlassungstäterschaft als eine nicht ganz geheure Notkonstruktion anzusehen, die man erleichtert beiseite schiebt, sobald irgendeine Aktivbeteiligung sichtbar wird. Diese Betrachtungsweise ist natürlich unhaltbar, scheint aber noch weithin vorzuherrschen. Abgesagt hat ihr vielleicht *Schröder*, mit dessen Abgrenzungstheorie sich die unsere überhaupt in den meisten wesentlichen Punkten deckt. Er schreibt — wie der Zusammenhang ergibt, mit Beschränkung auf Beschützergaranten —: „Ebensowenig kann sich ein Garant seiner täterschaftlichen Verantwortlichkeit durch eine Beteiligung an einem Delikt gegen das zu schützende Rechtsgut entziehen“[21]. *Grünwald* spricht dagegen ablehnend von einer „‚Aufrollung‘ der Teilnahmelehre vom Unterlassungsdelikt her“, die „niemand in Kauf zu nehmen bereit sein“ werde[22]. Und bei *Roxin* steht zu lesen: „Wenn man ..., anstatt die Unterlassungsstrafe zu mildern, auch noch zusätzlich die aktive Beihilfe von der Privilegierungsmöglichkeit ausschließt, so übertrumpft man einen Fehler mit dem anderen und kommt — wenn man so sagen darf — aus dem Regen in die Traufe. Dieser ‚Ausweg‘ ist also ein Irrweg“[23].

Es ist lehrreich, an dieser Stelle etwas näher auf *Roxins* Gedanken einzugehen. Sein Argument — Verlust der Privilegierungsmöglichkeit — basiert auf der Vorstellung, der aktiv beteiligte Garant könne, wenn überhaupt als Täter, so nur als Begehungstäter angesehen werden. Da das nicht zutrifft, büßt es zumindest mit Inkrafttreten von § 13 Abs. 2 StGB 1973 die Durchschlagskraft ein[24], ja, die Argumentation kehrt sich dann sogar um, denn es wäre paradox, wenn der Garant durch aktive Beihilfe die fakultative Strafmilderung gegen eine obligatorische eintauschen könnte. Aber davon abgesehen: wäre es eigentlich so sachwidrig, wenn einen Menschen, der aktiv

[21] Kommentar, Rdn. 107 vor § 47. Es könnte allerdings sein, daß *Schröder* hier eine *Begehungs*täterschaft meint. Dem wäre zu widersprechen.

[22] GA 1959, S. 114.

[23] Täterschaft, S. 501.

[24] Von *Roxins* eigenem Standpunkt aus ist es allerdings schon jetzt gegenstandslos, weil er bereits de lege lata auch für die Unterlassungstäterschaft eine Möglichkeit der Strafmilderung nach Beihilfegrundsätzen bejaht (vgl. a. a. O., S. 501 f.).

hilft und außerdem noch garantenpflichtig ist, die volle Täterstrafe ereilte? Es liegt doch dann eine potenzierte Pflichtverletzung vor, die die normale Begehungsbeihilfe tatsächlich übertrifft. Wie dem auch sei: In *Roxins* Gesamtkonzeption sehe ich hier einen glatten Systembruch. Bei den Pflichtdelikten nämlich, wo die Täterschaft auf Beschützergaranten überhaupt begrenzt ist (Untreue und Beamtendelikte etwa), will er — m. E. mit Recht — die Täterschaft allein an die Pflichtverletzung knüpfen. Er weist u. a. auf die §§ 347, 354 StGB hin, wo bereits der Gesetzgeber die nur unterstützenden Handlungen des Sonderpflichtigen ausdrücklich als Täterschaft anerkannt habe, und beschreibt treffend den in der Gesetzesformulierung steckenden Gedanken: „Das ‚Befördern' der durch einen anderen bewirkten Gefangenenbefreiung und das ‚Hilfeleisten' bei der Unterdrückung einer Postsendung stellt sich nach dem allgemeinen Täterbegriff, auf den sich der Gesetzgeber mit diesen Ausdrücken bezieht, als typische Teilnahmehandlung dar; was aber unter dem Gesichtspunkt der Tatherrschaft nur eine Beihilfe wäre, ist bei den Pflichtdelikten, wenn das für sie gültige Täterkriterium vorliegt, eine Täterschaft"[25]. Ich meine nun: Wenn bei diesem Tatbestandstyp jeder erfolgsabwendungsfähige Garant, ohne Rücksicht auf die Art seiner aktiven Beteiligung, Täter ist, dann darf man insoweit auch bei den Tatbeständen der unechten Unterlassungsdelikte keine Unterschiede machen. Das müßte gerade *Roxin* einleuchten, der die unechten Unterdelikte sämtlich der Kategorie der Pflichtdelikte zuordnet[26].

B. *Die unterlassene Selbstmordhinderung*

Fände unsere Konzeption, mit allen ihren Konsequenzen, Anerkennung, so würde das in dem rechtlich so problematischen wie menschlich leidvollen Bereich der unterlassenen Selbstmordhinderung geradezu erlösend wirken. Zur Zeit beherrscht dort eindeutig der Gedanke das Feld, es könne niemand, der die freie Entscheidung eines verantwortlichen Willens respektiere[27], für sein Unterlassen verantwortlich gemacht werden, weil ja selbst die aktive Teilnahme am frei und verantwortlich gewählten Selbstmord straflos sei[28].

---

[25] Täterschaft, S. 358.

[26] Vgl. a. a. O., S. 459 ff.

[27] Der AE legt die Kriterien der Entscheidungsfreiheit und -verantwortlichkeit durch eine besondere Vorschrift fest; vgl. § 103 Abs. 1: „Wer einen anderen nicht an der Selbsttötung hindert, ist nur strafbar, wenn der andere das 18. Lebensjahr noch nicht vollendet hat oder auf Grund einer seelischen Störung (§ 21) handelt und der Unterlassende auf Grund einer gesetzlichen oder freiwillig übernommenen Rechtspflicht gegenüber der Allgemeinheit oder dem anderen dafür zu sorgen hat, daß der Erfolg nicht eintritt."

[28] Vgl. *Gallas*, JZ 1960, S. 689; *Grünwald*, GA 1959, S. 212; *Heinitz*, JR 1954, S. 403, 406; 1955, S. 105 f.; 1961, S. 29 f.; *Maurach*, B. T., S. 17; *Meister*, GA 1953, S. 166; *Roxin*, Täterschaft, S. 475 f.; *Rudolphi*, Gleichstellungsproblematik, S. 150; *Welzel*, Lehrbuch, S. 281; LG Bonn, MDR 1968, S. 66; i. S. der h. A. neuestens wieder *Krey*, JuS 1971, 141.

Dieser Schluß erweist sich für uns als von vornherein nicht zwingend. Denn er setzt voraus, was erst zu beweisen wäre: daß auch Beschützergaranten, die ihren selbstverantwortlichen Schützling zum Selbstmord anstiften oder ihm dabei helfen, nicht zur Rechenschaft gezogen werden können. Die Straflosigkeit der Selbstmordteilnahme beweist das jedenfalls nicht, weil beim Beschützergaranten die Erfolgszurechnung gar nicht an die aktive Teilnahme geknüpft werden soll, sondern an das Nichtvermeiden des Todes. Es ist somit erlaubt und geboten, die entscheidende Frage unmittelbar auf die Sache selbst zu beziehen: Soll ein Garant straflos bleiben, wenn er einen selbstverantwortlichen, ihm zum Schutze anvertrauten Menschen, den er sonst vor jedem Schaden an Leib und Leben bewahren muß, an der frei gewählten Selbsttötung nicht hindert?

Die im Schrifttum herrschende Lehre, die der AE endgültig gesetzlich verankern will, bejaht die Frage. Dagegen sei uns nun eine deutliche Sprache gestattet. Diese Lehre, ein Gemisch aus scheinbarer Logik und antiker Heldenmoral, spricht dem gesunden Menschenverstand Hohn und schlägt dem christlichen Wertempfinden ins Gesicht. Wie denn: Die Mutter darf tatenlos zusehen, wie sich die Tochter vergiftet, weil sie durchs Examen gefallen oder ihr Verlöbnis in die Brüche gegangen ist? Anstatt verpflichtet zu sein, die in ihm selbst liegenden Gründe für die Verzweiflung seiner Frau zu beseitigen, darf der Ehemann ihr die Schlinge knüpfen, in der sie sich erhängt? Der Sohn, anstatt seine unter der Lieblosigkeit ihrer Kinder leidende Mutter öfter zu besuchen, darf sie bedrängen, sich zu ertränken[29]? Und was soll man erst dazu sagen, daß in diesen Fällen der Verwandte selbst dann kein Tötungsdelikt beginge, wenn die Lebensmüde ihren Entschluß bereut, aus eigener Kraft aber nicht mehr zurück kann und nun vergeblich den Garanten, der sie noch retten könnte, um Hilfe anfleht? Das wäre nämlich die Konsequenz der h. L., weil die einen den Selbstmord nicht verhindernden Beschützergaranten nie strenger behandelt als einen gewöhnlichen Teilnehmer. Und dieser rückt nicht dadurch zum strafbaren Täter auf, daß er mit seinem Wunsch nach Tatvollendung ausnahmsweise einmal in Gegensatz zum Haupttäter gerät[30].

Die Beispiele scheinen mir etwas deutlich zu machen, was man in der allzu juristischen Diskussion unseres Problems bisher übersehen hat: In der Konfrontation mit der Wirklichkeit des Lebens erweist sich die Rede vom „Respekt“ vor menschlichen Entschlüssen und von der „Freiheit und Selbstverantwortlichkeit“ des Lebensmüden weithin als leeres Pathos. Dem christlichen Liebesgebot, das uns aufgibt, das Leben des geistig gesunden, erwachsenen Menschen notfalls auch vor diesem selbst zu schützen, liegt ein tieferes Verstehen menschlichen Sehnens zugrunde. Normalerweise will

[29] Vgl. den Fall BGH 13 162.

[30] B hat A beim Anbringen einer Zeitbombe geholfen. A wird von Reue gepackt und bittet B telefonisch, den Erfolg zu verhindern, wozu ihm selber die Zeit nicht mehr bleibt. B lehnt ab.

nämlich der zum Selbstmord Entschlossene seinen Tod nicht unbedingt. Fände er Zeit, die Krisensituation zu durchstehen, oder würden die Gründe seiner Verzweiflung beseitigt — schon anteilnehmende Mitmenschlichkeit kann das bewirken —, so wollte er leben. Ja, oft genügt der Anblick des aus eigener Kraft nicht mehr abwendbaren Todes, den Lebenswillen zu wecken[31].

Die Strafrechtsdogmatik darf über diesen anthropologischen Befund nicht hinwegschreiten. Sie muß, weil das Strafrecht im menschlichen Leben sein ranghöchstes Schutzgut hat, jedes Leben durch die Anwendung von Straftatbeständen schützen, soweit das mit dem gesetzten Recht vereinbar ist. Dabei kommt ohnehin nicht mehr als ein „ethisches Minimum" heraus, denn die Teilnahme am Selbstmord ist als solche nach dem Akzessorietätsgrundsatz straflos, und daraus ergibt sich zwingend, daß auch das pflichtwidrige Unterlassen eines Überwachungsgaranten in einen tatbestandsfreien Raum fällt, es sei denn, der Garant hätte die Tatherrschaft, wie vor allem bei jugendlichen und geistesgestörten Selbstmördern. Was übrig bleibt, ist die — freilich generell gegebene — Möglichkeit, den Beschützergaranten verantwortlich zu machen[32], dessen Unterlassung, wie ausgeführt, immer unmittelbar auf den Enderfolg bezogen und darum stets als Täterschaft angesehen werden muß. Die Unterlassungstäterschaft gewinnt selbst gegenüber einer aktiven Anstiftung, von der sie normalerweise verdrängt wird, hier selbständige Bedeutung, weil die Anstiftung zum Selbstmord nicht mit Strafe bedroht ist[33].

Zu erwägen bleibt, ob sich der Wille des Selbstmörders, aus dem Leben zu scheiden, nicht wenigstens dahin auswirken muß, daß der verantwortliche

---

[31] Vgl. Erwin *Stengel*, Selbstmord und Selbstmordversuch, 1969, S. 102: „Irgendeine Vorankündigung der Selbstmordabsicht erfolgt fast ausnahmslos. Menschen, die einen Selbstmordversuch machen, tendieren dazu, bei der Selbstmordhandlung in der Nähe anderer Menschen zu bleiben oder sich in deren Nähe zu begeben. Selbstmordversuche wirken als Alarmsignale und als Hilferuf, auch wenn ein solcher Appell nicht beabsichtigt war"; ferner S. 74: „Die meisten Menschen, die Selbstmordhandlungen begehen, wollen nicht entweder sterben oder leben. Sie wollen beides gleichzeitig, gewöhnlich das eine mehr — oder viel mehr — als das andere."

[32] Dies ist zunächst einmal die Konsequenz eines unabhängig von der Selbstmordproblematik gewonnenen Beurteilungsschemas, erhält aber zudem einen guten Sinn aus der Beschaffenheit der zwischenmenschlichen Beziehungen, um die es hier geht. Wer dem Lebensmüden menschlich nahesteht, kann normalerweise auch die Lebensumstände des Gefährdeten — vor allem durch Liebesbeweise — nachhaltig positiv beeinflussen. Dem Fremden, der aktiv am Selbstmord teilnimmt oder — etwa infolge Ingerenz — zum Überwachungsgaranten wird, ist das weder gegeben noch rechtlich aufgegeben.

[33] In den Ergebnissen weithin übereinstimmend vor allem *Schwalm*, Engisch-Festschrift, S. 553 ff.; vgl. ferner *Androulakis*, Studien, S. 165 f.; *Schaefer*, LK, Anm. I 3 vor § 211; *Sauer*, Lehrbuch, B. T., S. 255 (Anm. 24 a); ähnlich früher auch *Maurach*, B. T., 3. Aufl., 1959, S. 18 (seit der 4. Aufl., S. 17, wie die h. L. gegen die Bestrafung aktiv beteiligter Beschützergaranten). Es fehlt bei diesen Autoren jedoch die klare Trennung der beiden Garantengrundtypen sowie die Einsicht, daß nur das *Unterlassen* (nicht die aktive Teilnahme als solche) Täterschaft begründen kann.

Garant nur im Rahmen des § 216 StGB Sühne auf sich nehmen muß[34]. Dies kann m. E. nur von Fall zu Fall entschieden werden. Die Milderung ist keinesfalls am Platze, wenn der Garant durch Hinderung des Selbstmordes zugleich dessen entscheidenden Grund aufhöbe, weil der Lebensmüde nur das durch den Rettungsakt zu gebende Zeichen der Liebe oder wenigstens des Mitgefühls benötigt, um weiterleben zu wollen. Dann nämlich ist das Begehren, sterben zu dürfen, gewissermaßen subsidiär; der Garant kann es nur so verstehen: „Ich will, daß du mir beistehst; tust du es nicht, so will ich sterben." Ein „ernstliches Verlangen" nach dem Tod im Sinne des § 216 StGB ist dies nicht[35].

Die Rechtsprechung des BGH zur unterlassenen Selbstmordhinderung wirkt unsicher und etwas hilflos. Seine endgültigen Beurteilungsmaßstäbe dürfte das Gericht bislang kaum gefunden haben. Im Ansatz richtig ist die Auffassung, daß grundsätzlich jeder Selbstmord anderen als Tötungsdelikt zugerechnet werden kann, wenn sie ihn entgegen einer Garantenpflicht nicht hindern. Richtig ist ferner, daß die Bestrafung des Nichthindernden auch von der Grenzziehung zwischen Täterschaft und Teilnahme abhängen kann. Damit ist aber das Ende unserer Übereinstimmung bereits erreicht. An den höchstrichterlichen Urteilen ist zu kritisieren, daß die Frage „Täterschaft oder Teilnahme" erstens nicht richtig beantwortet und zweitens auch für Beschützergaranten gestellt wird, wo sie in Wahrheit unmaßgeblich ist.

Aufschlußreich ist folgender, vom 5. Strafsenat entschiedener Fall[36]: Die A lebte mit ihrem Verlobten O zusammen. O bat die A nach einem heftigen Streit um Verzeihung. Die A lehnte ab. Daraufhin fragte O nach einem bestimmten Gurt, den ihm die A sogleich aushändigte. Nunmehr bemerkte sie, daß O Anstalten traf, sich zu erhängen. Sie hinderte ihn nicht daran und rettete ihn auch nicht, als er bereits bewußtlos in der Schlinge hing.

Der Senat verurteilte die A nach § 212 StGB. Zur Begründung glaubte er, u. a. nachweisen zu müssen, daß die A Täterin sei: „Die Angeklagte hatte jedenfalls von dem Zeitpunkt an, in dem O seine Tötungshandlung beendet hatte, d. h. sich in die Schlinge hatte fallen lassen und bewußtlos und handlungsunfähig war, die volle und alleinige Tatherrschaft. Von diesem Zeitpunkt an hing es ausschließlich von ihrem Willen ab, ob O infolge ihres Untätigbleibens sterben oder sein Tod durch ihr Eingreifen verhindert würde"[37]. Auf die Tatherrschaft der A käme es in der Tat an, wenn die Garantenpflicht der A allein aus ihrem vorangegangenen unvorsätzlichen Tun ableitbar wäre.

---

[34] Vgl. *Androulakis*, Studien, S. 167; *Gallas*, JZ 1960, S. 688; *Schönke-Schröder*, Rdn. 17 vor § 211; BGH 13 166.

[35] Diese Situation ist nicht selten; sie lag, soweit sich das den Sachverhaltsschilderungen entnehmen läßt, den Urteilen BGH 13 162 und BGH in NJW 1960, S. 1821 zugrunde.

[36] NJW 1960, S. 1821.

[37] a. a. O., S. 1822.

Die A wäre dann Überwachungsgarantin und ihr Unterlassen u. U. nur straflose Beihilfe zum Selbstmord. Legen wir die Fragestellung des BGH zunächst als berechtigt zugrunde, so ist jedoch die Entscheidung unrichtig. Der Umstand nämlich, daß allein die A den Erfolg noch abwenden konnte, verschafft ihr die Tatherrschaft in Wahrheit nicht. Wer z. B., um einen vergleichbaren Fall zu bilden, für den Haupttäter draußen wacht, während dieser in einem Haus eine Bombe versteckt, rückt nicht dadurch zum Täter auf, daß nur er die Explosion bis zuletzt verhindern kann, weil er nach dem Weggang des Bombenlegers in der Nähe des Tatortes verbleibt. Oder: Stiftet A den B an, den C ins Wasser zu stoßen, so bleibt er bloßer Anstifter auch dann, wenn nur er schwimmen und den C nach Tatausführung noch retten kann. — Im Ergebnis hat freilich der BGH recht, weil es auf die Tatherrschaft der A in Wirklichkeit nicht ankam. Wie der BGH richtig erkennt[38], war die A infolge der auf Lebensgemeinschaft beruhenden engen menschlichen Verbundenheit mit O zugleich Beschützergarantin und darum ohne Rücksicht auf weitere Fallmodalitäten allein ihrer Vermeidefähigkeit wegen Unterlassungstäterin[39].

Lehrreich ist auch ein Urteil des 4. Strafsenats[40]. Es ging um einen Angeklagten, der seine Frau verlassen hatte. Diese beging daraufhin Selbstmord. Der Angeklagte hatte das bei seinem Weggang als mögliche Folge seines Tuns vorhergesehen, aber nicht gewollt. Der Senat verneinte eine fahrlässige Tötung.

Vom Boden einer Theorie aus, die die Unterscheidung von Täterschaft und Teilnahme auch bei Beschützergaranten für ausschlaggebend hält, hätte es nun nahegelegen, das so zu begründen: Die vorsätzliche Veranlassung einer fremden Selbsttötung ist als Anstiftung zu einer nicht strafbedrohten Haupttat straflos. Für ein nicht vorsätzliches Veranlassen derselben Tat muß dies erst recht gelten. Diesen Weg beschreitet das Urteil jedoch nicht. Es beruft sich vielmehr auf die Rechtmäßigkeit der häuslichen Trennung und begründet sie mit Erwägungen, die in der Sache die Sozialadäquanz des Verhaltens des Angeklagten dartun sollen. Die Forderung, bei einer selbstmordgefährdeten Person auszuharren, wäre nach Ansicht des Senats „ein unvertretbares Hemmnis der erlaubten Rechtsausübung“ und hätte überall dort bedenkliche Konsequenzen, „wo Rechte und Befugnisse gegenüber Personen ausgeübt werden, die dazu neigen könnten, mit Selbstmord oder einer anderen Gewalt-

[38] Vgl. a. a. O., S. 1822 (1821).

[39] Folgt man dem, so ist auch der Entscheidung BGH 2 150 — entgegen der h. L. — zuzustimmen. Das im 13. Bande, S. 162 ff., abgedruckte Urteil verdient dagegen keinen Beifall. Der Senat bejaht dort eine Garantenpflicht des Angeklagten gegenüber seiner Schwiegermutter, verneint jedoch hinsichtlich des nichtverhinderten Freitodes den „Tätervorsatz“ (S. 166 f.). Wahrscheinlich auf Grund derselben Überlegung wird auch die Tochter der Selbstmörderin vom Vorwurf vorsätzlicher Tötung freigesprochen (vgl. S. 169). Dieses zweite Ergebnis scheint mir unannehmbar.

[40] BGH 7 268.

tat darauf zu antworten"[41]. Die Begründung ist nicht haltbar. Sie führt etwas an, was nur für Nichtgaranten Gewicht hätte. Sie beachtet nicht, daß sich unter der für sich genommen sozialadäquaten Aktivität des Angeklagten eine Unterlassung verbirgt, und beschwört so einen Widerspruch herauf. Denn ein Ehemann, der seine Frau vom Tode retten kann, muß bis zur Grenze des Zumutbaren seine Kräfte anspannen und aktiv werden, um dieses Ziel zu erreichen. Der Angeklagte aber, der seine Frau schon durch schlichtes Unterdrücken seiner Aufbruchsneigung hätte retten können, soll dazu nicht verpflichtet sein? Beiläufig bemerkt, bietet die Entscheidung ein treffliches Beispiel dafür, auf welche Irrwege jede Lehre führen kann, die streng zwischen Handeln und Unterlassen unterscheidet — verkennend, daß auch in der Handlung der dogmatisch entscheidende Kern eine Unterlassung ist.

Ohne Fehl ist dagegen ein anderes Urteil des BGH[42], in dem einem jungen Mann fahrlässige Tötung seiner Geliebten vorgeworfen wurde. Er hatte ihre Bindungen zum Elternhaus zerstört, mit ihr ein Landstreicherleben geführt und sie schließlich, als sie nicht mehr aus noch ein wußte, nicht daran gehindert, unter den Rädern eines Zuges den Tod zu suchen. — Für seinen Urteilsspruch begnügt sich der Senat mit dem Aufweis der Garantenstellung und der Hinderungsfähigkeit des Angeklagten. Die Frage, ob die Unterlassung nicht richtigerweise als unvorsätzliche Beihilfe zum Selbstmord aufzufassen sei, wird gar nicht erst gestellt. Es ist gut möglich, daß das Gericht den Grund einer falschen Fahrlässigkeitskonzeption entnommen hat; daß man im Bereich der Fahrlässigkeit auf die Abgrenzung von Täterschaft und Teilnahme schlechthin und überall verzichten dürfte, wäre nicht richtig[43]. Der Angeklagte war aber aus einem anderen Grunde auf jeden Fall Täter: weil seine Garantenpflicht dahin ging, die Geliebte vor jedem Unheil zu schützen. Die Argumentation von *Heinitz* schlägt demgegenüber nicht durch. Er weist in einer Anmerkung zum Urteil auf die Straflosigkeit der Förderung fremden Selbstmordes hin und meint, die Grantenpflicht des Angeklagten habe nur die Bedeutung, das Fehlen aktiver Unterstützung auszugleichen[44]. Das ist aber nach meiner Ansicht nicht richtig. Bestimmte Garantenstellungen bewirken darüber hinaus, daß die Unterscheidung von Täterschaft und Teilnahme gegenstandslos wird.

Richtige und unzutreffende Entscheidungen wechseln ab. Festgelegt ist unsere höchstrichterliche Rechtsprechung zum Glück noch nicht. Verhängnisvoll wäre es freilich, wenn nunmehr der Gesetzgeber ein Machtwort spräche und die Gerichte an die sachlich falsche herrschende Doktrin bände. Darum ist dringend zu wünschen, daß die Legislative auf den Vorschlag des Alternativentwurfs nicht eingehen möge. Die Vorschrift des § 103 AE ist übrigens

---

[41] a. a. O., S. 271.
[42] JR 1955, S. 104 f.
[43] Vgl. oben S. 249 f.
[44] JR 1955, S. 105.

nicht nur darum abzulehnen, weil sie die Bestrafung von Beschützergaranten, die die Selbsttötung eines nicht aufgrund seelischer Störung handelnden Erwachsenen nicht hindern, unmöglich machen würde; sie enthält noch den weiteren, kaum zu begreifenden Fehler, Überwachungsgaranten generell straffrei zu stellen. Nach ihr soll also z. B. die Ingerenz unter keinen Umständen die Zurechnung des Todeserfolgs begründen können. Wer einem Geisteskranken oder einem unglücklich verliebten 12jährigen Mädchen auf deren Bitten grob leichtfertig Gift ausgehändigt hat und nun seelenruhig zusieht, wie diese sich umbringen, beginge keine vorsätzliche Tötung. Nach einer Begründung für diese system- und sachwidrige Ausnahme sucht man vergeblich. Es heißt lediglich: „Die Erwägungen, die der strafrechtlichen Haftung aus dem Gesichtspunkt der Ingerenz zugrunde liegen, treffen auf die Selbsttötung nicht zu"[45].

II. Die Strafmilderungsfrage

Legen wir uns nunmehr die Ausgangsfrage noch einmal vor, so läßt sich zunächst festhalten; Die Strafmilderung für unechte Unterlassungsdelikte kann nicht die Funktion haben, das Fehlen der Beihilfe durch Unterlassen auszugleichen[46]. Wo *innerhalb* des Unterlassungsbereiches eine Herabstufung der Strafe notwendig ist, kann und muß sie unmittelbar durch Anwendung der Beihilfevorschrift erfolgen, weil begrifflich auch nur Beihilfe vorliegt (Nichthinderung des Mörders nach leichtsinnigem Aushändigen der Waffe). Im übrigen gilt zwar für Unterlassungen ein Einheitstäterbegriff, doch spielt es insoweit für das Strafmaß auch keine Rolle, ob der Garant gegen Naturgewalt oder Menschenwerk nicht einschreitet. Die hier zu beantwortende Frage kann also nur die sein, ob das unechte Unterlassungsdelikt *generell* minder strafwürdig ist als das Begehungsdelikt.

Daß man dies bejahen muß, wurde im Verlauf unserer Untersuchung schon wiederholt angedeutet. Begehungs- wie Unterlassungsdelinquent lassen sich beide ein garantenpflichtwidriges Nichtvermeiden zuschulden kommen. Beim ersteren kommt aber hinzu, daß das Nichtvermiedene ein Werk seines *Willens*, seiner zweckbewußt das Geschehen steuernden Energieentfaltung ist. Dieser Umstand erhöht m. E. schon das Unrecht, auf jeden Fall aber die Schuld[47].

Unmittelbar einleuchten kann das freilich nur für die Fälle, in denen eine Überwachungsgarantenpflicht verletzt wird. Unter ihnen ist ja keine so elementar wie die, über die sich der Aktivtäter hinwegsetzt. Die Verantwortlichkeit für die höchsteigene Aktivität ist fragloser als die für, sagen wir: Hunde und eisbedeckte Bürgersteige. Es mag sogar berechtigt sein, hier von

---

[45] Begründung zu § 103, S. 21.

[46] A. A. namentlich Armin *Kaufmann*, Unterlassungsdelikte, S. 303.

[47] Die Ansicht von *Jescheck*, Lehrbuch, S. 407, es könne nur der Schuldgehalt des Unterlassens geringer sein, beruht auf dem hier verworfenen Gleichwertigkeitsdogma.

einer kontinuierlichen Abschwächung der Garantenpflicht zu sprechen (im selben Maße, in dem sich der zu überwachende Faktor der Peripherie des personalen Zuständigkeitsbereiches nähert) und darin einen zusätzlichen Grund für die Milderbestrafung gewisser Unterlassungen zu sehen. Für den zweiten Grundtypus des Unterlassungstäters, den wir den Beschützergaranten nennen, ist hingegen der Gedanke der straferhöhenden Willensaktivität nicht ohne weiteres zwingend. Denn seine Grantenpflicht läßt sich mit der des Aktivtäters nicht gut vergleichen; es kann nicht als von vornherein ausgeschlossen gelten, daß Überwachungspflichtverletzung und Willensaktivität erst zusammen das Gewicht einer Schutzpflichtverletzung erreichen. Konkret gefragt: Verdient vielleicht der Garant, der einen seinem Schutz anvertrauten Menschen sterben läßt, grundsätzlich die gleiche Strafe wie jemand, der einen ihm fremden Menschen aktiv tötet?

Die Antwort muß letztlich das Rechtsgefühl geben. Doch heißt das nicht, daß man sich hier für oder gegen die Strafmilderung aussprechen könnte. Es gibt eine Konstellation, die schlaglichtartig erhellt, daß nur eine Entscheidung richtig sein kann: die der Pflichtenkollision. Man denke sich, daß in allgemeiner Notlage eine Mutter ihre Pflicht, ihr Kind durch Nahrungsverschaffung am Leben zu halten, nur dadurch erfüllen kann, daß sie einem anderen Menschen die letzte Nahrung nimmt und ihn dadurch dem sicheren Tod ausliefert. In dieser Situation begeht sie so oder so eine tatbestandsmäßige Tötung, weil sie, wie sie sich auch entscheidet, garantenpflichtwidrig den Tod eines Menschen, den sie hätte vermeiden können, nicht vermeidet. Ist es also gleichgültig, ob sie die Handlungs- oder die Unterlassungspflicht erfüllt?

Kann ein Garant von zwei gleichwertigen *Handlungs*pflichten nur eine erfüllen — ein Arzt muß von zwei Schwerverletzten einen ohne Behandlung lassen — so kann er sich in der Tat entscheiden, wie er will. Es ist nicht vorstellbar, daß die eine Entscheidung einen Rechtsbruch bedeutet, den die andere vermieden hätte[48]. Anders in unserem Falle. Ohne Schwanken wird jeder ihn dahin entscheiden, daß die Mutter das Leben ihres Kindes opfern muß, um das des anderen Menschen erhalten zu können. Wohl wäre sie anderenfalls entschuldigt (§ 54 StGB), doch rechtmäßig verhält sie sich nur, wenn sie ihr Kind verhungern läßt[49].

---

[48] Bestritten ist allerdings, ob die Nichterfüllung der einen Handlungspflicht nur entschuldigt oder rechtmäßig ist. Die jetzt h. L. nimmt zutreffend das zweite an, weil die Rechtsordnung mit ihren Geboten nichts Unmögliches verlangen kann; vgl. *Lenckner*, Notstand, S. 27, Anm. 81; *Schmidhäuser*, Lehrbuch, 6/12 und 16/77—80; *Wessels*, Schwerpunkte, S. 122; *Schönke-Schröder*, Rdn. 64 vor § 51 und die Nachweise dort.

[49] *Lenckner*, Notstand, S. 5, 26 f. (vgl. dort insbesondere Anm. 81), hält diese Konstellation für so unproblematisch (die Handlungspflicht des Garanten könne nicht weitergehen als das Handlungsrecht eines Nichtgaranten), daß er ihr sogar den Terminus der Pflichtenkollision verweigern will (S. 5, Anm. 15). Das ist m. E. nicht richtig. An sich ist die Mutter schon verpflichtet, ihr Kind zu retten, und sie begeht, wenn sie untätig bleibt, eine tatbestandsmäßige Tötung. Die Rechtmäßigkeit

Das aber heißt: Es begeht schwereres Unrecht, wer aktiv einen fremden Menschen tötet, denn wer als Garant einen Schutzbefohlenen sterben läßt. Man wende nicht ein, aus der hier fingierten besonderen Situation lasse sich ein so allgemeiner Schluß nicht ziehen. Das Zurückweichen der Handlungspflicht im Falle der Kollision mit der Unterlassungspflicht kann seine Erklärung doch nur darin finden, daß die erste generell die schwächere ist; der konkrete Pflichtenkollisionsfall demonstriert das nur besonders augenfällig.

Unser Beispiel könnte Zweifel wecken, ob eine nur fakultative Strafmilderung den Anforderungen der Sache überhaupt genügen kann. Man muß nämlich bedenken, daß wir gewissermaßen Extreme verglichen haben[50] und aus dem Vergleichsergebnis ableiten können, daß andere Unterlassungen, an einer gewöhnlichen Begehung gemessen, noch weiter zurückfallen. Ist nicht eine *obligatorische* Milderbestrafung des unechten Unterlassens zu fordern, wenn nicht einmal die Unterlassung der Mutter, die ihr Kind nicht ernährt, an eine aktive Todesbewirkung heranreicht?[51] Die Frage ist zu verneinen. Ausnahmslos geringfügiger ist nur das Unrecht der Unterlassung. Ihr Schuldgehalt kann im Einzelfall den einer vergleichbaren Begehung übersteigen und deren Strafrahmen angemessen erscheinen lassen. Deshalb verdient die Regelung des § 13 Abs. 2 StGB 1973 im Prinzip Zustimmung. Ihr muß durch analoge Anwendung der §§ 49 Abs. 2, 44 StGB schon für das heutige Recht Geltung verschafft werden, denn man darf dem Unterlassungstäter eine Besserstellung nicht versagen, die das positive Recht nicht verbietet und die nach der Einsicht des gegenwärtigen Gesetzgebers ein Gebot der Gerechtigkeit ist.

---

des Tötens erklärt allein der durch Wertung erst festzusetzende Vorrang der einen Pflicht vor der anderen.

[50] Keine Garantenpflicht ist im sozialen Leben fundamentaler begründet als diejenige der Mutter, ihr Kind zu ernähren. Auf der anderen Seite ist die aktive Entziehung eines Mittels der Lebenserhaltung eine abgeschwächte Form der Todesherbeiführung, der von einigen sogar die echte Begehungskausalität abgesprochen wird; vgl. *Traeger*, Unterlassungsdelikte, 1913, S. 15; E. A. *Wolff*, Kausalität, S. 18; Arthur *Kaufmann/Hassemer*, JuS 1964, S. 156; *Schönke-Schröder*, Rdn. 37 vor § 47; *Schmidhäuser*, Lehrbuch, 8/68.

[51] Von hier aus ergeben sich zusätzliche Bedenken gegen die schon oben (S. 255 ff.) kritisierte Gleichstellungstheorie *Roxins*. Wenn er fordert, das Nichtausüben „strafrechtsunabhängiger sozialer Rollen" künftig der Begehung zuzuschlagen und die Unterlassung rettenden Eingreifens „außerhalb des sozialen Regelablaufs" auch im Falle der Garantenpflichtigkeit nicht mehr den Handlungsmerkmalen zu subsumieren, so markiert er eine gewiß beachtenswerte Stufe im Unrecht, ebnet aber eine noch bedeutendere ein. Keine Handlungspflicht, auch nicht die sozialethisch und im Gewissen ganz tief verwurzelte und jeden Tag gedankenlos — selbstverständlich erfüllte, ist in ihrer psychischen Zwangswirkung der Hemmung vergleichbar, die uns vom aktiven Umbringen unserer Artgenossen abhält. So manche Mutter, die einen Menschen zu erschießen oder zu vergiften niemals über sich brächte, mag dennoch fähig sein, dem kranken Kind, dem sie Jahre ihres Lebens opfern mußte, das lebenserhaltende Medikament eines Tages einmal nicht zu gewähren.

VIERTER TEIL

UNTERLASSUNGSTÄTERSCHAFT UND GARANTENSTELLUNGEN BEI OFFENEN TATBESTÄNDEN

Im ersten Teil der Arbeit wurde gezeigt, daß ein unechtes Unterlassungsdelikt nicht notwendig durch garantenpflichtwidriges Unterlassen verwirklicht wird. Bei den zahlreichen Delikten, die wir die verhaltensgebundenen genannt haben, hat die Unterlassungstäterschaft mit der Garantenpflicht — diesen Begriff im herkömmlichen engen, den Aktivtäter ausschließenden Sinne verstanden — nichts zu tun. Anders steht es mit den offenen Tatbeständen, d. h. den reinen Bewirkungsdelikten im Besonderen Teil sowie Beihilfe und Anstiftung. Für diese gilt das Garantenprinzip. Täter durch Unterlassen ist hier, wer ein von ihm nicht positiv bewirktes Geschehen nicht vermeidet, obwohl er es vermeiden könnte und als Garant dazu berufen ist. Unter welchen Voraussetzungen eine derartige Garantenstellung bejaht werden muß, ist die wohl wichtigste Frage unseres Themas, die im folgenden wenigstens in Umrissen beantwortet werden muß. Die bisher gewonnenen Erkenntnisse machen es nun aber auch hinsichtlich der offenen Tatbestände fraglich, ob das Garantenprinzip den gesamten Erscheinungsbereich der Unterlassungstäterschaft abdeckt. Gibt es vielleicht zwischen der Begehung durch Tun und der Garantenunterlassung eine Zwischenzone der „unmittelbar" tatbestandsmäßigen Unterlassungen, gleich oder ähnlich dem konkludenten Unterlassen, das wir bei den verhaltensgebundenen Delikten kennengelernt haben? Dies muß zuvor untersucht werden, denn nur so entsteht ein vollständiges Bild von der Täterschaft durch Unterlassen bei offenen Tatbeständen.

§ 23 DAS BEGEHUNGSGLEICHWERTIGE UNTERLASSEN

Es entspricht fast einhelliger Auffassung, daß jedenfalls bei den reinen Erfolgsdelikten Unterlassungen unter allen Umständen straflos bleiben, wenn keine Garantenpflicht zur Abwendung des Erfolges besteht. Diese Überzeugung ist jedoch neuerdings erschüttert worden. Im Rahmen seiner Untersuchungen über Täterschaft und Teilnahme bei Unterlassungen ist *Roxin* auf die Möglichkeit eines strafbaren Unterlassens ohne Erfolgsabwendungspflicht gestoßen. Dabei zwingt ihn sein eigenes System freilich, den Angriff gegen die h. L. auf denkbar schmaler Front vorzutragen. Denn da, wie er annimmt, ein Unterlassender nie Tatherrschaft haben könne und das alternative Täterkriterium der außerstrafrechtlichen Sonderpflichtstellung hier voraussetzungsgemäß (keine Garantenpflicht) ebenfalls fehlt, soll von vornherein feststehen, daß ein derartiges Unterlassen nur als herrschafts- und pflichtlose

Mitwirkung und damit als Beihilfe auf die Tat eines aktiv Handelnden bezogen werden könne[1]. Mit anderen Worten: Die Möglichkeit eines strafbaren Unterlassens ohne Garantenpflicht soll sich auf den Tatbestand des „Hilfeleistens" — § 49 StGB — beschränken.

Zur Erläuterung bildet *Roxin* folgendes Beispiel: Auf einen Staatsmann ist ein Attentat geplant. Da das Wohnhaus gut bewacht wird, beschließen die Attentäter, sich zuvor Zugang zum Nachbarhaus zu verschaffen, um von dort aus über den Hinterhof in die Wohnung des Opfers einzudringen. Dem Nachbarn wird der Plan durch Zufall bekannt. Da er sein Gelingen wünscht, läßt er am Abend vor der Tat die Hautür, die er sonst allabendlich verriegelt, offen. Die Verschwörer finden so zu ihrer Freude kein Hindernis vor, gelangen ohne Geräusch und Aufsehen ans Ziel und erdolchen ihr Opfer[2].

Daß der Nachbar Beihilfe zum Mord begangen habe, versucht *Roxin* zunächst durch folgende Überlegung plausibel zu machen[3]: Hätte der Nachbar die Tür stets verschlossen gehalten und nur an diesem einen Tage im Hinblick auf das Attentat geöffnet, so wäre zweifellos eine Beihilfe durch positives Tun anzunehmen. „Warum soll dann etwas anderes gelten, wenn er die Tür jeden Abend abgeschlossen und nur an diesem einen Tage ... offen gelassen hat?" „Was faktisch gesehen ein Unterlassen ist, kann sich seinem sozialen Sinne nach unabhängig von jeder Pflicht als förderndes Tun darstellen."

Eines scheint mit sicher zu sein. Der sachliche Gehalt dieses Gedankens drängt über die engen Grenzen hinaus, die ihm sein Urheber gezogen hat. Warum soll ein Unterlassen der beschriebenen Art, wenn es wirklich nach seinem sozialen Sinn ein förderndes Tun sein sollte, nicht unter anderen Umständen auch Täterschaft, etwa Begünstigung, Hehlerei, Kuppelei oder Gefangenenbefreiung, begründen können? Und wieso ist es ausgeschlossen, daß der Nachbar die Tötung als mittelbarer Täter begeht? Nehmen wir einmal an, den Attentäter liegt nichts am Tod des Staatsmannes. Sie wollen nur zum Zeichen des Protestes gegen das herrschende Regime sein Haus niederbrennen. Das tun sie und töten dabei gegen ihren Willen den Hausherrn, der zufällig anwesend war. Der Nachbar hat alles gewußt. Er wollte den Tod seines Rivalen im Kampf um die Macht. In diesem Fall sähe *Roxin* den Nachbarn bei jeder noch so unwesentlichen aktiven Beeinflussung des Kausalverlaufs als mittelbaren Täter der Tötung an[4]. Ein taterleichterndes Öffnen der Tür würde also Täterschaft begründen. Kann dann für das Nichtverschließen, welches ja, wie *Roxin* meint, unter den gegebenen Umständen *denselben* sozialen Bedeutungsgehalt hat, etwas anderes gelten?

Doch sei das Attentat-Beispiel vorerst zurückgestellt. Es dürfte sichtbar geworden sein, daß *Roxins* Frage von größerer Tragweite ist, als er selber

[1] Vgl. Täterschaft, S. 485, 488.
[2] a. a. O., S. 485 f.
[3] Vgl. a. a. O., S. 486.
[4] Vgl. a. a. O., S. 170—179 (175 ff.).

erkannt hat[5]. Gibt es Unterlassungen, die einem positiven Bewirken ohne Rücksicht auf etwaige Garantenpflichten unmittelbar gleichstehen? Wenn ja, so kann ein solches Unterlassen wohl auch einmal Beihilfe sein, aber ebensogut alle möglichen anderen Bewirkenstatbestände erfüllen.

I. Kausale Unterlassungen

Ließe sich die Möglichkeit echt kausaler Unterlassungen aufweisen, so würde es einleuchten, daß solche Verhaltensweisen denselben juristischen Rang einnehmen müßten wie Begehungen. Für die Zurechnung eines Erfolges bedarf es keiner Garantenstellung, wenn das Zurechnungssubjekt causa efficiens des Erfolges ist. Nun geht allerdings die absolut h. L. dahin, dies sei bei Unterlassungen schlechthin undenkbar; wer nur untätig bleibe, möge wohl fähig sein, einen bestimmten Erfolg abzuwenden, bewirken jedoch tue er ihn niemals. Allein, so sicher ist das nicht. „Die unbedingte Verneinung der Kausalität", gab schon Graf *zu Dohna* zu bedenken, „. . . hat Gültigkeit nur für den Bereich der mechanischen Kausalität. Wo das Kausalgesetz die Form der Motivation menschlicher Handlungen annnimmt, kann, was meist unbeachtet bleibt, auch die Unterlassung kausal wirken. Denn es kann der Umstand, daß eine Handlung des A nicht vorgenommen worden ist, den B zu einem Verhalten bestimmt haben"[6].

Vor Jahren brachte das Deutsche Fernsehen ein Spiel, das im wesentlichen aus folgender Szene bestand: In einem Bürgerkrieg fällt ein Soldat einem gegnerischen Offizier in die Hände. Dieser will ihn zum Verrat kriegswichtiger Geheimnisse zwingen. Es wird ihm erklärt, daß vor seinen Augen gefangene Zivilisten in bestimmten zeitlichen Abständen, einer nach dem anderen, erschossen würden, bis er rede. So geschieht es, weil der Soldat zunächst trotz furchtbarer Gewissenskämpfe beharrlich schweigt.

Man sieht, das Geschehen, das zum Tod der Zivilpersonen führt, rollt nicht unabhängig von S ab. Sein Unterlassen ist als real bewirkender Faktor hineinverwoben. Der Unterschied zu einem gewöhnlichen Unterlassen besteht darin, daß der Erfolg nicht nur dann ausgeblieben wäre, wenn S geredet hätte, sondern schon dann, wenn er *nicht unterlassen* hätte. Hätte er Selbstmord begangen oder wäre er ohnmächtig geworden (ein Toter oder Ohnmächtiger „unterläßt" nicht), so wäre die Tötung der Geiseln sinnlos geworden und unterblieben. Ihren Tod verursacht das Ausbleiben des *noch möglichen* Geheimnisverrats. Normalerweise ist das nicht so. Wer zu ertrinken droht, bleibt nicht dadurch am Leben, daß der zur Rettung befähigte Passant in Folge einer Ohnmacht nichts mehr unterläßt.

---

[5] Vgl. auch *Hardwig*, JZ 1965, S. 670.

[6] Aufbau der Verbrechenslehre, S. 22. Über frühere Lehren (*Geyer*, *Aldosser*), nach welchen eine Unterlassung überhaupt nur in derartigen Fällen „fremdpsychischer Kausalität" strafbar sein sollte, berichtet kritisch *Welp*, Vorangegangenes Tun, S. 55—57.

Fälle des kausalen Unterlassens ereignen sich im Bereich der Erpressung (im weiten Sinne) recht häufig. Spektakuläre Beispiele sind die Diplomatenentführungen in Lateinamerika, aber auch andere, unpolitische Erpresser machen oft den Eintritt eines deliktischen Erfolges (Tod eines Kindes) von der Nichterfüllung einer erfüllbaren Forderung abhängig; der Erfolg entfiele bei Erfüllung, aber z. B. auch dann, wenn der Erpreßte stürbe.

Es könnte nun scheinen, als sei in diesen Fällen die Garantenpflicht doch die entscheidende Strafbarkeitsvoraussetzung, so daß die Besonderheit — der reale Bewirkenszusammenhang zwischen dem Unterlassen und dem Erfolg — sich dogmatisch nicht auswirken würde. Denn es ist ja höchst problematisch, einem untätig gebliebenen Nichtgaranten einen Erfolg als ein vom ihm begangenes Unrecht zuzurechnen, weil ein anderer das Unterlassen zum Anlaß genommen hat, den Erfolg aktiv herbeizuführen. Diese Problematik ist jedoch durch Anwendung der Garantenregeln nicht lösbar, weil sie im Falle der Begehungskausalität ebenfalls auftritt. Nehmen wir an, eine Untergrundorganisation droht, ein öffentliches Gebäude in die Luft zu sprengen, falls ein bestimmter Journalist seine Enthüllungen fortsetzt, oder ein Fabrikant, der „ausgeliehene" KZ-Häftlinge beschäftigt, hat Grund zur Befürchtung, daß es für den betroffenen Häftling den Tod bedeute, wenn er dessen Arbeitsunfähigkeit wahrheitsgemäß der SS melden würde. Macht der Journalist trotzdem von seiner Pressefreiheit auch ferner Gebrauch, oder lehnt der Fabrikant die Weiterbeschäftigung eines entkräfteten Häftlings ab, und kommt es daraufhin tatsächlich zu der zu erwartenden Tat, so wird man genauso Bedenken haben, die strafrechtliche Verantwortlichkeit auf den auszudehnen, der gegen seinen Willen — wenn auch wissentlich — den Anlaß zur Tat gegeben hat — obwohl hier die Verursachung auf aktivem Tun beruht. Die Frage ist also eine grundsätzliche: Wird ein erlaubtes, sozialadäquates Unterlassen oder Handeln dadurch zum Unrecht, daß ein anderer willkürlich dieses Verhalten zur Ursache für einen deliktischen Erfolg erklärt? Ich meine, daß dies zumindest in Ausnahmesituationen bejaht werden muß; so etwa, wenn ein offenbar Unzurechnungsfähiger etwas ganz Geringfügiges verlangt und für den Fall der Verweigerung glaubhaft den Tod eines in seiner Macht befindlichen Menschen androht. Doch ist dies eine außerhalb unseres Themas liegende Frage. Hier kam es nur darauf an zu zeigen, daß es echt kausale Unterlassungen gibt, die nicht anders als entsprechende Aktivitäten bewertet werden dürfen.

II. Unterlassungen bei fortdauernder mechanischer Bewegung des Kausalfaktors

Zur Veranschaulichung einer weiteren Gruppe diene folgender Fall: Der Gärtner A arbeitet gelegentlich für einige Stunden im Garten des B. Der Garten ist gegen den Eintritt Unbefugter gut abgesichert. Eines Tages, als A gerade Wasser in B's Schwimmbecken einlaufen läßt, klettert ein kleines Mädchen über den Gartenzaun, läuft durch den Garten, rutscht aus und stürzt so unglücklich in das Bassin, daß es bewußtlos am Boden liegen bleibt. A steht untätig am Rande und beobachtet sadistisch, wie das Wasser den Boden zu decken beginnt und langsam steigt. Nach fünf Minuten ist das Kind ertrunken.

Eine Garantenpflicht des A ist in diesem Falle nicht begründbar. Sein vorangegangenes Tun — das Öffnen des Wasserhahnes — war unter den gegebenen Umständen völlig ungefährlich, und als Garant kraft allgemeiner Überwachungspflicht käme allenfalls B in Betracht. Kausal wie in der zuvor besprochenen Fallgruppe ist A's Unterlassen aber offenbar auch nicht. Denn den Fortgang des Geschehens würde es nicht berühren, wenn A infolge plötzlichen Verlustes der Handlungsfähigkeit nicht mehr unterließe. Ist er also nur einer unterlassenen Hilfeleistung schuldig? Das wäre unbefriedigend. Hätte A einen Schlauch in Händen gehalten und in dieser Weise das Einfüllen nach dem Sturz des Mädchens fortgesetzt, so läge fraglos ein Tötungsdelikt vor. Soll anders entschieden werden, nur weil das Wasser einströmt, ohne daß A einen Muskel anspannt? „Die Abweichungen im naturalistischen Verhaltensbilde beeinträchtigen die Gleichartigkeit des sozialen Sinnvorganges nicht." Dieser Satz von *Roxin*[7], der mit Bezug auf das Attentat-Beispiel anfechtbar sein mag, trifft auf unseren Fall zweifellos zu.

Das Ergebnis verdanken wir freilich einem recht unbestimmten Rechtsgefühl. Zu klären bleiben die allgemeinen Voraussetzungen, aufgrund derer ein Unterlassen der geschilderten Art dem Begehen unmittelbar gleichwertig ist. Wir wollen der Antwort durch eine Fallvariation näherzukommen versuchen. Angenommen, das Mädchen wäre in das von A bereits gefüllte Becken gefallen und A hätte es nicht herausgezogen. Bei dieser Sachlage stünde ein gewöhnlicher Unterlassungsfall zur Beurteilung. Mangels Garantenpflicht fiele dem A nur ein Vergehen nach § 330 c zur Last. Die entscheidende Differenz liegt offenbar darin, daß A hier seine für das Ertrinken kausale Tätigkeit beendet hat, während er im Ausgangsfall noch „einfüllt". Schon der Sprachgebrauch zeigt an, daß etwas seinem sozialen Sinne nach ein Tun sein kann, was faktisch betrachtet nur ein Unterlassen ist. Wir können das am konkreten Fall Beobachtete dahin verallgemeinern, daß immer dann, wenn bei wertender Betrachtungsweise eine mechanische Bewegung als des Urhebers oder Überwachers eigene, fortdauernde Aktivität verstanden wird, auch unter strafrechtlichen Aspekten äußerliche Unterschiede zum positiven Tun nicht relevant sein können.

III. Konkludente Unterlassungen

Eine dritte Gruppe von begehungsgleichwertigen Unterlassungen kommt in den Blick, wenn wir uns auf die verhaltensgebundenen Delikte besinnen (vgl. oben § 6). Die konkludenten Unterlassungen, die dort die allein tatbestandstauglichen sind, haben natürlich auch bei gewissen reinen Bewirkungsdelikten Bedeutung, nur daß sie hier den Erscheinungsbereich tat-

[7] Täterschaft, S. 486.

bestandsmäßigen Unterlassens nicht erschöpfen; so, wie man trotz vollständiger körperlicher Passivität Unzuchtsgelegenheit gewähren, eine täuschende Erklärung abgeben oder jemanden beleidigen kann, so kann man in besonderen Situationen auch Verbrechern nach begangener Tat Beistand leisten, zum Absatz von Diebesbeute mitwirken oder anderen bei einer Deliktsbegehung helfen, ohne äußerliche Tätigkeit zu entfalten. Der Rechtsprechung scheint das nicht immer klar zu sein. Sie stellt die Frage nach der Garantenpflicht, irregeführt durch die äußere Untätigkeit des Angeklagten, oft auch dort, wo eine genauere Durchleuchtung des Sachverhaltes vermutlich ergäbe, daß ein konkludentes, mithin unmittelbar begehungsgleiches Unterlassen vorliegt. Wer beispielsweise seiner Frau durch beredtes Schweigen zu verstehen gibt, er habe gegen die in der Küche an einer Schwangeren vorzunehmende Abtreibung nichts einzuwenden, der stellt ihr einen Raum, über den ja auch er zu bestimmen hat, zur Verfügung und leistet damit Beihilfe[8]. Ein Wirt, der den Handel seiner Gäste mit gestohlenen Sachen im Hinterzimmer duldet, kann so sein Einverständnis erklären und durch Mitwirken zum Absatz Hehlerei begehen[9]. Wer über längere Zeit zuläßt, daß gestohlene, geschmuggelte oder gehehlte Ware in seinem Keller versteckt wird, wird damit in aller Regel erklären, daß er das Versteck gewähre, und auch so verstanden werden; er leistet dann anderen Beistand, um ihnen die Vorteile ihrer Vergehen zu sichern[10]. Eine Garantenpflicht, dem Treiben der anderen Einhalt zu gebieten, kann in derartigen Fällen durchaus hinzutreten, aber es kommt nicht auf sie an. Die Bestrafung eines Nichtgaranten, den die Beteiligten „auch so" verstanden haben, darf vernünftigerweise nicht davon abhängen, daß man ihm ein Kopfnicken nachweisen kann.

Auch konkludente Unterlassungen können kausal sein. Der Nutznießer kann sein Verhalten von der Abgabe der stillschweigenden Bewilligung abhängig machen. So kann sich die Abtreiberin ihrem Mann derart unterordnen, daß sie in seiner Abwesenheit die eheliche Wohnung für ihre Taten nicht zu benutzen wagt. Doch anders als in der unter I besprochenen Fallgruppe ist hier der reale Wirkungszusammenhang zwischen Unterlassung und äußerem Geschehen nicht der entscheidende Gesichtspunkt. Auch wenn ohne die Unterlassung alles genauso abgelaufen wäre, würde sich an der Handlungsgleichwertigkeit des Unterlassens nichts ändern. Denn diese beruht nicht auf der Kausalität, sondern auf dem Erklärungscharakter der Unterlassung. Die größere Verwandtschaft besteht also zwischen den Gruppen II und III. Auch der letzteren Konstellation ist eigentümlich, daß für den um Sinnverständnis bemühten Betrachter das Unterlassen die *Bedeutung* eines Aktivverhaltens erhält, und zwar die eines ausdrücklichen, insbesondere ausgesprochenen, Gewährens.

---

[8] Vgl. BGH in NJW 1953, S. 591.

[9] Vgl. RG 58 300.

[10] Vgl. RG in JW 1930, S. 3407 und JW 1931, S. 1576; RG in DR 1943, S. 234; BGH bei *Dallinger*, MDR 1956, S. 271.

IV. Zusammenfassung und ergänzende Überlegungen

Unsere Ausgangsfrage ist also zu bejahen. Es gibt drei unterscheidbare und verhältnismäßig scharf umreißbare Konstellationen des begehungsgleichwertigen Unterlassens. Das Nichtabwenden eines Erfolgs ist hier entweder wegen seines Bedeutungsgehaltes (Gruppen II und III) oder wegen seiner Kausalität (Gruppe I) dem tätigen Herbeiführen gleichwertig, auch wenn der Unterlassende nicht garantenpflichtig ist. (Der Erfolgsbegriff ist dabei in einem weiten Sinne zu verstehen; er umfaßt, was vor allem im Hinblick auf unsere dritte Fallgruppe wichtig ist, auch Erleichterungs- und Begünstigungseffekte.) Eine gesetzliche Formulierung unserer Ergebnisse könnte etwa so lauten:

> Wer den zum Tatbestand gehörenden Erfolg nicht abwendet, führt ihn herbei, wenn das Unterlassen nach seinem Bedeutungsgehalt oder wegen seiner den Erfolg verursachenden Wirkung einem Herbeiführen durch Tätigkeit unmittelbar gleichsteht.

Es ist natürlich Ermessenssache, ob man diese Fälle körperlicher Untätigkeit dogmatisch dem Bereich der unechten Unterlassung oder, was wegen der Bedeutungslosigkeit des Garantenprinzips naheliegt, der Begehung zuweist. Die herrschende, sich an Körperbewegungen orientierende Abgrenzung verlangt das erstere. Aber auch unter dem gesetzgeberischen Aspekt ist diese Einstufung zweckmäßiger, denn nur sie eröffnet die Möglichkeit, in einer Vorschrift über das unechte Unterlassungsdelikt den Richter auch auf diesen Zwischenbereich und seine Besonderheiten aufmerksam zu machen.

Unsere Formel besagt — was aber auch bei jeder Kodifizierung der Garantenpflichten der Fall wäre — nichts weiter, als daß unter den genannten Voraussetzungen die Unterlassung eine Erfolgsherbeiführung im Sinne des Gesetzes ist. Mit anderen Worten: Sie schreibt die Interpretation der verschiedensten, im Besonderen und Allgemeinen Teil des StGB auftauchenden Bewirkungsbegriffe (Tötung, Hilfeleistung usw.) in geringem Umfange verbindlich vor. Darüber hinaus sondert sie m. E. diejenigen Fälle tatbestandsmäßigen Unterlassens aus, auf die sich die fakultative Strafmilderung nicht beziehen darf. Denn diese hat, wie dargelegt, ihren Grund im geringeren Unrecht der garantenpflichtwidrigen Unterlassung gegenüber der aktiven Erfolgsbewirkung. Sie verliert darum die Berechtigung, wo das Unterlassen seiner realen Wirkung oder seines sozialen Sinngehaltes wegen dem Aktivverhalten im wesentlichen gleichkommt.

Kehren wir nun zurück zu *Roxins* Verschwörer-Beispiel, das uns in die Materie der begehungsgleichwertigen Unterlassungen eingeführt hat, so ist festzustellen, daß es in keiner von unseren Fallgruppen Platz findet. Das beweist natürlich nichts. Es gibt möglicherweise noch einen vierten, hier anzufügenden Sachverhaltstypus, der dann ebenfalls der ersten Alternative unseres Gesetzesvorschlags zu subsumieren wäre. Ich meine jedoch, dies ist nicht der Fall. Man betrachte das folgende Beispiel: A hat es sich zur Gewohnheit gemacht, im Winter außer dem eigenen auch einen angrenzenden Bürgersteig, für den an sich die Stadt verantwortlich ist, von Schnee und Eis freizuhalten. Durch dieses lobenswerte Verhalten verhindert er keine Vorsichtsmaßregel, die sonst getroffen worden wäre; täte er nichts, so bliebe der Gehweg glatt. Als A eines Morgens gerade Viehsalz streuen will, erfährt er, daß ihn sein Chef in einer Stunde aufsuchen will. Da er diesem einen Unfall wünscht, läßt er den städtischen Bürgersteig unbearbeitet. Prompt fällt C hin und bricht sich ein Bein. — Der Fall liegt in den entscheidenden Punkten genau wie das Attentatbeispiel. A hat eine sonst regelmäßig durchgeführte Tätigkeit, zu der er nicht verpflichtet war, unterlassen, um die Wahrscheinlichkeit eines schädlichen Erfolges zu erhöhen. Das Rechtsgefühl sagt uns aber eindeutig, daß es nicht anginge, den A wegen vorsätzlicher Körperverletzung zu bestrafen. Sein Nichtbeseitigen des Glatteises wird nicht dadurch einem aktiven Vereisen des Gehwegs gleichwertig, daß er in Abweichung von seinem sonstigen Verhalten und zur Ermöglichung eines Schadens untätig blieb.

Liegt aber vielleicht unser Beispiel neben der Sache, weil *Roxin* seine Behauptung ausdrücklich auf die Beihilfe beschränkt? Allgemeine Voraussetzungen, unter denen ein Unterlassen begehungsgleich werden soll, stellt er nämlich nur insoweit auf: „Eine Untätigkeit erscheint dann als Erleichterung und positive Förderung einer Tat, wenn jemand eine Handlung, die er unabhängig von jeder Deliktsbegehung vorzunehmen willens war und die objektiv die Tatbegehung verhindert oder erschwert hätte, im Hinblick auf das geplante Verbrechen unterläßt. Wer dagegen eine erfolgshindernde oder -erschwerende Handlung, die er nicht ohnehin vornehmen wollte, auch bei Kenntnis des Delikts weiterhin unterläßt, ist straflos“[11]. Aber abgesehen davon, daß die behauptete Sonderstellung des Hilfeleistungsbegriffes nicht einleuchtet, scheitert *Roxins* Lehre m. E. auch in dieser begrenzten Fassung an ihren Konsequenzen. Sie beinhaltet die Annahme, daß jedermann, der etwas, was er an sich nicht tun muß, zu tun sich entschlossen hat, von Rechts wegen dazu verpflichtet wird, sobald er erkennt, daß die Ausführung seines Entschlusses einem anderen die Verwirklichung eines Deliktes unmöglich machen oder erschweren würde. Daß dies nicht richtig sein kann, wird in *Roxins* Beispiel nicht deutlich, weil dem Nachbarn eine so geringfügige Tätigkeit abverlangt würde, daß die Erhebung zur Rechtspflicht nicht übertrieben scheint. Bilden wir darum einen anderen Sachverhalt, in dem der „Gehilfe“ zu etwas Erheblicherem als dem Versperren einer Tür verpflichtet würde: A, der kein Fernsehgerät besitzt, hat von seinem Arbeitgeber, dem Fabrikanten F, die Erlaubnis erhalten, während der Ferien des F in dessen Haus zu nächtigen, wann immer er Spiele der Fußballweltmeisterschaft in Mexiko sehen will. Von Obhutspflichten ist zwischen F und A nicht die Rede gewesen. Durch Zufall erfährt A, daß just in der nächsten Nacht, die er

---

[11] Täterschaft, S. 487.

eigentlich wieder in F's Hause verbringen wollte, seine Kollegen X und Y bei F einzubrechen planen, falls niemand dort anwesend sein sollte. Voller Schadenfreude bleibt A daraufhin zu Hause. X und Y machen reiche Beute. — Ist wirklich die Unterlassung des A, wie *Roxin* folgerichtig annehmen müßte, so zu bewerten, als hätte A zum Zwecke der Ermöglichung des Einbruchs eine andere Person mit List oder Gewalt aus F's Haus entführt oder davon abgehalten, das Haus aufzusuchen? Ich meine, die Differenz im Sinngehalt ist unübersehbar. Zugunsten eines Straftäters äußere Hindernisse handelnd beiseite zu räumen, ist etwas anderes, entschieden Schlimmeres, als den eigenen Entschluß zu einer Handlung, die das Delikt verhindert hätte, rückgängig zu machen. Der Interferenzgedanke, der heute zu Recht als überwunden gilt, verdient auch keine Wiederbelebung dadurch, daß man ihn in ein normatives Gewand kleidet. Ein Unterlassen hat nicht schon deshalb den sozialen Bedeutungsgehalt einer Begehung, weil es auf zweckhafter Wiederaufhebung eines früher gefaßten Handlungsentschlusses beruht. Das gilt für die Beihilfe nicht weniger als für andere Begehungsdelikte.

§ 24 DAS UNTERLASSEN NACH VORANGEGANGENEM TUN

I. Grundfragen

Für eine Betrachtungsweise, die Handeln und Unterlassen in einem negativem Handlungsbegriff vereinigt, ordnet sich das Unterlassen nach vorangegangenem Tun mit fast selbstverständlicher Folgerichtigkeit zwischen dem begehungsgleichwertigen und dem sonstigen, garantenpflichtwidrigen Unterlassen ein. Freilich, die begriffliche Reihenfolge: Begehung — begehungsgleichwertige Unterlassung — Unterlassung nach vorangegangenem Tun — Unterlassung des Überwachungsgaranten — Unterlassung des Beschützergaranten, enthält auch Zugeständnisse an die überkommene Auffassung insofern, als sie die Scheidung zwischen Tun und Lassen überhaupt beibehält und darauf verzichtet, die ersten drei Erscheinungsformen deliktischen Verhaltens als Unterfälle der vierten darzustellen. Indes sprechen dafür Gründe der Zweckmäßigkeit, die größtenteils schon angeführt worden sind[1]. Hier bleibt zu sagen, daß ich selbstverständlich die Ansicht aufrechterhalte, nach der auch die Ingerenz ihren Standort innerhalb der Überwachungsgarantenpflicht findet. Die darstellerische Trennung ist äußerlich und vorläufig. Sie rechtfertigt sich durch die herausragende Stellung, die die Ingerenz sowohl im Alltag der Rechtspraxis wie im Interesse der Wissenschaft einnimmt.

A. Ingerenz und negativer Handlungsbegriff

Während man sich bei der Bestrafung sonstigen Unterlassens lange Zeit auf einigermaßen sicherem Boden zu bewegen glaubte — erst *Grünwald* und Armin *Kaufmann* haben hier grundsätzliche Zweifel geweckt —, war

[1] Vgl. oben S. 181—183.

das Unterlassen nach vorangegangenem Tun immer schon ein Sorgenkind der Unterlassungsdogmatik. Die Ingerenz wurde und wird als „ungelöstes Problem“ empfunden[2]; *Welzel* hat sie „die dubioseste Frage der ganzen Garantenlehre“[3] genannt. Statt sie exakt zu erklären und systematisch einzuordnen, griff man zu Aphorismen und appellierte an das Rechtsgefühl und den gesunden Menschenverstand. *Welp* hat solche Wendungen zusammengestellt[4]: daß etwa der Fluch der bösen Tat (Vorhandlung) fortzeugend Böses (das Unterlassen) gebäre; daß mit der Vorhandlung A gesagt sei, worauf das B der Erfolgsabwendung folgen müsse; daß die Ingerenz aus dem Grundgedanken des Rechts „unmittelbar emporgewachsen“ sei, „unmittelbar aus dem Gerechtigkeitsempfinden“ folge, nach „allgemeinen Rechtsgrundsätzen“ „selbstverständlich“ sei, „keiner Begründung bedürfe“ und „sich rational nicht ganz erklären“ lasse.

Diese früher wie heute herrschende Ratlosigkeit kann m. E. solange nicht wirklich überwunden werden, wie man an Handlungsbegriffen festhält, die zwischen verbotenem Tun und gebotswidrigem Unterlassen eine starre Grenze ziehen. Das gilt übrigens selbst für den Versuch, mit Hilfe des Gedankens der Handlungsgleichwertigkeit der Problematik Herr zu werden, der heute so viel Zustimmung findet. Erstens nämlich ist die Gleichwertigkeit auch in eindeutig strafwürdigen Fällen des vorangegangenen Tuns prinzipiell nicht gegeben, und zweitens würde der Nachweis ihres Gegebenseins über die eigentliche Schwierigkeit nicht hinweghelfen; ob axiologisch eine Verhaltensweise der anderen gleicht, ist eine Frage, ob beide demselben Begriff und demselben Tatbstand subsumiert werden können, eine andere[5].

Wir müssen also die Fundamente tieferlegen und versuchen, die „Rechtspflicht“ zur Erfolgsabwendung nach vorangegangenem Tun so unmittelbar aus dem Straftatbestand selbst herzuleiten wie die Pflicht, den Erfolg nicht aktiv herbeizuführen. Der negative Handlungsbegriff zeigt, daß dies möglich ist. Nach ihm beschreiben die offenen Tatbestände das vermeidbare Nichtvermeiden von Erfolgen und bezeichnen als Täter nur den für die Vermeidung im sozialen Leben besonders Verantwortlichen (den Garanten). Ein solchermaßen besonders Verantwortlicher ist grundsätzlich auch der, dessen Tun den Erfolg herbeizuführen droht, gleichgültig, ob dieses Tun noch bevorsteht oder schon Vergangenheit ist. Vermeidet er den Erfolg nicht, so bewirkt er ihn im Sinne des einschlägigen Bewirkenstatbestandes. Die scharfe

---

[2] Vgl. *v. Alberti*, Rechtswidrige Unterlassungen, S. 22 f.; *Frank*, § 1, Anm. IV; *Welzel*, JZ 1958, S. 495; *Blei*, H.-Mayer-Festschrift, S. 120, 135; H. *Mayer*, Studienbuch, S. 79; *Lampe*, ZStW 72, S. 106.

[3] Niederschriften, 12. Band, S. 95.

[4] Fundstellen in Vorangegangenes Tun, S. 16.

[5] Vgl. *Samson*, JuS 1970, S. 372, Anm. 47: „Es ist geradezu Inhalt des Satzes ‚nulla poena sine lege‘, daß gleich strafwürdige Handlungen nicht gleich behandelt werden, wenn es der Wortlaut des Gesetzes nicht zuläßt.“

begriffliche Scheidung des verbotswidrigen Tuns vom nachfolgenden gebotswidrigen Lassen ist also durchaus unsachgemäß[6].

Das verkennt z. B. *Bockelmann.* Er hat in der Reformdiskussion die folgende persönliche Beobachtung wiedergegeben, die mir in diesem Zusammenhang bemerkenswert scheint: „In meinen Vorlesungen verwende ich eine gute halbe Stunde auf Beschwörungen, man möge der Versuchung zu vorzeitigen Unterlassungskonstruktionen nicht erliegen; — von der völligen Vergeblichkeit dieser Bemühungen muß ich allerdings überzeugt sein. Ich muß es bereits als einen besonderen pädagogischen Erfolg buchen, wenn etwa in dem Fall: A schießt mit Tötungsvorsatz auf B und läßt den tödlich Verwundeten liegen, der nach drei Stunden stirbt, wenigstens 51 Prozent der Studenten wirklich eine Tötung, begangen durch Tun, annehmen; 49 Prozent behandeln einen solchen Fall mit Sicherheit als Tötung durch Unterlassen. A habe durch seinen Schuß die lebensgefährliche Verletzung herbeigeführt; deshalb sei er verpflichtet, das Leben des B zu retten; da er dies nicht getan habe, sei er wegen Tötung durch Unterlassen zu bestrafen"[7].

Die hier getadelten Studenten haben aber so Unrecht nicht. Sie erfassen zutreffend, daß im Beispiel auch das Unterlassen der Lebensrettung wegen A's fortdauernder Sonderverantwortlichkeit und Vermeidensfähigkeit den Tötungsbegriff erfüllt. Und dann ist es ja eigentlich ganz vernünftig, derjenigen Nichtvermeidensphase den Vorrang einzuräumen, die dem Enderfolg unmittelbar vorausgeht und wegen ihrer extremen Dauer die Blicke zuerst auf sich zieht. Nun bleibt es sich hier im Ergebnis gleich, ob man den Begehungs- oder den Unterlassungsaspekt bevorzugt. Aber so ist es nicht immer. Es gibt auch Fälle, in denen es einfach falsch wäre, das Unterlassen zu ignorieren, nur weil der Täter mit seinem vorangegangenem Tun den Erfolg erstrebt hat. Jemand schießt etwa in einer seelischen Situation, die § 213 StGB als mildernden Umstand berücksichtigt, auf einen vermeintlichen Feind, muß aber hernach erkennen, daß er einem error in persona erlegen ist; wenn er diesen Menschen nun aus Sadismus verbluten läßt, so würde allein die Annahme eines Mordes durch Unterlassen den Unrechts- und Schuldgehalt der Tötung ausschöpfen. Ebenso läge es, wenn etwa B den A, von dem er zunächst ernstlich die Tötung verlangt hatte, nach Ausführung der Tat um Rettung bittet. Solange der Täter den verpönten Erfolg vermeiden kann, gilt für ihn das immer gleiche Vermeidegebot, vor der Tat und nachher. Die Behauptung, die vorsätzliche Begehung habe vor der Unterlassung unbedingten Vorrang[8], ist unzutreffend. Anzuknüpfen ist an den Augenblick des Nichtvermeidens, in dem das höchste Unrecht und die höchste Schuld zusam-

---

[6] Ebenso, freilich auf Grund anderer Überlegungen, *Lampe,* ZStW 72, S. 103 ff.

[7] Niederschriften, 12. Band, S. 85.

[8] Vgl. etwa *Grünwald,* Diss., S. 22: „Folgen eine vorsätzliche Handlung und eine vorsätzliche Unterlassung zeitlich aufeinander, so konsumiert die Handlung die Unterlassung."

mentreffen. Da für die Unrechts- und Schuldhöhe auch das Moment der Willensverwirklichung ins Gewicht fällt, ist freilich in Fällen vorsätzlicher Erfolgsbewirkung in aller Regel wegen eines Begehungsdeliktes zu bestrafen (was de lege ferenda wegen der für Unterlassungen geltenden Milderungsmöglichkeit auch sachlich bedeutend wird). Doch gibt es Ausnahmen, wie unsere Beispiele zeigen[9].

Bedenken erhöben sich freilich, wenn man mit einer vielfach vertretenen Meinung in der „Zumutbarkeit" ein für alle Unterlassungsdelikte gültiges tatbestandsbegrenzendes Regulativ sähe[10]. *Oehler*[11] lehrt, daß bei einem vorsätzlichen Tötungsdelikt der Täter selber niemals zugleich den Tatbestand des § 330 c StGB verwirkliche. Ein helfendes Eingreifen sei nämlich demjenigen nicht zumutbar, dessen Vorsatz „auf die Verletzung gerichtet ist, die aus der von ihm geschaffenen Gefahr für Leib oder Leben hervorgehen soll". Anderenfalls träfe den Täter die Pflicht, „seinen noch nicht durchgeführten Vorsatz auf(zu)geben . . ., und zwar nicht aufgrund des Verbots der Tötung, sondern aufgrund des Gebots der Hilfeleistung". Folgt man dem, so muß man für das unechte Unterlassungsdelikt ebenso entscheiden. Denn wenn dem Vorsatztäter jegliche Hilfeleistung zugunsten des lebensgefährlich verletzten Opfers unzumutbar ist, dann kann man ihm natürlich auch die Abwendung des Todes, die ja Hilfe voraussetzt, nicht zumuten.

Diese Konsequenz ist jedoch nicht überzeugend. Zu den denkbaren subjektiven Motiven, Interessen und Zwängen, die dem Täter den Normgehorsam möglicherweise unzumutbar machen, kann der Tatvollendungswunsch als solcher nicht gehören. Schon indem das Recht dem Täter das Begehungsverbot entgegensetzt, mutet es ihm zu, von seinem Willen zum Erfolg abzulassen. Daß dem Täter das Aufgeben des Vorsatzes unzumutbar werde, nur weil er auf dem Verbrechenspfad eine gewisse Strecke bereits zurückgelegt hat, leuchtet nicht ein. Vielmehr begleitet den Täter der Ruf zur Umkehr, solange er noch zurück kann. Dem wird nur ein Gesetzesverständnis gerecht, das in Fällen vorsätzlichen Begehens das Gebot der Rettung und Hilfeleistung subsidiär weitergelten läßt. Daß diese Annahme auch aus praktischen Gründen zwingend ist, hat *Welp* gezeigt[12]. Hier sei nur eines seiner zahlreichen Beispiele aufgegriffen[13]. Als Notwehr erlaubt muß es sein, den Begehungstäter mit Gewalt zu zwingen, die für andere unauffindbare Zeitbombe zu entschärfen. Die Notwehr setzt aber einen rechtswidrigen Angriff voraus, und ein Unterlassen kann ein solcher nur sein, wenn eine Rechtspflicht zur Vornahme der unterlassenen Handlung besteht. Diese Rechtspflicht läßt sich im Beispiel nur daraus herleiten, daß das Unterlassen

---

[9] Zum Ganzen eingehend *Welp*, Vorangeg. Tun, S. 321 ff., 335 ff.

[10] Vgl. statt vieler *Schönke-Schröder*, Vorbem. 94.

[11] JuS 1961, S. 155.

[12] Vorangegangenes Tun, S. 335 f.

[13] Vgl. a. a. O., S. 336.

den Tatbestand eines Unterlassungsdeliktes erfüllen würde, d. h. tatbestandsmäßig-rechtswidrig wäre. Auch die Vorschrift des § 46 Nr. 2 StGB findet so eine bessere Erklärung, als *Oehler* sie geben kann. Er nämlich müßte sagen, daß das Gesetz hier eine Erfolgsabwendung im Auge habe, die dem Täter gar nicht zugemutet werden könne und Rechtens auch unterbleiben dürfe. Treffender scheint die Annahme, das Gesetz gewähre dem Täter für die Verletzung des Begehungsverbotes Vergebung, wenn er freiwillig den jetzt eingreifenden Handlungsgeboten der Rechtsordnung Gehorsam leistet.

B. Die Allgemeingültigkeit des Ingerenzgedankens

In der Sache entspricht unser Ausgangspunkt der fast einhelligen Lehre und Rechtsprechung. Jeder — so die Formulierung von *Nagler* und *Mezger* im Leipziger Kommentar —, „der durch eine eigene Handlung eine Gefahr für ein fremdes Rechtsgut hervorgerufen hat, (hat) die Verpflichtung, die in Gang gebrachten Kräfte zu hemmen und so den Eintritt des drohenden Schadens abzuwenden“[14]. Es wird auch heute häufiger als früher erkannt, daß die Garantenpflicht aus Ingerenz dem „neminem laede“ der Bewirkenstatbestände korrespondiert und darum ebenso grundsätzliche Geltung beanspruchen kann wie die aus den Bewirkenstatbeständen noch augenfälliger folgende Unterlassungspflicht. So sagt zum Beispiel *Stree*: „Das Verletzungsgebot wandelt sich ... für den Urheber einer gefährlichen Situation in ein Verhinderungsgebot, wenn auch Haftungsgrundlage weiterhin das Verletzungsverbot bleibt“[15].

Unangefochten ist der Grundsatz freilich nicht. *Oehler* fürchtet, daß „diese ungenau abgegrenzte Rechtspflicht in ihrer Allgemeinheit die Garantiefunktion des Tatbestandes“[16] sprengen könne, und lehnt es im Anschluß an *Welzel*[17] ab, aus fahrlässigen Körperverletzungen im Straßenverkehr u. U. ein vorsätzliches Tötungsdelikt herzuleiten. Hierfür sei „auch nicht der geringste Anhaltspunkt im Gesetz zu finden“[16].

Richtig ist, daß die Ingerenzlehre der Begrenzung bedarf, um für die Rechtsanwendung praktikabel zu werden und um vor dem Bestimmtheitsgebot des Artikels 103 Abs. 2 GG bestehen zu können. Es wäre vor allem unerträglich, wollte man schlechthin jeden Verursacher einer Gefahr zum Garanten für die Verhinderung des Erfolges machen. Doch kann es insoweit nur darum gehen, dem Grundsatz im ganzen durch generelle Kriterien Konturen zu geben. Greift man einzelne Sachverhaltstypen heraus, etwa das ge-

---

[14] 1. Band, S. 37; vgl. ferner etwa *Schönke-Schröder*, Vorbem. 119; *Jescheck*, Lehrbuch, S. 415.

[15] H.-Mayer-Festschrift, S. 156; übereinstimmend *Schönke-Schröder* und *Jescheck*, a. a. O.; ähnlich *Stratenwerth*, Lehrbuch, Rdn. 1065, der in anschaulicher Weise auf die Parallelsituation beim Fahrlässigkeitsdelikt hinweist.

[16] JuS 1961, S. 154.

[17] Vgl. JZ 1958, S. 494.

fahrbegründende Verhalten im Straßenverkehr, so können die in dieser Weise entstehenden Grenzen zwischen tatbestandlichem und tatbestandsfreiem Unterlassen nicht frei von Willkür sein. Wenn die fahrlässige Benutzung eines Kraftfahrzeugs keine Garantenpflicht zum Schutze des lebensgefährlich Verletzten entstehen läßt, dann ist nicht mehr begründbar, warum für das unachtsame Hantieren mit einer Schußwaffe etwas anderes gelten sollte. Gesetzliche Anhaltspunkte für eine Erfolgsabwendungspflicht, wie sie *Oehler* verlangt, wird man allerdings nur in Einzelfällen finden. Auf sie darf aber die Garantenpflicht aus Ingerenz sowieso nicht beschränkt werden. Das Grundproblem des unechten Unterlassungsdeliktes ist die Interpretation des gesetzlichen Tatbestandes. Aus ihm muß die Erfolgsabwendungspflicht entnommen werden. Gesetzliche Anhaltspunkte außerhalb der anzuwendenden Strafvorschrift hätten ohnehin nur indizielle Bedeutung.

Einen groß angelegten Versuch, die überkommene Auffassung in Frage zu stellen, hat neuerdings *Pfleiderer* unternommen. Er kommt in seinem Buch über „Die Garantenstellung aus vorangegangenem Tun" zu dem Ergebnis, daß die Ingerenz als Grundsatz — sachlich wie terminologisch — völlig aufzugeben sei. Nur ausnahmsweise soll ein gefahrschaffendes Tun pflichtbegründend wirken, nämlich dann, wenn es im Einzugsgebiet eines der folgenden „Grundfälle" liege: Verletzung der Verkehrssicherungspflicht für den häuslichen Bereich; Vertrieb gesundheitsgefährlicher Arznei- oder Lebensmittel für den gewerblichen Bereich; mangelhafte Verwahrung eines bissigen Hundes durch den Halter des Hundes; Einschließung eines anderen; Überlassung solcher Gegenstände an Kinder und Geisteskranke, die wegen ihrer Gefährlichkeit verwahrt zu werden pflegen[18]. Es genügt nach *Pfleiderer* nicht, daß der Täter „schlicht" einen Kausalprozeß auslöst. „Garant ist er nur, wenn die besonderen Umstände dieser Fälle in gleicher oder ähnlicher Weise vorliegen"[19]. Die Abkehr von der herrschenden Auffassung will *Pfleiderer* mit dem Gleichwertigkeitsprinzip rechtfertigen. Ein aus einem Begehungstatbestand zu bestrafendes Unterlassen müsse dem aktiven Tun gleichstehen[20], und das lasse sich im Raume der Ingerenz eben nur von seinen Grundfällen sagen.

Nach unserer wiederholt vorgetragenen Ansicht ist das schon im Ansatz falsch. Die Bewirkenstatbestände erfassen größeres und geringeres Unrecht. Das Begehen durch Unterlassen bedeutet prinzipiell geringeres Unrecht als das Begehen durch aktives Tun. Der Gleichwertigkeitsgedanke ist darum unfruchtbar, ja falsch. Aber das soll hier auf sich beruhen. *Pfleiderers* Lehre ist auch dann nicht haltbar, wenn man seinen Ausgangspunkt akzeptiert. Sie scheitert, weil eine wertmäßige Differenz zwischen seinen Grundfällen und den meisten, entgegen der h. L. für straffrei erklärten Konstellationen nicht

---

[18] Die Garantenstellung aus vorangegangenem Tun, 1968, S. 162.

[19] a. a. O., S. 150.

[20] a. a. O., S. 118.

besteht. *Pfleiderer* bekennt sich z. B. zu der Folgerung, daß wohl zum Garanten werde, wer einen anderen versehentlich einschließe, nicht aber, wer jemanden ins Wasser oder — wie im Fall OGHSt 1 357 — in eine Teigmaschine stoße[21]. Er behauptet ferner allen Ernstes, daß die Verursachung einer lebensgefährlichen Verletzung wohl eine Garantenpflicht begründe, wenn der Ingerent unbedacht einen bissigen Hund von der Leine gelöst, nicht aber, wenn er das Opfer versehentlich niedergeschossen hat[22]. Für solche Differenzierungen läßt sich schlechterdings gar nichts anführen.

Pfleiderer entnimmt der veröffentlichten Rechtsprechung, daß die Urteile zur Ingerenz „um wenige begrenzte Themen“ kreisen[23]. Wenn das stimmt, so liegt es vermutlich an der besonderen Bedeutung und Häufigkeit gewisser Konstellationen im sozialen Leben. Daraus aber nun zu schließen, die „Grundfälle“ höben sich auch unter axiologischen Gesichtspunkten von andern ab, ist abwegig. Wer das Buch von *Pfleiderer* liest, sieht sich in seiner bisherigen Überzeugung eher bestärkt als erschüttert. Denn die Bestandsaufnahme der in der Diskussion stehenden Konstellationen fordert den wertenden Vergleich heraus und macht m. E. sichtbar, daß man den Gefahren der Überdehnung des Ingerenzgedankens, die gewiß bestehen, keinesfalls durch die Zerstörung des Grundsatzes begegnen darf. Mit welchen faktischen Mitteln und in welchen sozialen Lebensbereichen Gefahren für fremde Rechtsgüter geschaffen werden, muß für die normativen und teleologischen Maßstäbe des Rechts gleichgültig bleiben. Das Recht kann keine Freizonen einräumen, in denen der Urheber von Gefahren sich als unzuständig für die Verhinderung des drohenden Schadens betrachten darf.

C. *Die totale Ablehnung der Ingerenzhaftung bei Schünemann*

Weit über die Leugnung der Allgemeingültigkeit des Ingerenzgedankens hinaus geht die Kritik *Schünemanns,* der in seinem Buch „Grund und Grenzen der unechten Unterlassungsdelikte“ den Beweis zu führen sucht, daß es eine Garantenpflicht aus vorangegangenem Tun *überhaupt* nicht gebe[23a]. Die traditionelle Lehre, die das Gegenteil für selbstverständlich hält, erscheint in seiner Polemik als eine monströse Verirrung des forschenden Geistes. So spricht er vom „dubios-archaischen Kausalansatz der Ingerenztheorie“ (S. 298), nennt ihre unüberprüfte Anwendung in der Rechtsprechung des BGH, wo sie „zum niemals offen angezweifelten Dogma er-

---

[21] a. a. O., S. 141 f.

[22] a. a. O., S. 150.

[23] Vgl. a. a. O., S. 162.

[23a] Vgl. vor allem S. 116 ff., 313 ff. (die im folgenden im Text eingeklammerten Seitenzahlen beziehen sich aufs *Schünemanns* Buch). Möglicherweise unter dem Eindruck der Forschungen seines Schülers neigt jetzt auch *Roxin,* ZStW 83, S. 403, „eher der Meinung zu, daß die Garantenstellung aus vorangegangenem Tun sich unter dem Gesichtspunkt des nullum-crimen-Satzes überhaupt nicht wird halten lassen“.

starrt" sei (S. 309), „begriffsjuristisch" und „unbekümmert" (S. 312), den „Ingerenzansatz" „plump" (S. 313), die Heranziehung der §§ 212, 223 „Normenerschleichung" (S. 316) und „freie Rechtssetzung zu Lasten des Unterlassers . . ., die in klarer und eindeutiger Weise gegen den nulla-poena-Satz" verstoße (S. 318), sieht durch die Annahme einer Ingerenz-Garantenstellung — in Notwehrfällen ohnehin nur erklärlich als „Produkt einer begriffsjuristischen Autosuggestion des Rechtsgefühls" (S. 314) — „die strafrechtliche Zurechnung . . . auf eine archaisch-primitive und sonderbar mechanistische Grundlage gestellt" (S. 317) und kommt schließlich zu dem vernichtenden Schluß, daß die bekämpfte Haftung, von jeder Verbrämung befreit, nichts anderes sei als „ein mit dem Schuldprinzip ausbalancierter Abkömmling des gemeinrechtlichen dolus indirectus, ein auf den dolus subsequens reduziertes Prinzip des versari in re illicita" (S. 323). — Wo solche Worte fallen, muß man auf gewichtige Argumente bestehen, und daß *Schünemann* seine Heftigkeiten grund- und gedankenlos hingeschrieben hätte, wird denn auch niemand behaupten können. Gehen wir der Reihe nach durch, was er vorbringt.

1. Die von mir schon in JuS 1971, S. 74 f. unternommene *normentheoretische* Rechtfertigung des Ingerenzprinzips lehnt *Schünemann*, auf seine Auseinandersetzung mit *Welp* verweisend, ab (S. 314, Anm. 173). Liest man an der genannten Stelle nach, so findet man dort eingehend folgende These begründet: „Das Verbot sagt nur, daß eine rechtsgutsgefährdende Handlung nicht vorgenommen werden soll — und der dazugehörige Straftatbestand sagt, daß auf deren Vornahme . . . Strafe steht. Wie die Rechtslage ist, wenn die verbotene Handlung trotzdem vorgenommen wird — darüber sagt das Verbot selbst nichts aus, und daß der dazugehörige Straftatbestand auf die Fälle der unterlassenen Erfolgsabwendung nach Verbotsübertretung anwendbar sei, ist damit erst recht nicht ausgesprochen" (S. 118).

Dies ist ebenso richtig wie ungeeignet, in irgendeiner Hinsicht unsere Begründung der Ingerenzhaftung zu erschüttern. Selbstverständlich kann das isolierte Verbot einer aktiven Handlung immer nur eben diese Handlung betreffen und nicht aussprechen, daß der zu ihm gehörige Straftatbestand auf eine Unterlassung nach Verbotsübertretung anwendbar sei. Aber gegen diese Binsenwahrheit habe ich mich keineswegs versündigt. Ich habe nicht ein Erfolgsabwendungsgebot in das Verbot der Erfolgsherbeiführung hineinmanipuliert, sondern nur gesagt, daß bei Zugrundelegung des traditionellen und m. E. richtigen Gesetzesverständnisses die Trennung von Verbot und Gebot hinfällig werde, weil sich aus den Deliktstatbeständen eine einheitliche Vermeidepflicht ergebe, die sowohl durch aktive Erfolgsbewirkung wie durch Unterlassen der Erfolgsabwendung nach vorangegangenem gefährlichen Tun verletzt werden könne. Da *Schünemann* selber diese Tatbestände nicht nur als Handlungsverbote versteht (sonst könnte er keine unechten Unterlassungsdelikte anerkennen), geht seine Argumentation ins Leere. Entscheidend ist allein die Sachfrage — und nur mit einer Antwort auf sie würde *Schünemann* auch dem von ihm selbst (S. 116) *teleologisch* genannten Vorbringen *Welps* gerecht —, ob neben anderen Unterlassungen auch das Unterlassen desjenigen, der durch eigenes Tun die Gefahr des Erfolgseintritts heraufbeschworen hat, von der einschlägigen gesetzlichen Verhaltensdeskription erfaßt wird oder nicht. Daß die Normlogik ebenso wie das natürliche Sprachverständnis beide Antworten zuläßt, braucht nicht abermals betont zu werden.

2. Der Hauptgrund der Ablehnung jedweder Ingerenzhaftung liegt für *Schünemann* aber nicht in normentheoretischen Erwägungen, sondern in der Systematik seiner Gleichstellungslehre, die ich bereits oben in § 15 eingehend dargestellt und kritisiert habe. Die Haftung des Ingerenten für seine Unterlassung soll sich verbieten wegen deren wertmäßiger Ungleichheit mit der Begehung: Die Herrschaft des Unterlassers liege in Ingerenzfällen vollständig in der Vergangenheit und weise nicht die nach der Richtlinie „Herrschaft über den Grund des Erfolgs" zu fordernde, in die Zukunft gerichtete *Aktualität* auf; im maßgeblichen Zeitraum sei lediglich „eine durch die Abwendungsmöglichkeit gekennzeichnete *potentielle Herrschaft* über das Geschehen" vorhanden (S. 316).

Diese Deduktion ist schon deshalb nicht stichhaltig, weil innerhalb der *Schünemann*schen Gleichstellungsdoktrin die Forderung nach *aktueller* Herrschaft nicht zwingend sein kann. *Schünemann* bestreitet nicht, daß gewisse Merkmale der von ihm für die Begehung entwickelten Zurechnungsformel „aktuelle Herrschaft der Person über den eigenen Körper als den Grund des Erfolges" preisgegeben werden müssen, wenn es überhaupt unechte Unterlassungsdelikte gibt. Dies ist auch selbstverständlich. Eine Herrschaft über den Grund des Erfolges im selben Sinne wie bei Begehungstätern kann es in Fällen schlichten Untätigbleibens nicht geben. Dann aber muß es prinzipiell zulässig und diskutabel sein, u. a. auch auf das Moment der Aktualität in der — ohnehin nur herrschaftsähnlichen — Beziehung des Unterlassers zum Grund des Erfolges zu verzichten.

Zu bestreiten ist aber bereits die sachliche Richtigkeit einer Gleichstellungsformel, die in faktischer Hinsicht mehr voraussetzt als die Fähigkeit zur Erfolgsvermeidung. Will man die Sachprobleme nicht durch eine übertriebene Analogie zum aktiven Verbrechen vergewaltigen — ständige Gefahr der Forderung nach „Begehungsgleichheit"! —, so darf Leitprinzip der Gleichstellung nur der Gedanke der sozialen Sonderverantwortlichkeit sein, welche zwar auch, aber nicht allein aus aktueller Herrschaft über einen Erfolgsgrund hervorgehen kann.

Um dies noch einmal an einem konkreten Beispiel darzutun: Wenn A, B und C erkennen, daß A's bissiger Hund durch das von B leichtfertig geöffnete Gartentor des A zu entwischen und C's kleine Tochter anzufallen droht, trotzdem aber das Tor nicht schließen, so daß das Kind tatsächlich gebissen wird, so ist es zulässige und nach überwiegender Auffassung auch zutreffende Gesetzesinterpretation, das Unterlassen jedes einzelnen als vorsätzliche oder fahrlässige Körperverletzung i. S. der §§ 223, 230 anzusehen. Sachlogischer Grund dafür ist ein dem Recht vorgelagertes, den Angehörigen unserer Gesellschaft gemeinsames Wert- und Pflichtempfinden, welches in diesem konkreten Fall allen dreien, jedem aufgrund eines anderen Gesichtspunktes, eine ungefähr gleich starke Sonderverantwortung auflädt, es nicht zur Verletzung des Kindes kommen zu lassen. Durch die Konstruktion entsprechender, verschiedenartiger Garantenstellungen werden diese sozialen Bewertungen verrechtlicht und übersetzt in eine juristisch-technische Begriffssprache.

Anders *Schünemann*. Gesichert ist nach seiner Lehre nur die Garantenstellung des Hundehalters A, weil dieser unzweifelhaft die aktuelle Herrschaft über die causa efficiens innehat. Ob auch C ein unechtes Unterlassungsdelikt verwirklicht, ist schon fraglich, denn eine „existentiell vorgegebene" Schutzherrschaft über das Kind billigt *Schünemann* nur der Mutter zu, vgl. S. 342 f.; ausgehend von der Prämisse notwendiger Begehungsgleichheit und der der Aktivität entnommenen Herrschaftsrichtlinie wäre die Verneinung ohnehin einleuchtender. Gewiß ist aber, daß nach *Schünemann* der B eine Körperverletzung durch Unterlassen nicht begeht.

Diese strafrechtliche Ungleichbehandlung ist nicht gerechtfertigt, denn sie mißachtet, ohne durch den Wortlaut oder Sinn des Gesetzes dazu gezwungen zu sein, das Gerechtigkeitspostulat, die bei allen dreien im etwa gleichen Maße gegebene sozialethische Sonderverantwortung auch rechtlich gleichmäßig zu berücksichtigen. Ihre hauptsächliche Grundlage ist die doktrinäre These, als „unechte" bestraft werden dürften nur „begehungsgleiche" Unterlassungen und Gleichstellungskriterium könne allein die aktuelle Herrschaft über den Grund des Erfolges sein. Dabei wird aber übersehen, daß die verschiedenen Arten (Begehung und unechte Unterlassung) derselben Gattung (Tatbestandsverwirklichung) nicht gleich sein können und daß die Gemeinsamkeit, die allerdings aufweisbar sein muß, auch liegen könnte in der sozialen Sonderverantwortlichkeit, für welche dann die aktuelle Gewalthabe über die Erfolgsursache bloß eine Grundlage neben anderen wäre.

3. Mit Entschiedenheit widersprechen müssen wir schließlich der Ansicht *Schünemanns*, der Verzicht auf die Ingerenzhaftung sei kriminalpolitisch tragbar, weil er keine schwerwiegende Strafbarkeitslücke aufreiße. Zur Begründung der Erfolgshaftung nämlich, meint er, sei die Ingerenz-Garantenstellung nicht vonnöten, denn sämtliche ernsthaft strafwürdigen Fälle seien entweder qua Handlung oder qua Verkehrspflicht erfaßbar (S. 313). Ergänzend heißt es an anderer Stelle, daß selbst gravierende Ingerenzfälle durch eine Bestrafung erstens aus Fahrlässigkeitstatbeständen und zweitens aus § 330 c hinreichend abzugelten sein dürften (S. 318).

Dies kann nicht richtig sein. *Schünemann* würdigt nicht hinlänglich, daß einmal unser Gerechtigkeitsempfinden grob verletzt wird, wenn der nach fahrlässiger Vortat dolos werdende Schadensverursacher mit einer Bestrafung für bloße Unaufmerksamkeit und allenfalls noch bloßes Nichthelfen davonkommt, zum anderen ein Fahrlässigkeitstatbestand nicht überall zur Verfügung steht, so daß u. U. ein echt kriminelles Verhalten mit vielleicht verheerenden Folgen *gänzlich* unbestraft bleiben müßte.

Wenn jemand aus Unachtsamkeit ein Kind ins Wasser stößt und es nun absichtlich ertrinken läßt, so müßte *Schünemann* das grausame Verbrechen rechtlich bewerten als fahrlässige Tötung und unterlassene Hilfeleistung. Wenn ein nächtlicher Dieb den mit einer Kerze fahrlässig verursachten kleinen Schwelbrand, den er mit einem Fußtritt beseitigen könnte, absichtlich zum rasenden Feuer werden läßt, um den Tod der schlafenden Hausbewohner zu bewirken, so dürfte man ihm nach *Schünemann* weder vorsätzliche Tötung noch vorsätzliche Brandstiftung vorwerfen. Gerade der Nichtjurist, dessen natürliches Verständnis der Gesetzestexte im Zusammenhang mit den unechten Unterlassungsdelikten so gerne beschworen wird, würde diese Ergebnisse wohl fassungslos zur Kenntnis nehmen und die Verharmlosung des Täterverhaltens im Richterspruch als ein himmelschreiendes Unrecht empfinden.

Auch dort, wo Fahrlässigkeit nicht bestraft wird, sind ohne Ingerenzhaftung die Ergebnisse, gelinde gesagt, befremdlich: Ein Arbeiter macht sich unsachgemäß an einer wertvollen Maschine zu schaffen, die ihn nichts angeht; als er erkennt, daß sie zerstört würde, wenn er sie nicht alsbald wieder ausschaltet, stiehlt er sich davon, ohne einzugreifen, weil er seinen Arbeitgeber schädigen will. Dies sollte, auch wenn der Schaden in die Tausende geht, straflos sein[23b]?

Ich weiß nicht, ob *Schünemann* sich diese Resultate vor Augen geführt hat. Wenn nicht, so müßte man es leichtfertig nennen, daß er die Ingerenzhaftung über Bord wirft, nur weil sie nicht in das Gleichstellungsschema „aktuelle Herrschaft über den Grund des Erfolges" paßt. Sollte er sie aber bedacht haben und trotzdem seine Lehre für richtig halten, so könnte ihm selber der Vorwurf der „begriffsjuristischen Autosuggestion des Rechtsgefühls", den er anderen und mir macht (vgl. S. 314 unter b und Anm. 173), nicht erspart bleiben.

4. Nimmt man alles zusammen, so scheint es kaum erklärlich, wie *Schünemann* zur Ingerenz eine im ganzen eben doch beeindruckende und in sich schlüssig wirkende Argumentation gelingen konnte. Natürlich wäre ihm das nicht möglich gewesen, wenn nicht ein Quentchen Wahrheit auch in seiner Ingerenztheorie versteckt wäre. Wahr ist, daß die Unterlassung des Ingerenten in ihrem kriminellen Gewicht hinter der entsprechenden Begehung zurückbleibt. Die besondere Verantwortung für die aus dem eigenen Tun hervorgehenden Gefahren wird zwar mit dem Abschluß der Aktivität nicht beendet, sinkt aber nach der sozialen Wertung und dem individuellen Pflichtgefühl doch auf eine Stufe geringerer Evidenz und Stärke ab. Dies

---

[23b] Zur Nichtanwendbarkeit von § 330c in diesem Fall vgl. *Schönke-Schröder*, § 330c, Rdn. 5.

hat auch durchaus mit der — von *Schünemann* nur zu Unrecht als schlechthin ausschlaggebend postulierten — Aktualität der Herrschaft über den Kausalverlauf zu tun. Der innere Zusammenhang zwischen Herrschaft und Verantwortung ist unverkennbar und hier keineswegs in Abrede gestellt worden. Je intensiver und aktueller die Herrschaft über den Erfolgsgrund, desto stärker auch das Werterlebnis besonderer Verantwortlichkeit. Dem muß eine, wenn auch notwendig vergröbernde, Abstufung der gesetzlichen Strafandrohung entsprechen, was der historische Gesetzgeber, obwohl er die Deliktstatbestände fraglos auf die Ingerenzsituation angewandt haben wollte, nicht gesehen hat. Deshalb trifft es sachlich zu, wenn *Schünemann* die Unterlassungen der Ingerenten einstuft als solche, „die dem positiven Tun keinesfalls gleichkommen, aber eben doch strafwürdiger sind als die ‚schlichten echten Unterlassungen' des quivis ex populo", und feststellt, daß „Unrecht- und Strafwürdigkeit der Ingerenzfälle . . . unter § 212 (bzw. §§ 223 ff.) und über § 330 c" liegen (S. 315). (Unverständlicherweise heißt es dann allerdings wenige Zeilen weiter, zum Zeitpunkt der Unterlassung unterscheide sich der Ingerent in keiner Weise von dem quivis ex populo.)

So also erklärt sich die Eindruckskraft der *Schünemann*schen Antiingerenzlehre: Ihre Argumente sind den Sachgründen abgewonnen, die dafür sprechen, die Begehung wegen der herausragend intensiven Geschehensbeherrschung des Aktivtäters von den sonstigen Fällen tatbestandsmäßigen Nichtvermeidens im Strafmaß abzuheben. Darum kann es auch nicht verwundern, wenn *Schünemanns* eigener Vorschlag, de lege ferenda der Ingerenzkonstellation durch eine Qualifizierung des § 330 c Rechnung zu tragen (S. 318 f.), den praktischen Bedürfnissen halbwegs gerecht wird. Da der Gesetzgeber diese aber inzwischen durch die fakultative Strafmilderung in § 13 Abs. 2 StGB 1973 umfassend berücksichtigt hat, ähneln im Endeffekt *Schünemanns* Attacken gegen die herrschende Ingerenztheorie ein wenig dem Hornberger Schießen: Dem Unterlassungstäter ist es womöglich gar nicht so wichtig, ob er ein Jahr lang wegen privilegierter Erfolgsbewirkung oder wegen qualifizierten Nichthelfens einsitzen muß.

Die Lehre von *Schünemann* zum vorangegangenen Tun muß nach allem der Ablehnung verfallen, obwohl an ihr etwas Richtiges ist. Denn wenn auch das im aktiven Bewirken des Erfolgs liegende Nichtvermeiden schwerer wiegt und strafwürdiger ist als das Nichtvermeiden des Erfolgs nach schon abgeschlossener Aktivität, so klaffen beide Arten der Nichtvermeidung doch wiederum nicht so weit auseinander, daß die Interpretation der gesetzlichen Tatbestände gerade zwischen ihnen die Sinngrenze ziehen dürfte. Das Ingerenzprinzip bringt eben nur zum Ausdruck, was nach der Teleologik strafrechtlicher Normen selbstverständlich sein muß: Daß man aus der besonderen Verantwortung für die noch abwendbaren Schadensfolgen des eigenen Tuns nicht um deswillen entlassen sein kann, weil die aktive Phase selbst bereits vorüber ist.

II. Die Grenzen der Garantenpflicht nach vorangegangenem Tun

Aber das kann auf der anderen Seite auch nicht heißen, daß jedes Verursachen einer Gefahr garantenpflichtig mache. Wer einen Bekannten mit den Wellen um sein Leben kämpfen sieht, ist nicht schon deshalb Garant, weil er ihn überredet hat, den Urlaub statt im Harz an der Nordsee zu verbringen. Es gilt also, Kriterien aufzufinden, die dem Ingerenzprinzip sinnvolle Grenzen ziehen. Dies ist eine Aufgabe von höchster Wichtigkeit. Die Lehre vom vorangegangenen Tun hat, ähnlich der Äquivalenztheorie, eine gewisse Ausuferungstendenz. Die vielfältigen Kontakte, die ein jeder von uns mit anderen und deren Rechtsphären hat, bewirken ja notwendig, daß wir tagtäglich Geschehensabläufe anstoßen, die durch völlig unberechenbare Entwicklung für schutzwürdige Güter gefährlich werden. Wer dann nicht eingreift, obwohl er es könnte, erregt Unwillen, und die Versuchung ist groß, wenigstens den Verursacher unter Berufung auf den „anerkannten Grundsatz des vorangegangenen Tuns" zum strafrechtlich Verantwortlichen zu stempeln. Wir werden noch sehen, daß die Rechtsprechung sich dieser Versuchung nicht immer gewachsen gezeigt und die Ingerenz zum „Aufhänger" für Strafaussprüche gemacht hat, die außerhalb der Sinngrenze des angewendeten Strafgesetzes lagen.

A. Das Kriterium der rechtswidrigen Vorhandlung

1. Muß das Vorverhalten rechtswidrig sein?

Daß die Ingerenz ein gefährliches Einfallstor für unangebrachte und überhöhte Bestrafungen ist, wird heute von vielen gesehen. Der jetzt überwiegende Teil der Lehre tritt denn auch für eine radikale Begrenzung ein: Die Garantenpflicht soll ein rechtswidriges (pflichtwidriges) Vorverhalten voraussetzen[24]. Dies ist ohne Zweifel eine naheliegende Lösung, für die auf den ersten Blick vieles zu sprechen scheint. Dennoch steht sie im Widerspruch zu den Grundaussagen dieses Buches. Denn da nach meiner Auffassung die Bewirkenstatbestände Vermeidensgebote sind, gelten sie als solche für den sonderverantwortlichen Täter nach Abschluß des aktiven Tuns weiter, so daß ihm die Nichtvermeidung des Erfolgs nur gestattet ist, wenn die Recht-

---

[24] So mit eingehender Begründung besonders *Rudolphi,* Gleichstellungsproblematik, S. 157—183; ferner *Henkel,* MSchrKrim 1961, S. 183; *Jescheck,* Lehrbuch, S. 416; *Kohlrausch-Lange,* Anm. II 3 d vor § 1; *Mezger-Blei,* S. 89 f.; *Schmidhäuser,* Lehrbuch, 16/54; *Schönke-Schröder,* Vorbem. 120 b; *Welzel,* Lehrbuch, S. 215; *Wessels,* Schwerpunkte, S. 120; weitgehend auch E. A. *Wolff,* Kausalität, S. 41 ff.; *Lackner-Maassen,* StGB, Vorbem. II 1 b, dd (S. 7) und *Stratenwerth,* Lehrbuch, Rdn. 1074; weitere Nachweise aus früherer Zeit bei *Rudolphi,* S. 159, Anm. 23. — Die früher herrschende Gegenmeinung hat ihre sorgfältigste Begründung bei *Welp,* Vorangegangenes Tun, S. 209—273, gefunden; ihr hängen heute ferner an: *Baumann,* A. T., S. 237; *Granderath,* Dissertation, S. 149 ff.; *Heinitz,* JR 1954, S. 270; *Maurach,* A. T., S. 608; weitere Nachweise bei *Jescheck,* a. a. O.

fertigungslage andauert[25]. Das Notwehrrecht etwa wäre so zu verstehen: Das Nichtvermeiden eines Erfolgs ist nicht rechtswidrig, wenn es erforderlich ist, um einen ... Angriff ... abzuwenden. Demnach beginge eine rechtswidrige Tötung, wer z. B. den Räuber, den er mit notwendigen Mitteln abgewehrt hat, nun ohne Not verbluten läßt. Denn zur Abwehr des Angriffs war ja die Nichtvermeidung des Todes nicht erforderlich.

Dies ist nun freilich eine rein deduktive Argumentation, die den Anhänger der h. L. kaum überzeugen wird. Und Zweifel sind selbstverständlich berechtigt, denn der negative Handlungsbegriff, der unsere Behauptung trägt, kann ja falsch sein. Nicht er sanktioniert seine Konsequenzen, sondern diese müssen ihn bewähren, sonst wird er fragwürdig. Erkenntnisse sind Hypothesen, dem bleibenden Zweifel und dem Risiko des Scheiterns prinzipiell ausgesetzt. Taugt also vielleicht unsere Auffassung vom Delikt als einem Nichtvermeiden schädlicher Erfolge nicht, weil sie grundsätzlich die Bestrafung des nach rechtmäßigem Vorverhalten Unterlassenden fordert?

Ich meine jedoch, dieses Ergebnis ist sachgerecht. Es dürfte auch der natürlichen Betrachtung eher entsprechen als die h. L. Man fühlt sich für vorhersehbare, unerwünschte Auswirkungen seines eigenen Tuns verantwortlich, einerlei, ob das Vorverhalten erlaubt oder pflichtwidrig war. Wer bei seinem Chef anklopft und eintritt, wird kaum auf den Gedanken kommen, er brauche die Tür nicht hinter sich zu schließen, weil das Öffnen erlaubt war. Man wird sagen, hier beinhalte die Gestattung des Öffnens zugleich die Aufforderung, die Tür auch wieder zuzumachen. Aber ist das bei Handlungsbefugnissen nicht grundsätzlich so? Wer ein fremdes Rechtsgut beeinträchtigen darf, ist doch gleichwohl gehalten, das „kompossible Maximum" der entgegenstehenden Interessen zu wahren[26]. Er soll also nicht nur den Eingriff von vornherein auf das unverzichtbare Mindestmaß begrenzen, sondern auch, wo möglich und nötig, dem Eingriff Schutzmaßnahmen folgen lassen, die schlimmen und überflüssigen Weiterungen vorbeugen. Indem die h. L. das erste zur strafrechtlichen Pflicht macht, das zweite aber grundsätzlich freistellt, gibt sie der faktischen Frage, wie man technisch vorgehen muß, um das Rechtsgut weitestmöglich zu erhalten, eine axiologische Relevanz, die sie nicht haben kann.

Rudolphi, unser Hauptgegner in diesem Punkte, hat folgendes Beispiel aus dem Bereich des rechtfertigenden Notstandes gebildet, das er für schlagend hält: Bei einem Verkehrsunfall sind mehrere Personen schwer verletzt

[25] Jemand hat in rechtfertigendem Notstand (§ 228 BGB) einen wertvollen Hund verletzt und kann ihn jetzt nicht aus der entstandenen gefährlichen Lage erlösen, weil das Tier sofort wieder bisse.

[26] Vgl. dazu besonders *Welp*, a. a. O., S. 212 ff., 271 ff. (273). Im materiellen Gehalt entspricht meine Auffassung der seinen. *Welp* bleibt nur insoweit im Banne überkommener Vorstellungen, als er streng an der Trennung zwischen Handeln und Unterlassen festhält.

worden und drohen zu verbluten. A bricht deshalb in eine Apotheke ein, um die unbedingt erforderlichen Verbandsstoffe und Medikamente herbeizuschaffen. Angenommen, A und einige andere, die untätig geblieben sind, bemerken, daß sich Diebe durch die erbrochene Apothekentür einschleichen oder ein Schneesturm das Inventar beschädigt; muß dann, so fragt *Rudolphi*, A aufgrund seiner vorangegangenen Rettungstat wegen Beihilfe zum Diebstahl oder wegen Sachbeschädigung bestraft werden, während doch die Schaulustigen straffrei ausgehen? Die Antwort könne „nur ein klares Nein sein"[27].

Wieso? *Rudolphi* denkt vielleicht folgendermaßen: A hat zwar den Diebstahl oder die Sachbeschädigung verursacht, aber auch Menschenleben gerettet, bei Betrachtung des Saldos also einen Wert verwirklicht, den die anderen nicht vorweisen können. Er ist darum noch weniger strafwürdig als sie, die doch zweifellos nicht bestraft werden können. — Das wäre keine schlüssige Argumentation. Das Strafrecht saldiert nicht. Auch minimales Unrecht wird durch edle Taten nicht beseitigt. Wer beides läßt, kommt nun einmal vor dem irdischen Richter besser weg. Das Sachproblem ist erst richtig gestellt, wenn man so fragt: Mußte A das Eigentum des Apothekers opfern, um das Leben der Verletzten erhalten zu können? Das ist für den aufgrund des Schneesturms oder Diebstahls eintretenden Sachverlust zu verneinen (sonst wäre das Beispiel sinnlos). Insoweit haftet A also als Unterlassungstäter oder -teilnehmer. Das mag hart erscheinen, ist aber die allein vernünftige Entscheidung. Man nehme einmal an, A hätte die Apotheke mit Hilfe seines zufällig passenden Schlüssels betreten. Soll er die Tür dann etwa sperrangelweit offen stehenlassen dürfen, nur weil er sie rechtmäßig geöffnet hat? *Rudolphi* müßte das annehmen, obwohl es doch unhaltbar ist. Denn wenn A nicht mehr Medikamente als nötig mitnehmen durfte, warum soll er dann die Apotheke weiter und länger als nötig öffnen und drohenden überflüssigen Verlusten aussetzen dürfen?

Es liegt auf der Hand, daß Selbstschutzrechte keine andere Beurteilung zulassen. Wenn etwa ein Briefträger sich des Hundes, der ihn auf der Straße anfällt, nur erwehren kann, indem er ihn mittels einer Sprühdose betäubt, dann darf er das ohnmächtige Tier deswegen doch nicht auf der Fahrbahn liegen lassen. Denn die „Zerstörung" (Verursachung des Todes) wäre nicht „zur Abwendung der Gefahr erforderlich" (§ 228 BGB). Erforderlich und statthaft ist von vornherein nur eine Kombination von Abwehr- und Rettungsmaßnahmen, so wie ja auch der Verteidiger, der den Angreifer würgt, den Griff rechtzeitig lockern muß, um den unnötigen Tod des Gegners abzuwenden. Wenn das Recht vom Angegriffenen selbst in der Hitze des Gefechtes fordert, maßzuhalten, dann wäre es widersinnig, ihn nach des Kampfes Ende aus dieser Pflicht zu entlassen. Daß er im Einzelfall subjektiv überfordert sein kann, ist richtig, doch insoweit geht es um Schuldprobleme, die die Handlungspflicht nicht berühren können. Wer nach Abwehr des Angriffs in Bestürzung, Furcht oder Schrecken davonläuft und den Angreifer

[27] Gleichstellungsproblematik, S. 182.

unnötigerweise ohne Hilfe läßt, überschreitet zwar die Grenzen des Erforderlichen und unterläßt rechtswidrig, aber er ist ohne Schuld (§ 53 Abs. 3 StGB)[27a].

Den Fall der Notwehr gegen einen schuldhaft Angreifenden hat nunmehr auch der BGH im Sinne der h. L. dahin beurteilt, daß die Verletzung des Angreifers eine Garantenstellung des Angegriffenen nicht begründet[27b]. Dafür werden zwei Argumente angeführt, die m. E. beide zu entkräften sind.

Der Senat meint erstens: „Wer durch einen rechtswidrigen Angriff eine Selbstgefährdung herbeiführt, kann hierdurch nicht erzwingen, daß der Angegriffene als Garant zu seinem Beschützer wird." Das ist ein Appell ans Rechtsgefühl, der aber auf unrichtiger Sachanschauung beruht. Der Angreifer erzwingt nicht eine Garantenpflicht zu seinen Gunsten, vielmehr löst er durch den Angriff zu seinen Lasten ein Abwehrrecht des anderen aus. Nur ist dieses nicht unbegrenzt, sondern von vornherein gemindert um die Pflicht des Angegriffenen, dafür zu sorgen, daß die Auswirkung der Abwehr im Rahmen des Erforderlichen bleibt.

Der BGH führt zweitens an, daß nach der Gegenansicht „der Angreifer stärker geschützt (wäre) als ein ohne eigene oder fremde Schuld Verunglückter". Der Wertungswiderspruch, den der BGH damit aufzuzeigen versucht, besteht in Wahrheit aber nicht. Die Rechtsordnung kann niemanden *besonders* verpflichten, wenn niemand da ist, den als Verursacher der Not besondere Verantwortung trifft. Den herabgefallenen Ast, der einen Spaziergänger schwer verletzt hat, können strafrechtliche Normen nicht ansprechen. Die

---

[27a] Diese Annahme setzt allerdings voraus, daß man entgegen herrschender Auffassung mit *Baumann* (Lehrbuch, S. 297) und *Mezger-Blei* (Studienbuch I, S. 233 f.) die Vorschrift des § 53 Abs. 3 StGB sowohl auf den *bewußten* wie auf den sogenannten *extensiven* Notwehrexzeß anwendet; denn der Angegriffene überschreitet in unserem Beispiel den Rahmen des Erforderlichen wissentlich zu einem Zeitpunkt, in dem der Angriff bereits abgeschlagen ist.

[27b] BGH 23 327 (mit ablehnenden Besprechungen von *Welp*, JZ 1971, S. 433, und Herzberg, JuS 1971, S. 74). Die Bemerkung Schünemanns, a. a. O., S. 314, „nicht ohne Zufall" habe sich in der Rechtsprechung keine einzige Entscheidung finden lassen, die die Strafe für den nach Notwehr Unterlassenden aus § 212 entnehme, entstellt die Gegebenheiten, weil bislang ebensowenig ein Judiz vorlag, das die von *Schünemann* angenommene Strafbarkeit nach § 330c bejaht hätte. Nunmehr sind zu einem Fall zwei Urteile ergangen. Der BGH verneint (versuchten) Totschlag durch Unterlassen, während die Jugendkammer des LG Trier, die mit dem tatsächlichen Geschehen und der Person des Angeklagten unmittelbar konfrontiert war, diese rechtliche Würdigung richtig gefunden hatte, im Einklang mit einer Lehre, die früher die herrschende war, heute nur knapp überstimmt ist und gewichtige Argumente vorweisen kann. Gleichwohl schreibt *Schünemann*, daß der aus der Totschlagstrafdrohung resultierende Schutz des Angreifers „bei einer durch keine begriffsjuristischen Spitzfindigkeiten getrübten axiologischen Betrachtungsweise" ganz und gar auszuscheiden habe, scheine ihm „völlig sicher". Würde jemand dies anmaßend nennen, so würde ich zögern, ihm zu widersprechen.

Not des niedergeschlagenen Angreifers ist dagegen von einem Menschen bewirkt. Der vom BGH angestellte Vergleich ist also nicht stichhaltig, denn es sind in ihm die Faktoren, die für den Umfang des richtigerweise zu gewährenden Schutzes ausschlaggebend sein könnten, nicht vollzählig berücksichtigt.

Wir versagen es uns, die prinzipiell immer gleiche Entscheidung an sämtlichen Rechtfertigungsgründen zu exemplifizieren. Ihre Richtigkeit wäre teilweise noch evidenter. Zum Beispiel bei der Einwilligung: Wer seinem Gast, dem es warm ist, die Öffnung der Terrassentüre gestattet und dann weggeht, würde es kaum verstehen, daß der Gast die Schließung unterlassen darf, wenn später ein Wolkenbruch den Teppich zu ruinieren droht. Ein besonderer Fall fehlender Pflichtwidrigkeit soll hier jedoch noch erörtert werden: der des erlaubten Risikos[27c]. *Welzel* führt ein Beispiel an: „Wenn ein ordnungsgemäß fahrender Kraftfahrer einen Betrunkenen verletzt, der ihm unversehens vor die Räder gefallen war, so ist das ein Unglücksfall wie jeder andere Unfall, an dem er zufällig vorüberfährt, und löst für ihn lediglich die Hilfspflicht aus § 330 c aus“[28]. Dem spontanen Rechtsempfinden dürfte das kaum entsprechen. Der Kraftfahrer, der, wenngleich nicht pflichtwidrig, jemanden angefahren hat, fühlt sich stärker verantwortlich als ein unbeteiligter Passant. Aber auch die dogmatische Überlegung spricht gegen *Welzel*. Was — im Straßenverkehr und anderswo — „ordnungsgemäß“, erlaubtes Risiko ist, richtet sich immer auch nach dem, was der Täter weiß oder wissen muß[29]. Auch wenn er sich völlig verkehrsgerecht verhält, muß er sich immerfort neu auf die Situationen einstellen, die fremde Unachtsamkeit hervorruft. Er muß bremsen, ausweichen, anhalten usw., wenn anderenfalls sein Fahren Schaden verursachen würde. Tut er es nicht, obwohl er es könnte, so beurteilen wir sein Weiterfahren als strafbare Handlung. Bedeutet nun, so ist zu fragen, der Umstand, daß ein gewisser Schaden sich bereits realisiert hat, für die wertende Anschauung eine so entscheidende Wende, daß nunmehr das Nichtvermeiden vermeidbarer Folgeschäden eine ganz andere, entschieden mildere Beurteilung verdiente? Das kann nicht sein. Die Geltung des Verbotes, keines Menschen Tod herbeizuführen, kann nicht davon abhängen, wie die Verhinderung technisch durchführbar ist, ob durch ein Ausweichmanöver oder dadurch, daß man aussteigt und das bewußtlose Opfer von der Fahrbahn trägt.

Der BGH teilt in der Sache die hier skizzierte Ansicht jedenfalls unter der Voraussetzung, daß der Kraftfahrer pflichtwidrig den Unfall verursacht hat[30]. *Welzel* attackiert sogar diese Entscheidungen, unter Hinweis auf die Rechtsprechung des RG, in der sich die strenge Beurteilung der unterlassenen

---

[27c] In der Beurteilung dieses Falles stimmt *Stratenwerth*, der sonst der h. A. folgt, mit dem Text überein (vgl. Lehrbuch, Rdn. 1074). Ebenso anscheinend auch *Lackner-Maassen*, StGB, Vorbem. II 1 b, dd (S. 7).

[28] Lehrbuch, S. 216, ebenso *Schönke-Schröder*, Vorbem. 120 b.

[29] Vgl. *Oehler*, Eb.-Schmidt-Festschrift, S. 245.

[30] Vgl. BGH, VRS 13, 120; BGH 7 287.

Hilfeleistung noch nicht finde[31]. „Man wird kaum fehlgehen in der Annahme", sagt er „daß es sich ... bei der neuen Rechtsprechung nicht um einen grundlegenden Wandel der Wertanschauung, sondern um den Einbruch eines reinen dogmatischen Konstruktionsprinzips, nämlich des Dogmas von der Garantenpflicht aus vorangegangenem Tun, handelt"[32]. Diese Kritik ist aus den genannten Gründen abzulehnen. Die Rechtsprechung des BGH ist sachgerecht und entspricht dem Rechtsgefühl[33]. Daß sie außerdem im Sinne eines anerkannten dogmatischen Systems folgerichtig ist, kann keinen Vorwurf begründen. Sollte sie gegenüber der reichsgerichtlichen Rechtsprechung ein „völliges Novum" sein, so läge eben ein Fortschritt der Erkenntnis vor. *Welzels* Vorwurf ließe sich geradezu umkehren: Will man den Erkenntniswert des Ingerenzgedankens voll ausschöpfen, dann darf man nicht an dem rein dogmatischen Konstruktionsprinzip der strengen Unterscheidung zwischen Handeln und Unterlassen festhalten. Denn dieses führt dahin, die nur faktisch unterschiedlichen Phasen innerhalb des Nichtvermeidens eines aktiv ausgelösten Erfolges auch rechtlich fundamental abweichend zu beurteilen. Und das ist sachlich falsch. Vor allem ist es zu mißbilligen, daß *Welzel* und die h. L. ein zunächst — in der aktiven Phase — rechtmäßiges Nichtvermeiden bis zuletzt so bewerten, auch wenn die Rechtfertigungslage zwischendurch ihr Ende gefunden hat.

Fassen wir das Ergebnis und seine Begründung in zwei Sätzen zusammen. Auch rechtmäßiges vorangegangenes Tun macht garantenpflichtig, weil die Bestimmungsnorm der Bewirkenstatbestände so zu verstehen ist: Vermeide die schädlichen Auswirkungen deines Tuns, ohne auf die Verfolgung berechtigter Zwecke (z. B. Notwehr) und die Ausübung erlaubt-riskanter Tätigkeiten (z. B. ordnungsgemäße Teilnahme am Straßenverkehr) zu verzichten.

2. Muß das Vorverhalten eine Willenshandlung sein?

Eine nur selten aktuell werdende Möglichkeit, das Ingerenzprinzip zu begrenzen, bestünde darin, wenn schon kein pflichtwidriges, so doch wenigstens ein willensgetragenes Vorverhalten vorauszusetzen. Wegen ihrer geringen praktischen Bedeutung wird die Frage nur gelegentlich behandelt. *Granderath*[34], *Rudolphi*[35] und *Welp*[36] bejahen sie, *Kienapfel* ist anderer Ansicht: „Die rechtliche Qualifikation des Vorverhaltens ist gleichgültig. Auch ein Epileptiker oder ein mit vis absoluta Gezwungener sind zur Abwendung des noch abwendbaren Erfolges verpflichtet, sobald ihnen das möglich wird"[37].

---

[31] Vgl. die Nachweise bei *Welzel,* JZ 1958, S. 494.

[32] *Welzel,* a. a. O., S. 495; zustimmend *Schmitt,* JZ 1959, S. 433, Anm. 17; *Oehler,* JuS 1961, S. 154.

[33] Vgl. *Jescheck,* JZ 1961, S. 752; gegen *Welzel* ferner *Granderath,* Diss., S. 193 ff.; *Fuhrmann,* JuS 1963, S. 22; *Welp,* Vorangegangenes Tun, S. 256 ff.

[34] Dissertation, S. 138 ff.

[35] Gleichstellungsproblematik, S. 154 ff.

[36] Vorangegangenes Tun, S. 202 ff.

[37] JuS 1966, S. 286.

Grundsätzlich zutreffend ist *Kienapfels* Standpunkt. Die Gegenansicht überschätzt die Bedeutung, die das Willensmoment für die strafrechtliche Zurechenbarkeit eines Geschehens hat. Dem Menschen werden nicht nur seine willentlichen, sondern auch die unwillkürlichen, aber beherrschbaren (vermeidbaren) Körperbewegungen zugerechnet. Entsprechend gilt für die Ingerenz, daß jedes durch körperliche Kraftentfaltung ausgelöste Geschehen seinem Erzeuger, sofern er es noch vermeiden kann, zugerechnet werden muß, unabhängig davon, ob ein Willensakt den Anstoß gegeben hat. Das scheint mir auch gerecht, nicht nur konsequent. Wer in einem epileptischen Anfall ein Kind lebensgefährlich verletzt und dies nachher erkennt, kann sich dem drohenden Tod gegenüber, wenn er ihn noch verhindern kann, nicht unbeteiligt fühlen. *Welp* behauptet das Gegenteil: „... der Urheber des Kausalverlaufs (darf sich) nach Behebung des Defekts von dem Erfolg distanzieren: die Not des gefährdeten anderen ist nicht seine ‚Tat'; sie geht ihn de jure nicht mehr an als jeder ‚Unglücksfall' (§ 330 c StGB)"[38]. Das überlieferte Zurechnungskriterium der Willentlichkeit, auf das sich *Rudolphi* vor allem stützt, und das Gleichwertigkeitsprinzip, auf das sich *Welp* (unter betonter Ablehnung der *Rudolphi*schen Begründung) beruft, dürften fast zwangsläufig diese Wertung nach sich ziehen. Vor der Wirklichkeit eines erlebten Unglücks würde sie wohl kaum Bestand haben. Warum auch sollte der strafmündige Mensch, der für alle möglichen gefahrerzeugenden Sachen seiner Überwachungssphäre als Garant verantwortlich ist, ausgerechnet für seinen eigenen Körper nicht einstehen müssen? Das kann nun wiederum nicht heißen, daß jede körperliche Ursächlichkeit garantenpflichtig für die Erfolgsabwendung macht. Schon sein zweites Beispiel — die vis absoluta — führt *Kienapfel* zu Unrecht an. Die bloße Werkzeugkausalität eines durch vis absoluta Mißbrauchten bürdet diesem m. E. keine Garantenpflicht auf, weil unter diesen Umständen er die Gefahr nur verursacht, nicht hervorruft. Das aber ist notwendig, wie im folgenden gezeigt werden soll. Hier gilt es festzuhalten, daß man das Ingerenzprinzip nicht sachangemessen begrenzt, wenn man unwillentlichem Vorverhalten a limine die pflichtbegründende Wirkung abspricht.

B. Das Hervorrufen der Gefahr

Die vorstehend erwogenen Kriterien, Rechtswidrigkeit und Willentlichkeit des Vorverhaltens, mußten verworfen werden. So wünschenswert und dringlich die Konturierung gerade der Garantenposition aus Ingerenz durch begrifflich-scharfe Merkmale ist — diese würden die vorgegebenen Strukturen des Gegenstandes vergewaltigen. Aussichtsreicher erscheint es, mit dem Grundgedanken der strafrechtlichen Zurechnung anzusetzen. Diese rechtfertigt sich niemals aus der bloßen Kausalität. Entscheidend ist der normative Gesichtspunkt, daß ein Geschehen als das *Werk* des Verursachers erscheint (*Bewirkens*delikte). Als allgemeinste Begrenzungsformel können wir also angeben,

---

[38] a. a. O., S. 204.

daß bei der Ingerenz der Unterlassende die Gefahr, aus der heraus sich der tatbestandsmäßige Erfolg realisiert oder zu realisieren droht, nicht nur verursacht, sondern *geschaffen, hervorgerufen* haben muß.

1. Ungefährliche Vorhandlungen

Dies bedeutet zunächst einmal, daß das Vorverhalten im Hinblick auf den schließlich eingetretenen Erfolg überhaupt *gefährlich* gewesen sein muß[39]. Die „objektiv nachträgliche Prognose" muß ergeben, daß unter den konkreten Umständen der Eintritt gerade dieses Erfolges nahelag[40]. Fehlt es hieran, so ist der Handelnde allenfalls Schöpfer eines Geschehens, das Ursache für die Gefahr geworden ist, die Gefahr selbst ist jedoch nicht sein Werk. In unseren Worten: er verursacht Gefahr, aber er ruft keine hervor. Wer etwa ein Haus baut, das infolge eines Erdbebens einstürzt, wird nicht Garant für das Leben der verschütteten Bewohner; oder wer im Garten ein Feuer entzündet, wird nicht verantwortlich, wenn ein radfahrendes Kind hinblickt und infolgedessen verunglückt[40a]; denn in beiden Fällen war er für die entstandene Lebensgefahr lediglich äußerlich kausal, gefährlich war das Vorverhalten nicht.

Wir halten fest: Man kann eine Gefahr verursachen, ohne doch sie hervorzurufen. Der Satz könnte die ungefähre Richtung weisen, in der sich die Lösungssuche für das zweite Hauptproblem der Ingerenz bewegen muß. Rechtsprechung und Lehre sehen sich von den verschiedenartigsten Lebenssachverhalten immer wieder vor ein und dieselbe Grundfrage gestellt: Wird der Verursacher garantenpflichtig, wenn fremde Willkür die Auswirkung des Vorverhaltens ausnutzt oder zum Anlaß nimmt, einen deliktischen Erfolg selbstverantwortlich zu bewirken? Eine Teilantwort können wir bereits jetzt geben: Ungefährliches Vorverhalten kann hier sowenig wie sonst eine Garantenpflicht begründen. Wer jemandem ein Paar Damenstrümpfe verkauft, wird nicht zum Garanten, wenn der Käufer, verantwortlich oder nicht, sich später anschickt, vermittels der Kaufsache einen Menschen zu erdrosseln.

Das mag selbstverständlich scheinen, bedarf aber der Hervorhebung. *Blei*[41] hat nämlich unlängst eine Ingerenztheorie zur Diskussion gestellt, die gerade das Gefährlichkeitserfordernis verwischen könnte. Im Bestreben nach Vereinfachung sowohl wie rechtsstaatlicher Präzisierung der Garantenlehre will er die „überkommenen vier Garantenpflichtgründe" reduzieren „auf Gesetz und ein im weiteren Sinne neu verstandenes Vorverhalten"[42]. Wir wollen

---

[39] Das wird allgemein betont; vgl. etwa *Baumann,* Lehrbuch, S. 237; *Blei,* H.-Mayer-Festschrift, S. 136 f.; *Granderath,* Diss., S. 156 ff.; *Jescheck,* Lehrbuch, S. 416; *Mezger-Blei,* StudB I, S. 89; *Schmidhäuser,* Lehrbuch, 16/50; *Welp,* Vorangegangenes Tun, S. 201 f.

[40] Vgl. die Gefahrdefinition in RG 10 176; BGH 18 271.

[40a] So mit Recht *Stratenwerth,* Lehrbuch, Rdn. 1069.

[41] H. Mayer-Festschrift, S. 119 ff.

[42] a. a. O., S. 133.

die Auswirkungen nur in dem Punkte, der unseren Zusammenhang betrifft, näher betrachten. *Blei* glaubt, die Fälle, die bisher den „Garantenpflichten kraft besonderer persönlicher Verbundenheit" zugewiesen worden seien, ohne strafwürdigen Rest auf Gesetz und Ingerenz verteilen zu können[43]. Zur Demonstration führt er u. a. das Urteil BGH 13 162 an, welches das Unterlassen eines Mannes betraf, der den Selbstmord seiner Schwiegermutter nicht verhindert hatte[44]. *Blei* hält die schwägerschaftliche Beziehung für untauglich, die vom Senat vorausgesetzte Garantenstellung zu begründen. Er sieht „allein die Möglichkeit, die Garantenpflicht auf das Vorverhalten des Angeklagten zurückzuführen", was auch sachlich richtig sei, denn: „Der Angeklagte hatte ... die durch ihren Zustand gefährdete Schwiegermutter aus dem Altersheim abgeholt und zu dem längeren Fußweg veranlaßt, sie also aus dem Bereich der Geborgenheit in eine Lage gebracht, in der Hilfe jederzeit nötig werden konnte und andere zur Leistung solcher Hilfe nicht vorhanden waren." Der Fall kann m. E. aber geradezu als Muster dienen für ein Vorverhalten, das zwar erfolgskausal ist, jedoch mangels Gefährlichkeit nicht zur Vermeidung des Erfolgs verpflichtet. Die Gefahr, in der ein schwermütiger, an Selbstmord denkender Mensch sich ohnehin befindet, wird gewiß nicht dadurch erhöht, daß jemand ihn zu einem Spaziergang abholt. Im Gegenteil: Die objektiv nachträgliche Prognose im Zeitpunkt des Aufbruchs geht eher dahin, daß für die Dauer des geselligen Wanderns ein Selbstmord mit geringerer Wahrscheinlichkeit als sonst zu erwarten war[45]. Es könnte allerdings sein, daß *Blei* seine Entscheidung auf den Gesichtspunkt der Gefahrschaffung gar nicht stützen will. Er nämlich tritt für eine Erweiterung des Rechtssatzes vom vorangegangenen Tun dahin ein, daß dieser auch solche Vorhandlungen umgreife, „mit denen Vertrauen darauf erweckt wird, daß der Handelnde in Zukunft bestimmte Schutzfunktionen wahrnehmen wird"[46]. Neben das gefahrbegründende Vorverhalten soll — unter dem gemeinsamen Dach des Ingerenzprinzips — das vertrauensbegründende treten, und dieses zweite rechnet *Blei* auch dann zur Ingerenz, wenn von einer Gefahrerzeugung oder gar Erfolgskausalität nicht die Rede sein kann (die Bergsportler wären auch ohne den im letzten Augenblick engagierten Bergführer aufgestiegen, der sie später im Stich läßt)[47].

Hiergegen hat mit Recht schon *Schröder* eingewandt, *Blei* berücksichtige nicht hinreichend, „daß zwischen einem gefahrbegründenden und einem vertrauensbegründenden Vorverhalten derartige qualitative Unterschiede bestehen, daß ihre Zusammenfassung unter dem Oberbegriff ‚Vorverhalten'

[43] a. a. O., S. 134.

[44] Vgl. a. a. O., S. 128.

[45] Bei Insassen von Nervenheil- oder Irrenanstalten, die dort beständig überwacht werden, kann es natürlich anders liegen. Die Bewohnerin eines Altenheims kann sich jedoch frei bewegen, vor allem jederzeit spazierengehen, auch ohne Begleitung.

[46] a. a. O., S. 140.

[47] a. a. O., S. 140 f.

wenig ergiebig erscheint"[48]. In der Tat ist nicht einzusehen, warum die Garantenstellung eines Obhutsübernehmers, dessen Übernahme Vertrauen, aber keine Gefahr erzeugt hat, der herkömmlichen Ingerenz näherstehen soll als etwa der Garantenstellung der Mutter gegenüber ihrem Kinde. Daß die letztere sozial vorgegeben ist, während die erstere willentlich eingenommen wird, begründet m. E. keinen durchgreifenden Unterschied. Aber lassen wir die Zweifel beiseite, die *Bleis* neue Klassifizierung weckt. Sollte er im Beispiel die Garantenpflicht wirklich auf die Hervorrufung von Vertrauen stützen wollen, so müßte dem vor allem aus sachlichem Grunde widersprochen werden. Denn der flüchtige soziale Kontakt eines gemeinsamen Spazierganges erzeugt kein Vertrauen, das über den Glauben an die allgemeine mitmenschliche Hilfsbereitschaft hinaus geht. Was eine Garantenpflicht des Angeklagten diskutabel erscheinen läßt, ist eben doch allein seine — von *Blei* für unerheblich erachtete — familiäre Beziehung zum Opfer.

2. Das Regreßverbot nach der Lehre von *Welp*

Doch ist mit der Betonung des Gefährlichkeitserfordernisses die gesuchte Antwort erst zum Teil gefunden. Schon oberflächliche Betrachtung lehrt, wie zweifelhaft es wäre, wollte man eine Garantenpflicht nach jedem Vorverhalten annehmen, welches insofern gefährlich ist, als es einen anderen zu willkürlicher Bewirkung eines schädlichen Erfolges veranlassen könnte. Das Unterhalten einer intensiven Liebesbeziehung z. B. kann es unter besonderen Umständen durchaus naheliegend scheinen lassen, daß der Partner Straftaten begeht — Unterschlagung, Meineid, ja Mord. Soll dies genügen, den Anlaßgebenden in eine Garantenposition einrücken zu lassen?

Eine Lösung, die zumindest den Vorzug der Klarheit besäße, wäre die Statuierung eines „Regreßverbotes" dergestalt, daß für die Konstruktion einer Garantenpflicht jedes Vorverhalten ausschiede, welches seine Auswirkung zum Erfolg über das eigenverantwortliche Handeln eines anderen gewinnt. Diese sehr weitgehende Begrenzung hatte bis vor kurzem nur gelegentliche und beiläufige Befürwortung gefunden. So hält *Welzel* Einschränkungen dort für wichtig, „wo zwischen Gefährdung und Erfolgseintritt das selbstverantwortliche Handeln eines Dritten tritt"; der alten Lehre vom Regreßverbot attestiert er in *diesem* Zusammenhang „praktische Bedeutung"[49]. Entschiedener schrieb vor Jahren *Bockelmann*: „Der Rechtssatz, wonach die Herbeiführung einer Gefahr die Pflicht zur Erfolgsabwendung begründet, meint überhaupt nicht solche Gefahren, die in nichts weiter als in der Versuchung zur Begehung einer Straftat bestehen"[50].

Neuerdings hat nun *Welp* die Problematik der „Nichthinderung fremder Taten"[51] systematisch durchdrungen und dabei den Gedanken des Regreß-

[48] Kommentar, Vorbem. 102.
[49] Lehrbuch, S. 217.
[50] Strafrechtliche Untersuchungen, S. 134.
[51] So der Titel des 4. Kapitels in Vorangeg. Tun, S. 274.

verbotes zum leitenden Gesichtspunkt erhoben. Die Quintessenz seiner Aussagen ist, daß das Veranlassen und Fördern freier (volldeliktischer) Vorsatztaten nur ausnahmsweise ein unechtes Unterlassungsdelikt nach sich ziehen könne. Eine solche Ausnahme bejaht er, wenn die Vorhandlung eine schuldlos-vorsätzliche Teilnahme ist: A bestimmt im Stande der schuldausschließenden Trunkenheit T dazu, den O zu töten; wieder nüchtern, hindert er T nicht daran, die Tat auszuführen, bzw. er rettet O nicht, als er ihn von T verletzt vorfindet[52]. Eine Unterlassungstäterschaft lehnt *Welp* in diesem Falle ab[53], eine Beihilfe durch Unterlassen bejaht er. Für sie sei Voraussetzung, „daß der Unterlassende im Augenblick der Abwendungsmöglichkeit ein *Verhältnis* vorfindet, das der durch eine volldeliktische Teilnahmehandlung entstehenden Beziehung zum Haupttäter entspricht“[54]. „Da der für das Unrecht der Teilnahme konstitutive Vorsatz des Teilnehmers bereits mit seiner Vorhandlung gegeben ist, bildet das durch sie ausgelöste Verhältnis die vom Gesetz als strafbare Teilnahme gemeinte Beziehung“[54].

Für den Regelfall der fahrlässigen Teilnahme als Vorhandlung bewendet es hingegen beim Regreßverbot und damit der Straflosigkeit späteren Unterlassens. Denn weil „die fahrlässige Teilnahme straflos ist, bleibt die unvorsätzliche Beeinflussung des fremden Entschließungsvermögens im Bereich des Unverbotenen; sie bildet daher auch keine tragfähige Basis für eine Gleichwertigkeit des Unterlassens“[55]. *Welp* räumt selber ein, daß dies eine „formale Argumentation“ sei, weil sie, falls die Straflosigkeit der fahrlässigen Teilnahme sich als Einschränkung eines materiell strafwürdigen Verhaltens darstelle, „die Zufälligkeit der gesetzlichen Regelung zum Prinzip erhebe“[55]. So sei es indessen nicht. Seine Lehre sei auch materiell gerechtfertigt, und zwar wegen der „Eigenverantwortlichkeit“ des Täters. „Da dieser frei ist, das an ihn herangetragene Motiv zurückzuweisen, steht er seinem Versucher als *unabhängiges* und selbständiges Rechtssubjekt gegenüber... Auch bei der größten Wahrscheinlichkeit der Tatbegehung braucht niemand bei seinem Tun darauf Rücksicht zu nehmen, daß dessen gedankliches und sachliches Substrat von einem anderen zu krimineller Aktion mißbraucht werden könnte. Eine solche Schmälerung der individuellen Betätigungsfreiheit wäre nicht nur von unübersehbarem Ausmaß, sondern auch ungerecht gegenüber dem Teilnehmer. Die unvorsätzliche Beeinflussung fremder Freiheit ist daher weder pflichtwidrig noch einer besonderen Erlaubnis bedürftig, sondern unter allen denkbaren Umständen stets ‚sozialadäquat‘“[56]. Folgerichtig meint *Welp* zur Pönalisierung der vorsätzlichen Teilnahme, sie sei „der Sache nach Diskriminierung eines Verhaltens, das ohne die gesetzliche Statuierung nicht verboten wäre“[57].

Diese Beweisführung muß den, der *Welps* ganzes Buch gelesen hat, überraschen. Der Autor legt im dritten Kapitel ausführlich und m. E. überzeu-

---

[52] a. a. O., S. 280.
[53] a. a. O., S. 280 f.
[54] a. a. O., S. 282.
[55] a. a. O., S. 284.
[56] a. a. O., S. 285 f.
[57] a. a. O., S. 285.

gend dar, daß die Rechtswidrigkeit des Vorverhaltens für die Garantenpflicht nicht Voraussetzung sei. Man versteht nicht, wie *Welp* dann aus der angeblichen Erlaubtheit unvorsätzlichen Teilnehmens folgern zu können glaubt, eine Garantenpflicht des Teilnehmers entstehe nicht. Ohne Frage trifft ja mutatis mutandis auf rechtmäßige Vorhandlungen allemal zu, was *Welp* für die vorsatzlose Teilnahme behauptet und dort für entscheidend hält: „Auch bei der größten Wahrscheinlichkeit" schädlicher Folgen „braucht niemand darauf Rücksicht zu nehmen", daß seine erforderliche Verteidigung, Notstandstat usw. solche Folgen haben könnte. Sein Handeln ist nicht „pflichtwidrig ..., sondern unter allen denkbaren Umständen stets ‚sozialadäquat'". Trotzdem ist, jedenfalls nach *Welp*, der sein Recht Ausübende garantenpflichtig, die unerwünschten, noch vermeidbaren Folgen seines Tuns zu verhindern. Die von *Welp* so betonte „Eigenverantwortlichkeit" des Täters kann also innerhalb seiner Garantenlehre nichts beweisen. Sie verhilft ihm lediglich zu dem Schluß, unvorsätzliche Teilnahme sei erlaubt und sozialadäquat, Qualitäten der Vorhandlung, die für die Garantenfrage aber gerade unerheblich sein sollen.

Freilich, der Standpunkt, daß erlaubtes Vorverhalten nicht garantenpflichtig mache, ist der der h. L. Sie also müßte *Welp* zustimmen, wenn seine Teilnahmetheorie in der Sache richtig wäre. Aber das ist sie nicht. Unvorsätzliche Teilnahme an volldeliktischer Haupttat ist nicht notwendig unverboten und sozialadäquat. Strafrechtliche und andere, dem Güterschutz dienende Normen suchen ihr Ziel in der Weise zu erreichen, daß sie Gefährdungen verbieten, die außerhalb eines sozial erträglichen Risikos liegen. Weitere Unterscheidungen sind nicht sinnvoll: Ob die Entwicklung der Gefahr über unfreie Stationen oder eigenverantwortliches menschliches Handeln verläuft, die Reaktion des Rechtes muß jedes Verhalten herausfordern, das den Verlust eines Gutes in bedrohliche Nähe rückt. *Welps* starres Regreßverbot ist darum mit dem Grundanliegen strafrechtlicher Normen — dem Güterschutz — unvereinbar.

Daß *Welp* die dogmatische Bedeutung der personalen Eigenverantwortlichkeit falsch einschätzt, beweist schon das positive Verbot der vorsätzlichen Teilnahme. Für ihn ist die Behauptung, durch die §§ 48, 49 StGB werde ein Verhalten „diskriminiert", das an sich „unverboten" sei, nur konsequent. Aber trifft sie zu? Dann dürfte das Zivilrecht keine (vom strafrechtlichen Verbot unabhängigen) Schadensersatzansprüche aus „unerlaubter" Handlung bereithalten. Eben dies tut es aber (vgl. § 830 Abs. 2 BGB). Und was das Strafrecht anlangt, so hätte sich dort mit Sicherheit der Einheitstäterbegriff durchgesetzt, wenn die Teilnahme nicht ausdrücklich strafbedroht wäre. Es kann keine Rede davon sein, daß die Schöpfer des StGB mit der Pönalisierung gewissermaßen sachlogische Strukturen mißachtet hätten. Anstiftung und Beihilfe sind, entgegen *Welp*, unabhängig von ihrer Pönalisierung rechtswidrig. Das muß dann aber auch für die fahrlässige Teilnahme gelten, denn die verschwimmende Grenze zwischen Vorsatz und Fahrlässigkeit kann nicht Unrecht von Recht, sondern allenfalls strafbares von straflosem Unrecht scheiden. Wie immer man also zur eigentlichen Regreßverbotslehre: fahrlässige Teilnahme dürfe nicht als fahrlässige Täterschaft bestraft werden, stehen mag, der Ausweitung auf die Ingerenz: keine vorsätzliche Teilnahme durch Unterlassen nach fahrlässiger Teilnahme als Vortat, kann keinesfalls zugestimmt werden. Denn sie würde bedeuten, daß selbst eindeutig rechtswidriges und hochgradig gefährliches Vorverhalten nicht mehr die Kraft hätte, den Ingerenten in eine Position besonderer Verantwortlichkeit zu berufen.

3. Die eigene Lösung

Wir müssen, weil sich die Regreßverbotslehre als unzulänglich erwiesen hat, zum Ausgangspunkt zurückkehren: Garantenpflichtig, einen drohenden tatbestandsmäßigen Erfolg abzuwehren, ist derjenige, der die Gefahr für den Eintritt des Erfolges hervorgerufen hat. Daran kann es, trotz Verursachung der Gefahr, einmal fehlen, weil die Wahrscheinlichkeit des Erfolges so gering war, daß das Vorverhalten nicht „gefährlich" genannt werden kann. Dieser eine einschränkende Gesichtspunkt genügt aber offensichtlich nicht. Schiebt sich zwischen die kausale Vorhandlung und den Erfolg das eigenverantwortliche Wirken eines anderen, so kann es trotz der Gefährlichkeit des Vorverhaltens unrichtig sein, den Erfolg und das ihm unmittelbar vorausgehende Geschehen als das Werk des Hintermannes, als etwas auch von ihm Hervorgerufenes, zu betrachten. Gibt es nun ein allgemeines Kriterium, das hier die echten Ingerenzfälle von den unechten scheidet?

Ein deliktischer Erfolg ist grundsätzlich das Werk desjenigen, der ihn eigenhändig-unmittelbar bewirkt. Er allein ist es auch, den wir als den Schöpfer der Gefahr für den Erfolgseintritt ansehen. Andere werden von ihm aus dem Bereich strafrechtlicher Zurechnung verdrängt, selbst wenn sie durch ein gefährliches Verhalten am Geschehen ursächlich beteiligt sind. Dies kann aber dann nicht gelten, wenn jenes Verhalten so gefährlich ist, daß es außerhalb des „erlaubten Risikos" liegt, oder, m. a. W., wenn es objektiv fahrlässige Teilnahme ist. Denn das erlaubte Risiko überschreiten heißt gegen die objektive Sorgfaltspflicht verstoßen, und diese Feststellung hat gerade den Sinn, daß dem Handelnden die Folgen seines Sorgfaltsmangels rechtlich zugerechnet werden müssen. Auch er muß sie dann also als Garant verhüten.

Im Ergebnis schließen wir uns damit für den erörterten Bereich der h. L. an. Der Begründungsweg ist allerdings ein anderer. Während die h. L. sorgfaltsgemäßes Vorverhalten hier wie auch sonst deshalb ausscheidet, weil es nicht pflichtwidrig ist[58], ist für uns entscheidend, daß mittelbar Beteiligte ohne Pflichtverstoß nicht als Hervorrufer der Gefahr angesehen werden dürfen. Diese Auffassung ist demnach auch nicht in sich widersprüchlich. Wer in Notwehr jemanden niederschießt, einen Betrunkenen, ohne dafür zu können, anfährt, oder in einem epileptischen Anfall eine ihm zur Hilfe

[58] So besonders *Schönke-Schröder*, Vorbem. 121.

eilende Person lebensgefährlich verletzt, ist wegen seiner handfest-unmittelbaren Beziehung zum drohenden Erfolg als Hervorrufer der Gefahr anzusehen, obwohl er sie nicht pflichtwidrig erzeugt. In der gegenwärtig betrachteten Konstellation wird dagegen die Beziehung durch einen Näherbeteiligten unterbrochen. Das schließt zwar die Zurechnung nicht schlechthin aus, aber es bedarf doch eines zusätzlichen normativen Momentes, eben der Sorgfaltspflichtverletzung, das den Verlust an Unmittelbarkeit kompensiert.

Der entscheidende Vorzug des Kriteriums der Pflichtwidrigkeit ist seine Elastizität. Die konkreten Umstände, besonders die hochgradige Gefährlichkeit des Vorverhaltens, können im einen Fall die Bejahung einer Garantenpflicht zwingend fordern. Wer einem Bekannten auf dessen Bitte ein Messer zusteckt, nachdem dieser seines Todfeindes ansichtig geworden ist, kann sich von den Folgen seines Tuns nicht distanzieren, weil er seine Bedenken so erfolgreich verdrängt, daß sie unterhalb der Schwelle des bedingten Vorsatzes liegen. Sein Verhalten ist pflichtwidrig und macht das nachfolgende wissentliche Nichteingreifen zur vorsätzlichen Beihilfe. Wenn *Welp* im Blick selbst auf derartige Sachverhalte unvorsätzliche Teilnahme ausnahmslos für „nicht pflichtwidrig" und für „unter allen denkbaren Umständen stets ‚sozialadäquat'" hält, so beugt er sich der Konsequenz seiner Regreßverbotstheorie; unvoreingenommene Sachanschauung hätte diese Behauptung wohl kaum zugelassen.

In andern Fällen kann jedoch der Umstand, daß der Erfolg von der eigenverantwortlichen Entscheidung eines anderen abhängt, die Auslösung einer Gefahr sozialadäquat und die Annahme einer Garantenstellung des Auslösers unangemessen erscheinen lassen. Auch diese Sachlagen bewältigt unser Kriterium, denn eine sozialadäquate Gefahr selbst hohen Grades verbleibt im Rahmen des erlaubten Risikos. *Welp* hat folgendes Beispiel gebildet: „U leiht dem T, der für seine Brutalität bekannt ist und in unglücklicher Ehe lebt, einen Kriminalroman über das ‚perfekte Verbrechen'. T faßt darauf den Entschluß, seine Frau zu töten, ohne daß U ihn daran hindert"[59]. Die Verneinung einer Garantenpflicht des U trifft in diesem Fall zu, die Begründung von *Welp* tut es nicht. Die „unvorsätzliche Beeinflussung fremder Freiheit" ist mitnichten „stets ‚sozialüblich'"[60] (wie *Welp* meint), sondern sie ist es in diesem konkreten Fall aufgrund seiner besonderen Umstände. Ein Risiko, wie es mit dem Verleihen von Kriminalromanen selbst an labile Menschen verbunden ist, muß die Rechtsordnung um der allgemeinen Betätigungsfreiheit willen hinnehmen. Es ist sozialadäquat (wenn nicht ganz außergewöhnliche Umstände vorliegen). Das Hinzutreten von Vorsatz würde daran nichts ändern. U kann auch dann nicht strafbarer Teilnehmer sein, wenn er sich vergegenwärtigt, zu was nicht alles die Lektüre von Büchern verführen kann, und die Folgen „in Kauf nimmt".

---

[59] a. a. O., S. 286.
[60] a. a. O., S. 287.

4. Anwendung auf wichtige Probleme der Praxis

Der Maßstab zur Ermittlung der Garantenpflichtigkeit ist für die erörterte besondere Konstellation meines Erachtens also derselbe, mit dem das Unrecht der fahrlässigen Begehungsdelikte bestimmt wird. Vorsätzlicher Beihilfe durch Unterlassen macht sich schuldig, wer wissentlich gegen den selbstverantwortlichen Täter nicht einschreitet oder nach Tatabschluß den Erfolg nicht verhindert, nachdem er in objektiv pflichtwidriger Weise den Anstoß zur Tat gegeben oder zu ihrer Begehung Hilfe geleistet hat. Das Schrifttum nimmt zum Teil exakt denselben Standpunkt ein[61]. Die Rechtsprechung dagegen steht weithin noch im Banne der früheren Auffassung, nach der die Garantiehaftung durch die Pflichtwidrigkeit des Vorverhaltens prinzipiell nicht bedingt sein soll. Die insoweit entscheidenden Umstände des Einzelfalles werden darum von den Gerichten zumeist nicht im erforderlichen Umfange mitgeteilt, so daß die Richtigkeit der Entscheidungen schwer überprüfbar ist. So heißt es in einem Urteil des BGH über die Vorhandlung des Angeklagten, dessen Messer als Mordwaffe benutzt worden war, lediglich, er habe „dadurch, daß er dem Mitangeklagten S das zur Tat benutzte Taschenmesser kurz vorher überlassen hatte, das Leben des dann zu Tode gekommenen V, wenn auch unbewußt, in Gefahr gebracht“[62]. Der BGH bejaht eine Garantenstellung des Angeklagten. Das ist wahrscheinlich richtig, aber ganz sicher kann man nicht sein. Möglich ist immerhin, daß die Übergabe des Messers erlaubten Zwecken diente und daß der Streit, der V das Leben kostete, für den Angeklagten unvorhersehbar war; dann wäre sein Vorverhalten nicht pflichtwidrig und nicht geeignet, ihn in eine Garantenposition einrücken zu lassen[63]. Ähnlich verhält es sich mit einem Urteil des LG Berlin. Die Kammer sah den Angeklagten als garantenpflichtig zur Verhinderung eines Schmuckdiebstahls an, weil er zwei Bekannten erzählt hatte, daß die Eigentümerin den Schmuck unverschlossen in ihrer Wohnung aufbewahre. Begründet wird das mit dem Satz: „Für den Verursacher einer objektiven Gefahrenlage erwächst eine Rechtspflicht zur Beseitigung der Gefahrenlage auch in den Fällen, in denen er die Gefahr nicht pflichtwidrig verursacht, die gefährlichen und von ihm nicht beabsichtigten Folgen seines Tuns aber erkannt hat“[64]. Auch diese Entscheidung kann, muß aber nicht richtig sein. Die Begründung trägt sie jedenfalls nicht. Allein die Verursachung einer Gefahrenlage kann nicht garantenpflichtig machen, man muß sie hervorgerufen haben. Diese Voraussetzung trifft primär auf die Diebe selber zu, auf den Angeklagten nur, wenn er die Gefahr des Diebstahls pflichtwidrig heraufbeschworen hat. Hatte er Gründe, gerade von jenen beiden die Begehung der Tat zu erwarten (etwa, weil sie

[61] Vgl. *Schönke-Schröder,* Vorbem. 121; ferner *Rudolphi,* Gleichstellungsproblematik, S. 129 ff. (135, 138), der allerdings Unterlassungstäterschaft annimmt (vgl. S. 138 ff.); vgl. dazu hier die Ausführungen in § 22.

[62] BGH 11 355.

[63] Übereinstimmend *Rudolphi,* a. a. O., S. 171 f.

[64] MDR 1965, S. 592.

jede gute Gelegenheit zu nutzen pflegten oder schon einmal an den Schmuck zu kommen versucht hatten), so wäre in der Tat das Reden des Angeklagten fahrlässig gewesen. Die Vermutung eines Pflichtverstoßes liegt natürlich nahe, hinlänglich gestützt durch die Sachverhaltsschilderung wird sie nicht[65].

Substantiellere Kritik ist möglich an der Rechtsprechung, die sich in zahlreichen Entscheidungen mit den Problemen erstens der Meineidsbeihilfe durch Unterlassen und zweitens der Haftung des Gastwirts für Trunkenheitsfahrten seiner Gäste befaßt.

a) Zur Meineidsbeihilfe durch Unterlassen

Eine Garantenpflicht zur Meineidsverhinderung ist aus verschiedenen Vorhandlungen hergeleitet worden, sowohl aus Erklärungen, die im Prozeß abgegeben wurden, wie aus Kontakten, die außerhalb des Prozesses mit dem Zeugen zustande kamen. In die erste Gruppe fallen die Benennung des Zeugen[66], das wahrheitswidrige Bestreiten der Behauptungen des Gegners[67], das Leugnen des Angeklagten im Strafprozeß[68], die Bestätigung der zunächst uneidlichen Falschaussage des Zeugen durch die Partei[69]. Alle diese Handlungen sollen, sofern sie den Anstoß zur Falschaussage oder Vereidigung gegeben haben, nach den genannten Entscheidungen ein für die Bestrafung wegen Beihilfe durch Unterlassen ausreichendes Vorverhalten sein. Als pflichtschaffende Ingerenz durch Umgang mit dem Zeugen außerhalb des Prozesses hat das Reichsgericht einmal schon die Anknüpfung eines ehebrecherischen Liebesverhältnisses angesehen[70]; der Bundesgerichtshof läßt es heute auf jeden Fall genügen, wenn der schuldige Ehegatte „noch während des Ehescheidungsverfahrens die ehebrecherischen oder ehewidrigen Beziehungen zu dem Zeugen fortsetzt, und dadurch die Gefahr für ihn herbeiführt oder wenigstens erhöht, falsch auszusagen und einen Meineid zu schwören“[71].

Diese Entscheidungen sind allesamt abzulehnen. Sie würdigen nicht genügend, daß Falschaussage und Meineid in erster Linie das Werk des Zeugen selber sind. Die Zurechnung auf den ursächlich gewordenen Prozeßbeteiligten auszudehnen, wäre nur statthaft, wenn er die Gefahr der Straftat pflichtwidrig begründet hätte. Das aber ist zu verneinen, weil die angeführten Vorhandlungen sämtlich als sozialadäquate Gefährdungen gewertet werden müssen.

Für die Vorhandlungen im Prozeß (Leugnen, Bestreiten, Benennen des Zeugen) ergibt sich dies aus der besonderen Situation der Partei, des An-

---

[65] Vgl. auch *Rudolphi*, a. a. O., S. 172, Anm. 69.

[66] RG 74 285; BGH 1 27; BGH in NJW 1953, S. 1193.

[67] RG 75 271; BGH 3 18; aufgegeben von BGH 17 321.

[68] OLG Hamm in HESt. 2, 242.

[69] RG 74 38.

[70] RG 72 20 (das Verhältnis habe den jugendlichen Liebhaber der älteren Frau hörig und bereit gemacht, „alles“ für sie zu tun).

[71] BGH 17 323; ebenso BGH 2 134 f. und 14 230 f.

geklagten und des Anwalts im gerichtlichen Verfahren. Es ist sozusagen das Wesen des Prozesses, daß die Beteiligten um den Nachweis der Richtigkeit einer für sie günstigen Sachdarstellung kämpfen. Dies kann unter bestimmten Aspekten, z. B. aufgrund § 138 ZPO, pflichtwidrig sein. Aber es ginge zu weit, eine Rechtspflicht auch des Inhalts zu statuieren, daß man darauf achten müsse, durch seinen prozessualen Kampf nicht die Gefahr falscher Zeugenaussagen heraufzubeschwören. Anderenfalls sähen sich die Partei oder der Angeklagte regelmäßig durch Strafdrohung gezwungen, ihre unrichtige Sachdarstellung aufzugeben, sobald die Bestätigung durch Zeugen in Sicht ist, also gerade dann, wenn der „Sinn“ der Lüge sich einzustellen beginnt. Wäre dies der Wille des Strafgesetzgebers gewesen, dann hätte er vermutlich gleich einen Tatbestand der prozessualen Wahrheitsverletzung geschaffen.

Von diesem Standpunkt aus muß auch der Ansicht *Bockelmanns* widersprochen werden. *Bockelmann* verneint ebenfalls eine Garantenpflicht zur Verhinderung falscher Aussagen[72], bejaht aber die Möglichkeit, Akte der Prozeßführung als Begehungsteilnahme zu ahnden[73]. Strafbare Teilnahme durch Handeln kommt nach seiner Meinung sogar recht häufig vor. Sie soll immer dann vorliegen, wenn „die Prozeßpartei, der Angeklagte oder ihre Vertreter ... mit einer unrichtigen Aussage des Zeugen ... gerechnet“ und „bei Ergreifung derjenigen prozessualen Maßnahmen, die schließlich zur Vernehmung des Zeugen führen, solch eine Aussage ... ‚gebilligt‘ haben“[74]. Diese Ansicht ist abzulehnen, wenn man sich mit mir entscheidet für die prinzipielle Sozialadäquanz der Meineidsverursachung durch Äußerungen im Prozeß. Denn die Billigung des Erfolgs macht ein gefährliches Verhalten, das als sozialüblich hingenommen wird, nicht pflichtwidrig; die Verletzung der objektiven Sorgfaltspflicht ist auch für das Vorsatzdelikt Unrechtsvoraussetzung[75]; das Recht verbietet es nicht, verwerfliche Ziele zu verfolgen, sofern man sich dabei nur sozialadäquater, im Rahmen des erlaubten Risikos liegender Mittel bedient. Hätte *Bockelmann* recht, so beginge eine versuchte Anstiftung zum Meineid schon, wer als Angeklagter durch weiter nichts als Leugnung der Tat einen bestimmten Zeugen zu bewegen hofft, ihm durch einen Meineid aus der Not zu helfen. Auf den Gedanken ist wohl noch kein Staatsanwalt gekommen.

In der neueren Rechtsprechung des BGH sind Einschränkungen erkennbar, die auf der hier gezeichneten Linie liegen. BGH 17 321 hat die ältere Judikatur ausdrücklich verworfen, „wonach eine Prozeßpartei, die durch ihr wahrheitswidriges Bestreiten die Vernehmung eines vom Prozeßgegner benannten Zeugen veranlaßt hat, ... schon dadurch Beihilfe zum Meineid leiste, daß sie ... eine vorsätzliche Eidesverletzung des Zeugen nicht durch das Be-

---

[72] Strafrechtliche Untersuchungen, S. 133 f.

[73] a. a. O., S. 130—132.

[74] a. a. O., S. 132; grundsätzlich übereinstimmend *Schönke-Schröder,* § 154, Rdn. 35, und *Maurach,* B. T., S. 653.

[75] Darüber eingehend oben S. 243—246.

kennen der Wahrheit verhindert"[76]. Nach BGH 4 327 soll die Hinderungspflicht des die Zeugenvernehmung veranlaßt habenden Prozeßbeteiligten in jedem Fall davon abhängen, ob er den Zeugen in eine „gesteigerte", „besondere", „prozeßunangemessene", „inadäquate" Gefahr der Falschaussage gebracht hat[77].

Dies kommt unserem Kriterium nahe, aber Deckungsgleichheit besteht nicht. Daß eine Gefahr unnormal hoch ist, heißt noch nicht unbedingt, daß sie zu verursachen pflichtwidrig sei. Daran liegt es auch, daß wir der Rechtsprechung zur Meineidsbeihilfe durch Unterlassen auch in ihrer jetzigen gemäßigteren Ausdehnung nicht folgen können. Das Fortsetzen ehebrecherischer Beziehungen mit dem Zeugen während des Scheidungsverfahrens mag unsittlich, rechtswidrig und äußerst gefährlich für des Zeugen Bereitschaft zu wahrheitsgemäßem Aussagen sein, als in bezug auf diese Gefahr pflichtwidrig darf man es nicht werten. Die Konsequenzen wären, worauf *Rudolphi* zu Recht hinweist[78], unabsehbar. Dem BGH müßte es z. B. für eine versuchte Anstiftung zum Meineid genügen, daß die schuldige Partei die Gefahr des — schließlich doch ausbleibenden — Meineids durch den Ehebruchspartner erkennt und in Kauf nimmt; daß sie sich jeder Einflußnahme durch Worte strikt enthielte, hülfe ihr nichts. Der Ansatz kann ferner nicht auf Aussagedelikte beschränkt bleiben. Es gibt ja noch viele andere Delikte, die durch das Aufrechterhalten einer intensiven Liebesbeziehung u. U. in greifbare Nähe rücken können. Soll die Geliebte eines schenkfreudigen, aber armen Mannes wirklich Garantin für die Verhinderung eines Einbruchs sein, den ihr Verehrer begeht, um sie beschenken zu können? Und ist sie wirklich Gehilfin, wenn sie dem Freund die brieflich angekündigte Fahnenflucht, die er aus Sehnsucht zu ihr verüben will, nicht ausredet? Das wäre doch wohl eine Überspannung strafrechtlicher Pflichten. Der Mitverantwortlichkeit desjenigen, der das eigenverantwortliche schädliche Handeln eines anderen veranlaßt, ist darum u. a. auch diese Grenze gezogen: Das anlaßgebende Verhalten muß ein greifbarer und isolierbarer Einzelakt sein (Hingabe einer Waffe) oder doch aus einer überschaubaren Abfolge derartiger Akte bestehen (Eingießen von Schnäpsen an einen durch Alkohol aggressiv werdenden Raufbold). Es genügt nicht, daß jemand durch seine leibhafte Existenz und so elementaren Lebensvollzug, wie er sich in Liebesverhältnissen, Berufsausübung usw. äußert, zum Motiv für Straftaten wird. Insoweit kann es dann auch keine

[76] So der Leitsatz des Urteils; übereinstimmend BGH 2 133 f. und OLG Köln in NJW 1957, S. 34.

[77] Vgl. die Wendungen auf S. 328, 329, 330. Ähnlich wieder BGH 17 323. Grundlegend für diese Ansicht ist ein Aufsatz von *Maurach* (DStR 1944, S. 1 ff.), auf den sich der BGH aber nirgendwo bezieht. *Maurach* lehnte dort eine Garantenpflicht sowohl bei typischen vorprozessualen Vorhandlungen (Anknüpfung eines Liebesverhältnisses) wie bei Erklärungen im Prozeß ab, weil keine eine „sozial inadäquate" Gefahr heraufbeschwöre (vgl. a. a. O., S. 17 ff.).

[78] Gleichstellungsproblematik, S. 173.

Rolle spielen, ob die Art der Lebensführung den Stempel rechtlicher Mißbilligung trägt. Wer durch die tägliche Benutzung eines gestohlenen Autos den Neid des armen Nachbarn in einem Maße erweckt, daß eine kriminelle Geldbeschaffung durch diesen wahrscheinlich wird, ist trotzdem nicht garantenpflichtig, sie zu verhindern. Bezogen auf diese Gefahr, ist das verbotene Verhalten erlaubtes Risiko, sozialadäquat[79].

Die Unterlassungsbeihilfe zum Aussagedelikt ist nach allem nicht ausgeschlossen, beschränkt sich aber auf praktisch unbedeutende Fälle. Ein Straftäter hat etwa im Zustand schuldausschließender Trunkenheit vom Zeugen das Versprechen eines Meineids erpreßt und das unwahre Zeugnis dann in der Verhandlung nicht verhindert. Das wäre Beihilfe durch Unterlassen, denn die schuldlose Anstiftung zum Meineid war objektiv pflichtwidrig, und das läßt die Gefahr der Falschaussage trotz der Eigenverantwortlichkeit des Zeugen zugleich als Werk des Veranlassers erscheinen.

b) Die Haftung des Gastwirtes für Trunkenheitsfahrten der Gäste[79a]

Für die Gastwirtshaftung ist nach unseren Maßstäben entscheidend, ob und ggf. in welchem Umfang das Ausschenken von Alkohol objektiv sorgfaltspflichtwidrig in bezug auf die durch Trunkenheitsfahrten drohenden Gefahren ist. Geht man zunächst einmal davon aus, Gefahrsetzung durch Hingabe von Alkohol an selbstverantwortliche Menschen könne überhaupt sozialinadäquat und pflichtwidrig sein, dann gibt es grundsätzlich auch eine Garantenpflichtigkeit des Gastwirts, solchen Gefahren entgegenzuwirken: Er muß in gewissen, durch die Sozialadäquanz bestimmten Grenzen verhindern, daß seine Leute Alkohol ausschenken oder Autofahrten durch alkoholisierte Gäste stattfinden. Der Gesichtspunkt der Ingerenz ist seltener zutreffend, als die Rechtsprechung annimmt. Denn da die Ableitung einer Garantenpflicht des Gastwirts aus dem eigenhändigen Kredenzen alkoholischer Getränke voraussetzt, daß diese Tätigkeit sorgfaltspflichtwidrig ist, werden die hier im Vordergrund stehenden Fahrlässigkeitsdelikte (§§ 222, 230) in der Regel schon durch das vorausgehende Tun selbst, also durch Begehung verwirklicht. In gewissen Fällen hat allerdings doch das nachfolgende Unterlassen (Nichthindern der Autofahrt) Vorrang. Denkbar ist, daß nach pflichtwidrigem Ausschenken von Alkohol der Gast sich anschickt, vorsätzlich ein Gefährdungsdelikt nach § 315 c Abs. 1 Nr. 1 a oder § 315 Abs. 1 StGB zu begehen (Fahrzeugführen in fahruntüchtigem Zustand). Hat der Wirt dies von Anfang an einkalkuliert und billigend in Kauf genommen, so liegt eine Be-

---

[79] Darum ist auch das Urteil RG 73 52 (57) nicht zu billigen; es bejaht eine Garantenpflicht der angeklagten Geliebten eines verheirateten Mannes, der seine Frau getötet hatte, schon für den Fall, daß die Angeklagte sich „auf das ehebrecherische Verhältnis mit dem Mann eingelassen, ihm wiederholt zum Ehebruch Gelegenheit gegeben" oder gar ihn „immer wieder dazu gereizt" und dadurch seine „Leidenschaft ... entfacht" habe derart, daß er sie zur Frau begehrte.

[79a] Die folgende Untersuchung ist begrenzt auf Straftaten. Außer Ansatz bleiben mögliche Ordnungswidrigkeiten.

gehungsbeihilfe vor[80], wird es ihm aber erst nach der Bewirtung bewußt, so ist Beihilfe durch Unterlassen anzunehmen. Ausnahmsweise kann der Wirt auch Fahrlässigkeitsdelikte durch Unterlassen begehen. Hat nämlich der Gast, dessen Fahruntüchtigkeit der Wirt bewirkt hat, in diesem Zustand einen Verkehrsteilnehmer getötet oder verletzt, so kann es immerhin sein, daß die aktive Beteiligung des Wirtes zwar pflichtwidrig, aber nicht schuldhaft oder minder schuldhaft als das spätere Unterlassen war. Der Wirt war z. B. bei der Bedienung des Gastes selber betrunken (§ 51 Abs. 1 oder 2 StGB) und sieht erst beim Aufbruch des Gastes wieder klar; oder er wird zu diesem Zeitpunkt von anderen auf die Möglichkeit eines tödlichen Unfalls hingewiesen (bewußte Fahrlässigkeit), woran er zuvor — unbewußt fahrlässig — nicht gedacht hatte.

Die Mitverantwortlichkeit des Gastwirts für Trunkenheitsfahrten seiner Gäste entfiele freilich sehr weitgehend, wenn sich sagen ließe, die Hingabe von Alkohol an selbstverantwortliche Erwachsene sei niemals pflichtwidrig insoweit, als sie Gefahren für die Sicherheit des Straßenverkehrs erzeuge. *Welp* behauptet das — in konsequenter Anwendung seiner Regreßverbotslehre — mit der Einschränkung, daß die Bewirtung vorsätzliche Teilnahme an einem vorsätzlichen Gefährdungsdelikt (§§ 315 c Abs. 1 Nr. 1 a, 316 Abs. 1 StGB) sein könne[81]. Rechtsprechung[82] und h. L.[83] sind aber mit Recht anderer Meinung. Gewiß ist dem Umstand Rechnung zu tragen, daß „die Freiheit des Gastes daran beteiligt ist, ob er trinken will oder nicht"[84]. Doch kann der Widerstreit zwischen dem Interesse an Verdienst und Betätigungsfreiheit einerseits und dem Bedürfnis der Allgemeinheit nach Schutz vor unnötigen Gefahrsetzungen andererseits nicht so einseitig zugunsten des Wirtes aufgelöst werden, wie *Welp* das will. Wäre er nicht durch den Regreßverbotsansatz festgelegt, würde er die Dringlichkeit, mit der die Sache selbst ein flexibleres Richtmaß fordert, kaum verkennen können. Leuten ohne Fahrerlaubnis und -praxis ein Auto zur Benutzung oder Autofahrern ein Mittel zur vorübergehenden Beseitigung ihrer Fahrtüchtigkeit zu geben, beides kann unter Umständen sozial unerträglich und dermaßen gefährlich sein, daß die Folgen auch dem mittelbar Beteiligten als sein Werk zugerechnet werden müssen.

Aufgrund einer anderen Überlegung verneint *Lange* die Fahrlässigkeitshaftung des Gastwirtes aus den §§ 222, 230 StGB. Er meint, es fehle insoweit an der notwendigen *konkreten* Vorhersehbarkeit der Folgen, weil das Ausschenken von Alkohol an Kraftfahrer „nicht fixierbare, vielmehr unabseh-

---

[80] Vgl. *Geilen,* JZ 1965, S. 470; *Welp,* Vorangegangenes Tun, S. 316 f.

[81] Vgl. a. a. O., S. 311 und 316 f.

[82] Vgl. BGH 19 152, 4 20; BGH in VRS 6, 447.

[83] Vgl. etwa *Rudolphi,* a. a. O., S. 170; *Geilen,* a. a. O., S. 469 ff.; *Welzel,* JZ 1960, S. 179 f.; *Bindokat,* NJW 1960, S. 2319 f.; *Schönke-Schröder,* Vorbem. 122; *Lange,* JZ 1953, S. 408.

[84] *Welp,* a. a. O., S. 319.

bare und unberechenbare Gefahren" für die Allgemeinheit heraufbeschwöre[85]. Die Problematik verschiebt sich für *Lange* auf die Frage, ob der Wirt, der einen betrunkenen Gast fahren und Schaden anrichten lasse, dafür als Teilnehmer an der Tat des § 330 a StGB einstehen müsse[86]. Diese Ansicht hat keine Anhänger gefunden. Sie ist auch bedenklich. Zumindest für die Fahrlässigkeitshaftung muß die allgemeine Folgenvoraussicht, wie sie dem Wirt bei übermäßigem Alkoholausschank an Kraftfahrer möglich ist, genügen. Offenkundig wird das in Fällen, in denen das Strafbedürfnis durch Ausweichen in die Teilnahme an einem Gefährdungsdelikt nicht oder nicht hinreichend befriedigt werden kann. Man denke sich etwa, daß ein Vater seinen 8jährigen Sohn mit einer geladenen Pistole zum Spiel auf die Straße schickt. Vorhersehbar ist dann auch nur, daß irgendetwas Schlimmes passieren kann. Soll aber deswegen der Vater nicht als Täter eines fahrlässigen Erfolgsdeliktes zur Rechenschaft gezogen werden können, wenn der Sohn tatsächlich irgendwo irgendwen tötet oder verletzt?

Die neueste einschlägige Entscheidung des BGH (19 152) stimmt mit unserer Ansicht insofern überein, als sie der Sozialadäquanz des Vorverhaltens und zu deren näherer Bestimmung auch dem Gesichtspunkt der Eigenverantwortlichkeit des Gastes Erheblichkeit beilegt. Es ist richtig, daß der Grundsatz der Ingerenz nicht auf „jedes sozial übliche und von der Allgemeinheit gebilligte Verhalten", das Gefahren erzeugt, ausgeweitet werden darf, und ebenso, daß der Ausschank von Alkohol in weitem Umfang sozialüblich und toleriertes Risiko ist. Zum „Vormund und Hüter seiner Gäste" darf der Gastwirt in der Tat nicht „auf dem Wege über die strafrechtliche Garantenpflicht" bestellt werden[87]. Aber der BGH führt den richtigen Ansatz nicht richtig zu Ende. Anstatt nun darauf abzustellen, ob die Ausgabe von Alkohol an den Gast im konkreten Fall als ein noch sozialadäquates gefährliches Tun bewertet werden muß, heißt es, nach einem auffälligen Bruch in der Gedankenführung, eine Pflicht zur Hinderung der Trunkenheitsfahrt bestehe immer dann und regelmäßig nur dann, wenn der Gast beim Wirt Alkohol getrunken habe — gleichgültig wieviel — und sich in einem äußerlich erkennbaren Zustand trunkenheitsbedingter Zurechnungsunfähigkeit befinde (§ 16 Abs. 1 Nr. 3 GaststG, § 51 Abs. 1 StGB)[88]. Damit ist der zutreffende Ausgangspunkt preisgegeben. Es entscheidet nun doch nicht die objektive Fahrlässigkeit des Vorverhaltens, sondern ein starrer, an äußerlichen Kriterien orientierter Maßstab, mit dem man nur zufällig der Sache gerecht werden kann, weil er gleichzeitig zu eng und zu weit ist.

Zu weit, weil nach ihm auch das Unterlassen nach ungefährlichem Vorverhalten strafbar werden kann. Betritt ein bereits hochgradig betrunkener Autofahrer eine Gastwirtschaft, so kann es sein, daß das Ausschenken des gewünschten Alkohols die Gefahr des Weiterfahrens mindert, weil noch mehr Alkoholgenuß den Gast wahrscheinlich handlungsunfähig macht. Gelingt

---

[85] JZ 1953, S. 409.
[86] Vgl. a. a. O., S. 409 f.
[87] Vgl. a. a. O., S. 154 f.
[88] a. a. O., S. 155.

diesem dann wider Erwarten doch die Autofahrt, so kann der Wirt nicht mitverantwortlich für die drohenden Folgen sein; denn Grundvoraussetzung der Ingerenzhaftung ist, daß das Vorverhalten eine Gefahr geschaffen oder erhöht hat, und über die Gefährlichkeit eines Verhaltens kann nur die „objektiv nachträgliche Prognose" entscheiden, die in unserem Fall gerade eine Senkung der Gefahr ergab.

Zu eng, weil nicht schon die fortbestehende Eigenverantwortlichkeit des Gastes den Alkoholausschank sozialadäquat erscheinen läßt und die Garantenpflicht des Wirtes ausschließen kann. Weiß der Wirt, daß ein Stammgast bei ihm jeden Abend mit dem Auto vorfährt und solange zecht, bis er vermindert zurechnungsfähig und absolut fahruntüchtig ist, dann muß sich entgegen dem BGH der Gastwirt durchaus darum „kümmern, auf welche Weise der Gast heimzukehren gedenkt"[89].

Das Beispiel deutet an, daß der Gedankengang des BGH zwei grundsätzliche Fehler enthält. Erstens wird die Bedeutung überschätzt, die die Selbstverantwortlichkeit des Tatausführenden für die Garantenstellung des Ingerenten hat, und zweitens bezieht der BGH den Gedanken der Sozialadäquanz auf die allgemeine gewerbliche Tätigkeit des Gastwirtes[90], statt auf das Ausschenken an einen bestimmten Menschen in einer bestimmten Situation. Ein Vergleichsfall läßt diese Mängel vielleicht noch deutlicher hervortreten: Der Verkauf von Messern in einem Stahlwarengeschäft ist ein sozial gebilligtes Verhalten, und im allgemeinen braucht man sich auch nicht darum zu kümmern, was selbstverantwortliche Menschen nach dem Kauf eines Messers vorhaben. Aber der Verkäufer kann sich auf beides nicht berufen, wenn vor seinem Laden eine Schlägerei stattfindet und nun einer der Beteiligten hereinstürzt und ein Messer kaufen will.

Die besonderen Probleme, welche bei der Ingerenz die Dazwischenkunft eines anderen aufwirft, werden sachgerecht nur mit dem an das Vorverhalten anzulegenden, beweglichen Maßstab der objektiven Sorgfalt bewältigt. Für den Ausschank von Alkohol gilt das sogut wie für andere Betätigungen.

§ 25 DAS UNTERLASSEN DES ÜBERWACHUNGSGARANTEN

(Verkehrssicherungs- und Beaufsichtigungspflichten im Strafrecht)

I. Überwachungspflichten außerhalb der Ingerenz?

Immer wieder war es im Verlaufe unserer Darlegungen zweckmäßig, sowohl den Begehungstäter wie den nach gefährlichem Vorverhalten Unterlassenden dem übergreifenden Prinzip einer Garantenpflicht aus besonderer

[89] a. a. O., S. 155. Als „ganz besondere Umstände" (S. 156), die die Haftung des Wirtes ausdehnen können sollen, würden die des Beispielfalles kaum gelten, denn die fingierte Situation ist alltäglich. Der BGH führt zur Erläuterung auch nur schlechten Gesundheitszustand und Alkoholüberempfindlichkeit an.

[90] Vgl. a. a. O., S. 154: „Zu den allgemein als sozial üblich anerkannten Verhaltensweisen gehört das Ausschenken und der Genuß alkoholischer Getränke in Gastwirtschaften."

Gefahrquellenzuständigkeit zu unterstellen. Es wurde vorausgesetzt, daß die eigene Person als potentieller Gefahrenherd nur einer unter vielen ist, die zu überwachen gerade diesem Menschen obliegt. Seine soziale Sonderverantwortlichkeit, so wurde angenommen, sei nicht begrenzt auf die schadensstiftenden Kausalverläufe, die ihren Ausgang von seiner Person nehmen; es gebe vielmehr auch „um ihn herum" Faktoren, für deren schädliche Auswirkung er in derselben oder ähnlicher Weise einstehen müsse.

Dieser Gedanke ist dem Zivil- und dem Polizeirecht besonders vertraut; seine grundsätzliche Berechtigung wird aber auch im Strafrecht erkannt, und zwar mit zunehmender Klarheit, je mehr die funktionelle Zweiteilung: Beschützergarant — Überwachungsgarant, die anachronistische, auf dem Irrtum des Rechtspflichtdogmas errichtete Aufgliederung: Gesetz — Vertrag — vorangegangenes Tun, ablöst[1]. Angeführt wird diese Entwicklung, die ein echter wissenschaftlicher Fortschritt ist, von *Schröder*. Er hat sich in der Sache fast vollständig von der überkommenen Vorstellung gelöst, die Annahme einer Garantenstellung setze den Nachweis einer formellen, außertatbestandlichen Rechtspflicht voraus, und vermag deshalb zwanglos den Gedanken der sozialen Sonderverantwortlichkeit für bestimmte Gefahrquellen ins Grundsätzliche zu heben: „Alle Garantenpflichten innerhalb der unechten Unterlassungsdelikte lassen sich auf zwei Grundsituationen zurückführen. Im einen Fall geht die Pflicht dahin, das Rechtsgut gegen Gefahren aus allen Richtungen zu schützen...; im zweiten hat der Garant grundsätzlich alle Rechtsgüter gegenüber Gefährdungen zu schützen, die aus einer Gefahrenquelle stammen, für die er verantwortlich ist"[2]. Verantwortlichkeit in diesem Sinne besteht nach *Schröder* zunächst für die eigene gefahrschaffende Aktivität (Ingerenz)[3], ferner „für bestimmte, in den eigenen Zuständigkeitsbereich fallende Gefahrenquellen. Wer Eigentümer oder Besitzer von Sachen, Anlagen, Maschinen usw. ist, oder wer Tiere hält, ist verpflichtet, die davon ausgehenden Gefahren zu kontrollieren und zu verhindern, daß aus ihnen Schädigungen fremder Rechtsgüter entstehen"[4]. In enger Verbindung hiermit sieht *Schröder* schließlich noch eine „Verantwortung für fremdes Handeln"[5], die sich aus „Autoritäts- und Lebensverhältnissen"[5] ergebe: „So macht sich z. B. verantwortlich, wer deliktische Handlungen seines minderjährigen Kindes nicht verhindert"[6].

Ich meine, daß damit ein zutreffendes Grundmuster gezeichnet ist. Diese Annahme bedarf aber der Rechtfertigung, denn neuerdings hat *Schröders*

---

[1] Vgl. *Androulakis,* Studien, S. 205 ff.; *Henkel,* MSchrKrim 1961, S. 190; *Jescheck,* Lehrbuch, S. 413 f., und ZStW 77, S. 123; Armin *Kaufmann,* Unterlassungsdelikte, S. 283; *Rudolphi,* Gleichstellungsproblematik, S. 103; *Schmidhäuser,* Lehrbuch, 16/35 ff.; *Schönke-Schröder,* Vorbem. 102—107; *Wessels,* Schwerpunkte, S. 119 f.; *Schünemann,* Grund und Grenzen, S. 241 f.

[2] a. a. O., Vorbem. 103.

[3] a. a. O., Vorbem. 106.

[4] a. a. O., Vorbem. 124.

[5] a. a. O., Vorbem. 132.

[6] a. a. O., Vorbem. 107.

Lehre prinzipiellen Widerspruch erfahren, und zwar Widerspruch, dem *Schröder* selbst „beachtliche Gründe" bescheinigt[7]. Bei *Welp* lesen wir Folgendes: „Daß der Eigentümer oder sonstige ‚Herrscher' über gegenständliche Bereiche der Gefahr jedenfalls näher als die Allgemeinheit sei, führt über das Polizeirecht niemals hinaus. Einstweilen entbehrt die sog. Zustandshaftung jeder Fundierung, die sich an dem Postulat einer Handlungsgleichwertigkeit des Unterlassens zu legitimieren vermöchte. Soweit die unter diesem Wort abgehandelten Beispiele nicht durch eine Kombination von Ingerenz- und Übernahmegesichtspunkten befriedigend gelöst werden können, weisen die getroffenen Entscheidungen die Tendenz zu einer Ausdehnung der Unterlassungsstrafbarkeit auf, die wegen ihrer ‚Unberechenbarkeit' mit der Maxime des nullum crimen sine lege nicht zu vereinbaren ist"[8].

Richtig ist: Jede Ausdehnung der Garantenpflichten über die Verantwortung für die eigene Aktivität hinaus wird fragwürdig, wenn man sich der allgemein (auch von *Schröder*[9]) erhobenen Forderung anschließt, nur Unterlassungen, die der Handlung (wertmäßig) gleichgestellt werden könnten, dürften als tatbestandsmäßig angesehen werden. Die Evidenz der Verantwortlichkeit und ihre Verankerung im allgemeinen Rechtsbewußtsein nehmen stetig ab, je weiter der Gefahrenherd vom Zentrum der sozialen Herrschaftssphäre — der eigenen Person — entfernt liegt. Das rechtfertigt aber *Welps* Schlußfolgerung nicht, denn es stimmt nicht, daß die Bestrafung von Unterlassungen sich „an dem Postulat einer Handlungsgleichwertigkeit des Unterlassens ... legitimieren" müßte. Es gibt nun einmal keinen logisch zwingenden Grund, weshalb die Ausdeutung der Bewirkungstatbestände im Besonderen Teil nur dasjenige Nichtvermeiden als strafbar ansehen sollte, das die elementare Verantwortung mißachtet, welche hinsichtlich des Gefahrenherdes der eigenen Person besteht. Die Ungleichwertigkeit der gemeinten Unterlassungen kann man also *Welp* unbesorgt zugestehen. Seine Strafreduzierung auf „Ingerenz- und Überwachungsgesichtspunkte" wird dadurch nicht zwingend. Sie ist zunächst nichts weiter als ein diskutabler Vorschlag, von mehreren theoretisch gegebenen Interpretationsmöglichkeiten eine restriktivere zu wählen als die, für die sich Rechtsprechung und h. L. entschieden haben. Ein solcher Vorschlag muß teleologisch begründet werden. Er darf zumindest keine unerträglichen Strafbarkeitslücken schaffen. Das aber tut er.

Betrachten wir zunächst das auch von *Welp* herangezogene Beispiel der Tierhaltung. Gewiß gibt es Fälle des Unterlassens, in denen sich die Strafbarkeit auch auf des Halters eigenes gefahrschaffendes Tun gründen läßt[10]. Wer gedankenlos das Gartentor öffnet, so daß sein bissiger Hund entwischen kann, wird unabhängig von seiner Halterstellung garantenpflichtig; ein Fremder, der dasselbe täte, würde es auch, denn bissige Hunde zu befreien ist

---

[7] a. a. O., Vorbem. 124.

[8] Vorangegangenes Tun, S. 262.

[9] Kommentar, Vorbem. 99.

[10] Vgl. *Welp*, a. a. O., S. 261.

in bewohnten Gegenden zu gefährlich. Wie aber, wenn sich ein gefährliches Tier ohne Dazutun des Halters befreit? *Welp* glaubt offenbar, dem Strafbedürfnis auch dann mit dem Ingerenzgedanken voll gerecht werden zu können. „Fängt jemand", sagt er, „in der Sahara einen Löwen und transportiert ihn nach Europa, so verdeckt das ‚Halten' lediglich wieder eine riskante Einzelhandlung; denn da sich niemand in diesen Breiten einer solchen Gefahr versieht, folgt die Gleichwertigkeit schon aus dem Zwang zur Hinnahme der Tiergefahr und der Beanspruchung von Sonderrechten"[11]. Damit wird aber die Ergiebigkeit des Ingerenzgedankens überfordert. *Welp* sagt selber, „daß der Grad der durch die Vorhandlung gesetzten Gefahr dem Begriff der Adäquanz unterfallen müsse", worüber im Wege der „objektiv nachträglichen Prognose" zu befinden sei[12]. Für die Ingerenzhaftung hinreichend gefährlich ist also das Einfangen und Transportieren eines Sahara-Löwen, der in Europa irgendwann einmal davonläuft und vermeidbare Schäden anrichtet, zumindest dann nicht, wenn anfangs der Fänger die üblichen Sicherungsvorkehrungen trifft. *Welp* müßte schon auf die von ihm selber verworfene, rein kausale Betrachtung zurückgehen, um wenigstens in diesem einen Beispiel mit dem Konstruktionsprinzip der Ingerenz auszukommen.

Doch nicht einmal diese, ohnehin zu weitgehende Ansicht hilft in folgendem Fall: A, der die Eigentumswohnung des B übernommen hat, bemerkt, daß ein Blumenkasten sich aus der Halterung am Balkongeländer zu lösen droht. Absichtlich unternimmt er nichts und sieht zu, wie der Kasten hinunterfällt und einen Fußgänger verletzt. Angenommen, es ließe sich nachweisen, daß auch B, wäre er wohnen geblieben, den Schaden nicht verhütet hätte, weil er sich zu dieser Zeit auf Reisen befand; der Einzug des A wäre dann nicht ursächlich für die Verletzung des F. Soll das einen strafrechtlichen Vorwurf gegen A ausschließen? Eine Konsequenz der *Welp*schen Lehre, die offensichtlich unhaltbar ist. Kein Zivilrichter würde zögern, eine Verkehrssicherungspflicht des A anzunehmen und sein Unterlassen dem Begriff der widerrechtlich-schuldhaften Körperverletzung in § 823 Abs. 1 BGB zu subsumieren[13]. Es gibt nicht den Schatten eines Argumentes dafür, daß das Straf-

---

[11] a. a. O., S. 261.

[12] a. a. O., S. 202.

[13] Vgl. etwa *Esser*, Schuldrecht, 2. Aufl. 1960, § 204, dort insbesondere unter 4 („Haftung für die beherrschte Sache"). § 836 BGB wirft hier lediglich ein Konkurrenzproblem auf. Ohnehin ist die Vorschrift nur Unterfall eines umfassenden Prinzips, dessen Tragweite auch im Zivilrecht erst nach und nach erkannt wurde. Vgl. *Esser*, a. a. O., S. 862: „Die allgemeine Verkehrssicherungspflicht, die z. B. dem Eigentümer eines Gebäudes gebietet, alle nach den Umständen notwendigen Maßnahmen zu treffen, damit kein ‚Verkehrsteilnehmer' durch das Gebäude zu Schaden kommt, war in ihrer heutigen Form den Redaktoren des BGB fremd. Aber der gleiche Rechtsgedanke, der zur Anerkennung einer aus der schuldhaften Verletzung der Verkehrssicherungspflicht folgenden Einstandspflicht geführt hat, liegt außer dem

recht seinen Körperverletzungsbegriff anders, enger, verstanden wissen will. Zustimmung verdient nicht *Welp*, sondern sein Lehrer *Gallas*, der im Anschluß an *Schröder* auf „Verkehrssicherungspflichten des Sachherrn, die nicht aus einem vorausgegangenen Tun ableitbar sind", aufmerksam macht und Fälle für möglich hält, „in denen die Sicherheit der Umwelt derart in die Hände des Sachherrn, des Gebäudeeigentümers etwa, gelegt ist, daß dessen Verantwortlichkeit als Garant unabweislich erscheint..."[14].

Was dem Rechtsgefühl nahezu selbstverständlich ist, hält also auch dogmatischer Nachprüfung stand: Es gibt eine eigenständige, insbesondere vom Ingerenzgesichtspunkt unabhängige Garantenpflicht kraft Zuständigkeit für Gefahrquellen. Die Rechtsprechung hat dies in zahlreichen Entscheidungen erkannt[15]. Zum Beispiel gründete schon RG 14 362 (363) die Annahme einer fahrlässigen Körperverletzung durch Unterlassen, begangen von einem Hauseigentümer, in dessen ausnahmsweise unbeleuchtetem Treppenhaus ein Briefträger gestürzt war, auf die Pflicht des Angeklagten, „die dem allgemeinen Verkehre dienenden Räume so einzurichten, daß sie ohne Gefahr passiert werden können". Allerdings gibt es auch Urteile, in denen der entscheidende Gesichtspunkt hinter verfehlten Konstruktionen, meistens solchen der Ingerenz, verborgen bleibt. Eines sei herausgegriffen: Das OLG Bremen leitete die Garantenstellung eines Hundehalters u. a. daraus ab, daß er — fünf Jahre vor dem Schadensereignis! — der Aufnahme des (seiner Frau geschenkten) Tieres in den Haushalt zugestimmt habe[16]. Indes ist damit nur die Kausalität bewiesen, die für die Ingerentenhaftung nicht ausreicht. Entscheidend ist aber sowieso nicht ein irgendwie geartetes Vorverhalten, sondern, daß denjenigen, der „die tatsächliche Sachherrschaft innehat", die „Vorsorgepflicht" trifft, „Schäden anderer durch die Sache zu verhindern"[17].

---

§ 833 auch dem § 836 zugrunde: wer eine besondere Gefahrenquelle schafft oder besitzt und beherrscht, hat für Schäden aus dieser einzutreten."

[14] ZStW 80, S. 18; eingehend zu den strafrechtlichen „Verkehrspflichten", mit überzeugender Widerlegung *Welps*, *Schünemann*, a. a. O., S. 248 ff., 281 ff.

[15] Vgl. die Angaben bei *Schönke-Schröder*, Vorbem. 124, und *Jescheck*, Lehrbuch, S. 417.

[16] NJW 1957, S. 73. Außerdem wird zur Begründung — ein völlig neben der Sache liegender Gesichtspunkt — noch die „eheliche Lebensgemeinschaft" herangezogen, aus der die Pflicht folge, den Ehegatten von strafbaren Handlungen (hier wohl: Unterlassungen) zurückzuhalten, sofern diese in der gemeinsamen Wohnung oder „auf der Straße unmittelbar vor der ehelichen Wohnung" sich ereignen. Der richtige Gedanke klingt immerhin an, wenn der Senat ferner auf die pflichtbegründende Stellung des Angeklagten als „Haushaltsvorstand" hinweist. Zutreffende Kritik auch bei *Bärwinkel*, Garantieverhältnisse, S. 143, Anm. 44, und *Schünemann*, a. a. O., S. 303 f.

[17] *Esser*, Schuldrecht II, 3. Aufl. 1969, S. 417.

II. Die Reichweite des Haftungsprinzips

A. Faktische Herrschaftsmacht und rechtliche Befehlsgewalt

Sucht man nach Grenzen der Verkehrssicherungs- und Aufsichtspflichten im Strafrecht, so ergibt sich die erste, von uns bisher unbewiesen vorausgesetzte deutlich aus der Analogie zur Begehungstat und zur Ingerenz: Die Verantwortung ist die Kehrseite der Selbstbestimmung. So, wie aus dieser, aus der Herrschaft über sich selbst, die Verantwortung für schädliche Auswirkungen der eigenen Person folgt, so muß man zumindest tatsächliche Herrschaftsgewalt[18] über den gefährlichen Faktor (Drittperson oder Sache) haben, um mit der Verantwortung für sein Unschädlichbleiben belastet zu sein. Ein normatives Erfordernis kann freilich hinzutreten. Die Gesellschaft verbindet nicht mit jeder tatsächlichen Beherrschungsmöglichkeit eine Sicherungspflicht[19]. Das heißt aber wiederum auch nicht, daß nur rechtlich institutionalisierte oder wenigstens geduldete Herrschaft Verantwortung entstehen lasse. Der Dieb, der eine gefährliche Sache ständig als Eigenbesitzer nutzt, darf dies nicht. Er ist vom Recht aufgefordert, seine Herrschaft unverzüglich zu beenden. Für die Zeit ihrer Dauer muß er aber trotzdem zum Schutze der Allgemeinheit um die von seiner Beute ausgehenden Gefahren besorgt sein.

Das normative Moment im Herrschaftskriterium gewinnt vor allem dort Bedeutung, wo es um die Haftung für das Handeln dritter Personen geht. Garantenpflichtig kann zwar auch hier nur sein, wer faktisch in der Lage ist, das Verhalten des Dritten schon vor Entstehung einer aktuellen Gefahr zu steuern. Doch wie schon gesagt, bezeichnet die faktische Herrschaftsmacht nur die äußerste Grenze möglicher Verantwortlichkeit. Allein durch sie werden Überwachungspflichten zwischen Menschen nicht begründet. Der Unterschied zur Situation des Inhabers einer Sachherrschaft erklärt sich daraus, daß das Recht keinen Besitz an Menschen kennt. Die tatsächliche Gewalt über Sachen wird als solche von der Rechtsordnung geschützt (§§ 854 ff BGB). Greifen akute Notrechte nicht ein, so darf man eine gefährliche Sache, die unvernünftig gehalten und gehandhabt wird, selbst dem Dieb nicht einfach abnehmen. Das Korrelat dieser Rechtsgunst ist die Verkehrssicherungspflicht des Besitzers ohne Rücksicht auf sein Beherrschungsrecht. Die Bestimmungsmacht über Menschen erfährt dagegen nirgends um ihrer selbst willen rechtlichen Schutz. Darum wäre es auch nicht richtig, einen Menschen zum Hüter eines anderen schon deswegen zu machen, weil dieser andere ihm bedingungslos gehorcht oder gehorchen würde. Faktische Macht über andere, und gehe sie bis zur Hörigkeit, macht nicht garantenpflichtig. Erforderlich ist eine

---

[18] Sie muß freilich nicht uneingeschränkt sein. Überwachungspflichtig kann auch der Besitzdiener oder ein sonst der Sache räumlich Nahestehender sein, dem die Überwachung anvertraut ist.

[19] Es ist also kein schlüssiger Einwand gegen die Allgemeingültigkeit des Kriteriums der Herrschaftsmacht, daß aus der Erlangung der Herrschaftsgewalt nicht notwendig eine Garantenstellung folge; so jedoch *Ulmer*, JZ 1969, S. 168.

rechtliche Befehlsgewalt. Bestätigt wird dies durch die Beobachtung, daß überall da, wo Aufsichtsvernachlässigungen selbständig unter Strafe gestellt sind (meistens in echten Unterlassungstatbeständen mit Garantenbegrenzung[20]), der sonderpflichtige Täter immer auch Inhaber rechtlicher Befehlsbefugnisse ist (vgl. §§ 143, 361 Nr. 9 StGB; § 357 StGB; § 41 WStG; § 108 SeemannsGes.). Unechte Unterlassungsdelikte durch Nichtverhindern von Handlungen Dritter können also z. B. begehen: Der Erziehungsberechtigte, der vorgesetzte Beamte, der militärische Vorgesetzte, der Schiffsoffizier, ferner der Gefangenenaufseher, der Schullehrer, die aufsichtspflichtige Person in einer Irrenanstalt[21]. Zu betonen ist, daß folgerichtig die Verantwortlichkeit von vornherein beschränkt bleiben muß auf den Bereich, in dem die besondere rechtliche Befehlsgewalt besteht. Die Garantenpflicht kann darum in zeilicher und räumlicher Hinsicht sehr unterschiedlichen Umfang haben. Eltern z. B. müssen grundsätzlich jeden Schaden zu verhindern suchen, den ihre noch nicht 18jährigen Kinder anzurichten drohen[22], Lehrern obliegt die Pflicht zur Überwachung ihrer Schüler nur im Rahmen des Schulbetriebes[23].

Folgt man unseren Darlegungen, so kann nicht zweifelhaft sein, daß aus der ehelichen Lebensgemeinschaft keine Garantenpflicht zur Verhinderung von Straftaten des Ehegatten erwächst. Die Rechtsprechung, die ständig das Gegenteil behauptet[24], wird zu Recht von der h. L. bekämpft[25]. Eheleute sind zwar miteinander durch spezifische Rechte und Pflichten verbunden, aber das sind sie mit ihren Kindern, Verwandten, Geschäftspartnern usw. ebenfalls. Befehlsrecht auf der einen und Gehorsamspflicht auf der anderen Seite sieht das moderne Eherecht nicht vor. „Ein Ehegatte", sagt *Schröder* a. a. O. zutreffend, „hat weder die Pflicht noch das Recht, die Lebensführung des anderen über die Gestaltung der ehelichen Lebensgemeinschaft hinaus zu beeinflussen". Darum kann auf sich beruhen, ob sich aus der Ehegemeinschaft vielleicht doch eine Rechtspflicht herleiten läßt, die die Verhinderung strafbarer Handlungen des Gatten zum Inhalt hat. Ihr Sinn könnte nur sein, den

---

[20] Vgl. dazu oben § 4.

[21] Zum Ganzen vgl. besonders *Schönke-Schröder*, Vorbem. 132 f.; *Jescheck*, Lehrbuch, S. 417, und jetzt die sorgfältige Untersuchung zur „Aufsicht über unmündige Personen" von *Schünemann*, a. a. O., S. 323—333.

[22] Daß u. E. die den §§ 143, 361 Nr. 9 StGB zu entnehmende Altersgrenze auch für unechte Unterlassungsdelikte maßgebend sein muß, wurde schon oben, S. 48 f. ausgeführt.

[23] Übereinstimmend *Schönke-Schröder*, Vorbem. 133.

[24] Vgl. RG 22 233, 48 197, 58 97 und 227, 72 19, 74 285; RG in DR 1943, S. 234; BGH in NJW 1953, S. 591; BGH 6 323; OLG Schleswig in NJW 1954, S. 285; OLG Bremen in NJW 1957, S. 73.

[25] Vgl. etwa *Schönke-Schröder*, Vorbem. 134; *Jescheck*, Lehrbuch, S. 417; *Böhm*, JuS 1961, S. 181; H. *Mayer*, Materialien, 1. Band, S. 275; *Kohlrausch-Lange*, Vorbem. II B II 3 e; eingehend *Geilen*, FamRZ 1961, S. 157 ff.; *Bärwinkel*, Garantieverhältnisse, S. 153 ff. (mit weiteren Nachweisen auf S. 157, Anm. 15); *Schünemann*, a. a. O., S. 332 f.

Partner zu seinem eigenen Wohl vor Konflikten mit dem Gesetz zu bewahren. Eine Garantenstellung zum Schutze des durch die Straftat Betroffenen mit der Konsequenz strafrechtlicher Mithaftung für den Schadenserfolg könnte sie nicht begründen[25a].

B. Die Pflichtwidrigkeit der Vorsorgeunterlassung

Das den Bewirkungsdelikten zu entnehmende, an den Überwachungsgaranten gerichtete Vermeidensgebot lautet, analog der für die Ingerenz gewonnenen Formel: Vermeide die schädlichen Auswirkungen des von dir zu überwachenden Faktors, soweit dein Untätigbleiben nicht durch die Verfolgung berechtigter Zwecke oder durch erlaubtes Risiko gedeckt ist. Der Pflichtumfang entspricht also dem, was dem Garanten im Hinblick auf die Folgen seines eigenen Aktivverhaltens obliegt. Um dies sofort durch konkrete Beispiele zu veranschaulichen: Ein Vater braucht selbstverständlich nicht gegen die Notwehrtat seines Kindes einzuschreiten, wohl aber muß er — wie sein Kind selber — eingreifen, wenn nach Abwehr des Angriffs unnötige Schadensvertiefungen drohen. — Der Halter eines bissigen Hundes braucht nicht stündlich nachzusehen, ob der Zwinger noch in Ordnung ist; bis zu einem gewissen Grade ist die Nichtüberwachung erlaubtes Risiko. Bemerkt er aber zufällig, daß sein Hund ausgebrochen ist und einen Menschen angefallen hat oder anzufallen droht, so wird er nun auch ohne vorhergegangene Sorgfaltsverletzung garantenpflichtig, den drohenden Erfolgen nach Kräften zu wehren.

1. Natürlich können diese Annahmen nicht auf den Beifall der h. L. rechnen, die ja, wie erinnerlich, die Ingerentenhaftung allein nach pflichtwidrigem Verhalten eintreten lassen will. Es ist also nur folgerichtig, wenn *Schröder* Sonderpflichten des Sachherrn in Fällen genügend sorgfältiger Sicherung verneint: „Die aus dieser Stellung sich ergebende Verpflichtung erstreckt sich ... lediglich auf die Beseitigung akuter Gefährdung, nicht dagegen auf die Verhinderung weiterer, aus der unmittelbaren Verletzung resultierender Schäden. Ist daher z. B. der Passant durch den Dachziegel verletzt worden, ohne daß dem Hauseigentümer eine Pflichtverletzung zur Last fiele, so hat er dem

[25a] Aus den gleichen Gründen ist auch die Entscheidung des KG in JR 1969, S. 27 unrichtig: Ein Vater hatte die zu seinen Gunsten von seinem erwachsenen Sohn gemachte Falschaussage nicht verhindert und wurde dafür wegen Beihilfe bestraft, weil er als Vater zum Eingreifen verpflichtet gewesen sei; „wenn ... der Sohn sich erkennbar wegen des engen verwandtschaftlichen Verhältnisses zu seinem Vater veranlaßt sieht, eine Straftat . . . zu begehen, um seinen Vater zu schützen", so darf dieser „nicht tatenlos zusehen, wie der Sohn seinetwegen straffällig wird und sein Leben mit einem Makel belastet, dessen Folgen im einzelnen unabsehbar sein mögen" (S. 28). Ganz unbefangen und bedenkenlos wird hier eine erklärtermaßen dem Wohle des Angehörigen dienende Fürsorgepflicht zur Begründung einer Garantenposition zum Schutze der Rechtspflege herangezogen. Nicht ganz übereinstimmend, aber in der Sache doch ähnlich sind die Überlegungen, aufgrund derer *Lackner* (a. a. O., S. 30 unter 3) das Urteil mißbilligt.

Verletzten gegenüber keine über die für jedermann begründete Pflicht des § 330 c hinausgehende Verpflichtung zur Hilfe. Dies ist nur dann anders, wenn die Verletzung auf einer Pflichtverletzung des Eigentümers beruht, dieser also . . . den akuten Gefahrenzustand vorher zu beseitigen . . . pflichtwidrig unterlassen hat"[26]. Damit stimmt die von *Schröder* an anderer Stelle vertretene Pflichtbegrenzung für den aufsichtspflichtigen Garanten überein: Dieser müsse die deliktische Handlung durch pflichtwidriges Versäumen der Aufsicht ermöglicht haben. So sei „z. B. der Vater wegen Beihilfe zu §§ 211 ff strafbar, wenn er nicht verhindert, daß sein minderjähriger Sohn einen Dritten tötet; kommt er dagegen erst hinzu, nachdem das Opfer schon verletzt ist, und unterläßt er die noch mögliche Rettung, so ist er nicht als Gehilfe strafbar, es sei denn, daß er die Tat des Sohnes durch eine pflichtgemäße Beaufsichtigung hätte verhindern können"[27].

Die praktischen Ergebnisse dieser Lehre überzeugen jedoch nicht, sowenig wie die entsprechenden in den Fällen nicht pflichtwidriger Ingerenz. Es gibt keinen einleuchtenden Grund, aus dem der Überwachungsgarant, der den Erfolg noch hindern kann, seiner Sonderpflichten ledig sein sollte, wenn er nur vorher den gefährlichen Faktor ausreichend sorgfältig bewacht hat. Das strafrechtliche Gebot, die gefahrerzeugenden Dinge und Personen des eigenen Herrschaftsbereiches sorgfältig zu überwachen, hat nicht bloß den Sinn, schadensauslösende Kollisionen zu vermeiden, sondern den des Schutzes fremder Rechtsgüter schlechthin. Es befiehlt darum, teleologisch gedeutet, gewisse Schadensfälle ungeachtet früherer Sorgfalt an jeder noch möglichen Stelle zu unterbrechen.

Beispiele, in denen immerhin die Jedermannspflicht aus § 330 c StGB bis zuletzt bestehen bleibt, können leicht die Notwendigkeit dieser weiten Bemessung verdunkeln. Betrachten wir einmal einen anderen Sachverhalt: Im Beisein des Vaters wirft der bettlägerig-kranke Sohn plötzlich, in einem unvorhersehbaren Wutanfall, ein dem Krankenhaus gehörendes, wertvolles Gerät durchs Fenster nach draußen. Dort verkommt es im Regen und wird unbrauchbar, weil der Vater nichts unternimmt. — Nach *Schröder* wäre er dafür weder strafbar noch schadensersatzpflichtig. Denn eine eigentliche Aufsichtsvernachlässigung fällt ihm nicht zur Last[28]. Träfe es zu, daß er aus die-

[26] Kommentar, Vorbem. 126 f.; übereinstimmend *Gallas,* ZStW 80, S. 18; vgl. auch *Rudolphi,* Gleichstellungsproblematik, S. 187; a. A. *Welp,* Vorangegangenes Tun, S. 229—235.

[27] Kommentar, Rdn. 109 vor § 47.

[28] Das macht die §§ 832 BGB, 143, 361 Nr. 9 StGB in der Tat unanwendbar. Die Reichweite dieser echten Unterlassungstatbestände wird aber gerade als zu gering empfunden und bewußt überschritten, indem man das Unterlassen von Aufsichtspersonen durch die Konstruktion unechter Unterlassungsdelikte auch direkt auf den Schadenserfolg bezieht. Dann aber sollte man auch eine offensichtliche Schutzlücke nicht bestehen lassen, die durch die zusätzlich anwendbar gewordenen Tatbestände zwanglos geschlossen werden könnte.

sem Grunde nicht Garant zur Hinderung des Erfolges ist[29], dann könnte sein Unterlassen keinen Begehungstatbestand erfüllen. Es griffe weder § 303 (§ 49) StGB ein, noch über diese Bestimmung § 823 Abs. 2 BGB, noch läge eine „Eigentumsverletzung" i. S. des § 823 Abs. 1 BGB vor, für dessen Tatbestände, wenn ihnen ein Unterlassen subsumiert werden soll, ja dasselbe Garantenpflichterfordernis wie im Strafrecht gilt[30]. Das Ergebnis ist aber unvernünftig. Die Garantenstellung des Aufsichtspflichtigen bezweckt anerkanntermaßen nicht die Erziehung und das rechtliche Wohlverhalten des Kindes, sondern begründet, wie *Esser* mit Recht betont, eine „Schadensverhinderungspflicht"[31]. Von diesem Schutzzweck her gesehen, wird Gleiches ungleich behandelt, wenn man in unserem Beispiel dem Vater wohl die Pflicht auferlegt, dem Sohn die Sache aus den Händen zu reißen, nicht aber die, sie nach Ausführung der unvorhersehbaren Tat zu retten.

2. Noch viel täterfreundlicher als *Schröders* Lehre ist die Pflichtbemessung bei *Schünemann*, der den straffreien Raum hier genauso überdehnt wie bei der Ingerenz[31a]. Weil nach seiner Meinung nur eine gegenwärtige, in die Zukunft gerichtete Herrschaft über den Grund des Erfolgs dessen Zurechnung rechtfertigen kann, gilt für die Verkehrspflichten, „daß die Herrschaft über den Gefahrenbereich noch im Zeitpunkt der Unterlassung vorhanden und dieser Herrschaftsbereich noch eine gegenwärtige Gefahrenquelle sein muß" (S. 289).

Daraus folgt einmal, daß — entgegen *Schröder* — selbst bei vorangegangenem Sorgfaltsmangel niemals *Rettungspflichten* entstehen. „Der eigene Herrschaftsbereich muß so abgesichert werden, daß er für andere keine Gefahr mehr birgt. Wenn dies unterlassen wurde . . . und es deswegen zu dem unerwünschten Unfall gekommen ist, wird der *neue* Sachverhalt von dem Schutzzweck der Verkehrspflichten *nicht mehr* erfaßt. Für den weiteren Kausalverlauf spielt der Herrschaftsbereich (etwa des Hauses, dessen Dachziegel einen Passanten traf) keine Rolle mehr. Nunmehr erfolgende Unterlassungen des Hausbesitzers (er versäumt es etwa, ärztliche Hilfe zu rufen) werden von keiner entsprechenden Herrschaftsbeziehung ergänzt und sind daher schlichte Unterlassungen, die die Erfolgszurechnung nicht begründen können". Als „sachlogischen Grund" führt *Schünemann* ausschließlich das „Erfordernis der Begehungsgleichheit" an: „Die Nichterfüllung einer Rettungspflicht mag moralisch noch so verwerflich und auch noch so strafwürdig sein — begehungsgleich ist sie nicht, weil sie nur eine potentielle Beziehung des Unterlassers zum Erfolg herstellen kann" (S. 290).

[29] Die von *Schröder* anerkannte Ausnahme, daß der zu Beaufsichtigende zur Erfolgsabwendung angehalten werden kann (Rdn. 109 vor § 47), liegt wegen der Krankheit des Sohnes hier nicht vor.

[30] Vgl. *Enneccerus-Lehmann*, Schuldrecht, § 234 II 2.

[31] Schuldrecht, 2. Auflage, § 205, 5 e.

[31a] Vgl. a. a. O., S. 288 ff.

Zum zweiten ergibt sich, „daß irgendwelche Unterlassungen nach dem Verlust der Herrschaft die Zurechnung des Erfolges an den ehemaligen Inhaber nicht mehr begründen können" (S. 298). Wer also etwa Feuerwerkskörper so nachlässig verwahrt hält, daß sich Halbwüchsige ihrer bemächtigen, würde nach *Schünemann* immer nur für den fahrlässigen Herrschaftsverlust haftbar gemacht werden können, selbst wenn er es danach *absichtlich* geschehen ließe, daß die Jugendlichen mit seinem Eigentum auf der Straße Passanten verletzen (vgl. S. 299 f.).

Diese starren Haftungsgrenzen sind vom Gesetz nicht zwingend vorgeschrieben und mit Sachgründen schwerlich zu rechtfertigen. Die gegen *Schünemann* bei der Verteidigung der Ingerenz-Garantenpflicht vorgebrachten Argumente gelten entsprechend auch hier. Das Ende der aktuellen Beherrschung des Kausalverlaufs bedeutet nicht auch das Ende der besonderen Verantwortlichkeit: Steht fest, daß die drohenden Schadensfolgen Auswirkungen eines vorwerfbaren Versäumnisses sein würden, so muß der Verantwortliche den Folgen entgegentreten, wo immer er es noch kann. Gerade für diese Konstellation ist das teleologische Argument, das wir schon gegen *Schröder* gebraucht haben, so übermächtig, daß es einmal unverkennbar sogar in *Schünemanns* Formulierungen durchbricht: „Wenn der Sachherr verhindern will", lesen wir, „daß sein Herrschaftsbereich verbotenerweise Grund eines Erfolges wird, so hat er dazu alle Maßnahmen zu ergreifen, die seinen Herrschaftsbereich aus dem schädlichen Kausalverlauf heraushalten" (S. 289 f.). Dies ist völlig richtig, hat aber eine Konsequenz, die *Schünemann* nicht zieht: Daß der Sachherr notfalls auch „hinter seiner Sache herlaufen" und ihre Auswirkungen paralysieren oder abschneiden muß.

Die Deduktion aus dem formalen Prinzip der Begehungsgleichheit und einem aufs Faktisch-Äußerliche beschränkten Herrschaftsbegriff hat demgegenüber kein Gewicht. Ihre Richtigkeit bleibt bis zuletzt das Thema probandum. Unzweckmäßige und dem Gleichheitssatz widerstreitende Resultate falsifizieren die Prämisse, aus der sie gewonnen sind.

C. *Der zu überwachende Faktor als Hervorrufer der Gefahr*

Auch hinsichtlich des Erfordernisses der Gefahrschaffung ist es grundsätzlich geboten und weithin möglich, die Entscheidungen mit denen zu koordinieren, die für den Ingerenzbereich gelten. Das heißt in seiner allgemeinsten Form: Der der Überwachung bedürftige Faktor muß die Gefahr hervorrufen. Bloße Ursächlichkeit für sie und ggf. den sich aus ihr realisierenden Schadenserfolg genügt nicht. Die Notwendigkeit eines Hervorrufens der Gefahr wiederum bedeutet zweierlei.

Erstens: Faktoren, die, bezogen auf einen bestimmten Erfolg, nicht *gefährlich* (gewesen) sind, lassen die konkrete Erfolgsabwendungspflicht nicht entstehen. So sind etwa für Leib und Leben oder das Eigentum anderer gefährlich: Frei herumlaufende bissige Hunde, lose Dachziegel, eisbedeckte Bürgersteige, in die Straße ragende morsche Äste, unbedeckte Gruben auf zugänglichen Grundstücken, unbeleuchtete steile Treppen, mit Streichhölzern spielende kleine Kinder. Dagegen würde es die objektive ex-ante-Betrachtung als ungefährlich beurteilen, daß eine schwarze Katze quer über einen Spazierweg läuft. Darum wird der Halter der Katze nicht garantenpflichtig, den drohenden Tod abzuwenden, wenn eine alte Dame infolge des Anblicks einen Herzanfall erleidet[31b].

Zweitens: Ist Letzterzeuger der Gefahr ein insoweit gezielt handelnder selbstverantwortlicher Außenstehender, so muß in der Herrschaftssphäre des Überwachungsgaranten in bezug auf die Gefahr die objektive Sorgfaltspflicht verletzt worden sein; anderenfalls ist — grundsätzlich — allein der Außenstehende Hervorrufer der Gefahr.

Dieser zweite Punkt wirft zunächst die Frage auf, wessen Pflichtverletzung entscheidet, wenn eine zu beaufsichtigende Person Gefahrerzeuger ist. Denn obwohl insoweit ein objektiver Maßstab anzulegen ist, können hier Differenzen entstehen, weil über das Vorliegen einer objektiven Sorgfaltswidrigkeit auch der subjektive Wissensumfang entscheidet. Richtig dürfte es sein, eine Erfolgshinderungspflicht des Garanten in beiden Fällen anzunehmen, sowohl wenn ihm selber, wie auch, wenn dem zu Beaufsichtigenden eine objektive Sorgfaltspflichtverletzung zur Last fällt. Bemerkt ein Vater, daß sein Sohn einem Dritten arglos ein Beil besorgt, und weiß er zufällig, daß der Dritte damit einen Mord begehen will, so kann er sich nicht darauf berufen, daß die Hingabe eines Beiles ohne dieses Wissen, hier also auch in der Person seines Sohnes, erlaubtes Risiko sei; vielmehr muß er als Garant schon die Tat des Sohnes verhindern. Ebenso ist er im umgekehrten Fall garantenpflichtig, dafür zu sorgen, daß sein Kind nicht ursächlich für einen Mord wird: Zunächst ahnungslos, erfährt er später, daß sein Sohn durch die Verschaffung des Beiles vorsätzliche oder zumindest objektiv-fahrlässige Beihilfe zur Vorbereitung eines Mordes geleistet hat. Anders wäre jedoch der Regelfall zu entscheiden: Dürfen sowohl Vater wie Sohn bis zur Übergabe des Werkzeuges überzeugt sein, daß es zu nichts anderem als zum Holzhacken benötigt werde, so ruft für die wertende Betrachtung allein der böse Wille des Mörders die Lebensgefahr hervor; Garantenpflichten entstehen deshalb auch dann nicht, wenn später die beiden dahinterkommen, was der Entleiher im Schilde führt.

In der Literatur sind die in diesen Zusammenhang gehörenden Probleme nichts weniger als geklärt. Daher rührt die unverkennbare Gefahr einer Ausuferung der Überwachungspflicht im Strafrecht, vor allem der des Sachbeherrschers. Mißt man die Einzelaussagen und Fallösungen im Schrifttum an unseren Kriterien, so werden zahlreiche Grenzüberschreitungen sichtbar. Sie beruhen darauf, daß bald das Erfordernis der konkreten Gefährlichkeit der zu überwachenden Sache unbeachtet bleibt (man begnügt sich zu Unrecht mit ihrem Ursächlichwerden für die Gefahr), bald — häufiger noch — der

[31b] Vgl. ferner etwa die Beispiele von *Stratenwerth*, Lehrbuch, Rdn. 1069, die dort die entsprechende Problematik beim vorangegangenen Tun beleuchten.

Umstand nicht berücksichtigt wird, daß erst die Willkür einer dritten, nicht zu überwachenden Person eine ordnungsgemäß gehaltene Sache zu einer konkret gefährlichen macht.

Freilich spielt hier auch das Problem einer besonderen, von unseren Kriterien möglicherweise abzulösenden Garantenstellung innerhalb des eigenen „sozialen Herrschaftsbereiches" hinein. Beide Gesichtspunkte müssen auseinandergehalten werden. Im folgenden wird darum zunächst versucht, die anfallenden Fragen allein auf der Grundlage zu beantworten, die sich für die Ingerenz als tragfähig erwiesen hat. Erst im Anschluß daran soll geprüft werden, ob eine selbständige, vom Kriterium der Gefahrhervorrufung unabhängige Garantenstellung für den eigenen sozialen Herrschaftsbereich anzuerkennen ist, was, wenn es zuträfe, in gewissen Fällen Anlaß geben könnte, unsere Entscheidung zu revidieren.

Eine besonders weitgehende Auffassung hat *Traeger* vertreten. Es scheint, als wolle er schlechthin jedes Kausalwerden einer Sache für eine Garantenhaftung des Sachherrn genügen lassen. So bildet er das Beispiel, daß ein „Luftschiffer" in einen Park stürzt und sich dort verletzt. Garant für „die Abwehr weiterer schädlicher Folgen" sei dann der Eigentümer des Parks — was er nicht sei, wenn der Verunglückte außerhalb der Mauern zu liegen komme[32].

Es ist offenbar, daß diese Entscheidung jedenfalls nicht vom Gedanken der Verkehrssicherungspflicht gedeckt wird. Ein Grundstück ist nicht deshalb eine gefährliche Sache, weil ein Fallschirmspringer darauf prallen und sich lebensgefährlich verletzen kann. Geschieht solches tatsächlich einmal, dann läßt sich rückblickend nur sagen, daß die Sache in einen Geschehensablauf, der die Lebensgefahr hat entstehen lassen, ursächlich verkettet ist. Das allein kann aber den generell Überwachungspflichtigen nicht in dieser Eigenschaft konkret garantenpflichtig machen. Sonst müßte man die Haftung nach vorangegangenem Tun entsprechend auf jede kausale Vorhandlung ausdehnen, was zu den bereits gezeigten, undiskutablen Ergebnissen führen würde.

Der lebensnähere Fall, daß jemand etwa auf einem Bürgersteig schwer stürzt und Hilfe braucht, wäre also wie folgt zu entscheiden: War der Bürgersteig verkehrssicher — der Fußgänger ist allein infolge Unachtsamkeit oder Gebrechlichkeit gefallen —, dann ist der Sicherungspflichtige wie jedermann nur im Rahmen des § 330 c StGB hilfspflichtig. Dagegen wird er zum Garanten, wenn der Sturz (auch) auf den gefährlichen Zustand des Gehwegs (Glatteis) zurückzuführen ist.

Nun muß man allerdings zweierlei beachten. Erstens, daß die Gefährlichkeit einer Sache nicht unbedingt auf mangelnder Verkehrssicherheit zu be-

[32] Vgl. Unterlassungsdelikte, S. 108 f. *Welp* weist darauf hin, daß die Auffassung *Traegers* bei seinen Zeitgenossen keinen Anklang gefunden habe, gegenwärtig jedoch „eine unerwartete Renaissance" erlebe; vgl. Vorangegangenes Tun, S. 259 f.

ruhen braucht, und zweitens, daß nur aus der konkret gegebenen Situation heraus prognostiziert werden kann, ob sich eine Sache gefährlich auswirkt. „Die Situation ist da", wenn jemand im Schwimmbecken seines Gastgebers infolge eines Herzanfalls zu ertrinken droht, oder ein kleines Kind aus dem Kühlschrank, in dem es sich versteckt hat, sich nicht mehr befreien kann. Es ist dann plötzlich eine Lage entstanden, in der eine bestimmte, an sich in ordnungsmäßigem Zustand befindliche Sache für das Leben eines Menschen konkrete Gefahr hervorruft. In derartigen Fällen bedarf es also, was leicht übersehen werden könnte, nicht des Rückgriffs auf den „sozialen Herrschaftsbereich" oder andere Garantieaspekte; vielmehr folgt die Garantenpflicht des Sachherrn einleuchtender schon aus dem Prinzip der Gefahrquellenüberwachung.

Dieses erfährt nun — der Ingerenz entsprechend — eine wesentliche Einschränkung, wenn erst der Wille eines planmäßig handelnden selbstverantwortlichen Dritten die Sache zu einer in bestimmter Situation konkret gefährlichen macht. Bemerkt jemand, daß die Steine seines Gartens und die Äste seines Baumes zu gefährlichen Werkzeugen werden, weil Apo-Leute, um der Polizei Widerstand zu leisten, Wurfgeschosse sammeln und Schlagstöcke abschneiden, so wird er nicht Garant für das körperliche Wohl der Bedrohten. Denn das Verflochtensein seiner Sachen in das lebensgefährliche Geschehen verblaßt hinter dem Umstand, daß andere Menschen, die ihn nichts angehen, vorsätzlich Straftaten begehen. Wertend, erfassen wir die Apo-Anhänger und nicht das Grundstück des zuschauenden Bürgers als die „wahren" Hervorrufer der konkreten Gefahr. Doch schlägt die Beurteilung wieder um, wenn die mittelbare Beteiligung des Sachherrn dadurch normativ qualifiziert ist, daß ihm eine Verletzung der objektiven Sorgfaltspflicht zur Last fällt. Eine Annahme, bei der freilich Zurückhaltung geboten ist. Die Selbstverantwortlichkeit dessen, der die Sache planmäßig erst zur Gefahrenquelle macht, eröffnet unter dem Gesichtspunkt der sozialen Adäquanz einen breiten Freiheitsraum, in dem der Sachherr solche Ereignisse hinnehmen (und sogar wünschen) darf. Anders wird man jedoch häufig urteilen müssen, wenn die Sache einen typischen „Reizfaktor" darstellt (das unverschlossene Kraftfahrzeug auf belebter Straße — vgl. § 35 StVO —, die geladene Flinte im Wirtshaus).

In diesem Zusammenhang wird abermals das Beispiel *Roxins* von den Attentätern, die über ein Nachbargrundstück zu ihrem Opfer vordringen[33], lehrreich. *Schröder* ist nämlich der Ansicht, daß hier die Annahme einer Beihilfe zum Mord, begangen vom Grundstückseigentümer durch bewußtes Nichtschließen der Haustür, auf *Roxins* Begründungsweg — begehungsgleiches Unterlassen auch ohne Garantenpflicht — nicht angewiesen sei. Sie rechtfertige sich aus dem Prinzip der Verantwortung für Gefahrenquellen des eigenen Zuständigkeitsbereiches[34]. Dem ist zu widersprechen. *Roxin* hat

[33] Vgl. *Roxin,* Täterschaft, S. 485 f., sowie oben S. 338 f,. 346 f.

[34] *Schönke-Schröder,* Vorbem. 124.

m. E. zwar das Beispiel falsch entschieden, aber durchaus recht, wenn er in den Garantenregeln keinen Ansatzpunkt für eine Haftung des Nachbarn erkennen kann. Konkret gefährlich wird das Grundstück und der offene Eingang ins Haus ja nur durch den Deliktswillen der Verschwörer; es müßte also schon ein auf Pflichtwidrigkeit beruhender Zustand abstrakter „Vor-Gefährlichkeit" bestanden haben, und zwar im Hinblick auf den sich realisierenden, spezifischen Erfolg, damit die Haftung auf den Hausherrn ausgedehnt werden kann. Nun läßt sich gewiß nicht sagen, es sei ein für die Bewohner eines Hauses unerlaubt gefährlicher Zustand, wenn im Nachbarhaus (!) nachts die Haustür unverriegelt ist. Dann geht es aber auch zu weit, den Nachbarn doch zum Garanten zu ernennen, wenn er zufällig erfährt, daß seine offene Tür in einer bestimmten Nacht einen komplizierten Mordplan fördert — es sei denn, man wollte eine vom Kriterium der Gefahrhervorrufung gelöste, umfassende Garantenpflicht für den sozialen Herrschaftsbereich bejahen.

Auch der Fall, daß „die Axt auf dem Hof von einem Dritten zu einem Mordversuch gebraucht werden soll"[35], ist, wiederum vorbehaltlich der Frage des Herrschaftsbereiches, entgegen *Schröder* dahin zu entscheiden, daß der generell Überwachungspflichtige nicht konkret garantenpflichtig wird. Denn unter gewöhnlichen Umständen ist das Verwahren einer Axt im Hinblick auf die durch sie als Mordwaffe theoretisch drohenden Gefahren sozialadäquat. Wer Werkzeuge des täglichen Gebrauchs ordnungsgemäß verwahrt, kann sich von den Gefahren, die erst der böse Wille anderer erzeugt, distanzieren, wie dies nach überwiegender Meinung ja auch kann, wer ein solches Werkzeug ohne Sorgfaltsverstoß übergeben hat und *dadurch* äußerlich beteiligt ist an der Straftat, die ein anderer mit der Sache begeht[36].

Zutreffend ist jedoch die Entscheidung *Schröders*, der Eigentümer werde garantenpflichtig, wenn Kinder mit einer im Hof stehenden Kreissäge spielen[37]. Das ist selbst dann richtig, wenn die Maschine an sich korrekt verwahrt und abgesichert ist. Denn durch das Spiel der Kinder wird sie in concreto eben doch zu einem gefahrerzeugenden Faktor, und dieser Gesichtspunkt würde sich auch gegenüber einer vielleicht bewußten Selbstgefährdung der Benutzer

[35] *Schönke-Schröder*, Vorbem. 125.

[36] *Schröders* Lehre ist widersprüchlich. In Ingerenzfällen soll, „wenn die unmittelbare Gefahr erst durch den Deliktswillen eines verantwortlich Handelnden herbeigeführt wird", die Mithaftung des Ingerenten (der etwa ein Messer übergeben hat) von der Pflichtwidrigkeit seines Vorverhaltens abhängen (Vorbem. 121). Einen Pflichtverstoß des Sachherrn beim Halten der Sache, die ebenfalls nur durch den Deliktswillen eines anderen gefährlich wird, verlangt er dagegen nicht, obwohl er „die enge Beziehung zwischen den beiden Gruppen" (Ingerenz und Gefahrquellenverantwortlichkeit) betont, die dazu zwinge, „die Ergebnisse zu koordinieren" (Vorbem. 120).

[37] a. a. O., Vorbem. 125.

behaupten, weil Kinder nicht im hier gemeinten Sinne als eigenverantwortlich handelnd angesehen werden dürfen.

Bis hierher ist es gelungen, die Ergebnisse voll und ganz in Entsprechung zu halten mit den Ingerenzregeln. Es könnte sich jedoch in bestimmten Konstellationen ein Unterschied bemerkbar machen: Der Sachherr, dessen Sache vom bösen Willen anderer planmäßig ausgenutzt wird, ist in der Regel insofern intensiver als der Ingerent beteiligt, als die Sache *bis zuletzt* sichtbar mitwirkt. Die körperliche Aktivität, an die wir beim vorangegangenen Tun anknüpfen, ist, wenngleich fortwirkend in der Tat des Dritten, im Augenblick des Erfolgseintritts Vergangenheit; die Mitwirkung der Sache, die wir dem Besitzer zurechnen, kann bis zum Ende aktuell-gegenwärtig bleiben und die Aktivität des sie benutzenden Straftäters sogar überdauern. Man könnte sich vorstellen, daß die Beteiligung des Sachherrn dadurch in gewissen Fällen ein solches Gewicht erhält, daß er in eine Garantenposition berufen werden muß, obwohl dem eigenverantwortlichen Handeln des Dritten ein Pflichtverstoß bei der Sachhaltung nicht vorausgegangen ist.

Solche Fälle gibt es in der Tat. Soweit ich sehe, lassen sich zwei Gruppen unterscheiden.

Erstens die Konstellation, daß der Plan des Straftäters gerade darin bestand, die Sache in einen Zustand mangelnder Verkehrssicherheit zu bringen. Man denke sich, ein Hauseigentümer findet morgens früh seinen Bürgersteig mit spiegelglattem Eis bedeckt vor, oder ein Hundehalter entdeckt ein gefährliches Loch im Maschendraht des Zwingers. Das Rechtsgefühl belehrt uns ohne Schwanken, daß der Sicherungspflichtige seine konkrete Garantenpflicht nicht mit dem Nachweis los würde, böswillige Dritte hätten über Nacht den Zustand hergestellt, um Knochenbrüche und Beißwunden herbeizuführen. Drohen der Allgemeinheit durch die nicht mehr verkehrssichere, nach wie vor einer individuellen Herrschaft unterworfene Sache Gefahren, so spielt es für die Garantenpflicht offenbar keine Rolle, wer mit welcher Absicht den gefährlichen Zustand bewirkt hat.

Zur Veranschaulichung der zweiten Konstellation knüpfen wir an *Schmidhäuser* an. Er greift den Schulfall auf, daß jemand in einem Hause eingeschlossen wird, und meint, der Hauseigentümer sei „unabhängig von eigenem Vorhandeln und Verschulden als Garant verpflichtet, den Eingeschlossenen zu befreien", und zwar sobald er von der Einschließung Kenntnis erlangt habe[38]. In dieser Allgemeinheit ist dem zunächst zu widersprechen. Die Tatsache, daß jemand ein Haus besitzt, bildet unter normalen Umständen keine pflichtwidrige Gefährdung der Freiheit anderer. Im konkreten Fall zwar können in dieser Hinsicht die einen Raum umschließenden Mauern gefährlich werden. Stürzt ein Kind durch den Fensterschacht in einen Keller, den es aus eigener Kraft nicht mehr verlassen kann, so wird allerdings der Hausherr

[38] Lehrbuch, 16/58; vgl. auch *Pfleiderer,* Die Garantenstellung aus vorangegangenem Tun, S. 130, 141 f.

garantenpflichtig, den Freiheitsverlust unverzüglich wiederaufzuheben und mögliche schlimmere Folgen zu verhüten. Doch kann dies grundsätzlich nicht gelten, wenn ein Dritter ein Haus planmäßig als Mittel mißbraucht, sein Opfer von der Außenwelt abzuschneiden. Kommt E zufällig an seinem Wochenendhaus vorbei und bemerkt er, daß A gerade den B hineinsperrt, so begeht er nicht etwa — als untätiger Überwachungsgarant — Beihilfe zur Freiheitsberaubung, wenn er weitergeht. Denn nicht sein Haus, sondern allein der A ruft die Gefahren hervor, die dem B jetzt drohen.

Ist es also nur unterlassene Hilfeleistung, wenn jemand den von anderen in seinem Keller Eingesperrten verhungern läßt? Ich meine, daß dies dem Gewicht seines Beteiligtseins nun auch wieder nicht entspräche. Den Grund sehe ich in folgendem: Die Zeit läßt sozusagen „Gras darüber wachsen", daß die Gefahrhervorrufung allein die Tat anderer Menschen ist. Dieser Umstand verblaßt allmählich angesichts der Tatsache, daß eine auf ihre Ungefährlichkeit beständig zu überprüfende Sache fortdauernd konkret gefährlich bleibt und immer bedrohlichere Wirkungen erwarten läßt. Einmal ist dann der Zeitpunkt erreicht, wo dies auch gegenüber dem Vorsatzdelikt der „eigentlichen" Gefahrschöpfer wieder relevant wird. Das läßt sich vielleicht so verallgemeinern: Der generell Überwachungspflichtige, dessen Sache andere zu einer konkret gefährlichen gemacht haben, kann sich nicht ewig darauf berufen, daß die Gefahr allein das Werk Dritter sei. Dauert die unerwünschte Wirkung der Sache an, so wird er nach einer gewissen, aufgrund der Umstände des Einzelfalls zu bemessenden Zeit genauso Garant, wie er es sofort geworden wäre, wenn der gefahrvolle Sachzustand durch ein Unglück entstanden wäre.

Im ganzen ergibt sich ein unbestreitbar kompliziertes, in der Anwendung auf den Lebensfall bestimmt nicht immer gleich sinnvoll und sachgerecht sich auswirkendes System von Regeln und Ausnahmen (die ihrerseits wieder eingeschränkt sind), von Entsprechungen und Abweichungen zum Ingerenzprinzip. Diese Feststellung begründet aber für sich allein keinen Einwand. Es wäre unrealistisch zu glauben, es ginge ganz ohne Willkür, Härten und gelegentliche Ungerechtigkeit ab, wenn die Dogmatik den Bewirkungstatbeständen im Unterlassensbereich die Grenzen zieht. In den äußersten Randzonen müssen naturgemäß winzige Wert- und Sinndifferenzen den Ausschlag geben, ob ein Unterlassen noch „Tötung", „Körperverletzung", „Sachbeschädigung" usw. ist. Das Minimale scheint dann in seiner Bedeutung überschätzt, weil an ihm die Entscheidung über Strafe und Freispruch hängen kann. Doch ist dies unvermeidbar; den „Schmerz der Grenze" kann das Recht sich selbst und den Betroffenen nicht ersparen.

D. Zur Frage des sozialen Herrschaftsbereiches

Freilich verliefen auf dem gerade erforschten Gebiet die Grenzen anders — gewiß nicht scharfliniger, aber vielleicht sachgerechter und bestimmt weniger kompliziert —, wenn man eine umfassende Garantenpflicht für den sozialen Herrschaftsbereich annähme. Von geringfügigen internen Meinungsverschiedenheiten abgesehen, treten die Anhänger dieses Haftungsprinzips für eine Garantenstellung desjenigen ein, zu dessen sozialer Herrschaftssphäre ein drohendes Schadensereignis in enger räumlicher Beziehung steht; so soll insbesondere der Wohnungsinhaber verpflichtet sein, innerhalb der Wohnung stattfindende Straftaten zu verhindern[39]. Diese Garantenpflicht würde die gerade (unter C) angestellten Überlegungen weitgehend gegenstandslos machen. Das gilt besonders für die Sicherungspflicht des Sachherrn. Da die zu überwachende Sache sich meistens auch räumlich in seinem Herrschaftsbereich befindet, käme es auf das hier herausgestellte Kriterium der Gefahrhervorrufung durch die Sache im Ergebnis nicht an. Der Eigentümer, in dessen Garten sich jemand ein Bein bricht oder ein von anderen gefesselter Mensch aufgefunden wird, müßte Schadensvertiefungen schon deshalb als Garant verhüten, weil sie sich auf seinem Grundstück zu realisieren drohen.

Wer das für erwägenswert hält, muß zunächst den theoretischen Grund der Garantenstellung für den sozialen Herrschaftsbereich klären. Um was handelt es sich eigentlich: um eine Überwachungs- oder Beschützerpflicht? Soll der Betroffene Garant sein, weil innerhalb seiner Herrschaftssphäre jedes Rechtsgut seinem besonderen Schutze anvertraut ist, oder weil er für jede Gefahrentwicklung, die dort ihren Ursprung hat oder stattfindet, verantwortlich ist? Die Alternative hätte auch praktische Bedeutung, weil sie unter Umständen über die Beteiligungsform entschiede[40]. Wer etwa in seinem Hause eine Abtreibung nicht verhindert, wäre als Überwachungsgarant Gehilfe, als Beschützergarant Täter.

Das Schrifttum hat sich diese Grundfrage bisher nicht deutlich gemacht. Ich meine, daß unter keinem der beiden Gesichtspunkte eine Garantenpflicht bejaht werden kann. Das läßt sich vielleicht am überzeugendsten begründen, wenn wir von der denkbar engsten Fassung dieses speziellen Haftungsprinzips ausgehen. Die schärfsten und engsten Grenzen hat ihm wohl *Bärwinkel* gegeben. Er will im allgemeinen nur die *Wohnung* als möglichen sozialen Herrschaftsbereich ansehen und in diesem Rahmen die Garantenpflicht des (oder der) Inhaber „entsprechend der Schutzfunktion des Raumes ... auf den physischen Schutz von Menschen und Sachen" beschränken[41]. „Der Wohnungsinhaber", sagt *Bärwinkel*, „... hat rechtlich vor allem seine Herrschaft im Sinne dieser Funktion auszuüben, d. h. er hat die Geschehnisse so zu lenken, daß die Rechtsgutsobjekte in ihrer physischen Existenz nicht verletzt oder zerstört werden ... Das bedeutet, daß das Garantieverhältnis aus Beherrschung des sozialen Herrschaftsbereichs ‚Wohnung' nur in bestimmten kodi-

---

[39] Eingehend zu dieser Frage *Bärwinkel*, Garantieverhältnisse, S. 139—146, 149—153, 159—163; dort (S. 140 f., Anm. 31) auch umfassende Nachweise aus Literatur und Rechtsprechung; vgl. ferner vor allem *Schönke-Schröder*, Vorbem. 128, 135; *Welzel*, Lehrbuch, S. 216.

[40] Vgl. dazu oben S. 259 ff.

[41] a. a. O., S. 150.

fizierten Tatbeständen relevant wird, nämlich in denen, wo es darum geht, Rechtsgüter mit physischen Objekten bzw. solche, die durch einen physischen Angriff auf das Objekt verletzt werden können, zu schützen"[42].

Diese Behauptung muß sich an ihren Konsequenzen überprüfen lassen. Wäre sie richtig, so müßte die angebliche Garantenstellung des Wohnungsinhabers für sich allein die Verurteilung aus einem unechten Unterlassungsdelikt tragen können. Betrachten wir also einen in dieser Hinsicht beweiskräftigen Sachverhalt: A hat zwei Gäste, B und C, die ihn ungebeten aufgesucht haben. Zwischen diesen beiden entspinnt sich ein Wortwechsel. Wie von A vorausgesehen, gibt schließlich der B dem C eine Ohrfeige. A hätte das verhindern können, hat es aber absichtlich unterlassen, um den aufdringlichen Besuch eher loszuwerden. Ist hier der A, falls C Strafantrag stellt, als Gehilfe oder Täter einer Körperverletzung strafbar? Ich möchte das verneinen. Der Umstand allein, daß Straftat und Schadenserfolg sich in A's Wohnung ereignen, begründet eine genügend enge Beziehung des A weder zum Gefahrenherd noch zum Opfer. Er ist weder Überwachungs- noch Beschützergarant.

Dabei soll nicht einmal bestritten werden, daß in Fällen wie unserem der Wohnungsinhaber zumeist, mehr oder weniger bewußt, das Gefühl hat: das geht mich an. Aber wenn man anfangen wollte, aus jedwedem sozialen Näheverhältnis gleich auch eine Garantenpflicht abzuleiten, so wäre aus rechtsstaatlichen Gründen nachdrücklich Einspruch zu erheben. Zum Glück droht dem Garantenprinzip im ganzen diese Aufweichung nicht. Es steht nicht zur Debatte, daß zum Garanten eines bedrängten Menschen jeder wird, der ihm sozial näher ist als andere, etwa der Nachbar, der Verwandte, der Freund und Bekannte. Dies bedenkend, muß man sich eigentlich wundern, daß der Widerspruch, den die Herleitung von Garantenpflichten aus dem sozialen Herrschaftsbereich früher überwiegend erfahren hat[43], heute fast gänzlich verstummt ist[44]. Eine dürftigere und flüchtigere Beziehung als die durch die zufällige Anwesenheit im räumlichen Herrschaftsbereich hergestellte kann man sich doch kaum denken. Es kennzeichnet die Schwäche der bekämpften Lehre, daß sie sich offenbar auch nicht in der Lage sieht, ihre Annahme durch eines der beiden Grundprinzipien der Garantenlehre zu legitimieren. Wenn etwa *Schröder* sagt: „Die Rechtsgemeinschaft, die den Hausfrieden ihrem besonderen Schutz unterstellt und Eingriffe von öffentlicher Hand besonderen Kautelen unterwirft, kann andererseits vom Inhaber des Hausrechts erwarten, daß dieser in den seinem Einfluß unterstehenden

[42] a. a. O., S. 145.

[43] Vgl. *Welp*, Vorangegangenes Tun, S. 259, Anm. 363.

[44] Eine in vielem berechtigte, freilich zu weitgehende Kritik findet sich bei *Welp*, a. a. O., S. 259—262; vgl. auch *Stratenwerth*, Lehrbuch, Rdn. 1086 f, und *Schünemann*, a. a. O., S. 360—362.

Räumlichkeiten für Ordnung sorgt"[45], so ist damit doch bestenfalls das Bestehen einer Rechtspflicht des Hausherrn plausibel gemacht, nicht aber jene spezifische Garantenpflicht, die sich nach *Schröders* eigener Prämisse zurückführen lassen müßte entweder auf das Schutz- oder das Übewachungsprinzip.

Wenn also jemand in seinem sozialen Herrschaftsbereich als Garant schadensverhindernd eingreifen muß, dann hat das genaugenommen immer andere Gründe als den, daß der Schaden sich dort zu ereignen droht. Der Grund kann etwa der sein, daß (wie oben besprochen) ein umschlossener Raum eine konkrete Gefahr hervorruft (Verlängerung von Unfreiheit, Hungertod). Er kann weiter in der Aufsichtsstellung des Hausherrn liegen (seine Kinder greifen einen Besucher an). Es ist ferner möglich, daß ein vorangegangenes gefährliches Tun vorliegt (A lädt B ein und zugleich ohne B's Wissen den C, der gegen B auf Rache sinnt). Dies alles sind Fälle der Überwachungspflicht. Ergänzend könnte man solche der Beschützerpflicht nennen: Dem Gastgeber kann etwa kraft ausdrücklichen Versprechens, vielleicht auch aufgrund einer beruflichen Sonderstellung (Gastwirt, Herbergsvater), eine umfassende Obhutspflicht für die Dauer der Anwesenheit des Gastes obliegen. Aber damit sind schon Fragen berührt, die in gesondertem Zusammenhang behandelt werden müssen. Für den vorliegenden bleibt festzuhalten, daß allein die räumliche Anwesenheit eines Gefahrenherdes im sozialen Herrschaftsbereich keine Garantenpflicht entstehen läßt.

Der Gesetzgeber könnte die Ergebnisse dieses und des vorigen Paragraphen in folgende Worte fassen:

> Wer den zum Tatbestand gehörenden Erfolg nicht abwendet, führt ihn herbei, wenn er selbst oder eine von ihm zu überwachende Person oder Sache die Gefahr für den Eintritt des Erfolges hervorgerufen hat[46].

§ 26 DAS UNTERLASSEN DES BESCHÜTZERGARANTEN

Das gedeihliche Zusammenleben in menschlicher Gesellschaft setzt nicht nur voraus, daß jeder um die von ihm selbst sowie den seiner Sonderverantwortlichkeit zugewiesenen Personen und Sachen ausgehenden Gefahren be-

---

[45] *Schröder* fährt zwar mit dem Satz fort: „Der Grund für diese Rechtspflicht entspricht daher dem der sich aus Eigentum ergebenden Pflichten." Aber das ist eine bloß formale Zuordnung. Die Garantenstellung des Wohnungsinhabers soll ja eben nicht davon abhängen, daß die Wohnung Gefahrquelle wird (sonst hätte die Verselbständigung auch wenig Sinn), während *Schröder* bei „Sachen, Anlagen und Maschinen" die Garantenpflicht des Eigentümers auf „die davon ausgehenden Gefahren" beschränkt (vgl. Vorbem. 124).

[46] Nach dem Vorbild des § 12 AE eine *nahe* Gefahr zur Haftungsvoraussetzung zu machen, ist aus den von *Lackner*, JZ 1967, S. 516, dargelegten Gründen nicht ratsam. Mehr als eine ex ante betrachtet naheliegende Möglichkeit des Schadenseintritts ist nicht zu verlangen, und da der Gefahrbegriff eben diese Voraussetzung ausdrückt, wäre die Einschränkung durch das Merkmal der Nähe entweder tautologisch oder sachlich unzutreffend.

sorgt ist. Es bedarf auch der unmittelbaren mitmenschlichen Solidarität, des Einstehens füreinander, unabhängig davon, ob die Gefahr in der höchstpersönlichen Überwachungssphäre ihren Ursprung hat. Diese Pflicht zum Schutze anderer ist in weiten Bereichen eine nur moralische und sozialethische. Sie kann aber auf hoher Dringlichkeitsstufe auch rechtlichen und strafrechtlichen Rang gewinnen. Das ist zunächst der Fall, wenn gewisse Verbrechen geplant sind (§ 138 StGB) sowie „bei Unglücksfällen oder gemeiner Gefahr oder Not" (§ 330 c StGB). Diesen grundsätzlich für jede zwischenmenschliche Beziehung geltenden, ausdrücklich statuierten Pflichten muß aber eine sinnverstehende Interpretation der Bewirkungsdelikte noch weitere zur Seite stellen, die aus der sozialen Sonderbeziehung einzelner zum gefährdeten Rechtsgut resultieren. Als Prinzip ist dies in so hohem Maße evident, daß seit eh und je der Schulfall des unechten Unterlassungsdelikts — eine Mutter läßt ihr Kind verhungern — diesem Bereich und nicht dem der Überwachungspflichten entnommen wurde, obwohl die letzteren der vom Begehungstäter verletzten Pflicht strukturell ähnlicher sind.

In der Literatur wird die Beschützergarantenpflicht allgemein in Verbindung gebracht mit dem Gedanken der „Rundumverteidigung"[1]. Es gehe in diesen Fällen „die Pflicht dahin, das Rechtsgut gegen Gefahren aus allen Richtungen zu schützen"[2]. Diese Aussage beruht auf zutreffender Beobachtung der normalen sozialen Gegebenheiten, sie deckt aber kein dogmatisches Strukturgesetz auf, ist also genaugenommen falsch. Man kann sich eine hier einzuordnende Garantenpflicht unschwer auch so vorstellen, daß der Beschützer das Rechtsgut nur gegen Gefahren aus bestimmten Richtungen abzuschirmen hat. Dingt sich jemand einen Leibwächter, so wird dieser zwar mit Antritt seines Amtes Beschützergarant, aber der Umfang seiner Garantenpflichten steht damit noch nicht fest. Er richtet sich nach dem Inhalt der Absprache. Hat der Gedungene z. B. nur Weisung, den Auftraggeber vor Nachstellungen einer Untergrundorganisation zu schützen, so gehen ihn — in seiner Eigenschaft als Garant — Gefahren, die dem Schützling von anderswoher drohen, nichts an.

I. Die Garantenstellungen aus enger menschlicher Verbundenheit

A. Grundsätzliches

1. Es gehört zu den ältesten Erkenntnissen der Unterlassungsdogmatik, daß unabhängig von ausdrücklichen Schutzversprechen zwischen Menschen Sonderbeziehungen bestehen und entstehen können, die die Abwendung von Schäden zur gegenseitigen Pflicht machen und u. U. ein Untätigbleiben als Erfolgsbewirkung i. S. eines Straftatbestandes erscheinen lassen. Vom Rechtspflichtdogma irregeführt, sucht man überwiegend noch heute Grund und Geltungsumfang dieser Annahme in gesetzlichen Pflichten zur Hilfeleistung

[1] Armin *Kaufmann*, Unterlassungsdelikte, S. 283.
[2] *Schönke-Schröder*, Vorbem. 103.

und gemeinschaftlichen Lebensführung, wie sie vor allem das Familienrecht enthält[2a]. Die Einwände sollen an dieser Stelle nicht wiederholt werden[3]. Nur das Resümee sei anhand des gängigsten Beispiels noch einmal in Erinnerung gerufen: Daß das Verhungernlassen des eigenen Kindes ein „Töten" ist, ergibt sich dem Strafrichter nicht aus den §§ 1601, 1626 BGB. Es wäre für ihn auch dann zwingend, wenn der Zivilgesetzgeber in seinem Kompetenzbereich von einer Verrechtlichung der zwischen Eltern und Kindern bestehenden Pflichten abgesehen hätte. Es ist ganz undenkbar, daß die Interpretation strafrechtlicher Tatbestände sich danach richtet, was sich in anderen Gesetzen an Handlungsgeboten findet. Diese können für sie nicht maßgebend sein, weil die Aspekte, unter denen in anderen Regelungsbereichen Rechtspflichten geschaffen oder nicht geschaffen wurden, nicht notwendig auf das Strafrecht ausdehnbar sind.

Macht man sich das bewußt, so kann man unbefangener würdigen, was es mit der (längst nicht mehr reversiblen) Ausdehnung der Beschützergarantenpflicht über die im Ehe- und Familienrecht „verfestigten" Handlungspflichten hinaus auf sich hat: Offenbar ist hier die Rechtsprechung aufgrund besserer Sacheinsicht ihrem eigenen Ausgangspunkt untreu geworden, um Forderungen der Gerechtigkeit und kriminalpolitischen Notwendigkeit erfüllen zu können. Dies einzuräumen, bedeutet für uns nicht den Verzicht auf Kritik in Einzelpunkten, wohl aber die Zurückweisung des prinzipiellen Einwandes, Garantenpflichtkonstruktionen dürften das bürgerliche Recht nicht „überspielen" (*Baumann*[4]), oder des grundsätzlichen Bedenkens, ob „die ‚engere Solidarität' auch auf solche Lebensbereiche erstreckt" werden dürfe, „die nach dem klaren Willen anderer Rechtsgebiete derartige Bindungen nicht begründen sollten" (*Maurach*[5]).

Vom Zwang des Rechtspflichtnachweises sollte man sich also völlig lossagen. Den Rahmen für die Auslegung der Bewirkungstatbestände zieht vielmehr die folgende einfache Überlegung: Die allgemeingültige sittliche Pflicht, den Mitmenschen vor Schaden zu bewahren, verdichtet sich durch bestimmte, besonders enge persönliche Beziehungen derart, daß es sachgerecht sein kann, eine den Nächsten schädigende Untätigkeit einem Bewirkenstatbestand im Strafgesetzbuch zu unterstellen; dort, wo dies der Fall ist, beweist spätestens die verwirklichte Strafbestimmung den *zugleich rechtlichen* Charakter der unerfüllt gebliebenen, ethisch begründeten Handlungspflicht.

2. Selbstverständlich kann insoweit nur eine vom konkret bedrohten Rechtsgut ausgehende Fragestellung richtig sein. Die Beistandspflichten zwischen einander nahestehenden Personen müssen nicht in jeder Hinsicht den für

---

[2a] So jetzt wieder der BGH, bei *Dallinger,* MDR 1971, S. 361, wo die Garantenstellung eines Vaters, der seine beiden Kinder hatte verbrennen lassen, aus § 1626 Abs. 2 BGB hergeleitet wird.

[3] Ausführlich darüber oben § 18.

[4] Lehrbuch, S. 240.

[5] A. T., S. 607.

eine Garantenposition genügenden Intensitätsgrad erreichen. Mit Recht sagt *Schröder:* „Daß der Unterlassende eine Garantenstellung in Bezug auf eine andere Person gehabt hat, reicht allein nicht aus. Zu berücksichtigen sind vielmehr auch Inhalt und Zielrichtung dieser Pflicht, die eine strafrechtliche Verantwortung des Unterlassenden nur in bestimmter Beziehung ergeben können“[6].

Aus dieser Beobachtung hat *Grünwald* abgeleitet, „daß die einzelnen Garantenstellungen sinnvoll nur bestimmten Delikten zugeordnet werden können“[7], und darauf seine bekannt gewordene Forderung gestützt, die gesetzliche Regelung der unechten Unterlassungsdelikte im Besonderen Teil vorzunehmen, „bei den einzelnen Tatbeständen oder Gruppen von Tatbeständen“[8]. Zum Beweis führt er u. a. folgendes an: Die Nichterrettung eines Menschen vor dem Tode werde zutreffend als Tötung bewertet, wenn der Untätige mit dem Bedrohten durch enge Lebensgemeinschaft verbunden sei. „Zieht man das Merkmal der ‚engen Lebensgemeinschaft‘ aber vor die Klammer, so hat das zur Folge, daß nun auch z. B. derjenige nach § 303 strafbar wird, der es unterläßt, den Untergang einer Sache zu verhindern, wenn er mit dem Geschädigten in Lebensgemeinschaft steht“[7]. Das demonstriert *Grünwald* durch ein von ihm selbst „grotesk“ genanntes Beispiel: „So wie derjenige wegen ‚Tötung durch Unterlassen‘ bestraft wird, der die kranke Tante, mit der er zusammen wohnt, sterben läßt, wird nun derjenige wegen ‚Sachbeschädigung durch Unterlassen‘ strafbar, der es unterläßt, den Kanarienvogel der Tante zu füttern oder ihre Blumen zu gießen“[7].

Es ist offenkundig, daß dieser Angriff den nicht trifft, der von vornherein die jeweilige Garantenstellung in Beziehung setzt zum konkret gefährdeten Rechtsgut. *Grünwald* setzt voraus, eine Berücksichtigung der engen Lebensgemeinschaft im Allgemeinen Teil könne nur pauschal erfolgen, z. B. durch die Formel: Die Nichtabwendung eines schädlichen Erfolgs steht der Herbeiführung gleich, wenn der Unterlassende mit dem Geschädigten durch enge Lebensgemeinschaft verbunden ist. So ist es aber doch nicht. Auch im Allgemeinen Teil kann man die einzelnen Garantenstellungen in einer Weise positivieren, daß Unterscheidungen möglich bleiben. Man könnte etwa sagen, das Nichtabwenden sei ein Herbeiführen, wenn dem Unterlassenden kraft enger Lebensgemeinschaft der Schutz des bedrohten Rechtsgutes anvertraut, oder, noch deutlicher, *besonders* anvertraut sei.

3. Eine andere Frage ist, ob solche, unter dem Gesichtspunkt der Dringlichkeit vorzunehmenden Differenzierungen u. U. auch innerhalb einheitlicher Rechtsgüter fortgesetzt werden sollen. Dafür haben sich *Schmidhäuser* und besonders *Bärwinkel* ausgesprochen. Beide wollen z. B. unter Ehegatten eine Grantenpflicht zum Vermögensschutz nur annehmen, wenn „existentiell

---

[6] Kommentar, Vorbem. 137; vgl. dazu insbesondere auch *Bärwinkel,* Garantieverhältnisse, S. 114 ff., 125 ff.

[7] ZStW 70, S. 424.

[8] a. a. O., S. 425.

wichtige" Objekte auf dem Spiele stehen[9]. So begeht nach *Bärwinkel* der Ehemann keine Beihilfe zum Betrug, Diebstahl oder einem sonstigen Vermögensdelikt, wenn er bewußt Bagatellschädigungen seiner Ehefrau durch Dritte zuläßt; „anders jedoch, wenn der Dieb das Sparkassenbuch der Ehefrau, die ihr ganzes Vermögen auf der Bank hat, stiehlt. Dann besteht die rechtliche Hinderungspflicht des Ehemannes, da es sich um ein existentiell wichtiges Gut handelt"[10]. (Allerdings greife hier § 247 Abs. 2 StGB ein.)

Diese Ansicht ist abzulehnen. In Betracht kommt nur ein Entweder-Oder. Wenn man annimmt, die Nichthinderung eines Vermögensschadens von, sagen wir, einigen tausend Mark könne in der Person des Ehemannes der Geschädigten Sachbeschädigung, Beihilfe zum Betrug oder ein anderes Vermögensdelikt sein, dann kann nicht unter sonst gleichen Umständen das Unterlassen außerhalb des Tatbestandes liegen, nur weil das betroffene Objekt geringeren Wert hat. Das hieße ja in den einschlägigen Tatbestand contra legem das Erfordernis einer bestimmten Schadenshöhe hineinlegen.

Es ist ferner nicht einleuchtend, warum für das Vermögen anderes gelten soll als etwa für die Rechtsgüter der Freiheit und der Körperintegrität, bei denen nach *Bärwinkel* die Schwelle der existentiellen Wichtigkeit keine Bedeutung hat[11]. Folgerichtig kann man es doch nur so sehen: Wer als Garant der Leibesfürsorge selbst belanglose Beeinträchtigungen verhüten muß, der ist als Vermögensgarant auch für entsprechend geringfügige wirtschaftliche Werteinbußen verantwortlich. Was das Rechtsgut der Freiheit anlangt, meint freilich *Bärwinkel*, seine Auffassung aus dem Gesetz ableiten zu können. Es werde „das Garantieverhältnis des Ehegatten zum Schutze der freiheitlichen Willensbetätigung des anderen ... in den §§ 239, 174, 176 f., 249 f., 253 f. auf jeden Fall relevant"[12], weil durch die Schaffung dieser Sonderregelung (gegenüber § 240) das Gesetz zeige, daß ihm die freiheitliche Willensbetätigung in jenen herausgehobenen Lebensbereichen „besonders wichtig" und „existentiell bedeutsam" erscheine[13]. Aber abgesehen davon, daß der Schluß auf die existentielle Bedeutsamkeit nicht zwingend ist — die Schaffung von Sondertatbeständen kann auf den verschiedensten Gründen beruhen —, ließe sich dieses Argument nur allzuleicht auch gegen seinen Autor wenden: Man könnte aus dem besonderen Schutz, den das Gesetz gewissen Vermögensstücken (etwa beweglichen Sachen) zukommen läßt, folgern, daß ein Ehegatte dem anderen zumindest diese in jedem Fall erhalten müsse.

Es muß schließlich bezweifelt werden, ob *Bärwinkels* Lehre überhaupt praktizierbar ist. Das Kriterium der existentiellen Wichtigkeit kann sinnvoll nur auf individuelle Vermögensverhältnisse bezogen werden. Also wäre der Ehemann, der einen Betrugsschaden zu Lasten seiner Frau in Höhe von einer

---

[9] *Schmidhäuser*, Lehrbuch, 16/44; *Bärwinkel*, a. a. O., S. 119 f., 146 f.

[10] a. a. O., S. 147.

[11] Vgl. a. a. O., S. 136, 147—149.

[12] a. a. O., S. 149.

[13] a. a. O., S. 148.

Million Mark nicht verhindert, nur im Regelfall als Gehilfe strafbar, nicht, wenn seine Frau mehrfache Millionärin ist. So unterscheiden heißt die Gleichheit des Rechts aufheben. Die besonderen Verhältnisse des Geschädigten mögen die Höhe der Strafe beeinflussen, das *Ob* der Strafe darf von ihnen nicht abhängen.

B. *Nahe Verwandtschaft und Ehe*

Faßt man die im vorliegenden Zusammenhang abzuhandelnden Garantieverhältnisse als Gesamtheit ins Auge, so fällt auf, daß diejenigen, die im Laufe der Zeit Bewährung und überwiegende Anerkennung gefunden haben, sich sämtlich der *Familie* als einem obersten Richtpunkt zuordnen lassen. Innerhalb dieses Feldes kann man zunächst gewisse Garantenbeziehungen abheben, die besonders tief fundiert und ganz oder doch weitgehend immun sind gegen den Schwund an Zusammengehörigkeitsgefühl und faktischer Gemeinschaft. So sind in gerader Linie Verwandte und Geschwister einander als Garanten verpflichtet, einerlei, ob sie zusammen oder getrennt leben, Umgang miteinander haben oder nicht[14]. Die Familie ist, wie *Schröder* bemerkt, „als ein Gemeinschaftsverhältnis von Natur aus auf den gegenseitigen Beistand ihrer Mitglieder angelegt“[15].

1. Von dieser verhältnismäßig weitreichenden Pflichtbegrenzung, die der *Schröderschen* Grundposition entspricht, weicht *Stratenwerth* ab. Er folgert aus dem Postulat der Rechtssicherheit, daß man den Entstehungsgrund der „engen Lebensbeziehung“ durch Ausklammern aller „fragwürdigen Fälle“ rigoros einschränken müsse. Garantenbeziehungen sollen nach *Stratenwerth* — jeweils wechselseitig — nur zwischen Eltern und Kindern, Ehegatten und Geschwistern und nur bei „tatsächlichem Bestand der Familiengemeinschaft“ (womit in erster Linie die Wohngemeinschaft gemeint sein dürfte) vorliegen[15a].

Einer solchen Kehrtwendung gegenüber der bisherigen Rechtsentwicklung sollte man nicht folgen. Die Rechtssicherheit, auf die sich *Stratenwerth* beruft, verlangt ja nicht unbedingt enge, sondern vor allem exakte Grenzen. In welcher Entfernung diese verlaufen müssen, bestimmt grundsätzlich die materielle Gerechtigkeit. Und mit ihr dürfte *Stratenwerths* Lehre kaum harmonieren. Auch außerhalb einer faktischen Familiengemeinschaft ereignen sich unter engsten Angehörigen Fälle menschlicher Not, in denen die Nichtbestrafung des Untätigbleibenden (oder die allenfalls mögliche Bestrafung

---

[14] Vgl. *Schönke-Schröder,* Vorbem. 110 und 109 (dort Nachweise aus der Rechtsprechung).

[15] Kommentar, Vorbem. 108.

[15a] Lehrbuch, Rdn. 1085. Einschränkend auch *Jescheck, Lehrbuch,* S. 414, und, mit ausführlichen Begründungen, *Bärwinkel,* a. a. O., S. 163 ff., der außer für die „Beziehungen der Eltern zu ihren Kindern“ Garantenpflichten zwischen Verwandten immer nur bei „tatsächlichem Zusammenleben“ annimmt. Vgl. ferner *Lackner,* JR 1969, S. 29 f.

nach § 330 c) dem Rechtsgefühl Hohn spräche. Der normativen Auswirkung der allerengsten Blutsbande kann man sich eben, wie im Zivilrecht, so auch im Strafrecht nicht entziehen, bestimmt nicht durch Gründung eines eigenen Hausstands. Abstufungen im Strafmaß, vor allem gegenüber dem Begehungsdelikt, sind allerdings notwendig, doch sind sie in erster Linie durch Ausschöpfen der fakultativen Strafmilderung für unechte Unterlassungsdelikte herzustellen.

2. Die Garantenpflicht zwischen einander nahestehenden Menschen ganz von der Verwandtschaftsbeziehung ablösen will *Schünemann*[15b]. Nach seiner Meinung stellen „die angebliche ‚Garantenstellung aus Gesetz' und noch mehr deren moderne Steigerungsform, die angebliche ‚Garantenstellung aus natürlicher Verbundenheit', . . . unerträgliche Übergriffe des Strafrechts auf den Bereich der Individual- oder Sozialmoral dar" (S. 358). An ihre Stelle setzt er „als alleiniges Gleichstellungskriterium die *tatsächliche personale Schutzherrschaft*" (S. 357). Einseitige oder wechselseitige Schutzherrschaftsbeziehungen seien zwar auch ohne ausdrückliche Absprache denkbar, hätten aber, wo sie entstünden, nichts mit der ehelichen oder verwandtschaftlichen Verbundenheit zu tun. Dort, wo man diese Gesichtspunkte heranzuziehen pflege, sollen als Garantenpflichtgründe in Wahrheit nur die „Gefahrengemeinschaft i. e. S." und, als Sonderform der Gefahrengemeinschaft i. w. S., die „Lebensgemeinschaft" in Betracht kommen. Beide seien strafrechtlich relevante soziale Mikroorganismen, weil ein System wechselseitiger Herrschaftsübernahmen sie durchsetze, „das durch konkret faßbare Vertrauensakte ihrer Mitglieder konstituiert" werde (vgl. S. 355). *Schünemann* vertieft und veranschaulicht das für die Lebensgemeinschaft. „Die moralische Pflicht, dem Lebensgefährten in allen Lebenslagen zu helfen, vermag eine Handlungsäquivalenz jedenfalls nicht zu begründen; erforderlich ist eine durch einen Dispositionsakt begründete Herrschaft, die sich im allgemeinen nur *innerhalb* des gemeinsamen Haushalts und der gemeinsamen Lebensführung finden wird. Um das an einem abschließenden Beispiel zu demonstrieren: Wer es unterläßt, zu dem an einem Schlaganfall darnieder liegenden Lebensgefährten einen Arzt zu rufen, macht sich je nach Lage des Falles wegen Tötung oder Körperverletzung durch Unterlassen strafbar, denn die Lebensgemeinschaft dient gerade auch der Abwehr derartiger Gefahren. Wer dagegen einen Arbeitsunfall des Lebensgefährten nicht verhindert, macht sich nur nach § 330 c strafbar, weil die berufliche Tätigkeit normalerweise kein Bestandteil der gemeinsamen Lebensführung ist" (S. 356).

Um die Wiederholungen in Grenzen zu halten, sei darauf an dieser Stelle nur kurz repliziert (ausführliche Kritik oben, § 15): Das Herrschaftskriterium ist für die hier zu untersuchenden zwischenmenschlichen Beziehungen nicht brauchbar, weil selbst bei Zugrundelegung der *Schünemann*schen Ergebnisse Garantenpflichten übrigbleiben, die nicht mit faktischer Gewalthabe

---

[15b] Grund und Grenzen, S. 355—358.

verbunden sind; so vor allem diejenigen zwischen mündigen, gleichberechtigten Erwachsenen im selben Haushalt. Die Garantenstellungen kann insoweit nur der normative Gesichtspunkt der besonderen sozialen Verantwortung des einen für den ihm menschlich nahestehenden anderen erklären. Solche Verbundenheit kann durchaus auch aus Verwandtschaft und Ehe erwachsen, und wo dies der Fall ist, schadet das Fehlen konkreter Vertrauensakte nichts.

Trifft z. B. ein mißtrauischer Alter, der viel zu vererben hat, beständig Vorkehrungen, um sich vor befürchteten Anschlägen seiner mit ihm zusammenwohnenden Kinder zu schützen, so kann von Vertrauensakten, durch die er sich täglich aufs neue in die Schutzherrschaft seiner Lebensgefährten begäbe, keine Rede sein. Die Garantenpflichtigkeit der Verwandten hindert das aber nicht. Lassen sie ihren Vater nach einem Schlaganfall ohne ärztliche Hilfe, weil sie seinen Tod wünschen, so begehen sie versuchte oder vollendete Tötung. Die Lehre *Schünemanns,* die den Angeklagten eine makabre Verteidigung eröffnen würde („der hat uns sowieso mißtraut"), wirkt durch ihre gegenteiligen Resultate nachgerade anstößig.

Nur den Kopf schütteln kann man auch über die Folgen der für *Schünemann* unumgänglichen Differenzierung je nachdem, wo die Hilfebedürftigkeit eintritt. Wird eine bei ihrer Freundin weilende Frau von ihrem in akuter Not befindlichen Mann telefonisch zu Hilfe gerufen, so ist sie garantenpflichtig und begeht u. U. durch Untätigbleiben ein Tötungsdelikt, wenn der Mann zu Hause einen Herzinfarkt erlitten hat. Dagegen wäre ihr Unterlassen allenfalls nach § 330 c strafbar, wenn der Ehegatte in dem Betrieb, wo er als Nachtwächter arbeitet, von Einbrechern lebensgefährlich zusammengeschlagen worden ist. Solche Rechtserkenntnisse sind der Praxis schlechterdings nicht anzusinnen. Sie sprechen allen Maximen vernünftiger Gleichbehandlung des wertmäßig Gleichen Hohn, um einem formalen Prinzip zu huldigen — der Begehungsgleichheit, die aber eine von begriffsjuristischen Spitzfindigkeiten ungetrübte axiologische Betrachtung ohnehin weder im einen noch im anderen Falle wahrzunehmen vermag.

3. Was Ehegatten betrifft, so hält es auch der BGH für möglicherweise geboten, ihre Garantenpflicht zur gegenseitigen Hilfe in Lebensgefahr auf die Situation zu beschränken, daß „kein Teil das Recht zum Getrenntleben hat und beide Teile ... in Hausgemeinschaft leben"[16]. In der Literatur hat man sich entschiedener dahin geäußert, daß die besondere Rechtspflicht zur Leibes- und Lebensfürsorge entfalle, wenn die Ehe „tief zerrüttet" sei[17] oder die Eheleute sich „tatsächlich getrennt" hätten[18]. Nicht so weit, aber doch

[16] BGH 2 153 f.

[17] *Maurach,* A. T., S. 608.

[18] *Kohlrausch-Lange,* Vorbem. II B II 3 e; vgl. auch *Androulakis,* Studien, S. 210 f. *Schmidhäuser,* Lehrbuch, 16/87, will hier durch die Konstruktion eines Rechtfertigungsgrundes (Sozialadäquanz) bei fortdauernder Garantenbeziehung helfen; kraft eines Rechtes „zu eigener, unabhängiger Lebensgestaltung" dürfe sich der

in dieselbe Richtung geht *Bärwinkel,* der der Frage die bisher eindringlichste Untersuchung gewidmet hat. Dieser Autor unterscheidet von der sozialethischen Beistandspflicht deren besondere Dringlichkeit, die den Ausschlag geben soll, ob ein unechtes Unterlassungsdelikt in Betracht kommt. Für den Bestand der sozialethischen Pflicht sei es gleichgültig, „ob die Ehegatten zusammen oder getrennt leben, ob die Ehe zerrüttet ist oder nicht". Diese faktischen Merkmale gewönnen jedoch „als ‚objektive Bewertungsmerkmale' Bedeutung bei der Frage nach der Dringlichkeit (der Rechtswerthaftigkeit) der sozialethischen Pflicht der Ehegattenrollen". Das werde sichtbar, wenn man sich vor Augen führe, „daß die Ehe die Gemeinschaft zweier erwachsener, in ihrer Persönlichkeit selbständiger Menschen ist, die sich in ihren eigenen Schutz nur aufeinander verlassen, solange sie in solchen tatsächlichen Verhältnissen leben, in denen sie einander vertrauen können..." Sowohl „Nichtzerrüttung" der Ehe wie „tatsächliches Zusammenleben" begründeten danach, jedes Merkmal für sich, den „Rechtscharakter" der sozialethischen Pflicht. Die spezifische Garantenbeziehung erlösche erst, dann aber auch notwendig, wenn die Partner einer *zerrütteten* Ehe *getrennt* lebten. „Ist die Ehe intakt und erfährt der Ehemann in Berlin, daß seine Frau in München ermordet werden soll, so ist er zur Abwehr dieser Gefahr trotz tatsächlicher Trennung verpflichtet. Ist die Ehe zerrüttet und leben die Partner aber immer noch tatsächlich miteinander ..., so besteht auch hier die Rechtspflicht. Nicht dagegen, wenn sie in einer geteilten Wohnung nur noch räumlich nebeneinander leben und keiner mehr mit dem anderen rechnet"[19].

Diese Beschränkung ist maßvoll und hat sachlich gewiß manches für sich. Dennoch kann ich mich auch mit einer so abgewogenen Teilaufhebung der Garantenpflichten unter Ehegatten nicht anfreunden. Eine Ehe kann zwar geschieden werden; solange sie aber besteht, ist m. E. ihre pflichterhöhende Wirkung keine geringere als die der nahen Blutsverwandtschaft. Nach den Wertungen unserer Rechts- und Gesellschaftsordnung verbindet das eheliche Band genauso innig, wie Eltern mit ihren Kindern verbunden sind. Man denke nur an die Regelung der gesetzlichen Erbfolge, das Unterhalts- und das Pflichtteilsrecht, wo ja auch Rechte und Pflichten ganz unabhängig davon gelten, wie weit eine Verbindung tatsächlich vom Idealbild der Ehe sich entfernt hat. Den Wertsetzungen unseres Rechtes ist es darum angemessener, die Garantenpflichten innerhalb einer bestehenden Ehe an diejenigen von Eltern gegenüber ihren Kindern anzugleichen. Das heißt: Die Sonderpflichtigkeit in der Ehe darf auch bei totaler Zerrüttung, die zum Getrenntleben geführt

---

Garant „ohne Vorsorge für den zu Beschützenden außerhalb des Bereichs der fürsorglichen Nähe aufhalten". Das löst aber nicht das Problem. Ein Freiheitsraum der sozialen Adäquanz ist prinzipiell immer vorhanden (z. B. müssen Eltern nicht die ganze Nacht am Bett ihres Babys wachen). Die Frage ist, was gilt, wenn der sozialadäquat entfernt lebende Ehegatte den anderen seines Schutzes konkret bedürftig weiß.

[19] Zum ganzen vgl. a. a. O., S. 136 f.

hat, nicht enden, wenn Eltern, die mit ihren erwachsenen Kindern vollständig zerfallen sind, desungeachtet weiterhin als Garanten für deren Leib und Leben einstehen müssen. Daß dies in der Tat der Fall ist, entspricht wohl der weit überwiegenden Ansicht und wird auch von *Bärwinkel* vorausgesetzt, wenn er an anderer Stelle schreibt, daß „Eltern auch ihre großjährigen Kinder vor allen möglichen Schäden zu bewahren" haben[20].

Ich meine, der Vergleich macht ferner deutlich, warum *Bärwinkels* Begründung nicht trägt. Daß der eine sich auf den Schutz des anderen nicht mehr verlassen kann (wie die getrennten Partner einer zerrütteten Ehe) ist offenbar noch kein genügender Grund, Menschen aus ihren Pflichten zu entlassen; sonst könnte ja auch die Schutzpflicht der Eltern gegenüber ihren Kindern enden, deren Verhältnis oft genug ein vergleichbar zerstörtes und erloschenes ist.

Wir schließen uns damit derjenigen Ansicht an, die im Schrifttum von *Geilen*[21], *Schröder*[22] und wohl auch von *Welzel*[23] vertreten wird: Ehegatten sind einander als Garanten verpflichtet, auch wenn sie getrennt leben und/oder die Ehe zerrüttet ist.

4. Umstritten ist, ob auch das Verlöbnis als solches eine wechselseitige, vom tatsächlichen Zusammenleben unabhängige Garantenpflicht schafft. *Dahm*[24], *Schönke-Schröder*[25], und *Schwarz-Dreher*[26] bejahen das, der BGH nur für den Fall, daß besondere Umstände vorliegen. Von Bedeutung könnten sein „die Dauer des Verlöbnisses, das Alter und die Reife der Verlobten, die räumliche Nähe oder Ferne, in der sie leben, vor allem das persönliche Verhältnis der Verlobten zu einander, die Enge und Festigkeit ihres Zusammenschlusses im Hinblick auf die künftige Ehe . . ."[27]

Doch geht auch das noch zu weit. Im Recht ist die uneingeschränkt ablehnende Ansicht, die von *Böhm*[28], *Geilen*[29], *Bärwinkel*[30] und *Jescheck*[31] vertreten wird. Wir können zwar *Geilen* nicht folgen, wenn er für schlechthin ausschlaggebend hält, daß die Vorschriften über das Verlöbnis im BGB keine „Ansatzpunkte" für eine Garantenpflicht böten, es somit an deren „rechtlicher Verfestigung" fehle. Doch hat natürlich auch aus unserer Sicht seine Überlegung Gewicht, daß das Insgesamt der einschlägigen Rechtsbestimmungen das Verlöbnis als „eine Gemeinschaftsbeziehung von denkbar geringer Intensität" ausweise[32]. Ein durchschlagendes Argument dürfte sich aus §§ 1298 Abs. 1, 349 BGB herleiten lassen. Der Verlobte kann durch einseitige

---

[20] a. a. O., S. 168.
[21] FamRZ 1961, S. 148 f.; 164, S. 390.
[22] Kommentar, Vorbem. 110.
[23] Lehrbuch, S. 214, 217.
[24] ZStW 59, S. 171.
[25] Kommentar, Vorbem. 109.
[26] Kommentar, Anm. B 3 vor § 1.
[27] JR 1955, S. 104 f.
[28] Diss., S. 67.
[29] FamRZ 1961, S. 155 ff.
[30] a. a. O., S. 178 ff.
[31] Lehrbuch, S. 414.
[32] FamRZ 1961, S. 155.

Rücktrittserklärung das Verlöbnis zu jedem Zeitpunkt (nach h. M. sogar rückwirkend) aufheben. Damit fiele dann auch — wie bei Ehegatten aufgrund der Scheidung — die Garantenpflicht weg. Eine Strafdrohung wie die für Mord und Totschlag kann aber nicht auf jemanden gemünzt sein, in dessen Belieben es stünde, sie jederzeit durch Abgabe einer schlichten Erkärung zu unterlaufen. Das müßte geradezu Zweifel am sittlichen Ernst des Strafrechts wecken.

Selbstverständlich kann ein Verlöbnis Anlaß und notwendige Basis einer engen Lebensgemeinschaft sein. Daraus aber ergibt sich keine besondere Bedeutung gerade des Verlöbnisses für das unechte Unterlassungsdelikt. Denn so gesehen können Garantenstellungen — mittelbar — aus allen möglichen Beziehungen hervorgehen, aus Freundschaften, entfernten Verwandtschaften, ja selbst ehebrecherischen Liebesverhältnissen[33].

C. *Enge Lebensgemeinschaft*

Eine Rechtsprechung, die Gerechtigkeit verwirklichen will, kann auf die Dauer wohl nicht die Konsequenzen durchhalten, die ihr das Rechtspflichtdogma für die strafrechtliche Behandlung der engen Lebensgemeinschaft außerhalb von Ehe und nächster Verwandtschaft vorschreibt. Bekanntlich sind das RG[34] und in seinem Gefolge der BGH[35] diesen Konsequenzen in der Tat ausgewichen, was freilich die Urteilsbegründungen zum Teil zu verbergen suchen[36].

Die Ableitung einer Garantenpflicht aus enger Lebensgemeinschaft ist grundsätzlich zutreffend. Ehe und nächste Verwandtschaft formalisieren zwar menschliches Verbundensein und machen es immun gegen faktische Auflösungsprozesse. Dennoch trägt letztlich schon hier der Gedanke der Zusammengehörigkeit, nicht die Verwandtschaft als solche oder der Ehevertrag, die Garantenpflicht. Wie sollte auch z. B. der äußerliche Umstand, dieselben Eltern zu haben, die besondere Solidarität zwischen Brüdern begründen können, wenn nicht unser ethisches Empfinden die Idee hinzufügte, daß Gemeinsames verbindet und erhöhte „Verbindlichkeiten“ schafft? Für das strafrechtliche Garantenproblem muß es aber auch verhältnismäßig gleichgültig sein, ob sich schon außerhalb des StGB ein „juristischer Niederschlag“

[33] Zum ganzen eingehend *Bärwinkel*, a. a. O., S. 176 ff.

[34] Vgl. RG 69 321, 73 389, 74 309; RG in DStR 1936, S. 178 ff.

[35] Vgl. BGH 3 21; BGH in JR 1955, S. 105; NJW 1960, S. 1821; JR 1964, S. 225 (mit Anm. v. *Schröder*).

[36] So vor allem RG 69 323, wo der Senat die Verurteilung eines Mädchens, das ihre mit im Hause lebende kranke Tante vernachlässigt hatte, auf die gegenüber dem Vater bestehende Rechtspflicht zu Dienstleistungen im Hause stützt (§ 1617 BGB). Es bestehe „kein Rechtssatz, demzufolge die Versäumung einer Rechtspflicht zum Handeln die strafrechtliche Verantwortlichkeit ... nur dann zu begründen vermöchte, wenn die Pflicht zum Handeln gerade dem Geschädigten gegenüber bestanden hat“. Vgl. dazu *Bärwinkels* treffende Kritik, a. a. O., S. 176.

der sozialethisch verpflichtenden Gemeinschaftsbeziehung findet. Die Garantenpflicht unter Brüdern etwa auf das Erbrecht zu stützen und von dessen Wandel abhängen zu lassen, wäre gewiß nicht überzeugend. Daraus ist zu folgern: Insoweit unser Wertempfinden anderen Gemeinschaftsbeziehungen dieselbe Intensität und dieselbe solidarisierende Kraft zumißt wie der Ehe und nächsten Blutsverwandtschaft, ist es ein Gebot der Gerechtigkeit, allein aus diesem Grunde Garantenpflichten zwischen den in Gemeinschaft verbundenen Menschen anzunehmen. Damit ist zugleich das Modell genannt, an dem eine Gemeinschaft, die Garantenpflichten begründen soll, gemessen werden muß: die Familie. „Von Natur aus auf den gegenseitigen Beistand ihrer Mitglieder angelegt“[37], soll diese für unsere gesellschaftliche Verfassung grundlegende Menschengemeinschaft *jeden*, der ihr angehört, besonders schützen, auch den in sie „nur“ Aufgenommenen. Darum ist *Schröder* voll beizupflichten, wenn er schreibt, daß „beim tatsächlichen Zusammenleben in einer Familiengemeinschaft ... eine Garantenpflicht auch da anzunehmen (ist), wo sie sich nicht schon aus dem besonders engen Verwandtschaftsverhältnis ... oder aus dem Gesichtspunkt der Übernahme ... ergibt...“[38].

In diesen Fällen freilich kann auf das Fortdauern des faktisch-räumlichen Zusammenlebens nicht verzichtet werden. Darin liegt der Unterschied der „engen Lebensgemeinschaft“ zu den vorstehend behandelten Garantenpflichten. Den Bezugspunkten „menschliche Verbundenheit“ und „Familie“ lassen sie sich zwar alle zuordnen, unempfindlich gegen die Auflösung der faktischen Gemeinschaft können aber nur die sein, die in der ehelichen oder Blutsverbundenheit eine zweite Wurzel haben. Was sonst die Auflösung überdauern mag — Freundschaft, Liebe, Nachbarschaft — ist dem spezifischen Modell der Verbundenheit durch gemeinsame Familie zu unähnlich.

Regelform der garantenpflichtig machenden engen Lebensgemeinschaft ist in unserer zivilisierten, seßhaft gewordenen Gesellschaft die Wohn- und Haushaltsgemeinschaft. In Ausnahmesituationen können aber auch Gammler und Vagabunden — insbesondere, wenn eine Verbindung auf Dauer angelegt ist (Verlöbnis)[39] — füreinander als Garanten einstehen müssen. Zu denken ist ferner an zufällige, langwährende Notgemeinschaften, wenn die geringe Zahl der Betroffenen ein besonderes Aufeinander-Angewiesensein bedingt (zwei Schiffbrüchige auf einer Insel)[39a] sowie an organisierte Expeditionen, wobei in diesen Fällen regelmäßig eine Garantenstellung kraft eines ausdrücklichen

---

[37] *Schönke-Schröder,* Vorbem. 108.

[38] *Schönke-Schröder,* Vorbem. 116.

[39] Vgl. BGH in JR 1955, S. 105.

[39a] Gegen eine Garantenpflicht in derartigen Fällen *Maurach,* A. T., S. 608. Sein Hinweis auf § 54 („Da hier sogar die aktive Vernichtung des der eigenen Rettung entgegenstehenden Partners nicht mißbilligt wird, ginge es zu weit, jedem Beteiligten auch noch eine Rettungspflicht aufzuerlegen“) ist jedoch wenig überzeugend, weil gegenseitige Rettungspflichten zweifellos selbst noch im Vorfeld der Karneades-Situation bestehen können (z. B. unter schiffbrüchigen Ehegatten).

oder stillschweigenden Schutzversprechens, das jeder jedem macht, hinzukommt.

In seiner Untersuchung der „Garantenpflichten aus ehelicher und eheähnlicher Gemeinschaft“ hat allerdings *Geilen*[40] bestritten, daß man den Begriff der Lebensgemeinschaft „ins nur noch Faktische“ ausweiten dürfe. Für „außereheliche Beziehungen, die sich in einem faktischen Zusammenleben erschöpfen, also den Fall des bloßen Konkubinats“, behauptet er, daß eine daraus abgeleitete Garantenstellung „nicht mehr auf rechtlich tragfähigem Boden“ stehe, mithin abzulehnen sei. „Muß man“, so fragt und antwortet er zugleich, „nicht gerade als Ausgleich für die transpositive Erweiterung der Garantenpflichten wenigstens daran festhalten, daß die die Garantenstellung begründende Lebensgemeinschaft auf sozialethisch festgefügtem Boden steht...“?

Geilens Forderung stützt sich entscheidend auf das Rechtspflichtprinzip. Schon das macht die Begründung in unseren Augen unzureichend. Doch gibt es gegen sie auch einen Einwand, der von dieser Grundsatzfrage nicht abhängt: Warum eigentlich soll es die aus der Lebensverbindung zweier Menschen fließenden gegenseitigen Beistandspflichten abschwächen, daß die herrschende Moral das Zusammenleben als „Konkubinat“ mißbilligt? Der Wertakzent, mit dem das Recht die Institution „Ehe“ versieht, kann sicher positiv bewirken, daß die besonderen Beistandspflichten über die faktische Gemeinschaftlichkeit der Lebensführung hinaus andauern, solange die Ehe besteht. Er kann aber doch nicht umgekehrt die pflichterhöhende Wirkung einer existentiellen Lebensverbindung *verhindern.* Ein so zu verstehendes Recht wäre ja geradezu antiethisch. Denn das unverfälschte sittliche Empfinden erkennt die Wirkung an, ohne danach zu fragen, ob Mann und Frau ihr Zusammenleben haben amtlich besiegeln lassen.

Es ist demnach *Bärwinkels* Vorwurf berechtigt, daß in Wirklichkeit ein ethisch-werthaftes Moment auch da vorhanden sei, wo *Geilen* nur noch Faktizität sehe[41]. Die Redeweise von der „normativen Kraft des Faktischen“ hätte hier einen guten Sinn.

Mit alledem soll freilich nicht behauptet werden, daß aus jedem äußerlichen Beieinanderwohnen von einiger Dauer unbesehen gegenseitige Garantenpflichten abgeleitet werden dürften. Drängt sich, vom Ehemann gedeckt und aufgefordert, dessen Geliebte gegen den Willen der machtlosen Ehefrau

---

[40] FamRZ 1961, S. 153.

[41] Garantieverhältnisse, S. 182. Vgl. dort auch *Bärwinkels* Würdigung des Falles BGH, JR 1955, S. 105: „In der Weise, wie der Angeklagte und seine Braut es taten, dürfen Verlobte“ (man möchte hinzufügen: nach herrschender Moralvorstellung) „nicht zusammenleben. Diese Unsittlichkeit des Zusammenlebens im Hinblick auf das Verlöbnis besagt jedoch nichts über die sittliche Werthaftigkeit der begründeten engen Lebensgemeinschaft als solcher. Haben sich zwei Menschen existentiell miteinander verbunden, so verlangt die Sozialethik, daß sie sich umeinander kümmern“.

in den ehelichen Haushalt hinein — so der Fall RG 73 52 —, dann kann sich die Beziehung zwischen den beiden Frauen, zumindest in einer Richtung, nicht bis zur Garantenpflichtigkeit verdichten, wie eng und andauernd ihr Zusammenleben auch sein mag. Es ist eben immer zu prüfen, ob zum Sachverhalt der Gemeinschaft der Wertverhalt des (dadurch) zum Schutze Aufgerufenseins hinzukommt. Das zweite ist mit dem ersten regelmäßig, aber nicht notwendig verbunden. Die für das unechte Unterlassungsdelikt maßgebliche Frage geht, wie wir schon *Grünwald* entgegengehalten haben, dahin, ob dem Unterlassenden kraft enger Lebensgemeinschaft der Schutz des bedrohten Rechtsgutes besonders anvertraut ist.

Im neueren Schrifttum wird hin und wieder die Frage behandelt, wie sich die Garantenstellungen aus enger Lebensgemeinschaft einerseits und aus naher Angehörigenbeziehung (oben B) andererseits zueinander verhalten. *Schröder* und *Geilen* haben im Anschluß an eine Entscheidung des BGH[42] die Meinung geäußert, beide Gesichtspunkte „durchdrängen" einander[43]. „Je enger die Verwandtschaft zwischen zwei Personen ist, um so eher wird man auf eine effektive Lebensgemeinschaft verzichten können, während bei weiterer Verwandtschaft eine effektive Gemeinschaftsbeziehung hinzukommen muß, um eine Garantenstellung zu begründen. . ."[44]. Dem hält *Bärwinkel* entgegen, es komme „eine gegenseitige Durchdringung nicht in Frage . . ., weil . . . die Verknüpfung einer sozialethischen Pflicht mit einer zweiten . . . nicht zu einer Verstärkung der ersten führen kann"[45]. Für ihn sind entferntere Verwandtschaftsbeziehungen, wie etwa die zwischen Tante und Neffe, „rechtlich irrelevant". Sie können nichts dazu beisteuern, daß zwischen den Verwandten ein Garantenverhältnis entsteht.

Überzeugender ist der Ansatz von *Schröder* und *Geilen*. Die unter nächsten Angehörigen bis zur Garantenpflicht verstärkten sozialethischen Pflichten nehmen außerhalb des Garantenkreises nur allmählich ab. Meine Tante geht mich immer noch mehr an als der unbekannte Passant auf der Straße. Bin

42 BGH 19 167 = JR 1964, S. 225.

43 *Schröder*, JR 1964, S. 227; *Schönke-Schröder*, Vorbem. 111; *Geilen*, FamRZ 1964, S. 390, spricht von einem „Überkreuzen", gesteht aber dem Gedanken keine sonderliche Bedeutung zu, da das „Faktizitätsmerkmal" der engen Lebensgemeinschaft nur zur „Randkorrektur" von Garantenstellungen dienen könne, die prinzipiell immer auf Rechtspflichten gegründet sein müßten.

44 *Schönke-Schröder*, Vorbem. 111.

45 Garantieverhältnisse. S. 164. Im sachlichen Ergebnis ist *Bärwinkel* von der bekämpften Ansicht allerdings so weit nicht entfernt. Er erkennt an, daß es Verwandtenbeziehungen gibt (Beispiel: Großeltern—Enkel) in denen die sozial-ethischen Beistandspflichten nur durch das „objektive Bewertungsmerkmal" „tatsächliches Zusammenleben" zu Garantenpflichten verstärkt werden können. „Diese enge Lebensgemeinschaft", schreibt er, „bezieht dann aber ihren Sinn aus der Verwandtenbeziehung. Deshalb kommt neben dem Garantieverhältnis aus der Verwandtenbeziehung nicht noch eins aus enger Lebensgemeinschaft in Frage" (S. 165). Das scheint mir eine sehr theoretische Differenzierung zu sein.

ich auch normalerweise nicht ihr Beschützergarant, so ist meine sozialethische Beistandspflicht ihr gegenüber doch eine erhöhte. Entsprechendes gilt für das räumliche Zusammenleben. Die Nähe zum Hausherrn, der in der Etage unter mir wohnt, verbindet uns nicht zu Garanten kraft enger Lebensgemeinschaft. Aber selbstverständlich und mit Recht fühle ich mich stärker verantwortlich, wenn ihm etwas zustößt, als wenn drei Häuser weiter ein Nachbar Hilfe braucht. Es leuchtet nun unmittelbar ein, daß zwei erhöhte sozialethische Pflichten, die getrennt die Garantenpflichtschwelle nicht überwinden, u. U. anders bewertet werden müssen, wenn sie in der Beziehung zu ein und derselben Person sich vereinen. So ist man z. B. weder für seinen Mieter noch für seine Tante oder Schwiegermutter als Garant verantwortlich. Und doch möchte ich meinen, daß eine Garantenbeziehung besteht, wenn jemand eine so relativ nahe Angehörige zur Mieterin hat und mit ihr seit langem unter einem Dach wohnt.

II. Die Garantenstellung kraft Obhutsübernahme

Zu den ältesten Gedanken der Unterlassungslehre gehört der, daß eine „Rechtspflicht zur Erfolgsabwendung" auch durch „Vertrag" begründet werden könne. Im Zuge der Aufweichung des Rechtspflichtgrundsatzes ist man mehr und mehr dazu übergegangen, an die Stelle des Vertrages die (tatsächliche) Übernahme einer Beschützerrolle zu setzen. „Eine Rechtspflicht zur Abwendung von Gefahren", heißt es z. B. bei *Schönke-Schröder*, „kann sich ferner daraus ergeben, daß der Täter es übernommen hat, für den Schutz bestimmter Rechtsgüter zu sorgen. . ."[46]. Nach dieser fraglos berechtigten Akzentverlagerung deutet sich inzwischen ein zweiter, bedenklicherer Auffassungswandel an. Einige Autoren lösen sich von der Vorstellung, es ginge hier einseitig um die Übernahme des Schutzes individueller Rechtsgüter. Vielmehr soll die „Garantenstellung kraft Übernahme"[47] *beiden* Sammelgruppen angehören, den Beschützer- und den Überwachungspflichten zugleich. Für das Strafrecht lehrt dies vor allem *Stree*. „Wer es tatsächlich übernommen hat, anstatt des Aufsichtspflichtigen auf ein Kind achtzugeben, hat nicht nur das Kind vor den ihm drohenden Gefahren zu schützen, sondern hat zugleich den von dem Kinde ausgehenden Gefahren für andere entgegenzuwirken"[48].

Dem entspricht die hier entworfene Systematik nicht. Es ist unzweckmäßig, einen besonderen Garantentypus anzunehmen, der sich der zuvor als grundlegend erkannten Zweiteilung nicht einpaßt. Daß *Strees* Behauptung sachlich stimmt, soll damit nicht bestritten sein. Nur scheint es nicht sinnvoll, in Fäl-

---

[46] Vorbem. 117; vgl. ferner *Gallas*, Die strafrechtliche Verantwortlichkeit der am Bau Beteiligten, S. 40 f.; *Henkel*, MSchrKrim 1961, S. 178, 185; *Maurach*, A. T., S. 606 f., *Welzel*, Lehrbuch, S. 214.

[47] Vgl. *Stree*, H. Mayer-Festschrift, 1966, S. 145.

[48] a. a. O., S. 148; vgl. auch *Schönke-Schröder*, a. a. O., und vor allem *Ulmer*, JZ 1969, S. 163 ff.

len der besonderen Zuständigkeit für Gefahrquellen gerade die Übernahme der Bewachung als den die Garantenpflicht tragenden Gesichtspunkt herauszustellen. Was, schließlich, wäre dann nicht eine Garantenstellung kraft Übernahme! Die Verkehrssicherungspflicht des Hauseigentümers oder Tierhalters besteht auch nur, weil er — als Käufer etwa — seinerzeit die Bewachung der Sache vom Vorgänger „übernommen" hat. Wer ein Gewehr verkauft und übergibt, muß nun nicht mehr Obacht geben, daß die Waffe keinen Schaden anrichtet; diese Pflicht „übernimmt" stillschweigend der Käufer. Und eine Übernahme, „anstatt des (bisher) Aufsichtspflichtigen auf ein Kind achtzugeben", läge z. B. auch vor, wenn Eheleute das Kind aus einem Waisenhaus adoptieren. Alle diese Fälle werden aber durch die hier für entscheidend gehaltenen Gesichtspunkte der faktischen Herrschaftsmacht und rechtlichen Befehlsgewalt zwanglos erfaßt, und so ist es bei genauerem Zusehen auch, wenn die Bewachung nur zeitweilig übernommen wird, ohne daß der eigentlich Zuständige seine Rolle aufgibt. Wer während des Urlaubs der Eltern ein Kind zu sich nimmt und auf es achtzugeben verspricht, dem wird stillschweigend auch die Befugnis übertragen, das Verhalten des Kindes durch Weisungen zu steuern. Theoretisch ist es zwar denkbar, daß jemand sich verpflichtet, nach Kräften die von einer Person drohenden Schäden zu verhindern, ohne daß ihm irgendwelche Weisungsbefugnisse zugestanden würden. Aber m. E. zeigt gerade diese Überlegung, daß die Übernahme einer Gefahrquellenbewachung nie der eigentlich tragende Grund der Garantenpflicht sein kann. Denn das Überwachungsversprechen, dem keine Herrschaftseinräumung korrespondiert, würde dem Aufpasser keine Rechte verschaffen, die er nicht sowieso schon hätte. Wer aber wie jedermann nur im Rahmen allgemeiner Notrechte auf eine Gefahrquelle einwirken darf, hat im Hinblick auf diese keine Sonderstellung inne, die es rechtfertigen könnte, ihm eine Garantenpflicht aufzubürden[49]. Ganz anders bei der Beschützergarantenpflicht kraft Obhutsübernahme für ein individuelles Rechtsgut. Wer als Leibwächter den Schutz eines Staatsmannes übernimmt, kann diesem nichts befehlen und wird doch Garant; es ist hier also in der Tat die Obhutsübernahme als solche, aus der die Garantenpflicht entspringt. Damit ist unser eigener Standpunkt umrissen. Dem Gedanken einer „Garantenstellung kraft Übernahme" wird hier nur im Rahmen der Beschützergarantie Erheblichkeit eingeräumt. Den Entstehungsgründen für Überwachungsgarantenpflichten wird kein weiterer hinzugefügt.

Beschützergarant sein heißt zu einem Rechtsgut in Sonderbeziehung stehen, und zwar in einer Beziehung, deren Sinn der Schutz des Gutes vor allen

[49] Das berücksichtigt *Ulmer*, JZ 1969, S. 168, nicht, der es ausdrücklich ablehnt, nur diejenigen Übernehmer einer Gefahrquellenüberwachung als Garanten anzusehen, die ein Mindestmaß an Herrschaftsmacht erlangen. Freilich ist fraglich, ob es in seinem Beispiel (ein Unternehmer verpflichtet sich zum Streuen und Schneeräumen auf privaten Grundstücken) hieran wirklich fehlt. Der Herrschaftsbegriff hat eine normative Komponente. Das Entferntsein von der Gefahrquelle schließt Herrschaft (wie auch Besitz und Gewahrsam) nicht schlechthin aus.

möglichen oder bestimmten Gefahren ist. Mit den zuvor besprochenen Garantenstellungen (Ehe, Verwandtschaft, enge Lebensgemeinschaft), die sich alle auf den Gesichtspunkt der engen menschlichen Verbundenheit zurückführen ließen, hat die Obhutsübernahme eine entfernte Ähnlichkeit. Man sieht dies schon daran, daß die verschiedenen Aspekte manchmal ineinander verfließen. Das Kindermädchen etwa übernimmt mit Dienstantritt die Obhut über die ihr anvertrauten Kinder. Eben daraus kann aber eine menschliche Verbundenheit erwachsen (Aufnahme in die Familie), die dann der Garantenpflicht eine zweite Grundlage gibt. Allerdings genügt prinzipiell auch eine Obhutsübernahme, die nicht das Gefühl dauernder Zusammengehörigkeit entstehen läßt. Darin liegt, verglichen mit den schon behandelten Schutzbeziehungen, ein Manko dieser speziellen Garantenstellung. Es wird aber voll kompensiert durch die stärkere Konkretisierung der Schutzpflicht. Der Leibwächter eines Staatspräsidenten steht diesem menschlich nicht so nahe wie die Präsidentengattin, ist dafür jedoch gezielt und ausdrücklich mit dem Leib- und Lebenssschutz beautragt, während die gleiche Pflicht der Ehefrau als eine Konsequenz unter vielen aus dem Wesen der Ehe erst mittelbar sich ergibt.

Die Garantenstellung kraft Obhutsübernahme als artverwandt in die Nähe der Schutzpositionen aus enger menschlicher Verbundenheit zu rücken[50], widerspricht nun freilich der Lehre *Strees*, die, wenigstens in der Sache, binnen kurzem erstaunlich viel Anhängerschaft für sich gewinnen konnte. Ihr Ausgangspunkt ist die zutreffende Beobachtung, daß es Fälle einer tatsächlichen Obhutsübernahme gibt, der keine Garantenpflicht entspringt. „Der Wanderer, der an einsamer Stelle auf einen Verunglückten stößt und ihn mit dem Willen und dem Versprechen verläßt, sofort die erforderliche Hilfe herbeizuholen, hat tatsächlich durchaus die Sorge für den Verunglückten übernommen. Gleichwohl wäre es verfehlt, ihn zum Garanten zu stempeln ... Entsprechendes trifft für den Spaziergänger zu, der ein kleines Kind unbeaufsichtigt beim Spielen an einem Teich vorfindet. Bleibt er in der Nähe, um notfalls sofort eingreifen zu können, so kann er allein aufgrund der übernommenen Wache noch nicht zum Garanten für das Wohl des Kindes werden“[51]. *Stree* meint, solche Beispiele ließen erkennen, daß zur Übernahme „noch ein zusätzliches Moment hinzutreten“ müsse, damit ein Garantenverhältnis entstehe[52]. Die Lösung erschließt sich ihm, indem er die mit der Schutzübernahme in der Regel verbundene Auswirkung auf das

[50] Ebenso insbesondere *Vogt*, ZStW 63, S. 401: „Das Leben verbindet uns mit anderen nicht nur in der Form konstanter Solidaritätsverhältnisse, es gibt daneben auch die mannigfaltigsten Beziehungen vorübergehender Art, aus denen besondere Pflichten zu aktiver Tätigkeit entspringen ... Auch wer nur vorübergehend die Sorge für ein fremdes Kind ... übernimmt, ist mit dem Auftraggeber eine engere Ordnung des Zusammenlebens eingegangen ... Die *tatsächliche* Begründung der sozialen Verbundenheit ist es ganz allein, die die Pflicht zum Handeln erzeugt.“

[51] *Stree*, a. a. O., S. 152 f.

[52] a. a. O., S. 153.

Rechtsgut ins Auge faßt. „Maßgebliches Kriterium" dieser Garantenstellung sei „das Hervorrufen eines Gefahrenmomentes, das darin besteht, daß andere Personen im Vertrauen auf die Übernahme ... entweder rechtsgutgefährdend handeln oder eigene Schutzmaßnahmen unterlassen"[53]. Dogmatisch bedeutet das für *Stree* die Einordnung der Obhutsübernahme in den größeren Zusammenhang des vorangegangenen Tuns. Zwar lassen seine Worte hier die letzte Entschiedenheit vermissen. Er spricht von einer „gemeinsame(n) Rechtsquelle", der „Parallele zum", der „Wesensgleichheit mit dem vorausgegangenen Tun". Doch kann bei Betrachtung seiner sachlichen Aussagen kein Zweifel bestehen, daß er diejenige Obhutsübernahme, die zur Garantenpflichtbegründung taugt, als echten Unterfall der Ingerenz ansieht.

Der Gedanke ist nicht neu. Er wurde schon früher anhand des mannigfach variierten Beispiels erörtert, daß jemand aus Menschenfreundlichkeit einen anderen verpflichtet, bei einem auf jeden Fall stattfindenden gefährlichen Unternehmen (Wettschwimmen) einen der Teilnehmer notfalls zu retten — was der Verpflichtete dann wortbrüchig nicht tut[54]. *Bockelmann* etwa hat für diesen Fall eine Garantenpflicht des Schutzversprechenden abgelehnt und zum Vergleich den Sachverhalt gebildet, daß die Zusage unmittelbar dem Gefährdeten gemacht worden sei. Die Differenz der Fälle zeige sehr deutlich, daß es nicht auf die zivilrechtliche Verpflichtung ankomme, sondern auf folgendes: „Wenn der Rettungsschwimmer dem anderen zusagt, er werde ihn retten, liegt ein Fall der *Ingerenz* vor; denn dann war er es, der den anderen in Gefahr gebracht hat, indem er ihn durch seine Zusage verleitete, sich ins Wasser zu wagen"[55]. Im Anschluß an *Stree* sagt jetzt auch *Schröder*, daß aus der Übernahme einer Schutzfunktion eine Garantenpflicht nur folge, „wenn die Übernahme die Gefahr deswegen vergrößert, weil mit Rücksicht auf die Übernahme andere Schutzfunktionen unterbleiben". Insoweit gelte „Entsprechendes wie bei der Pflicht aus vorausgegangenem Tun"[56]; derselben Auffassung sind etwa *Maurach*[57], *Bärwinkel*[58], *Jescheck*[59], *Schmidhäuser*[60] und *Wessels*[61]. Gegenstimmen gibt es freilich nach wie vor[62]. Vor allem *Blei*[63] und *Ulmer*[64], deren Ansichten mit *Strees* Lehre viele Berührungspunkte haben, lehnen es ab, die Garantenpflicht aus Übernahme an das Moment der objektiven Gefahrerzeugung zu binden.

[53] a. a. O., S. 158.
[54] Vgl. oben S. 208.
[55] Niederschriften, 12. Band, S. 87.
[56] Kommentar, Vorbem. 117 a.
[57] A. T., S. 607.
[58] Garantieverhältnisse, S. 121 ff.
[59] Lehrbuch, S. 414, 415.
[60] Lehrbuch, 16/45—47.
[61] Schwerpunkte, S. 120.
[62] Vgl. *Traeger*, Unterlassungsdelikte, S. 86 f.; H. *Mayer*, Lehrbuch, S. 117; *Baumann*, Lehrbuch, S. 236.
[63] Vgl. H.-Mayer-Festschrift, S. 140 f., und *Mezger-Blei*, StudB I, S. 91.
[64] Vgl. JZ 1969, S. 171 f. Ebenfalls ablehnend *Stratenwerth*, Lehrbuch, Rdn. 1063.

Die Obhutsübernahme im Sinne *Strees* der Ingerenz unterzuordnen, ist nicht zutreffend. Man kann nachweisen, daß die mit Schutzversprechen regelmäßig verbundene Gefahrschaffung, als vorausgegangenes Tun aufgefaßt, nicht geeignet wäre, die Garantenpflicht in allen Fällen zu begründen, für die sie anerkannt ist und sein muß.

So hält *Stree* eine ingerenzgleiche Obhutsübernahme beispielsweise dann für gegeben, wenn eine Nachbarin ein schlafendes Kleinkind für einen Abend, an dem die Eltern im Vertrauen auf ihr Versprechen ins Theater gehen, zu behüten verspricht[65]. Hätte er recht, dann müßte das hier vorhandene Gefahrerzeugungsmoment für sich allein, d. h. gelöst von der spezifischen Beschützerstellung der Nachbarin, die Garantenpflicht nach den Regeln des vorangegangenen Tuns tragen. Um einen beweiskräftigen Vergleichssachverhalt zu gewinnen, denke man sich also die Obhut hinweg: Die Eltern warten ungeduldig auf den gedungenen Babysitter. Die Nachbarin versichert, ihn im Auto überholt und gesehen zu haben, daß er sich auf dem Wege befinde; in wenigen Minuten müsse er eintreffen. Sich darauf verlassend, eilen die Eltern ins Theater. Die Behauptung der Nachbarin traf aber nicht zu, so daß infolge ihres Tuns das Kind während des ganzen Abends allein bleibt.

Die Nachbarin hat hier dieselbe Situation geschaffen, wie wenn sie selber die Obhut versprochen und nicht wahrgenommen hätte. Sie in eine Garantenposition einrücken zu lassen, ist ihr Tun aber trotzdem unter gewöhnlichen Umständen nicht geeignet. Denn daß einem gesunden, schlafenden Kleinkind innerhalb weniger Stunden des Alleinseins etwas zustößt, ist dermaßen unwahrscheinlich, daß man die für die Ingerenz zu fordernde und allgemein geforderte Voraussetzung der *Gefahr* nicht bejahen kann. Es handelt sich hier sachlich um denselben Grund, der auch eine Versuchsbestrafung ausschlösse: Es wäre doch offenbar Unsinn, der Nachbarin einen versuchten Totschlag zur Last zu legen, wenn sie in der absurden Hoffnung auf den Tod des Kindes bewußt gelogen hätte.

Natürlich wird damit nicht bestritten, daß in einer konkreten Obhutsübernahme eine echte Ingerenz verborgen liegen kann. Wer einen schlechten Schwimmer durch die Zusage, ihn notfalls ins Boot zu ziehen, die Mosel zu durchqueren veranlaßt, erzeugt gewiß eine für die Ingerenzhaftung genügende Gefahr. Das heißt aber nur, daß in einer derartigen Konstellation eben *beide* Gesichtspunkte — Obhutsübernahme *und* vorangegangenes Tun — eine Garantenstellung ergeben[66]. Daran ist nichts Ungewöhnliches. Auch die Garantenpflicht der Mutter gegenüber ihrem Kind kann derart „verdoppelt“ sein, etwa wenn sie selber oder die Geschwister das Kind in Gefahr gebracht haben. Daß Einzelfälle so liegen können, rechtfertigt es aber nicht,

[65] Vgl. a. a. O., S. 155, 158.

[66] Dasselbe gilt für den von *Stree*, a. a. O., S. 157, gebildeten Fall, daß jemand „eine verkehrsunsichere Person mit der Zusage, sie sicher über eine stark befahrene Straße zu geleiten, zum Betreten der Fahrbahn ermutigt“.

die Garantenpflicht aus enger menschlicher Verbundenheit ihrer Selbständigkeit zu berauben und sie durch artfremde Erfordernisse einzuschränken[67].

Ist nach allem die Verunselbständigung der Garantenpflicht aus Obhutsübernahme, d. h. ihre Zurückführung auf den Gesichtspunkt der gefahrschaffenden Vorhandlung, nicht richtig, so bleibt doch die Frage offen, ob *Stree* in der Sache selbst recht hat. Denn das Moment einer wenigstens minimalen Gefahrschaffung, für die Ingerenzhaftung ungenügend, könnte gleichwohl ein die Garantenposition des Obhutsübernehmers begrenzendes Regulativ sein. Daß allerdings auch diese Annahme bedenklich ist, zeigt wieder das konkrete Beispiel: Soll der bezahlte Babysitter nicht Garant sein, weil die Eltern das Kind ohne seine Zusage unbewacht hätten lassen müssen? Soll der Bergführer strenger Haftung entgehen durch den Beweis, daß der Tourist einen anderen Begleiter nicht gefunden und den Aufstieg trotzdem gewagt hätte[68]? *Stree* selber sieht, daß er im Hinblick auf solche Ergebnisse das Rechtsgefühl gegen sich hat, meint aber, hier Straffreiheit in Kauf nehmen zu müssen, um auf der andern Seite Strafe zu verhindern, die noch offenkundiger ungerecht wäre[69]. Das wirft die entscheidende Frage auf: Bedarf es wirklich der Begrenzung mit Hilfe des Gefahrkriteriums, um die angemessene Behandlung jener bekannten Fälle sicherzustellen, für die *Strees* Konzeption sich zu bewähren scheint?

Entgegen der h. L. muß auch das verneint werden. *Alle* Ungereimtheiten und ungerechten Resultate lassen sich beheben, wenn man an der „Obhutsübernahme" durch Rückgriff auf das allen Beschützergarantenpflichten strukturell Gemeinsame die notwendige Randkorrektur vornimmt, die *Stree* versäumt hat. Das heißt, es bleibt nach der Feststellung, daß jemand die Obhut tatsächlich übernommen hat, stets noch die Sinn- und Wertfrage zu beantworten, ob die Übernahme des Wächteramtes die garantenspezifische soziale Nähebeziehung zwischen Beschützer und Schützling hat entstehen lassen. Diese Notwendigkeit könnte der Gesetzgeber auch hier — wie schon für die Garantenpflicht aus enger menschlicher Verbundenheit vorgeschlagen wurde — andeuten, indem er fordert, daß dem Unterlassenden kraft der Übernahme von Obhut der Schutz des Rechtsgutes *besonders* anvertraut sein müsse.

---

[67] Abzulehnen ist darum die Ansicht *Jeschecks,* Lehrbuch, S. 414, der im Anschluß an *Stree* sogar die Garantenpflicht aus „natürlicher Verbundenheit" durch die Voraussetzungen begrenzen will, „daß entweder ein *Abhängigkeitsverhältnis* zwischen den Beteiligten besteht oder daß . . . im Vertrauen auf die Bereitschaft des Garanten *erhöhte Gefahren* in Kauf genommen oder auf *anderweitige Schutzvorkehrungen* verzichtet" wurde. — Danach wäre es keine Tötung durch Unterlassen, wenn eine vorzeitig von einer Reise heimkehrende Frau zu Hause ihren Mann oder erwachsenen Sohn schwerverletzt vorfindet und absichtlich verbluten läßt!

[68] Für eine Garantenstellung in beiden Beispielen auch *Blei*; vgl. a. a. O., S. 140 f., und StudB I, S. 91 (unter b).

[69] Vgl. a. a. O., S. 158 f.

Deutlicher wird das in der Anwendung auf die Beispiele, mit denen *Stree* das Problem veranschaulicht hat.

Daß der Wanderer, der den verunglückten Fremden mit dem Willen und dem Versprechen verläßt, sofort die erforderliche Hilfe herbeizuholen, dadurch nicht Garant wird, erklärt nicht das Fehlen einer Gefahrerhöhung, sondern ist so zu begründen: Für eine wertende Betrachtung ist das Versprechen des Wanderers lediglich die Erklärung, seiner Pflicht aus § 330 c StGB nachkommen zu wollen. Die gleiche Erklärung gibt konkludent jeder ab, der bei einem Unglücksfall mit Erster Hilfe beginnt. Tätige Hilfe im Rahmen des § 330 c StGB schafft aber keine Garantenbeziehung, sie ist nicht Obhutsübernahme im Sinne der Garantenlehre.

Für *Strees* zweites Beispiel — ein Spaziergänger beschließt still für sich, auf ein unbeaufsichtigt spielendes Kind achtzugeben — ist ein anderer Aspekt desselben Grundgedankens entscheidend. Die eigenartig „verdichtete" soziale Beziehung zwischen Beschützergarant und Schützling setzt offenbar ein gewisses Maß an *Übereinkunft* voraus. Man kann sich nicht einfach selber zum Garanten anderer ernennen. Vielmehr muß der Schutzbedürftige (oder, bei fehlender Selbstbestimmungsmacht, ein Sorgepflichtiger) das Garantenverhältnis wünschen, zumindest akzeptieren[69a]. Damit löst sich zugleich der alte Schulfall des Menschenfreundes, der hinterm Rücken eines Wettschwimmers zu dessen Schutze einen Fischer vertraglich verpflichtet, mit seinem Kahn in der Nähe des Gefährdeten zu bleiben. Eine Rechtspflicht entsteht hier, ein Garantenverhältnis nicht, denn diese menschliche Intensivbeziehung kann ohne Beteiligung der anderen Seite nicht hergestellt werden. Daß jedenfalls das Gefahrerhöhungskriterium die Sache verfehlt, zeigt die Abwandlung des Falles dahin, daß der Wettschwimmer selber gegen Bezahlung dem Fischer das Beistandsversprechen abnimmt und dieser dann grob unaufmerksam die notwendig werdende Rettung versäumt. Soll er dann, wegen fahrlässiger Tötung angeklagt, sich darauf berufen können, das riskante Unternehmen hätte ohne Begleitung stattgefunden, wenn er nicht eingesprungen wäre?[69b]

Von der Garantenpflicht aus enger menschlicher Verbundenheit unterscheidet sich die aus Obhutsübernahme insofern, als diese nicht notwendig „Rundumverteidigung" des zum Schutze anvertrauten Rechtsgutes fordert. Das muß darum einleuchten, weil hier die soziale Nähebeziehung nach Zweck und Umfang von den Beteiligten willkürlich gestaltet wird. Es ist also wenigstens theoretisch denkbar, daß jemand ein Schutzobjekt nur vor bestimmten Gefahren zu schützen verspricht. Die bisher erarbeitete Formel

---

[69a] So auch beiläufig *Stratenwerth*, Lehrbuch, Rdn. 1062 (die Bindung werde begründet „durch eine vom anderen akzeptierte Zusage von Diensten").

[69b] Trotz anderer Ausgangspunkte und abweichender Einteilungsaspekte kommt *Schünemann*, a. a. O., S. 342, 349 ff., für die hier behandelten Konstellationen zu weitgehend übereinstimmenden Ergebnissen.

bedarf somit einer Präzisierung, wenn die Obhutsübernahme einbezogen wird: Es kommt darauf an, ob dem Unterlassenden kraft enger menschlicher Verbundenheit oder Obhutsübernahme der Schutz des Rechtsgutes *vor der drohenden Gefahr* besonders anvertraut ist.

III. Garantenpflichten aus beruflicher Sonderstellung

In der Nachbarschaft des Prinzips der Obhutsübernahme finden sich Konstellationen, in denen ebenfalls eine Art konkludenten Schutzversprechens vorliegen kann, die aber m. E. doch einem zu verselbständigen Ordnungsaspekt unterfallen. Ein BGH-Fall[70] mag die Problematik veranschaulichen: Die Angeklagte, Inhaberin einer Gastwirtschaft, hatte es geduldet, „daß vier männliche Stammgäste einer jungen Frau, die sich geweigert hatte, mit einem von ihnen zum zweiten Male zu tanzen, gewaltsam das Haupthaar und einen Teil der Schamhaare abschnitten". Der BGH sah hier von der Angeklagten u. a. eine gefährliche Körperverletzung in Mittäterschaft verwirklicht. Ihre Garantenstellung bejahte er mit der folgenden Begründung: „Jedenfalls ergab sich daraus, daß die Angeklagte eine Gaststätte betrieb, ihre Rechtspflicht, in den Räumen, über die sie Verfügungsgewalt hatte, für Ordnung zu sorgen, insbesondere ihre Gäste vor solchen Ausschreitungen anderer Gäste, wie sie hier geschehen sind, zu schützen."

Vor dem Rechtsgefühl kann die Entscheidung bestehen. Wer eine Gaststätte besucht, sieht sich typischerweise einer Vielzahl ihm unbekannter Menschen gegenüber, deren potentielle Gefährlichkeit er nicht abschätzen kann. Er erwartet, daß der Gastwirt ihm schützend zur Seite steht, auch wenn der Schaden nicht aus einer Quelle droht, die der Wirt beständig überwachen muß (eigene Kinder, nicht verkehrssichere Beschaffenheit der Gasträume). Diese Erwartung verdient rechtlichen und auch strafrechtlichen Schutz. Die Annahme einer täterschaftsbegründenden Garantenstellung der Wirtin ist also im Ergebnis zutreffend.

Dem System der bisher erarbeiteten Haftungsprinzipien läßt sich dies aber schwerlich einfügen. Obwohl die Schutzbeziehung zwischen Gast und Gastwirt zweifellos ein Element der Obhutsübernahme im soeben gekennzeichneten Sinne enthält, wäre die Rückführung auf diesen Gesichtspunkt doch kaum gerechtfertigt. Die Garantenpflicht entsteht hier ja offenbar ganz unabhängig von konkreten Abmachungen, ja selbst vom Wissen des Wirtes, daß jemand die Gasträume betreten hat. Und die Konstruktion einer „ad incertas personas" gerichteten, von jedem einzelnen Besucher angenommenen Offerte, sich dem besonderen Schutz des Gastronomen anzuvertrauen, wäre im schlechten Sinne zivilistisch und von einer Fiktion nicht weit entfernt. Der Sache näher kommt der von vielen verfochtene Gedanke des „sozialen Herrschaftsbereiches", doch hielt er strengerer Analyse, der er unterzogen wurde, nicht stand[71].

---

[70] NJW 1966, S. 1763.

[71] Vgl. oben S. 331—334.

Indes ergibt die Kombination dieser beiden — je für sich unzulänglichen — Gesichtspunkte die Lösung für unser Eingangsbeispiel: Eine Beschützergarantenstellung aufgrund freien Entschlusses einnehmen kann man nicht nur im Wege individueller Obhutsübernahme; die zweite Möglichkeit ist, einen Beruf zu ergreifen, mit dem sich nach rechtlichen und sozialen Wertungen die Vorstellung einer *generell* erhöhten Verantwortlichkeit für bestimmte Mitmenschen verbindet. Der Beruf des Gastwirtes speziell bringt mit sich, daß man — im prinzipiellen Gegensatz zu privaten Gastgebern — im eigenen „sozialen Herrschaftsbereich" für seine Gäste besonders verantwortlich wird.

Es dürfte nicht zu weit hergeholt sein, wenn man im BGH-Urteil selbst eine Bestätigung für die hier gegebene Begründung sieht. Denn der Senat beruft sich ja nicht etwa nur auf den allgemeinen Gedanken des „sozialen Herrschaftsbereiches", er stützt vielmehr die Garantenpflicht, in den beherrschten Räumen „für Ordnung zu sorgen", ausdrücklich darauf, „daß die Angeklagte eine Gaststätte betrieb".

Der Gesichtspunkt der beruflichen Sonderverantwortlichkeit erklärt Garantenstellungen, die zum Teil zum unbestrittenen Bestand der Unterlassungslehre gehören, ohne doch bisher eine überzeugende systematische Einordnung gefunden zu haben: Die Garantenpflicht des Bademeisters etwa, des Schullehrers gegenüber seinen Schülern während des Unterrichtes, des Schiffskapitäns gegenüber dem blinden Passagier, des im Einsatz befindlichen Feuerwehrmannes.

Die Reichweite auch dieses letzten Haftungsprinzips im Rahmen der Beschützergarantie ist auszumessen durch die Frage, ob dem Unterlassenden kraft seines Berufes der Schutz des Rechtsgutes vor der drohenden Gefahr besonders anvertraut ist. Die limitierende Wirkung dieser Formel mögen hier zwei Beispiele veranschaulichen.

1. Polizisten sind rechtlich verpflichtet, gegen Straftaten einzuschreiten, die die öffentliche Sicherheit oder Ordnung stören würden. Sie sind deswegen aber doch nicht Beschützergaranten eines durch die Straftat konkret bedrohten Menschen. Denn die ihnen von Berufs wegen anvertrauten Schutzgüter sind nicht die körperliche Unversehrtheit oder das Vermögen des je Gefährdeten, sondern die öffentliche Sicherheit und Ordnung. Die Pflicht, ggf. den Privaten zu schützen, ist nur Reflex- und Nebenwirkung[72] einer Berufspflicht anderen Inhaltes[73]. Der Schutz des Betroffenen ist dem Polizeibeamten nicht „besonders anvertraut".

---

[72] Vgl. *Maurach,* A. T., S. 602 f.

[73] Die Begründung verneint eine *Beschützer*garantenpflicht des Polizisten, gilt aber entsprechend für die Frage, ob der Polizist garantenpflichtig sei, potentielle Straftäter zu überwachen. Auch insoweit handelt es sich nur um die Reflexwirkung der eigentlich dem Schutz von öffentlicher Sicherheit und Ordnung dienenden beruflichen Sonderverantwortlichkeit. Es geht viel zu weit, dem Polizisten, der die Lebensführung der ihn umgebenden Bürger prinzipiell nicht vorbeugend beeinflus-

2. Eine begrenzte garantenmäßige Sonderverantwortung für andere Menschen ist nach herrschender Auffassung mit dem Arztberuf verbunden. Nach BGH 7 212 ist jedenfalls der Bereitschaftsarzt garantenpflichtig, „in dringenden Erkrankungsfällen einzugreifen“[74]. Weiter noch geht Eb. *Schmidt*: „Die Niederlassung als Arzt (bedeutet), daß sich der Arzt der leidenden Menschheit zwecks ärztlicher Versorgung zur Verfügung stellt“[75]. Darauf gründet *Schmidt* eine Garantenpflicht jedes praktischen Arztes, der Allgemein-Praxis treibt, in akuten Fällen gefährdete Menschen ärztlich zu versorgen.

Ein Arzt kann demnach — schon vor der eigentlichen „Obhutsübernahme“ durch den Beginn oder die Zusage der Behandlung — als Beschützergarant verpflichtet sein, die einem bestimmten Menschen an Leib und Leben drohenden Gefahren abzuwehren[76]. Das bedeutet aber nicht die Pflicht zur „Rundumverteidigung“ dessen, der eine solche Gefahr hilfesuchend dem an sich schutzpflichtigen Arzt meldet. Wenn etwa jemand sein Kind zum Bereitschaftsarzt schickt, weil er fürchten muß, von einem rabiaten Gast verprügelt oder umgebracht zu werden, so löst das für den Arzt allenfalls die Jedermannspflicht aus § 330 c StGB aus. Das Berufsbild des Arztes ergibt eine Garantenpflicht nur für den Fall einer bereits *bestehenden* Krankheit und einer schon *eingetretenen* Verletzung. Dem Arzt wäre im Beispiel zwar der Schutz der gefährdeten Rechtsgüter besonders anvertraut, aber nicht der Schutz vor der konkret *drohenden* Gefahr.

Die gesetzesgeeignete Formel der Beschützergarantie liegt nun vollständig vor:

> Wer den zum Tatbestand gehörenden Erfolg nicht abwendet, führt ihn herbei, wenn ihm kraft enger menschlicher Verbundenheit, Obhutsübernahme oder Berufes der Schutz des Rechtsgutes vor der drohenden Gefahr besonders anvertraut ist.

---

sen kann, zum Überwachungsgaranten von jedermann zu ernennen. *Geilens* zweifelnde Frage, ob sich denn des Polizisten „Berufspflicht gleich mit einer entsprechenden Garantenhaftung deckt“ (FamRZ 1961, S. 159), ist also entgegen vielfach geäußerter Ansicht (*Schönke-Schröder*, Vorbem. 133; *Jescheck*, Lehrbuch, S. 417; *Schmidhäuser*, Lehrbuch, 16/61; RG in JW 1939, S. 543; wohl auch *Maurach*, A. T., S. 606) zu verneinen. Jedenfalls gegen eine grundsätzliche Haftung des untätig bleibenden Polizisten als Gehilfen des Straftäters wendet sich auch *Grünwald*, ZStW 70, S. 425. Wie hier *Schünemann*, a. a. O., S. 329, 363.

[74] Zustimmend etwa *Jescheck*, Lehrbuch, S. 415; *Schmidhäuser*, Lehrbuch, 16/46; *Schönke-Schröder*, Vorbem. 118.

[75] Der Arzt im Strafrecht, in: *Ponsold*, 2. Aufl., S. 6 f.

[76] A. A. *Bockelmann*, Strafrecht des Arztes, S. 23 f., nach dem es „strafrechtlich garantierte Hilfeleistungspflichten des Arztes (außerhalb übernommener Behandlung) nur nach Maßgabe des § 330 c geben“ kann.

§ 27 SYSTEM UND KODIFIZIERUNG DER GARANTENLEHRE

I. Wenn wir zum Schluß das Garantensystem, welches unsere Untersuchungen zugleich vorausgesetzt und bestätigt haben, noch einmal als Ganzes ins Auge fassen, so fällt auf, daß es bei aller Flexibilität und Weite seiner Haftungsprinzipien und Ordnungsbegriffe in den Grundzügen festliegt. Die Konstruktion „neuer" Garantenstellungen läßt es nur in begrenztem Umfang zu. Eine Strafforderung jedenfalls, die sich nicht stützen könnte auf den Aufweis einer echten Begehungsgleichheit des Unterlassens oder einer schon *vor* Beginn der Schadensentwicklung begründeten sozialen Sonderverantwortlichkeit des Unterlassenden entweder für den Schutz des beeinträchtigten Rechtsgutes oder für die Überwachung eines schadensursächlichen Faktors, würde abgewiesen werden.

Eine solche Behandlung müßte z. B. die Lehre *Lampes* erfahren, nach der es besondere Garantenpflichten „aus der Herrschaft über Gefahrenabwehrmittel" gibt, wenn diese „allein oder in Verbindung mit anderen Mitteln eine Gefahr beseitigen können". *Lampe* meint, es dürfe „sich der Eigentümer angesichts von Gefahren, die nur durch einen Eingriff in sein Eigentum abgewendet werden können, u. U. nicht auf die bloße Duldung des Eingriffs beschränken, sondern er muß das Abwehrmittel auch positiv zur Verfügung stellen ..." Zum Beispiel sei „der Eigentümer eines Bootes ... rechtlich verpflichtet, es von der Kette zu lösen, wenn es gebraucht wird, um Schiffbrüchige zu retten"[1].

Unterstellen wir zunächst einmal, die Sachgründe dieser Annahme hätten Gewicht. Für die durch unser System geforderte a-limine-Abweisung ließe sich dann gleichwohl einiges anführen, Sachgründe sind nicht allein ausschlaggebend. Da der Streit um sie, die Diskussion, was rechtspolitisch wünschenswert und wertmäßig richtig sei, prinzipiell ohne Ende und immer „unentschieden" ist, obliegt es dogmatischer Systembildung, um der Rechtssicherheit willen Schranken zu errichten. Ohne sie droht dem Strafrecht die Auslieferung an die durch jeden besonderen Fall neu provozierte ad-hoc-Argumentation und der Verlust der Gleichheit und Rationalität.

Aber auf diese Verteidigungslinie müßten wir uns wohl nicht einmal zurückziehen; auch unter dem Gesichtspunkt materialer Gerechtigkeit würde man es bei genauerem Hinsehen vermutlich immer als unangemessen empfinden, wenn Strafe aus unechten Unterlassungsdelikten verhängt würde, die das aufgewiesene System der Garantenstellungen nicht zuläßt. So mag *Lampes* Forderung in ihrer strengen Begrenzung auf den Gedanken: „Eigentum verpflichtet", manchem zunächst plausibel scheinen, doch läßt sich anhand ihrer Konsequenzen leicht zeigen, daß sie unhaltbar ist. Wäre nämlich *Lampes* Ansatz richtig, dann ließe er sich nicht auf Sachmittel beschränken. Es ist nicht einzusehen, warum der einzige Bootsbesitzer aktiv sein Boot mobili-

---

[1] ZStW 79, S. 505 f., Anm. 97.

sieren müßte, der einzige Schwimmer aber nicht die Kraft seiner Arme. Konsequent wäre nur eine Auffassung, die jeden als Garanten ansähe, der als einziger in der Lage ist, den Erfolg abzuwenden. Damit wäre man auf *Bockelmanns* früherem Standpunkt — Garantenpflicht aus „Monopolstellung"[2] — angelangt, den aber niemand teilen mochte und den bezeichnenderweise *Bockelmann* inzwischen selber verlassen hat[3]. Mit Recht, denn es wäre gewiß nicht im Sinne des Gesetzes, jemanden als Totschläger oder Mörder zu bestrafen, der die Not eines Ertrinkenden wahrnimmt und die ihm mögliche Rettung nicht durchführt. Dies ist vielmehr die typische Situation des § 330 c StGB.

„Die Lebensverhältnisse tragen, wenn auch mehr oder weniger entwickelt, ihr Maß und ihre Ordnung in sich. Diese den Dingen innewohnende Ordnung nennt man die Natur der Sache"[4]. Vielleicht ist es zu hoch gegriffen, *Dernburgs* berühmte Sätze im vorliegenden Zusammenhang zu nennen. Vieles jedoch spricht dafür, daß die hier entworfene Systematik der Wahrheit und den vorgegebenen Sachstrukturen nahekommt. Im schematischen Aufriß sei sie umseitig noch einmal vorgeführt.

---

[2] Vgl. Niederschriften, 12. Band, S. 100, 477.

[3] Das ergeben *Bockelmanns* Ausführungen zur „Hilfeleistungspflicht des Arztes" (Strafrecht des Arztes, S. 19 ff., 21—24). Der Gedanke der Monopolstellung wird hier nur noch zur Bestimmung des Umfanges der Haftung aus § 330 c StGB herangezogen, eine Garantenpflicht des Arztes „außerhalb übernommener Behandlungen" verneint *Bockelmann* ausdrücklich (S. 24).

[4] *Dernburg*, Pandekten, 3. Aufl., Band I, S. 87.

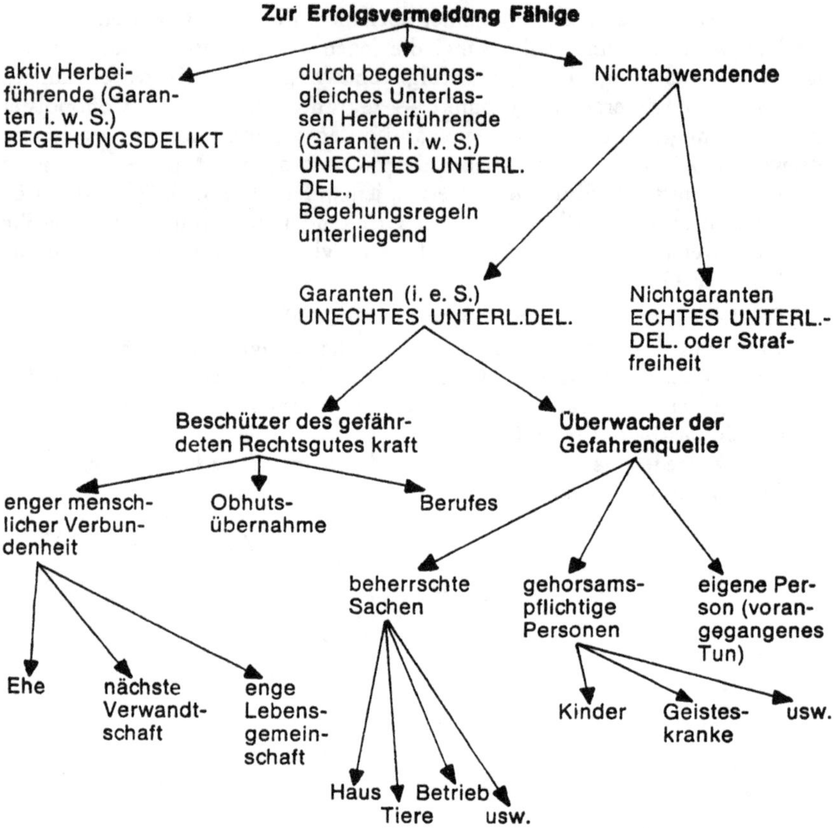

II. Im Hinblick auf die Kodifizierung ist doch unbeantwortet, wo eine Vorschrift über das „Begehen durch Unterlassen" im Gesetz richtig lokalisiert wäre. Der Gesetzgeber hat die Regelung (§ 13 StGB 1973) im Allgemeinen Teil, und zwar unter dem ersten „Titel" („Grundlagen der Strafbarkeit") des zweiten „Abschnittes" („Die Tat") vorgenommen. Der Titel umfaßt außer ihr Vorschriften über das „Handeln für einen anderen", Vorsatz, Fahrlässigkeit, Irrtum und Schuldfähigkeit. Diese Systematik ist aus dem E 1962 übernommen worden. Seine Verfasser wollten den Titel als ein Bündel von Vorschriften verstanden wissen, „die in mehr oder weniger engem Zusammenhang Grundvoraussetzungen der Straftat behandeln". Einen solchen engen Zusammenhang sahen sie zwischen den Bestimmungen über „Begehen durch Unterlassen" und „Handeln für einen anderen": „In beiden Fällen geht es darum, die im Besonderen Teil beschriebenen Tatbestandshandlungen in gewisser Hinsicht zu erweitern"[5].

[5] E 1962 mit Begründung, S. 123.

Diese Betrachtung können wir uns nicht zu eigen machen. In Wahrheit erweitert die Unterlassungsbestimmung nicht die Tatbeschreibung des Besonderen Teils, sondern sie legt verbindlich fest, was ohne sie ein mögliches Sinnverständnis unter anderen, ebenfalls möglichen wäre. Wir entnehmen ihr also beispielsweise, daß jemand, der seinen Ehegatten nicht vom Tode rettet, ihn i. S. des Gesetzes „tötet", worüber sich sonst streiten ließe, denn man *kann* den Tötungsbegriff auch enger verstehen.

Die Funktion der Vorschrift bestimmt ihren Standort. Da sie erkennen hilft, wer durch sein Unterlassen eine Straftat „begeht", konkretisiert sie für den Unterlassensbereich die allgemeine Täterschaftsformel, nach der Täter ist, „wer die Straftat selbst oder durch einen anderen begeht" (§ 25 Abs. 1 StGB 1973). Wer sie *durch Unterlassen* begeht, kann in beschränktem Umfang der die unechten Unterlassungsdelikte betreffenden Bestimmung entnommen werden. Richtigerweise müßte diese also, wenn wir uns am Modell des künftigen Strafgesetzbuches orientieren, unmittelbar auf § 25 folgen.

Man könnte einwenden, die Vorschrift sei dann nur *Täter*bestimmung und nicht mehr auf die *Teilnahme* anwendbar, obwohl doch jedenfalls das Leisten von Hilfe im Sinne des Beihilfeparagraphen nach fast allgemeiner Ansicht auch durch Unterlassen begangen werden könne. Der Einwand wäre jedoch nicht stichhaltig. Allgemeine Täterbestimmungen sind nicht prinzipiell unanwendbar auf die Teilnahme. Da die Vorschriften über Anstiftung und Beihilfe strafbegründende Tatbeschreibungen enthalten, d. h. gesetzliche Tatbestände sind, muß es auch einen Täter geben, der sie verwirklicht. Diese Bestimmungen liegen also auf einer anderen Ebene als § 25 StGB 1973, der nicht eine strafbegründende Tatbeschreibung, sondern den aus solchen Tatbeschreibungen herausabstrahierten Täterbegriff enthält. § 25 muß also jedenfalls grundsätzlich außer auf die Tatbestände des Besonderen Teils auch auf die §§ 26, 27 bezogen werden. Es gibt Anstiftung und Beihilfe in unmittelbarer, mittelbarer und in Mittäterschaft, und es gibt Teilnahme an Anstiftung und Beihilfe. Wer etwa einen anderen durch vorsatzausschließende Täuschung bestimmt, den Einbrecher zum Tatort zu fahren, begeht Beihilfe in mittelbarer Täterschaft, dagegen liegt lediglich Beihilfe zur Beihilfe vor, wenn jemand den Gehilfen des Einbrechers vor der Tat Beruhigungstabletten besorgt. Man mag darüber streiten, ob es sich aus praktischen Gründen empfiehlt, auf solche Unterscheidungen zu verzichten („Kettenteilnahme"). Das heißt dann aber nur, daß man für die Teilnahme ein *anderes* Täterkriterium einführt als das für die sonstigen reinen Bewirkungsdelikte gültige. Am Prinzip würde das nichts ändern[6].

Spricht also ein Gesetz, das den Täterbegriff für den Unterlassensbereich konkretisiert, von einem „nicht abgewendeten, tatbestandlichen Erfolg", so ist darunter u. a. auch der Entschluß, eine Straftat zu begehen, sowie die Er-

[6] Vgl. zu diesen Fragen meine Abhandlung über „Anstiftung und Beihilfe als Straftatbestände" in GA 1971, S. 1 ff.

leichterung, die einem Straftäter zuteil wird, zu verstehen; ganz entsprechend, wie dem Begriff der „Straftat" in § 25 StGB 1973 u. a. auch die Taten des Anstiftens und Hilfeleistens unterfallen.

Was zuallerletzt Wortlaut und Inhalt unseres Gesetzesvorschlags betrifft, so ist die wesentliche Arbeit bereits geleistet. Soweit eine gesetzliche Verankerung unsere Erkenntnisse möglich und u. E. wünschenswert ist, wurde dies durch strenge, formelhafte Zusammenfassung jeweils betont. Die Bausteine des Gesetzes müssen also nur noch richtig zusammengefügt werden. Auf der Grundlage der hier entwickelten Lösungen ist zu fordern, daß in dem am 1. Oktober 1973 in Kraft tretenden Allgemeinen Teil des Strafgesetzbuches der § 13 durch einen § 25 a folgenden Wortlautes ersetzt wird:

Begehen durch Unterlassen

(1) Wer den zum Tatbestand gehörenden Erfolg nicht abwendet, führt ihn herbei, wenn

1. das Unterlassen nach seinem Bedeutungsgehalt oder wegen seiner den Erfolg verursachenden Wirkung einem Herbeiführen durch Tätigkeit unmittelbar gleichsteht;
2. er selbst oder eine von ihm zu überwachende Person oder Sache die Gefahr für den Eintritt des Erfolges hervorgerufen hat, oder
3. ihm kraft enger menschlicher Verbundenheit, Obhutsübernahme oder Berufes der Schutz des Rechtsgutes vor der drohenden Gefahr besonders anvertraut ist.

(2) Soweit die Tatbestandsverwirklichung von einem besonders gearteten Verhalten abhängt, ist auch ein Unterlassen nur tatbestandsmäßig, wenn sich in ihm ein solches Verhalten unmittelbar ausdrückt. Das Verhalten liegt nicht schon dann vor, wenn das Unterlassen nach Absatz 1 Herbeiführung eines tatbestandlichen Erfolges ist.

(3) In den Fällen des Absatzes 1, Nr. 2 und 3 kann die Strafe nach § 49 Abs. 1 gemildert werden.

Ich weiß, daß dieser Vorschlag die laufenden Reformarbeiten nicht mehr beeinflussen kann. Er kann höchstens zur Konkretisierung und Korrektur des inhaltlich allzu dürftigen und zum Teil auch sachlich falschen § 13 StGB 1973 einen Beitrag leisten — auf dem Umweg über die Dogmatik. Ob es dieser Arbeit vergönnt sein wird, späterhin auch einmal die Entschlüsse des Gesetzgebers mitzubestimmen? Wir wissen es nicht. Es könnte sein, daß vertiefte Sacheinsicht, Wandel der Wertanschauung und Aufdeckung von Irrtümern wesentliche Ergebnisse unserer Untersuchung überholen werden. Wer Rechtswissenschaft treibt, will kritische Gesichtspunkte und konstruktive Ideen zur Lösung von Gerechtigkeitsproblemen beisteuern. Er muß wissen um den prinzipiell hypothetischen Charakter seiner Vorschläge und beständig bereit bleiben, sie in der Konfrontation mit Alternativen aufs Spiel zu setzen. „Ewige Wahrheiten" verkünden, das kann Rechtswissenschaft nicht.

LITERATUR

v. Alberti, Otto — Verbotsverletzende Unterlassungen, insbesondere ihre fahrlässige Begehung, Tübingen 1917.

Alternativ-Entwurf eines Strafgesetzbuches, Allgemeiner Teil, 2. Aufl., Tübingen 1969 (AE).

Androulakis, Nikolaos K. — Studien zur Problematik der unechten Unterlassungsdelikte, München und Berlin 1963.
Zur Frage der Zuhälterei, ZStW 78 (1966), S. 432.

v. Bar, Ludwig — Die Lehre vom Causalzusammenhange im Rechte, insbesondere im Strafrechte, Leipzig 1871.

Bärwinkel, Richard — Zur Struktur der Garantieverhältnisse bei den unechten Unterlassungsdelikten, Strafrechtliche Abhandlungen, Neue Folge, Band 4, Berlin 1968.

Baumann, Jürgen — Lehrbuch, Strafrecht, Allgemeiner Teil, 5. Aufl., Bielefeld 1968.
Betrug durch vom Geschäftspartner nicht verstandene Vertragsformulierung, JZ 1957, S. 367.
Täterschaft und Teilnahme, JuS 1963, S. 51, 85, 125.

Beling, Ernst — Die Lehre vom Verbrechen, Tübingen 1906.

v. Berger, Alfred — Über Bewirken durch Unterlassen, Grünhuts Zeitschrift 9 (1882), S. 734.

Binavince, Emilio S. — Die vier Momente der Fahrlässigkeitsdelikte, Bielefeld 1969.

Binding, Karl — Die Normen und ihre Übertretung, Leipzig, Band II, 1. Hälfte, 2. Aufl., 1914, Band IV, 1919.
Grundriß des deutschen Strafrechts, Allgemeiner Teil, 7. Aufl., Leipzig 1907.
Die drei Grundformen des verbrecherischen Subjekts, Strafrechtliche und strafprozessuale Abhandlungen, Band I, München und Leipzig 1915.

Bindokat, Heinz — Negative Beihilfe und vorausgegangenes Tun, NJW 1960, S. 2319.
Nochmals: Die Rückkehrpflicht bei § 142 StGB, NJW 1966, S. 1906.

Blei, Hermann — Zum strafrechtlichen Gewaltbegriff, NJW 1954, S. 583.
Garantenpflichtbegründung beim unechten Unterlassen, H.-Mayer-Festschrift, Berlin 1966, S. 119.

Bockelmann, Paul — Studien zum Täterstrafrecht, 2. Teil, 1940.
Strafrecht des Arztes, Stuttgart 1968.
Zum Problem der Meineidsbeihilfe durch Unterlassen, Strafrechtliche Untersuchungen, Göttingen 1957, S. 126.
Zur Reform des Versuchsstrafrechts, Strafrechtliche Untersuchungen, S. 150.

Bockelmann, Paul — Betrug, verübt durch Schweigen, Eb.-Schmidt-Festschrift, Göttingen 1961, S. 437.
Urteilsanmerkung, NJW 1964, S. 1934.
Kriminelle Gefährdung und strafrechtlicher Schutz des Kreditgewerbes, ZStW 79 (1967), S. 28.
Bemerkungen über das Verhältnis des Strafrechts zur Moral und zur Psychologie, Radbruch-Gedächtnisschrift, Göttingen 1968.

Böhm, Alexander — Die Rechtspflichten zum Handeln bei den unechten Unterlassungsdelikten, Dissertation Frankfurt 1957.
Methodische Probleme der Gleichstellung des Unterlassens mit der Begehung, JuS 1961, S. 177.

Bohne, Gotthold — Urteilsanmerkung, JW 1927, S. 2696.

Bruns, Hans-Jürgen — Die Befreiung des Strafrechts vom zivilistischen Denken, Berlin 1938.

v. Bubnoff, Eckhart — Die Entwicklung des strafrechtlichen Handlungsbegriffs von Feuerbach bis Liszt unter besonderer Berücksichtigung der Hegelschule, Heidelberg 1966.

v. Buri, Maximilian — Über die Begehung der Verbrechen durch Unterlassung, GS 21 (1869), S. 189.
Über Begehung von Verbrechen durch Unterlassung, GS 27 (1875), S. 25.
I. Willensfreiheit, II. Unterlassung, III. Causalität und Theilnahme, GS 56 (1899), S. 418.

Busch, Richard — Betrug durch Verschweigen, Leipzig 1934.
Zur gesetzlichen Begründung der Strafbarkeit unechten Unterlassens, H. v. Weber-Festschrift, Bonn 1963, S. 192.
Entscheidungen des Bundesgerichtshofs zum Besonderen Teil des Strafgesetzbuchs, DRiZ 1967, S. 223.

Canaris, Claus-Wilhelm — Systemdenken und Systembegriff in der Jurisprudenz, entwickelt am Beispiel des deutschen Privatrechts, Berlin 1969.

Class, Wilhelm — Die Kausalität der Beihilfe, Stock-Festschrift, Würzburg 1966, S. 115.

Cramer, Peter — Vermögensbegriff und Vermögensschaden im Strafrecht, Bad Homburg v. d. H.—Berlin—Zürich 1968.

Dahm, Georg — Bemerkungen zum Unterlassungsproblem, ZStW 59 (1940), S. 133.

Dalcke, A./*Fuhrmann*, Ernst/*Schäfer*, Karl — Strafrecht und Strafverfahren, 37. Aufl., Berlin 1961.

Dallinger, Wilhelm — Aus der Rechtsprechung des Bundesgerichtshofes in Strafsachen, MDR 1954, S. 396; MDR 1966, S. 557.

Dernburg, Heinrich — Pandekten, Band I, 3. Aufl., Berlin 1889.

Deubner, Karl G. — Urteilsanmerkung, NJW 1969, S. 623.

Diederichsen, Uwe — Topisches und systematisches Denken in der Jurisprudenz, NJW 1966, S. 697.

Dohna, Alexander Graf zu — Der Aufbau der Verbrechenslehre, 3. Aufl., Bonn 1947.
Zur Systematik der Lehre vom Verbrechen, ZStW 27 (1907), S. 329.
Zur Lehre von den Kommissivdelikten durch Unterlassung, DStR 1939, S. 142.

Dreher, Eduard — Urteilsanmerkung, JZ 1966, S. 577.
Strafgesetzbuch, 32. Aufl., München und Berlin 1971.

Drost, Heinrich — Der Aufbau der Unterlassungsdelikte, GS 109 (1937), S. 10.

van Els, Hans — Zur Auslegung des § 221 StGB, NJW 1967, S. 966.

Engelsing, Herbert W. — Eigenhändige Delikte, Strafrechtliche Abhandlungen, Heft 212, Breslau 1926.

Engisch, Karl — Die Einheit der Rechtsordnung, Heidelberg 1935.
Vom Weltbild des Juristen, Heidelberg 1950.
Die Idee der Konkretisierung in Recht und Rechtswissenschaft, Heidelberg 1953.
Einführung in das juristische Denken, 4. Aufl., Stuttgart 1968.
Der finale Handlungsbegriff, Kohlrausch-Festschrift, Berlin 1944, S. 141.
Die normativen Tatbestandselemente im Strafrecht, Mezger-Festschrift, München 1954, S. 127.
Sinn und Tragweite juristischer Systematik, Studium Generale 10 (1957), S. 173.
Rezension, JZ 1962. S. 189.

Enneccerus, Ludwig/ *Lehmann*, Heinrich — Recht der Schuldverhältnisse, 15. Aufl., Tübingen 1958.

Enneccerus, Ludwig/ *Nipperdey*, Hans Carl — Allgemeiner Teil des Bürgerlichen Rechts, Ein Lehrbuch, 15. Aufl., 2. Halbband, Tübingen 1960.

Entwurf eines Strafgesetzbuches mit Begründung, Bonn 1962 (E 1962).

Entwurf des Allgemeinen Teils eines Strafgesetzbuches mit Begründung, Bonn 1958 (E 1958).

Erman, Walter — Handkommentar zum BGB, Band 1, 4. Aufl., Münster 1967.

Eser, Albin — Zum Verhältnis von Gewaltanwendung und Wegnahme beim Raub, NJW 1965, S. 377.

Esser, Josef — Schuldrecht, Allgemeiner und Besonderer Teil, 2. Aufl., Karlsruhe 1960.
Schuldrecht, Band II, Besonderer Teil, 3. Aufl., Karlsruhe 1969.

Feuerbach, Paul Johann Anselm — Lehrbuch des gemeinen in Deutschland geltenden Peinlichen Rechts, 11. Aufl., Gießen 1832.

Flume, Werner — Allgemeiner Teil des Bürgerlichen Rechts, Band II, Das Rechtsgeschäft, Berlin—Heidelberg—New York 1965.

Frank, Reinhard — Strafgesetzbuch, Kommentar, 18. Aufl., Tübingen 1931.

Fränkel, Wolfgang — Urteilsanmerkung Nr. 6 zu § 180 StGB, Lindenmaier-Möhring, Nachschlagewerk des Bundesgerichtshofs.

Friedrichs, Karl A. — Die Diskussionsbeiträge der Strafrechtslehrertagung 1967 in Münster, ZStW 80 (1968), S. 117.

Gallas, Wilhelm — Zum gegenwärtigen Stand der Lehre vom Verbrechen, ZStW 67 (1955), S. 1.
Die strafrechtliche Verantwortung der am Bau Beteiligten unter besonderer Berücksichtigung des „verantwortlichen Bauleiters", Heidelberg 1963.
Urteilsanmerkung, JZ 1952, S. 371.
Unterlassene Hilfeleistung nach deutschem Strafrecht, Deutsche Landesreferate zum IV. Internationalen Kongreß für Rechtsvergleichung in Paris 1954, Düsseldorf 1955, S. 344.
Strafbares Unterlassen im Falle einer Selbsttötung, JZ 1960, S. 649, 686.
Täterschaft und Teilnahme, Beiträge zur Verbrechenslehre, 1968, S. 78; zuerst in: Materialien zur Strafrechtsreform, Band 1, Gutachten der Strafrechtslehrer, Bonn 1954, S. 121.
Die moderne Entwicklung der Begriffe Täterschaft und Teilnahme im Strafrecht, Beiträge zur Verbrechenslehre, 1968, S. 130; zuerst in: Deutsche Beiträge zum VII. Internationalen Strafrechtskongreß in Athen (Sonderheft der ZStW Band 69), Berlin 1957.
Der dogmatische Teil des Alternativentwurfs, ZStW 80, (1968), S. 1.

Geilen, Gerd — Garantenpflichten aus ehelicher und eheähnlicher Gemeinschaft, FamRZ 1961, S. 147.
Stillschweigen des Angehörigen beim Mordkomplott, FamRZ 1964, S. 385.
Zur Mitverantwortung des Gastwirts bei Trunkenheit am Steuer, Zugleich ein Beitrag zur Lehre vom vorangegangenen Tun, JZ 1965, S. 469.
Unterlassene Verbrechensanzeige und ernsthafte Abwendungsbemühung, JuS 1965, S. 426.
Neue Entwicklungen beim strafrechtlichen Gewaltbegriff, H.-Mayer-Festschrift, Berlin 1966, S. 455.

van Gelder, Alfons — Die Entwicklung der Lehre von der sog. Erfolgsabwendungspflicht aus vorangegangenem Tun im Schrifttum des 19. Jahrhunderts, Dissertation Marburg 1967.

Georgakis, Jannis — Hilfspflicht und Erfolgsabwendungspflicht im Strafrecht, Leipzig 1938.

Glaser, Julius — Abhandlungen aus dem österreichischen Strafrecht, Band 1, Wien 1838.

Granderath, Reinhard — Die Rechtspflicht zur Erfolgsabwendung aus einem vorangegangenen gefährdenden Verhalten bei den unechten Unterlassungsdelikten, Dissertation Freiburg 1961.

Grünwald, Gerald — Das unechte Unterlassungsdelikt, Seine Abweichungen vom Handlungsdelikt, ungedruckte Dissertation Göttingen 1956.
Zur gesetzlichen Regelung der unechten Unterlassungsdelikte, ZStW 70 (1958), S. 412.
Die Beteiligung durch Unterlassen, GA 1959, S. 110.

Grünwald, Gerald — Bedeutung und Begründung des Satzes „nulla poena sine lege", ZStW 76 (1964), S. 1.
Der Vorsatz des Unterlassungsdelikts, H.-Mayer-Festschrift, Berlin 1966, S. 281.

Hall, Karl-Alfred — Die normativen Tatbestandselemente der Aussetzung, SchwZStR 46 (1932), S. 328.

Hälschner, Hugo — Das gemeine deutsche Strafrecht, Band 1, Bonn 1881.

Hardwig, Werner — Die Zurechnung, Ein Zentralproblem des Strafrechts, Hamburg 1957.
Vorsatz bei Unterlassungsdelikten, ZStW 74 (1962), S. 27.
Über den Begriff der Täterschaft, JZ 1965, S. 667.

Hardwig, Werner/ *Buschendorf*, Ernest — Nochmals: Betrachtungen zur Teilnahmelehre, JZ 1967, S. 86.

Hartmann, Nicolai — Diesseits von Idealismus und Realismus, Kant-Studien, 1924, S. 60.

Heinitz, Ernst — Teilnahme und unterlassene Hilfeleistung beim Selbstmord, JR 1954, S. 403.
Urteilsanmerkung, JR 1955, S. 105.
Der Irrtum des Täters über die Rechtspflicht zum Handeln bei den echten Unterlassungsdelikten, JR 1959, S. 285.
Urteilsanmerkung, JR 1961, S. 29.

Henkel, Heinrich — Einführung in die Rechtsphilosophie, München und Berlin 1964.
Zumutbarkeit und Unzumutbarkeit als regulatives Rechtsprinzip, Mezger-Festschrift, München 1954, S. 249.
Das Methodenproblem bei den unechten Unterlassungsdelikten, MSchrKrim 44 (1961), S. 178.

Herzberg, Rolf Dietrich — Eigenhändige Delikte, ZStW 82 (1970), S. 896.
Anstiftung und Beihilfe als Straftatbestände, GA 1971, S. 1.
Garantenpflichten aufgrund gerechtfertigten Vorverhaltens, JuS 1971, S. 74.
Bewußte Selbstschädigung beim Betrug, MDR 1972, S. 93.

v. Hippel, Robert — Deutsches Strafrecht, Band II, Das Verbrechen, Allgemeine Lehren, Berlin 1930.

Hirsch, Günter E. — Urteilsanmerkung, NJW 1969, S. 853.

Hirsch, Hans-Joachim — Ehre und Beleidigung, Karlsruhe 1967.
Soziale Adäquanz und Unrechtslehre, ZStW 74 (1962), S. 78.

Hoffmann, Heinz — Zum Tatbestandsmerkmal „Flucht" in § 142 StGB, NJW 1966, S. 2001.

Höpfner, Wilhelm — Zur Lehre vom Unterlassungsdelikte, ZStW 36 (1915), S. 103.

Horn, Norbert — Zur Bedeutung der Topiklehre Theodor Viehwegs für eine einheitliche Theorie des juristischen Denkens, NJW 1967, S. 601.

Jerusalem, Franz W. — Das Problem des Strafrechts, ZStW 80 (1968), S. 875.

Jescheck, Hans-Heinrich — Lehrbuch des Strafrechts, Allgemeiner Teil, Berlin 1969.
Die Rechtsprechung des Bundesgerichtshofs in Strafsachen, GA 1955, S. 97.
Der strafrechtliche Handlungsbegriff in dogmengeschichtlicher Entwicklung, Eb.-Schmidt-Festschrift, Göttingen 1961, S. 139.
Die Behandlung der unechten Unterlassungsdelikte im deutschen und ausländischen Strafrecht, ZStW 77 (1965), S. 109.

Kahrs, Hans-Jürgen — Das Vermeidbarkeitsprinzip und die condicio-sine-qua-non-Formel im Strafrecht, Hamburg 1968.

Kant, Immanuel — Kritik der reinen Vernunft, Riga, 1. Aufl., 1781, 2. Aufl., 1787.

Kaufmann, Armin — Die Dogmatik der Unterlassungsdelikte, Göttingen 1959.
Methodische Probleme der Gleichstellung des Unterlassens mit der Begehung, JuS 1961, S. 173.
Unterlassung und Vorsatz, H. v. Weber-Festschrift, Bonn 1963, S. 207.

Kaufmann, Arthur — Die Bedeutung hypothetischer Erfolgsursachen im Strafrecht, Eb.-Schmidt-Festschrift, Göttingen 1961, S. 300.
Skizze einer personalen Handlungslehre, H.-Mayer-Festschrift, Berlin 1966, S. 179.
Die finale Handlungslehre und die Fahrlässigkeit, JuS 1967, S. 145.

Kaufmann, Arthur/*Hassemer*, Winfried — Der praktische Fall — Strafrecht: Der überfallene Spaziergänger, JuS 1964, S. 151.

Kern, Eduard — Die systematische Abgrenzung der Verbrechenselemente bei der Beleidigung, Strafrechtliche Abhandlungen, Heft 144, Breslau 1912.

Kielwein, Gerhard — Unterlassung und Teilnahme, GA 1955, S. 225.

Kienapfel, Diethelm — Der praktische Fall — Strafrecht: Der Skiunfall, JuS 1966, S. 285.

Kissin, Siegfrid — Die Rechtspflicht zum Handeln bei den Unterlassungsdelikten, Strafrechtliche Abhandlungen, Heft 317, Breslau 1933.

Knodel, Klaus Dieter — Der Begriff der Gewalt im Strafrecht, München und Berlin 1962.

Koffka, Else — Rezension, JR 1964, S. 39.

Kohler, Josef — Studien aus dem Strafrecht, Band I, München 1890.

Kohlrausch, Eduard — Urteilsanmerkung, ZAkDR 1939, S. 244.

Kohlrausch, Eduard/*Lange*, Richard — Strafgesetzbuch, Kommentar, 43. Aufl., Berlin 1961.

Kraus, Oskar — Rechtsphilosophie und Jurisprudenz, ZStW 23 (1903), S. 763.

Krauß, Detlef — Erfolgsunwert und Handlungsunwert im Unrecht, ZStW 76 (1964), S. 19.

Krey, Volker — Grundfälle zu den Straftaten gegen das Leben (IV.), JuS 1971, S. 141.

Kriele, Martin — Theorie der Rechtsgewinnung, Entwickelt am Problem der Verfassungsinterpretation, Berlin 1967.

Krug, August Otto — Commentar zu dem Strafgesetzbuche für das Königreich Sachsen, 1.—4. Abteilung, Leipzig 1855.

Lackner, Karl — Der Alternativentwurf und die praktische Strafrechtspflege, JZ 1967, S. 513.
Urteilsanmerkung, JZ 1969, S. 29.

Lackner, Karl/ *Maassen,* Hermann — Strafgesetzbuch mit Erläuterungen, 6. Aufl., München 1970.

Lampe, Ernst-Joachim — Täterschaft bei fahrlässiger Straftat, ZStW 71 (1959), S. 579.
Ingerenz oder dolus subsequens?, ZStW 72 (1960), S. 93.
Zur Problematik der Gleichstellung von Handeln und Unterlassen im Strafrecht, ZStW 79 (1967), S. 476.

Landsberg, Ernst — Die sogenannten Commissivdelikte durch Unterlassung im deutschen Strafrecht, Freiburg i. Br. 1890.

Lange, Richard — Literaturbericht, ZStW 63 (1951), S. 456.
Urteilsanmerkung, JZ 1953, S. 408.
Urteilsanmerkung, JZ 1954, S. 327.
Der Strafgesetzgeber und die Schuldlehre, JZ 1956, S. 73.
Zur Teilnahme an unvorsätzlicher Haupttat, JZ 1959, S. 560.

Lang-Hinrichsen, Dietrich — Rezension, JR 1954, S. 88.
Die kriminalpolitischen Aufgaben der Strafrechtsreform, Gutachten für den 43. Deutschen Juristentag, Tübingen 1960, Band I, 3. Teil B, S. 14.

Larenz, Karl — Methodenlehre der Rechtswissenschaft, 2. Aufl., Berlin—Heidelberg—New York 1969.
Hegels Zurechnungslehre und der Begriff der objektiven Zurechnung, Ein Beitrag zur Rechtsphilosophie des kritischen Idealismus und zur Lehre von der „juristischen Kausalität", Leipzig 1927.
Allgemeiner Teil des deutschen bürgerlichen Rechts, München 1967.
Lehrbuch des Schuldrechts, II. Band, Besonderer Teil, 10. Aufl., München 1972.
Rechtswidrigkeit und Handlungsbegriff im Zivilrecht, Dölle-Festschrift, Band I, Tübingen 1963, S. 169.

Leipziger Kommentar, Strafgesetzbuch, 8. Aufl., Band 1 und 2, Berlin 1957/1958.

Lenckner, Theodor — Der rechtfertigende Notstand, Tübingen 1965.
Zum Begriff der Täuschungsabsicht in § 267 StGB, NJW 1967, S. 1890.
Wertausfüllungsbedürftige Begriffe im Strafrecht und der Grundsatz „nullum crimen sine lege", JuS 1968, S. 249, 304.

Luden, Heinrich — Abhandlungen aus dem gemeinen teutschen Strafrechte, Band 1 und 2, Göttingen 1836, 1840.
Handbuch des teutschen gemeinen und particularen Strafrechts, Band 1, Jena 1847.

Maihofer, Werner — Der Handlungsbegriff im Verbrechenssystem, Tübingen 1953.
Der Versuch der Unterlassung, GA 1958, S. 289.
Der soziale Handlungsbegriff, Eb.-Schmidt-Festschrift, Göttingen 1961, S. 156.

Maurach, Reinhart — Deutsches Strafrecht, Ein Lehrbuch, Karlsruhe, Allgemeiner Teil, 4. Aufl., 1971; Besonderer Teil, 5. Aufl., 1969.
Beihilfe zum Meineid durch Unterlassung, DStR 1944, S. 1.

Mayer, Hellmuth — Strafrecht, Allgemeiner Teil, Stuttgart und Köln 1953.
Strafrecht, Allgemeiner Teil (Kohlhammer Studienbücher), Stuttgart—Berlin—Köln—Mainz 1967.
Die gesetzliche Bestimmtheit der Tatbestände, Materialien zur Strafrechtsreform, Band 1, Bonn 1954.

Mayer, Max Ernst — Der Allgemeine Teil des deutschen Strafrechts, Lehrbuch, Heidelberg 1923.

Meister, Hans-Georg — Zur Abgrenzung der Beteiligung am Selbstmord vom strafbaren Tötungsdelikt, GA 1953, S. 166.
Echtes und unechtes Unterlassungsdelikt, MDR 1953, S. 649.

Mertens, Hans-Joachim/ *Reeb*, Hartmut — Grundfälle zum Recht der unerlaubten Handlungen, JuS 1971, S. 409 (469).

Meyer-Bahlburg, Hartwig — Beitrag zur Erörterung der Unterlassungsdelikte. Dissertation Hamburg 1962.
Zur gesetzlichen Regelung der unechten Unterlassungsdelikte, MschrKrim 1965, S. 247.
Die Garantenstellung bei den Unterlassungsdelikten, GA 1968, S. 49.

Mezger, Edmund — Strafrecht, Ein Lehrbuch, 3. Aufl., Berlin und München 1949.
Wandlungen der strafrechtlichen Tatbestandslehre, NJW 1953, S. 2.

Mezger, Edmund/ *Blei*, Hermann — Strafrecht, Ein Studienbuch; Band I, Allgemeiner Teil, 14. Aufl., 1970; Band II, Besonderer Teil, 9. Aufl., 1966; München und Berlin.

Mittelbach — Urteilsanmerkung, JR 1961, S. 506.

Nagler, Johannes — Die Problematik der Begehung durch Unterlassen, GS 111 (1938), S. 1.

Naucke, Wolfgang — Zur Lehre vom strafbaren Betrug, Berlin 1964.
Über das Regreßverbot im Strafrecht, ZStW 76 (1964), S. 409.
Urteilsanmerkung, JZ 1967, S. 371.

Niederschriften über die Sitzungen der Großen Strafrechtskommission, 2. und 12. Band, Bonn 1958.

Niese, Werner — Finalität, Vorsatz und Fahrlässigkeit, Tübingen 1951.

Niethammer, Emil — Lehrbuch des Besonderen Teils des Strafrechts, Tübingen 1950.

Noll, Peter — Tatbestand und Rechtswidrigkeit: Die Wertabwägung als Prinzip der Rechtfertigung, ZStW 77 (1965), S. 1.
Strafrecht im Übergang, GA 1970, S. 176.

Nowakowski, Friedrich — Zu Welzels Lehre von der Fahrlässigkeit, JZ 1958, S. 335.

Oehler, Dietrich — Das objektive Zweckmoment in der rechtswidrigen Handlung, Berlin 1959.
Konkurrenz von unechtem und echtem Unterlassungsdelikt, JuS 1961, S. 154.
Die erlaubte Zwecksetzung und die Fahrlässigkeit, Eb.-Schmidt-Festschrift, Göttingen 1961, S. 232.
Neue strafrechtliche Probleme des Absichtsbegriffs, NJW 1966, S. 1633.

v. Olshausen, Justus — Kommentar zum Strafgesetzbuch für das Deutsche Reich, 12. Aufl., Berlin 1942—1944.

Ordemann, W. — Zum Betrug bei Spätwetten, MDR 1962, S. 623.

Ørstedt, Anders Sandö — Über die Grundregeln der Strafgesetzgebung, Band 1, Kopenhagen 1818.

v. Overbeck, Alfred Freiherr — Unterlassung durch Begehung, GS 88 (1922), S. 319.

Pfleiderer, Klaus — Die Garantenstellung aus vorangegangenem Tun, Strafrechtliche Abhandlungen, Neue Folge, Band 2, Berlin 1968.

Platzgummer, Winfried — Die Bewußtseinsform des Vorsatzes, Eine strafrechtsdogmatische Untersuchung auf psychologischer Grundlage, Wien 1964.

Radbruch, Gustav — Der Handlungsbegriff in seiner Bedeutung für das Strafrechtssystem, Berlin 1904.
Über den Schuldbegriff, ZStW 24 (1904), S. 333.
Aussetzung, Vergleichende Darstellung des Deutschen und Ausländischen Strafrechts, Besonderer Teil, 5. Band, Berlin 1905.

Raiser, Ludwig — Rechtswissenschaft und Rechtspraxis, NJW 1964, S. 1201.

Reinicke, Dietrich — Ausfüllung von Gesetzeslücken durch den Bundesgerichtshof, JuS 1964, S. 421.

Rohde, Adolf — Die Natur des echten Unterlassungsdelikts, Leipzig 1913.

v. Rohland, Woldemar — Die strafbare Unterlassung, 1. Abt., Dorpat und Leipzig 1887.

Rombach, Heinrich — Der Glaube an Gott und das wissenschaftliche Denken, in: Wer ist das eigentlich — Gott?, München 1969.

Roth-Stielow, Klaus — Warte-, Folge- oder Selbstanzeigepflichten nach dem Verkehrsunfall, NJW 1963, S. 1188.

Roxin, Claus — Offene Tatbestände und Rechtspflichtmerkmale, 2. Aufl., Hamburg 1970.
Täterschaft und Tatherrschaft, 2. Aufl., Hamburg 1967.
Kriminalpolitik und Strafrechtssystem, Berlin 1970.
Pflichtwidrigkeit und Erfolg bei fahrlässigen Delikten, ZStW 74 (1962), S. 411.
Zur Kritik der finalen Handlungslehre, ZStW 74 (1966), S. 515.

Einige Bemerkungen zum Verhältnis von Rechtsidee und Rechtsstoff in der Systematik unseres Strafrechts, Radbruch-Gedächtnisschrift, Göttingen 1968, S. 260.
An der Grenze von Begehung und Unterlassung, Engisch-Festschrift, Frankfurt 1969, S. 380.
Gedanken zur Problematik der Zurechnung im Strafrecht, Honig-Festschrift, Göttingen 1970, S. 133.
Ein „neues Bild" des Strafrechtssystems, ZStW 83 (1971), S. 369.
Literaturberichte; ZStW 78 (1966), S. 214 (234, 248); ZStW 80 (1968), S. 694; ZStW 82 (1970), S. 675.

Rudolphi, Hans-Joachim — Die Gleichstellungsproblematik der unechten Unterlassungsdelikte und der Gedanke der Ingerenz, Göttingen 1966.

Rupp, Hans-Heinrich — Die Pflicht zum Warten auf die Polizei bei der Verkehrsunfallflucht — aus der Sicht des Verfassungs- und Verwaltungsrechts, JuS 1967, S. 163.

Rutkowsky, Heinz — Die psychisch vermittelte Kausalität, NJW 1952, S. 606.

Samson, Erich — Grundprobleme der Urkundenfälschung, JuS 1970, S. 369.

Sauer, Wilhelm — System des Strafrechts, Besonderer Teil, Berlin 1954.

Sax, Walter — Über Rechtsbegriffe, Gedanken zur Grenze rechtlicher Begriffsbildung, Nottarp-Festschrift, Karlsruhe 1961, S. 133.

Schaffstein, Friedrich — Die unechten Unterlassungsdelikte im System des neuen Strafrechts, Gleispach-Festschrift, Berlin und Leipzig 1936, S. 70.
Die neuen Voraussetzungen der Wahlfeststellung im Strafverfahren, NJW 1952, S. 725.

Schmidhäuser, Eberhard — Strafrecht, Allgemeiner Teil, Lehrbuch, Tübingen 1970.
Gesinnungsmerkmale im Strafrecht, Tübingen 1958.
Vorsatzbegriff und Begriffsjurisprudenz im Strafrecht, Tübingen 1968.
Willkürlichkeit und Finalität als Unrechtsmerkmal im Strafrechtssystem, ZStW 66 (1954), S. 27.
Fluchtverbot und Anzeigegebot bei Verkehrsunfällen, JZ 1955, S. 433.
Zur Systematik der Verbrechenslehre — Ein Grundthema Radbruchs aus der Sicht der neueren Strafrechtsdogmatik, Radbruch-Gedächtnisschrift, Göttingen 1968, S. 268.

Schmidt, Eberhard — Der Arzt im Strafrecht, Leipzig 1939.
Der Arzt im Strafrecht, in: Ponsold, Lehrbuch der gerichtlichen Medizin, 2. Aufl., Stuttgart 1957.

Schmitt, Rudolf — Zur Systematik der Unterlassungsdelikte, JZ 1959, S. 432.

Schönke, Adolf/ *Schröder*, Horst — Strafgesetzbuch, Kommentar, 16. Aufl., München und Berlin 1972.

Schröder, Horst — Aufbau und Grenzen des Vorsatzbegriffs, Sauer-Festschrift, Berlin 1949, S. 207.
Urteilsanmerkung, JR 1964, S. 227.
Die sog. Rückkehrpflicht bei § 142 StGB, NJW 1966, S. 1001.

Schroeder, Friedrich-Christian — Der Täter hinter dem Täter, Berlin 1965.

Schultz, Hans — Der strafrechtliche Begriff der Gewalt, SchwZStR 68 (1952), S. 340.
Rezension, SchwZStR 77 (1961), S. 208.

Schünemann, Bernd — Die Stellung des Unterschlagungstatbestandes im System der Vermögensdelikte, JuS 1968, S. 114.
Grund und Grenzen der unechten Unterlassungsdelikte, Zugleich ein Beitrag zur strafrechtlichen Methodenlehre, Göttingen 1971.

Schwarz, Joachim — Die unterlassene Verbrechensanzeige, Neuwied und Berlin 1968.

Schwarz, Wilhelm — Die Kausalität bei den sogenannten Begehungsdelikten durch Unterlassung, Strafrechtliche Abhandlungen, Heft 254, Breslau 1929.

Schwalm, Georg — Zu einigen ungelösten Strafrechtsproblemen (Heilbehandlung, Täterschaft, Mitwirkung bei fremder Selbsttötung), Engisch-Festschrift, Frankfurt 1969, S. 548.

Soergel, Hans-Theodor/ *Siebert*, Wolfgang — Bürgerliches Gesetzbuch, Band 3, Schuldrecht II, 10. Aufl., Stuttgart-Berlin-Köln-Mainz 1969.

Spendel, Günter — Conditio sine qua non — Gedanke und Fahrlässigkeitsdelikt, JuS 1964, S. 14.
Zur Unterscheidung von Tun und Unterlassen, Eb.-Schmidt-Festschrift, Göttingen 1961, S. 183.

Stengel, Erwin — Selbstmord und Selbstmordversuch, Frankfurt 1969.

Stratenwerth, Günter — Strafrecht, Allgemeiner Teil I, Die Straftat, Köln—Berlin—Bonn—München 1971.

Stree, Walter — Teilnahme am Unterlassungsdelikt, GA 1963, S. 1.
Probleme der Hehlerei und der Vernachlässigung der Aufsichtspflicht, JuS 1963, S. 427.
Garantenstellung kraft Übernahme, H.-Mayer-Festschrift, Berlin 1966, S. 145.

Stübel, Christoph Carl — Über den Thatbestand der Verbrechen, Wittenberg 1805.
Über die Theilnahme mehrerer Personen an einem Verbrechen, Dresden 1828.

Traeger, Ludwig — Das Problem der Unterlassungsdelikte im Straf- und Zivilrecht, Sonderabdruck aus der Festgabe für Enneccerus, Marburg 1913.

Triffterer, Otto — Abgrenzungsprobleme beim Betrug durch Schweigen — OLG Hamburg, NJW 1969, 355 —, JuS 1971, S. 181.

Ulmer, Peter — Die deliktische Haftung aus der Übernahme von Handlungspflichten, JZ 1969, S. 163.

Ulsenheimer, Klaus — Das Verhältnis zwischen Pflichtwidrigkeit und Erfolg bei den Fahrlässigkeitsdelikten, Bonn 1965.

Viehweg, Theodor — Topik und Jurisprudenz, 3. Aufl., München 1965.

Vogt, Alfons — Das Pflichtproblem der kommissiven Unterlassung, ZStW 63 (1951), S. 380.

Wagner, Heinz — Die Vorstellung der Eigenständigkeit in der Rechtswissenschaft, Berlin 1967.

v. Weber, Hellmuth — Zum Aufbau des Strafrechtssystems, Jena 1935.
Grundriß des deutschen Strafrechts, 2. Aufl., Bonn 1948.
Bemerkungen zur Lehre vom Handlungsbegriff, Engisch-Festschrift, Frankfurt 1969, S. 328.

Welp, Jürgen — Vorangegangenes Tun als Grundlage einer Handlungsäquivalenz der Unterlassung, Berlin 1968.
Urteilsanmerkung, JZ 1971, S. 433.

Welzel, Hans — Das Deutsche Strafrecht, 11. Aufl., Berlin 1969.
Auf welche Bestandteile einer Strafvorschrift bezieht sich der Satz: nulla poena sine lege?, JZ 1952, S. 617.
Zur Problematik der Unterlassungsdelikte, JZ 1958, S. 694.
Urteilsanmerkung, JZ 1960, S. 179.
Vorteilsabsicht beim Betrug, NJW 1962, S. 20.
Ein unausrottbares Mißverständnis?, Zur Interpretation der finalen Handlungslehre, NJW 1968, S. 425.

Wersdörfer, Rudolf — Urteilsanmerkung, JZ 1962, S. 451.

Wessels, Johannes — Strafrecht, Allgemeiner Teil (Schwerpunkte Band 7), 2. Aufl., Karlsruhe 1972.
Urteilsanmerkung, JZ 1967, S. 449.

Wolff, Ernst Amadeus — Kausalität von Tun und Unterlassen, Heidelberg 1964.
Der Handlungsbegriff in der Lehre vom Verbrechen, Heidelberg 1964.

Zipf, Heinz — Rechtskonformes und sozialadäquates Verhalten im Strafrecht, ZStW 82 (1970), S. 633.

Zippelius, Reinhold — Problemjurisprudenz und Topik, NJW 1967, S. 2229.

SACHVERZEICHNIS

Die Zahlen verweisen auf Paragraphen, Seiten und Fußnoten dieser Schrift. Zahlen ohne Zusatz bedeuten Seiten, hochgestellte Zahlen beziehen sich auf Fußnoten.

www.ingramcontent.com/pod-product-compliance
Lightning Source LLC
LaVergne TN
LVHW010653300926
849161LV00005B/1108